북핵 롤러코스터

MELTDOWN

— 전 CNN 전문기자가 쓴 북미협상 인사이드 스토리 —

북핵 롤러코스터

THE INSIDE STORY OF THE NORTH KOREAN NUCLEAR CRISIS

마이크 치노이 지음
박성준 · 홍성걸 옮김

시사IN북 Books

일러두기

1. 원서의 주는 후주로 모아놓았고 옮긴이 주는 본문의 괄호 안에 옮긴이 주라고 표시했다.
2. 각종 인명 지명의 경우 한글맞춤법 외래어표기법에 따라 표기하되 되도록 원어 발음에 가깝게 표기하는 것을 원칙으로 하였다. '등장인물'에 따로 소개한 인물을 제외한 경우만 본문 안에 원어명을 병기했으며, 한국, 북한, 중국, 일본의 경우는 원어명을 병기하지 않았다.
3. 단행본은 『 』, 잡지는《 》, 논문은「 」, 기타 예술작품이나 TV 프로그램은〈 〉로 표기하였다.
4. '에필로그'의 경우 저자가 한국어판을 위해 특별히 보내준 것으로 미국에서 발간될 이 책의 개정판에 수록될 예정이다.

• 한국어판 서문 •

북한의 핵 위기는 롤러코스터 타기를 연상시킨다. 새로운 갈등과 전쟁의 공포를 향한 머리칼이 곤두서는 하강의 끊임없는 연속, 그에 뒤이은 화해를 향한, 보통 막판에 벌어지곤 하는 극적인 상승, 그리고 좀 안도의 한숨을 내쉴 때쯤이면 또다시 벌어지는 급전직하의 상황이 바로 그것이다.

이러한 유형은 너무 많이 되풀이되어온 탓에 북한을 상대하는 과제가 한국, 미국, 일본, 그리고 다른 이해 당사국들의 정부와 군대는 물론 국민 모두를 일종의 영구적인 메스꺼움과 긴장, 그리고 불확실성의 상태로 빠뜨려왔다는 게 그다지 놀랍지도 않다.

매번 이런 일이 되풀이되고 있으며, 이 책이 제기한 문제는 오늘날 다시 신문 헤드라인을 도배하고 있다.

북한은 무엇을 원하는가? 북한은 붕괴할 것인가? 김정일, 그리고 누구든 그를 승계할 사람의 머릿속에 든 생각은 무엇인가? 북한을 설득해 핵 프로그램을 포기시킬 기회는 있는가? 지난 10년간 그럴 가능성이 흐지 부지된 것은 과연 조지 W. 부시의 적대적인 정책 탓이었는가? 평양으로 하여금 방향을 바꾸도록 할 좀더 효과적인 방안은 무엇인가? 제재와 압력인가, 아니면 대화와 관여인가? 그동안 계속되어온 위기는 한미 안보 동맹, 그리고 서울과 워싱턴 · 도쿄 사이의 중대한 3각 관계에 어떤 영향을 끼쳐왔는가? 한반도에 대한 중국의 핵심 이해는 무엇이며, 베이징이 행해온, 또는 장래에 행할 수 있는 역할은 무엇인가? 이 모든 나라들의 국내 정치는 북한 문제에 대한 정책 결정을 어느 정도로 좌우해왔는가? 그리고 마지막으로, 이 같은 의문에 대한 답을 찾을 때 개인의 성격, 야망, 이념적인 확신, 권력 투쟁 등은 어떻게 작용해왔는가?

물론, 핵 위기의 그림자는 다른 어느 나라보다도 남북한 양측의 국민들에게 훨씬 더 짙게 드리워져 있다. 일이 잘못되면, 그들은 거의 모든 것을 잃는다. 진전을 이룰 의미 있는 방안을 찾으면, 그들은 많은 것을 얻는다. 그러나 정책 논쟁, 외교적 공세, 협상 과정, 그리고 이처럼 현재 진행형인 위기에 의해 촉발된 군사적 대치 등 전체적인 그림은, 대개는 아직도 일반에는 물론, 내가 연구를 진행하면서 발견했던 것처럼, 심지어 일부 핵심 플레이어 자신들에게도 알려지지 않은 상태다. 이 책을 집필하게 된 것은, 최근의 역사에 대한 좀더 깊은 이해가 미래에 좀더 나은 결과를 가져다줄 수 있다는 희망을 갖고, 과거 10년간의 극적인 사건들이 어떻게, 그리고 왜 일어나게 됐는지를 조명하기 위해서였다.

2009년의 사건들은 왜 나의 롤러코스터의 비유가 딱 들어맞는지를 생생하게 보여주고 있다. 내가 에필로그에 썼듯이, 지난 상반기는 서울과 워싱턴을 동시에 겨냥한 북한의 살벌한 위협으로 특징지어졌다. 지난 4월에는 장거리 미사일 실험이 있었고, 5월에는 북한의 두 번째 핵실험이 이어졌으며, 이와 더불어 자신들은 핵무기를 포기하지 않을 것이며 다른 국가들로부터 앞으로는 핵 국가로 대접받고야 말겠다는 직설적인 발표가 잇달았다.

그러나 여름이 끝날 무렵, 분위기는 극적으로 변했다. 투옥된 미국 기자 두 명을 석방시키기 위한, 그리고 김정일과의 회담으로 절정에 올랐던 전 미국 대통령 빌 클린턴의 8월 초 평양 방문은 혹자가 말하는 '구애공세'의 최초 신호였다. 김정일이 미국과 관계하기를 간절히 바라고 있다는 분명한 신호였던 것이다.

이 사건에 뒤이어 남북 사이에도 마찬가지로 중대한 긴장 완화가 이어졌다. 아이러니컬하게도, 그것은 남북 화해 시도를 선구적으로 개척해왔던 인물 김대중의 마지막 공헌이었다. 2009년 8월 18일 이 전직 대통령의 죽음은 김정일이 북측의 애도를 표하기 위해 서울에 고위급 조문단을 보내는 계기를 제공했다. 조문단에는 대남 사업의 핵심 인물이자 북한 정보 책임자인 김양건, 그리고 의미심장하게도 김정일-클린턴 만찬에 참석했던 북한 노동당 비서인 김기남이 포함되었다. 북측은 청와대에서 이명박 대통령을 만났으며, 남한의 지도자는 관계 개선의 희망을 재차 피력하고, 북측 방문객들에게 북한을 돕고자 하는 자신의 개인적 희망을 김정일에게 전달해달라고 부탁했다. 이 접견은 김대중 대통령의 서거 직전 현대그룹 현정은 회장에 의한 평양 방문을 포함해 평양이 취한 몇 가지 조치에 이은 것이었으며, 앞서 3월부터 북한에 억류되었던 현대 직원의 석방을 보장해주기도 했다. 북한은 또 이전까지 폐쇄했던 분계선 통과를 다시 허용했으며 양측 적십자사 대표들은 10월 중 남북 이산가족 상봉을 재개하기로 합의했다.

이와 동시에 8월 말 치러진 선거에서 일본 민주당의 극적인 승리는, 일본 하토야마 유키오 총리의 새 정부가 그의 전임자들보다 북한에 훨씬 더 창의적으로 접근할지 모른다는 추측과 더불어, 북한과 일본 간 오랜 냉각 관계의 해빙을 가져올 것이라는 전망을 불러일으켰다.

긴장은 누그러지고 있지만 많은 문제들은 그대로 남아 있다. 그중 핵심적인 문제는, '구애 공세'가 평양의 접근 방식의 진정한 변화를 뜻하는 것인지, 아니면 단순히 증가하는 국제적 압력을 무디게 하기 위한 북한 정권의 전술적인 움직임에 불과한 것인지를 분명히 하는 것이었다. 늘 그렇듯이 북한을 연구하는 분석가들의 입장은 갈렸다. 일부 분석가들은, 일단 지난겨울과 올봄 사이 협상에서의 입지를 강화하기 위한 힘 자랑이 끝난 이상 북한이 회담에 돌아올 것이라고 주장했다. 다른 분석가들은, 그 변화는 자신의 도발적인 행동이 오히려 역풍을 불러일으켰다는 김정일의 인식을 반영한 것이라고 주장했다. 그러나 북한에 좀더 좋은 조건으로 관여하도록 오바마 정부에 압박을 가한 것은 오히려 대선 때 옛 적대국에 화해의 손길을 내밀겠다고 공약한 바 있었던 새 대통령을 소외시켰다. 더욱이, 오랫동안 북한에 대한 압박 수위를 높이는 데 찬성하기를 꺼려왔던 중국은 새로운 대북 유엔 강경 제재에 동의한 바 있다. 이런 관점에서 보면, 평양은 스스로 제 무덤을 파고 있었을 뿐이다.

북한 측의 화해 신호를 핵 국가로 인정받겠다는 희망을 버린 것으로 해석해도 좋을 증거는 확실히 별로 없다. 이는 가장 근본적인 문제를 제기했다. 북한이 재개된 협상의 핵심 주제로 비핵화를 상정할 준비가 되어 있다면, 그리고 회담 형식과 양자 대 다자 교류, 그리고 다른 절차적 문제들이 마련될 수 있다면, 그다음에는 무엇을 가지고 토론을 할 것인가?

바로 이 같은 상황 아래서, 한국과 미국의 정책 결정자들이 과거 10년간 위기가 전개될 때마다 주기적으로 제기됐던 문제들을 놓고 새롭게 씨름했다. 2012년까지 전시작전권OPCON을 이양하려는 미국의 계획도 그 중 하나였다. 고 노무현 대통령의 좌파 성향 정부에 의해 주도되었고 부시 행정부가 얼마간의 불쾌감 속에서 동의했던 이 계획에 대해서는, 일부 전작권 이양 찬성론자들조차 2009년 초반의 긴장 상황과 북한의 의도가 분명치 않다는 관점에서 당초와는 다른 생각을 갖기 시작했다. 동맹의 지위에 대해 북한에 그릇된 신호를 보내지 않는 방향으로 움직여야 한다는 것이 갈수록 중요한 관심사가 됐다.

한국을 보호하고 있는 미국의 핵우산 문제도 마찬가지였다. 2009년 상반기 중 북한에서 나온 호전적인 발언들 가운데에는, 미국이 더 이상 그런 핵우산을 제공하지 말 것과, 핵우산이 철회되어야만 평양이 자신의 핵무기 포기를 고려하게 될 것이라는 요구도 있었다. 이에 대한 대응으로, 이명박 대통령은 2009년 6월 워싱턴에서 열린 정상회담에서, 북한이 남한에 핵 공격을 가할 경우 미국의 핵우산 제공을 문서로 보장해달라고 요청했으며, 오바마 대통령은 이에 동의했다. 문서화된 공동성명에서, 미국 측은 "양국민의 안보 이해를 지켜줄 동맹 능력에 의해 지탱되는 강력한 방위 태세를 유지할 것이며, 미국의 핵우산을 포함해 연장된 억지력에 대한 지속적인 공약을 통해 이와 같은 다짐을 강화해나갈 것"을 약속했다.* 미국 대통령이 핵무기의 사용을 승인할 것인지, 한다면 언제 할 것인지 등 엄청나게 민감한 문제에 대해 그처럼 명확하게 보증해준 것은 이때가 처음이었다.

2009년 하반기까지, 그와 같은 공약이 작성되던 시기의 위기 상황은

*백악관, '미합중국과 대한민국 간 동맹의 공동 비전', 2009년 6월 16일.

누그러졌지만, 서울과 워싱턴의 군사 정책 입안자들에게는 원칙에 대한 포괄적인 표현을 어떻게 구체적으로 현실화할 것인가 하는 문제가 남았다. 즉 과연 어떤 조건에서 미국이 실제로 공약을 실천할 것인가, 어떻게 그와 같은 결정이 내려져야 하는가 따위이다.

1978년 내가 한국을 처음 방문했을 때, 나에게 가장 큰 충격은 서울 한복판 거리 밑으로 난 지하도, 수도에서의 통금 시간 지속, 비무장지대로 가는 길의 대전차 장애물, 그리고 전국 어디에서나 찾아볼 수 있는 포위 심리였다. 그 포위 심리란 위협적인 북한이 하시라도 기습할 수 있으며, 미국의 대규모 군사 주둔이 이 같은 공격을 막는 데 핵심이라는 애간장 녹이는 걱정이었다.

그로부터 11년 뒤인 1989년 북한을 찾았을 때, 놀라운 감정은 남한에서 얻은 인상과 거꾸로였다. 남한 사람들이 안전함을 느끼는 미군으로부터 정작 위협을 느끼는 쪽은, 이에 맞서 정규적인 공습 대비 훈련, 극단적인 단체 훈련, 그리고 거친 선전 문구를 동원하는 평양이었다. 상호 불신의 규모, 상호 이해의 격차, 상호 신뢰의 결여는 절대적이었다.

한반도를 처음 방문한 지 30년 이상이 된 지금, 냉전의 가장 초기로까지 거슬러 올라가는 분쟁이, 수많은 나라의 수많은 사람들의 노력에도 불구하고 아직도 지속되고 있으며, 이를 해소하기 위해 해야 할 일이 아직도 많이 남았다는 것은 상상하기 어렵다. 한반도가 둘로 갈라졌을 때 또는 한국전쟁이 발발했을 때는 어린아이들이었거나 아니면 아예 태어나지도 않았던 정치 지도자들은 21세기에 들어서도 여전히 그 후과들과 사투를 벌이고 있다. 내가 이 책의 한국어판 서문을 쓰고 있는 바로 지금도, 한반도 통일은 물론, 북한의 비핵화에 대한 전망마저 현실과 동떨어진 일로 보인다. 이 책에서 되돌아본 이야기는 아직 끝나지 않았으며, 다음과 같은 가장 곤혹스러운 질문을 포함하여 새로운 도전만 있을 뿐이다. 자신의 야심과 전 부시 행정부의 비타협적인 자세와 무능으로 인해 핵 국가로 전환하는 데 성공한 북한을 과연 어떻게 해야 하는가?

캘리포니아 아카디아에서

마이크 치노이

2009년 9월

• 서문 •

평양의 날씨는 몹시 추웠으며, 김일성광장에서 좀 떨어진 일종의 접근 금지 구역인 북한 외무성은 난방이 되지 않았다. 2007년 12월 5일, 미 국무부 동아시아 담당 차관보 크리스토퍼 힐은 추위에 몸을 떨며 흐릿한 불빛의 계단 4층을 힘들게 걸어 올라 북한 외무상 박의춘의 집무실로 갔다. 넓지만 가구를 별로 들이지 않은 그의 방은 실내 난방기로 겨우 온기를 유지하고 있었다.

힐은 봉투 하나를 꺼냈다. 박의춘은 자리에서 일어나 예의를 차린 뒤 손을 내밀어 봉투를 받아 들었다. 힐이 그의 손에 봉투를 올려놓자 박의춘은 의도적으로 격식을 갖춘 어투로 다음과 같이 말했다. "본인은 미합중국 대통령 조지 W. 부시 각하가 우리나라 김정일 장군님께 보내는 친서를 접수하였습니다. 본인은 이 친서를 김정일 장군님께 정확하게 전달할 것입니다."

서한의 어조는 예의 바르고 정중했다. 이 편지는 '친애하는 의장님'으로 시작해 '조지 W. 부시'라는 간단한, 그러나 손으로 직접 쓴 서명으로 끝났다. 김정일에게 있는 그대로의 정확한 내용이 전달될 것인지 믿지 못해 미국 측이 작성한 번역문을 첨부한 이 친서에서, 부시 대통령은 북한에 미국과의 완전한 관계 정상화를 제안했다. 부시는 사실상 김정일을 국제 관계의 정당한 파트너로 받아들였으며, 그가 철권으로 통치하고 있는 나라를 주권 국가로 인정했다. 부시 대통령은, 이에 대한 대가로, 북한이 부시 대통령 임기 내내 미북 두 나라를 위험한 적대 상황에 가둬놓았던 핵 프로그램을 완전 공개하고 폐기해야 할 것이라고 말했다.

혹독하게 추웠던 평양에서의 이날은 냉전의 마지막 남은 격렬한 분쟁 현장에 역사적 전환점이 됐다. 그러나 그것은 6년간에 걸친 불필요한 벼랑 끝 전술, 기회의 상실, 북한과 김정일을 핵 국가의 지위에 올려놓는 불행한 사태 끝에 찾아온 것이다. 게다가 항구적인 해결 방안에 대한 확신은 없는 채로였다. 어떻게 이런 일이 일어났는가?

조지 W. 부시는 스스로 인정했다시피 김정일을 '혐오'했다. 이 감정은 개인적이고, 본능적이었으며, 정치적 판단을 초월한 것이었다. 부시는 북한에서는 '경애하는 지도자'로 알려진 사람을 칭하기 위해, '피그미' '폭군' '위험한 사람', 그리고 '버릇없는 아이' 등의 표현을 다양한 자리에서 사용했다. 가장 기억에 선한 것은, 부시가 이란, 이라크와 더불어 북한을 '악의 축'에 포함시켰던 경우다.

부시 대통령은 임기 내내, 김정일 같은 사람과 협상하는 것은 세계에서 가장 위험하고 비인간적인 정권의 존재를 정당화하거나 혹은 수명을 연장시키는 것을 뜻하므로 도덕적이지 못하다고 믿는 신보수파(네오콘) 강경파들과 제휴했다. 화해를 이루려는 전임 클린턴 행정부의 노력은, 경제적·외교적 편익을 대가로 북한이 초보적인 단계의 핵 프로그램을 포기하는 것을 주요 내용으로 한 1994년의 타협을 성사시켰으며, 김정일과의 정상회담을 위해 클린턴이 거의 평양을 방문할 뻔하기도 했으나, 미국 내 강경파들에 의해 '유화 정책'으로 매도되었다.

그 대신, '불량 국가'의 정권 교체를 촉진하기 위한 부시 행정부의 9·11 이후 선제공격 원칙 아래서, 미국은 혹심한 경제 및 외교 압력을 통해 김정일을 무너뜨리려고 하는 한편, 군사 행동이라는 궁극적인 위협을 논의 테이블에 올려놓으려고 했다. 북한의 거듭된 대화 요구에도 불구하고, 미 행정부는 5년 이상 의미 있는 양자 협상에 관여하기를 거부했다. 또 외교 접촉이 있을 때마다 벌어진 일은 위협과 신랄한 비난, 그리고 양측 관계에 대한 계산된 홀대였다. 미국 외교관들은 워싱턴의 고위 관리들로부터 절대로 북한 측과 같은 방에 있거나 주고받기식 토론에 끼어들지 말라고 지시받았다.

이런 일들이 벌어지는 동안, 미국은 이라크를 침공하여 사담 후세인을 축출했으며, 대량살상무기를 생산하려고 하는 다른 적대 정권은 후세인의 운명을 교훈으로 삼아야 한다고 요란스럽게 선전했다.

당시 국무부 군축 담당 차관 존 볼턴은 "대량살상무기를 추구함으로써 미국의 이해에 반하는 행동을 하는 이란, 북한, 시리아, 리비아 등의 불량 국가들은 그들의 비밀 프로그램이 결코 추적망이나 엄중한 후과를 빠져나갈 수 없다는 사실을 깨닫게 될 것이다"라고 말한 바 있다.

그러나 일반의 통념과는 정반대로, 미치지도 이성을 잃지도 않았으며, 새로운 전략적 합종연횡이 벌어졌던 탈냉전 세계에서 핵심 목표는 항상 정권의 생존이라 믿고 있던 북한의 김정일은 정반대의 결론을 내렸다. 그의 관점에서는, 핵무장이야말로 사담 후세인과 운명을 함께하지 않을 수 있는 최선의, 아니 유일한 길이었던 것이다. 미국의 거센 압박에 직면해 김정일은 핵실험을 진행했고, 핵 동결을 중지했으며, 영변 핵 시설에서 국제 사찰관들을 추방하고, 원자로를 재가동했으며, 일각의 예측에 의하면 6개에서 10개에 이르는 핵폭탄을 제조할 수 있는 양의 무기급 플루토늄을 생산했다.

북한은 만약 부시 행정부가 평양이 말하는 '적대시 정책'을 끝내지 않으면, 핵 '억지력'을 계속해서 강화해나갈 것이라고 일관되게 경고했다. 2006년 10월, 김정일은 자신의 위협을 실천에 옮겼다. 미국, 일본, 한국, 러시아, 그리고 유엔 안전보장이사회(안보리) 및 국제사회의 경제적 압박과 외교적 요구에 맞서, 북한은 극심한 식량난, 경제 붕괴, 그리고 국제적 고립에도 불구하고, 지하 핵실험을 강행했으며 세계에서 여덟 번째 핵국가가 됐다. 부시 행정부의 최악의 우려, 즉 핵을 획득한 '불량 국가'가 현실이 되고 만 것이다.

북한과 같은 나라가 대량살상무기를 손에 넣지 못하게 막는 것을 핵심으로 하는 외교 정책을 펼쳤던 부시 행정부가 어떻게, 비밀스럽고 고립된 정권이 핵무기를 보유하는 것을 막을 수 없었는가가 바로 이 책의 주제다. 그것은 북한이라는 나라를 넘어서는 미국 외교 정책 전반의 실패에 관한 이야기이기도 하다. 국제 비확산 체제의 붕괴, 이른바 불량 국가의 핵 야망에 대응하는 과제, 한국과 일본 등 미국의 핵심 동맹 관계의 파탄, 아시아 지역 내 미국 입지의 잠식, 주요 행위자로서 중국의 국제무대 등장, 그리고 정보의 정치 조작 등이 바로 그런 주제다.

무엇보다 이 책은 내부 투쟁, 비밀관성, 그리고 외교적 무능으로 통칭되는 대북 정책을 펼친 미국 행정부에 관한 이야기다. 부시 대통령 재임 중 상당 기간 대북 정책은, 체니 부통령, 반확산 정책 입안자 로버트 조지프와 존 볼턴, 도널드 럼스펠드 국방장관과 그들의 협력자들이 포함된 강경 보수파와, 콜린 파월 국무장관과 그의 차석 리처드 아미티지, 그리로 훗날의 콘돌리자 라이스와 그의 협상 대표 크리스토퍼 힐 등 대북 관여 정책을 지지했던 사람들 간의 격심한 투쟁에 의해 마비되었다. 관여 정책 찬성파는 또한 국무부의 아시아/한국 전문가들을 포함했다. 다양한 경우를 통해 양측은 각기 자기네들이 대통령의 지지를 얻고 있다고 확신했다.

이 같은 혼란과 갈등은 부분적으로는 대북 문제를 둘러싼 부시 대통령 자신의 머리와 가슴 간의 투쟁이기도 했다. 흑백논리의 세계관을 갖고 고통을 겪는 북한 인민들에게 동정심을 느끼며, 큰 몽둥이를 휘두르기를 좋아했던 대통령은, 본능적으로는 강경파의 편을 들었다. 하지만 강경파가 우세했을 때, 미국의 대북 정책 결정은 도덕적인 분노, 대결적인 수사修辭, 군사적인 무력 시위, 그리고 미묘한 외교술과 클린턴 행정부가 성취하고자 했던 모든 것에 대한 경멸이 혼합된 것이었다.

이런 점에서, 이라크 실패의 반향은 일부 왜곡이 있기는 하지만 매우 분명하다. 부시는 이라크의 독재자 사담 후세인의 대량살상무기, 특히 핵무기 추구가 미국의 이해를 위협한다는 믿음으로 그의 축출을 정당화했다. 물론 사담 후세인은 그런 무기를 가진 바 없었으며, 미국의 정보기관들은 이라크 침공을 정당화하고자 했던 행정부 내 강경파의 정치적 압력 아래 그런 평가를 내렸던 것으로 밝혀졌다.

북한의 경우, 핵 프로그램의 존재는 잘 알려져 있었고, 김정일은 핵폭탄을 만들기 위해 이런저런 시도를 하고 있다는 사실을 굳이 감추지도 않았다. 더욱이, 북한이 고농축 우라늄으로 핵무기를 만드는 프로그램의 일부 요소를 획득하려 애썼음을 보여주는 미국 측 첩보의 정확도에도 별 의문이 없었다. 그러나 심지어는 이라크 관련 정보의 대실패 이후에도, 미국 측 대북 정보 또한 정치화되었고, 대북 대결을 추구했던 사람들은 핵무기의 획득 시도와 실제 제조 사이의 차이점을 흐렸으며, 북한이 우라늄 폭탄을 완성하는 데까지 시간이 얼마 남지 않았고 따라서 더 위협적이라고 경고했다.

그러나 이라크와는 매우 대조적으로, 부시 행정부는 김정일이 핵실험을 추구하고 있었음에도 아무런 조치도 취하지 않았다. 북한은 '금지선 red line'을 반복해서 넘었다. 사용후 연료봉을 무기급 플루토늄으로 재처리하는가 하면, 핵 국가를 선언하기도 했고, 실제로 클린턴 시절 같았으면 군사 행동을 촉발시켰을 수도 있는 핵실험을 감행하기도 했던 것이다. 평양이 요구하던 직접 협상을 배제시키면서 부시 행정부는 자신의 거친 수사적 표현을 행동으로 뒷받침할 수 없다는 사실을 깨달았다.

한 냉소적인 평자는 부시의 대북 정책을, '대화도, 당근도, 채찍도 없는 정책 no talks, no carrots, and no sticks'이라고 칭하기도 했다.

부시 행정부의 이라크 '올인'은 거친 언사만 있고 행동은 없었던 데 대해 한 가지 설명 근거를 제공해준다. 또 다른 설명은, 북한의 곤경에 대한 감정적 반응이 아무리 강했다손 치더라도, 이와 동시에 조지 W. 부시는 최종적으로 북한과의 대결 지속이 한국 · 일본 등 아시아의 핵심 동맹국들은 물론, 날로 영향력이 커지고 있는 중국과의 관계에도 부정적인 영향을 주고 있음을 인식했다. 더욱이 미국의 위협에도 불구하고, 클린턴 시대에서부터 이미 위험투성이였던 군사적 옵션은 북한의 핵 병기가 성장함에 따라 더욱더 구미에 맞지 않는 옵션이 되어버린 상태였다. 미국은 북한이 이미 제조한 새 폭탄을 어디에 은닉하고 있는지 알지 못했다.

또 미국의 선제공격은 서울에 대한 북측의 대규모 보복 타격, 일본으로의 미사일 발사, 그리고 동북아 모든 국가들의 격렬한 반대를 야기할 위험성도 있었다.

부시의 한 전직 고위 측근은 다음과 같이 말했다. "김정일이 자신의 국민을 대하는 방식에 대해서는 매우 본능적인 느낌을 가질 수 있다. 그러나 부시 대통령 머리의 나머지 반쪽은, '우리는 이 문제를 해결해야만 한다. 문제를 풀기 위해 외교적 노력을 기울여야만 한다면, 우리는 그렇게 할 것이다'라고 말하고 있었다."

제재와 강제의 위협은 비효율적이며, 군사적 옵션은 미국이 이미 이라크와 아프가니스탄에서 헤어나지 못하는 바로 그때 제2의 한국전을 일으킬 가능성까지 있는 상황에서, 부시 행정부는 협상 이외에는 실질적인 대안을 갖고 있지 못했다. 대통령은 내키지 않는 심정으로 외교적인 주고받기야말로 상황을 진전시킬 유일한 길이라고 주장한 크리스토퍼 힐과 콘돌리자 라이스의 조언을 따를 수밖에 없었다. 이를 위해서는 지구상에서 가장 전제적인 정권과의 불편한 타협이 불가피했던 것이다. 이와 같은 전면적인 정책 전환은 2007년 12월 힐의 평양 방문에서 절정에 올랐다.

조지 W. 부시가 취임할 당시, 북한의 핵 프로그램은 동결 상태였으며 김정일은 기껏해야 1개 내지 2개의 핵폭탄을 만들 수 있는 무기급 플루토늄을 보유하고 있었다. 그러나 부시가 김정일에게 친서를 써보낼 무렵, 북한은 지하 핵실험을 실시하고, 많으면 10개까지 핵탄두를 제조할 수 있는 분열 물질을 보유하고 있었을 뿐 아니라, 최악의 경우, 핵 관련 노하우나 분열 물질을 테러 집단에게 제공할 수 있을 정도로 성숙한 핵 국가가 되어 있었다. 북한은 원칙적으로는 적정한 보상이 따를 경우 완전 비핵화를 위해 협상할 준비가 되어 있다고 주장했지만, 그럼에도 평양 정권이 진실로 핵 협상 타결을 위해 핵무기를 거래할 용의가 있는지는 여전히 분명하지 않았다.

핵이 없는 북한은 그저 또 하나의 궁핍한 제3세계 독재국가일 뿐이었다. 핵무기를 보유함으로써 김정일은 공산주의가 거의 세계 모든 곳에서 붕괴한 이후 20년 가까이, 세계 최강의 초강대국에 성공적으로 맞설 수 있었으며, 자신의 전제적 체제를 계속 굴러가게 할 수 있었다.

2008년이 밝으면서 미국 외교의 도전은, 조지 부시의 미래 외교 관계(정상화) 다짐이 과연 북한으로 하여금 근본적인 전략적 변화를 촉발할 수 있을 것인가였다. 이와 똑같은 의문이 클린턴 행정부 말기에도 있었다. 그러나 부시 행정부 초기 더욱 대결적인 방향으로 돌아선 미국의 돌연한 정책 변화는 북한이 걸핏하면 말하는 비핵화 용의가 의미 있고 솔직한 협상을 통해 검증될 기회를 결코 얻지 못했음을 뜻했다. 이제 마침내, 조지 W. 부시는 김정일의 의도를 시험하기로 했다. 이 책에 기록된바 숱한 롤러코스터 타기 식 사건을 거친 오늘날, 미국 정책의 변화가 조지 W. 부시가 취임했을 때보다 훨씬 더 광범위하고 위험해진 북한의 핵 프로그램을 격퇴시키기에 너무 늦은 것인지는 아직도 불분명하다.

• 등장인물 •

미국

빌 클린턴Bill Clinton	대통령, 1993~2001
샌디 버거Sandy Berger	국가안보보좌관, 1997~2001
매들린 올브라이트Madeline Albright	국무장관, 1996~2001
웬디 셔먼Wendy Sherman	대북 정책 조정관, 1997~2001
조지 W. 부시George W. Bush	대통령, 2001~2009
딕 체니Dick Cheney	부통령, 2001~2009
콜린 파월Colin Powell	국무장관, 2001~2005
도널드 럼스펠드Donald Rumsfeld	국방장관, 2001~2006
존 매클러린John McLaughlin	CIA 부국장, 2000~2004
콘돌리자 라이스Condoleeza Rice	국가안보보좌관, 2001~2004, 국무장관, 2005~2009
스티븐 해들리 Stephen Hadley	국가안보 부보좌관, 2001~2004, 국가안보보좌관, 2005~2009
리처드 아미티지Richard Armitage	국무 부장관, 2001~2004
제임스 켈리James Kelly	국무부 동아시아 담당 차관보, 2001~2004
크리스토퍼 힐Christopher Hill	국무부 동아시아 담당 차관보, 2005~2009
존 볼턴John Bolton	국무부 군축 담당 차관, 2001~2005, 유엔 대사, 2005~2006

로버트 조지프Robert Joseph	국가안보회의 반확산 담당 선임국장, 2001~2005, 국무부 군축 담당 차관, 2005~2007
마이클 그린Michael Green	국가안보회의 아시아 국장, 2001~2004, 아시아 선임국장, 2004~2005
빅터 차Victor Cha	국가안보회의 아시아 국장, 2004~2007
찰스 '척' 카트먼Charles 'Chuck' Kartman	국무부 대북평화회담 특사, 1998~2001, 한반도에너지개발기구KEDO 사무국장, 2001~2005
로버트 칼린Robert Carlin	국무부 정보평가국 북한 분석관, 1992~2002, 한반도에너지개발기구 선임정책보좌관, 2003~2006
토머스 허버드Thomas Hubbard	국무부 동아시아 부차관보, 2000~2001, 주한 대사, 2001~2004
에번스 리비어Evans Revere	국무부 한국 데스크 과장, 1998~2000, 주한 대사관 부대사, 2000~2003
데이비드 스트라우브David Straub	국무부 한국 데스크 과장, 2002~2004
제임스 포스터James Foster	국무부 한국 데스크 과장, 2004~2006
데이비드 애셔David Asher	국무부 동아태 담당 선임 보좌관, 2001~2005
성 김Sung Kim	국무부 한국 데스크 과장, 2006~
리처드 바우처Richard Boucher	국무부 대변인, 2000~2005
로렌스 윌커슨Lowrence Wilkerson	콜린 파월 비서실장, 2002~2004
마크 그룸브리지Mark Groombridge	존 볼턴 아시아 담당 선임 보좌관, 2001~2006
존 루드John Rood	국가안보회의 반확산 담당 국장, 2001~2003, 반확산 담당 선임국장, 2005~2006
아론 프리드버그Aaron Friedberg	부통령실 안보 부보좌관, 2003~2005
스티븐 예이츠Stephen Yeats	부통령실 안보 부보좌관, 2001~2005
대니얼 글레이저Daniel Glaser	재무부 테러자금 및 금융 범죄 담당 부차관보, 2004~
스튜어트 레비Stuart Levy	재무부 테러리즘 및 금융 정보 담당 차관, 2004~

북한

김일성	북한 최고 지도자, 1994년 사망
김정일	북한 최고 지도자, 국방위원회 위원장, 1994~
조명록	국방위원회 부위원장, 인민군 차수, 1995~
강석주	외무성 제1부상, 1987~
김계관	외무성 부상, 1995~
리근	유엔 대표부 부대표, 1997~2001, 외무성 북미국 부국장, 2001~2006
리형철	유엔 대표부 대표, 1997~2001
한성렬	유엔 대표부 부대표, 2001~2006
박길연	유엔 대표부 대표, 2001~
백남순	외무성 외상, 1998~2007(사망)
박의철	외무성 외상, 2007~
김영남	최고인민회의 상임위원장, 1998~

한국

김대중	대통령, 1998~2003(2009 사망)
노무현	대통령, 2003~2008(2009 사망)
윤영관	외교통상부 장관, 2003~2004
이종석	청와대 국가안전보장회의 사무차장, 2003~2006, 통일부 장관, 2006
천영우	외교통상부 한반도평화교섭본부 본부장, 2006~2008

중국

후진타오	국가주석, 2003~
리자오싱	외교부 부장, 2003~2007
우다웨이	외교부 부부장, 2004~
퀘이티엔카이	외교부 아주국장, 2003~2006, 외교부 부장조리, 2006~
탕자쉬엔	외교부 부장, 2000~2003, 국무원 국무위원, 2003~

일본

고이즈미 준이치로	총리, 2001~2006
아베 신조	총리, 2006~2007
타나카 히토시	외무성 아시아대양주국 사무국장, 2001~2002, 외무성 차관, 2003~2005

러시아

블라디미르 푸틴	대통령, 1998~2008, 총리, 2008~

• 차례 •

제1장

"당신이 없으면 우리도 없습니다"

1994년 북미 간 '기본 합의'가 이루어진 지
6년 뒤인 2000년 6월 남북 정상회담이 열리다

2000년 10월 12일 저녁, 나는 북한의 수도 평양의 거대한 5·1 경기장(평양시 모란봉 구역 능라도에 위치한 현대식 경기장, 1989년 준공됨-옮긴이)에서서 10만 명이 넘는 군중이 세계에서 가장 유별나고 수수께끼 같은 지도자 김정일에게 충성을 맹세하는 광경을 지켜보았다. 경기장 한 켠에는 '김정일화', 즉 한 열렬한 원예학자(일본인 가모 모도데루-옮긴이)가 '경애하는 지도자'(북한 당국은 1990년대 후반부터 김정일에 대한 호칭으로 '친애하는 지도자' 대신 이 호칭을 더 즐겨 쓴다-옮긴이)로 부르는 사람을 기리기 위해 개발한 잡종 베고니아를 나타내는 두 개의 거대한 붉은 꽃 이미지가 걸려 있었다. 경기장 바닥은 짧은 치마와 댈러스의 막간 카우보이 쇼에 갖다놓아도 결코 어색하지 않을 장딴지 높이의 장화를 신은 치어리더들, 대포에서 솟구쳐 나온 곡예사들, 붉은 유니폼을 입은 체조선수들로 구성된 퍼레이드 행렬과, 북한판 멕시코 파도타기처럼 끊임없이 깃발을 흔들며 밀려드는 젊은 남녀의 행렬 등 수천 명의 인파로 가득 차 있었다. 스탠드에는 3만

5천 명의 인파가 이미 달아오른 군중들의 열기를 더욱 고조시키기 위한 애국적 영웅주의, 경제적 성취, 군사적 승리 등 각종 이미지를 그려내며 형형색색의 카드를 빈틈없이 정확하게 뒤집고 있었다.

얼마 뒤 서늘한 가을 하늘을 밝히는 불꽃놀이와 더불어 귀빈석으로 김정일이 입장했다. 나는 약 50미터 떨어진 곳에서 CNN 카메라 기자들, 그리고 북한 정부의 안내원 두 명과 함께 그 광경을 지켜보았다. 작고 땅딸막하고 작업복 차림의 '경애하는 지도자'는 다른 고위 관리들에 둘러싸여 만면에 만족스런 웃음을 지으며 자신 있는 걸음걸이로 입장해 스탠드 아래의 군중들에게 얼마간 기계적으로 손을 흔들었다. 카드섹션 참가자들이 '위대한 영도자 김정일 동지에 최고의 영광을'이란 구호를 펼치고 취주악대가 〈김정일 장군의 노래〉를 힘차게 연주하는 가운데, 아이들이 김정일에게 꽃다발을 바쳤다. 군중들은 '당신이 없으면 나라도 없습니다' '당신이 없으면 우리도 없습니다'를 일제히 합창했다.

한국전쟁을 개시하고 1994년 사망할 때까지 거의 50년간 북한을 통치했던 독재자 김일성의 아들 김정일은 당시 베일에 싸인 인물이었다. 더부룩한 머리와 굽 높은 구두, 스포츠카와 할리우드 영화(그가 개인적으로 소장하고 있는 영화는 2만 편을 헤아린다)로 서구에서 놀림을 받았던 김정일과 이미 고인이 된 그의 아버지는 수십 년간 공들인 개인 숭배의 대상이었다. 여러 측면에서, 그들은 북한을 비밀스럽고 호전적인 의사疑似 종교 집단으로, 명목상으로는 공산국가이지만 일차적으로는 '위대한 수령'으로 알려진 아버지와 그의 뒤를 이은 경애하는 지도자를 숭배하는 사회로 변모시켰다. 두 사람의 동상과 거대한 초상화는 오늘날에도 여전히 평양의 스카이라인을 굽어보며 팔을 쭉 뻗고 우뚝 서 있는 아버지 김일성의 거대한 청동상을 포함해, 북한 전역의 풍경을 지배하고 있다. 2천 2백만 명의 이

나라 국민은 모두 둘 중 한 사람 또는 두 사람 모두의 초상을 그린 작은 옷핀을 달고 있었다. 국영 매체는 김일성을 '절세의 애국자'나 '강철 의지의 사령관'으로, 그 아들은 '위대한 혁명가, 위대한 정치가, 그리고 위대한 인민의 어버이'로 묘사했다.

내가 경애하는 지도자를 본 것은 그때가 처음이 아니었다. 나는 전에도 비슷한 행사에 참석한 적이 있다. 11년간 이어진 북한 방문 중 그때가 12번째 방문이었다. 접근하기조차 어려운 북한 땅을 밟게 된 것은 순전히 우연이었다. 첫 방문은 내가 베이징 특파원으로 있을 때인 1989년 7월에 이루어졌다. 평양 정부는 당시 남한의 법을 어기고 금단의 땅 북한을 방문한 남한 여대생의 활동을 취재할 수 있도록 소수의 베이징 주재 서방 특파원들을 초청했다. 대부분의 방문객처럼 나는 개인 숭배에 대한 북한의 조직적인 통제와 세뇌에 무척 놀랐고 경악했다. 또한 우리가 볼 수 있도록 허용된 것은 선전물에 불과하다고 생각했다. 깔끔하게 단장된 공원, 큰 신작로, 그리고 높은 빌딩들이 있는 굉장히 매력적인 도시 평양은 거의 텅 빈 듯이 보였다. 실제로 상점이나 식당, 선전물 따위는 볼 수 없었고, 우리 일행을 태운 공식 수행 차량인 메르세데스-벤츠를 빼놓고는 차량도 구경할 수 없었다.

3년 뒤인 1992년, 북한은 빌리 그레이엄 목사를 초청하면서 그가 미국의 보도 기관 한 곳을 골라 자신의 방문 취재를 위해 동행할 수 있도록 허용했다. 그는 CNN을 골랐다. 우리는 그레이엄 목사 일행을 모시기 위해 북한 측이 특별히 보낸 고려항공의 구닥다리 러시아제 TU-134에 탑승, 평양으로 날아갔다.

나의 첫 북한 방문 이후 세계는 급변했다. 베를린 장벽이 무너졌고, 소련을 비롯한 북한의 다른 사회주의 동맹국들이 붕괴했으며, 동독의 에리히 호네커와 루마니아의 니콜라에 차우셰스쿠 등 김일성의 냉전 시절 동료들이 퇴출됐다(차우셰스쿠의 경우는 그의 아내와 함께 살해됨). 바르샤바 조약은 더 이상 존재하지 않았으며, 모스크바와 베이징 양쪽 모두 북한의 오랜 라이벌인 남한과 외교 관계를 열었다. 한국전쟁에서 북한을 패전으로부터 구해내고 여전히 북한의 가장 가까운 우방국으로 남았던 중국은 시장형 경제 개혁을 받아들였다.

아울러 제1차 걸프전에서 사담 후세인을 신속히 제압한 미군은 그 승리를 통해 미국이 보유한 최첨단 군사력의 막강함과 구식 소련제 무기와 장비로 무장한 북한 군사력의 상대적인 취약성을 크게 부각시켰다. 그 어느 때보다 고립에 빠진 평양 정권은 탈냉전 세계에서의 생존 능력에 대해 걱정이 자심했다. 김일성의 우려는 체제 내부의 경제적 쇠퇴를 보여주는 증거가 늘어나면서 절정에 달했다. 식량과 연료 부족, 공장의 가동 중단에 대한 보고가 잇달았다. 북한 언론은 전 국민에게 하루 두 끼로 식사량을 제한할 것을 촉구했다.

극적으로 변화된 전략적 상황은 다양한 결과를 초래했다. 김일성과 김정일은 세계 유일의 초강대국 미국과의 타협만이 정권의 지속적인 생존을 보장해줄 것이라는 결론에 도달한 것이 분명했다. 그러나 이 같은 타협은 허약함이 아니라 힘을 과시함으로써 이루어져야 했다. 이후 몇 년 동안 분명해진 그들의 결론은 이중트랙dual-track 전략이었다. 그 핵심 요소는 이러했다. 미국과는 장기적으로 전략적 관계를 확립하며, 다른 한편으로는 탄도미사일과 핵무기를 증강해 억지력deterrent 또는 자위self-defense 수단으로 쓰거나, 필요할 경우, 즉 대미 관계가 근본적으로 개선되고 보상이 적당하면, 맞교환한다는 것이다.

그레이엄의 방문 사흘째, 평양의 유일한 개신교회에서의 설교가 허용된 뒤(나는 당시 신도 전체가 그레이엄 목사를 위해 조직된 것은 아닌지 의구심이 들었다), 전도사는 위대한 수령 김일성과 접견할 수 있었다. 나와 카메라맨은 그레이엄 목사와 함께 차를 몰아 평양 교외의 호화로운 관저로 가, 그곳에서 김일성과 악수하고 가족사진을 보여주며, 함께 기념사진을 찍었다. 그레이엄 목사는 회담에서 조지 W. H. 부시 대통령의 구두 메시지를 김일성에게 전달했다. 우리 측 카메라가 돌아가는 가운데, 김일성은 "오늘은 화창한 봄 날씨입니다. 오늘 날씨처럼 우리나라와 미국 간의 관계에도 봄이 왔으면 좋겠습니다"라고 말했다. 이 같은 인사말은 우리가 체류하는 동안 다른 북한 관리들도 반복해 썼던 표현이었다.

'위대한 수령'은 작달막하지만 딱 벌어진 어깨와 깊은 목소리, 그리고 툭 튀어나온 배를 가진 위풍당당한 인물이었다. 또한 오른쪽 목덜미에 오렌지 크기만 한 커다란 혹 덩어리가 있었는데, 그것은 김일성이 없애지 않기로 한 양성 종양이었다. 그의 측근들은 그를 공경하고 두려워하는 모습이 역력했다. 북한 사진 기자들조차 김일성이 방에 들어서자 고물 카메라를 향해 그가 몸을 돌리기 전에 공손하게 머리 숙여 인사했다. 그들의 카메라는 김일성과 그레이엄의 악수 장면을 담기 위해 우리 카메라맨들이 사용한 첨단 소니 비디오카메라와 현저한 대조를 이뤘다.

김일성을 관찰하면서 나는 그가 통치하는 사회의 역학구조를 이해하고자 애썼다. 이전의 책에서 나는 오랜 세월이 흐른 오늘날에도 여전히 유효하다고 느끼는 소감을 다음과 같이 적은 바 있다.

> 나는 북한을 단순히 또 하나의, 그러나 약간은 기괴한 공산주의 국가로 보는 것은 생산적이지 못하다고 생각하게 됐다. 북한에 대한 최상의 비유

는 유교 전통에 깊이 물든 매우 보수적이고 내부 지향적인 사회에 접목된 종교 집단이 아닐까 한다. 여기서 삶의 목적은 당대의 신성성, 즉 위대한 수령을 찬양하는 것이다.[1]

나는 또 이렇게 썼다. "내용이 아닌 장식의 측면에서, 원시 기독교와 놀라운 유사성이 있다. 김일성의 출생지는 예수 탄생의 무대와 너무도 비슷해서, 그레이엄 목사의 수행원들은 농담조로 그곳을 베들레헴이라고 부를 정도였다. 거기에는 아버지(김일성)와 아들(김정일), 그리고 신성한 이데올로기(주체사상)가 있었다. 사람들은 십자가가 아닌 김일성 배지를 언제 어디서나 부착함으로써 신앙심을 보였다. 그리고 중세 사회에서처럼, 이단은 가혹한 처벌을 받는 운명이었다."[2]

김일성이 갖춘 전능한 지도자로서의 면모, 북한 당국의 신랄한 선전 문구, 정치적 · 군사적 동원을 지속해가는 정권 등은, 갈수록 차가운 시선을 보내는 세계에서 생존의 사투를 벌이며 마치 영구적인 포위 상황에서나 감지되는, 지도자를 중심으로 똘똘 뭉친 한 사회의 압도적인 흥분 상태를 자아냈다. 외부 세계에서 보면, 북한은 위협적이고 호전적이다. 그러나 내부에서 보면, 북한의 공격적인 면모는 본질적으로 공세적이기보다는 수세적이다.

그레이엄 목사의 방북 2년 뒤인 1994년 4월 16일, 나는 김일성을 다시 만났다. 마지막 만남 이후 북한의 핵 프로그램 탓에 긴장은 극적으로 높아진 상태였다. 미국이 한국전쟁에서 신속한 승리로 전쟁을 종결짓기 위해 핵무기 사용을 거론한 이래, 한반도에는 항상 핵무기의 그림자가 드리워져 있었다. 핵폭탄을 갖고자 하는 김일성의 관심은 바로 이때부터 시작된 것으로 여겨진다. 1950년대 말, 평양 북쪽 영변에 핵 연구 단지가 조성되었고, 1980년대 말까지 5메가와트급 원자로가 전면 가동됐다. 북한이 1985년 비확산조약NPT에 서명했음에도 1992년 국제원자력기구IAEA는 북한이 제공한 데이터에서 불일치를 적발해냈다. 미심쩍은 자료는 북한이 이미 영변의 원자로에서 추출한 연료에서 무기급 플루토늄을 생산했으며, 이를 숨기고 있다는 의혹을 부풀렸다. IAEA는 특별 사찰을 요구했다.

1993년 초 북한은 이에 대응해, NPT 탈퇴 계획을 발표했다. 평양은 이 같은 위협에 이어 잠재적으로 핵탄두를 동해로 날려 보낼 수 있는 노동1호 미사일을 시험 발사했으며, IAEA 사찰단원의 접근을 제한했다. 북한 당국은 또 영변 원자로에서 사용후 연료봉spent fuel rods을 제거하고 이를 재처리해 무기급 플루토늄을 만들겠다고 위협했다. 북한이 핵 능력을 확대할 찰나에 있다고 우려한 클린턴 정부는 유엔에 제재 결의안을 상정하겠다고 위협했다. 평양은 그와 같은 조처를 '전쟁 행위act of war'로 간주하겠다고 선언했다.

1994년 3월 비무장지대에서 열린 한 회담에서, 북한 관리는 전쟁이 발발하면 서울을 '불바다sea of fire'로 만들어놓겠다고 경고했다.

빌리 그레이엄 목사 방북 취재가 북한에 CNN의 전 세계 방송망에 대해 분명한 인상을 심어준 결과, 나는 CNN 팀을 이끌고 평양을 방문해 4월 15일 김일성의 여든두 번째 생일잔치에 참석하는 소규모 해외 유명 인사 사절단을 취재하도록 초청받았다. 이튿날 아침, 우리는 대리석으로 호화롭게 장식된 평양 교외의 금수산 궁전에서 '위대한 수령'과 두 시간 반을 함께 보냈다. 김일성은 자신감 넘치고 여유 있었으며 건강해 보였다. 거위구이와 메추리알탕으로 차려진 점심을 들며 그는 핵 위기의 평화적 해결에 대한 자신의 희망을 자기 식대로 강조했다.

"세계는 지금 우리에게 우리가 갖고 있지도 않은 핵무기를 보여달라고 한다." 그는 또렷하게 말했다. "우리는 현재 상태로도 충분하다. 그것을 갖는다 한들 어디다 쓰겠는가? 우리는 전쟁을 원치 않는다. (……) 우리는 그동안 이 나라에 아주 많은 건축물을 세웠는데, 그것들을 무너뜨리고 싶지 않다. 전쟁을 원하는 자들은 정신 나간 사람들이다."

나는 김일성의 말을, 점증하는 위기에서 벗어나는 방법을 협상하고 싶다는 신호로 해석했다. 8천 개의 사용후 연료봉을 영변 원자로에서 제거하면서도 평양은 자국에 대한 긍지를 드높이는 한편 협상 지렛대로 삼기 위해 김일성의 말을 또 다른 전형적인 벼랑 끝 전술brinksmanship로 따르고 있었다. 핵확산 문제 전문가들에 따르면, 북한은 핵연료 제거 과정에서 "IAEA가 원자로 노심의 연료봉 각각의 상태를 점검할 수 있도록 허락하지 않았고, 그 결과 원자로의 가동 내역을 측정하고 전체 플루토늄 양을 판단하는 데 필요한 핵심 기술 수단을 없애버렸다"는 것이다.[3] 그 결과, 북한이 이미 상당한 무기급 플루토늄을 생산했는지 여부를 판단하는 일은, 불가능하지는 않더라도 매우 어렵게 되었다. 더욱이, 연료봉이 재처리되었다면, 북한은 5~6개의 핵무기를 더 만들었을 수도 있다고 전문가들은 주장했다.

피폐한 경제와 고립된 상황 그리고 생존에 대한 우려에 시달리며, 미국에 적대적인 국가에 미사일과 군사 기술을 판매한 오랜 전력을 가진 북한이 조만간 핵무기 대여섯 개를 보유할 수 있다는 전망은 워싱턴에 경고음을 울렸다. 1994년 봄에서 여름으로 접어드는 사이, 클린턴 행정부는 군사적 선택을 진지하게 고려하기 시작했다. 한국에 거주하는 미국인을 소개하고 핵 시설을 정밀유도폭탄으로 파괴하기 위해 영변을 선제공격하는 작전이 세워졌다. 미국의 지휘관들은 이 같은 공격에 대해 북한이 한국을 공격하는 것으로 대응하리라고 확신했다. 주변 강대국의 오랜 희생양이었다가, 김일성에 의해 창안된 지도 이념인 주체사상 체제 아래 새롭게 조직된 나라에서 김일성이 외부의 압력, 특히 미국의 압력에 굴복할 가능성은 결코 없었다. 미국의 군부는 전면전이 일어나면 한국에 주재하는 미국인 약 10만 명을 비롯해 1백만 명에 이르는 사람들이 사망할 것으로 추산했다.[4]

재앙을 향한 급전직하의 상황에 놀란 미국의 전 대통령 지미 카터는 6월 중순, 사태에 개입키로 하고, 김일성과 회담하기 위해 평양으로 갔다. 이미 4월에 CNN을 통해 보도된 김일성과의 인터뷰 내용이 북한 당국에 CNN의 세계적인 방송망에 대해 다시금 깊은 인상을 심었다. 카터의 방북을 코앞에 둔 순간, 나는 그와 함께 방문하도록 허락받았으며, 북한 당국에 의해 그를 동행 취재할 유일한 언론인으로 지명되었다. 극도로 긴장된 분위기에서 나는 거의 버려진 듯한 비무장지대-평양 간 4차선 고속도로를 타고 전직 대통령을 뒤따랐으며, 두 달 전 '위대한 수령'과 점심을 즐겼던 바로 그 주석궁에서 그가 김일성을 만나는 모습을 지켜보았다. 김일성 곁에는 예전 미국과의 외교적 만남에서 비록 거칠지만 베테랑답게 알아듣기 쉽도록 자신의 논리를 전개했던 강석주 북한 외무성 제1부상이 있었다. '존엄'에 대한 북한의 집착에 비춰볼 때 그 같은 저명한 방문객의 존재는 김일성의 체면을 살리는 모양새를 취하면서 타협할 수 있는 기회를 제공했다. 6월 16일, 카터는 협상의 개괄적 조건을 중재했으며, 이 같은 조건 아래 북한의 지도자는 미국의 제재 움직임 중단 및 워싱턴과의 회담 재개를 대가로 핵 프로그램을 동결하는 데 동의했다. 전직 대통령은 클린턴 행정부의 고위 관리들이 전쟁 계획을 끝내고 있는 그 순간, CNN과의 생방송 인터뷰를 통해 획기적인 진전 내용을 발표했다. 워싱턴의 고위 관리들은 회의를 중단하고 카터의 뉴스를 듣기 위해 백악관의 텔레비전 앞에 둘러앉았다.

위기일발의 대치 상황은 이렇게 간신히 모면했다. 안도한 북한 관리들은 카터를 김일성의 호화로운 요트에 태워 뱃놀이를 시켰으며, 나와 CNN 동료들에게는 북한의 가장 귀한 선물, 즉 김일성 배지를 선사했다.

넉 달 후 1994년 10월 21일, 강도 높고 힘든 협상 뒤, 로버트 갈루치 국무 차관보와 강석주는 기본 합의Agreed Framework라고 부르는 3쪽 짜리 문서에 서명했다. 핵 회담은 같은 해 7월 심장 발작에 의한 김일성의 돌연한 사망과 김정일의 권력 승계를 둘러싼 불확실성으로 인해 복잡해지기도 했다. 그러나 북한은 정치적으로 안정되어 보였고, 김정일은 자신의 아버지가 지미 카터에게 했던 약속의 이행을 간절히 원하고 있음이 분명했다.

기본 합의는 실질적인 의도로만 보면 조약임이 분명했지만 김정일 정권에 득이 되는 그 어떤 거래도 반대하는 미국 내 공화당으로부터의 저항 가능성이 엄연한 현실을 고려해, 클린턴 행정부는 의회의 공식적인 비준 절차가 필요 없는 형태로 조약을 만들고 싶어 했다. 기본 합의에 따라 평양은 위기가 한창일 때 무기급 플루토늄을 생산했던 영변의 5메가와트급 시설, 즉 북한에서 유일하게 가동 중인 원자로를 동결하기로 약속했다. 아울러 다른 두 개의 원자로 건설도 중단함과 동시에, 북한 핵 시설은 국제 사찰을 받아야 했다.

미국으로서는 2003년까지 두 개의 경수로를 건설하기 위한 국제 컨소시엄의 구성을 지원키로 약속했는데, 이는 핵폭탄을 제조하는 데 사용될 수 있는 물질을 적게 생산했기 때문에 '확산 내성적proliferation-resistant'인 것으로 여겨졌다. 워싱턴은 또 그사이 매년 중유heavy fuel oil 50만 톤을 공급해 북한이 에너지 수요에 대처할 수 있게 하고, 궁극적으로는 완전한 관계 정상화의 방향으로 외교적 관여를 확대해나가기로 합의했다. 북한은 경수로 준공 이전에 의무적인 '특별 사찰'을 허용할 것을 포함해 IAEA 프로그램에 전적으로 따르고, 궁극적으로는 기존의 5메가와트급 원자로와 다른 두 개의 건설 중인 원자로까지 폐기해야 했다.

기본 합의가 체결된 직후, 북한은 원자로 가동을 중단하고, 미국인 몇 명을 비롯한 사찰단원들이 영변으로 복귀하도록 허용했다. 평양은 미국 전문가 팀과 협력해 5메가와트급 원자로에서 빼낸 8천 개의 사용후 연료봉을 냉각조에 안전하게 보관했으며, 결과적으로 자칫 핵폭탄으로 전환되었을지도 모를 플루토늄에 대한 국제적 모니터링이 지속되도록 보장했다. 1995년 3월, 미국, 일본, 한국은 경수로 건설을 감독할 컨소시엄을 발족했다. 예상액 50억 달러에 이르는 건설비를 누가 지불할 것인지, 그리고 누가 원자로를 지을지(한국은 자국 회사가 공급하기를 원했지만 평양은 처음에는 비한국계 회사를 고집했다)에 대한 옥신각신에도 불구하고 기본 사항에 대한 합의가 이뤄졌으며, 한반도에너지개발기구KEDO가 마침내 완전 가동하기에 이르렀다.

그러나 기본 합의는 체결되던 그 순간부터 미국에서 회의적인 반응을 얻었다. 북한의 플루토늄 생산을 중지시킨 점에 초점을 맞추는 대신, 《뉴욕 타임스》의 헤드라인은 다음과 같았다. '대북 협정 미국의 양보 포함: 기본 합의, 핵심 플루토늄 제조 시설 향후 7년간 존재토록 허용.' 공화당의 클린턴 비판은 행정부가 북한에 너무 많은 것을 준 반면, 충분한 대가를 얻어내지 못했다고 비난하는 등 훨씬 더 혹독했다. '유화appeasement' '굴복surrender'이라는 단어가 공중파를 가득 메웠다.

협약이 체결된 지 불과 17일 만에 공화당은 중간 선거에서 상원과 하원 모두를 장악했다. 이후 몇 년간 많은 전선에서 공화당에 포위된 행정부는 심지어 기본 합의에 의해 약속된 중유 선적에 드는 극히 적은 금액에 대해서도 의회의 승인을 얻느라고 악전고투했다. KEDO에 대한 자금 공급도 중유 선적이 툭하면 지연되는 결과를 빚으며 똑같이 논란이 됐다. 아울러 경수로 건설이 뒤늦게 착수되어 당초 예정된 2003년 준공 목표를 아득히 먼 일로 만들었다. 워싱턴은 북한에 대한 제재를 거의 완화하지 않았다. 워싱턴도, 평양도 합의를 파기하지는 않았지만 한반도의 오랜 갈등이 마침내 해빙을 맞을 전망은 자취를 감췄다.

의회의 반대와 모니카 르윈스키 스캔들에 의해 입지가 손상된 클린턴은, 북한처럼 구미가 당기지 않는 정권에 관여하는 정치적 발상을 지원해줄 정치적 자본을 거의 확보할 수 없었다. 한편 북한은 북한대로 클린턴 행정부가 약속을 지키지 않는다는 데 당혹감이 높아만 갔다. 1995년과 1996년 내가 평양을 방문했을 때 북한 관리들은, 협상을 지지하고 워싱턴과의 관계를 개선하고 싶어 하는 외무성의 '온건파'와 북한이 기본 합의를 통해 뭔가를 얻어낼 수 있다는 것에 회의적인 군부 '강경파' 간의 견해 차이를 암시했다. 국영 매체는 북한이 기본 합의를 철회할 가능성이 있으며, 따라서 미국이 자신의 의무 사항을 이행하지 않을 경우 핵 프로그램을 재개할 수도 있다는 위협적인 논평을 주기적으로 내기 시작했다.

그렇다 해도 1994년에 워싱턴과 북한을 전쟁 직전 상태로 몰고 갔던 북한의 핵 야망의 직접적인 위기는 완화된 상황이었다. 어떤 결함이 있든 기본 합의가 핵 프로그램이 본 궤도에 오를 정도로 급격히 확대되는 것을 막았다는 사실에는 의심의 여지가 없었다. 핵 전문가 데이비드 올브라이트David Albright가 지난 2002년 지적했던 것처럼, 기본 합의가 북한의 핵 프로그램을 '동결'시키지 않았더라면, 북한은 2000년까지 3백~4백 킬로그램의 무기급 플루토늄을 축적했을 것이다. 핵무기 하나에 5킬로그램이면 충분하므로, 이 정도 플루토늄 양이면 60~80개의 핵무기를 만들기에 충분하다.[5]

그러나 북한은 1990년대 중반 새로운 위기에 직면했다. 참혹한 홍수 피해와 턱없이 부족한 수확량, 그리고 이 나라의 중앙계획식 사회주의 경제의 비효율성은 대규모 식량 부족 사태를 불러왔다. 연료와 전력의 부족으로 경제가 결딴나면서 북한의 산업과 운송 부문은 멈춰버렸으며 경제는 실질적으로 무너져내렸다. 1997년 초까지 북한은 처참한 기아 사태에 빠져들어, 자립을 뜻하는 주체 이념과는 사뭇 대조적으로, 북한 정권은 사상 처음으로 국제 구호를 호소할 수밖에 없었다. 과거 외국인에게는 불허됐던 북한의 일부 지역에 유엔과 다른 구호 기구들의 접근이 허용되면서, 굶주린 시민들이 초근목피로 연명하는 광경, 거리에 널브러진 시체들, 그리고 심지어는 인육을 먹는 소름끼치는 상황이 구호 기구의 보고를 통해 외부에 알려졌다. 기아 사망자 수 추정치는 전체 북한 인구의 거의 10퍼센트에 해당하는 2백만 명에 이르렀다. 상황이 너무 심각하여, 1997년 미 중앙정보국CIA은 북한이 5년 안에 무너질 것이라고 내다봤다. 2006년 해제된 한 비밀 보고서에서 CIA는 "북한의 현 상황은 정권의 존속을 근본적으로 위협하지 않는 교정적인 조치corrective actions가 불가능해 보인다"라고 보고했다.[6]

기아가 한창일 때 나는 처음으로 김정일을 먼발치에서 보았다. 1997년 4월 나는 취재진과 함께 평양에 가서 인민군 창군 기념일을 취재하도록 초청받았다. 식량 위기가 심화되면서 군부의 힘이 커졌다. 최고사령관으로서 그리고 그의 아버지가 사망한 뒤 3년간 권력을 공고히 했던 김정일은 이 기념일을 권력의 초석으로 만들고자 했다. 어느 화창한 봄날 우리는 평양 시내 한복판의 김일성광장으로 안내되어 사전에 계획된 열병식을 보게 됐다. 면도날처럼 예리한 총검을 든 수많은 병사들이 완벽한 대오를 지어 각종 깃발과 거대한 김일성 초상으로 장식된 소련식 건물을 지나 거위걸음으로 행진하고 있었으며, 붉은빛과 분홍빛의 조화造花—하나는 김정일화였고, 다른 하나는 김일성에 대한 정치적 충성의 표시로 과학자들에 의해 특별히 개발된 교배종의 일종인 김일성화—를 든 민간인의 행렬이 잇따랐다.

돌연 김정일이 연단에 모습을 드러내 연단 아래를 행진하는 군중에게 손을 흔들었다. 서방의 언론에 그의 모습이 잡힌 것은 이때가 처음이었다. 환호하고 울부짖으며 열렬하게 종이꽃을 흔드는 군중의 반응에 나는 경악했다. 그것은 거의 집단 히스테리에 가까운 충성심의 표시였다. 군악대가 〈김정일 장군의 노래〉를 연주할 때 그는 무표정한 얼굴로 조용히 길게 뻗은 연단을 걸어갔다. 특별히 CNN을 초청해 무력을 과시하려는 의도는 명백했다. 북한은 식량난과 경제 위기로 인해 군사적으로 약화됐고 붕괴 직전에 있으며, 따라서 외부 압력에 취약해졌다는, 당시 CIA를 비롯한 일반의 인상을 불식시키고자 했다.

사적인 자리에서 북한의 고위 관리들은 식량 위기의 심각성을 인정하는 한편, 평양은 기본 합의에서 자기들이 양보했던 주요 사항이 별 가시적인 이득을 내지 못한다는 사실을 점점 더 실감한다고 말하면서 이 같은 관점을 강화했다.

1990년대 말 북미 관계가 냉랭해지면서 평양은 김정일 정권의 붕괴가 바로 미국이 노리는 목표라는 믿음을 유지했던 반면, 미국은 공화당의 클린턴 비판자들은 물론 정부 관리들까지 평양이 궁극적으로는 핵 야심을 포기하지 않았다는 우려를 떨치지 못했다. 1998년 7월, 전 국방장관이자 미래의 국방장관 도널드 럼스펠드(럼스펠드는 이미 포드 정부에서 국방장관을 역임한 바 있다-옮긴이)가 이끄는 공화당 주도의 한 위원회는 북한의 탄도미사일 위협이 미국의 정보 당국에 의해 과소평가됐으며, 북한은 '경고가 거의 없거나 아예 없이' 미국을 때릴 수 있는 미사일을 발사할지도 모른다는 내용의 보고서를 발간했다.

위원회는 의회 공화당 우파의 압력 아래 구성되었으며, 이들 우파는 불량 국가들rogue states의 공격으로부터 미국을 지키기 위해 미사일 방어 체제를 구축하는 일에 몰두하고 있었다. 원래 1980년대 로널드 레이건 대통령에 의해 제시되었고 인기 영화 시리즈 제목을 본떠 '스타 워즈Star Wars'라 부르던 이 구상은, 2000년 조지 W. 부시가 대통령에 당선된 이후 영향력이 강력해진 보수 우파 진영의 주요 정강 중 하나였다. 네오콘과 그 동맹 그룹은 1990년대를 미국의 미래와 관련한 자신들의 생각을 가다듬는 한편, 공화당 안에서의 영향력을 강화하며 보냈다. 그들은 군축 협정은 나약함의 상징이라고 믿었고, 북한과 같은 적대국과 관계를 트는데 반대했으며, 미국이 외부 위협에 충분히 공격적으로 대응하지 않고 있다고 우려했다. 럼스펠드 위원회의 구성원들 가운데에는, 훗날 펜타곤에서 럼스펠드의 차석이 된 폴 울포위츠Paul Wolfowitz를 포함해 조지 W. 부시가 대통령이 된 뒤 계속 정부 요직에 앉은 인물도 여럿 있었다.

한반도 정책에 대한 논란이 워싱턴에서 가열되던 1998년 8월 17일, 미국의 첩보위성이 영변 핵 시설에서 그리 멀지 않은 금창리에서 새 지하 구조물을 발견했다는 주장이 《뉴욕 타임스》에 새어 나가면서 북한에 대한 우려가 고조되었다. 몇몇 전문가들은 금창리의 터널 안에 비밀 원자로 또는 재처리 시설이 숨겨져 있을 것이라고 믿었다. 이 보도의 충격파가 워싱턴 전역으로 퍼지면서 의회 의원들 일부는 기본 합의의 파기를 요구했고, 존 매케인John McCain 상원의원 등 몇몇은 군사 행동을 촉구하고 나섰다.

나는 이 같은 혼란의 와중에 또 한 번 평양의 부름을 받았다. 나와 카메라팀이 도착한 8월 31일, 북한은 3단계의 대포동 1호 미사일을 처음으로 시험 발사했다. 동해안에서 발사된 액체연료(주입)식 미사일은 태평양에 떨어지기 전 일본 상공을 날아 주일 미군을 타격할 수 있음을 확인해주었다. 미국 관리들은 곧 미국에 도달할 능력을 가진 대포동 2호 장거리 미사일의 시험이 이어질 것으로 우려했다. 평양은 미사일 발사의 유일한 목적은 〈김정일 장군의 노래〉를 중계할 위성(광명성-옮긴이)을 궤도에 올리는 것이라고 주장했지만, 비판가들은, 이 시험 발사가 다분히 정치적·군사적 목적, 즉 북한은 결코 워싱턴의 격렬한 언사에 겁먹지 않는다는 것을 보여주기 위한 목적으로 이루어졌음이 분명하지만, 그럼에도 럼스펠드 위원회의 불길한 경고 내용을 입증해준 것으로 보인다고 주장했다.

금창리와 관련된 정보 누설과 미사일 발사 시험은, 이미 흔들리던 워싱턴 내의 기본 합의에 대한 정치적 지지를 크게 손상시켰다. 클린턴 대통령은 이러한 강한 압박에 못 이겨 미국의 대북 정책을 재검토할 고위급 조정관을 임명했다. 그는 이 일을, 1994년부터 1997년까지 국방장관으로 일했고, 카터 행정부 때도 펜타곤에 있었던 윌리엄 페리William Perry에게 맡겼다. 첨단 무기 전문가며 차분한 스타일의 페리는 정치 색깔을 떠나 폭넓은 존경을 받았다. 게다가 그는 미국이 영변 핵 시설에 대한 선제공격 직전까지 갔던 1994년 6월, 바로 그 문제를 관할하면서 북한 문제에 대한 나름의 경험을 쌓았다.

페리가 자신의 정책을 검토하던 무렵인 1990년 초반, 전 국방 차관보이자 공화당의 아시아 정책 전문가인 리처드 아미티지는 훨씬 더 강력한 대북 접근법을 주장한 이른바 '팀 B Team B' 보고서를 펴냈다. 아미티지는 관여 정책engagement('관계 트기' 정도의 의미-옮긴이) 발상은 지지하면서도, 클린턴 정부의 대북 정책 내용과 전술에 대해서는 상당히 비판적이었다. 이 보고서는 기본 합의를 북한 핵 프로그램에 대한 불충분한 봉쇄장치an insufficient curb라고 기술했으며, 기본 합의, 특히 그중 에너지 공급을 다룬 부분을 재협상하라고 촉구했다. 보고서는 또 미국이 일본에 패트리엇 미사일 포대를 배치해 '억지적 군사 태세deterrent military posture'를 강화하자고 제안했다. 보고서는 덧붙여, 북한이 미사일을 수출하기 전에 차단할 수 있는 방법을 연구하고, 북한을 선제공격하며, 평양이 선을 넘을 경우 미국에 의한 강력한 응징이 뒤따르는 '금지선red lines'을 그을 것을 제안했다. 아미티지 보고서와 럼스펠드 위원회는 모두, 훗날 럼스펠드나 울포위츠와 마찬가지로 그 자신이 요직에 오르게 될 부시 정부의 대북 정책 기초를 닦았다.

아미티지 보고서가 발표된 지 두 달째인 1999년 5월, 한·중·일과 협의 끝에, 페리와 소규모 대표단이 평양을 방문했다. 이 대표단의 다른 멤버들은 대통령과 국무장관 특별보좌관이자 대북정책 조정관인 웬디 셔먼, 미시간 대학 출신의 저명한 중국 전문가로서 국가안보회의NSC 아시아국장을 맡기 위해 학계를 떠난 케네스 리버설Kenneth Lieberthal, 국무부 한국데스크 과장으로 한국어를 구사하는 외교관 에번스 리비어(2009년 현재 코리아소사이어티 회장-옮긴이), 그리고 다른 두 명이 있었다. 페리는 연쇄 회동에서 북한 측에 현재의 상황은 결코 옹호될 수 없다고 직설적으로 말하며, 두 가지 길을 제시했다. 하나는 핵과 미사일 프로그램을 제거해 관계를 개선하고 대화를 확대하는 길로, 이는 경제 제재의 해제와 함께 워싱턴과의 최종적인 관계 정상화를 가져오는 것이다. 그는 북한에 워싱턴으로 고위급 특사를 보냄으로써 응분의 답례를 취해줄 것을 청했다. 동시에 그는 긴장 고조와 적대로의 하강 곡선이라는 또 다른 길을 강조했다. 북한 인사들은 호전적인 태도를 굽히지 않았다. 케네스 리버설은 북한의 한 고위 장성의 다음과 같은 적대적인 반응에 깜짝 놀랐다.

"이 사람들은 그 자리에서 그(페리)의 말을 들었다. '장관의 말씀 매우 감사하게 들었다. 나는 장관님 출신 배경을 잘 알고 있다. 나는 장관이 어디 출신인지도 잘 알고 있다'라면서, 페리가 성장했던 도시 이름을 댔다. 그러더니 계속해서, 만약 미국이 북한에 대해 무력을 사용한다면, 페리의 고향은 아예 날아가게 될 것이라고 했다. 이것은 충격적인 일례에 불과했다. '날아가게 된다'는 단어의 뜻은 분명했다. '우리는 핵무기로 당신네 마을을 때릴 것이다'는 것이다."

평양을 빠져나오는 비행기에서 페리와 그의 동료들은 자신들이 들은 사안의 중요성을 놓고 토론을 벌였다. 한 참석자의 말이다. "북한 사람들이 뭔가를 말하려고 할 때 전체적인 메시지는 전형적이다. 비난조에, 방어적이며, 그것은 모두 당신네 잘못이고, 당신네들은 약속을 지키지 못했으며, 관계가 나쁜 모든 이유도 당신네들 때문이고, 당신네들은 우리와 관계를 개선하려는 시도조차 없지 않느냐, 등이다. 이런 말들은 노상 쏟아지는 말들이다."

또 다른 일행으로, 한국어 구사 능력이 있는 에번스 리비어는 다른 견해를 취했다. "내 느낌은 우리가 보다 주의할 필요가 있다는 것이었다. [……] 때때로 북한 사람들이 '노'라고 하는 것은 '예스'를 뜻할 수도 있기 때문이다. 기본적으로는 이 말이 바로 (그때) 내가 하고자 했던 말이었다. 나는 북한 사람들이 격렬하고 적대적으로 우리 구상을 비판했던 과거의 실례 몇 가지를 들었다. 나는 페리에게 북한을 상대할 때는, 당신이 생각하는 것과 항상 같지 않으며, 특히 처음의 반응은 방어적이고 비난조에다 적대적이며, 이는 북한 사람들에게는 예사라는 점을 상기시켰다. 그러나 나는 얼마간 희망을 주는 몇 가지 코멘트가 나온 점에 주의를 환기시켰다. 북한이 노골적으로 대화를 거부하는 것이 아니었다는 것, 또 처음에는 익숙한 비난조의 언사로 반응했다가 나중에는 우리의 진실성sincerity에 초점을 맞춰 질문을 제기했다는 것 등을 언급했다. 이와 아울러 나는, 바로 이 지점에서 문은 아직 조금은 열려 있는 것처럼 보이며, 우리에게 시간이 필요할 것이라고 말했다."

케네스 리버설도 비슷한 평가를 내리고 있었다.

그는 말했다. "김정일은 자기가 매우 불리한 위치에서 움직인다는 것을 알고 있다. 그리고 사방에서 자기를 짓밟을 수 있는 사람들과 게임을 하고 있다. 그는 한국보다 약하고, 일본보다 약하며, 중국보다 약하다. 그가 미국보다 약하다는 것은 하늘도 알고 있다. 만약 군사적 대결 국면이 오면 그는 죽은 목숨이다. 약자로 게임을 해야 하는 그의 전략은 되도록 강하게 보이는 것이다. 그리고 어떤 도전에 직면했을 때는, 문제 그 자체보다 문제를 더 끌고 갈 용의가 있음을 보여주기 위해, 타협보다는 확전을 꾀하는 것이 미국에 대해 특히 효과가 있다는 것이다. 미국에는 그것이 대수롭지 않은 문제지만, 그에게는 아주 중요하다. 그러나 이 모든 것은 뭔가를 팔아치우려는 목표, 그리고 이를 통해 뭔가를 얻어내려는 목표와 연동된다. 그리고 그는 뭔가를 팔아치우려 할 것이다."

그에 앞서 몇 달간 클린턴의 접근법에 대해 미국 내에서 비판의 목소리가 고조되는 가운데 페리가 평양행을 준비 중일 때, 찰스 카트먼은 금창리 핵 의심 시설에 접근하는 문제를 두고 북한과 협상을 진행하고 있었다. 국무부에서는 누구에게나 '척Chuck'으로 통하는 카트먼은, 끈질기게 앉아 협상 테이블 너머로 북한 대표들이 쏟아내는 독설과 허풍, 위협 따위를 경청할 줄 아는 능력 덕분에 '쇠뭉치 Iron Butt'라는 별명을 얻었다. 경험 많은 동북아 전문가인 그는 서울과 도쿄의 미국 대사관에서 근무한 바 있으며, 국무부 한국과를 이끌었다. 1998년, 그는 평양과 관계를 개선하고 한반도의 긴장을 완화하려는 클린턴 정부의 노력에서 일종의 창구역 point man인 워싱턴의 대북평화회담 특사로 지명되었다. 《뉴욕 타임스》의 경고성 기사에도 불구하고 미국 정보 계통은 북한이 실제로 무엇을 하고 있는지에 대해 의견이 첨예하게 갈렸다. 패트릭 휴즈 Patrick Hughes 소장이 이끄는 국방정보국 DIA(국방부 산하의 정보기관-옮긴이)은 금창리가 비밀 지하 원자로 공사 현장이며, 금창리의 존재는 평양이 기본 합의를 기만하고 있음을 입증하는 것이라고 주장했다.

"국방정보국은 아주 완강했다"고 당시 국가안보보좌관 샌디 버거는 회고했다. 이어서 그는, "그들은 핵 관련 시설에 특징적인 도로를 찾아낼 수 있다고 말했는데, 실제로 (금창리의) 움푹 들어간 곳이 원자로 부지에 안성맞춤이라는 사실을 알아냈다"라고 말했다.

CIA를 포함한 다른 정보기관은 좀더 회의적이었다.

클린턴 행정부의 한 고위 관리는 다음과 같이 말했다. "나도 그 물증들을 보았다. 그리고 그들이 지적했던 거의 모든 것이 순진한 설명이라는 것을 알게 됐다. 다른 정보 계통 종사자들도 거의 똑같은 자료를 보고 국방정보국 측 주장을 들은 뒤, 근본적으로는 근거가 빈약하다고 말했다."

그러나 금창리 의혹은 여전히 큰 문제들을 만들었다. 워싱턴의 클린턴 정부는 평양이 기본 합의를 위반했다는 증거라며 다시금 의혹을 제시하는 각종 공세에 시달리게 되었다. 이 사안이 제대로 처리되지 않으면 이미 얼룩지고 위기에 처한 북미 간 대화는 파멸을 맞을 것이 분명했다.

직접적인 비난이나 위협은 피하는 한편, 어떻게 하면 양측이 난관을 무사히 통과할 수 있을지를 고려해서 계획을 짜는 카트먼의 스타일은 다년간, 그리고 수백 시간에 걸친 북한과의 상호작용을 통해 형성된 것으로, 그는 이러한 경험을 통해 북한은 코너에 몰린다고 판단하면 오히려 덤벼드는 경향이 있다고 결론 내렸다. 그의 접근법은 성과를 얻었다. 1999년 5월 북한은 미국 사찰 요원들의 금창리 방문을 허용키로 동의했다. 최초 한 차례 방문에 3억 달러를 요구했던 북한은 결국 감자 10만 톤의 선적을 '대가'로 금창리 사찰을 받아들였다.

그러나 미국인들이 발견한 것은 당혹스럽게도 규모가 크고 텅 빈 지하 동굴이었다. 비밀 핵 장소라는 물증은 전혀 없었다. 위기는 지나갔다. 당시 국가안보회의 비확산 선임 국장 개리 새모어Gary Samore(오바마 대통령의 대량살상무기 담당 특별보좌관 및 백악관 조정관으로 일하고 있음-옮긴이)에 따르면, "결론은, 금창리는 플루토늄을 보관하거나 농축에 이용할 수 있는 방식으로 고안되지 않았다"는 것이다. 그는 아울러 "따라서 우리 생각이 무엇이었든, 금창리는 우리 생각과는 달랐으며, 핵과는 관련이 없었다"라고 말했다.

10년이 흐른 오늘날에도 금창리 건설 현장의 정체는 알려지지 않았다. 그러나 금창리 에피소드는 대북 정보를 평가하는 방법에 대해 좀처럼 해소되지 않은 의구심을 남겼다. 국방정보국의 설명에 기댄 성급한 판단, 의도적인 언론 플레이는 이후의 정보 판단 결과에 대해 많은 관리들에게 꼭 회의적이지는 않더라도, 신중한 자세를 취하게 했다.

"국방정보국은 자기네 조사 결과를 터무니없이 과장했다. 그들은 확실성의 수준을 잘못 말했으며, 먹이사슬을 타고 위로 올라갈수록 단서들이 누락되었고, 종국에 가서는 우리를 아주 난처한 지경에 빠트렸다."

한 전직 고위 관리의 말이다.

1999년 여름 내내, 워싱턴에서는 북한의 2차 미사일 시험 가능성에 대한 우려가 다시 고개를 들었다. 그리고 그해 8월, 나는 또 한 번 평양 방문 초청을 받았다. 긴장을 악화시킨 다음 협상을 제안하는 식의 전통적인 수법을 지속하면서 평양은 나의 방문을, 만약 미국이 대화의 재개에 동의한다면, 향후 미사일 시험을 유예할 준비가 되었다는 신호로 이용했다.

여성악단이 전자기타를 연주할 무대가 자동으로 올라오게끔 시설을 갖춘 데다 온통 거울로 장식된 호화로운 연회장인 목련실 바로 밖에서 가진 인터뷰에서, 북한 노동당비서이자 김정일의 측근인 김용순은 미사일과 관련된 질문에 대해, "합리적으로 논의된다면 일이 잘 풀릴 것이다. 나는 이에 대해 낙관한다"라고 말했다. 아울러 그는 "손님이 떡을 주면 우리도 떡을 준다. 손님이 칼을 들고 오면, 우리도 칼로 손님을 접대할 것"이라고 말했다.

그의 발언은 북한이 수년간 되풀이해서 보여준 맞불작전tit-for-tat의 간결한 표현이었다. 몇 주 뒤에 열린 베를린 회동에서, 북한 외교관들은 찰스 카트먼에게 회담이 지속되는 한 평양은 장거리 미사일 시험 발사에 대한 유예 조치를 이행할 것이라고 다짐했다. 이에 대해 미국은 경제 제재의 부분 해제 조치를 지키겠노라고 했다. 이로써 마침내, 긴장은 누그러지기 시작했다.

1999년 10월 페리는 오랫동안 기다리던 보고서를 펴냈다. 전 국방장관인 그는 평양 정권이 붕괴 직전 상태에 있다는 견해를 부정했다. 보고서는 또 "조선민주주의인민공화국이 안고 있는 명백한 문제가 궁극적으로는 정권의 변화를 초래할 것이라는 예상이 논리적으로 합당하지만, 변화가 임박했음을 보여주는 증거는 없다는 것이다. 따라서 미국의 정책은 희망하는 바가 아닌, 있는 그대로의 북한 정부를 다뤄야 한다"라고 썼다. 페리는, 이 같은 상황에서 미국에게 가장 중요한 것은 북한 미사일과 핵 프로그램의 '완전하고 검증 가능한 중지 complete and verifiable cessation'라고 주장했다. 보고서는 또 영변 핵 시설의 동결을 이끌어낸 것을 들어 기본 합의를 인정했으며, 워싱턴의 장기 목표를 달성하는 최선의 방법은 고위급 회담을 통해 평양과 관계를 유지하고, 제재 종식과 궁극적인 경제·정치 관계의 정상화 방안을 제시함으로써 '한 걸음 한 걸음씩, 상호적인 방식으로, 북한이 위협이라고 인식하는 대북 압력을 완화시키는 방향으로 움직이는 것'이라고 결론 내렸다. 이와 동시에, 페리는 북한이 협력하지 않는다면 미국이 좀더 단호한 일련의 정책을 펴게 될 것이라는 점을 분명히 했다.[7]

한 분석가는 페리의 접근법을 '더 큰 당근과 더 큰 채찍'이라고 불렀다.

북미 관계가 악의에 찬 상호 비난과 팽팽한 외교적 대화 사이를 오락가락하는 사이, 한반도의 정치 풍경은 1997년 연말 김대중이 한국 대통령으로 당선되면서 극적으로 바뀌었다. 오랜 기간 재야 인사였던 김대중은 정부 요원에게 몇 차례 살해 위협을 받았으나 살아남았다. 1981년 그는 군부 독재자 전두환에 의해 재판에 회부되어 내란 교사 혐의로 사형을 선고받기도 했다. 레이건 행정부가 막판에 개입함으로써 그의 처형을 가까스로 막을 수 있었다.

김대중은 북한에 대한 종래 한국의 강경한 접근법을 근본적으로 전환할 것을 제안했다. 대신 그는 이른바 '햇볕 정책'을 주창했다. 남측은 북한 붕괴 후 벌어질 탈북 난민의 대량 유입과 내부 불안 상황을 결코 통제할 수 없을 것이라는 믿음을 바탕에 깔고, 김대중은 무역과 경제 관계의 확대 및 인적 접촉의 증가를 통해 평양과 관계 맺기를 모색했다. 김대중은 북측에 대한 남측의 투자 제한을 완화했으며 인도적 지원을 늘렸다. 1998년 말, 남쪽의 현대 기업은 북한의 명승지인 금강산에 관광지를 개발하고, 비무장지대 이북에 경제 특구 조성지를 물색하기로 북측과 합의했다.

관여 정책을 촉구하는 일에 한국의 지도자가 전 국방장관 페리와 동참하자 클린턴 행정부는 당시로서는 가장 중대한 이슈였던 북한의 탄도미사일 개발 및 수출 문제를 해결하기 위한 일련의 회담에 착수했다. 2000년 1월, 찰스 카트먼은 미국 대표단을 이끌고 베를린에서 북한 측과 만났다. 윌리엄 페리가 이보다 8개월 전 평양을 방문했을 때, 그는 북한에 고위급 특사를 워싱턴에 보낼 것을 요청했다. 카트먼은 그런 방문을 예상하면서 일이 성사됐을 경우를 대비한 공동성명 초안을 작성했다. 초안은 로버트 칼린과 공동 집필했다. 더벅머리에 턱수염을 한 칼린은 CIA에서 18년간 북한을 분석했으며, 1992년 이후에는 국무부의 정보 부서인 정보조사국 the Bureau of Intelligence and Research에서 유사한 업무를 담당해온 북한 문제 베테랑이었다. 1990년대에 미국의 외교 접촉 범위가 넓어지면서 칼린은 평양과의 협상에 개입된 미국 관리들에게 실용적인 형태로 정보를 가공하는 창구가 됐다.

초안은 '양측 정부 어느 쪽도 상대방에 대해 적대적 의도를 갖지 않을 것'이라는 문구를 포함했으며, '과거의 적대 관계에서 자유로운 새로운 관계 건설'을 위한 양측 정부의 희망을 강조했다. 카트먼은 베를린 회담에서 북한 측에 그 성명안을 건넸다. "우리는 우리의 적대적 태도가 양국 관계 개선의 큰 장애물이라는, 회담 때마다 그들에게 들었던 바로 그 말을 오히려 그들에게 되돌려주려고 했다"라고 그는 말했다.

다음은 칼린의 말이다. "그들은 우리가 어느 위치에 있는지 알고 있었다. 그들은 미국인들이 이번에 무엇을 겨냥하고 있는지를 알았으며, 우리가 가려는 방향에 대해 의문이 없었다. 나는 항상 그것이야말로 그들의 계산에서 하나의 중요한 참고점이라고 생각했다."

다음 달, 오랜 대북 정보 전문가는 평양의 정책 변화가 가능함을 보여주는 흥미로운 조짐을 발견했다. 국영 조선중앙통신은 제1부총리가 북한이 군사적으로 충분히 강력하다는 사실과 더불어, 북한은 이제 경제개발에 집중해야 한다고 선언했다고 보도했다. 칼린은 20년간 북한 선전물을 연구하며 터득한 기술을 이용해 즉각 행간의 뜻을 읽어낼 수 있었다.

그는 다음과 같이 회고했다. "핵심적인 요령은 처음에는 그저 진지하게 그것을 받아들이는 것이다. 다음으로는 무엇이 정책으로 의도된 것이며, 무엇이 단순한 선전용인가를 이해하는 것이다. 그다음, 이를 활용하여 2~3년 치 성명들은 물론이고, 10년간의 성명들을 비교해보는 것이다. 〔……〕 그들이 바꾼 것이 무엇이며, 언제 바꾸었는가를 이해하고 〔……〕 경제적 동기를 이해하면 된다."

그는 자신의 감을 카트먼에게 얘기했다. 두 사람은 기아가 북한 사회를 초토화해 북한 지도부 안에서조차 정권 유지를 보장하기 위해서는 모종의 개혁이 긴급하다는 인식이 확산되고 있는 것처럼 보인다는 데 견해가 일치했다.

"척이나 나나 문자 그대로 같은 날 아침, 똑같이, '이게 뭐야!'를 외쳤다"라고 칼린은 회고했다. 다시 이어지는 칼린의 회고다. "이것은 바야흐로 전혀 새로운 전선이 열리고 있음을 뜻하며, 우리에게 협상에 써먹을 많은 자산이 생긴 것이다. 저들이 초점을 맞추고 싶어 하는 것은 바로 경제였다."

이 선언 이후 김정일이 자국의 피폐한 경제를 재건하는 데 좀더 관심을 쏟을 수 있게 안보 환경을 변화하는 방안을 진지하게 고려 중임을 시사하는 일련의 조치들이 잇달았다. 5월 말, 과거 20년간 공식적으로 중국을 방문한 적이 없는 김정일이 비밀리에 중국을 여행했다. 그가 출발한 뒤 중국의 국영 《런민르바오人民日報》는 김정일이 중국의 경제 개혁과 대외 개방 정책을 치하했다고 인용 보도했다. 그것은 '경애하는 지도자'가 적어도 북한이 중국의 전례를 따를 것인지, 만약 따른다면 어떻게 따를 것인지를 심사숙고하고 있다는 흥미로운 징후였다.

2주 뒤인 2000년 6월 15일, 역사적인 전환점이 왔다. 미국에는 비밀에 부친 몇 달간의 협상 끝에 한국의 김대중 대통령은 김정일과의 정상회담을 위해 평양으로 날아갔다. 그것은 남북한 국가원수 사이에서 이뤄진 첫 번째 회담이었다.

김대중 대통령은 나와 가진 인터뷰에서 다음과 같이 기억을 더듬었다. "북측 공항에서 비행기 문이 열린 뒤 나는 아래를 내려다보았다. 그리고 거기에는 아주 작달막한 김정일 위원장이 서 있었다. 바로 그제서야, 나는 그가 마중 나왔다는 사실을 실감했다. 그때의 기분을 무어라고 표현하기가 어렵다. 나는, '북한 지도자를 정말로 만나게 되는구나. 그리고 그와 나는 우리 민족 공동의 미래와 공동의 운명을 극적으로 변화시킬 뭔가를 이룩해야만 한다'고 생각했다."

텔레비전 카메라가 돌아가는 가운데 두 지도자가 포옹했고, 북한 정권이 동원한 수만 명의 인파가 평양의 연도에 줄지어 서서 두 사람을 태운 차량 행렬이 도심으로 진입하는 광경을 지켜보며 환호했다.

김대중은 말했다. "보통 무개차를 타면 나는 혼자 앉는다. 그런데 갑자기 누군가가 내 곁에 털썩 주저앉았다. 돌아다보니 바로 김정일이었다. 그것은 매우 이례적인 것이었다. 사람들은 나에게, 약 50분간의 동승에서 우리가 무슨 얘기를 나눴는지를 지금까지 묻는다. 그러나 사실 우리는 방금 전 처음 만난 상태였고, 차 안에서도 여전히 매우 서먹서먹한 상태였다. 또한 군중의 환호 소리로 주변이 상당히 시끄러웠다. 그가 내게 건넨 유일한 말은, '저 사람들은 바로 당신, 김대중 대통령을 환영하러 여기 나왔다'라는 것이었다."

건배 제의와 관계 개선에 대한 다짐이 사이사이 이어진 이틀간의 회담 뒤, 양 김은 통일을 '자주적으로' 이루고, 경제 협력에 속도를 낼 것을 약속하는 5개항의 공동선언에 서명했다. 또한 김정일은 서울을 답방키로 동의했다. 정상회담은 반세기 이상 누적되어온 모든 긴장 상태와 오래된 상흔을 완전히 해소하지는 못했으며, 남북 화해는 여전히 좌절된 시도로 남았다. 그럼에도 우호적인 분위기는 놀랍게도 한반도 분위기의 폭넓은 변화를 반영했다. 그리고 김정일은 자신의 국제무대 데뷔를 통해 위험인물이라는 국제사회의 평판을 상당히 떨쳐낼 수 있었다. 이는 '경애하는 지도자' 스스로가 정상회담이 끝난 직후 한국 출신 미국 언론인 문명자 씨와 가진 대화에서 강조했던 점이다.

그는 문씨에게 이렇게 말했다. "내 이미지가 남조선 사람들에게 아주 부정적이었다는 것을 잘 알고 있다. 텔레비전 화면에 나타난 뒤에는 남조선 사람들도 내가 머리에 뿔 달린 사람이 아니라는 것을 확실히 알았을 것이다."[8]

그의 말은 옳았다. 남한에서 정상회담 취재를 하는 동안 나는 남측 사람의 감격적인 반응에 충격을 받았다. 많은 남측 사람들에게 '친애하는 지도자'는 더 이상 위협적인 존재가 아니었으며, 오히려 오랜 적대 끝에 관계를 개선하려고 하는 변덕스러운 친척으로 여겨졌다. 그것은 대북 태도의 엄청난 변화였으며, 이후 그것은 엄격히 통제된 것이긴 하지만 한국전쟁으로 뿔뿔이 흩어졌던 이산가족의 상봉, 남북 관리들 간의 접촉 확대, 그리고 평양에 대한 남한의 지원, 특히 식량과 비료의 지원으로 이어졌다.

워싱턴 또한 새롭게 눈을 떴다. 매들린 올브라이트는 2005년의 인터뷰 때 내게 "대개의 경우, 우리 정보는 김정일이 은둔자이며 광적이라고 말해왔다"고 말했다. 정상회담 바로 다음 날, 로버트 칼린은 상관인, 전 중국 주재 미국 대사이자 당시 국무부 정보조사국장인 스테이플튼 로이Stapleton Roy가 올브라이트에게 제출할 정책 메모를 작성했다. 메모는 양김 회담이, 미국 정보 계통에서 널리 공유되고 있던 '친애하는 지도자'에 대한 견해, 즉 '비합리적'이고 '비논리적'이라는 견해를 깨트렸다고 주장했다. 아울러 메모는, "김정일은 은둔했다기보다는, 오히려 그와 반대로 지난 수년간 공식 무대에 자주 등장했다(주당 약 2회 이상 언론 보도에 등장했으며, 북한 매체에 보도되지 않은 공무를 포함하면 이보다 많음). 그는 남한 매체도 오랫동안 추적해왔으며, 남한 사정에 대해서도 해박한 지식을 갖추고 있다. 그는 김대중이 북한의 사정에 대해 알고 있는 것 이상으로 남한에 대해 잘 알고 있을지 모른다"고 주장했다.

게다가 칼린과 로이는, 김정일 정권이 과도한 수사와 선전에도 불구하고 놀라운 유연성을 보여줄 능력이 있음을 시사했다. 메모는 이렇게 적고 있다. "북한 사람들이 주변 강대국의 틈바구니에서 자주적이고 깐깐한 태도로 살아남을 수 있었던 것은, 정확히 이념적으로 엄격한 대외 정책을 갖고 있지 않았기 때문이다. 오히려 그 반대로, (북한의) 대외 정책은 한반도 내부와 주변의 변화하는 환경에 반응해왔다."[9]

이 같은 견해는 김대중이 서울에 돌아간 뒤 올브라이트와의 토론 자리에서도 확인됐다. "김 대통령은, 김정일은 충분히 상대할 수 있는 사람이며, 그가 합리적이며 해박한 지식의 소유자라고 내게 말해줬다." 올브라이트의 말이다.

또 다른 인터뷰에서 김대중은 말했다. "나는 김정일이 매우 똑똑한 인물이라는 인상을 받았다. (……) 그리고 그는 세계 전반의 상황에 대해, 특히 한국에 대해 아주 잘 알고 있었다. 그는 다른 사람의 말을 경청했다. 그리고 그가 들은 말이 옳은 내용이면 그는 바로 그 말을 따랐다. 그러면서도 그는 즉석에서 다른 사람에게 의견을 묻지 않고서 스스로 결정을 내릴 줄도 알았다. 다른 측근이나 정부 관리와 협의 없이도 그는 무엇이 옳고, 무엇이 그른지 그 자리에서 판단했다."

한국의 지도자는 김정일에 대해 다음과 같이 말했다. "그는 생존을 위한 유일한 선택은 미국과의 관계를 개선하는 것이라고 줄곧 이야기했다. 아울러 미국이 북한 정권의 생존을 보장한다면, 그리고 북한을 국제사회에 이끌어주면, 자기들은 핵무기든 미사일이든 대량살상무기든 무엇이든, 모든 것을 포기할 것이라고 했다."

얼마 뒤, 클린턴 행정부는 적성국가교역법Trading With the Enemy Act, TWEA에 의해 북한에 가했던 경제 제재 조치의 일부를 해제하기 시작했다. 동시에 평양은 이탈리아, 호주, 필리핀, 오스트리아, 캐나다, 영국, 그리고 독일과 관계를 확립하는 등 외교 공세를 계속했다. 2000년 7월 러시아의 블라디미르 푸틴 대통령이 평양을 방문했을 때, 김정일은 만약 다른 나라가 북한 인공위성을 우주공간에 쏘아 올릴 수 있게 도와주면 미사일 프로그램도 포기하겠다고 제안했다. 그 제안을 발표하면서 푸틴은, 북한이 의미 있는 위성 능력을 갖고 있지 못하며, 북한에 협력할 나라도 별로 많지 않다는 이유로 북한의 제안이 전적으로 비현실적인 발상인 듯 보인다고 말하면서도 상세한 설명은 별로 덧붙이지 않았다. 그러나 어쨌든 이 같은 움직임은 평양이 미사일 프로그램을 미국과의 협상 타결을 목표로 하는 일련의 과정에서 '바게닝 칩bargaining chip'으로 이용할 뜻이 있다는 신호탄으로 비춰졌다. 같은 해 7월 도쿄의 G8 정상회담에서, 러시아 지도자는 클린턴에게 방금 막 끝난 평양 방문에 대해 추가적인 내용을 귀띔해주었다.

다음은 샌디 버거의 말이다. "한 가지 재미있는 사실은 푸틴이 북한에서 자신이 본 것에 대한 소감을 얼마나 솔직하게 우리와 나누었는가 하는 것이다. 가령 '내가 방금 갔던 곳은 정말 이상한 곳'이라는 푸틴의 언급은 정말 흥미로웠다. 그 누구의 생각보다도 훨씬 더 명료한 말이었다. 그리고 우리는, 러시아의 새 대통령이 북한과 관련하여 당의 노선을 따를 필요를 느끼지 않았다는 사실 또한 흥미롭다고 생각했다. 그리고 김정일은 미사일과 관련해서는 우리가 협상할 준비가 됐다고 푸틴에게 말했던 것이다."

평양의 정책 우선순위에 대한 명백한 변화는 2000년 10월 12일, 5·1 경기장의 놀라운 장관에도 깔려 있었다. 전체적인 연출의 이미지는 트랙터와 농민, 공장의 이미지에 압도되었다. 무용수들이 가축으로 분장해 경기장 바닥을 뛰어다니는 모습을 통해 북한이 던지려는 메시지는 한층 더 강조됐다. 하루 전, 나는 역시 '경애하는 지도자'가 참관했던 김일성광장의 퍼레이드에서도 유사한 메시지를 읽을 수 있었다. 북한판 로즈볼Rose Ball 퍼레이드를 방불케 하는 군중 행렬에 꽃수레 행렬까지 이어졌다. 그

중 몇몇은, 팔을 쭉 펴고 용감하게 전면을 응시하고 있는 거대한 흰색 김일성 재현물처럼, 충분히 예상 가능한 것들이었다. 그러나 그다음 나온 것은, 환한 얼굴에 움직이는 속눈썹까지 달린 거대한 감자 꽃수레였다. 그것은 너무나 앞뒤가 맞지 않아 나와 취재팀은 웃음을 참을 수가 없었다. 그러나 그것은 카드섹션과 마찬가지로 비단 나와 같은 기자를 통한 외부 세계 전달용일 뿐만 아니라 북한 주민을 향해서도 진지한 신호를 전하고 있었다. 김정일은 전 국민에게 감자를 재배할 것과, 더 나아가, 전쟁 준비가 아닌 경제 건설에 집중할 것을 독려하고 있었다. 이를 실현하자면 좀더 우호적인 국제 환경이 필요했을 것이며, 그것은 대미 관계의 의미 있는 해빙에 의해서만 가능했을 것이다. 그리고 거의 문자 그대로 내가 김일성광장의 '친애하는 지도자'를 좀더 가까이서 지켜보기 위해 온갖 노력을 다하고 있던 그때, 북한 권력 서열의 제2인자는 워싱턴에서 새로운 역사를 만들어가고 있었다.

제2장

가까이 하기엔 너무 먼

2000년 10월 23일 매들린 올브라이트 미 국무장관이
김정일 국방위원장을 만나다. 부시, 미 대선에서 승리하다

모든 사람이 기억하는 것은 그가 입었던 군복이었다. 그것은 흘러간 옛날 소련 장군의 모습을 떠올리게 했다. 칙칙한 녹색, 금테두리, 견장, 그리고 훈장으로 뒤덮인 가슴 섶. 이 복장의 전체적인 효과는 21세기의 백악관과는 눈에 거슬릴 정도로 어울리지 않았다. 어쨌든 2000년 10월 10일, 조선인민군 차수 조명록은, 워싱턴을 방문한 최고위 북한 관리로서, 백악관의 대통령 집무실the Oval Office에 들어가 클린턴 대통령에게 절도 있게 경례를 붙이고, 악수를 위해 손을 내밀었다. 공식 사진 담당관이 촬영을 마치고 물러난 뒤, 클린턴은 예의 온화함을 표시하며 키 크고 존엄스러운 조명록을 국빈용 좌석인 집무실 벽난로 옆의 의자로 안내했다. 빌 클린턴 대통령 2기의 마지막 몇 달간 상상하지 못했던 일들이 일어나고 있었다. 냉전 기간 내내 분쟁을 벌였던 두 적대국이 평화를 만들기 위해 대화하고 있었다.

조명록의 공식 직함은 조선민주주의인민공화국 국방위원회 제1부

위원장으로 북한의 정치국에 상당하는 부서의 최고위급 장성이자 군대 내 최고 당 간부에 걸맞은 직함이었다.

조명록과 클린턴의 맞은편에는 대통령 국가안보팀의 주요 멤버들이 앉아 있었다. 전 유엔 대사이자 최초의 여성 국무장관인 매들린 올브라이트, 국가안보보좌관이자 1기 대통령 선거 유세 이후 클린턴의 측근이었던 샌디 버거, 그리고 소그룹의 보좌진과 과거 수년간 끊임없이 다루기 곤란한 북한 문제와 씨름해왔던 북한 담당 관리들이었다.

평양과의 순탄치 못한 숱한 협상의 대표 협상가였던 찰스 카트먼은 조명록의 군복 차림을 보고 조용히 숨을 삼켰다. 카트먼은 바로 전날 저녁 조명록을 만났다. 조명록은 워싱턴의 덜레스 공항에서는 양복을 입고 있었고 카트먼에게는 할아버지처럼 인자한 모습이었다. 늘 그렇듯이 교묘하게, 북한은 미국 측 상대방에게 조명록이 백악관에 들어갈 때 군복을 입을 것이라는 데 대해서는 한마디 언급도 없었다.

'이게 정말, 내일 아침 신문에 실릴 사진용으로 우리가 원하는 것인가?' 카트먼은 혼자 속으로 의문을 품었다.

똑같은 생각이 찰스 '잭' 프리처드Charles 'Jack' Pritchard에게도 들었다. 28년간 군에 몸담은 바 있는 그는 정보 계통 출신으로, 부드럽게 말하는 스타일이었다. 프리처드는 1996년 이후 국가안보회의의 아시아 전문가로 일했으며 현재는 아시아국 선임국장으로서는 물론, 카트먼의 차석으로 대북 협상에도 참여하고 있었다. 프리처드는 조명록의 방문을 준비하면서 북한 관리들에게 차수가 군복을 입을 것인지를 분명하게 물었고, 그들은 '노'라고 했다. 회담 날짜가 다가오면서 프리처드는, 심리적으로 유리한 고지를 차지하려는 북한의 강박관념을 경계하면서 군복을 입은 이미지가 미국 언론과, 기회만 생겼다 하면 대북 관여 정책을 열심히 비판하는 정적들에게 과연 어떤 역할을 하게 될지 우려했다.

조명록의 군복에 대해 웬디 셔먼은 별로 놀라지 않았다. 마른 체격에 집중력이 뛰어나고, 짧은 은회색 머릿결을 가진 그녀는, 국무장관의 측근으로서, 그리고 워싱턴의 미덥지 못한 관료 사회를 헤쳐나가는 노련한 기술의 소유자로서, 클린턴 행정부의 대북 관여 정책을 밀고 나가는 핵심 플레이어였다. 조명록의 선전선동에 대한 그녀의 첫 반응은 마지못한 직업상의 존중이었다. 그녀는 이렇게 회고했다. "외교에 종사하는 모든 사람에게 연출이 그럴듯하면 우리는 이를 평가해준다. 당시의 연출도 그럴듯한 것이었다."

그 연출이 갖는 상징적 의미는 사실 강력했다. 조명록의 군복은 김정일 뒤에 있는 북한의 당·군 일체성을 과시했다. 또 그의 백악관 방문은 김정일의 부친 김일성에 의해 지도된 북한군이, 제2차 세계대전 종전 때 미국과 소련의 관리들에 의해 이뤄진 한반도 분단의 기준선인 38선 너머로 기습공격을 개시한 때로부터 정확히 50년이 지난 시점에 이뤄졌다. 침략은 한국전쟁의 시작을 알리는 것이었고, 3만 6천 명의 미군을 포함해 4백만 명의 인명을 앗아갔다.

3년 뒤 포성이 멎었음에도 1953년 정전 체제는 항구적인 평화 체제로 교체되지 못했고, 한반도는 여전히 공산주의의 후원 아래 놓인 북한과 미국의 후원 아래 놓인 남한으로 분단되었다. 길이 155마일, 폭 2.5마일의 비무장지대는 철책선을 두른 흉터로 남았고, 도처에 지뢰가 묻혔으며, 양측 모두 중무장한 부대가 경계를 서고 있다. 그곳은 또한 전후 수년간 빈번한 소규모 충돌이 이뤄졌던 지점이며, 그때마다 적대감의 망령이 새롭게 살아나곤 했었다.

정전 이후 반세기, 북한은 여전히 1백만 대군을 유지하고 있으며, 그 대부분은 남한의 수도 서울에서 불과 몇 시간 내의 타격 거리에 배치되어 있다. 미군 3만 7천 명이 전쟁 시점으로 거슬러 올라가는 안보 공약을 이행하기 위해 최근까지 남한에 주둔했다. 미군의 역할은 북으로부터 재침이 있을 때를 대비해 억지력 역할을 하는 것이다. 또 미군은 많은 사람들에게 '인계 철선trip wire'으로 인식되었다.

그리고 1994년, 양측은 무서울 정도로 전쟁에 가깝게 다가갔다. 평양의 핵 개발 노력에 대해 클린턴 정부의 국방부가, 만약 실제로 그런 일이 벌어지면 한반도가 초토화될지 모를 큰 무력 충돌을 촉발할 수 있다는 매우 실질적인 위험에도 불구하고, 영변 원자로에 대한 선제공격을 심각하게 고려했던 것이다.

이 같은 계속된 긴장에도 불구하고 클린턴 행정부는 외교야말로 평양으로부터의 위협을 경감시킬 최선의 희망을 제공한다는 확신을 가졌고, 이에 따라 이후 약 6개월간 김정일 정권과 일련의 접촉을 벌였다. 클린턴 팀에게, 백악관의 사진 기자들 앞에서 북한 인민군 군복을 입은 조명록의 모습은 한 가지 불편한 진실을 말해주고 있었다. 미국 정부가 가장 우려하는 문제들, 즉 북핵 동결 상태를 유지하고 미사일 프로그램을 후퇴시키며 한반도의 긴장을 완화하는 것 등에 대해 진전을 이루고자 한다면, 미국은 혐오감을 꾹 참고서라도 자신이 혐오하는 체제의 지도자에게 일정한 존중을 표시하는 것 외에는 달리 도리가 없다는 것이었다. 조명록과 김정일로서는, 이 회담이 북한의 오랜 숙적 미국이 마침내는 '경애하는 지도자'의 정통성과 김씨 가문이 만든 체제를 받아들였음을 보여주는 것이었다.

클린턴과 조명록이 벽난로 앞에 앉았을 때 조명록의 손에는 갈색 가죽 폴더가 들려 있었다. 클린턴의 눈길이 계속 폴더로 향하자, 카트먼의 생각은 조명록의 방문을 계획하던 무렵의 외교적 우여곡절로 되돌아갔다. 9월 말 카트먼은 뉴욕의 유엔 미국대표부에서 북한 외교관들과, 또 하나의 비생산적인 회의가 될 것으로 예상했던 회의를 가졌다. 북미 간에는 두 개의 문제가 핵심 의제로 떠올랐다. 하나는 기본 합의의 지위에 관한 것이었다. 협정이 체결된 지 6년 뒤에도 그것은, 1994년 미국 협상팀을 이끌었던 로버트 갈루치Robert Gallucci의 표현대로 '차가운 평화cold peace' 그 이상이 되지 못했다. 양측 모두 기본 합의가 당초 예상했던 이익을 가져다주지 못했다고 믿으며 언짢아했다.[1]

나머지 또 하나의 의제는 북한의 미사일 프로그램과 관련해 새 회담 일정을 짜는 것이었다. 영변 핵 시설이 폐쇄됨과 아울러, 북한 탄도미사일의 생산, 배치, 시험 및 수출을 봉쇄하는 문제가 클린턴 행정부 대북 정책의 핵심 목표로 떠올랐다. 미국의 관심은 한반도의 미묘한 군사력 균형에만 관련되지 않았다. 1990년대 중반, 북한은 이란과 시리아 등 미국의 주요 적대국에 미사일 및 미사일 관련 기술을 파는 주요 수출국이 되었다. 게다가 1998년 이슬라마바드가 시험 발사한 파키스탄의 사정거리 1,500킬로미터급 중거리 미사일 가우리Ghauri가 북한의 도움으로 생산되었다는 사실도 분명했다. 사실 파키스탄의 무기는 북한이 자체 생산한 노동 미사일의 개량 복제품으로 인식됐다.

게다가 또 다른 요인도 있었다. 1998년 장거리 미사일 대포동의 발사는 동북아시아 전역과 미국의 신경을 건드렸으며, 특히 미국의 경우 기본 합의에 대한 의회의 지지를 더욱더 어렵게 만들었다. 1998년 10월, 1999년 3월, 2000년 7월 등 미사일 문제를 논의하기 위한 일련의 대북 회담은 아무런 성과도 내지 못했다.

미국 대통령 선거와 클린턴 임기 종료를 불과 두 달 앞둔 시점에서 카트먼은 진전을 크게 기대하지 못했다. 다음은 카트먼의 회고다. "미국 대선 전에 뭔가 이뤄지기에는 시간이 없었다. 나는 양측이 다음 해 1월 새 행정부가 들어설 때까지 시간이나 재게 될 것이라고 생각했다."

9월 초에 일어난 한 사건은 외교가 사실상 교착 상태에 빠졌다는 카트먼의 예감을 더욱 굳게 해주었다. 같은 달 초 유엔 연차총회 참석차 뉴욕을 방문하는 길에 북한 입법부인 최고인민회의 상임의장 김영남은 매들린 올브라이트 장관을 만날 예정이었다. 북한 관리들은 관례상 주로 유나이티드항공사the United Airlines를 이용했으며, 외교적 민감성을 깨달은 이 여행사 직원들은 북한 사람들을 정중히 대접해주었다. 그러나 이번 김영남의 방문에서 북한 외무성은 아메리칸항공사the American Airlines를 예약했으며, 이는 항공사의 이름 때문에 이 항공사가 미국의 '공식' 비행기일 것이라는 착각에서 비롯한 것이 분명했다. 김영남이 프랑크푸르트에서 비행기를 바꾸어 뉴욕행 비행기에 탑승하려고 준비할 때, 항공사 직원들은 몸수색을 하겠다고 고집하며, 그에게 신발을 벗으라고 요구했다. '범죄자 취급'에 모욕감을 느끼고 격노한 김영남은 돌연 미국 방문을 취소하고 평양으로 귀환해버렸다.

베테랑 정보 분석가 로버트 칼린은 워싱턴에서 이 사건으로 인해 미국의 대북 외교에 큰 후퇴가 있지 않을까 걱정했다. 그와 찰스 카트먼은, 국무부 동아시아 담당 부차관보였던 토머스 허버드(훗날 주한 미국 대사 역임–옮긴이)와 또 한 명의 기본 합의 및 기타 대북 협상의 베테랑과 함께 즉각 매들린 올브라이트와 접촉했다. 다음은 칼린의 회고다. "우리는 꽤 신속하게 그녀를 접촉할 수 있었고, '북측에 사죄해야 한다'고 말했다. '우리는 김영남에게 그것은 실수라고 말해야 한다. 그리고 미안하다고 말해야 한다'고 말했다." 올브라이트는 동의했고, 사과 서한을 뉴욕의 북한 관리에게 전하기 위해 허버드가 파견됐다.

2주 뒤, 뉴욕 유엔 미국대표부 건물 최고층에서 커피를 마시며 뉴욕의 이스트리버 경치에 감탄할 때까지도 찰스 카트먼은 내심 많은 것을 기대하지 않았다. 그러나 공식 토론이 시작되기 전, 북한의 협상 대표 김계관은 갑자기 그를 돌아다보며 사적인 대화를 요구했다. 김계관은 "중요한 용건이 있소"라고 운을 뗀 뒤, "김정일 위원장이 미사일에 대해 중대 제안을 할 개인 특사를 워싱턴에 보낼 준비를 하고 있소"라고 말했다. 카트먼은 김계관을 잘 알고 있었다. 두 사람은 서로를 마주 보고 앉은 적이 많았다. 카트먼은 김계관의 말투에서, 북한이 빌 클린턴에게 직접 제안을 내놓고 싶어 한다고 결론 내렸다. 김정일은 미국과의 관계를 극적으로 개선할 태세가 된 것처럼 보였다. 올브라이트의 사과는 사실 기대했던 효과를 냈던 것이다.

이제 빌 클린턴과 조명록이 나란히 앉자 대통령은 무엇이 담겨 있을지 모를 갈색 폴더에 힐끗 눈길을 주며 물었다. "그것은 제게 보낸 편지입니까?" 조명록은 얼굴이 상기된 채 자리에서 일어났고, 클린턴도 일어나자, 격식을 갖춰 가죽 폴더를 건넸으며, 클린턴은 정중하게 받아 즉석에서 폴더를 펼쳤다. 안에는 북한에 의해 제공된 영문과 함께, 한글로 적은 김정일의 서한이 있었다. 집무실의 다른 모든 사람이 침묵 속에서 기다리는 동안, 클린턴은 문서를 읽어 내려갔다.

대통령은 조명록을 돌아보며, "이것은 훌륭한 서한입니다"라고 말했다. 문서에서 김정일은 북한이 장거리 탄도미사일의 생산, 판매, 그리고 사용을 중지하기(최근 몇 년간 미국 대외 정책의 핵심 관심사였다) 위해 준비

중임을 언급했다. 조명록 차수는 그 순간을 또 다른 '폭탄 발언'으로 이어갔다. 그는 김정일을 대신하여, 미사일 협상을 매듭짓기 위한 정상회담을 위해 미국 대통령의 평양 방문을 제안하는 바라고 말했다. 조명록은 '만약 당신이 평양에 오신다면, 김정일은 당신의 모든 안보 관심사를 만족시키겠다고 다짐하게 될 것'이라고 말했다.

그다음 조명록은 전형적인 북한 장군의 태도와는 결코 어울리지 않는 듯한 말을 했다. 찰스 프리처드의 회고에 따르면 거의 '애원'조로, 조명록은 클린턴에게 다음과 같이 말했다. "평양으로 귀환하기 위해서는 이에 대한 당신의 동의를 얻을 필요가 있습니다. 저는 긍정적인 답변을 꼭 얻을 필요가 있습니다." 집무실의 다른 참관자들에게 이 같은 호소는 조명록이 그의 영향력에도 불구하고, 부정적인 뉴스를 들고 귀환하여 김정일을 실망시키는 일이 벌어지지 않도록 사력을 다하고 있다는 느낌을 강하게 주었다. 그런 일은 북한의 가혹한 체제에서는 엄중한 일신상의 불이익을 초래할지도 모를 일이었다.

물론 클린턴은 묵묵부답이었다. 그러나 찰스 카트먼의 견해로는, 대통령은 "자신이 미국 대통령으로서 (미사일) 협상이 이뤄지면 관계를 정상화할 수 있다는 전제를 확고히 하고 있음을 북한 사람들이 확신하고 돌아가는 것이 중요함을 직감"하고 있었다. 게다가 카트먼은 다음과 같이 회고했다. "그의 편안하고 친근한 몸짓은 따로 통역이 필요 없었다. 클린턴은, 아마도 우리 대부분과는 다른 방식으로, 이것은 전적으로 당신과 개인적인 공감을 이루는 것에 관계된 문제이지 언어의 문제가 아니며, 바로 이것이 협상 타결의 요체라는 식으로 이해했다. 이 부분은 다시 말해 '좋다, 여기 우리가 신임하는 누군가가 있다, 그의 말은 훌륭하다'는 느낌을 상대방에게 되돌려주려는 의도가 담겨 있었다. 그래서 대통령은 그냥 온화한 표정만 보인 것이다." 미국이 철두철미 북한의 적대국임을 고수하지 않았다는 것, 그 자체가 조명록에게, 나아가 김정일에게, 수십 년 적대 관계로부터의 근본적인 이탈의 신호였던 것이다.

클린턴이 말하는 동안, 다른 배석자들은 북한의 장군에게서 눈에 띄게 긴장이 풀려나가는 모습을 보고 강한 인상을 받았다. 한 관리는 말했다. "돌이켜보면, 조명록의 임무는 클린턴으로 하여금 김정일을 진지하게 생각하게 만드는 것이었다. 그것이 바로 그의 책임이었다. 대통령이 말하기 시작한 순간부터, 누구든 집무실 안에서 북한 측에게는 굉장히 중요한 무슨 일이 벌어지고 있음을 보고 느낄 수 있었을 것이다." 회담은 순조롭게 끝났다. 웬디 셔먼이 언급한 것처럼, 두 사람이 작별의 악수를 나눌 때까지, "여기서 뭔가, 실질적인 일이 벌어졌다는 것을 우리 모두는 알게" 되었으며, "김정일은 협상을 이룰 준비가 되었던" 것이다.

1990년대 초반 이후, 평양의 목표는 미국과의 적대적인 관계에서 근본적인 변화를 꾀하고, 미국이 더 이상 북한을 적으로 간주하거나 위협하지 않도록 만드는 것이었다. 조명록의 미국 방문에서 나온 공동성명은 미국을 바로 그와 같은 위치에 서도록 책임을 지웠고, 냉전의 오랜 두 숙적 사이의 긴장된 관계에 역사적 이정표를 세웠다. 공동성명에서 가장 중요한 선언 사항은 쌍방이 '쌍무 관계에서 새로운 방향을 취할 용의가 있다'는 점을 강조했다는 것이다. 그 첫 번째 중대 조치로서 쌍방은, "그 어느 정부도 타방에 대하여 적대적 의사를 가지지 않을 것을 선언하고, 앞으로 과거의 적대감에서 벗어나 미래의 새로운 관계를 수립하기 위하여 모든 노력을 다할 것을 확언"했다.[2] 클린턴이 평양을 방문하는 문제에 대해서 쌍방은 "매들린 올브라이트 국무장관은 가까운 장래에 평양을 방문해 빌 클린턴 대통령의 의향을 조선민주주의인민공화국 국방위원회 김정일 위원장에게 직접 전달하고 미국 대통령의 방문을 준비한다"고 발표하여 문제를 절충했다.[3]

2000년 10월 23일, 매들린 올브라이트는, 자신의 회고록에서 "바다에 폭풍이 몰아치는 거대한 벽화 앞에 담녹색 카펫이 깔려 있었다"고 묘사한 바 있는, 평양 백화원 초대소의 그 화려하고 높은 천장의 만찬장에 섰다.[4] 만면에 웃음을 머금고 자신의 트레이드마크인 갈색 작업복과 굽 높은 구두 차림의 김정일은 방 안에 들어와 올브라이트의 손을 굳게 잡으며 그녀의 평양행을 환영했다.

"미국 국무장관이 우리나라에 온 것은 정말 이번이 처음입니다." 취재기자와 사진 기자, 텔레비전 카메라맨 들이 지켜보는 가운데, 그는 깊고, 자신감 있는 목소리로 말했다. "그리고 이것은 역사적인 관점에서도 새로운 일입니다. 저는 아주 기분 좋습니다."

올브라이트가 화답했다. "위원장님, 저도 즐겁습니다. 이 자리에 있게 된 것이 매우 기쁩니다."

훗날 한 인터뷰에서 올브라이트는 이렇게 말했다. "가장 흥미로웠던 대목은, 우리 모두는 김 위원장을 사진으로만 보았을 뿐이지, 아무도 개인적으로 그를 만나지 못했다는 것이다. 따라서 그가 갈색 작업복을 입고 들어와 개막 기자회견을 하는 동안 내 옆에 섰을 때, 나는 이런 일이 정말로 일어난 데 대해 놀랐다고밖에 말할 수 없다. 나는 회담에서 논의해야 할 사항들에 대해 생각했으나, 내가 1950년대산 카메라가 있는 그곳 기자회견장에, 실제로 그와 함께 섰다는 것이 이상하게만 느껴질 뿐이었다. 그 다음 나는 똑같은 키로 그의 옆에 섰지만 하이힐을 신고 있어 그를 내려다보고 있다는 것을 깨달았으며, 그 또한 이 같은 사실을 알고 있었다."

김정일은 올브라이트를 윤이 반질반질 흐르는 테이블이 설치된 회의실로 안내했다. 강석주와 두 명의 통역이 배석했는데, 둘 중 한 명은 나이 든 사람으로 과거 김일성의 통역관이었고, 다른 젊은 통역관은 '경애하는 지도자'의 개인 통역관이었다. 텔레비전 화면을 보면서 나는 그 젊은 남자를 알아보고 깜짝 놀랐다. 그는 김철이라는 사람으로, 과거 북한 방문 때 여러 번 나의 통역을 맡았으며 흠잡을 데 없는 옥스퍼드 식 영어를 구사했다. 올브라이트는 웬디 셔먼, 찰스 카트먼, 찰스 프리처드, 그리고 동아시아 담당 차관보인 스탠리 로스Stanley Roth를 배석시켰다.

김정일은 친근하고 부드러웠다. 그는 올브라이트에게 1994년 김일성 사망 때 클린턴이 보낸 조문과, 그녀가 그날 오전 자신의 아버지의 유해를 보존 처리하여 안치한 묘지를 방문해준 데 대해 감사를 표시했다. 주석묘 방문 결정은 클린턴 행정부 안에서 상당한 논란거리였다. 북측은 동아시아 담당 제1부차관보이며 올브라이트의 방북을 준비했던 토머스 허버드에게 그와 같은 외교적 제스처가 회담의 성공적인 결과를 얻는 데 매우 중요하다고 말했다. 올브라이트는 이에 대해 불편해했다.

그녀는 회고록에 이렇게 적었다. "보통 이런 일은 단순한 외교적 관례로 충분히 이해되어왔다. 하지만 김일성은 한국전쟁을 일으킨 인물이다. 게다가 그는 미국에 전쟁 책임을 돌리고, 자신을 신처럼 떠받들도록 국민을 세뇌하는, '요람에서 무덤까지' 식 선전 체제를 제도화한 인물이다."[5]

그러나 기본 합의 협상의 베테랑 허버드는 올브라이트가 묘소는 참배하되, 기자들이나 카메라 촬영 없이 한다는 타협안을 생각해냈다. 그리고 그녀는 김일성의 관대 앞에 잠깐 멈추었지만, 머리를 숙이지는 않았다. 북한 사람들의 태도도 누그러졌다.

김정일은 올브라이트에게 말했다. "쌍방이 모두 진실하고 진지하게 임한다면, 우리가 못할 것은 없지 않겠소?"

울브라이트와 그녀의 팀에게 핵심 이슈는 미사일이었다.

"우리는 장거리 미사일에 아주 관심이 많았으며, 이는 핵탄두만 장착하면 미국에 실질적인 위협이 되기 때문이었다." 웬디 셔먼의 말이다. 아울러 그녀는, "그러나 우리는 만약 중거리 미사일 문제를 처리하지 못하면, 일본을 계속 우리 편에 서도록 할 수 없다는 것 또한 이해하고 있었다. 그래서 저들의 모든 미사일 판매와 미사일 관련 기술, 그리고 관련 서비스 계약을 중지시키는 것까지도 우리 협상의 일부로 포함시켰다. 요컨대 저들은 장거리 미사일의 개발, 시험, 배치를 중단하고, 이미 개발된 노동 미사일에 대한 논의도 시작해야 했다. 이에 대한 대가, 정확히 그 세 가지 사항에 대한 대가로 저들은 관계 정상화의 길을 원했고, 공동성명에 이미 포함시켰듯이, 쌍방 간 적대적 의도의 포기를 원했다. 그리고 사실 저들 입장에서는 잘한 것이지만, 정상화를 통해 이익을 볼 수 있도록 완전한 형태의 정상화 관계를 기대했다."

일단 의례적인 인사가 끝나자 올브라이트는 김정일에게 국무부 언론담당 리처드 바우처가 기자들에게 '관계 발전에 대한 기대의 개요'라고 밝힌, 클린턴 대통령의 친서를 건넸다. 다음, 그녀는 회담의 논의를 미사일 문제로 돌렸다. 그녀는 다음과 같이 회고했다. "나는 김정일에게, 클린턴 대통령에게 무엇을 보고할지 아직 결정하지 않은 상태라고 말했다. 그러나 미사일 문제에 대한 만족스러운 합의 없이는 정상회담을 제안할 수 없다고 말했다."[6]

김정일은 절실히 필요한 외화를 벌어들이기 위해 이란과 시리아에 미사일을 판매하고 있다고 말했다. 그리고 그는 덧붙였다. "결국 확실한 것은, 우리는 돈을 벌기 위해 수출을 하기 때문에, 귀측이 보상만 보장해준다면, 미사일 프로그램은 중단될 것이오."[7]

올브라이트는 이에 대해 이렇게 답변했다. "국방위원장님, 우리는 지난 50년간 당신의 의도에 대해 우려해왔습니다. 우리는 당신의 미사일 생산에 대해서도 우려해왔습니다. 그리고 지금 당신은 그것이 단지 외화를 벌기 위한 것이라고 말씀하고 계십니다."

김정일이 다시 말을 받았다. "꼭 외화 때문만은 아니오. 우리는 자위 프로그램의 일부로 우리 군을 무장시켜야 하오."

김정일은 남한의 군사력에 대한 우려를 표시하면서 다음과 같이 덧붙였다. "남조선이 사정거리 5백 킬로미터급 미사일을 개발하지 않는다는 보장이 있다면, 우리도 (개발)하지 않을 것이오. 이미 배치해놓은 미사일에 대해서는, 우리가 할 수 있는 부분이 많다고 생각하지는 않소. 여러분이 부대에 들어가서 사찰을 할 수는 없소이다. 다만 생산을 중단하는 것은 가능하오. 소련의 붕괴와 중국의 개방, 이로 인해 군사 동맹을 잃은 지 10년이 됐소. 군은 장비를 현대화하고 싶어 하지만 우리는 새 장비를 주지 않을 것이오. 대결이 없으면 무기도 의미가 없소. 미사일은 지금은 우리에게 별로 중요하지 않아요."[8]

대화가 3시간을 넘기고 끝나갈 무렵, 김정일은 다음 날 올브라이트와 다시 만날 것을 시사했다. 미국 팀에게, 그것은 여전히 수수께끼로 남아 있고 이해하기 어려운 인물의 진면목을 헤아려볼 좋은 기회였다. 그들 모두는 얼마간 놀랄 정도로 김정일에게 깊은 인상을 받았다.

올브라이트는 다음과 같이 회고했다. "나는 그가 매우 예의 바르게 자랐으며, 질문에 답하기 위해 보좌관을 찾을 필요가 없는 사람이라는 것,

그리고 본인이 직접 협상가로 그 자리에 나온 사람이라는 것을 알게 됐다. 나는 또 그가 자신의 할 말을 분명히 이해하는 사람이라는 것을 알았다."

2001년 여름, 김정일은 러시아를 가로지르는 4일간의 기차 여행을 했다. 블라디미르 푸틴의 특사로 그 여행을 수행한 뒤 당시의 경험을 책으로 펴낸 콘스탄틴 풀리코프스키Konstantin Pulikovsky와의 대화에서, 김정일은 올브라이트와의 회담에 대한 자신의 인상을 말한 바 있다. 그것은 미국 사람들이 자신을 관찰하려 했던 것을 김정일 자신이 잘 알고 있었고, 또한 그녀의 인정을 받으려고 그 나름 신경을 썼음을 시사한다.

다음은 풀리코프스키가 전한 김정일의 말이다. "먼저, 올브라이트는 검사처럼 나를 심문했다. 나는 모든 질문에 답했고, 올브라이트는 내가 준비된 자료를 이용하는지 또는 준비 없이 즉석에서 이야기하는지를 유심히 지켜봤다. 나는 즉각즉각 내 생각대로 간략하게 의사를 표현했다. 그녀는 이런 내 스타일이 마음에 들었던 것처럼 보였다."[9]

한편 첫 회담이 끝난 뒤 김정일은 올브라이트에게 그날 저녁 특별히 놀랄 만한 일을 준비했음을 알려주었다. 김정일은 "연회를 좀 바꾸었소"라고 밝혔다.

올브라이트의 대표단은 어둠 속에서 이제는 텅 빈, 그리고 밤의 정적에 휩싸인 평양 거리를 지나 5·1 경기장으로 달렸다. 경기장 내부 또한 어두웠다. 김정일은 올브라이트와 함께 경기장으로 들어갔다. "엄청난 군중이 있었다. 그리고 그들은 우렁찬 환호를 터뜨렸다." 올브라이트의 회고다.

웬디 셔먼의 말대로 국무장관과 그 보좌진에게, 그날 5·1 경기장의 공연은 '김정일의 규율과 힘에 대해 깊은 인상을 심어주기 위한 것'이었다.

셔먼의 이어지는 말이다. "그가 경기장에 들어서자 군중은 주변 정리가 끝날 때까지 꼭 10분간 김정일의 이름을 연호했다. 우리는 이 모든 것이 북한의 힘과 존재를 보여주기 위해 매우 주도면밀하게 연출된 것이며, 막강한 미국과의 협상에 동등한 위치에서 임하겠다는 북한의 국가적 존엄과 자부심을 보여주려는 것임을 잘 알았다."

언젠가 셔먼은 김정일에게 이렇게 말하기도 했다. "위원장님, 위원장께서 다른 인생을 살았다면 아주 훌륭한 영화감독이 되었을 것이라는 생각을 해보았습니다." 김정일은 이에 대해 "맞는 말이오. 나는 아카데미 수상작은 전부 다 봤고, 훌륭한 감독들을 전부 다 알고 있소"라고 응수했다. 셔먼은 이것이 그의 면모 일부를 유감없이 드러내주는 대목이라고 생각했다. "누구든, 어느 면에서는 그가 스스로를 자기 나라라는 삶의 무대에서 줄을 잡아당기거나 연기를 지시하는 위대한 감독으로 생각한다는 느낌을 받을 것이다."

그날 공연의 초점은 공장, 트랙터, 전기변압기, 그리고 농장을 통한 경제 건설이었으며, 이는 경제 발전에 좀더 초점을 맞추고자 하는 김정일의 희망을 반영하는 것이 분명했다. 그러나 단 하나, 특별한 군사 관련 장면이 있었는데, 그것은 대포동 발사 장면, 즉 국무장관이 평양까지 찾아와 김정일에게 포기하도록 설득하게 만든 바로 그것을 보여주는 플래카드의 일사불란한 움직임이었다. 군중들이 함성을 지르자 김정일은 올브라이트를 돌아보며 말했다. "저것이 바로 우리의 처음이자 마지막 미사일 발사가 될 것이오." 김정일은 다시 자신의 말을 좀더 분명하게 확신시키려는 듯이, 이번에는 웬디 셔먼을 돌아보며 똑같은 말을 되풀이했다. 국무장관과 그의 보좌진에게, 그것은 중요하고도 긍정적인 제스처였다.

올브라이트는 훗날 이렇게 말했다. "우리가 평양에서 말하려던 것이 바로 그것이었기 때문에, 우리는 그의 말을 의미심장하게 받아들였다." 올브라이트는 김정일이 미사일 협상 타결을 진지하게 생각하는 것이 틀림없다고 여겼다.

이튿날, 미국 군축 문제 전문가 로버트 아인혼Robert Einhorn은 미사일 문제를 세부적으로 논의하기 위해 북한 관리들을 만났다. 미국 측은 꽤 많은 질문거리가 있었으나 북한 측 협상 상대는 퉁명스러웠다. 아인혼에 따르면, 상대방의 말은, "여보시오, 당신 질문에 나는 어떤 대답도 해줄 수 없소. 당신이 답변을 얻을 수 있는 유일한 길은 질문을 우리 경애하는 장군님에게 직접 하는 것이오"라는 것이 전부였다. 아인혼은 이에 따라 모두 14개 항의 세부적인, 그리고 고도로 기술적인 질문 리스트를 작성했다. 그 가운데에는 다음과 같은 문항도 포함되었다. '김 위원장은 완성된 미사일의 수출뿐만 아니라 미사일 부품과 기술 수출도 포기할 준비가 되어 있는가?' '수출 금지 조치는 기존의 계약뿐 아니라 향후의 계약에도 적용되는가?' '북한은 대량살상무기를 전달하는 미사일 체계의 확산을 막기 위해 1987년 창설된 미사일생산국의 자발적인 협의체인 미사일기술통제기구MTCR에 가입할 용의가 있는가?'

그날 오후 올브라이트와 김정일, 그리고 그들의 참모진들은 두 번째 회동을 가졌다. 올브라이트가 서두를 꺼냈다. "위원장도 아시다시피, 우리 전문가들이 오늘 아침 미사일 문제를 두고 만났고, 우리 측은 위원장께 많은 질문을 드렸습니다. 위원장께서 그것을 살펴보셨기를 바랍니다."[10]

아이혼에 따르면, 김 위원장은 처음에는 고개를 좀 갸웃하더니, 이내 강석주를 돌아보며 잠깐 숙의하는 모습을 보였다. 강석주가 자신의 서류를 훑어보며 번역된 질문들을 끄집어냈고, 김정일과 또 한 번 논의한 뒤,

그것을 그에게 건넸다. 그러고 나자 김정일은 다시 국무장관을 향해 말했다. 다음은 아인혼이 전한 김정일의 말이다. "사실 이 자리에서 이 질문들을 처음 접했지만, 어쨌든 답변을 주게 되어 기쁘게 생각한다." 아이혼은 이어서, "그때 한 가지 흥미로웠던 것은, 그가 전체 질문의 약 3분의 2에 대해 정확하고 매우 긍정적인 답변을 한 것"이라고 술회했다.

다시 웬디 셔먼의 술회다. "김정일은 요점을 썩 잘 말했다. 그는 '자, 그럼 좀 살펴봅시다'라고 했다. 그리고 14개 질문 리스트를 훑어 내려갔다. 그는 질문 하나하나에 대해 꼼꼼히 답변하지는 않았다. 그러나 14개 질문에 대해 모두 답변했다. 그중 몇몇은 상당히 기술적인 수준의 질문이었으며, 나는 어느 대통령이나 총리도 그가 답변했던 것만큼 잘해내지 못했을 것이라고 단언할 수 있다. 그는 북한에는 단 한 사람의 정책 결정자가 있고, 바로 자신이 그런 사람이라는 것을 자신의 답변을 통해 분명히 보여주었다. 그가 항상 다른 사람들에게 깊은 인상을 심어주려는 것 하나는, 오직 지도자만이 최종 결정을 할 수 있다는 소리를 듣는 것이었다."

김정일이 어떻게 답변해야 할지 난감한 부분을 어떻게 처리하는지를 보고 아인혼도 똑같이 깊은 인상을 받았다.

다음은 아인혼의 말이다. "그 대목에서 재미있었던 부분은 그가, 자신이 무엇을 모르는지 안다는 사실이다. 아마 사람들은 북한 신문에서, 김정일이 '현지 지도'를 행하는 모습을 보았을 것이다. 차를 타고 시골을 달리다가 나무를 심는 데 어려움을 겪는 농민이 있다고 치자. 그는 차에서 내려, 그 농민에게 몇 가지 힌트를 준다. 다음 날, 나무는 3미터 높이로 자란다. 자신이 확실한 답을 모른다는 사실을 잘 알면서도 매사에 현장 지도를 할 줄 아는 사람이 바로 거기에 있었다. 모든 것을 다 아는 듯한 분위기에도 불구하고, 그가 뭘 모르는지를 안다는 사실, 그것이 우리에게 깊은 인상을 주었다. 회담이 끝날 때쯤, 우리는 실제로 꽤 많은 부분에 대해 명료한 이해를 갖게 됐으며, 그것도 우리에게 상당한 안도감을 주는 방향에서의 명료함이었다."

김정일은 금수 조치는 미사일뿐 아니라 부품과 기술에도 적용될 것이며, 그것은 기존의 계약에도 적용되리라는 것, 그리고 자신은 MTCR에 가입할 용의가 있다는 것을 올브라이트에게 말했다. 다른 이슈들, 즉 금수 조치가 추가적인 미사일 생산, 시험, 배치에 적용될지 또는, 기존의 모든 미사일의 폐기를 뜻하는 것인지, 금수 조치에 해당되는 미사일의 사정거리, 그리고 특히 검증 문제 등에 대해서는 의견 차이가 있었다. 김정일은 그러나 긍정적인 톤으로, 북한과 미국의 전문가들이 좀더 심층적인 논의를 위해 말레이시아 콸라룸푸르에서 다음 주에 만나자는 데 동의했다.

김정일은 또한 미국의 오랜 대북 갈등의 역사에서 가장 논쟁적인 문제들, 이를테면 주한 미군의 역할 등에 대해 타협적인 태도를 취했다. 김정일은 냉전 종식 이후 미군에 대한 자신의 입장은 바뀌었으며, 지금은 미군이 안정화를 위한 역할을 수행하는 것으로 본다고 말했다. 비록 김정일은 올브라이트에게, 자신의 군 지도부는 미국과의 관계 개선에 대해서는 찬반이 거의 엇비슷하게 나누어져 있으며, 외무성의 일부 관리들도 워싱턴과의 회담을 반대하고 있음을 인정했지만, 과거 수십 년간 미군의 철수를 핵심 요구 사항으로 삼았던 정권에게 그것은 아주 놀랄 만한 전환이었다. 올브라이트에 따르면, 김정일은 '그에 대한 해답은 바로 관계 정상화에 달린 것'이라고 말했다.

그날 밤 환송연에서 두 오랜 적대국 사이에 극적인 분위기 개선이 이루어졌다는 데는 의심의 여지가 없었다. 올브라이트는 자신의 포도주 잔을 들어 건배를 제의하면서 "나는 오늘과 같은 자리의 호스트 역할을 하게 될 것이라고는 전혀 기대하지 못했다"고 밝히면서, 불가능해 보였던 만남이 실현된 데 대한 의의를 언급했다. 이 자리에서 올브라이트는 잘 알려진 농구광이기도 한 '경애하는 지도자'에게 특별한 선물을 선사했다. 바로 마이클 조던이 사인한 농구공이었다. 그녀는 김정일에게 "언제든지 전화를 달라"고 말했다.

컴퓨터도 별로 없고, 인터넷 접근도 일부 엘리트층에게만 제한되었으며, 당시 휴대전화라고는 찾아볼 수 없는 나라의 지도자 김정일은 "당신의 이메일 주소를 알려달라"고 응수했다.

이튿날, 칼린은 남측으로 넘어가기 위해 거의 버려지다시피 한 고속도로를 타고 남쪽 비무장지대로 차를 몰았다. 몸은 지쳐 있었으나 그의 기분은 날아갈 듯했다. 클린턴-김정일 정상회담의 성사 가능성, 50년 이상 지속된 한반도에서의 적대감과 위험의 청산, 이런 것들이 조바심 날 정도로 눈앞에 가까이 다가온 듯했다. 칼린은 서울에 돌아와 대통령이 평양을 방문할 경우 올브라이트와 클린턴이 검토해야 할 공동성명의 초안을 작성했다. "미합중국과 조선민주주의인민공화국의 보다 정상적인 관계 발전은 쌍방 국민의 이해에 부합하며, 한반도 및 아시아태평양 지역 전체의 장기적인 평화와 안정에 이바지할 것이다"라고 칼린은 썼다. 이어서 덧붙였다. "양국 지도자는 (……) 과거의 적대감에서 벗어나 비적대적 관계를 건설하기로 한 공약을 재확인한다(……)."

올브라이트는 김정일이 '실질적이고, 과단성 있으며, 적어도 표면적으로는 탈이념적'인 사람임을 확신하며 북한을 떠나 워싱턴으로 귀환했다.[11]

국가안보보좌관 샌디 버거는 다음과 같이 인정했다. "대통령은 평양 방문에 강한 유혹을 느꼈다. 나는 그가, 이번 일이 아시아와 전 세계의 안보에 중대한 발전을 뜻하고, 따라서 이번 기회를 놓쳐서는 안 된다고 느끼고 있다고 생각했다.

임기 만료가 다가오면서 점점 더 자신이 남길 유산에 신경을 쓰게 된 클린턴에게, 50년간의 적대 관계에 종지부를 찍을 극적인 평양 방문 가능성은 대단히 매력적으로 보였음에 틀림없다.

그러나 버거와 다른 사람들은 세부 내용을 확정짓기 전까지는, 클린턴이 북한의 언질을 의심 없이 받아들이는 태도는 위험하며, 미국 대통령이 직접 미사일의 크기나 검증 방식 등 기술적인 문제에 대해 김정일과 협상하는 데 직접 참여하는 것은 바람직하지 못하다고 주장했다.

버거는 말했다. "나는 우리가 직접 평양에 가는 것은 상당히 위험하다고 생각했다. 예를 들어 상당히 까다로운 검증 같은 문제에 합의가 이뤄지지 않을 수도 있는 것이다. 우리는 합의 없이 평양을 떠날 것인지, 그렇지 않으면 만족스럽지 못해도 뭔가에 서명할 것인지 어정쩡한 입장에 처할 수 있다. 나는 평양 방문이 합의 없이 끝날 경우의 정치적 후폭풍에 대해서도 우려했다. 그리고 확실한 방패막이가 없는 뭔가를 받아들였을 때 대통령이 시달리게 될 압력에 대해 우려했다."

이 문제를 놓고 백악관에서 벌어진 토론은, 한 참석자의 회고에 따르면, '돌고, 또 돌고, 또 돌고'였으며, 대통령은 이때 뛰쳐나가려고 애를 태우는 '고삐 풀린 망아지'와도 같았다. 클린턴의 직감으로는, 자신이 참여하기만 하면 협상을 성사시킬 수 있다는 것이었다. 반면 참모들은 계속 그를 붙잡아놓으려 했다.

논쟁은 전체적으로는 미국과 북한 체제의 차이점으로 귀결됐다. 평양에서는 김정일이 전적으로 모든 결정을 내렸다. 그 밑의 관리들은 독립성이나 재량권이 거의, 또는 전혀 없었다. 미국인들에게 터무니없어 보이는 것은, 단번에 성의 있는 자세를 취하라는 것과 미국의 관심사를 '만족시켜줄 것'이라는 김정일의 약속을 곧이곧대로 믿으라는 식의 북측 요구가, 사실은 북한 체제가 작동하는 방식에 다름 아니라는 사실이었다.

서울에서 한국의 김대중 대통령은 클린턴에게 평양행 위험을 감수하라며 끼어들었다. 한 전직 고위 관리는 다음과 같이 말했다. "그것이야말로 김 대통령이 예전에 말씀했던 바다. 북한 체제는 김정일이 궁극적으로 모든 결정을 하는 공산 체제이고, 바로 그렇기 때문에 당신네는 그와 담판해야 한다. 최종적인 결과나 결정을 하는 과정이 없을 수도 있다. 그러나 김정일은 변할 수 있다. 그는 손가락 마디를 똑똑 꺾으며 남의 신경을 잔뜩 건드려놓는 방식으로 결정한다."

찰스 카트먼과 로버트 칼린은 수년간 북한과 담판한 경험에 비추어, 클린턴이 간다면 김정일은 수용 가능한 타협안을 내놓을 수 있다고 조심스럽게 전망했다.

다음은 카트먼의 얘기다. "미국 대통령이 평양에 갔는데도 북한이 뭔가 합의하지 않는다는 것은 있을 수 없다. 북한의 스타일은 마지막 순간까지 미루는 것이다. 따라서 내가 보기에, 막판에 뭔가 좋은 움직임이 있을 것은 확실하다. 나는 그것을 속임수라고는 생각하지 않는다."

카트먼은 또 다음과 같이 덧붙였다. "김정일이 다른 국가원수와 마주앉으면 대개의 경우, 일이 성사된다. 좋은 일이다. 결국 충분히 뭔가 이뤄낼 가능성이 있었으며, 클린턴 또한 우리가 뭔가를 이뤄낼 수 있을 정도로 뛰어난 협상가였다."

그러나 백악관 안에서 논쟁이 들끓으면서 카트먼과 칼린은 미사일 협상의 세부 내용까지 신속하게 마무리 짓는 데 집착하게 되면 대통령 안보

팀이 전략적으로 좀더 큰 그림, 즉 북의 대미 관계를 근본적으로 전환시키고자 하는 김정일의 분명한 희망을 놓칠 수 있다고 우려하며 더욱 초조해했다.

카트먼의 말이다. "북한은 이것이 바로 자기네가 미래를 보는 방식이며, 우리가 할 수 있는 것은 북한이 계속 그 길을 가도록 해주는 동시에, 우리도 그 길에 동참해 마침내는 수십 년 위험과 위기를 끝장내자는 뜻을 분명히 표시했다. 우리는 역사의 한 페이지가 아니라 한 장이 통째로 바뀌고 있다는, 그런 느낌을 가졌다."

백악관 논쟁이 계속 이어지는 가운데, 11월 7일 미국 국민은 빌 클린턴의 후임을 뽑는 투표장으로 향했다.

모래빛 머리에 은테 안경을 쓰고, 바다코끼리 수염을 한 사내가 플로리다 탤러해시의 도서관으로 뛰어들었다. 존 볼턴은 선언했다. "나는 부시-체니 팀 소속이다. 재검표를 중단시키기 위해 이곳에 왔다."[12]

이 장면은 미국 역사상 가장 논란 많았던 선거의 가장 극적인 장면 가운데 하나였다. 민주당 후보 앨 고어와 공화당 후보 조지 W. 부시가 사실상 교착 상태에 빠진 가운데 격전지 플로리다 주의 재검표가 차기 대통령 자리의 향방을 결정할 참이었다. 존 볼턴, 그는 1964년 고등학생 신분으로 베리 골드워터 상원의원의 대선 유세 선거운동원으로 뛴 이후 공화당 초보수파에 속해 적극적으로 활동해온 종신 공화당원이었다. 그는 또 부시 캠프를 지원하기 위해 플로리다에 투입된 수많은 변호사와 정치운동원들 중 한 명이었다. 직설적이고 전투적이며 공화당 극우파 상원의원 제시 헬름스Jesse Helms와 가까웠던 볼턴은 로널드 레이건 정부와 조지 H. W. 부시 정부에서 요직을 두루 역임했다. 클린턴 시절, 그는 위싱턴의 보수적인 싱크탱크 미국기업연구소AEI에 근거를 두고, 클린턴 정책을 비난하는 글을 쓰거나 연설을 했다. 기본 합의와 대통령의 타협적인 대북 접근법이 주요 표적이었다. 볼턴은 그 두 개의 전략을 '유화appeasement' 정책이라고 여겼다.

볼턴의 대담한 탤러해시 개입은 고어가 사실상 부시보다 더 많은 표를 얻었다는 사실이 밝혀지기 전, 재검표를 중단시키려는 부시 캠프의 단호한 노력 중 하나였다. 재검표 결과는 민주당 후보에게 플로리다 주 표를 모두 주고 대통령직까지 그에게 넘겨줄 수도 있었다. 부시 팀의 목표는 대법원 판사 9명 중 5명이 공화당 대통령에 의해 임명된 미국 대법원에 플로리다 주 투표 결과가 회부될 때까지, 재검표 작업을 미루는 것이었다. 12월 중순, 논란 많은 판결을 통해, 법원은 부시의 승리를 결정했고 추가적인 재검표는 중단됐다. 537표 차의 근소한 승리로 조지 W. 부시는 미국의 제43대 대통령에 당선됐다.

존 볼턴은 플로리다의 공적을 새 행정부의 고위직 임명으로 보상받은 몇몇 유명 공화당 인사 중의 한 명이었다. 그에게 어떤 자리를 줄 것인지 묻는 질문에, 부통령 당선자 딕 체니는 당시 이렇게 답했던 것으로 전해진다. "나의 대답은, 그가 원하는 것은 무엇이든 다 주라는 것이다."[13] 체니의 강력한 후원으로 볼턴은 국무부의 군축 담당 차관보가 되었으며, 북한 업무를 포함해 모든 비확산 노력을 관장하게 됐다.

미국인들이 투표장으로 향하던 무렵, 북한은 미국과의 화해 작업을 계속하고 싶다는 신호를 보냈다. 선거 당일 북한의 관영 《로동신문》 논평은 북미 간 '다차원적 접촉과 대화'를 치하했다. "두 나라의 관계 개선은 두 나라 국민의 희망과 이해에 부합한다"라고 논평은 주장했다. 아울러 "조선민주주의인민공화국과 미국의 관계 개선은 쌍방에게 좋은 일일 뿐 아니라 한반도와 아시아태평양, 그리고 세계의 평화와 안보를 보장하게 될 것"이라고 썼다.[14] 메시지는 분명했다. 누가 대통령이 되든지 북한은 그와 일을 계속하고 싶다는 것이다.

그러나 선거 결과를 둘러싼 5주간의 혼란은 대통령의 북한 방문을 둘러싼 논쟁을 상당히 복잡하게 만들었다. 평양의 타협적인 신호와 클린턴의 분명한 방문 의사에도 불구하고 대통령의 참모들은 최종 결정을 내리기 전 북한과의 또 다른 고위급 회담이 필요하다고 결론 내렸다.

막후에서는 가장 덜 알려진 샌디 버거가 대통령의 방문 의사를 의식하여, 클린턴에게 평양 방문을 약속하는 한편, 남은 임기 내에 협상 타결의 세부 내용을 확정할 것을 제안했다. 북한이 만약 꿈쩍도 하지 않는다면 대통령은 북한에 갈 수 없다는 구실을 찾을 수 있었다. 뉴욕의 트랙 II(반민·반관적 접촉 방식-옮긴이) 대북 접촉 결과는, 일단 클린턴으로부터 약속만 받아낸다면 협상을 진전시킬 용의가 있다는 것을 뜻했다.

웬디 셔먼이 최종 세부 사항을 확정짓기 위해 방문단을 이끌고 북한의 수도로 향하는 방안이 도출되었다. 그러나 대선 결과에 따른 재검토 논란이 길어지면서, 샌디 버거와 대통령은 그녀를 북한에 보내기를 주저했다.

버거는 다음과 같이 회고했다. "클린턴은 그들과의 논의가 한 번 더 필요하다고 최종 판단했다. 웬디가 평양에 가서 하기로 결정된 말은, '나는 대통령의 방문 날짜를 호주머니에 넣어두고 있다. 우리가 여기서 검증 및 범위 설정을 둘러싼 문제에 대해 합의를 이루면, 나는 당신에게 문서에 적힌 날짜를 줄 것이다. 만약 그렇지 않다면, 대통령은 올 수 없다'였다. 그런데 그 뒤 벌어진 일은 2000년 말의 그 유례없는 대선과 재검표 문제였다. 그리고 재검표 문제가 어떻게 풀릴지는 물론, 얼마나 시간이 걸릴지, 과연 그것이 하원으로 넘어갈지, 헌법 소원이 벌어질지 모든 것이 불분명했다. 그리고 우리는 미국이 엄청난 어려움에 처한 순간에 미국 대통령을 평양에 머물게 할 수는 없었다."

셔먼은 이렇게 말했다. "대통령이 정말 갈 수 있을지 결정이 내려지기 전까지 나는 평양에 갈 수 없었다. 그리고 우리는 누가 미국 대통령이 될지 알기 전까지는, 대통령이 갈 수 있다는 결정을 내릴 수 없었다. 우리는 누가 대통령이 되든 그에게 보고하는 것이 합당하다고 판단했기 때문이다."

로버트 아인혼은 "대북 미사일 담판과 정상회담에 관한 한 당시 행정부는 완전 마비 상태였다"라고 말했다. 그는 "우리는 기다리고, 기다리고, 또 기다렸다"라고 덧붙였다.

자신의 저서 『부정의 진술State of Denial』에서, 언론인 밥 우드워드Bob Woodward는 조지 W. 부시의 대통령 선거 유세가 힘을 받기 시작하던 2000년 6월 무렵을 회고한다. 거기서 후보자의 아버지이자 전 대통령 조지 H. W. 부시는 아들의 외교 정책 견문이 짧은 것을 걱정해, 주미 사우디아라비아 대사이자 부시 가문의 오랜 친구인 반다르 왕자를 아들 부시에게 연결해주어 외교 문제를 브리핑하게 했다. 한 토론에서 부시는 '내가 왜 북한을 신경 써야 하는가'라고 반문한 적도 있다.[15]

2000년 그 논란 많은 선거에서 이겼을 때, 많은 외교 정책에 관한 조지 W. 부시의 견해는 여전히 모호하고 분명치가 않았다. 새 대통령의 국무장관이 될 콜린 파월의 견해는 '그의 머릿속에서만 맴도는 것'이었다.[16] 그러나 경험과 지식의 부족은 정치적으로는 부시에게 큰 문제가 되지 않았다. 외교 정책은 2000년 대선에서는 거의 변수가 되지 못했으며, 초점은 온통 세금, 의료보험, 그리고 사회보장 개혁 등 국내 이슈에 집중되어 있었다. 자신의 약점을 보완하기 위해, 부시는 공화당의 리처드 닉슨, 제럴드 포드, 로널드 레이건, 그리고 조지 H. W. 부시 행정부에서 수십 년간 경험을 쌓은 참모들로 자신의 주변을 에워쌌다. 그들은 훗날 새 행정부의 외교 및 국방 분야의 요직을 차지하게 될 터였다.

딕 체니. 부시의 부통령인 그는 포드 행정부 시절 백악관 비서실장으로 근무했으며, 당시 그는 소련과의 데탕트에 대한 혹독한 비판자였다. 그는 1989년 조지 H. W. 부시 밑에서 국방장관이 되기 전까지 다년간을 하원에서 보냈다. 그의 침착하고 조용한 태도는 그러나, 같은 시기 미 합참의장으로 있던 콜린 파월조차 '공화당 내 비주류 과격파loony fringe'라고 생각할 정도로 강경한 보수파의 색채를 감추고 있었다.[17] 제임스 만James Mann이 부시 참모진에 대한 획기적인 연구에서 언급했듯이, 체니는 '그림자처럼 일하기를 좋아'했다. 그의 장기도 '설득이 아닌 판단'이었다.[18]

도널드 럼스펠드. 새 행정부의 국방장관이 되는 그는 체니의 오랜 후원자이자 정치적 동맹이었다. 닉슨 행정부 시절, 럼스펠드가 경제기회실the Office of Economic Opportunity을 이끌 때, 체니는 그의 행정 담당 차장으로 있었다. 제럴드 포드가 닉슨을 승계한 뒤, 럼스펠드는 백악관 비서실장이 됐다. 그리고 그가 국방장관에 임명되자, 체니가 그의 자리를 메웠다. 체니와 마찬가지로 럼스펠드도 대소 강경 노선은 물론, 해외에서의 미국 파워와 국내에서의 행정부 파워의 강력한 행사를 지지했다. 그는 또 관료 집단 내에서 악명 높은 싸움꾼이었다. 1970년대 소련에 대한 데탕트 정책의 핵심 설계자였던 헨리 키신저 국무장관을 그의 또 다른 직책인 안보보좌관(키신저는 닉슨 밑에서 두 가지 직함을 갖고 있었다) 자리에서 밀어내기 위해 운동했으며, 그 뒤 모스크바와의 전략 군축 회담이 진척되는 것을 방해하는 일에 매달렸다.

마찰이 잦고 노골적인 럼스펠드는 1998년 북한 미사일을 위험천만한 위협이라고 규정한 위원회를 이끈 바도 있고, 이를 통해 미사일 방어 체제 지지자들에게 새로운 이용 수단을 제공한 바도 있어, 북한에 대해 강경한 견해를 가진 상태에서 부시의 백악관에 합류했다.

국방부의 넘버 투 자리는 아버지 부시 행정부의 국방부에서 체니의 최측근으로 일했던 폴 울포위츠에게 돌아갔다. 1990년대, 그는 럼스펠드가 이끄는 미사일 위협 위원회의 멤버였다. 다른 부시 참모들과 마찬가지로 울포위츠 또한 기본 합의와 클린턴의 대북 타협 정책에 공공연하게 회의적이었다.

학계의 소련 전문가로서 냉전기에 형성된 미국의 파워를 행사할 필요가 있다는 견해를 가졌던 콘돌리자 라이스는, 소련의 아프간 침공에 대한 카터 행정부의 대응을 나약하다고 보면서 공화당 외교 정책 발상에 이끌렸다. 그녀는 1990년대 스탠퍼드 대학으로 돌아가 마침내 대학 학장이 되기 전까지 아버지 부시 행정부 국가안보회의의 소장 멤버로 소련 업무를 맡아보았다. 그녀는 북한을 미국에 대한 안보 위협으로 보았고 클린턴의 평양에 대한 관여 노력을 폄하했다. 그녀는 1998년 조지 W. 부시의 대선 선거운동원 명부에 이름을 올려, 같은 스포츠 애호가로서 일찍부터 아들 부시와 유대를 맺었다. 그들은 심지어 함께 운동을 나가기도 했다.[19] 부시의 선거 유세가 전기를 마련할 즈음, 그녀는 부시의 핵심 외교 정책 참모가 되어, 전체적으로 보아 외교 정책에 문외한인 후보가 편안함을 느낄 수 있는 방식으로(너무 편해서 부시는 라이스를 가족의 일원, 특히 누이동생처럼 대했다) 복잡한 외교 현안을 설명해줄 수 있었다. 부시가 당선된 뒤, 그녀는 국가안보보좌관에 임명됐다.

리처드 아미티지는 다채로운 이력의 소유자로, 대머리에 벤치 프레스를 즐겨 어깨가 떡 벌어진 인물이며, 극동 지역에 대한 깊은 지식으로 얼마간 무뎌지기는 했으나 매우 직설적인 타입으로 유명했다. 1975년 미군의 최후 철수 작전 때 사이공을 떠난 베트남 참전용사이자, 훗날 기업인으로서 아시아에 수년간 살았던 아미티지는, 자신의 경험으로부터 미국의 파워를 회복할 필요성과 미국의 대아시아 동맹 관계의 유지 필요성을 인식하게 됐다. 레이건 정부의 국방차관보로서 그는 또 다른 베트남 참전용사인 콜린 파월을 만났으며, 두 사람은 가까운 친구가 됐다.

군에서 최고 위치에 올랐고 제1차 걸프전에서 미국의 승리를 조율한 자메이카 출신 흑인 이주민으로서 콜린 파월의 일대기는 그를 매우 대중적인 인물로 만들었다. 레이건 시절 국방장관의 핵심 측근으로서, 그리고 그다음 국가안보보좌관으로서, 파월은 완벽한 워싱턴 인사이더였으며, 관료 사회를 헤쳐나가는 데 노련미가 있었다. 조지 H. W. 부시 정부에서, 당시 부시의 국방장관이었던 딕 체니는 파월을 발탁해 합참의장에 앉혔으며, 이때 파월은 쿠웨이트로부터 사담 후세인을 격퇴시키는 전쟁에서 주도적인 역할을 했다.

다른 수많은 탁월한 보수 정책 전문가들을 아우르고 있던 이 집단은 로마의 불의 신으로 라이스의 고향인 앨라배마 주 버밍햄의 대표적인 상징물이었던 조각상 이름을 따, '불칸the Vulcans'으로 불렸다. 그들의 세계관은 미국의 굴욕적인 베트남전 패전으로 시작해 15년 뒤 미국의 냉전 승리와 함께 끝난 격동의 시대에 형성되었다. 베트남의 그림자를 지워버리고 싶어 했던 그들은 미국의 이해를 증진시키기 위해 군사력을 이용한다는 생각을 자연스럽게 받아들였다. 그들 중 일파는 동맹, 조약, 그리고 국제기구에 대해 깊은 회의를 가졌으며, 적대국과 협상하는 것을 꺼려했다.

그러나 다른 일파, 대표적으로 파월과 아미티지 등은, 강경한 견해나 이념을 가진 사람들에 대해 불신감이 있었다.[20]

2000년 1월, 라이스는 《포린 어패어즈Foreign Affairs》(미국외교협회가 격월간으로 발행하는 외교 전문지-옮긴이)에 장문의 기고문을 발표해 부시 행정부가 취하게 될 외교 정책 접근법의 개요를 설명했다. 대부분의 불칸들은 소련과 1972년에 체결한 반反탄도미사일ABM조약이 시대에 뒤떨어졌으며, 반대 진영의 역비판이, 다가오는 미사일을 맞춰 떨어뜨릴 수 있는 미국의 우주 방어 체제의 개발을 막았다고 믿었다. 그런 공격이 북한에 의해 개시될 수도 있다는 두려움, 이것이 바로 국가미사일방어망NMD 옹호론자들이 정기적으로 내놓는 주장의 하나였다.

기고문에서 라이스는 북한을 '사악한 동기'를 가졌으며 '시한부borrowed time'로 연명하는 '불량 국가'라고 칭했으며, 클린턴의 평양 접근법을 날카롭게 비판했다. 그녀는 1994년 기본 합의 협정을 '북한에 핵무기를 포기하도록 뇌물을 주는 시도'라고 기술했다.[21] 아울러 그녀는 이렇게 썼다. "한 가지 사실은 분명하다. 미국은 북한과 같은 정권에 대해 단호하고 결연하게 대처할 것이다. 클린턴 행정부는 바로 이 대목에서 실패했다."

라이스는 평양의 미사일 프로그램을 물리치기 위해 협상에 의한 담판을 추구하는 대신, 미국은 "이들 무기에 대한 방어 노력을 가속화해야 한다. 국가 미사일 방어, 전역 미사일 방어망을 가능한 한 빨리 배치해야 하는 가장 중요한 이유가 바로 이 때문이다"라고 주장했다.[22]

앨 고어가 패배를 인정한 지 3일 뒤, 부시는 그의 1기 각료 명단을 발표했다. 콜린 파월은 국무장관으로 예정되어 있었다. 그는 불칸의 클린턴 외교 안보 정책에 대한 회의적 견해를 공유하고 있었지만, 부시 참모들 가운데 가장 온건파였다. 이념파가 아닌 실용주의자였던 것이다. 그는 군사력을 사용할 의사가 있었지만, 또한 국제 분쟁을 해결하기 위한 관여, 협상, 그리고 합리성의 가치를 믿었다.

사실, 파월의 사려 깊은 태도는 그가 클린턴 정부 초반 몇 년간 합참의장으로 일할 때도 매들린 올브라이트와 마찰을 빚게 한 바 있었다. 올브라이트는 미국의 무력 사용이 보스니아의 유혈 인종 전쟁을 종식시킬 것이라는 주장의 가장 목소리 높은 지지자 중 한 사람이었다. 파월은 일관되게 이에 반대해, 심지어 올브라이트가 그를 향해 화가 잔뜩 난 태도로 "콜린, 이번에 쓰지 못하면 어디에다 쓰려고 우리의 훌륭한 군대를 아껴두는 것이오?" 라고 쏘아붙이게 만들었을 정도였다.[23]

다른 부시 참모들의 보수적 성향에도 불구하고, 외교 정책에서는 파월이 주도적인 목소리를 낼 것이라는 믿음이 널리 퍼져 있었다. 그러나 라이스, 체니, 아미티지 등 다른 몇몇 핵심 인사들도 아버지 부시 행정부 출신이라는 사실에서, 일단 국제 문제에 부딪칠 경우, 새 외교안보팀은 좀 더 보수화된 면모를 보이겠지만, 다른 한편으로는 아버지 부시 팀의 특징들, 즉 풍부한 경험과 주의 깊고 신중한 국제주의가 실제 외교 사무에 적용될것이라는 생각을 갖게 했다.

퇴진하는 클린턴 행정부 멤버들로서는, 파월의 임명이 다소간 희망을 주었다. 역사적인 진전에 상당히 근접한 대북 외교가 어떤 형태로든 지속될 수 있을 것으로 보였기 때문이다.

크리스마스 직전의 일요일 저녁, 웬디 셔먼, 찰스 카트먼, 잭 프리처드, 그리고 로버트 아인혼은 북한 문제를 브리핑하기 위해 버지니아 교외의 파월 자택으로 차를 몰았다. 방문 시간은 저녁식사 직후였다. 항상 그렇듯 파월은 다정하게 그들을 응접실로 안내했으며 손수 마실 것을 내놓았다. 파월이 여단장이었을 때 미 육군 101 공수 사단에서 대위로 근무했던 프리처드는 자신이 새 장관과 개인적 유대를 형성했다고 느꼈다. 셔먼은 진행 경과를 상세히 설명했다. 북한이 협상 테이블에 올려놓은 것이 무엇인지, 클린턴 행정부와 얼마나 가까워졌는지, 앞으로 협상할 것이 무엇인지 등에 대해서였다. 그녀는 파월에게 클린턴이 아직 평양 방문의 희망을 접지 않았다는 것도 말했다. 어쨌든 그녀는 "확실히 알 수는 없지만 우리 느낌으로는 타결이 가능하다. 우리는 새 정부가 테이블의 패를 집어 들기 바란다"라고 말했다. 프리처드와 카트먼, 아인혼은 협상 상황에 대한 세부 내용을 보충했다.

파월은 열심히 경청하며, 이따금 '좋다'는 말을 사이사이 끼워 넣었다. 모임 중간에 콘돌리자 라이스가 도착했다. 그녀는 텍사스 크로포드의 대통령 당선자 목장에서 오는 길에 비행기가 연착하여 모임에 늦은 참이었다. 그녀가 들어서자 파월은 돌아보며 말했다. "잠깐 보조를 맞추겠다. 이 사람들은 내게 지금까지 해온 좋은 성과에 대해 브리핑하고 있었다." 그러나 라이스와 파월의 견해차는 이내 분명해졌다. 카트먼은 파월이 '긍정적이고 적극적'이었던 반면, 라이스는 냉정하고 거리를 두는 듯했으며, "우리의 말에 동조하지도, 보충 발언도 하지 않았다"고 생각했다. 라이스가 말한 것이라고는, 부시가 한국에 대해 자신만의 정책을 검토할 생각을 갖고 있다는 것 정도였다.

파월로서는, 그 회동이 '훌륭하고 탄탄한 브리핑이었으며, 매우 흥미롭고 유익했다'고 느꼈다. '클린턴 팀이 좋은 일을 많이 해냈다'는 것이 그의 생각이었다. 그러나 그도 또한 의문이 있었다. 어떻게 합의 이행을 검증할 것인가? 북한은 과연 믿을 만한가? 셔먼 팀이 파월에게 새 행정부가 북한에 대해 유사한 접근법을 지속할 용의가 있는지 타진했을 때, 그는 셔먼 팀이 클린턴이 퇴임 전 평양을 방문할 방법을 찾고 있다고 느꼈다. 이에 대해 파월은 그들에게 말했다. "여러분은 여러분의 방식이 있다. 그리고 그가(클린턴을 뜻함-옮긴이) 이런 식으로 한다면, 그것은 이미 그가 했던 일을 바탕으로 그렇게 하겠다고 결정한 것이지, 새 행정부로부터 어떤 승인을 받아서 하겠다는 것은 아닐 것이다."

셔먼, 카트먼, 프리처드는 파월의 집을 나설 때까지도 회의가 잘 끝났다고 느꼈다. 라이스가 어떤 의구심을 갖고 있든, 앞으로 대북 정책을 관장할 사람은 파월인 것으로 보였기 때문이다. 카트먼은 다음과 같이 기억했다. "최종적으로 파월은 '이 사안은 전도가 유망하며 나는 우리가 이룬 성과를 계속 살려나갈 것'이라는 취지로 말했다. 이에 대해 콘디(콘돌리자 라이스-옮긴이)는 아무 말도 하지 않았다. 아마 두 사람의 목표가 같지 않았던 것 같다."

카트먼은 계속해서 언급했다. "그러나 이것은 그렇게 나쁘지는 않았다. 우리는 방금 새 국무장관과 국가안보보좌관과 이야기했을 뿐이며, 적어도 국무장관만큼은 그간 이뤄진 일을 계속 진행하려는 것처럼 들렸다. 아마도 약간의 충돌과 조정이 있을 수도 있겠지만 큰 사고는 없을 것이라고 생각했다."[24]

카트먼 일행과의 회의에 덧붙여, 매들린 올브라이트와 샌디 버거는 파월과 라이스에게 별도로 브리핑을 했는데 이들도 비슷한 인상을 갖고 나왔다. 올브라이트의 술회다. "우리 시각에서 볼 때, 그들은 우리가 남겨놓은 일은 계속할 것처럼 느껴졌다. 우리가 아주 멀리 나갔으며, 그래서 이 지점에 뭔가 기회가 있다면, 이 일은 계속될 수 있다는 것이 우리 생각이었다."

샌디 버거는 이렇게 언급했다. “나는 파월에게서 어떤 확신이 섰다. 기억해보라. (……) 파월은 이번 행정부에 들어온 8백 파운드가 넘는 고릴라였다. 그는 미국에서 가장 대중적인 사람이고, 합참의장이었으며, 전 국가안보보좌관이었고, 2000년 대선 때 거의 대통령 후보가 될 뻔했던 사람이다. 그래서 나는 파월이 이번 정부에서, 특히 외교 정책과 관련해서는, 탄원자로 물러서 있기보다는 주된 발언자가 될 것이라고 예상했다.”

클린턴은 조지 부시와의 회담에서 자신이 직접 대통령 당선자에게 김정일과의 정상회담에 반대할 것인지 물으며, 평양행 문제를 제기했다. 그러나 부시는 그것은 어디까지나 클린턴의 의사결정 사안이며, 미국에는 오로지 한 명의 대통령만 있다면서, 무반응으로 일관했다. 부시는 개인적으로는 클린턴의 생각을 전혀 좋아하지 않았다. 정권 인수 기간, 부시는 CIA로부터 정례 정보 브리핑을 받았다. 보고자 가운데에는 정보 담당 부차장 제이미 미스칙 Jami Miscik이 있었다. 그녀는 클린턴의 노력과 북한 상황에 대한 세부 내용을 설명했다. 부시는 의문을 제기했다. 클린턴은 도대체 무엇을 하려고 하는가? 그는 왜 내가 하지 않겠다는 것을 협상하려고 하는가? 미스칙은 부시가 북한 사안의 미묘함을 별로 신경 쓰지 않는다는 인상을 받고 나왔다. 그는 또 자신이 동의하지 않은 협상을 물려받기는 싫은 기색이었다.

그러나 클린턴과 버거는 대통령 당선자를 만난 뒤 좀 다른 인상을 받고 나왔다. 두 사람은 새 행정부가 북한과의 협상을 지속할 것이며 미사일 협상의 타결에도 노력할 것이라는 결론을 내렸다. 클린턴이 평양에 가고 싶어 하는 만큼이나, 두 사람은 클린턴의 후임자가 기존의 미사일 협상을 타결 짓도록 하고, 대북 협상 정책을 전임자의 정책으로 인정하도록 하는 게 좋겠다고 판단했다. 사람들이 부시 본인은 물론 그와 파월과의 관계를 잘못 파악한 것이 이때가 처음은 아니었다.

이스라엘과 팔레스타인 간의 최종적인 평화 정착을 위한 중대한 협상에 대통령이 깊숙이 개입해 있던 상황이어서, 시간은 소진되었고 평양 방문은 더 이상 가능하지 않다는 것이 마침내 분명해졌다. 2000년 12월 28일, 클린턴은 북한 방문을 취소한다고 발표했다.

그는 기자들에게 말했다. "우리는 북한과 많은 진전을 이뤘다. 그러나 나는 방문 일정을 짜고 그 방문을 적절한 방식으로 실행하기에는 시간이 충분치 못하다고 결론 내렸다."[25]

당시 백악관이 발표하지 않은 것은, 대통령이 북한에 방문 불가를 통보한 메시지에서, 클린턴이 김정일을 워싱턴으로 초청했다는 사실이다. 이 아이디어는 찰스 카트먼과 국무부 내 그의 동료들에게서 나왔는데, 부분적으로는 북한의 부정적인 반응을 완화시키려는 방안으로, 그리고 부분적으로는 북한 사안이 새 행정부로 부드럽게 넘어가기를 바라는 선의를 표시하기 위한 방안으로 나온 것이다.

카트먼은 그 취지를 다음과 같이 기억했다. "단순하게 미사일 제안에는 관심 있지만 평양행에는 별 관심이 없다는 내용보다는, 대통령은 김정일을 만나기를 피하지 않지만, 행사 준비, 타이밍, 그리고 평양행이 갖는 다양한 형태의 역효과가 너무 많아서 결국 일이 이렇게 된 것이라는 내용을 보내면서, 자 그러니 방향을 바꿔보자고 제안한 것이다. 클린턴-김정일 회담이 처한 환경을 받아들이고, 방향을 바꿔보자는 것이었다. 클린턴이 김정일을 워싱턴에서 만나지 말라는 법은 없지 않은가?"

북한이 진짜 이 제안에 동의하리라고 기대하는 사람은 아무도 없었다. 올브라이트는 자신의 회고록에서, 김정일이 이 제안을 받아들이기를 꺼린 이유를, '때늦은 초청에, 동아시아 외교 무대에서 갖는 체면의 중요성' 탓으로 돌렸다.[26] 그러나 그 제안은 사실 김정일의 자존심에 가하는 타격을 완충하기 위한 방편으로서, 대미 관계 개선에 대한 희망을 포기하지 말라는 신호를 평양에 보낸 셈이었다.

이것이 바로 클린턴 행정부 시절 대북 정책 마지막 상황이었다. 집무실을 떠나기 직전 클린턴은 김정일에게 고별 메시지를 보냈다. 로버트 칼린에 따르면, 이때의 전말은 다음과 같다. "우리는 향후에도 계속 진전을 이뤄나갈 것을 보여주는 말을 했다. 김정일도 답신을 보내왔다. 나로서는, 그것은 클린턴뿐만 아니라, 새 행정부에게 보내는 신호임이 분명했다. '좋다, 우리는 많은 것을 성취했으며, 앞으로도 이런 식으로 계속 갈 것이다'라는 표시만으로도 충분히 긍정적인 것이었다. 아울러 그들은, 어느 대목에서는, 개략적으로 밝힌 바 있는 미사일 협상 건이 여전히 협상 테이블 위에 있다는 점을 시사하기도 했다."

제3장

북한의 정권 교체?

2001년 3월 김대중 대통령, 부시와 정상회담을 갖다.
부시가 김 대통령을 "이 양반this man" 이라고 부르다

조지 부시가 취임하면서 북한 외교관들은 새 행정부와 대화를 재개하고 싶다는 의사를 표시하기 위해 최선을 다했다. 2월 8일 워싱턴의 대서양위원회가 조직한 한 회의에서, 북한의 유엔 대표부 상근 부대표인 리근은 미국의 북한 전문가들에게 "이제 행동으로 옮길 때다. 우리는 부시 행정부가 대북 관여 정책을 유지하기를 희망한다"라고 말했다.[1]

제임스 켈리 동아시아 담당 차관보 지명자에 대한 의회 인준을 기다리는 동안 차관보 역할을 대행하게 된 토머스 허버드는 북한 대표를 안심시키기 위해 그가 할 수 있는 일들을 했다. 2월 초, 그는 리근과 북한의 유엔 대표부 상근 대표인 리형철을 위해 국무부 자신의 사무실에서 회의를 주최했다. 회의의 목적은 새 정부가 들어섰음을 설명하기 위한 것이었으며, 여기서 허버드는 향후 무슨 일이 벌어질지는 장담 못하지만, 북한에 차분함을 유지해줄 것을 당부했다. 북한 대표는 그다지 크게 걱정하지 않는다는 의사 표시를 했다. 그들은 허버드에게, 결국 클린턴과 조명록

이 '적대적 의사를 갖지 않을 것 no hostile intent'을 다짐한 공동성명이 있지 않느냐고 말했다. 허버드는 북한 손님들이 공동성명을 '복음'으로 여겼다고 술회했다. 공동성명이 있는 한, 그들은 워싱턴과의 관계가 제대로 굴러갈 것이라고 자신하는 듯했다.

로버트 조지프는 화해와 관여 정책에는 별 관심이 없었다. 미국국방대학 the National Defense University의 반확산센터 소장이었으며 과거 레이건 행정부와 아버지 부시 정부에서 국방 부차관보를 역임했던 조지프는 오랜 국방 분야 매파로서, 군축 협정의 가치에 대해 회의적이었던 반면, 잠재적인 적대국을 억지하기 위한 강력한 대외 정책에 심취되어 있었다. 그는 북한이 20세기의 가장 잔인하고 억압적인 정권이라고 믿었으며, 매들린 올브라이트의 평양행을 못마땅한 심정으로 지켜보았다. 그의 눈에, 그녀가 김정일과 함께 군중집회에 모습을 드러낸 것은 미국의 2백 년 외교 역사상 최악의 순간이었다. 그는 기본 합의가 유화 정책에 다름 아니라고 보았으며, 이는 세계 최악의 정권이 권력을 유지하게 해주는 생명선인 반면, 평양의 핵 프로그램을 제거해주지는 못할 것이라고 생각했다.

부시 정권 출범 때 국무부의 정책기획실 Office of Policy Planning에서 일했으며 2002년 콜린 파월의 비서실장이 된 로렌스 윌커슨 Lawrence Wilkerson은 다음과 같이 말했다. "조지프는 기본 합의를 진짜 싫어했다. 그는 기본 합의를 지금까지 작성됐던 (미국의) 외교 문서 쓰레기들 가운데에서도 단연 최악이라고 생각했다. (……) 따라서 그의 목표는 가장 먼저 기본 합의를 폐기하는 것이었고 그와 같은 문서가 다시는 작성되지 않도록 단단히 단속하는 것이었다."

부시의 승리 이후, 조지프는 정권인수위원회에 참여하여 확산 및 국방 분야에서 일해달라는 요청을 받았다. 그가 처음 한 일 가운데 하나는, 새 정부가 어떻게 기존의 대북 정책을 검토·조정할지에 대한 제안을 담은 '국가 안보 관련 대통령 명령 1호'를 기초하는 것이었다. 그는 국무부가 아닌 국가안보회의가 확산 문제 검토 작업을 주재해야 한다고 제안했다. 부시의 취임 때, 조지프는 국가안보회의의 확산 담당 선임 국장(새 정부의 대북 정책 재검토 작업에 영향력을 행사할 수 있는 강력한 자리)에 임명되었다.

미국의 행정부는 모두 저마다의 검토 작업을 진행한다. 그런 검토 작업은 워싱턴에서는 정권 인수 과정의 자연스러운 일부이다. 하지만 클린턴 행정부가 했던 일을 평가해, 그의 정책 중 어느 부분을 지속하고 변경할지, 또 폐기할지를 결정하는 과정은, 부시 취임 무렵 관련 부처 간, 개인 간의 경쟁, 그리고 새 정부의 대북 접근법을 형성 또는 마비시킬 정책 논쟁 등을 표면화했다.

2001년 2월 초, 토머스 허버드는 국무부에서 백악관으로 가는 리무진에 동승했다. 백악관 상황실에서 그들은, 새 정부의 대북 정책 검토 작업을 출범시키는 '관계기관장 회의principals meeting'에서 도널드 럼스펠드, 폴 울포위츠, 콘돌리자 라이스와 합류했다. 이전의 10년간 평양의 핵·미사일 프로그램을 후퇴시키기 위한 협상에 상당히 많은 세월을 보냈던 허버드는 파월과 한국 문제를 숙의했다. 새 국무장관은 빌 클린턴이 평양에 갔더라면 일이 잘못되었을 것이라는 견해를 분명히 했고, 허버드도 같은 생각이었다.

그러나 파월은 또한 평양과의 관계 맺기는 올바른 접근법이었으며, 클린턴 정부의 업적 중에서는 계승·발전시킬 만한 것도 많다는 입장이었다. 그럼에도 허버드는 여전히 정책 검토 작업을 우려했다. 만약 그 작업이 확산의 '기능적' 측면을 다루는 부서와 '지역적' 측면을 다루는 부서 등 두 개의 별도 실무 그룹으로 조직된다면, 파월이 과정과 결과를 동시에 관장하기가 힘들어질 것이라고 허버드는 우려했다.

파월이 대북 관여 정책 비판 그룹과 비교해 수적으로 열세에 놓였음은, 이 회의에서 금방 확연해졌다. 허버드가 우려했던 바대로, 회의 결과는 두 개 실무 그룹을 설치하는 것으로 나타났다. 허버드는 한국 실무 그룹을 관장하고, 조지프는 확산 문제를 다루는 그룹을 관장하게 됐다. 안보부보좌관 스티븐 해들리는 국가안보회의가 정책 검토 기간 중 '사무국' 기능을 담당한다는 내용의 지시를 내렸다. 허버드는 이 지시를, 주로 회의록 작성, 또는 각 부처의 입장 표명 회람 따위 행정적 기능에 관한 사항으로 이해했다. 하지만 국가안보회의는 다른 생각이었다. 사무국은 매파들이 전 과정을 통제할 수 있게끔 보장하면서, 모든 서류를 결재할 권한을 장악했다.

게다가 해들리는 부통령과 그의 정책 참모들의 참여를 공식화했다. 검토 작업이 시작되자, 해들리는 이 작업에 참여하는 고위 관리들에게, 정보와 각 부처의 문건을 부통령의 핵심 국가안보보좌관들과 공유할 것을 지시했다. 이 같은 교통정리 방식은 체니에게 새 정부의 대북 접근법을 마련하는 작업과 관련해 유례없는 권한을 부여했다.[2] 콜린 파월은 회고했다. "부통령실은 예전의 부통령실이 했던 것보다 훨씬 더 큰 역할을 했다. 또 하나의 국가안보회의와 다름없었다."

조지프와 허버드는 처음부터 충돌했다. 허버드에게, 조지프는 네오콘과 밀접한 관계를 갖는 이념론자이자, 클린턴식이면 무조건 질색하고 보는 성향의 인물로 비쳐졌다. 한편 조지프로서는, 허버드가 두 사람 간의 첫 대화에서, "대통령만 이 문제들을 이해한다면"이라고 말하며, 부시에 대한 당혹감을 표현한 것에 충격을 받았다. 조지프의 생각에 그런 태도는, 그가 매우 싫어하는, 직업외교관들에게 전형적으로 나타나는 오만함에 다름 아니었다.

실무 수준의 회의가 진행되자 몇몇 새 얼굴들이 등장했다. 조지프는, 자신과 마찬가지로 비확산 업무를 위해 국가안보회의에 합류하기 전 인수위에서 일했던 군축 전문가 리처드 포켄라스Richard Falkenrath의 보조를 받았다. 국가안보회의의 '지역 전문가'로 이름을 얻은 메리 타이게Mary Tighe도 그들과 합류했다. CIA 출신의 골수 강경파인 그녀는 북한에 대해서뿐만 아니라 국무부에 대해서도 깊은 불신감을 갖고 있었고, 국무부의 아시아 전문가들의 위신을 실추시키는 일에 상당한 시간을 소비했다. 부통령실의 두 보좌관도 회의에 참석하기 시작했다. 사만사 래비치Samantha Ravich와 스티븐 예이츠가 그들로서, 예이츠는 중국어가 유창했고, 모르몬교 선교사로 타이완에서 일할 때 체니의 아시아 정책 보좌관에 임명된 인물이었다. 김정일에 대한 예이츠의 시각은 보스의 생각을 그대로 반영하고 있는 듯이 보였다. 예이츠는 말했다. "김정일은 세계에서 가장 혐오스러운 존재다. 그리고 나는 이 정권이 최악의 인권 남용 업자와 견줄 수 있을 만큼 인간 본성에 대해 흉악한 범죄를 저질러왔다고 생각한다."

허버드와 과거 북한을 상대했던 사람들은 자신들의 경험과 통찰력이 갑자기 쇠귀에 경 읽기처럼 무시되고 있다고 느꼈다. 칼린은 국가안보회의와 부통령실의 보좌진이 "새 정부는 똑같은 방식으로 일을 진행할 생각이 없고, 이미 성취된 것을 일의 바탕으로 삼지도 않을 것이며, 국무부를 전혀 신뢰하지 않을 뿐만 아니라, 오히려 국무부는 북한에 너무 많은 것을 양보했으며, 미국의 이해를 충분히 지키려 하지 않았음을 분명히 했다"고 회고했다. 칼린은 이어서 다음과 같이 말했다. "북한과 협상할 수 있다거나, 그들이 합의를 지켰다거나, 건설적인 방안이 존재한다거나, 또는 압력은 오히려 역효과를 빚는다는 말은 비록 머릿속에 떠올랐다 해도, 입 밖으로 낼 수 없음이 아주 확실해졌다. 왜냐하면 이 사람들은 이런 말을 전혀 귀담아듣지 않았기 때문이다. 이들에게 회의를 여는 일은, 만약 자기네 주장에 동의하지 않는 사람이 한 사람이라도 있을 경우, 그에게 충성심이 없다든지, 지시를 따르지 않는다든지, 정부가 원하는 것에 보조를 맞추지 않는다는 식으로 호통을 쳐서 굴복시키는 일 그 자체였다." 칼린은 충격을 받았다. 그는 "이전에는 그런 식의 회의가 단 한 번도 없었다"고 말했다.

정책 검토 그룹은 즉각 두 가지 핵심 문제에 직면했고, 이에 대해 의견이 갈렸다. 두 가지 문제 중 하나는 검토 과정이 진행되는 동안 북한 측과 계속 접촉을 유지할 것인지였고, 다른 하나는 부시 정부가 앞서 10월 조명록의 워싱턴 방문 기간 중 서명했던, 쌍방에 대해 '적대적 의사를 갖지 않을 것'이라는 문구가 들어간 공동성명을 재확인할 것인지였다.

바로 직전 미국 측 의도를 재확인해주려는 노력의 일환으로 북한의 유엔 대표들을 초치했던 허버드는, 정책 검토 기간 중 의사소통이 끊어지면 북한 사람들이 '지레 판단하여' 손을 뗄지 모른다고 주장했다. 그는 미국 관리가 뉴욕으로 가서 유엔 대표부 사람을 만나 상황을 설명해야 한다고 재촉했다. 그러나 조지프는 북한 측과 협의하는 행동조차 클린턴 정책의 연속이라고 주장했다. 실망한 허버드는 파월에게 불만을 말했다. 그러나 새 국무장관은 사소한 것으로 여겨지는 문제로 싸움을 하고 싶지는 않았다. 허버드는 입을 다물 수밖에 없었다.

공동성명 문제는 좀더 민감한 것이었다. 허버드는 중국 정부가 1972년 리처드 닉슨의 획기적인 방문 때 쌍방 간 체결된 상하이 공동성명을 대미 관계의 기초라고 보는 것처럼, 김정일도 조명록에 의해 체결된 그 성명을 평양의 조심스런 대미 화해 정책의 기초로 여긴다고 주장했다. 따라서 '적대적 의도를 갖지 않는다'는 공약과 더불어, 공동성명을 재확인해주지 않으면, 문제가 커질 것이라고 그는 경고했다. 부시 정부가 대화를 끝내려 한다고 북한이 믿는다면, 김정일이 무슨 짓을 할지 알 길이 없다는 논리였다.

그러나 조지프는 거부 반응을 보였다. 그는 주장했다. "적대적 의도를 갖지 않는다는 것은 단지 북한 측이 쓰는 표현일 뿐이다." 평양의 감정에 미국이 민감해할 이유가 전혀 없다는 식의 얘기였다.

그 뒤의 일을 되돌아보면서 허버드는 결론지었다. "이 사람들은 북에 대해 적대적 의도를 가지고 있었으며, 이와 다르게 말하는 것을 잘못이라고 여겼다."

정책 검토가 진행되는 동안, 파월과 아미티지는 자신들의 팀을 꾸리기 시작했다. 토머스 허버드가 임시로 맡고 있던 동아시아 담당 차관보 자리에, 그들은 제임스 켈리를 앉혔다. 하버드 MBA를 가진 미해군사관학교 졸업생 켈리는 23년간 해군에서 근무했다. 레이건 정부 시절, 그는 국방부 아시아 담당 부차관보와, 국가안보회의의 아시아 담당 선임국장으로 일한 바 있었다.

아시아 지역에 대한 풍부한 경험으로 그는 두루 존경받았다.

그와 가까이에서 일한 모 인사는 이렇게 말했다. "그는 현명한 사람이었다. 그는 또 동아시아에 대한 아주 방대한 지식의 공급원이었다. 어느 나라를 방문해도 그는 CIA 사람들보다 그 나라에 대해 더 많이 알고 있었다."

켈리는 클린턴 정부가 대북 대응 면에서 충분히 단호하지 못했다는 공화당 내의 보편적인 비판론을 공유했다. 그러나 그도 파월처럼, 많은 결함이 있음에도 불구하고 기본 합의가 '난제를 풀어줄 최선의 방안'이라고 생각했으며, 좀더 회의적인 방식이긴 했지만, 대북 관여 정책을 지지했다. 겨울과 봄 내내 의회 인준을 기다리는 동안, 켈리는 막후에서 조용히 움직였다. 부시 정부 초기, 찰스 카트먼은 담소를 나누기 위해 켈리의 사무실에 들렀다. 두 사람은 서로 잘 아는 사이였고, 전에 함께 일한 경험도 있었다. 카트먼은 신임 주한 대사로 지명될 것을 낙관하고 있던 터였다. 그에게 대사 자리는 한국 문제에 참여했던 세월의 정점이었다. 그러나 켈리는 주한 대사 자리가 더 이상 그의 것이 아님을 밝혔고, 카트먼은 이에 경악했다. 켈리는 대신 카트먼에게 필리핀 대사 자리를 제안했다. 대화의 기조는 우호적이었다. 카트먼은 켈리와 아미티지가 그를 요직에 배치함으로써 그의 직업적 역량을 보호해주려는 것을 깨닫고 있었다. 그러나 마찬가지로, 그를 마닐라로 보내려는 것은 대북 정책 업무에서 그를 교묘하게 배제하려는 의도인 것 또한 분명했다. 간단히 말해, 그가 북한에 대해 발언해야만 하는 어떤 일에 대해서도 새 정부는 관심이 없다는 것이 카트먼의 판단이었다.

카트먼은, 한국 대사 자리가 없어졌더라도 한반도 평화회담 특사 일은 계속하고 싶다고 켈리에게 말했다. 켈리는 그 자리 또한 없어졌음을 시사했다. 카트먼은 충성스러운 낙하산병처럼, 만약 자신이 교체될 수밖에 없다면, 대신 그 자리는 찰스 프리처드에게 돌아가는 것이 마땅하다고 말했다. 그러나 아마도 미국에서 가장 경험 많은 북한 전문가였을 카트먼의 상심은 컸다. 그의 말이다. "나는 나 자신을 그들이 이용해야 할 풍부한 경험을 가진 중요한 자원이라고 여겼다. 김정일과 협상하며 작은 방에서 6시간을 보낸 대여섯 사람 중 한 사람이라는 단순한 사실 〔……〕 확실히 이것은 내가 가진 특별한 무엇이며, 만약 내가 새 행정부로 간다면, 과거 무슨 일이 있었는지, 나의 인상은 무엇인지를 확실히 말해주고 싶었다. 그러나 그런 일은 결코 일어나지 않았다."

사실, 카트먼은 어느 회의에도 초대받지 못했으며, 전화 한 통화조차 제대로 받지 못했다. 그는 고립되고 말았다. 한 인터뷰에서 나는 카트먼에게, 북한 사람들과 너무 많은 시간을 함께했기 때문에 때가 묻은 것은 아닌가 하고 물었다. 카트먼은 시큰둥하게 '노'라고 대답했다. 대신 그는, "매들린 올브라이트와 너무 많은 시간을 함께 있었던 것 때문에 때가 묻은 것이다"라고 응답했다.

·

낙심한 카트먼은 사직서를 제출하고 한반도에너지개발기구KEDO의 국장으로 자리를 옮겼다. 그 기구는 기본 합의의 조건에 따라 북한에 제공하기로 한 경수로 건설을 관장할 다국적 컨소시엄이었다.

카트먼은 다음과 같이 술회했다. "부시 행정부가 기본 합의의 숨통을 끊을 수 있을지는 아직도 분명하지 않았다. 그리고 나는 주어진 의무 사항을 주의 깊게 이행함으로써 기본 합의가 적어도 존속하기를 바랐다. 사실 그렇게 하면 핵 문제는 무력화될 수 있다고 보았기 때문이다."

카트먼은 미국 정부에서 가장 경험이 풍부한 북한 전문가로서 부시 행정부를 떠난 최초의 인물이었다. 그러나 그가 결코 마지막 인물은 아니었다.

사실, 김정일에 대한 새 정부의 적대감은 빌 클린턴과 그의 동료들에 대한 적대감에만 견줄 수 있었다. 얼마 뒤, 'ABC(Anyone But Clinton, 클린턴만 빼고 누구든)'라는 용어가 새 정부의 주문이 되었다.

찰스 프리처드는 다음과 같이 기억했다. "그 말은 아주 널리 퍼져 있었다. 정말 그랬다. 이를테면, 매사가 이런 식이었다. (……) '안 돼, 그것은 너무 클린턴식이야. 그렇게 하면 안 돼'."

대북 '평화회담 특사'로 알려졌던 카트먼의 직위를 인계받고 찰스 프리처드는 그 직함으로 명함을 만들었다. 백악관 참모들은 즉각 그에게 따졌다. "그들은 '누가 당신더러 그 직함을 사용하라고 허락했나? 여기 우리 동네에서는 그런 직함을 쓰지 않는다'고 말했다." 찰스 프리처드의 증언이다. "누군가 내게 와서 말했다. '평화? 평화회담? 그것은 민주당 용어다. 그것은 클린턴 시절에 나온 것이다. 여기서는 그런 용어는 쓰지 않는다'." 그의 직함에서 '평화'라는 단어는 지워졌다.

프리처드가 새 행정부로 옮겨가는 일은 부자연스러운 것임이 곧 드러났다. 정보 계통의 직업군인 출신이었던 그는 북한에 대해 냉정한 현실주의적 시각을 갖고 있었다. 그는 클린턴 정부 안에서는 보다 회의적인 견해를 가진 인물로 간주된 바 있었다. 그럼에도 부시 정부에서 그를 바라보는 눈길은 의구심이 가득했다. 그는 다음과 같이 말했다. "미 육군 대령으로 클린턴 정부에 들어갔는데도 나는 클린턴 사람이었다. 클린턴 정부에서는 내부적으로 강경파로 여겨졌다. 그러나 일단 부시 정부에 합류하자, 강경파들은 나를 클린턴 사람, 왼쪽으로 치우친 사람으로 보았다. 나는 아주 이상한 위치에 놓였다."

프리처드는 새 정부가 북한 사람과 대화가 부족한 것을 특히 우려했다. 로버트 칼린도 비슷한 우려를 갖고 있었다. 새 정부가 구성되면서, 그는 그의 직속상관이자 국무부 정보조사국INR 국장인 칼 포드Carl Ford와 콜린 파월에게 맹렬하게 정책 메모를 써서 올렸다. 그 메모에서 그는 상황이 어디까지 진행됐는가를 설명하고, 미국이 북한과 커뮤니케이션 라인을 유지하기 위해 무엇을 해야 할지에 대해 일련의 제안을 내놓았다. 그러나 그는 아무런 회신도 받지 못했다.

정책 검토가 진행되는 동안 대북 공식 접촉이 금지된 상황에서 프리처드는 칼린이 일련의 비밀 회동을 가질 수 있도록 허락했다. 1990년대 초반, 칼린은 이와 유사한 뒷문 협상에 관계한 바 있다. 북미 간 긴장이 1994년의 핵 위기로 비화되면서 그는 뉴욕을 정기적으로 찾았다. 그는 북한 외교관 리근에게 전화를 걸어 이렇게 말하는 식이었다. "뉴욕에 내 누이를 찾아가는 길이오. 커피 한잔 어떻소?"

처음 몇 번 이런 일이 있은 뒤, 리근은 칼린의 의도가 무엇인지 정확히 알게 됐다. 전직 CIA 출신은 이런 형식의 만남이 '오프라인' 상태에서 대화하고, 의견을 교환하며, 모종의 커뮤니케이션을 유지하는 기회였다고 말했다.

이제 프리처드와 칼린은, 북한이 전과 다름없이 행동하고, 특별히 잘못을 저지르지 않더라도, 정치가 위기를 조성한다고 믿었다. 결국 칼린은, 북한의 유엔 대표부 관리들에게 '누이 방문'을 다시 알리기 시작했으며, 그 결과 정기적인 회동이 이뤄졌다.

일단 집무가 시작되자, 조지 W. 부시는 세계 각국의 지도자들과 일련의 공식 전화 통화를 시작했다. 가장 먼저 통화한 지도자 가운데에는 한국의 김대중 대통령도 있었다. 2000년 10월, 매들린 올브라이트의 평양 방문 직후, 김대중은 김정일과의 정상회담으로 노벨 평화상을 받았다. 한국의 지도자는 빌 클린턴과 친밀한 관계를 발전시켰다. 미국의 대통령은 김대중을 정중하게 대접했고, 자주 그의 조언을 구했으며, 북한과의 관계를 개선하려는 '햇볕 정책'을 받아들였다. 김대중은 진작부터 부시를 떨어뜨리기 위해 앨 고어 부통령을 성원했던 참이다.

김대중은 내게 말했다. "나는 고어 씨가 차기 대통령이 되기를 바랐다. 부시 씨가 미국의 차기 대통령이 되면, 클린턴 행정부의 대북 정책이 상당 부분 좌절을 겪을 것으로 생각했기 때문이다. 그것이 바로 내가 상당히 우려하는 것이었다."

2001년 1월 초, 김대중은 《워싱턴 포스트》의 데이비드 이그나티우스 David Ignatius와의 회견에서 자신의 우려를 공공연히 표시했다. 그는 부시 대통령과의 조기 정상회담을 희망한다며, 정상회담에서 자신의 메시지는 다음과 같이 될 것이라고 말했다. "진로를 바꾸지 말 것, 대화를 계속하는 것을 지지할 것, 북한 지도자 김정일을 구석으로 몰지 말 것."[3] 김대중은 북한이 진짜로 변하고 있다는 자신의 믿음을 강조했으며, 미군이 한반도에 계속 주둔하는 계획에 대한 김정일의 분명한 전향적 태도를 그 중요한 징후라고 지적했다. 김대중과 그의 참모들은 새로 들어설 미 행정부가 미사일 방어망을 지지하는 데 대해서도 우려했다. 한국 외교부의 한 고위 관리는 이그나티우스에게, 럼스펠드 국방장관 지명자의 머릿속에는 북한이 미사일 방어의 상징물인 것 같다고 우려를 표시했다. 미사일 방패 찬성론자들을 단합하는 구실로 북한을 이용하게 되면 새 행정부는 클린턴이 시간을 다 써버려 완결 짓지 못한 미사일 담판을 애써 이어갈 의지를 갖지 못하게 될 것이라고 서울의 관리들은 걱정했다.

2월 초 최초의 한미 정상 간 전화 통화는 좋지 않게 끝났다. 김대중은 부시에게 햇볕 정책을 계속 유지하는 것과 대북 관여가 얼마나 중요한지를 단도직입으로 말하기 시작했다. 그는 김정일의 최근 중국 방문을 언급하며, 부시에게 자신은 북한이 중국식 개혁을 모색하는 것으로 믿는다고 말했다.[4]

김대중이 말하는 동안, 부시는 전화기에 손을 갖다 대고는 프리처드와 해들리를 쳐다보며 '이 사람이 도대체 누구냐'고 물었다. 그날 밤 11시에 프리처드는 느닷없이 콘돌리자 라이스로부터 백악관으로 오라는 전화를 받았다. 대통령에게 김대중이 누구인지를 그의 출신 배경과 철학을 중심으로 설명하고, 왜 그가 초저녁 때의 통화에서 그런 식으로 말했는지를 설명하는 보고서를 쓰라는 것이었다. 프리처드에게 그것은 북한에 대한 인식 차이가 장차 한미 동맹 관계에 심각한 문제를 일으키게 될 것이라는 최초의 징후였다.

3만 7천 명의 미군 병력이 한국에 주둔하고, 그중 상당수가 비무장지대에 배치되어 있는 등, 한국과의 동맹은 오랜 세월 미국의 가장 중요한 대외 관계 중 하나였다. 그 동맹은 한국전 기간 피로써 맺어진 것이고, 냉전 기간에는 수십 년에 걸친 반공 투쟁의 보루였으며, 미국의 대동북아 지역 물리력 투사를 위한 핵심 기지였다. 또한 한미 동맹은 소련과 그 사회주의 동맹국들의 붕괴에도 불구하고 지속되었다. 물론 그 이유는 북한 때문이었다.

그러나 1997년 김대중의 대통령 선출은 한국에서 대변혁을 뜻했다. 1980년대 말까지 한국은 북한의 위협을 빙자하여 엄혹한 안보 관계 법률로 반체제 인사들을 억압하는 연속적인 군부 독재의 지배 아래 놓여 있었다. 한국을 냉전의 렌즈를 통해 보았던 미국은, 아시아의 우파 정권들에게 그랬듯이, 서울의 권위주의 정권들을 용납했으며, 또한 그들과 협력했다.

하지만 한국이 경제 강국으로 부상하기 시작하면서 민주주의와 정치적 자유에 대한 대중적 요구는 거세어졌다. 전쟁 기간의 외상에 대한 생생한 기억이 없는 젊은 세대는 이 같은 요구에 기름을 부었다. 이 운동은

386세대, 즉 1960년대에 태어나고, 1980년대에 대학을 다녔으며, (당시) 30대였던 사람들에 의해 주도되었다.

과거 공산당과 싸웠던 세대는, 군부 통치와 싸우고 아주 오랜 세월 한국이 미국을 상대하는 방식을 일컬었던 '아우'의 관계에 분개하는 세대에 의해 점차 대체되었다. 세계 11위 경제국의 시민으로서 자신감이 넘쳤으며, 자기네 땅에 대규모 외국 군대가 주둔하는 사실에 분노했던 많은 한국인들은 엉클 샘의 그늘에서 벗어나기를 학수고대했다.

장기간의 반체제 민주 인사였던 김대중의 대통령 당선은 이런 극적인 변화를 반영한 것이었다. 2000년 평양에서의 김정일과의 정상회담도, 북한은 더 이상 어떤 대가를 치르고서라도 반드시 봉쇄해야 할 가공할 적이 아니라는, 한국 사회 일반의 새로운 인식을 구체적으로 드러낸 장면이었다. 오히려 여론은 점점 더 북한을 회유와 관여를 통해 원래의 모습으로 돌아오도록 달래줘야 할 빗나간 사촌으로 보기 시작했다. 김대중과 빌 클린턴은 북한을 상대함에 있어 협상과 외교의 가치에 대해 비슷한 견해를 공유했으며, 이 때문에 두 정부 또한 넓게 보아 같은 보조를 취했다.

미국의 행정부가 바뀌자 김대중은 신임 미국 대통령의 의도에 대해 우려하며 부시와의 조기 정상회담을 추진했다. 또 다른 요인도 서울의 절박감을 더해주었다. 당시 일본의 모리 요시로 총리가 워싱턴 방문을 계획 중이라는 소식이 한국에도 전해졌다. 서울과 도쿄 사이의 오랜 경쟁 관계상, 한국인들에게 그들의 지도자가 일본 지도자보다 먼저 부시와 만나는 것은 국가적 자존심이 걸린 문제였다. 한국 외교관들은 워싱턴에서 가급적 가장 빠른 시일 안에 회담이 성사되도록 추진하라는 훈령을 받았다.

미국의 대북 입장 변화에 대한 서울의 근심은 한국의 이정빈 외무장관이 2월 7일, 김대중의 방미 문제를 논의하기 위해 워싱턴에서 콜린 파월을 만나면서 얼마간 누그러졌다. 파월은 이정빈에게, 부시 정부는 평양에 대한 김대중 정부의 접근법을 지지하고 있으며, 비록 기본 합의의 일부 조항에 대해서는 '개선'할 뜻이 있지만, 전체적으로는 합의를 유지할 생각임을 재다짐했다.

미국 관리들은 그러나 사석에서는 조기 회담을 추진하지 말아달라고 촉구했다. 허버드 외 다른 관리들은 한국 외교관들에게, 부시 행정부의 정책 검토가 아직 시작되지도 않았고, 많은 요직이 의회의 인준을 기다리고 있거나 공석이라고 설명했다. 요컨대 워싱턴은 회담 준비가 되지 않은 상태라는 것이었다. 비슷한 취지의 발언이 2월에 한국에 체류하던 저명한 미국 학자들과 미국의 전직 관리들을 통해 김대중에게 직접 전달됐다. 그중에는, 미국 사회과학연구회the Social Science Research에 소속한 학자이자 1994년 북핵 위기에 관한 널리 인정받는 책(『미국은 협력하려 하지 않았다Disarming Strangers』를 뜻함-옮긴이)의 저자인 리언 시걸Leon Sigal도 있었다. 그는 김대중에게, 부시와 그 보좌진이 아직 '선거 운동 모드'에서 벗어나지 못했으므로 그들이 통치라는 현실을 직면할 때까지 한동안 기다리는 것이 좋겠다고 말했다.

전 주한 미국 대사 도널드 그레그Donald Gregg도 김대중에게 정상회담을 서두르지 말라고 설득했으며, 미국외교협회the Council on Foreign Relations의 일본 전문가이자 새 행정부의 국가안보회의 아시아 담당 국장에 임명된 마이클 그린 역시 그러했다. 그린은 사정했다. "제발 새 대통령을 설득하려고 하지 말라. 그는 자기 팀을 준비시킬 시간이 필요하다."

서울의 압력과 새 행정부의 주저 사이에서 샌드위치가 된 워싱턴의 한국 대사관도 회담의 전망에 대한 경고를 보냈지만, 이 같은 경고는 주목

받지 못했다. 한 한국 외교관은 다음과 같이 말했다. "김 대통령의 회담 추진 의사는 확고했다. 미국 정치인들에 의해 그가 약간은 차분함을 잃어버린 감도 있었다. 정치인, 금융계 인사, 기업인 등 청와대를 방문한 모든 미국인들이 민주주의, 평화, 그리고 노벨 평화상 등을 이유로 김대중을 칭찬했기 때문이다. 결국 그는 부시를 만나 그를 설득할 수 있을 거라고 확신했다."

워싱턴으로 떠나기 며칠 전, 김대중은 서울에서 러시아의 블라디미르 푸틴 대통령을 위해 연회를 베풀었다. 2001년 2월 27일, 두 사람은 1972년의 반탄도미사일ABM조약을, '전략적 안정의 초석이자, 핵 무장해제 및 비확산을 위한 국제 노력의 중요한 토대'로 추켜세우는 내용의 공동성명을 발표했다.[5]

《뉴욕 타임스》가 '한국, 미 MD 구상 논란서 러시아편'이라고 보도한 한-러 공동성명은 국가미사일방어망NMD을 구축하려는 부시 정부의 계획에 대한 암묵적인 비판이었다.

푸틴은 미국의 움직임에 반대하는 캠페인을 벌이고 있었으며, 미국의 핵심 동맹국의 지지를 받아낸 것은 중요한 발전을 보여주는 것이었다. 서울의 관점에서 그 성명은, 협상을 통해 북한 미사일 문제를 풀기 위해 클린턴 정부가 기울였던 노력을 미사일 방어망이 날려버릴 수도 있다는 우려를 반영한 것이었다. 한국의 전직 외교통상부 고위 관리의 말이다. "우리는 북한과 정상회담을 가졌다. 만약 우리가 미사일 방어망을 지지한다면, 우리는 북한에 매우 중대한 부정적 신호를 주게 될 것이다. 그래서 우리는 꺼려했다."

김대중의 논리는 백악관에 잘 먹혀들지 않았으며, 더 나아가, 대통령과 콘돌리자 라이스의 한 축과 콜린 파월을 중심으로 한 또 다른 한 축의 견해 차이를 두드러지게 했다. 부시와 라이스는 워싱턴 도착 바로 며칠 전, 대통령의 첫 해외 손님이 새 행정부의 최우선 정책 사항에 대해 그렇게 공공연하게 의문을 표시한 것에 대해 분개했다. 라이스는 김대중의 입장을 빌 클린턴의 견해를 반영한 것이나 다를 바 없다고 생각하며, 특히 분노했던 것으로 전해진다. 그녀는 서울에 신랄한 문구로 자신의 불쾌감을 표시한 메시지를 보냈다.

푸틴이 서울을 떠난 직후, 한국은 주의 깊게 표현된 '해명' 논평을 발표해 조약에 대한 지지가 곧 NMD를 반대하는 것은 아니라고 주장했다.[6] 상대적으로 파월은 이 문제를 별로 신경 쓰지 않았다. 그는 'ABM 조약을 폐기하는 것에 대해 확실한 주관이 없었고, 미사일 방어망을 구축하는 데 일부 공화당 인사들처럼 열렬한 사명감도 없었으며,'[7] 어떤 결정을 내리기 전에 모스크바와 광범위한 협의가 있는 것이 좋다고 생각했다.

김 대통령에 대한 반감, 북한에 대한 깊은 불신, 그리고 평양에 대한 강경 노선 입장에 따라, 라이스는 국무부에 한마디 통지도 없이 김-부시 회담 하루 전, 《뉴욕 타임스》의 데이비드 생어David Sanger와 그 밖의 몇몇 언론인들을 상대로 배경 설명회를 가졌다. 라이스는 '행정부의 한 고위 관리'라는 이름으로, "북한 정권은 문제고, 김정일도 문제"라고 주장했다.[8] 생어의 기사는 부시 행정부가 북한을 '주요 위협'으로 보고 있으며, '김대중 씨의 평화 구상이 북한으로부터 너무 적은 양보만 얻어낸 채 너무 빨리 앞서나가고 있다'고 보도했다.[9]

같은 날, 콜린 파월은 국무부에서 기자들을 만나 매우 다른 메시지를 전달했다. 파월은 김대중과 햇볕 정책을 치하한 뒤 다음과 같이 말했다. "우리는 북한에 관여할 것이며, 클린턴 대통령이 남기고 간 것을 계속할 것이다. 협상 테이블에는 몇몇 전망이 밝은 요소들이 남아 있으며, 우리는 그 요소들을 검토할 것이다."[10]

이튿날, 파월은 김대중과 그의 안보보좌관 임동원을, 워싱턴 D.C. 펜실베이니아 가에 있는 국가 원수급 방문객을 위한 공식 영빈관인 블레어 하우스로 초대해 조찬을 베풀었다. 파월 측에는 토머스 허버드 동아시아 담당 차관보 대리, 국무부 대변인 리처드 바우처, 그리고 주한 대사관 부대사 에번스 리비어가 배석했다. 이날 조찬은, 미국 측 참석자들의 말을 빌리면, '아주 근사한 모임'이었다.

김대중을 한 번도 만나본 적 없었던 파월은 그에게 존경의 뜻을 보이기 위해 각별히 노력했다. 에번스 리비어는 다음과 같이 회고했다. "모임 분위기는 아주 좋았다. 사람들은 저마다 긴장을 풀고 편안한 상태였다. 그들은 정책 접근법에 있어서 근본적으로는 같은 입장이었다. 햇볕 정책, 관여 정책, 관여야말로 갈 길이었던 것이다. 사실 일이 남겨진 곳에서 공을 다시 주워 들 것이라는 내 생각에는 의문의 여지가 없었다. 언제나 그래왔듯이, 정책 검토가 진행되는 것은 당연했다. 그러나 어느 모로 봐도, 새로운 위치가 원래 있었던 위치와 크게 다르지 않을 것이라고 생각할 이유는 충분했다."

김대중은 이날 조찬 회담을 부시 대통령을 상대로 행하려는 프레젠테이션의 연습 기회로 활용했다. 한반도 문제를 역사적 맥락에 놓고, 냉전의 마지막 분쟁을 끝내기 위한 방법으로 관여 정책의 정당성을 설명하는 것이었다. 미국인들은 감동 받았다. 허버드는 김대중의 프레젠테이션이 아주 뛰어나다고 생각했다.

김대중 측으로서는 파월을 확신시키고 조찬 자리를 마친 셈이었다. 그는 내게 말했다. "그날 아침은 모든 것이 아주 훌륭했다. 회담 분위기도 매우 부드러웠다. 한국 정부와 미 국무부는 모두가 클린턴의 대북 접근법을 따라야 한다는 데 견해를 같이했다."

같은 날 아침, 《워싱턴 포스트》의 20면에는 전날 파월의 논평에 대한 토막 기사 하나가 파묻혀 있었다. 제목은 '부시, 클린턴의 대북 미사일 회담 계속'이었다. 부시-김 회담을 위해 백악관 출발을 준비하고 있을 때, 파월은 콘돌리자 라이스의 전화를 받았다. 그녀는 잔뜩 격앙돼 있었다.

파월은 다음과 같이 회고했다. "끔찍한 일이 벌어졌다. 대통령은 아주 언짢아했다. 콘디는 그의 언짢음을 내게 전달했다. 그리고 내가 백악관으로 갔을 때도, 그가 여전히 언짢은 표정임이 분명했다."

파월은 비록 '클린턴'이라는 이름을 언급했어도, 그것이 "그토록 충격파가 크거나 정치적으로 거센 파장을 일으킬 만한 것이라고는 깨닫지 못했"다. 그러나 행정부의 다른 사람들은 파월의 논평을, 북한에 대한 자신의 온건한 입장을 대통령에게 강요하려는 주도면밀한 시도로 간주하며 비판의 각을 세웠다.

당시 대북 정책 검토에서 핵심 역할을 하고 있던 조지프의 측근 리처드 포켄라스는 주장했다. "어느 행정부에서나, 특히 우리 행정부의 경우 제1원칙 중 하나는 다른 사람들을 놀라게 해서는 안 된다는 것이다. 이 경우 파월이 저지른 일은, 대통령, 국방장관, 국가안보보좌관, 그리고 부통령에게 진실로 놀라움 그 자체가 될 만한 발언을 언론에 했다는 것이다. 그것은 정말로 좋지 않은 결과를 초래했다. 그것은 북한을 상대하는 데 대통령 자신의 개인 취향을 우선 검토하는 결과를 초래했다. 그리고 그들은 클린턴 행정부가 북한과 협상할 때 취했던 정책을 계속하지 않기로 했다. 대통령은 북한을 살펴본 뒤 두말할 필요 없는 극악한 정권이라고 판단했다.

북한은 인민을 학대하고, 국제사회와의 약속을 어겼으며, 동북아 지역과 세계에 위협을 주었고, 그래서 대통령이 상대하기를 극구 꺼리는 나라였던 것이다."

라이스는 파월에게, 기자들에게 전날 자신의 논평이 잘못되었음을 밝히는 것이, 그것도 부시와 김대중이 정상회담 종료 후 기자회견을 갖기 전에 하는 것이 좋겠다고 말했다. 파월은 훗날 그때의 상황을 이렇게 설명했다. "나는 기자들 앞에서 아주 거북해하며, '글쎄, 그것은 좀더 연구해야 할 것 같다'라고 말했다."

양국 대통령이 회담하고 있는 중인데도 파월은 대통령 집무실을 빠져나와 놀라고 약간은 어리둥절해하는 일단의 기자들에게 분명하게 말했다. "사실은 그렇지 않다. 대통령은 우리가 대북 관계에 대한 충분한 검토를 진행해, 과거에 기초한 정책, 그러면서도 우리 행정부만의 독자적인 정책, 그리고 우리가 협상 테이블에서 보고 싶은 새로운 정책들을 찾아내야 한다고 힘주어 말씀하셨다. 그리고 정책 검토가 끝난 뒤 적절한 시기에, 어떤 속도로, 언제 북한 사람들과 관계를 맺어갈지를 결정하게 될 것이다."[11]

훗날 김대중이 한국으로 돌아간 뒤, 파월과 아미티지는 당시의 사건에 대해 이야기했다. 아미티지는 두 사람이 모두 비슷한 감상을 가졌다고 말했다. "정말이지, 그들이 그 신문 기사 제목을 보고 크게 동요한다면 문제가 오래갈 것이다. 진짜 문제는 바로 그 점에 있다."

양국 대통령의 회담은 실패작이었다. 75세의 김대중은, 콜린 파월의 표현을 빌리면, '위엄을 갖춘 동양의 노신사'였다. 그는 격식을 차렸으며, 다소 뻣뻣하게 걸었고(이는 일부는 투옥 당시의 고문, 그리고 일부는 그의 주장에 따르면, 한국 중앙정보부가 그를 살해할 의도로 꾸며냈던 교통사고가 남긴 흔적이었다), 자신의 견해를 긴 호흡으로 설명하는 경향이 있었고, 빌 클린턴을 포함해 다른 사람들로부터 공경까지는 아니더라도 존경에서 우러나온 대접을 받는 데 익숙해 있었다.

그러나 한국의 한 고위 관리의 말에 따르면, 김대중은 자신의 신념을 지키느라 평생 시련을 겪으면서 얻은 '강철 같은 의지'를 가지고 있었다. 그는 납치되어 폭행당하고, 투옥되었으며, 사형까지 선고받은 바 있고, 최후의 순간에 가까스로 죽음을 모면한 바도 있었다. 북한에 대한 그의 입장은 결코 순진하지 않았다. 한 해 전, 한국 대통령은 민주당 상원의원 조지프 바이든Joseph Biden(현 미국 부통령-옮긴이)과, 상원 외교관계위원회의 아시아 정책 수석 참모인 프랭크 자누지Frank Jannuzi를 서울에 초청해 오찬을 베푼 바 있었다. 김대중은 그 자리에서, 미국의 일부 인사들은 평양에 대한 '햇볕 정책'을 오해하고 있다고 그들에게 말했다. 그는 김정일 정권이 어떤 식인지를 알고 있었다. 그는 바이든에게 설명했다. "북한은 곰팡이와도 같다. 햇볕 정책은 바로 곰팡이 제거제다."

김대중은 자신의 대북 접근법에 대한 부시 측의 찬성을 얻기 위해, 부시에게 김정일의 최우선 목표는 정권 생존이며, 관여 정책이야말로 북한의 위협에 대처하는 최선의 방법이라고 말하면서, 북한에 대한 자신의 의견을 설명하기 시작했다. 그는 북한 지도자가 통일이 된 이후에도 주한 미군이 한반도에 계속 주둔하는 것을 수용할 용의가 있다고 표현한 점을 강조했다. 다음은 김대중의 회고. "나는 김정일 위원장이 미국과의 관계 개선을 열망하고 있다는 것을 확실히 밝혔다. 따라서 당신은 대화를 통해 북한 문제를 해결할 수 있다고 했다."

그러나 부시는, 정상회담에 참석했던 한 관리의 말을 빌리면, 김대중을 그야말로 '공박'했다. 한국 지도자의 말을 가로막고, 그의 발언의 전제를 문제 삼았으며, 북한에 대한 적대감과 '햇볕 정책'에 대한 회의감을 표시했던 것이다. 부시는 가까운 장래에 클린턴 행정부가 추진했던 미사일 회담을 재개할 용의가 전혀 없음을 확실히 했다.[12]

보디랭귀지 하나만으로도 부시의 시각이 드러났다. 부시는 의자에 몸을 늘어뜨린 채 존경심이나 경의는 물론, 이해심도 별로 보이지 않았다. 다음은 파월 시절 한 국무부 동료 관리의 술회다. "부시는 김대중이 누구인지, 또는 어디에서 왔는지 이해하지 못했다. 그는 김대중의 개인사도 알지 못했다." 당시 국무 부장관 리처드 아미티지는 솔직하게 술회했다. "외교를 하러 온 연장자에 대한 예우 같은 것은 없었다. 자신의 신념으로 인한 과거의 고통에 대한 존중도 물론 없었다. 단지 '우리는 김정일을 싫어한다'는 말과, '당신의 햇볕 정책은 형편없다'는 말뿐이었다."

부시의 어투는 한국의 대통령에게 심한 불쾌감을 남겼다. 김 대통령은 내게 말했다. "태도나 매너의 측면에서, 그는 정확히 '텍사스' 출신이었다. 전체적으로 그의 태도는 아주 훌륭한 것은 아니었다고 말할 수 있다. 나는 당시 그의 태도에 무척 놀라고 경악했다. 특히 그날 아침 콜린 파월과 아주 훌륭한 대화를 했던 터였기 때문이다. 그때 나는 사실 중요한 모든 문제가 풀릴 것이라고 믿었다. 그래서 나는 더욱더 당황하게 된 것이다."

파월과 다른 사람들은 북한과 김정일에 대한 부시의 개인적인 깊은 반감에 의해 뒷전으로 밀려났다. 북한 문제는 대통령 선거 유세나 정권 인수 과정에서 거의 주목받지 못했다. 부시의 정책 순위 리스트에서도 높은 자리를 차지하지는 못하는 것처럼 보였다. 콘돌리자 라이스가 김대중과의 회담 이전 부시에게 북한 문제를 설명하기는 했지만, 그것이 부시의 대북 감정을 심화시킨 원인은 아닌 듯했다.

리처드 아미티지는 북한이 갑자기 논쟁이 필요 없는 부시 행정부 '신학'의 영역으로 들어갔다고 믿었다. 아미티지의 말이다. "북한은 부시가 어느 날 아침, 잠을 깨고 일어나서 증오하기로 결정하기 전까지는 신학의 영역에 있지 않았다. 이것은 결코 농담이 아니다. 나는 심각하게 말하는 것이다. 실제로 그랬다. 부시는 김정일을 미워했다."

바로 이 시점부터 부시는 훗날 언론인 밥 우드워드에게 자신의 감정을 설명할 때 했던 것처럼, 김정일에 대한 자신의 본능적 '혐오loathing'를 거의 감추지 않았다.[13] 아미티지의 회고. "부시는 세계 지도자들에게 아주 난잡한 말로 김정일에 대해 말하기 시작했다. 김정일은 역겨운 놈asshole이다, 나는 그자를 질색한다, 김정일은 개자식son of a bitch이다, 이런 말들을 다른 해외 지도자들에게 하고 돌아다녔다. 한 번도 만나본 적이 없는 사람을 그런 식으로 말하고 다닌 것이다."

그날 정오, 두 지도자가 회담을 끝내고 점심을 들기 전, 짤막한 기자회견을 위해 기자들이 대통령 집무실에 들어가는 것이 허용됐다. 그곳에서도 접근 방식의 차이는 확연했다. 부시는 김대중을 '이 양반this man'이라고 부르는 것으로 자신의 가벼운 회견을 시작했다. 부시가 김대중의 이름을 깜빡했을 수도 있고, 공식 호칭을 언급하지 않기 위해 의도적으로 선택한 것이었을 수도 있다. 그러나 그것은 김대중 자신, 한국의 관리들, 언론, 시민 등 모두의 자존심을 무너뜨리고 불쾌감을 느끼게 만들었다. 몇 년 뒤 내가 김대중을 인터뷰할 때, 그 기억은 여전히 사무쳐 있었다. 김대중은 말했다. "그는 '이 양반'이라고 부름으로써 내게 수모를 주었다."

그다음, 부시는 김정일을 언급하면서 그 자리에 모인 기자들에게 말했다. "나는 정말 북한의 지도자에 대해 의구심을 갖고 있다. 우리는 그들이 모든 합의 사항을 지키고 있는지 확신하지 못하고 있다."

이 대목에 대한 김대중의 회고. "기자회견이 이루어진 바로 그 시점부터 부시 씨는 북한의 김정일 위원장을, 독재자라고 부르며 비난하기 시작했다. 따라서 당시 부시 씨가 한 일은 그날 아침 일찍 두 정부가 합의했던 성명 내용을 뒤집는 것이었다." 여기서 그가 언급한 것은 백악관으로 가기 전 파월과 아침을 들며 했던 영혼의 만남이었다.

김대중의 계속되는 이야기. "그럼에도 나는 화를 내지 않기로, 또는 그때 부시의 매너에 대해 초조해하지 않기로 결심했다. 나는 앞으로 몇 년 더 이런 위치에 있을 것이고, 부시는 그보다 더 많은 세월을 그런 위치에 있을 것이라고 믿었기 때문이다. 그것은 앞으로 몇 년간 더 많은 대화를 해야 함을 뜻했고, 나는 그를 설득하고 이해시킬 수 있다고 생각했다."

김 대통령은 외교적인 불일치를 드러내기 위해 흔히 사용되는 조심스런 용어를 사용해 기자들에게 간단히 설명했다. "부시 대통령은 북한의 성격과 북한 지도자에 대한 자신의 인식을 매우 솔직하고 정직하게 나에게 말했다."

부시는 덧붙였다. "대통령은 자신의 비전을 매우 솔직하게 말했고, 나는 그의 비전에 대한 나의 찬성에 대해서는 물론, 나의 회의적인 생각도 솔직하게 개진했다."[14]

회담이 끝난 뒤, 허버드와 국가안보회의의 아시아 담당 선임국장인 토클 패터슨Torkel Patterson은 기자들을 위한 배경 설명회를 갖도록 요청받았다. 설명회가 시작되기 전, 그들은 부통령 비서실장인 루이스 '스쿠터' 리비Lewis 'Scooter' Libby로부터 메모 한 장을 전달받았다. 허버드는 북한에 대한 부시의 '철저한 염증'이 정상회담에 대한 리비의 설명을 얼마나 철저하게 지배하고 있는지, 그리고 리비가 부시의 강경 노선에 얼마나 우쭐해졌는지 확인하고 경악했다. "대통령의 뜻이 얼마나 강한지 당신은 아마 믿지 못할 거요." 리비는 허버드를 고소한 듯이 쳐다보았다.

이에 대한 허버드의 회고. "나는, 부시에게 북한은 정책 논란을 초월하는 그 무엇이라는 것을 깨달았다. 김정일에 대한 본능적인 염증은 그 회담 이전에는 나타난 바 없었다."

브리핑을 준비하는 동안, 허버드는 파월에 이끌려 잠깐 자리를 벗어났다. 허버드는 술회했다. "그는 나를 붙잡고는 회담이 완전 실패작이라고 했다. 그는 또 자신은 완전히 허를 찔렸다고 말했다."

언론 브리핑은 회담의 부정적인 측면에 대한 질문이 주조를 이뤘다. 《뉴욕 타임스》의 데이비드 생어는 북한이 미국과 체결한 합의를 지키지 않았다는 부시의 언급에 대해 패터슨을 압박했다. 생어는 북미 간에는 딱 하나의 협정, 즉 기본 합의만 있음을 상기시키며, 대통령은 김정일의 합의 위반을 비난하는 것인가, 하고 물었다. 패터슨은 평양이 기본 합의 조항을 위반했다는 증거는 없음을 인정해야만 했다. 다른 기자들은 기본 합의가 끝장난 것인지를 물었다. 허버드는 대통령이 협정을 지킬 의향이 있다고 언급한 사실을 강조했다. 그러나 기본 합의는 이미 상처를 받고 말았다. 허버드는 말했다. "그다음에 튀어나온 것은, 우리는 '햇볕 정책'을 좋아하지 않는다, 우리는 김정일에 대해 아주 심한 염증을 가지고 있다, 그런 것들이었다. 그 말뜻은, (우리는) 이 점에 있어서 한국에 협조하지 않겠다는 것이었다."

워싱턴을 떠나기 앞서 김대중은 매들린 올브라이트를 만났다. 그녀는 냉랭한 분위기에 놀랐으며, "손님 자리에서 양탄자를 빼버린 셈"이라고 말했다.

이틀 뒤, 김대중은 부시의 아버지이자 전직 대통령인 조지 W. H. 부시에게 직접 전화를 걸었다. 두 사람은 김대중이 과거 재야 지도자였을 때부터 알고 지내던 지기였다. 김대중은 아버지 부시와 통화한 내용을 이렇게 회상했다. "나는 관여 정책에 바탕을 두고 대북 정책을 계속해나갈 것을 여러 번 강조했다." 시니어 부시는 자기 아들의 강성 견해에 대해 김대중을 안심시키려 했다. 계속되는 김대중의 술회. "아버지 부시는 '지나치게 걱정할 것은 없다. 결국 주니어 부시도 북한 문제를 해결하는 데 대화 옵션을 따르게 될 것'이라고 말했다." 수주 안으로, 신임 대통령의 아버지는 평양에 대한 새 행정부의 강경 접근법을 누그러뜨리는 성과를 거두게 된다.

한편 서울로 돌아오는 비행기 안에서 김대중은 이정빈 외교통상부 장관에게 자신은 심각하게 우려된다고 말했다. 귀국하는 동안 한국의 대통령은 부시가 '이 양반'이라는 결례적인 표현을 쓴 데 대해 여론이 들끓고 있음을 알게 됐다.

김대중의 워싱턴 방문을 수행한 한 한국 외교관의 증언. "그의 말은 부시와 그의 팀, 그리고 행정부 전체에 대해 매우 나쁜 인상을 주었다." 부시의 말은 일반 한국인의 민족적 자부심에도 상처를 주었다. 이어지는 그의 증언. "김대중에 공감하지 않는 중도적인 한국인들조차 우리 지도자가 그와 같은 대접을 받은 데 대해 기분 나쁘다고 느꼈다."

다른 어떤 사건보다도 김-부시 정상회담은 부시 행정부와 워싱턴의 핵심 동맹인 한국을, 향후 수년간 지속된 불신과 긴장, 그리고 적대감의 양상에 빠져들어 옴짝달싹못하게 한 중대한 전환점이었다. 과거 십 년간 쌍방은 북한에 대해 견해가 달랐고, 때로는 날카롭게 대립했다. 하지만 긴밀하게 협의하는 모양새와 안보 동맹의 중요성에 대한 인식이 언제나 일을 제대로 굴러가게 했다. 그러나 이번의 경우, 미국과 한국은 동맹 관계의 핵심 사안, 즉 평양을 어떻게 상대할 것인가의 문제에 대해 엇박자를 놓았다.

김대중의 워싱턴 방문은 또한 콜린 파월에게는 국무장관으로서 임기 내내 전투를 벌이게 될 세력과의 첫 실전을 뜻하기도 했다. 그리고 첫 전투에서 그가 전혀 상처 하나 없었던 것은 아니었다. 공적으로 표출된 그의 당혹감과 대통령의 예기치 못한 강경한 태도가 헤드라인을 장식했다. 내부의 팽팽한 긴장은 부시의 백악관이 파월을 젊고 미숙한 대통령에게 위협이 되는 존재 혹은 경쟁 상대로 보는 분위기를 부분적으로 드러냈다. 새 행정부 안에서 '클린턴만 빼고 누구든(ABC)' 정서의 심화를 부채질했던 기본 합의에 대한 파월의 논평은 파월의 존재감을 떨어뜨리는 데 일조했다. 다른 핵심 요인은 미사일 방어 문제였다. 9·11 사태 이전 NMD는 부시 행정부 안보 정책의 핵심 사안이었다. 김대중이 우려했던 대로, 북한은 미사일 방어를 위한 '상징적 존재'가 됐다. 평양의 미사일 프로그램을 막기 위한, 깔끔하지 못한데다 손쉬운 검증조차 불가능한 합의보다는, 반미사일망을 위한 정치적 지지를 이끌어내기 위해 되풀이 써먹을 수 있는, 괴팍하고 구역질나는 정권의 위협이 새 정부에게는 훨씬 더 쓸모가 있었던 것이다. 이 같은 요인들이 한데 합쳐져 총체적인 후과를 부르며 외교적 대실패를 초래했던 것이다.

리처드 아미티지는 다음과 같이 평했다. "고지식함과 무지, 외교력의 결여 그리고 김대중의 출신 국가에 대한 이해 부족에서 빚어진 실수였다."

파월과의 또 다른 대화에서 아미티지는 정상회담을 이렇게 평하기도 했다. "준비되지 않고 지독하게 교만한 텍사스 출신 카우보이 대통령이 우리의 동맹이 살해하려 했던 노벨 평화상 수상자를 만났던 것이다. 회담은 그 점에서부터 내리막으로 치닫게 된 것이다." 파월은 동의의 뜻으로 머리를 끄덕였다.

그러나 김대중 방문에 대한 개인적 감상이야 어떻든, 파월은 과거의 곤경에서 그랬던 것처럼, 여전히 주눅 들지 않고 팔팔한 모습이었다. 내가 이 책의 저술을 위해 파월을 인터뷰했을 때, 그는 말했다. "그것은 약간의 일과성 이상이었을 뿐이었다."

파월은 동료들에게, 상황은 곧 제자리를 잡게 될 것이라고 자신감을 내비쳤다. 파월의 요청으로 백악관 대변인 직에 잔류하게 된 리처드 바우처는 다음과 같이 설명했다. "파월의 느낌에 대한 나의 감은, 뭔가 일이 터지면 늘 그렇듯이, 한마디로 '괜찮아'였다. 우리는 문제를 해결할 수 있다, 그런 일은 또 터질 수 있다, 그러면 우리는 또 제자리로 돌려놓으면 그만이다, 이런 식이었다." 워싱턴 관료 사회의 텃밭 싸움에서 다년간의 경험과 비할 데 없는 노련한 협상 솜씨를 갖고 있던 파월과 아미티지 두 사람은 모두 행정부의 대북 정책을 곧 주도해나갈 수 있을 것이라고 자신했다.

그해 어느 봄날, 잔뜩 낙담해 있던 찰스 프리처드가 국무부 홀에서 아미티지와 우연히 마주쳤다. 그때 아미티지는 말했다. "거기서 조금만 더 참으시오. 곧 우리 때가 옵니다. 곧 있으면, 파월과 나는 상황을 잡아버릴 거요."

김대중 방문 몇 주 뒤, 파월은 CNN과의 대담에서 사건의 의미를 애써 축소했다. "그 당시 일어난 일은, 내가 다른 데서 했던 우스갯소리처럼, 내가 내 스키보다 조금 더 멀리 나간 것뿐이었다."[15]

로버트 칼린은 실패로 끝난 정상회담 직후, 미국 바깥에서 열린 몇몇 모임을 통해 조용히 북한 외교관을 계속 만났다. 그는 말했다. "우리가 아주, 아주 힘든 상황에 놓였다는 것을 잘 알고 있었다. 나는 4월 말 북측

인사와 대화를 가졌다. 그들이 조바심을 내기 시작했다고 말해도 될 것 같다. 그들은 문제가 점점 더 악화되고 있는 것은 직감했지만, 하강 국면을 차단하고, 미국의 신임 행정부에 자신들이 충분히 모종의 역할을 할 수 있음을 납득시키기 위해 어떻게 개입할지 그 방법에 대해서는 알지 못했다. 그들은 나에게 말했다. '우리는 더 이상 당신을 만나고 싶지 않다, 우리는 당신이 무엇을 생각하는지 잘 안다. 우리는 새로운 사람과 만날 필요가 있다'."

칼린은 불쾌감을 느끼지 않았다. 북한의 입장이 그에게는 충분히 이해가 갔기 때문이다. 그러나 바로 그 국면에서, 그들을 만날 용의를 가진 부시 행정부 관리들은 없었다.

워싱턴에서는, 대북 정책 검토를 둘러싼 논쟁이 거듭됐다. 국가안보회의의 동북아 업무를 위해 라이스에 의해 채용된 마이클 그린은 김대중의 워싱턴 방문 직후, 대북 정책 검토 작업에 합류했다. 그의 회고. "어떤 옵션도 특별히 좋아보이지는 않았다. 내가 보기에 가장 큰 분열은, 북한을 함께 대화할 수 없는 상대, 또는 존중해줄 수 없는, 간단히 말해 전적으로 추악하고 혐오스러운 정권으로 보려는 사람들과, 북한에 대해서는 익히 잘 알고 있으나 일을 하기 위해서, 대화를 진행하기 위해서, 그리고 그들이 앞으로 어디로 향할지 지켜보기 위해서 그런 시각은 어느 정도는 접어둘 준비가 된 보다 실용적인 집단 간에 있었다."

논쟁은 툭하면 제어하기 힘든 상태가 되기 일쑤였다. 한 강경파 멤버는 허버드와 국무부의 한국 데스크가 "아직도 너저분한 일들을 벌이고 있다. [……] 그들이 옛날부터 해오던 그런 일들이다. [……] 클린턴 사람들이 떠나면서 그렇게 하도록 시켰다"라고 생각했다. 반대로 국무부 사람들은 강경파가 이념에 눈이 멀어 합리적 주장을 받아들이지 못한다고 여겼다.

토머스 허버드는 술회했다. "우리는 위협적인 분위기 탓에 차분하고 번듯한 토론을 갖지 못했다. 분위기가 아주 좋지 않아 이런 문제들을 입 밖으로 꺼낼 계제가 아니었다." 저마다 입지를 강화하기 위해 국무부 관리들은 한국과 일본 정부에 대북 관여 정책에 대한 지지 입장을 밝혀줄 것을 조용히 촉구했다. 북한 문제를 전공했던 주미 한국 대사 양성철은 사석에서 부시 행정부 관리들을 상대로 보다 온건한 노선에 힘을 실어주는 말을 되풀이했다. 그는 미국 전역에서 행한 수많은 연설에서도 똑같은 말을 공공연하게 했다.

5월 초, 새 선수들이 전투 대열에 합류했다. 존 볼턴은 국무부 군축 담당 차관 직함으로 합류한 경우였다. 그는 기본 합의를 폐기하기로 작심하고 정부에 들어갔다. 그는 말했다. "나는 기본 합의는 잘못된 것이며, 따라서 기본적으로 폐기될 필요가 있다는 생각을 갖게 됐다. 나는 기본 합의의 전체 구조에 결함이 있으며, 그 구조에 깔린 발상도 문제가 있다고 생각했다."

볼턴은 관료 사회 내부에서 아주 전투적인 공격수였다. 한 전직 고위 관리는 그에 대해, "의사 표현이 매우 분명할 뿐 아니라 한 가지 문제를 끝까지 물고 늘어지는 사람이었고, 다른 것은 문제가 되지 않았다. 그에게는 맞춰야 할 균형도 없다. 그의 일은 자신의 일을 최대한 강력하게, 그리고 비타협적으로 밀어붙이는 것이었다"라고 평했다. 사실 볼턴은 부통령 체니의 압력에 따라 국무장관 파월 팀에 억지로 끼워 넣어진 인물이었으며, 부통령의 지원은 문서상 중간 수준의 직위에 불과한 볼턴의 자리를 이루 헤아릴 수 없을 정도로 강화시켰다.

파월은 볼턴을 받아들이는 데 동의하기 전, 이 문제를 그의 최측근 리처드 아미티지와 상의했다.

아미티지는 파월에게 말했다. "한번 보세요. 존 볼턴은 더럽게 똑똑한 사람입니다. 하지만 당신한테 충성하지는 않을 겁니다."

이에 대해 파월은 다음과 같이 대꾸했다. "그게 바로 내가 일하는 스타일이오. 당신은 25년간 나를 알아왔소. 본인 스스로 자격이 없다고 판단할 때까지는 모두가 우리 팀에 있소. 나는 모든 사람을 끌어안을 참이오."

아미티지는 반박했다. "안 됩니다. 볼턴은 그런 방식과는 상관없는 사람입니다." 그러고는 입을 다물었다.

파월에 동정적인 한 전직 관리는 다음과 같이 피력했다. "볼턴은 자기가 국무장관을 위해서 일한다고 생각하지 않았다. 그는 체니 부통령실과 국방부 안에서 자신과 의기투합한 사람들로부터 진군 명령을 받는다고 생각했다. 그는 콜린에게 충성심을 가진 그런 인물이 아니었다."

볼턴은 국가안보회의의 로버트 조지프와 신속하게 동맹 관계를 형성했다. 두 사람은, 그들이 보기에, 어떤 합의도 파기할 수 있는 북한과 대화하는 것은 불가능할 뿐만 아니라 도덕적으로 옳지 않다는 생각을 함께 갖고 있었다. 오히려 그들은 북한 정권을 더욱 피폐하게 만드는 한편, 다른 나라들이 북한과 상대하지 못하도록 설득하며 평양을 고립시키고 봉쇄할 것을 주장했다.

같은 달, 제임스 켈리는 동아시아 담당 국무차관보로 의회 인준을 받았다. 켈리는 단호함과 사려를 갖춘 실용파였다. 북한에 대해 깊은 의구심이 있었음에도 켈리는 평양을 상대하는 방편으로 외교의 가치를 믿었다. 그는 로널드 레이건 정부 시절 국방부에 근무한 경력 덕분에 보수파들 사이에서 거의 모두에게 존경을 받으며 행정부에 합류했다. 그를 상대했던 거의 모든 사람은 켈리를 '신사'로, 현명하며 이웃집 아저씨처럼 마음씨 좋고, 그러면서도 아시아에 대해 깊은 식견을 가진 인물로 평가했다.

그러나 한 측근의 평가처럼, 싸움이라면 언제나 자신 있는 관료 조직의 적수들과 대적하게 된 켈리였지만, 사실 그는 '상대와 대립각을 세우는 인물은 아니었다.' 볼턴의 지원을 받은 조지프는 켈리 및 국가안보회의의 마이클 그린과, 정책의 세부 사항에 대해, 그리고 누가 전 과정을 통제할지를 두고 '고함과 비명이 오가는 지독한 싸움'을 치렀다.

조지프는 국무부의 아시아 전문가들을 '과신주의자'—두 나라 모두 북한과 대립하는 것에 회의적인 동맹국 일본과 한국의 이해를, 미국의 이해보다 앞세우는 부류—로 몰아세우기 위해 국가안보보좌관인 라이스와 그녀의 차석 스티븐 해들리를 거듭 찾아갔다.

이에 대해 그린은 다음과 같이 주장했다. "우리는 우주 공간에서 사는 것이 아니다. 동맹이 있어야만 하고, 그렇지 않고서는 북한을 봉쇄할 수 없을 것이다." 한 참석자는 "양측 사이에 심한 악감정이 존재했다"라고 말했다.[16]

논쟁이 격화되자 대통령의 아버지이자 전직 대통령 조지 W. H. 부시가 개입하고 나섰다.[17] 미국의 정책이 점점 더 대결 국면으로 치닫는 점을 우려한 아버지 부시는 그의 아들에게 자신의 오랜 참모 중 한 사람의 메모를 전달했다. 메모는 워싱턴이 평양과의 협상을 재개할 것을 주장했다. 이 메모는, 아버지 부시 행정부 시절 주한 미국 대사를 지냈던 도널드 그레그가 작성한 것이다. 그레그는 한국에 대해 많은 지식과 경험을 가진 인물이었다. 그는 1951년 CIA에 들어가 냉전기의 대부분을 아시아에서 활동하며 보냈으며, 이 시기는 미국이 북한을 자신이 대면한 가장 위험한 적국이라고 간주할 때였다. 이후 그는 1989년부터 1993년까지 서울에서 대사로 근무했다. 김일성이 빌리 그레이엄과 지미 카터를 평양에서 환대한 이후, 그레그는 북한에 대한 자신의 견해를 바꾸기 시작했다. 그레그는 북한 정권이 고립을 끝낼 길을 찾고 있으며, 이에 응하는 것이 미국의 이해에 부합한다고 확신했다.

코리아소사이어티의 회장으로서(2009년 현재 에번스 리비어가 후임 회장으로 재임 중-옮긴이) 그레그는 한국의 대통령 김대중이 미국의 새 대통령에 의해 대접받는 방식을 걱정스럽게 지켜봤다. 그레그는 메모를 통해, 북한에 다시 관여하지 못한다면 핵심 동맹국 정부에 타격을 입히고 동북아 지역에서 미국의 입지도 손상될 것이라고 경고했다. 《뉴욕 타임스》는 문제의 메모가 원래는 그레그에 의해 아버지 부시에게 보내졌으며, 아버지 부시가 다시 아들에게 전한 것이라고 보도했다. 이 사건이 대통령의 생각에 얼마나 영향을 끼쳤는지는 알 수 없다. 그러나 6월 6일, 대북 정책 검토가 발표되었을 때, 대통령은 미국이 북한과 '진지한 협상'을 재개할 준비가 되어 있다고 공표했다.

그러나 정책 검토 보고서는 협상용의 표명에 강경파가 요구하는 일련의 강력한 새 조건들이 따라붙은, 조리가 없는 타협의 산물이었다. 미 행정부는 '북한의 핵 활동 및 IAEA 규정 준수와 관련된 기본 합의 이행 방식의 개선'을 추진했다. 이는 사실상, 미국이 보다 철저한, 그러면서도 당시까지 어떤 보상도 제공하지 않은 채 진행했던 대북 핵 시설에 대한 훨씬 더 강화된 사찰을 뜻했다.

이와 더불어, 워싱턴은 미사일 수출에 대한 '검증 가능한 금지' '독자적인 미사일 프로그램에 대한 제한,' 그리고 '재래식 군사력 태세의 위협 축소'를 요구했다.[18] 클린턴 전략으로부터 차별화를 분명히 하면서도, 신임 행정부는 평양이 미국의 조건을 받는 대가로 무엇을 제공할지에 대해서는 구체적으로 밝히지 않았다. 게다가 좀더 중요하게, 워싱턴은 조명록 차수가 워싱턴을 방문해 서명했던 2000년 10월의 공동성명에 적시된, '적대적 의사를 갖지 않는다'는 공약을 재확인하지 않았다. 찰스 프리처드에 따르면, 이 부분에 대한 강경파의 지배적인 생각은, "북한이 원하는 것이 무엇이든, 우리는 그것을 당근으로 간주할 것이며, 그것은 우리가 할당할 권리가 있는 우리 것이다. 북한이 우리가 비적대성 공약을 거듭하기를 원하는 것은 분명하다. 그러므로 우리는 이미 선언된 것을 원칙의 하나로서 취하기보다는, 북한에게 주는 시혜의 하나로 삼는 것이 좋다. 따라서 그것은 지금 당장 쓸 것이 아니라 아껴두는 것이 좋다."

평양에 대한 메시지는 확실했다. 이전의 콜린 파월의 다짐에도 불구하고 행정부는 클린턴 행정부가 남기고 간 지점에서 다시 시작할 뜻이 없었다. 대신, 미 행정부는 사실상 평양이 수용하지 않을 것이 뻔한 새 조건들을 얹었다. 점점 대결로 치닫는 미국의 정책에 이미 우려감을 갖고 있던 북한은 이제, 철저한 검증 방식의 수용을 포함한 핵과 미사일 프로그램에서의 양보는 물론, 평양의 재래식 전력에 대한 감축까지 워싱턴으로부터 요구받기에 이르렀다. 재래식 전력의 감축 요구는 사실상, 그에 상응하는 미국 또는 한국 전력의 감축 약속이 없이는 자국 국방 전략의 골간이 될 요소를 축소하라는 소리나 마찬가지였다.

표면적으로, 재래식 전력에 대한 축소 요구는 합리적으로 보일지 모르지만, 북한의 입장에서 이것은 워싱턴의 목표는 자국 국가 안보의 핵심요소 일체를 무력화하려는 것이나 다름없었다. 평양을 자주 방문한 바 있는 상원 외교관계위원회의 프랭크 자누지가 몇년 후에 이때를 회고할 때 말했던 것처럼, 문제는 '이들 두 목표, 즉 핵무기를 줄이는 것과 재래식 무기를 줄이는 것이, 사실상 병립될 수 없다는 것'이었다. 다음은 자누지의 부연이다. "그들에게 남는 것은 도대체 무엇인가? 핵 안보 카드를 빼앗아버리고, 또 재래식 안보 카드도 빼앗아버린다고 치자. 그러면 그들에게는 무엇이 남는가? 그들의 활력 넘치는 시장 경제의 힘인가? 그들의 파산한 이데올로기인가? 내 생각으로는, 이런 것들을 덧붙여 한데 뒤섞어놓음으로써 우리는 문제를 더 복잡하게 만들었다."[19]

대북 정책 검토에 대해 만족해하는 참가자들은 거의 없었다. 국가안보회의에서 북한 문제를 처리하게 된 마이클 그린에게, 정책 검토 보고서는 다음과 같은 것이었다. "난독증에, 기능부전일 뿐 아니라, 정신분열적 결론을 담고 있었다. 그것을 한데 짜맞추기는 정말 힘든 일이었다."

다른 고위 관리도 정책 검토에 대해 비슷한 평을 했다. "정책 검토는 굉장히 뒤죽박죽이었고 모호해서 어느 편, 어느 진영이나, 어느 것이 최선이고, 무엇을 선택할지에 대해 편리하게 해석할 수 있었다. 그리고 그것은 솔직히 말해, 꽉 막힌 상태를 풀지 못한 고위층 리더십의 실패를 보여주었다."

그러나 바로 이 시점에서, 제임스 켈리는 상황이 하마터면 더 나빠질 수도 있었다고 안도했다. "우리는 정책 검토를 통해 우리가 필요로 하는 것을 얻었다. [……] 포괄적인 사안에 대해 북한을 상대할 수 있는 능력이 바로 그것이었다. 그리고 기본 합의의 경우는, 특히 행정부의 비확산론자들은 질색을 했지만, 어쨌든 지속하기로 되었다. 우리는 그것을 쓰레기처럼 내팽개치지 않기로 했던 것이다."

기본 합의의 숨통을 끊고자 했던 사람들은 정책 검토에 대해 다른 생각을 가졌다. 존 볼턴은 '조건 없는, 낮은 수준의 대북 양자 협상'을 인정했다는 이유로 정책 검토 결과를 비난했다.[20] 볼턴의 정치적 동맹은 "좀더 노골적으로 말하면, 우리는 그 부분을 무시한 셈"이라고 말했다.

더욱이, 부시 행정부가 동맹국 한국에 정책 검토 결과를 브리핑하기 전에 정책 검토 내용이 언론에 누설됨으로써 혼란은 가중됐다. 찰스 프리처드는 자신의 회고록에서 다음과 같이 평했다. "북한에 대한 공조 자세를 취하는 것은 상징적 측면에서 매우 중요했다. 특히 실패작으로 끝난—한국의 관점에서는 굴욕적으로 끝난—3월의 부시-김 정상회담 직후라는 시점에서 더욱 그랬다."[21] 실제 상황은 오히려, 부시 행정부가 김대중 정부의 관리들에게 급히 검토 결과 내용을 알릴 수밖에 없는 식으로 전개됐다. 한국 관리들은 이때, 언론에 나간 해설 기사를 읽고 있는 중이었다.

한편 북한의 경우, 검토 결과가 공개될 때까지 아무도 성가시게, 북미간 정상적인 접촉 채널인 북한의 유엔 대표부와 접촉하지 않았다. 그리고 이 대목에 있어서도, 행정부 내 파벌싸움이 안타깝지만 분명하게 드러났다. 프리처드는 대북 협상 특사로서 평양의 유엔 대표부를 경유해 북한의 김계관 부상에게 전달할 서한을 작성했다. 프리처드는 강경파와의 싸움을 피하기 위해, 뉴욕행에 동행할 국가안보회의 사람을 출발 최종 순간까지 기다리는 한편, 자신이 작성한 서한은 (북측과의 회동을 위해) 케네디 공항에서 맨해튼으로 이동하는 택시를 타고 나서야 겨우 국가안보회의 일행에게 내보였다.[22] 서한은 양자 회담의 재개를 제안하는 한편, 회담 일시는 북한이 결정하도록 했다. 그 무렵, 세계는 극적으로 변해 있었다.

제4장

'악의 축'

2002년 1월, 9 · 11 이후 첫 연두교서 연설에서
부시가 북한을 '악의 축'이라고 부르다

2001년 9월 11일 테러범들의 공격이 있은 지 24시간 뒤, 북한 외무성은 짤막한 성명을 발표했다. 북한의 관영 조선중앙통신에 의해 전달된 성명은 테러 공격을 '테러의 중대함'을 부각시킨 '매우 유감스럽고 비극적인 사건'이라고 평했다. 또 강조하기를, 북한은 '어떤 형태의 테러리즘에도, 테러리즘을 지지하는 그 무엇도 반대하며, 이런 입장은 변함이 없을 것'이라고 했다.[1]

사건 발생 이후 재빨리 발표된 성명은 워싱턴에 손을 내밀어 더 이상의 관계 악화를 미연에 차단하고자 하는 평양의 희망을 나타냈다. 부시 정부의 아주 거친 대북 접근법에 불안해진 김정일 정권은 자신이, 9 · 11 대량살상에 대한 미국의 격렬하고 강력한 반응의 표적이 될까 크게 우려했다. 그런 사태를 미리 막기 위해 평양은 당시까지 비준하지 않았던 두 건의 주요 유엔 반테러 협약에 서명하겠다고 황급히 발표했다. 두 개의 주요 협약이란 테러 자금 방지를 위한 국제협약과 인질 억류 방지 국제협약을

말한다. 조선중앙통신은 조치의 배경을 설명하면서 다음과 같이 선언했다. "우리는 전 세계 테러리즘과 싸우기 위해 모든 가능한 노력을 다했다. 우리는 앞으로도 테러리즘을 격퇴하기 위해 일관된 노력을 기울일 것이다."[2]

딕 체니의 참모들에게 특정의 문구는 사실상 주문呪文이 되었다. 9·11 테러 공격 순간과 거의 동시에, 체니가 북한과 관련해 언급한 모든 발언은, "내가 아주 걱정하는 것이 하나 있다"라는 말로 시작했다. 체니는 거듭해서 다음번 공격은 핵공격이 될 것이고, 그 핵공격 물질의 소스는 북한이 될 것이라는 망령을 불러냈다. 체니 참모의 아시아 전문가인 스티븐 예이츠는 말했다. "세계 최악의 사람들 손아귀에 있는 세계 최고의 위험 기술. 9·11 이후, 우리의 지상 명제는 우리가 어떻게 바로 그런 일이 일어나지 못하도록 막는가 하는 것이다."

9·11 이후 끔찍했던 몇 주간, 체니 혼자서만 악몽의 시나리오를 그린 것은 아니었다. 한때 부시의 연설문 작성 담당으로 채용됐던 데이비드 프럼David Frum은 회고했다. "잠재적인 재앙에 대해 생생한 묘사력을 가진 사람들에게 거대한 시장이 형성됐다. 국가 안보 분야에서는 최악의 시나리오를 그리고 사람들을 겁에 질려 죽을 정도로 만드는 데 특출한 재주를 가진 사람들도 있었다. 평상시에 그들의 말을 귀담아듣는 사람들은 별로 없다. 그러나 9·11 이후에는 달랐다. 그들은 각계각층의 주요 인사들에게 '만약 내가 테러 공격을 한다면, 나는 바로 이렇게 할 것'이라며, 그다음 아주 소름끼치는 시나리오를 내놓고는 했다. 이런 시나리오에서, 북한 핵은 단연 압권이었다. 나는 갑자기 그것이 사람들을 크게 동요시킨다는 생각이 들었다."

또 다른 공격 가능성에 대해 거의 히스테리 같은 공포감에 사로잡힌 도시 워싱턴에서, 찰스 프리처드는 평양의 9·11 공격에 대한 비난, 테러리즘의 부인, 그리고 미국과의 긴장 악화를 피하려는 심리 등을 거론했다. 그는 북한과 테러 문제에 관해 논의하는 것이 좋겠다고 제안했다. 버마 랭군에서 폭탄으로 많은 한국 정부 관료들을 죽이고, 비밀 요원을 통해 한국 여객기를 폭파하는 등 1980년대까지만 해도 북한이 테러와 연결되었던 것은 사실이지만, 프리처드는 최근의 테러 활동에 대해서는 증거가 전혀 없음을 강조했다.

그는 다음과 같은 논리로 자신의 제안을 뒷받침했다. "북한 측과 테러 수법에 대한 논의를 시작하고 그 결과가 어떻게 될지 살펴보는 것은 한 번 해볼 만한 일 아닌가? 그들이 테러범과 접촉선을 가지고 있을지도 모르지 않나? 테러범에 대한 정보는 또 없겠는가? 우리한테 득이 될 뭔가를 그들이 갖고 있을지도 모르지 않나? 그리고 우리는 확실히, 2000년 9월에 테러 수법 정보와 관련해 우리와 협력하겠다고 한 조명록의 발언으로 돌아갈 수도 있다. 바로 그 부분을 움직여보자는 것이다."

북한 외교관들은 확실히 워싱턴이 테러리즘과의 연결 고리에 관한 한 평양을 다른 '불량 국가'와 한통속으로 생각하지 않도록 가능한 한 모든 신호를 보내고 있었다. 9·11이 터진 며칠 뒤, 상원 외교위원회의 민주당 측 아시아 전문가인 프랭크 자누지는 북한의 유엔 차석 대표 한성렬과 접촉했다. 한성렬은 되풀이하여 미국에 유감을 표시했으며, 유엔의 테러 협약을 비준하려는 단호한 결심을 밝혔다. 자누지는 미국 의회가 자신들의 태도를 인식해주기를 북한 측이 간절히 바라고 있다고 확신했다. "핵심은 그들이, 9·11이 좋은 사람과 나쁜 사람을 확실히 구분하는 잣대가 되었음을 이해했다는 것이며, 나쁜 사람 편에 속하지 않기를 원했다는 것이다. 바로 이 때문에 그들은 (미국에 대해) 유감을 표시했으며, 그때까지 비준하지 않고 있던 유엔의 반테러 협약에 서명했던 것이다. 그리고 그들은 스스로 생각하기를, '이봐, 이제 우리는 예방주사를 맞고 있는 중일세. 우리는 질서의 편이지 혼란의 편이 아니란 말일세. 곧 그렇게 될 걸세. 이것이 바로 우리가 보내는 신호일세'라고 했던 것이다."

자누지의 상관인 민주당 상원의원 조지프 바이든은 평양의 입장에 대해 공개적으로 언급한 반면, 찰스 프리처드가 정부의 반테러 전문가들이 북한과 대화에 나서는 것이 어떻겠냐는 의견을 냈을 때, 그가 들은 말은 아무도 평양이 유용한 정보를 갖고 있을 것이라고 생각하지 않는다는 것이었다. 프리처드는 아무도 관심이 없다는 사실에 놀랐다. 9·11 직후여서 그는 또 다른 테러 공격을 방지할 수 있는 길은 모두 검토해볼 만하다고 생각했다. 부통령실과 국가안보회의의 관리들은 그가 북한에 관여하기 위한 구실을 찾고 있으며, 이는 정부의 정책이 아니라며 퉁명스럽게 반응했다.

국가안보회의 아시아 전문가 마이클 그린은 말했다. "그의 말은 진지한 제안이 아닌 농담으로 받아들여졌다. 그리고 북한과 반테러 협력을 해보겠다는 생각 자체는 프리처드의 신뢰성과 국무부의 신뢰성을 상당히 손상시켰다. 북한이 테러 방지에 도움이 된다는 것, 테러 방지를 위해 뭔가를 거래한다는 것은 사실 어처구니없을 정도로 웃기는 일이다. 그것은 한마디로 말도 안 되는 것이었다."

프리처드는 광야에서 혼자 외치고 있음을 깨달았다. 9·11 직후 북한 측과 대화를 하겠다는 생각은 완전 실패작으로 돌아갔다. 우리 편이냐 반대편이냐에 대한 선은 이미 그어졌으며, 워싱턴의 강경파들은 북한의 경우, 반대편에 놓였음을 확실히 했다.

2001년 가을 내내, 부시 대통령은 온갖 수사修辭를 동원해 평양에 압박을 가했다. 10월 16일 아시아태평양협력회의APEC 회의를 위해 상하이로 날아갈 채비를 하면서, 한국, 일본, 그리고 중국 기자들에게 "김정일은 세계의 신뢰를 얻어야 한다. 그러자면 그는 한국을 압박하거나 비무장지대를 압박하는 일에서 손을 떼야 할 것이라고 나는 생각한다. 나는 그가 전 세계에 대량살상무기를 확산시키는 일 따위를 중지해야 된다고 생각한다"라고 말했다.[3]

부시는 사흘 뒤 상하이에서, 김정일에 대해 '미심쩍고 정체를 알 수 없는 인물'이라고 평했다. 11월에 부시는 테러리즘에 대한 자신의 정의를 확장하려는 듯했다. 백악관의 로즈가든에서 기자들에게 연설하면서 부시는 "만약 그들이 테러범들에게 자금을 댄다면, 그들 또한 테러범이다. 나는 세계 여러 나라에 이보다 더 분명하게는 말할 수 없을 것이라고 생각한다. 그들이 테러 국가가 사용할 대량살상무기를 개발한다면, 그들은 이에 대해 책임을 지게 될 것이다"라고 말했다. 그는 이어서 덧붙였다. "나는 북한에게 확실히 해두고 싶다. 그들이 우리와 관계를 맺기 위해서는, 그리고 우리가 알고자 하는 것은, 그들이 대량살상무기를 개발하고 있다는 것이며, 그것의 확산을 중지해야 한다는 것이다."[4]

한편 펜타곤(미 국방부의 별칭-옮긴이)은 미국 핵전략에 대한 비밀 검토작업을 벌이고 있었다. 12월 31일, 국방장관 도널드 럼스펠드는 의회에 비밀 보고서를 제출했다. 비밀 보고서는 9·11 이후 미국 사고의 극적인 변화에 대해 분명한 느낌을 제공했으며, 평양에는 불안감을 더해주었다.

문서는 '새 안보 환경'을 반영하여 미국이 불량 국가 혹은 대량살상무기를 가진 테러범에 대한 선제공격에 핵무기를 쓸 가능성을 제기했다. 보고서는 다음과 같이 기술하고 있다. "핵 무력을 포함해 미국의 군사력은 이제 적들로 하여금 미국의 이해를 위협할 만한 군사 계획이나 작전을 수행하지 못하게 하는 데 사용되어야 할 것이다."[5]

보고서는 북한을, 이란, 이라크, 시리아, 그리고 레바논과 함께, 잠재적인 목표물로 분명하게 명단에 올려놓으며, '지하 벙커 또는 생물 무기 시설 따위 비핵공격을 견뎌낼 수 있는 목표물에도 사용될 수 있는' 핵무기의 개발을 촉구했다.[6]

그러나 2001년 가을의 대부분 동안, 백악관의 주요 초점은 북한이 아니었다. 미국의 아프가니스탄 기습과 확대된 반테러 전쟁의 개념이 행정부를 지배했다. 12월에 이르자 1996년 이후 아프가니스탄을 통치해왔던 탈레반 정권이 타도됐으며, 오사마 빈 라덴은 도주했고, 친서방 정부가 카불에 들어섰다.

또 다른 테러 공격에 대한 우려는 이제 미국의 힘을 강력하게 행사할 수 있다는 자신감이 확산되면서 차츰 완화되었다. 아프가니스탄에서의 일종의 승리감으로 부시 대통령은 럼스펠드 국방장관이 이라크 침공의 성공 가능성을 검토하도록 승인했다. 이라크 침공 발상 자체는 새로운 것이 아니었다. 사담 후세인의 추적은 이미 9 · 11 직후 며칠 안 되어 제기된 바 있었다. 이제, 2001년 연말이 다가오면서 부시의 선임 연설문 담당관 마이클 거슨Michael Gerson은 대통령의 연두교서 연설State of the Union address을 준비하면서 자신의 직원 중 한 사람인 데이비드 프럼에게 탈레반과 알카에다를 뛰어넘어 테러와의 전쟁에 대한 정의를 확장해줄 용어들을 생각해내라고 요청했다. 연두교서 연설은 이라크 기습에 대한 사전 정지 작업이었다.

프럼은 캐나다 출신 유대인으로 예일대 학위를 갖고 있었으며, 1990년대에 신보수주의의 지도적인 대변자로 떠올랐던 인물이다. 프럼은 네오콘의 주요 싱크탱크인 미국기업연구소에 기반을 두고 일련의 영향력 있는 저작과 논문을 집필했다. 원래 그의 전문 분야는 국내 정책 분야였으나, 9·11의 여파로 네오콘 진영의 모든 사람이 그랬듯이 그 또한 테러 문제에 빠져들었다. 프럼은 클린턴의 대북 정책에 대해 공화당 일반의 경멸적인 감정을 공유한 채 백악관에 들어갔다.

프럼의 말이다. "2000년 나는 대부분의 보수파들에게 클린턴 행정부의 대북 정책이야말로 미국 외교 정책이 잘못됐음을 보여주는 결정적인 물증이었을 것이라고 생각했다. 알카에다 문제보다 더 심각한 것이 바로 대북 정책이며, 미국은 아무런 가시적인 대가도 없이 북한에 모든 편익을 제공했다. 미국은 또 북한 정권을 합법화하는 역할을 했다."

거슨을 위해 메모를 기초하면서 프럼은 제2차 세계대전의 추축국Axis Powers을 당시 미국에 맞섰던 불량 국가와 테러 집단에 비교했다. 그는 이렇게 썼다. "이들 테러 국가와 테러 집단은 한데 뭉쳐 미국에 대한 증오의 축을 형성하고 있다."

대통령 연두교서 연설의 초고가 대통령의 최고 참모들 사이에서 회람되는 동안, 마이클 거슨은 프럼의 표현을 '악의 축Axis of Evil'으로 바꾸었다. 프럼은 이 구절은 물론, 불량 정권들을 서방 진영 공동의 증오심으로 한데 묶는 발상도 마음에 들었다. 그는 '악의 축'이라는 표현이 로널드 레이건이 소련을 묘사하면서 썼던 '악의 제국Evil Empire'을 연상시킨다고 느꼈다.

당초 프럼의 연설 초고에는 북한에 대한 언급이 포함되지 않았다. 거슨의 설명에 따르면, 그에게 이란과 북한을 추가하라고 지시한 주인공은 국가안보보좌관 콘돌리자 라이스였다. '이라크에만 초점을 맞추는 것을

피하기 위해서'였다는 것이다.[7]

프럼에 따르면, 북한을 추가한 데 대한 이후의 합리화 작업은 평양의 핵 프로그램과 침략의 역사를 강조하는 것이며, 이는 부시 행정부의 강경파들에게, 김정일은 '본때를 보여줄 필요가 있는 인물'임을 의미했다. 프럼은 북한에 대한 언급을 보면서 부시 행정부가 북한에 강경 대처라는 명확한 전략을 갖고 있다고 결론 내렸다. 그는 말했다. "나는 새 계획이 날카로운 창끝을 품고 있다고 생각했다. 앞으로 무엇을 할 것인지에 대해 주의 깊게 계획된 생각이 아니고서는 그런 식으로 말하지 않을 것이기 때문이다."

이라크에 대한 부시 정부가 갖는 의도의 상당 부분을 포함해, 북한의 경우도 사실은 부시 대통령이 지나치게 반이슬람적으로 보이지 않도록 하기 위해 사후 판단에 따라 추가된 것으로 보인다. 다시 프럼의 말이다. "당시에는 이슬람이나 아랍과는 관계없는 방식으로 9·11 이후의 안보 문제를 대변하는 방법에 대해 아주 큰 시장이 형성되어 있었다. 좀더 추상적인 수준에서 테러리즘이나 대량살상무기 따위의 문제를 제기할 수 있다면, 그것은 당시 대대적으로 환영받았다. 북한은 그런 면에서 안성맞춤이었다."

연설 원고에 대해서는 기밀이 지켜져 몇몇 고위 관리들만 최종본의 내용에 대해 파악하고 있을 따름이었다. 콜린 파월과 리처드 아미티지도 그들 중 일부였다. 그중 누구도 우려를 표명하지 않았다. 아미티지의 말이다. "당시 군사 행동의 청사진으로서 악의 축이란 표현은 별로 도드라진 것이 아니었다. 나에게는 그것이 당시 우리가 일련의 사태에 대해 느끼는 것과 썩 잘 어울리는 것으로 보였다."

연설 날짜가 다가오면서 호기심 왕성한 주미 한국 대사 양성철은 부시가 북한에 대해 뭔가를 언급할 가능성이 있다는 소문을 수집했다. 연설이 있기 하루 전날 밤 양성철은 켈리 차관보와 국무부에서 긴급 회동을 갖고자 했다.

양성철은 "상황이 어떻게 되어가고 있나? 혹시 표현이 수정될 수 있나?"라고 물었다. 최종 원고를 보지 못했던 켈리는 양성철에게 그 문제는 자신의 손을 떠났다고 답했다.

이튿날, 즉 2002년 1월 29일, 부시는 의회 그리고 아직도 4개월 전의 테러 공격 후유증에 시달리고 있던 미국 국민들 앞에서 연설했다. 그는 도전적이고 공격적인 태도로 다음과 같이 말했다. "우리의 목표는 테러를 후원하는 정권들이 미국과 우리 동맹국을 대량살상무기로 위협하지 못하게 막는 것이다. (……) 북한은 미사일과 대량살상무기로 무장한 정권임과 동시에, 자국 국민을 굶겨 죽이고 있다. 이란은 아주 적극적으로 이런 무기들을 생산하고 있으며 테러를 수출하고 있다. (……) 이라크는 미국에 대한 적대감의 과시와 테러 지원을 지속하고 있다. (……) 이런 나라들과 그들의 테러 동맹들은 악의 축을 구성하고 있으며, 무장을 통해 세계 평화를 위협하고 있다. 대량살상무기를 통해 이들 정권은 중대하고 점증하는 위협이 되고 있다. (……) 미합중국은 세계에서 가장 위험한 정권들이 세계에서 가장 파괴적인 무기로 우리를 위협하도록 내버려두지 않을 것이다."[8]

체니 부통령의 아시아 담당 수석 보좌관 스티븐 예이츠는 부시 대통령의 직설적인 화법에 경탄했다. 그의 회고다. "당시는 전략적 명확성에 들떠 있던 시기였다. 사실 그대로, 있는 그대로 말하자면 김정일은 악 이외에는 아무것도 아니다."

그러나 연설을 들은 많은 외교 정책 전문가들은 악의 축 공식에 기겁했다. 현직 대통령 아버지의 안보보좌관이었던 브렌트 스코크로프트Brent Scowcroft도 그중 한 명이었다. 스코크로프트는 대통령 비서실장 앤드류 카드Andrew Card에게 전화를 걸어 다음과 같이 물었다. "어떻게 해서 그런 말이 들어갔느냐? 골칫거리 정권이라는 것과 미국에 대해 적대적이라는 것을 빼놓고 이들 정권들이 공통적으로 관계있는 것이 있나? 그런데도 악의 축은 또 뭐냐? 나는 대통령 연두교서 연설이 어떻게 검토되는지에 대해 좀 알고 있다. 이번의 경우 검토가 이루어지기는 한 건가?"

카드는 검토을 거쳤다고 답하며, 용어가 '우스꽝스럽게 보여서' 실제로 그 용어에 자신이 동그라미를 치기까지 했다고 답변했다. 그러나 모든 의견이 취합되었을 때 아무도 악의 축에 반대하지 않았으며, 카드 자신이 일을 진행시켰다. 카드는 스코크로프트에게, 악의 축은 선전 구호가 아니어서 행정부에서 아무도, 그것이 언론에서 어떻게 취급될지, 실제로는 무엇을 뜻하는지에 대해, 문제를 제기하지 않았다는 인상을 남겼다.

이튿날 콜린 파월은 보좌진과의 일일 정례 회의를 위해 국무부에 도착했다. 보좌진들이 연설 내용에 대한 소감을 묻자, 리처드 바우처는 파월이 퉁명스러운 투로 다음과 같이 말하는 것을 들었다. "나도 봤소. 나는 반대하지 않았소. 대통령이 말씀하신 것이잖소. 그것이 바로 대통령이 세계를 보는 방식이고, 우리가 대처해나갈 방법이오." 존 볼턴은 자신의 회고록에서, 파월이 모임에서 "아무도 대통령이 하신 말씀의 기세를 꺾으려 한다거나, 의미를 곡해해서는 안 된다"고 말했다고 회고했다.[9] 파월은 다른 측근들에 대해서는 간단히 논쟁을 피했다. 그는 누군가에게 말했다. "그것은 연설문 작성자의 말일 뿐이다. 우리는 그것을 잘 처리해낼 수 있다."

그러나 국무부 일각에서는 반응이 그리 낙관적이지 못했다. 당시 제임스 켈리 차관보 밑에서 일하던 한 관리는 말했다. "얼마나 어리석은 짓인가. 이것은 완전히 근거가 없는 것이며, 부시 행정부의 전형적인 어법이다. 이번 행정부에서는 분연함의 표출이 정책을 완전히 대신해버렸다."

서울에서 부시의 연설은 9월 11일 주한 미국 대사로 부임한 토머스 허버드와 그의 차석 에번스 리비어에게 새로운 골칫거리가 되었다. 한 주 전 국회연설에서 김대중 대통령은 부시에게, 평양과의 대화가 다시 진행되기 위해 좀더 타협적인 태도를 취하도록 공개적으로 촉구한 바 있었다.

삼엄한 경비가 이뤄지는 대사관 건물에서 CNN을 통해 미 대통령의 연설을 지켜본 리비어는 경악했다. "문제의 구절을 들었을 때, 나는 '하느님 맙소사' 하고 외쳤다. 북한과의 관계 또는 관계 부재의 측면에 미칠 영향(사실 연설은 부시 행정부에 대한 북한의 점증하는 편집증을 입증시켜줄 뿐이었다) 때문만이 아니라 한국에 미칠 영향 때문이기도 했다. 부시 대통령의 연설은 한국 국민과 한국 정부를 펄쩍 뛰게 만들었다. 대통령 연설은 기본적으로 북한이, 9월 11일 미국을 공격했던 자들과 같은 진영이라는 선언이었기 때문이다. 미국인의 입장에서 보자면, 그런 식으로 규정된 나라와 미국이 어떻게 함께 앉아 예의 바른 협상이나 대화를 벌일 수 있겠는가."

허버드 대사에게 부시 대통령의 연설은 날벼락과도 같았다. "나는 이튿날 아침 8시에 서울의 전체 기자단과 함께 조찬 모임을 갖기로 일정이 잡혀 있었다. 나는 아무런 훈령도 받지 못한 채 언론 앞에 나아가야 했다. 가장 먼저 받은 질문 중 하나는 '김대중 대통령은 체면치레용 제스처를 요구했다. 이것이 그의 요청에 대한 당신네들의 대답인가?'였다."

김대중을 예방할 때, 미국 특사는 한국의 대통령이 '눈에 띄게 불쾌한'

상태임을 느꼈다.

이미 한 차례 좌절을 맛본 칼린에게 부시 대통령의 연설은 엎친 데 덮친 격이었다. 부시의 연설이 이뤄진 바로 그 주에, 이 베테랑 대북 정보 분석가는 서울의 공항에서 워싱턴으로 돌아갈 비행기를 기다리며, 유나이티드항공사 라운지의 인터넷을 통해 부시 연설을 검색했다. 사색이 된 그는 큰 소리로 '빌어먹을!'이라고 외쳤다. 깜짝 놀란 탑승객들은 어안이 벙벙해서 그를 쳐다보았다.

칼린에게 부시의 연설은, 그가 부시 정부의 '지적인 파시스트들'이라고 칭하는 집단, 즉 자기네의 엄격한 세계관과 다른 견해에 대해서는 결코 참아내지 못하는 집단이 만든 또 하나의 작품이었다.

그는 자신의 이메일을 체크했다. 거기에서 그는 지난봄에 국무부를 사직하고, 기본 합의 조항인 북한 경수로 건설 사무를 처리하기 위한 한-미-일-유럽연합 간 컨소시엄인 KEDO의 사무총장이 된 찰스 카트먼으로부터 온 메시지를 확인했다. 카트먼은 구인 정보를 주며, 칼린에게 관심이 있는지 묻고 있었다.

31년간의 공직 생활에도 불구하고, 칼린이 그 제안을 받아들이는 데는 '수백분의 일 초'도 걸리지 않았다.

이제 부시 행정부는 더 이상 정보 관계 기관에서 가장 경험 많은 대북 전문가를 보유하지 못했다. 그리고 그가 대북 전문가로서 부시 행정부 초창기에 일을 그만두거나 열외가 된 마지막 인물은 아니었다. 대북 전문가들의 엑소더스는 불투명하고 까다로운 북한 사람들을 이해하는 데 그렇지 않아도 제한적인 워싱턴의 능력에 상당한 타격을 입혔다. 국무부의 한 고위 관리는 다음과 같이 수긍했다. "나는 이것이 아주 큰 문제였다고 생각한다. 북한 사람들은 세계에서 가장 괴상한 사람들이고, 괴상한 협상 스타일을 갖고 있다. 그럼에도 그들은 협상을 성사시켰다. 이런 상황에서 전문성을 갖춘 사람을 쓰지 않는다는 것은 그야말로 어리석은 일이다."

예견했던 대로 북한은 분노로 반응했다. 관영 조선중앙통신의 논평은 부시의 연설에 대해, 북한에 대한 '전쟁 선포에 다름없는 것'이라고 비난했다. 조선중앙통신은 김정일의 최초 언급을 인용했다. 이에 따르면, 그는 "조선의 군대는 제국주의자들이 일으키는 광포한 바람을 이겨낼 것이다. 이 세상의 그 어떤 세력도, 감히 우리나라의 침범할 수 없는 강토를 침략하도록 내버려두지 않을 것이며, 죽기를 각오하고 최후의 일인까지 침략자들을 물리칠 것을 굳게 결의한 우리의 위대한 무력을 당해내지 못할 것"이라고 말했다.

평양은 그러나 이처럼 거친 언사에도 불구하고 신중을 기했으며, 조선중앙통신은 단지 '우리는 대화와 협상의 가면조차 벗어던진 뒤, 상황을 전쟁 직전까지 몰고 간 미국의 행동을 예의주시할 것'이라고 주장했을 뿐이다.

악의 축 연설은 부시가 한국을 방문하기 2주 전에 나왔다. 이 방문은 이전 3월 김대중 대통령의 잊지 못할 워싱턴 방문 이후 양국 사이의 벌어진 틈을 메우기 위한 시도로 추진되어오던 터였다. 이제 막바지 일정 조율 작업을 벌이던 관리들은 새로운 위기에 직면했다. 찰스 프리처드는 한국인의 인식에 대해 우려했다. 그는 말했다. "마침내 서울 거리에서 한반도에서의 전쟁 가능성에 대한 우려가 처음으로 나오기 시작했다. 한국인들은 미국이 과연 어느 시점에서 그런 우려를 현실화할 것인지 걱정하고 있었다."

김대중 대통령을 비롯한 한국 측의 반응은 한결같이 노여움과 놀라움이었다. 다음은 당시에 대한 김대중의 회고. "나는 북한에 대한 미국의 군사 행동 가능성을 매우 우려했다. 북한에 대한 전쟁은 곧 수백만 인명의 희생을 뜻할 수도 있다. 그것은 한국을 잿더미로, 그것도 완전히 잿더미로 만드는 불행한 결과를 초래할 수도 있었다. 그래서 내게는 아주 커다란 충격이었고, 나는 '북한에 대한 그런 식의 군사 행동은 막아야만 한다'고 생각했다."

아프가니스탄에 대한 미국의 개입에 고무된 대통령의 자신감, 그리고 서울 시내에서의 대규모 반미 시위라는 상황 등을 근거로 콜린 파월은 이때야말로 다시 부시 대통령이 대한국 외교에 초점을 맞추도록 압박할 적기라고 생각했다. 파월은 회고했다. "우리는 가만히 앉아만 있을 수 없었다. 우리는 뭔가를 해야만 했다." 파월은 부시와의 회동에서, 대통령에게 서울을 달래고 평양에 다시 한 번 관여할 것을 권했다. 다가온 한국 방문은 두 가지 모두를 실행할 이상적인 기회를 제공했다.

양국 정상회담에 덧붙여 부시는, 이른바 '통일을 향한 철길'의 남측 종착역인 도라산역에서 중요한 연설을 하기로 되어 있었다. 역사驛舍를 짓는 공사는 한반도 철도 연결을 위한 남북 간 합의의 일부로서, 비록 북측 공사는 거의 시작도 되지 않았지만, 이제 막 마무리된 상황이었다. 김대중이 곁에 선 상황에서 부시는 남과 북 모두와의 관계에서 새 출발을 하기 위한 기회를 잡을 수도 있었다.

혹한의 추위 속에 서울에 도착한 부시는 영부인 로라, 콜린 파월, 허버드 대사를 대동하고 공항에서 미 대사관으로 직행했다. 목적지로 가는 도중, 부시 대통령은 허버드에게 한국 국민이 자신의 악의 축 연설에 대해 어떤 반응을 보이는지 물었다.

허버드는 대답했다. " '악의 축'의 '악' 부분에 대해서는 한국인들로서도 이론이 많지 않을 것으로 생각합니다. 그러나 한국 국민은 각하가 무슨 뜻으로 그렇게 말씀하셨는지를 잘 모릅니다. 한국 국민은 미국이 이라크를 위해 군비를 증강한다고 알고 있습니다. 한국 국민이 가장 원치 않는 일은 한반도에서의 전쟁입니다. (……) 그리고 각하의 연설은, 한국인들에게는, 그런 전망을 제기했던 것입니다."

부시는 단지 듣기만 했다. 그가 대답하기도 전에 그를 태운 리무진은 벌써 대사관에 도착했다. 그럼에도 허버드는 훗날, 차 안에서의 대화가 방한 기간 중 부시로 하여금, 미국은 북한을 침공하거나 공격할 의도가 전혀 없다고 공공연하게 말하도록 한 핵심 요인이 됐다고 확신했다.

그러나 대사관에 도착한 뒤 콘돌리자 라이스는 부시가 도라산 역에서 행할 예정인 부시의 연설문 초고를 허버드와 부대사인 에번스 리비어에게 보여주었다. 두 사람은 대경실색했다. 연설 원고에는 악의 축에 대한 새로운 언급이 들어 있었기 때문이다. 허버드와 리비어는 라이스에게 그런 구절을 다시 언급하는 것은 한미 동맹을 심각하게 훼손할 위험이 있음을 경고하면서 반대했다.

부시와 김의 회담 이전, 대통령과 함께 여행한 한 관리는 한국 관리들에게 부시의 도라산 연설 요지를 건네주었다. 허버드 일행은 청와대에서 열린 부시-김 회담이 예정된 시간을 두 배나 넘겨 계속되는 동안 회담장 바깥에서 기다렸다. 그가 기다리는 동안 주미 한국 대사 양성철이 그에게 다가갔다. 양성철이 말했다. "우리는 대통령이 자신의 연설에서 '악의 축'을 언급할 것으로 알고 있다. 우리는 이것이 아주 좋지 않을 것이라고 생각한다. 그것은 김대중 대통령이 옳다고 믿는 모든 것과 정면 배치되는 것이다."

정상회담은 북한을 상대하는 방식에 대해 첨예하게 다른 견해를 놓고 두 지도자가 격한 논쟁을 벌인 탓에 장시간 진행됐다. 김대중의 기억에 따르면, 부시는 처음부터 북한을 악의 축에 포함시킨 것을 정당화하기 위해 김정일을 맹비난하기 시작했다. 북한 지도자는 인권을 침해하고 있다고 부시는 단언했다. 북한 주민은 식량난에 시달리고 있으며 많은 사람들이 굶어 죽었다고도 했다. 그런데도 김정일은 주민의 생명을 희생하여 북한의 군사력을 계속 확대하고 있다고 했다. 바로 그것이 부시가 김정일을 매우 나쁜 독재자로 부르는 이유이며, 북한이 악의 축이 되는 이유이고, 바로 그것이 미국이 평양과의 대화에 참여하지 않으려는 이유라고 했다. 북한이 대량살상무기를 포기하지 않는다면, 또 자신의 태도를 바꾸지 않는다면, 미국은 북한에 보복 외에는 아무것도 줄 수 없다고 부시는 한국 대통령에게 말했다.

김대중은 부시에게 강력하게 이의를 제기했다. 다음은 그의 술회. "나는 당신이 필요하다면 심지어 악마와도 대화할 수 있어야 한다고 답했다. 친구를 사귀기 위해서가 아니라, 당신네 국익을 추구하기 위해서다."

김대중은 아이젠하워, 닉슨, 그리고 레이건 등 3명의 공화당 대통령이 증오스러운 공산 적대국과 대화를 한 바 있음을 환기시켰다.

김대중의 이어지는 말. "심지어 레이건 대통령이 소련을 악의 제국이라고 부를 때도 그는 대화를 가졌다. 그럴진대 북한과는 안 될 이유가 무엇인가? 왜 당신은 북한과 대화할 수 없다는 말인가? 만약 당신이 대화 옵션을 추구하지 않는다면, 유일하게 쓸 수 있는 옵션은 이 시점에서는 전쟁일 것이다. 그러나 〔한국의〕 유엔사령부에 따르면, 서울에서만 150만 명이 그 전쟁으로 사망할 수 있고, 여기에는 서울에 살고 있는 미국인 1만 명 또한 포함되어 있다. 그래서 우리가 한반도에서 또 한 번의 전쟁을 벌여야 하더라도 그것은 최후의 수단, 마지막 선택이 되어야 하고, 대화를 포함한 다른 방법을 다 써본 뒤의 선택이 되어야 한다. 그 당시 북한은 일관되게 미국과의 대화를 요구하고 있었다. 그러므로 왜 당신은 대화 옵션을 취하지 않는가?"

미국의 한 전직 관료에 따르면, 김 대통령과 그의 안보보좌관 임동원은 이 같은 포괄적인 이슈에 덧붙여, 부시에게 한국 국민에게 외교적으로 '오해'될 소지가 있다면서, 도라산역 연설에서 악의 축이란 구절을 쓰는 것은 도움이 안 될 것이라고 말했다.

2월 20일, 살을 에는 추위 속에서 김대중은 부시 대통령이 연설하는 동안 곁에 서 있었다. 한국인의 충고를 받아들여 악의 축에 대한 언급은 없었으며, 그의 연설 중 일부는 의심할 나위 없이 타협적이었다. 부시는 김대중이 '한반도 전체를 밝혀줄 수 있는' 비전을 제시했다고 치하하면서 다음과 같이 단언했다. "우리는 북한과 더 나은 미래를 가져다줄 단계에 대해 대화할 용의가 있다."

그러나 부시 대통령은 북한을 공격하고 싶은 마음을 억누를 수는 없었다. 그는 북한을 '감옥'이라고 지칭했으며, 미국은 '세계에서 가장 위험한 정권들이 세계에서 가장 위험한 무기로 우리를 위협하도록 내버려두지 않을 것'이라는 말을 되풀이했다.[10] 그러나 그 뒤 김대중과의 공동 기자회견에서 그는 미국은 북한을 침공할 의도가 전혀 없음을 기자들에게 밝힘으로써 우려하는 한국인들을 안심시키고자 했으며, 양국 지도자는 한미 동맹에 대한 공약을 애써 강조했다.

평양에 대한 부시의 근본적인 적대감은 분명하게 남아 있었지만, 김대중의 미국 방문 기간과 악의 축 연설에 의해 조성된 악감정에도 불구하고, 부시의 서울행은 두 동맹 간의 긴장을 완화하는 데 기여했으며 위싱턴과 평양 간의 전면적인 대결 우려를 감소시켰다. 부시 자신으로서는 서울을 떠나기 전 허버드 대사에게, 자신은 이번 방문을 통해 한국과 김대중에 대해 이해할 수 있었다고 말했으며, 심지어 한 해 전 김대중의 워싱턴 방문 때 한국 대통령을 대접했던 방식에 대해서도 일정한 유감을 시사하기도 했다.

3월 중순, 찰스 프리처드는 대화 재개를 위해 북한의 유엔 특사 박길연을 뉴욕에서 만날 수 있도록 승인받았다. 이번에 그는 국가안보회의 동북아 담당 마이클 그린을 대동했다. 그의 존재는 중요했다.

프리처드의 설명. "나는 국가안보회의의 대표와 함께 감으로써 북한 측에 다음과 같은 확신을 줄 수 있었다. 먼저 그가 말하는 것은 대통령의 말이라는 것이다. 또 대통령은 진실로 대화가 진행되기를 원한다는 것이다. 다음으로 우리가 언제 어디에서든 대화할 준비가 되어 있다는 국무장관의 말은 사실이라는 것이다. 북한 측이 관심을 보인 것은 그때가 처음이었다. 그리고 이것은 백악관 사람이 나와 연결됐다는 상징성과 관계가 있었다."

그린의 설명은 퉁명스러웠다. 그는 말했다. "부시 대통령은 악의 축 구절에 대해 사과하거나, 이를 취소하지 않을 것이다. 대통령의 의도는 말뜻 그대로다. 그러나 대통령이 조선민주주의인민공화국에 매우 새롭고 포괄적인 접근 방안을 마련하고 있는 것 또한 사실이다. 포괄적이고 따라서 힘들기는 하지만, 우리가 공동으로 노력하면 마침내는 큰 보상과 이익이 따를 것이며, 대통령은 이 부분에 대해 진실하다."

프리처드와 그린이 당면한 과제는, 북한 측에 부시 행정부가 15개월간 아주 모순된 신호를 보내고 난 이후 진실로 성의를 보이고 있다는 확신을 주는 것이었다. 바로 그 기간에 부시 행정부는 과거 10년간 적용되었던 일련의 대북 외교 전략을 폐기했다. 그 외교 도구함에서 가장 중요한 도구는 북한 외교관들이 워싱턴의 상황 변화를 이해할 수 있도록 정기적인 접촉을 갖는 것이었다.

찰스 카트먼은 몇 년 뒤 당시의 상황을 이렇게 회고했다. "그들은 워싱턴에 그 어떤 형태의 외교 대표부도 없었고 미국에 대한 경험도 축적된 것이 없었기 때문에 워싱턴에서 나오는 공식 논평을 어떻게 읽어야 하는지 몰랐다. 그래서 우리는 끊임없이 손을 붙잡고 그들에게 이런 것들을 설명해주고 안심시켜야 할 필요가 있었다. 우리는 단지, '우리 대통령은 이렇게 말했다. 그러나 그가 진실로 뜻하는 바는 저것이다'라는 식으로 말할 수 없다. 우리는 좀더 미묘한 작업을 해야 한다. 클린턴 행정부 시절, 우리는 북한 체제를 이해하기 위한 진로를 열어보고자 했다. 그 체제는 신뢰성을 갖고 어떤 사안에 대해 확실하게 말할 수 있는 사람들이 소수에 불과했다. 우리가 하려고 했던 일은 먼저 가청 권역 내의 모든 소음을 다룰 수 있게 그들을 돕는 것이었으며, 다음으로는 우리의 대화 파트너로 만드는 것이었다. 이처럼 우리가 그들을 조정할 수 있었기 때문에 북한에서는 외무성이 힘을 갖게 됐다. 그러나 부시 행정부는 정반대로 했다."

바로 이 점을 강조하면서 프리처드와 그린이 뉴욕에서 북한 측 인사를 만나고 있는 동안, 워싱턴에서는 대북 정책을 둘러싼 또 다른 내부 투쟁이 절정에 오르고 있었다. 이번 이슈는 미 행정부가 과연 평양이 기본 합의 사항을 준수하고 있다고 보증해줄 것이냐의 문제였다. 미 행정부의 보증은 북한에 중유와 기타 원조를 지원하기 위한 자금을 의회가 승인하기 위한 필요조건이기도 했다. 행정부 내 강경파들은 부시 대통령이 보증해주지 않도록 압박을 가했다. 2001년 11월, 국무부 군축 담당 차관 존 볼턴은 북한이 초기 단계에서의 핵 프로그램 개발 전력(이 중 특히 북한이 1980년대 말과 1990년대 초반, 재처리한 플루토늄 양에 대해 IAEA를 속였는지가 핵심을 이룬다)을 확인하도록 IAEA의 사찰을 허용해야 하는 의무 조항을 이행하지 않았다는 이유로 보증을 반대했다.

자신의 반대 이유에 대한 볼턴의 설명이다. "내 주장은 북한이 영변 핵 시설에 관하여 IAEA에 한 번도 제대로 된 신고를 하지 않았기 때문에, 기본 합의를 준수하지 않았다는 것이다. 그리고 그들은 영변에서 했던 일에 대해 IAEA에 충분히 설명해야 할 의무 또한 지키지 않았다. 그것은 IAEA와 체결한 안전보장협정 위반이며, 동시에 비확산조약NPT 위반이기도 했다. 내 주장은 또, 만약 그들이 NPT를 준수하지 않았다면 기본 합의 또한 (자동적으로) 준수하지 않은 셈이라는 것이었다."

이 이슈는 판정이 곤란한 불분명한 것이었다. 평양은 일관되게 초기의 핵 개발 이력을 공개하기를 거부해왔으며, 이 때문에 북한이 스스로 인정한 것보다 더 많은 플루토늄을 비밀리에 재처리한 것이 사실이라는 의혹을 부채질했다. 미국 정보 당국이, 북한이 1990년대 초까지 한두 개의 핵폭탄을 만들기에 충분한 무기급 플루토늄을 확보했다고 판단하게끔 만든 것도 바로 이런 시각이었다.

기본 합의 조항에 따르면, 북한은 '경수로 프로젝트의 상당 부분이 완료된 시점, 그러나 아직 핵심 핵 부품이 공급되기 전 시점'에 IAEA에 의한 '특별 사찰special inspection'을 허용하도록 되어 있었다. 그러나 사찰 시기는 특정되지 않았다. 기본 합의는 2003년을 경수로 완공의 목표 연도로 지정해놓고 있었지만, 2002년 초까지 경수로 공사는 아직 시작도 안 된 상태였고, 따라서 평양은 사찰을 허용할 공식 의무가 없는 상태였다.

좀더 넓은 의미에서 화해 모드를 살린다는 관점에서, 그리고 경수로 건설과 정기적인 중유 공급에 대해서는 미국 측에 지연 사유가 있었다는 점을 고려해, 클린턴 행정부는, 마지막 행동의 일환으로, 2001년 1월 북한이 의무를 준수해왔음을 보증해주었다.

모든 군축 관련 협정에 대한 부시 행정부의 일반적인 회의주의와도 궤를 같이한 2002년 미 정부의 보증을 막으려는 볼턴의 노력은, 국가안보회의, 국방부, 부통령실의 지원을 받았다. 체니의 아시아 담당 보좌관 스티븐 예이츠의 당시 상황에 대한 회고. "내 생각은 이런 것이었다. 왜 해야 하나? 우리는 무엇을 얻을 수 있나? 보증은 제대로 작동할 것인가, 아닌가? 잘될 리가 만무한 일에 국민 세금을 쏟아 넣는다면 우리가 바보 되는 것은 시간문제 아닌가?"

그러나 기본 합의를 황급히 없애려는, 누가 봐도 자명한 시도는 볼턴의 측근들이 평한 대로 국무부의, 특히 '화가 머리끝까지 난' 제임스 켈리가 이끄는 동아태 사무국을 중심으로 한 '불폭풍'을 불러일으켰다. 볼턴과 그의 측근, 그리고 켈리-프리처드 팀 사이의 격렬한 논쟁이 있은 뒤, 미 행정부는 2002년 북한의 준수 실적은 보증해주되 우려를 표명하는, 그리하여 다음 연도에 좀더 강력한 조치가 취해질 수 있는 토대를 만드는 식으로, 불편한 '신사협정'이 이뤄졌다.

그러나 악의 축 연설은 이 같은 역학관계를 변화시켰다. 악의 축 연설이 행해진 뒤 존 볼턴은 의기양양하게 자신의 핵심 측근 마크 그룸브리지의 사무실에 들렀다. 그는 중국 전문가로, 볼턴과 마찬가지로, 행정부에 합류하기 전에는 보수파 싱크탱크 기관인 미국기업연구소에서 일한 바 있었다. 볼턴이 말했다. "동아태 사무국과 문제가 있었던 (기본) 합의 기억나나? 그것, 보내버렸네."

강경파는 대통령의 격한 언사에 고무되어 주도권을 잡은 반면, (대북) 관여파는 마지못해 강경파 라인에 서야 했으며, 그 결과 1994년 기본 합의가 체결된 이래 처음으로 미 행정부는 북한이 기본 합의를 준수하지 않았다고 선언하기로 결정했다. 이 해 한겨울에, 국무부 리처드 아미티지 부장관은 의회 상원 외교위원회 위원들에게 비공개 보고를 했다. 아미티지는 상원의원들에게 행정부는 북한에 대한 의무 사항 이행 보증이 더 이상 가능하지 않다고 말했다. 위원회 의장인 공화당의 리처드 루가Richard Lugar, 그리고 민주당 중진 조지프 바이든은 아미티지를 압박했다. 북한이 기만하고 있다는 증거를 행정부는 확보하고 있는가? 아미티지는 '노'라고 답했다. 그러나 그는 행정부가 기만에 대한 물증은 없지만, 그렇다고 평양이 합의를 지키고 있다는 확신도 없다고 답했다. 바이든은 이에 대해, 그렇다면 이는 계약에 대한 선제적인 위반 원칙a doctrine of preemptive breach(선제공격의 원칙에 빗댄 것임-옮긴이)에 따른 것이냐, 그들이 기본 합의를 위반할 것 같아 당신네들이 먼저 보증을 중단하려는 것이냐고 비꼬듯 따져 물었다.

아미티지는 이에 대해 거의 대꾸할 말이 없었다.

성난 바이든은 자신의 아시아 담당 선임 보좌관 프랭크 자누지를 국무부로 보내 제임스 켈리를 만나보게 했다. 자누지는 물었다. "북한이 이 사건을 어떻게 해석할지에 대해 이해하지 못하겠는가? 그들은 이를 우리가 기본 합의에서 완전히 발을 뺄 생각을 갖고 있음을 보여주려는 신호로 해석할 것이다."

그러나 켈리는 반격했다. 그는 말했다. "그렇지 않다, 프랭크. 우리는 경고를 보내려는 것이다. 그들은 IAEA 의무 조항의 준수 측면에서 그것을 받아들여야 한다. 그들이 〔핵 프로그램을〕 동결했다는 것만으로는 적절치 않다. 우리는 그들이 과거 무슨 짓을 했는지를 특별 사찰을 통해 알아낼 필요가 있다."

백악관 대변인 애리 플라이셔Ari Fleischer는 자신이 북한에 대한 '강력한 메시지'라고 말한 준수 사실 보증 불가 결정을 발표하면서 다음과 같이 덧붙였다. 기본 합의가 폐기되는 상황을 막기 위해서, 대통령은 중유 선적이 계속될 수 있도록 9천 5백만 달러를 내주는 데 필요한 보증 필수 요건을 보류하는 권한을 행사할 수 있다는 것이다. 장기간 지속되어온 대북 정책의 전환을 촉발한 새로운 정보가 있느냐는 기자들의 질문에, 플라이셔는 '없다'고 답했다.[11]

미국 CIA 전 서울 지국장이었고 아버지 부시 행정부 시절 주한 미국 대사였던 도널드 그레그는 워싱턴과 평양 간의 점점 깊어가는 골을 놀란 심정으로 지켜보고 있었다. 코리아소사이어티 회장으로서 그는, 수년 동안 북미 양국 간 핵심 접촉 수단이 되었던 이른바 '뉴욕 채널'의 핵심을 이루는 북한의 대미 대표부 인사들과도 관계를 발전시켜왔다. 9·11 직후인 2001년 가을, 뉴욕의 북한 대표부 2인자인 리근은 그레그에게 조언을 청했다.

당시 리근은 그레그에게 말했다. "부시 행정부와는 되는 일이 없다. 일을 좀 되게 하려면 어떻게 해야 하나?"

그레그는, 일정한 신뢰성을 가진 미국인으로서 미국에서 한반도 사무에 대해 논할 수 있는 사람들과 북한이 접촉 창구를 확보하는 방안으로, 네 명의 전직 주한 미국 대사로 대표단을 꾸려 평양을 방문토록 해달라고 설득해 허락을 받아냈다. 그러나 곧 이은 악의 축 연설로 북한은 초청을 취소했다.

얼마 후, 그레그는 김정일에게 직접 서한을 보내기로 결심했다. 경애하는 지도자에게 보내는 그의 메시지는 단독직입적이었다. 그레그는 "양국이 대화하는 것이 매우 긴요하다. 핵무기에 대한 김정일의 관심, 부시 대통령이 악의 축에 김정일을 포함시킨 사실은 양국 관계의 장래에 매우 불길한 전조이며, 이는 대화를 통해 해결해야 한다. 대화의 부족은 양국 관계를 더 멀리 떨어뜨려놓을 수 있다"고 썼다.

그레그는 리근에게 서한을 보여주었다. 그레그의 회고에 따르면, 북한 측의 첫 반응은 "당신이 감히 어떻게 이런 식으로 우리 지도자에게 편지를 쓸 수 있소" 하는 것이었다. 그레그는 "귀측 위원장의 사고가 어떻게 작동하는지 이해하기 때문에 그렇게 했소"라고 되받았다.

리근은 이에 대해 "우리 위원장의 생각이 어떻게 돌아가는지, 당신이 어떻게 이해할 수 있다는 거요?"라고 되물었다.

그레그는 자신이 2001년 1월 김정일의 상하이 방문 때 그를 직접 만났던 중국 관리들, 김정일의 여름 모스크바 여행 때(2000년 7월-옮긴이)도 그와 얘기했던 러시아인들, 2000년 6월 남북 정상회담에 참가했던 남측 인사들, 그리고 매들린 올브라이트와 대화를 나눈 바 있다고 대꾸했다. 아울러 그는, 그들 모두가 김정일이, 북한이 살아남기 위해서는 더욱 근대화되고, 더욱 정상화된 국가가 되어야 한다고 깨달았다는 인상을 갖고 떠났다고 말했다. 그것이 바로 자신이 서한을 쓰게 된 이유였다는 것이다.

리근은 '멋진 대답'이라며 서한을 전달하겠노라고 말했다.

그레그는 워싱턴의 한국 대사관과 국무부에 자신의 서한에 대해 알려주었다. 한국 측은 매우 열렬한 반응을 보였지만, 국무부에서는 일절 반응이 없었다. 두 주 뒤, 그레그에게 평양 방문 초청장이 도착했으며, 바로 그 시점, 국무부는 그레그에게 한국어를 구사할 수 있는 외무 공무원을 보내주겠다고 했다. 4월 초, 두 사람은 평양으로 날아갔다.

그레그는 북한 외무성 김계관 부상, 그리고 북한 인민군 고위 장성 리찬복과 몇 시간에 걸쳐 대화를 나누었다. 리찬복은 노골적으로 적대적인 태도를 보였다. "당신네 미국이 우리를 구석으로 몰면 우리는 기꺼이 당신네와 죽기를 각오하고 싸울 태세가 되어 있소"라고 그는 잘라 말했다.

이에 대한 그레그의 답변. "나 역시 한 치의 의심도 없소. 내가 여기 온 까닭이 바로 그 때문이오. 그런 일은 결코 일어나서는 안 되기 때문이오."

그레그와 김계관의 회동은 그보다는 덜 호전적이었지만 김계관은 물어볼 말이 많았다. "부시 대통령은 왜 그의 아버지와 그렇게 다른 거요? 왜 조지 부시는 빌 클린턴을 그렇게 싫어하오? 왜 조지 부시는 우리를 그렇게 험한 말투로 비난하는 거요? 왜 당신네는 우리가 하는 일에 대해 매사에 의심이 많은 거요? 왜 당신네는 우리를 위협하는 거요?"

워싱턴으로 돌아온 그레그는 북한 측이 여전히 대화의 문을 열어놓고 있다고 확신했으며, 이번에는 부시 대통령에게 서한을 작성했다. 서한에서 그는 "북한은 우리에게 매우 큰 위협을 느끼고 있으며, 지금의 행정부와의 관계에 대해서는 별다른 관심을 보이지 않고 있다. 그러나 클린턴 행정부 말기에 일어났던 일들 대부분은 여전히 (협상) 테이블 위에 있다. 백악관의 고위급으로부터 서한을 작성해 대통령 각하가 신임하는 누군가에게 전달한다면 일이 새롭게 시작될 것 같다"라고 주장했다.

그레그는 부시로부터 일언반구의 답신도 받지 못했다. 그러나 그레그가 평양을 방문하던 바로 그 주, 김대중 대통령의 대북 정책 특보 임동원도 김정일과 몇 시간 동안 회담을 열며 사흘간 평양에 머무르고 있었다. 서울로 귀환할 즈음, 임동원은 극적인 발표를 한다. 그는 말했다. "북한의 지도자는 미국 측 특사의 북한 방문을 수락할 용의가 있음을 표시했다."

10개월간의 지연 끝에, 그리고 미국에 대한 분노와 당혹감에도 불구하고, 평양은 마침내 부시 행정부의 '시기와 장소를 불문한' 협상 요구를 받아들이기로 한 것이다. 북한의 움직임은 한국에 대한 새로운 타협 제스처를 동반한 것으로, 양측은 이산가족 상봉과 남북 철도 연결 등 장기간 침체됐던 대화의 재개 계획을 발표했다.

콜린 파월은 워싱턴에서 북한과의 관여 정책을 승인해주도록 부시 대통령을 계속 압박했다. 그 결과가 바로 '대담한 접근법 bold approach'으로, 이 표현은 콜린 파월에 따르면 대통령에게서 직접 나온 것이었다. 다음은 이 부분에 대한 파월의 회고 내용. "우리는 그것에 대해 논의했다. 그리고 그때, 부시 대통령은 말하기 시작했다. '나는 진실로 북한을 돕고 싶다. 나는 이와 같이 굶주리고, 지독하게 형편없는 정권과는 상종도 하기 싫다. 그러나 나는 북한 인민은 정말 돕고자 하며, 그래서 이 정권에 대해 대담한 접근법을 취하고자 하는 것이다.' 나는 '알겠다'고 했다."

평양과의 어떤 대화도 반대하던 행정부 내 강경파의 불안감에도 불구하고 국무부에서는, 구호 이상의 아무것도 아닌 '대담한 접근'에 어떤 내용을 담을지를 두고 관리들 간에 한판 싸움이 시작됐다. 하나의 가능성은, 한 관리가 말한 대로, '단계별 조치를 상호 교환함으로써 세계 경제의 틀 안에서 미국과의 관계를 전면적으로 바꾸는 일련의 근본적인 발전'이었다.

제임스 켈리는 말했다. "우리는 사실 다양한 이슈에 대해 북한과 포괄적인 협상을 희망했다. 대량살상무기, 기본 합의 그 자체는 물론, 그것을 완료하는 문제를 어떻게 해결할 것인지의 문제, 그리고 수많은 미해결 사안들, 테러리즘 문제, 재래식 전력의 문제, 그리고 당연한 사안으로서 인권 문제 등이었다."

켈리 차관보가 6월 10일로 예정된 평양 방문 대표단을 인솔할 것이라고 북한 측에 통보하기까지 미국은 2개월을 더 내부 논쟁으로 소비했다. 그러나 켈리가 평양을 향해 출발하기 직전, 정보 활동을 통해 밝혀낸 폭발력 강한 정보가 미국 측 대북 외교의 불안정한 토대를 뒤흔들며, 1994년 이래 한반도에 가장 위험한 위기의 순간을 불러왔다.

제5장

문질러 닦기

한일 월드컵 열기 속에서 서해교전과 효순-미순 양 사건이 터지다.
미국이 농축 우라늄을 확보하려는 북한의 움직임을 포착하다

웨스트포인트의 미 육군사관학교 2002학년도 졸업반은 2001년 9·11 사태 이후 최초의 미 육사 졸업생들이었다. 6월 2일, 허드슨 강을 굽어보는 유서 깊은 미 육사의 연병장에 모인 천 명이 넘는 졸업 생도들은, 6개월 전 '악의 축'이라는 용어를 세계에 소개한 연두교서 연설 이래 최고로 호전적인 총사령관의 연설에 귀를 기울이고 있었다.

조지 W. 부시 대통령은 수십 년 냉전 기간 미국 대외 전략을 떠받치던 두 가지 개념인 억지deterrence와 봉쇄containment가 더 이상 미국이 직면한 위협에 대한 충분한 대응책이 되지 못한다고 선언했다. 대신, 그는 포스트 9·11의 새로운 선제 원칙doctrine of preemption을 강조했다. 미국이 공격받기 전에 잠재적 위협을 타격할 권리가 있음을 주장한 것이다.

부시는 단호하게 강조했다. "화학 무기, 생물 무기, 핵무기, 그리고 탄도미사일 기술이 확산될 경우, 약소국은 물론 소규모 집단도 강대국을 타격할 가공할 힘을 획득할 수 있다. 우리의 적은 이미 이런 의도를 천명

했으며, 이들 가공할 무기를 손에 넣는 데 몰두해왔다. 그들은 우리에게 공갈을 치거나, 우리를 해치거나, 우리의 우방을 해칠 수 있는 능력을 찾고 있다. 우리는 전력을 기울여 그들을 반대할 것이다. 최선만 바라는 것으로는 우리 미국 자신도, 우리의 우방도 지킬 수 없다. 우리는 폭군의 약속을 있는 그대로 믿을 수 없다. 그들은 비확산조약에 엄숙하게 서명하고 난 뒤, 이를 체계적으로 파기하기 때문이다. 위협이 완전히 현실화하기를 기다린다면, 우리는 너무 오래 기다리는 결과를 빚을 것이다. 우리는 적과 싸워, 그 계획을 분쇄하고, 최악의 위기가 도래하기 전에 그 위협과 대결해야만 한다. 우리가 발을 들여놓은 이 세계에서 안전에 도달하는 유일한 길은 행동하는 길이다. 우리 국민은 행동해야 한다."

대통령의 마음에 최우선으로 자리 잡고 있던 것은 이라크임이 분명했다. 그러나 부시 대통령의 메시지가 평양에도 깊이 새겨졌음은 의심의 여지가 없다.

3주 후인 2002년 6월 23일 오후, 국무부 군축 담당 차관 존 볼턴의 사무실에 전화벨이 울렸다. CIA 무기 · 정보 · 비확산 · 무기통제 센터WINPAC 소장 앨런 폴리Alan Foley였다. 그가 말했다. "존, 당신이 봐야 할 것이 있소."

CIA에서 20년이 넘는 경력을 쌓은 폴리는 당시 CIA의 대표적인 대량살상무기 전문가였다. 그는 훗날, 즉 2003년 부시의 연두교서 연설 때, 사담 후세인이 니제르로부터 핵무기에 쓸 우라늄을 사들이려 했다는, 잘못된 정보에 근거한 혐의 내용이 연설문에 들어가는 것을 막기 위해 애썼으나 결국 성공하지 못했다는 언론 보도로 논쟁의 초점이 된다.

후텁지근했던 이날 오후, 폴리의 관심의 초점이 되었던 것도 바로 우라늄이었다. 다만 그로 하여금 볼턴에게 전화를 걸도록 한 것은 이라크가 아니었다. 폴리는 볼턴에게, 북한이 기본 합의 규정에 따라 플루토늄-기반 프로그램을 동결하고 있음에도 핵무기용 우라늄 농축을 위한 물질을 구매하고 있다는 새로운 정보가 입수됐다고 말했다.

이 물질을 다룬 바 있는 한 전직 정보 분석가는 다음과 같이 회고했다. "그것은 1톤짜리 벽돌로 우리를 내려치는 것과도 같았다. 이는 우리가 이제 완전히 다른 종류의 새로운 문제를 다뤄야 한다는 것, 그리고 이 같은 정보가 지시하는 내용인즉슨 북한이 지금 벌이는 일이 기본 합의를 명백히 위반하려는 것이기 때문에, 문제를 해결하기가 매우 어려울 것이라는 고통스러운 현실에 직면하는 순간이었다."

볼턴이 처음으로 이에 대해 의견을 나눈 사람은 그의 아시아 전문가 마크 그룸브리지였다. 상세한 내용은 모르는 채 두 사람 모두 즉각 '감이 오는' 순간임을 느꼈다. 즉 볼턴 자신과 그의 강경 노선을 함께하는 사람들 모두가 오랫동안 폐기할 것을 바랐던 기본 합의라는 문제의 핵심 본질을 드러내는 사건이었던 것이다.

볼턴은 회고했다. "나는 이 정보가 기본 합의를 둘러싼 논쟁을 확실하게 종식시켜줄 것이라고 생각했다. 이로써 북한의 기본 합의 준수에 대한 신조는 완전히 사라진 것이다."

콜린 파월은 대개는 아침 6시 30분부터 업무를 시작하는 습관이 있었다. 이른 아침 시간은 그의 표현에 따르면, 하루 일과의 압력이 내습하기 전의 '고요한 시간'이었다. 그러나 6월 말의 어느 날, 아주 이른 방문객이 파월의 그 고요한 시간을 깨트렸다. 존 볼턴이 국무부 7층에 있는 장관실에 들이닥친 것이다. 볼턴은 아직 김이 모락모락 나는 최신 CIA 정보 보고를 파월에게 흔들며 외쳤다. "이것 좀 보세요. 속았어요. 이제는 공개해야 합니다."

수시로 현격한 견해 차이를 드러냈음에도 불구하고 파월은 볼턴과는 늘 개인적으로 좋은 관계를 유지하고자 했다. 과도한 흥분 상태의 십대 자녀를 진정시키려는 부모처럼, 파월은 볼턴에게 말했다. "존, 좀 앉아 보시오. 내가 이것을 읽고 궁리도 좀 해봐야 공개를 하든지 할 것 아니오. 게다가 정보기관의 의견도 좀 들어봐야겠소."

워싱턴 관료 사회의 파워 게임에서 자신의 강경론과 기본 합의를 맹렬히 반대하는 논리를 강화하기 위해 볼턴이 정보를 공개하고 싶어 한다는 것을 잘 아는 파월은 그에게 주의를 주었다. "이 사람들이 정확히 무슨 얘기를 하고 있는지 내가 충분히 파악하기 전까지는《워싱턴 포스트》는 물론이고 그 어느 누구에게도 달려가서는 안 된다"는 것이었다.

무기급 우라늄을 생산하는 것은 결코 쉬운 일이 아니다. 핵심 난관은 핵폭발을 가져오는 폭발적인 연쇄 반응을 일으키는 분열성 물질을 개발하는 것이다. 천연 우라늄은 두 가지 동위원소, 즉 U235와 U238 두 가지를 함유하고 있다. 이 중 분열성이 좀더 강한 것은 U235로, 이는 분열하면서 에너지를 방출한다. 그러나 천연 우라늄의 0.7퍼센트만 U235가 있을 뿐이다. 핵폭탄을 만들기 위해서는 우라늄 농축 과정이 필요한데, 이는 U238로부터 U235를 분리하여 U235가 90퍼센트 이상 되게 만드는 것이다. 이를 위한 한 가지 방법은 수천 개의 원심분리기를 연결하여 만든 이른바 '캐스케이드cascade'로 알려진 장치에 6불화 우라늄uranium hexfluoride 기체를 집어넣는 것이다. 각각의 원심분리기 안에 있는 회전자는 이 기체를 초고속으로 회전시켜 상대적으로 좀더 가벼운 U235를 분리하는 것이다. 이 과정을 위한 기술은 아주 복잡하고 비용이 많이 들며, 원심분리기에 들어가는 상당량의 부품과 몹시 정교한 설치 기술을 필요로 한다.

크리스토퍼 클래리Christopher Clary는 미 해군대학원Naval Postgraduate School(미 캘리포니아 몬테레이 소재-옮긴이)의 한 논문에서 다음과 같이 언급하고 있다. "가스 원심분리기 기술을 확보하려는 나라는 수천 개의 원심분리기 각각에 거의 1백 개의 부품을 갖춰야만 한다. 이 부품들 대부분은 쉽게 제조할 수 없고, 게다가 상당수는 수출 통제 기구에 의해 판매가 금지되어 있기 때문에 불법적으로 조달하려면 상당한 노력이 필요하다. 가스 원심분리 농축 방식을 성공적으로 개발한 나라는 흔히 중간상을 통해 비밀리에 활동하는 사업자에게 현금을 조달해줄 네트워크를 개발해야 한다. 이후 이 나라들은 사법 당국과 정보기관을 속이기 위해 원산지의 부품을 보통 위조된 최종 사용자 허가증이나 그 밖의 다른 수법에 의존해 운반한다. 이 상품들은 최종 목적지에 도착하기 전까지 감시의 눈을 피하기 위해 흔히 복수의 제3국들을 통해 수송된다."[1]

북한의 우라늄 프로그램에 대한 정보는 1990년대 말부터 이미 돌아다녔다. 그러나 이에 대한 보고는 언제나 산발적이었고, 정보는 구체적이지 못했으며, 이보다 훨씬 앞선 평양의 플루토늄 프로그램이 기본 합의에 의해 동결됨에 따라 미국 정보 목록의 우선순위에서 그리 높은 위치를 차지하지 못했다.

2005년까지 CIA 부국장이었던 존 매클러린은 말했다. "우리는 그들이 비밀리에 우라늄 농축 프로그램을 추진하고 있다는 것을 오랫동안 의심해왔으며 감질 나는 증거들은 있었다. 하지만 우리가 결정적인 분량의 자료를 갖고 있다고 말하기에 충분할 정도로 확신하지는 못했다."

어떤 내용의 특정한 정보가 앨런 폴리로 하여금 존 볼턴에게 전화를 걸게 했고, 급기야 북한이 우라늄 농축 능력을 확보했을 가능성에 대해 미국의 고위층이 관심을 갖게 했는지에 대해서는 절대적인 확실성을 갖고 판단하기가 여전히 어려운 상황이다. 그러나 이 문제를 잘 알고 있는 관리들에 따르면, 국무부의 볼턴 사무실은 로버트 조지프와 전직 CIA의 분석관으로서 국가안보회의에서 비확산 문제를 처리했던 조지프의 차석 존 루드와 더불어, 그해 봄철 내내 북한이 기만하고 있다는 자신들의 확신을 뒷받침하기 위한 증거를 찾고 있었다.

2006년 5월 6일 보수적인 헤리티지재단에서 행한 한 연설에서 볼턴은, 같은 해 1월 처음으로 자신이 공식적으로 제기했던 주장인 '북한과 이라크의 비밀 핵무기 프로그램을 통한 비확산조약 위반' 문제를 다시 한 번 꺼내들었다.[2]

더욱 감질 나는 것은, 한 미국 관리가 우라늄을 확보하기 위한 북한의 노력에 대해 핵심 '제보자'라고 평한 주요 소스가 아주 희귀한 정보 자산, 즉 북한 내의 비밀 요원이었을지도 모른다는 설이었다. 이 인물의 존재와 역할에 대해서는 기밀이 유지됐고, 지금까지도 특정 사실을 제공한 관리들은 전·현직을 막론하고 아무도 없다. 그러나 북한 문제를 담당했던 전직 고위 관리 네 명은 모두 따로따로, 그런 요원이 존재했었으며, 그 요원으로부터 나온 내부 정보가 2002년 6월 미국이 북한 우라늄 프로그램을 재조준하게 된 중대한 요인이었다고 말했다.

비밀 요원은 미국과 직접 교신했던 것이 아니라 한국 정보 당국과 교신해 정보를 워싱턴으로 빼돌렸던 것으로 보인다. 미국의 한 고위 정보 관리는 "그것은 신뢰성 있는 단수 정보원의 보고였다. 매우 신뢰성이 있었다"라고 말했다. 이 비밀 요원은 사건이 발생한 뒤 북한을 빠져나와, 지금은 한국에 있을 것으로 추정하고 있다.

이 요원이 보고한 세부 내용, 이 인물이 실제로 북한에서 활동했던 시간대, 그(또는 그녀)의 남측으로의 탈북 날짜 등은 모두 비밀로 남아 있다.

그러나 이 책을 위해 가졌던 인터뷰에서 한 전직 정보 관리는 말했다. “2002년 우리는 믿을 만하지만 완벽하지는 않은 한 정보원으로부터 어떤 보고를 받았으며, 그것은 우리가 과거에는 해석하기 어려웠던 자료로 되돌아가 이를 다시 살펴보도록 했다.” 이 관리는 이 이상의 세부 내용은 공개하지 않았지만, 다른 취재원의 맥락과 비교해볼 때 동일한 인물을 언급한 것으로 보인다.

정보 계통에서, 그것은 ‘문질러 닦기scrub’로 통한다. 즉 과거에 수집한 자료를 철저하게 검토하여, 당초 정보를 처음 접했을 당시에는 자칫 놓쳐버렸을지도 모를 일정한 패턴의 행동이나 새로운 정보를 찾아내고자 하는 것이다. 미국 정보 사회가 ‘테러와의 전쟁’이나 9·11의 여파에 사로잡혀 있거나 과도하게 몰입했던 탓에, 북한은 그때까지 악의 축 연설이나 평양 정권을 악마로 내몰려는 노력에도 불구하고, 상대적으로 정보 우선순위가 낮은 상태였다.

이에 대해 정보 접근권이 있었던 한 전직 고위 관리는 다음과 같이 논평했다. “정보를 진공청소하여 갈무리하는 정보 사회의 능력과, 그것에 우선순위를 부여하고 잘 분류하여 보석으로 만들어놓는 능력은 완전히 별개다. 따라서 우리는 정보와 관련해 자원의 문제가 있었고, 우선순위 결정의 문제가 있었다고 말할 수 있으며, 북한 관련 정보는 사람들이 가능성을 심각하게 받아들일 만큼의 수준에 이르지 못했었다. 그런데 그 뒤 실제로 일어난 일은, 우리가 이것을 진짜로 열심히 들여다봐야만 할 수준에 이르렀다고 판단 내린 것이다. 혹시 있을지 모를 북한 우라늄 농축 프로그램에 관한 정보는, 첫째, 우리가 더 이상 가능성을 무시하지 못하도록 했으며, 둘째, 우리가 놓쳤을지도 모를 정보를 다시 문질러 닦아내고, 그 정보로 되짚어가 살펴보지 않으면 안 되게 만들었다. 일단 우리가 그것을 심각하게 받아들이고 살펴보기 시작하자, 그리고 바위 밑을 뒤집어보기 시작하자, 우리가 놓쳤을지도 모르는 지점으로 되돌아가 다시 살펴보니, 거기 아주 분명하게, 매우 적극적인 (핵무기 부품) 획득 프로그램이 있었던 것이다."

정보 문질러 닦기는, 우라늄 농축 능력을 개발하는 데 사용되는 부품을 얻기 위해 북한이 어떤 노력을 기울였는지에 관한 가공되지 않은 데이터의 금맥에 이르게 했다. CIA는 팩스를 절취하고, 전화 통화를 도청했으며, 선적 영수증 사본을 습득하고, 세계 곳곳의 북한 구매 요원이나 혹은 그럴 것으로 의심되는 혐의자들의 동태를 추적했다. 이들 북한의 '스파이 기술'은 기밀 유지에 대한 특별한 주의에도 불구하고 미국이 힘들이지 않고 추적을 계속할 수 있을 정도로 초보적이었다. 미국의 한 군사 정보 당국자의 말처럼, '그들은 제임스 본드가 아니었다.'

한 정보 당국자는 다음과 같이 말했다. "우리가 동태를 감시하기 시작하고 상황을 되짚어갈 당시, 북한의 상업적인 조달 활동은 정확히 말하자면 그 자체로 비밀은 아니었다. 그들은 그럴 필요가 없었기 때문이다. 그들은 물건 사러 나가듯이 돌아다녔기 때문에, 일단 상황을 점검하기 위해 자원을 투입했을 때는 어디에 어떻게 투입해야 하는지만 알면 곧 무슨 일이 진행되고 있는지 알 수 있을 정도였다."

미국 관리들은 몇 년이 흐른 뒤에도 당시 정확히 북한의 어느 기관과 누가 감시를 받았는지에 대해서는 입을 굳게 다물었다. 그러나 당시 미국이 지켜보고 있음을 눈치 챘던 북한 회사들 가운데에는 조선광업개발회사로 알려진 창광신용회사가 있었다. 이 회사는 1999년 중국에 반환된 포르투갈의 식민지 마카오에 사무실을 두고, 오랫동안 북한의 무역 활동과 정보 활동을 위한 공작 기지 노릇을 해왔다. 창광신용은 또한 미국에 의해 파키스탄, 이란 등에 북한 미사일의 판매를 전담하는 회사로 확인되기도 했다.

미국 정보 당국이 데이터를 검토하면서, 원심분리기 건설에 쓰일 고강도 알루미늄 강관이 북한이 얻으려고 애쓴 핵심 부품이었다는 사실이 분명해졌다. 이 정보를 접했던 한 관리는, 고품질의 강관 '수 톤'으로서, '명세, 크기, 유형, 〔그리고〕 금속학적 특성 들'로 볼 때 '원심분리기의 회전자만 제외하곤 물질의 용도를 확실하게 추정할 수 없는 것들'이었다고 설명했다.

북한은 정밀한 원심분리 시스템의 작동을 정확히 조정하는 데 필요한 밸브와 전자 장치를 포함한 다른 주요 부품도 찾아다녔다. 이에 덧붙여 그들은 보통 머레이징강(합금강의 일종으로 니켈 등을 섞어 만들며 강도가 매우 높음-옮긴이)으로 부르는 고강도 합금강, 저항가감기 rheostats, 시스템에 공급할 특수하게 정제된 윤활유는 물론 '4중 접근 컴퓨터 수치제어' 장치도 구입했다.

미국 정보 당국은, 장비가 모두 조립되면 북한은 약 3천 개의 작동 가능한 원심분리기를 갖게 될 것이라고 종합적인 결론을 내렸다. 다음은 제임스 켈리의 말. "이것은 결코 실험실 수준이 아니었다. 이것은 생산 수준이었다. 우리는 지금 원심분리기 수십 개가 아니라 수천 개를 말하는 것이며, 일부 정보의 기원은 몇 년 전으로 분명히 거슬러 올라간다."

북한 측은 주요 부품을 손에 넣기 위해 전 세계를 헤매고 돌아다녔다. 미국 정보 당국은 중국, 일본, 스위스, 그리고 러시아에서 평양 측 구매요원이 접근했던 수많은 회사들을 확인했다. 그러나 문질러 닦기가 계속되면서, 한 야심찬 북한 사람이 독일에서 우라늄 프로그램에 적용할 수 있는 알루미늄 강관을 추가 구입하려 했음을 시사하는 새 정보가 입수됐다. 이 사건의 전말은 한스 베르너 트루펠이라는 독일의 한 기업인이 핵무기를 제조하는 데 쓰일 수도 있는 장비를 불법적으로 운반했다는 혐의로 체포되어 재판 끝에 유죄 판결을 받았던 2003년에서야 공개됐다.

2002년 봄, 당시 옵트로닉이라는 소규모 수출 회사를 운영하던 트루펠에게, 남천강이라는, 수출입 회사를 대표한다고 주장하는 한 북한 기업인이 접근해, 가볍고 부식 내구력이 뛰어나며 매우 강도가 높은 것으로 알려진 특수 알루미늄 합금제 강관 214개를 주문했다. 이 북한 사람은 중국의 주요 항공기 제조업체로 북한에 인접한 랴오닝 성의 수도에 자리 잡고 있는 선양항공을 위해 활동하고 있다고 말했다. 강관의 용도는 중국 비행기의 가스탱크를 만들기 위한 것으로 위장했다. 이 기업인은 최종적으로는 2천 개의 강관을 사들일 계획이지만 우선 214개만 구입하겠다는 의사를 내비쳤다.

이 사건을 잘 알고 있는 미국 관리들은 미국이 2002년의 주문까지 추적하고 있었는지에 대해서는 확인해주지 않았다. 그러나 그들은 내게 독일의 시사 잡지《슈피겔》이 2003년 보도한 연속 탐사 기사를 언급했는데, 이는 이 사건에 대해 가장 자세한 내용을 담고 있으며, 나는 세부 내용 중 많은 부분을 이 보도에서 끌어왔다.[3] 2003년 8월 15일의《워싱턴 포스트》보도 또한, "2002년 하반기 내내 미국과 서유럽의 정보기관들이, 북한이 원심분리기에 쓰일 다른 특수 금속과 더불어 이와 같은 강관을 구매하려고 시도하고 있다"라고 썼다.[4]

주문을 낸 당사자는 윤호진이었고, 그는 결코 평범한 기업가가 아니었다. 그는 14년간 평양의 IAEA 대표를 지냈던 매우 두드러진 인물로, 회의 참석, 언론 인터뷰 등을 담당했고, 북한 핵 정책을 방어하는 데 목소리를 높이기도 했다.

클린턴 행정부 기간 국가안보회의에서 비확산 사무를 처리했던 개리 새모어는 윤호진과 정기적으로 만난 적이 있다. 새모어는 그를 '작달막하고 괜찮은 사람'으로 기억했다. 그러나 이제는 비확산 업무를 담당하는 것으로 알려진 외교관의 행동치고는 뭔가 유별난 그의 행적으로 인해 윤호진은 우라늄 기반 핵폭탄 부품을 사들이는 야심찬 행동을 주도하는 것으로 보였다. 옵트로닉과의 초기 접촉에 대한 그의 설명이 무엇이었든, 분명한 사실은 그가 주문한 강관들의 특성이 유럽의 핵 기술 컨소시엄인 유렌코Urenco에 의해 설계된 원심분리기에 들어가는 것과 정확히 일치했다는 것이다. 더욱이 유렌코의 설계도는 1970년대 악명 높은 파키스탄 출신 금속 전문가 A. Q. 칸Khan에 의해 도둑맞은 뒤 파키스탄 핵폭탄의 기반이 되었던 것이다.

미국 정보 당국은 수년 동안 칸을 주시해왔다. 칸 연구소Khan Research Laboratories 소장으로서 그는 자신만의 핵 영토를 통할하면서, 1980년대 말과 1990년대 초반 파키스탄이 고농축 우라늄을 성공적으로 확보하고 마침내 1998년 핵실험에 성공하는 데 결정적인 기여를 했다. 그러나 파키스탄은 이웃 나라이자 라이벌인 인도의 핵 위용을 마주한 상태여서 핵폭탄을 운반할 미사일 확보가 절실했으며 자체적으로 미사일을 개발해야만 하는 상황을 피할 수 있는 지름길을 찾고 있었다. 의미심장하게도, 북한이 이란, 이라크, 시리아와 같은 나라에 탄도미사일을 수출하기 시작한 때가 바로 이 무렵이었다.

파키스탄을 핵 보유국으로 만든 기술 개발의 승리 덕분에 칸은 국가적

영웅이 되었다. 이는 또한 그가 새로운 길을 걷도록 용기를 불어넣었다. 그것은 자신의 사적인 이익을 위해, 비밀리에 핵 기술과 제조 방법, 그리고 장비를 다른 나라에 팔아넘기는 것이었다. 어쨌거나 칸은 1980년대 말, 원심분리기와 설계도면, 그리고 다른 부품들을 이란에 팔아넘기는 것으로 자신의 사업을 시작했다. 그는 또한 종국에는 이라크와 시리아에 접근했고, 새 천년이 열릴 무렵에는 자신의 고객 명단을 확대해 리비아와 북한을 포함시켰다.

1993년 12월 베나지르 부토(총리, 대통령 등을 역임하며 파키스탄의 군정을 종식한 아버지 줄피카르 부토와 마찬가지로 총리가 되어 파키스탄 민주화를 위해 노력한 바 있으며, 2007년 12월 군부 출신의 페르베즈 무샤라프 당시 파키스탄 대통령과 연정을 논의하기 위해 귀국했다가 불의의 테러 공격을 받고 사망함-옮긴이) 당시 파키스탄 총리의 평양 방문은 이슬라마바드와 평양의 협력 패턴을 촉진한 최초의 중요한 단계인 것으로 알려졌다.[5] 부토는 북한 노동 미사일의 상세한 설계도면을 가지고 귀국했던 것으로 추정된다. 그녀는 또한 그것이 순수한 현금 거래였다는 입장을 일관되게 유지했다. 즉 북한의 미사일 기술을 돈을 주고 샀다는 것이다.[6]

그녀의 방문에 이어 두 나라 국방 관계자 사이의 접촉이 이루어져, 1996년 또는 1997년에는 북한의 창광신용회사(조선광업개발무역회사)에 의해 핵심 미사일 부품 또는 미사일 완성품 1기가 파키스탄 측에 전달됐다. 파키스탄은 마침내 이 사정거리 1,500킬로미터의 중거리 미사일IRM을, 힌두인들과 싸웠던 고대 무슬림 전사의 이름인 가우리Ghauri로 재명명하고, 1998년 발사 시험을 성공적으로 마쳤다.[7] 서방의 분석가들은 가우리가 얼마간 변형된 부분이 있지만 노동 미사일과 아주 유사한 복제품이라고 주장했다.

그러나 1990년대 중반까지 파키스탄은 외환 보유고가 곤두박질치면서 금융 위기를 맞게 됐다. 칸이 핵 노하우를 북한에게 제공했다는 최초의 물증이 나타난 것은 바로 이 시점이었다. 북한이 칸의 최초 제안을 받아들였는지는 불분명하다. 칸은 모두 열세 차례 북한을 방문했다. 정확한 합의 방식 또한 불분명하다. 알려진 바에 따르면, 파키스탄이 북한에 탄도미사일에 대한 대가로 우라늄 농축 기술을 내주는 현물 교환 방식이었을 가능성이 있다. 칸이 자신의 사욕을 위해 평양에 관련 기술을 팔았을 가능성 또한 배제할 수 없다. 파키스탄 정부와 막강한 파키스탄 군부가 칸의 비밀 거래를 어느 정도 알고 있었는가는, 몇몇 장비가 파키스탄 군용 비행기에 실려 운반되고 파키스탄 항공 관제사에 의해 비행 항로 등이 정돈되었음에도 여전히 논란의 대상이다. 그러나 어쨌든, 파키스탄 군용기 C-130기의 북한 비행이 1990년대 말 크게 증가한 건 사실이다.

당시 미 정보 당국은 비행 횟수와 적어도 칸의 평양 방문 중 일부분을 모니터하고 있었다. 접촉 빈도가 증가하는 것을 알아채기는 했지만 워싱턴은 아직 모든 퍼즐 조각을 짜맞출 수 있을 정도의 충분한 세부 내용은 파악하지 못했다.

1991년부터 2001년까지 비확산 담당 국무차관보로 일했던 로버트 아인혼에 따르면, "우리가 확인한 것은, 당초에는 아주 얼룩이 많은 것이었다. 우리가 확인한 것은, 북한의 확보 노력, 즉 농축 프로그램에 적용될 수 있는 일부 이중 용도 품목을 구매하려는 확보 노력이었다."

그러나 평양의 플루토늄 프로그램이라는 좀더 직접적인 위협이 기본합의 아래 동결됨으로써 북한의 잠재적인 우라늄 확보 노력은 최우선순위가 아니었다. 이 단계에서 우라늄 프로그램은 전면적인 생산이라기보다는 연구 개발 수준에 더 가까운 것으로 보였다. 당시 비확산 사무를 처리했던 관리들에 따르면, 클린턴 행정부는 양국 간 해빙을 촉진한다는 맥락에서 북한과 우라늄 문제를 논의하겠다고 결정했지만, 그렇게 되기 전에 이미 시간을 모두 소비하고 말았다.

그러나 클린턴 행정부 임기 마지막 해, 칸의 핵 확산 활동에 대해 상당한 경보음이 울리기 시작했으며, 그것은 파키스탄 핵과학자를 목표로 한, 대대적인 미-영 합동 정보 공작을 촉발시켰다. 이 같은 작업은 의심나는 과거 기록에 대한 접근은 물론, 실제로 칸의 확산 네트워크에 요원을 배치하는 것과도 관련되어 있었다. 조지 W. 부시가 취임한 이후, 정보 공작은 한층 더 강화됐다. 1차적인 목표는 리비아로, 이 나라는 무아마르 카다피 대통령의 원심분리기 대량 주문과 1.87톤에 달하는 6불화 우라늄이 관련된, 그때까지 칸이 가장 공들인 작업으로 인해 초점이 되었다. 칸 네트워크로의 침투는 카다피가 2003년 미국 및 영국과의 관계 개선을 대가로 핵 야망을 포기하도록 만들었다. 카다피의 태도 변화는, 2004년 초 파키스탄의 페르베즈 무샤라프 대통령으로 하여금 칸을 가택 연금하고 당시 칸의 네트워크로 알려진 것을 해체하도록 지원하기에 충분한 정보를 미국에 제공하면서, 그야말로 정보의 금맥을 던져주었다.

2002년의 수사는 그러나 여전히 초기 단계에 머물렀다. 그러나 그것은 이미 칸의 대對리비아 거래에 대해서뿐만 아니라, 그의 네트워크가 평양과 다마스쿠스를 포함한 다른 고객들도 포함하고 있다는 주의를 요하는 사실들에 대해서도 CIA에 매우 훌륭한 정보를 제공하고 있었다.

전 CIA 부국장 존 매클러린은 한 인터뷰에서, "일단 그 네트워크 내부로 침투하는 데 성공하자 그것은 우리에게 북한을 포함해 이들 모든 나라에 대해 정보의 창을 제공했다"고 확인해주었다.

자신의 저서 『폭풍의 한복판에서 At the Center of Storm』를 통해, CIA 국장

조지 테닛George Tenet은 다음과 같이 기록하고 있다.

> 우리는 전체 확산 작업의 일부라고 믿어지는 개개인 및 조직들과 접촉할 수 있는 위치에서 참을성 있게 기다렸다. (……) 우리는 칸의 숨겨진 네트워크의 범위를 추적해냈으며, 이는 파키스탄으로부터 유럽, 중동, 아시아에까지 뻗어 있었다. 우리는 그 조직의 자회사들과 과학자, 유령 회사, 대리인, 금융망, 그리고 제조 공장 들을 확인해가면서, 한 조각씩 짜맞춰 전체 조직의 그림을 그렸다. 우리 요원들은 수년간에 걸친 일련의 과감한 공작을 통해 그 핵심에 접근할 수 있었다.[8]

1998년에 벌어진 한 불길한 사건은 북한의 핵 구매 공작원들과 서방 정보기관의 적대 세력들이 암약하는 비밀스러운 지하세계의 적나라한 단면을 제공한다. 파키스탄의 최초 지하 핵실험 이후 열흘이 지난 1998년 6월 7일, 김사내라는 북한 여성이 이슬라마바드의 부유층 동네에 있는 칸의 공식 거주지에서 불과 몇 미터 떨어진 곳에서 총에 맞아 죽었다. 공식적으로 김사내는 북한 대사관에 근무하는 강대윤의 처로 확인되었다. 2004년 파키스탄 관리들은 《로스앤젤레스 타임스》의 폴 왓슨Paul Watson과 무바쉬르 자이디Mubashir Zaidi에게, 김사내는 실제로는 칸의 초청으로 핵실험을 지켜보고 우라늄 기반 핵무기의 제조법에 대해 더 많은 것을 배우기 위해 파키스탄을 방문한 20명으로 구성된 북한 전문가 대표단의 일원이었다고 누설했다. 그녀의 '남편' 강대윤은 공식적으로는 북한 대사관의 '경제 참사관'이었으나, 미국의 북한 미사일 수출업체에 대한 평가에 되풀이 등장하는 회사인 북한의 국영 창광신용회사를 위해 일했다. 파키스탄에서 그의 존재는 북한 미사일과 파키스탄 우라늄 농축 기술의 거래와 관련이 있었던 것으로 보인다.

파키스탄 당국은 공개적으로는 김사내의 죽음에 대해 거의 아무런 언급도 하지 않았다. 설명을 요구받자 그들은 모호하고 불확실한 설명만 제공했다. 어떤 사람은 그녀가 이웃집 요리사가 소유한 총이 격발되면서 우발적으로 사망했다고 언급했다. 또 다른 사람은 다른 이웃 사람이 총기를 우발적으로 격발했다고 말했다. 파키스탄 정보원들은《로스앤젤레스 타임스》기자들에게 김사내가 미국을 위해 첩보 행위를 한 혐의를 받았다고 말했다. 익명의 서방 외교관들이 그녀와 접촉한 일은 그녀의 혐의점에 대해 북한 대사관과 생각을 공유했던 파키스탄 군 정보기관인 ISI의 주의를 끌었다. 그녀는 바로 그 직후에 살해됐다.

파키스탄 관리들은 기자들에게, 김사내가 죽은 지 사흘 뒤, 그녀의 사체가 미국산 C-130 군 수송기—1997년부터 2002년까지 북한을 드나들어 미국 정보 계통 관리들에게 경보음을 울렸던 비행기와 같은 종류—에 실려 평양으로 송환됐다고 밝혔다. 기자들은 수송기는 김사내의 시체와 함께, P-1 타입 원심분리기와 이보다 좀더 정밀한 P-2 타입 원심분리기, 도면, 스케치, 원심분리기와 핵탄두에 쓰일 기술적 데이터는 물론, 열화 6불화 우라늄 가스도 수송했다고 들었는데, 이것은 원심분리기에서 무기급 물질로 전환될 수 있었다.

알려진 바에 따르면, 이 비행기는 1993년 설립된 샤힌국제항공이란 회사에 의해 운영되고, 파키스탄 공군의 퇴역 장교들이 조종한 전세 항공편이었다.[9] 파키스탄의 탄도미사일 중 하나가 샤힌으로 불리는 사실이 결코 우연이 아니었을지도 모른다. 파키스탄의 험준한 북부 산악 지대의 토종 흰독수리의 이름을 따서 지은 그 중거리 미사일은 재래식 탄두나 핵탄두를 1천 킬로그램까지 실어 나르는 능력이 있었다.

2002년 6월까지, 칸 네트워크가 북한에 '파키스탄의 구형 원심분리기와 신형으로서 좀더 효율적인 모델의 설계도들'을 제공했음이 분명해졌다.[10] 2005년 무샤라프 대통령은 칸이 북한에 P-1과 이보다 우수한 P-2를 포함한 원심분리기 '약 24개'를 북한에 넘겼음을 확인해주었다. P-1, P-2는 파키스탄 타입의 원심분리기를 가리키는 것으로, 둘 중 하나가 더 정교한 것이다. 두 개의 설계도는 모두 칸이 1970년대 독일의 유렌코 사에 근무할 때 절취한 것이다. 그 정도의 소량 원심분리기는 핵무기의 캐스케이드에 필요한 수천 개에 비해서는 턱없이 부족한 것이지만, 칸의 상세한 부품 목록으로 북한은 이제 우라늄 폭탄을 제조하는 데 필요한 장비를 스스로 조달할 수 있는 위치에 있게 됐다.

이 정보에 접근한 전직 고위 관리는 말했다. "실제로 벌어졌던 일은, 칸의 P-2 모델에 기반한 우라늄 농축 기술을 통해 북한이 핵무기를 개발하는 데 필요한 모든 것을 사들이는 대규모 획득 작업에 대한 암호 정보와 인적 정보 등 상당량의 원천 정보를 우리가 확보했다는 것이다. 칸의 퍼즐 조각은 또 우리에게, 북한이 원심분리기 중 하나에 대한, 우리도 볼 필요가 있는 구매 목록을 포함한 청사진을 이미 확보했다는 사실을 은연중에 드러냈다."

한 고위 군 정보 장교는 말했다. "칸은 북한에 설계도를 넘겼다. 그는 또 타입 1(P-1)과 타입 2(P-2) 둘 모두 포함된 실제 작동 가능한 원심분리기도 넘겼다. 그 거래 대상에는 기술뿐만 아니라 설계도와 프로그램의 모든 부품, 심지어 노하우까지 모두 들어 있었다고 나는 생각한다."

초기 정보에 대한 철저한 문질러 닦기 작업과 좀더 최근의 활동 내역을 종합하여 미 정보기관들은 북한의 핵 활동에 대해 새로운 이해를 갖게 됐다.

1990년대 말부터 시작된, 우라늄 농축 기술을 획득하기 위한 북한의 노력은 처음에는 소규모, 즉 원심분리기 수십 개를 포함하는 연구 개발 수준이었다. 그러나 2002년 6월이면, 완전히 다른 규모의 획득 작업이 시작됐음이 정보를 통해 나타났다. 다음은 미 정보 사회에서 흘러나온 한 보고서에 대한 국가안보회의의 한 고위 관계자의 회고다. "평가의 핵심은 시험적 수준에서 (……) 내 기억으로 정보기관들이 '생산 가능 규모'로 불렀던 수준으로 핵 프로그램 수준이 이동했다는 것이었다."

CIA의 앨런 폴리가 북한의 우라늄 획득 노력에 대한 새로운 정보를 가지고 존 볼턴에게 전화했던 때와 문자 그대로 거의 동시에, 부시 행정부 내의 각 파벌은 마침내 평양에 대한 재관여re-engaging 정책에 합의했다. 찰스 프리처드는 평양의 유엔 대표 박길연과 접촉하여 제임스 켈리 차관보의 6월 10일 평양 방문을 제안했다. 켈리는 협상을 다시 진행시키는 것을 목표로 한 이른바 '대담한 접근Bold Approach'을 들고 가기로 예정되어 있었다. 프리처드는 박길연에게 빨리 적극적인 답을 내놓으라고 압박했다.

찰스 카트먼의 표현에 따르면, 여기서 말하는 대담한 접근은, 이미 몇 주간의 논쟁을 거쳤음에도 여전히 '실질적인 로드맵이라기보다는 단순한 구상'에 머물러 있었다. 대담한 접근은 그 뒤 몇 년간 부시 행정부의 전체적인 대북 접근에도 해당되는 것처럼, 대화와 그 결과에 따른 미국의 대북 관계 개선 가능성을 제공했다. 그럼에도 이 접근법은 여전히, 워싱턴이 북한의 관심사에 맞추기 전에 평양이 먼저 일련의 사안들에 대한 미국의 관심사를 만족시켜야 한다는 요구 쪽에 크게 무게를 싣고 있었다. 2002년 6월 10일 아시아소사이어티의 연설에서 콜린 파월은 워싱턴의 요구를 분명하게 강조했다.

그는 단언했다. "미국은 북한이 대미 관계를 정상화 쪽으로 움직일 수 있도록 중대 조처를 취할 준비가 되어 있다. 그러나 양자 관계의 진전은 수많은 핵심 사안에 대한 평양의 행동에 따라 좌우될 것이다." 아울러 파월은 강조했다. "북한은 확산 작업에서 반드시 손을 떼야 할 것이고, 다른 나라들을 위협하는 장거리 미사일도 없애버려야 하며, IAEA 안전조치협정을 준수하고, 덜 위협적인 재래식 군사 태세를 위해 노력해야만 할 것이다." 오직 그 뒤에라야 미국이 상응하는 조치reciprocal steps를 취할 것이라는 얘기였다.[11] 요컨대, 북한이 먼저 하라는 얘기였는데, 이는 이전의 대북 협상에서 작동했던 동시 조치 접근법the simultaneous steps approach과는 배치되는 것이었다.

북한이 채 응답을 내놓기도 전인 6월 29일, 6·15 정상회담 이후 남북한 간 최악의 충돌 사태가 한반도 서해안에서 터졌다. 두 척의 북측 초계함이 양측이 각각 관할권을 주장하는 수역을 나눈 선(북방한계선을 말함-옮긴이)을 넘어 꽃게잡이를 하러 북측으로 들어간 남측 어선들을 밀어냈다. 남측 해군 선박 8척이 맞서자 북측은 사격을 개시해, 남측 고속정 한 척을 침몰시키고 5명의 사망자를 냈다. 남측 함정들이 대응 사격을 가해 북측 해군에서도 사망자가 발생했다. 이 사건은 김대중 정부의 대북 화해 정책에 일대 타격이 될 듯이 보였다. 하지만 북측은 서둘러 사건의 파장을 축소하고자 했다. 이튿날 북한은, 아무런 특이 사항도 없었던 것처럼, 월드컵 대표팀의 활약상에 대해 한국에 축하 메시지를 보냈다. 한 달 뒤 평양은 교전 사건에 대해 공식적으로 '유감'을 표시했다.

존 볼턴과 행정부 내 강경파들은 켈리를 평양에 보내려는 결정이 반가울 리 없었다. 남북 해군 간의 충돌 소식을 들었을 때 그는 런던에 있었다. 그는 즉각 자신의 선임 보좌관 마크 그룸브리지에게 전화를 걸었다.

"나는 이번 사태에 어떤 조치가 있어야 한다고는 생각하지 않는다. (……) 하지만 아마도 조치를 취해야 할 것 같다. 가능한 모든 수단을 동원해 켈리의 북한행을 중단시키라"고 볼턴은 말했다.

이에 그룸브리지는 이번 충돌과 관련해서 켈리의 평양 방문은 이루어져서는 안 된다고 주장하며, 관료 조직 내에서 자신이 생각해낼 수 있는 모든 사람에게 이메일을 보냈다. 이윽고 그는 제임스 켈리의 비서로부터 켈리의 사무실에 들르라는 전화를 받았다. 켈리는 자신의 방북 계획을 무산시키려는 노골적인 시도에 격분했다. 켈리의 사무실에 들어서면서 그룸브리지는 얼굴이 붉게 상기된 채 문가에 서 있는 차관보를 보았다. 켈리는 노발대발했다. "당신이나 존 볼턴이나 내가 하는 일에 대해 뭔가 문제가 있으면, 친구들에게 수천 통씩 '참조' 이메일을 보내는 따위의 일은 접고 나에게 직접 말하시오. 이제 나가보시오."

묘하게도 한국 정부는 해군 장병들의 인명 손실에도 불구하고 워싱턴과 평양의 외교 재개를 이루기 위해 필사적이었으며, 부시 행정부에게 서해 교전 사건 때문에 켈리의 평양 방문을 취소하지 말아줄 것을 촉구했다. 사실 서울은 이 사건의 충격을 줄이기 위해 아주 열성적이어서 김대중 대통령은 죽은 장병들의 장례식에도 참석하지 않았다. 그러나 서해 교전은 관여 정책 찬성파들이 정책 지속을 주장하는 것을 사실상 불가능하게 만들었다. 한 고위 관리는 이 문제를 논의하는 자리에서 다음과 같이 소리 질렀다. "우리는 절대로 평양에 가서는 안 된다. 그들은 빌어먹을 초계정을 침몰시키고 우리 동맹군 5명을 죽였다. 그것이 바로 우리가 회담을 해서는 안 된다는 것이다. '이상'이다."

토머스 허바드 대사가 워싱턴에 한국민의 우려를 전달할 때도 비슷한 반응이 나왔다. 허바드는 행정부 내의 지배적인 견해를 다음처럼 요약했다. "한국 사람들은 자기네 해군 장병보다 북한을 더 신경 쓰고 있다." 그러나 사실, 미 정보기관들이 앞 다퉈 분석하고 있는 북한의 우라늄 획득과 관련된 새로운 원천 정보들에 비춰볼 때, 그 사건은 워싱턴이 새 정보를 평가하고 행동 진로를 결정하는 동안, 모든 회담을 보류할 유용한 핑곗거리를 제공했다.

7월 1일, 북한 측은 회담이 취소됐다는 말을 들었다. 다음은 당시 상황에 대한 찰스 프리처드의 회고. "우리는 대담한 접근을 논의하기 위해 평양에 갈 수는 없다. 그리고 이제 우리는 그들이 또 다른 핵무기로 가는 비밀 통로를 갖고 있음을 말해주는 새로운 정보가 있다. 이럴 때 우리는 무엇을 할 수 있겠는가? 그래서 우리는 6월 29일의 남북 간 교전 사건을 이용했던 것이다. 나는 다시 북한 측에 접근해 그들의 반응을 기다리고 있었는데, 그사이 서해 교전 사태가 발생한 것이다. 분위기는 더 이상 이와 같은 회담에 득이 되지 않았다. 우리는 회동 요청을 취소했다. 그러나 이러한 철회의 근저에는 고농축 우라늄에 대한 새로운 정보가 있었다."

존 볼턴은 말했다. "나는 켈리가 가야 할 이유가 있다고 생각하지 않았다. 그것은 〔국무부〕 동아시아국 관료 조직의 고집일 뿐이었다. 그들은 행정부가 출범한 이래 줄곧 그를 평양에 보내려고 애썼다."

6월 19일 콜린 파월의 집무실에서 켈리, 정치 담당 차관 마크 그로스먼 Marc Grossman과 가진 회의에서 볼턴은, 미국이 기본 합의의 사망을 선언해야 한다고 주장했다. 그는 회의 시작 전 자신의 측근인 마크 그룸브리지에게 이용 가능한 모든 정보를 한데 모아 프레젠테이션을 하도록 지시했다. 그룸브리지는 이 일을 하느라고 거의 12시간을 1급 기밀 컴퓨터에 매달려 있었으며, 볼턴은 그 자료를 파월의 집무실로 가져갔다.

켈리는 앞으로의 진행 방향을 논의하고 싶다며 회의를 시작했다. 볼턴이 끼어들어 모든 관련 정보에 비춰볼 때 기본 합의는 끝장났으며, 더불어 기본 합의를 만들어냈던 대북 정책 접근법도 끝장났다고 말했다. 그러고 나서 볼턴은 그룹브리지가 준비한 정보 자료의 요약물을 돌렸다. 곧 이어 그는, 행정부는 "〔기본 합의가 끝남에 따라〕 즉각적으로 대두될 정책 현안에 대처해야 할 것이며, 〔더불어〕 북한이 격한 반응을 보일 때를 대비한 군사적 또는 기타 유사시 계획을 만들어야 한다"고 주장했다.[12]

켈리는, 북한이 탄두를 만들 만큼 충분한 고농축 우라늄을 확보하고 있는지는 불확실하다며, 만약 미국이 공식적으로 기본 합의의 사망을 선언할 경우 평양은 플루토늄 재처리를 시작할 수도 있다고 경고했다. 볼턴은 그것이 1994년의 합의를 존속시킬 이유는 되지 못한다고 반박했다. 그로스먼은 관련 정보에 대해 논쟁의 여지가 없다고 말했으며, 켈리 또한 미국이 매우 심각한 문제에 봉착한 것에 대해서는 동의했다.[13]

그러나 콜린 파월과 그의 국무부 동료들은, 외교적 관여 정책이 상황을 진전시킬 남아 있는 유일한 방안이라고 확신하고 있었다. 새롭게 '닦아낸' 우라늄 관련 정보와 서해 교전 사건이 관여 정책 반대파들에게 새로운 공격 수단을 줄 것을 우려하며 파월은 자신의 뜻대로 행동하기로 결심했다. 7월 말, 파월은 브루나이에서 개최되는 아세안 지역 포럼ARF 연례회의의 동남아 지도자들 회동에 참석하기로 되어 있었다. 북한 외무상 백남순도 참석자 중 한 명이었다. 절호의 기회였다. 부시 행정부 출범 이래 최고위급 상면이 될 회동의 목표는 대화로 푼다는 발상을 되살려, 험난함이 예상되는 우라늄 문제에 대한 논의의 기초를 다진다는 것이었다. 그는 국가안보보좌관 콘돌리자 라이스에게는 자신의 계획을 설명했으나, 비판론자들이 회동을 방해할 수도 있다는 생각에서 자신의 발상에 대한 기관 간 논의 자리는 주도면밀하게 피했다. 그는 라이스가 대통령에게 과연 이에 대해 보고할 것인지, 또 보고한다면 어떻게 할지, 그리고 대통령은 자신의 발상에 대해 어떻게 생각할지에 대해서는 아는 바가 없었다.

"나는 그 일에 대해 기관 간 논의는 요청하지 않았다. 그렇게 하면 아무것도 할 수 없는 상황이 되어버릴 것이기 때문이었다." 파월의 회고다.

찰스 프리처드는 파월의 지시에 따라, 북한 유엔 대표부에 파월의 의도에 대해 귀띔했다. 파월의 이어지는 회고. "그렇게 해서 나는 〔브루나이〕 회담장에 30분 일찍 갔다. 거기서 북한 측에 연락해, '이보시오, 30분 정도 시간이 있으니 커피 한잔 어떠시오?'라고 했다. 그들은 계단을 내달렸다. 커피 한잔 하겠다고 서로 경쟁하는 통에 사람이 죽지 않은 것이 신기했을 정도였다. 그 뒤 통역관과 기록 요원까지 완벽하게 갖추고서 우리 팀이 입장했다. 회동은 길지 않아 15분쯤 걸렸다. 나는 그들에게 대통령은 우리 문제에 대해 새로운 시각, 즉 대담한 접근을 취하려고 한다고 말했다. 그리고 상대편에게, 우리 대통령이 북한 국민에 대해 자상한 마음을 갖고 있으며, 북한을 공격 또는 침략하거나, 또는 그와 비슷한 어떤 의사도 없음을 북한 지도자에게 전달해달라고 했다. 우리는 또 회담을 다시 열고 싶다고 했다. 그러고 나서 나는, 이미 이 일은 시작됐다고 말했으며, 켈리를 평양에 보내고자 한다고 말했다. 그랬더니 백남순은 즉시 응답했다. '당신의 요청이 있는 즉시 승인이 떨어질 것이다'."

파월과 백남순의 짧은 만남은 파월에 대한 의구심이 깊은 체니 부통령 집무실을 비롯해 워싱턴 내 강경파들을 격분케 했다. 체니의 측근들은, 파월이 클린턴 행정부가 취했던 대북 관여 정책에 대해 긍정적인 논평을 함으로써 '스키를 신고 너무 앞질러 나갔던' 2001년 3월 사건을 떠올렸다.

"파월은 당초 대북 정책 과정이 시작될 때부터 우리 정부의 정책이 아닌 다른 정책을 공언했던 사람이다." 체니의 한 전 측근의 말이다.

2002년 8월 20일, 부시 대통령은《워싱턴 포스트》의 밥 우드워드에게 인터뷰 기회를 주었다. 당시 인터뷰는 우드워드가 9·11 이후의 부시 리더십과 아프간 전쟁에 대해 쓰고 있던 책을 위한 것으로서, 이 사건 이후 몇 달이 지난 뒤 출판됐다. 그러나 이 인터뷰는 당시 대통령이 북한에 대해 갖고 있던 생각의 일단을 제공했다. 북한 지도자에 대해 질문을 받자 부시는 단언했다. "나는 김정일을 증오한다. 나는 그 자에 대해 아주 본능적인 반감을 갖고 있다. 자신의 국민을 굶겨 죽이고 있기 때문이다. 〔……〕 혹자는 말한다. '우리는 〔김정일에 대해〕 너무 서둘러 움직일 필요가 없다. 왜냐? 우리가 그렇게 하면, 그래서 그 자가 축출될 수 있는 상황이 되면, 그 자가 자기 국민들에게 지울 재정 부담이 너무 커진다'는 것이다. 과연 누가 이런 식의 얘기에 귀 기울이겠나. 나 또한 이런 생각에 찬동하지 않는다. 만약 자유를 믿는다면, 그리고 삶의 조건에 대해 우려한다면, 우리는 그렇게 하지 못할 것이다."[14]

조지 부시에게 북한은 단지 외교 정책상의 문제가 아니었다. 그것은 개인적인 문제이기도 했다.

2002년 여름이 끝나갈 무렵, 버지니아 랭글리에 있는 CIA 본부의 국장 회의실에서 CIA 수뇌부가 우라늄 정보의 의미에 대해 합의를 도출하기 위해 회동했다. CIA 부국장 매클러린과, 이 기관의 정보 분석관들을 총괄하고 대통령에 대한 일일 정보 보고 준비 작업을 감독하고 있는 정보 담당 부국장 제이미 미스칙도 끼어 있었다. 조지 테닛 국장은 불쑥 끼어들거나 빠지면서, 지난 몇 주간 원천 정보에 파묻혀 지내던 정보 분석관들의 연쇄 보고를 들었다.

보통 정교한 파워포인트 보고로 정평이 난 미군 브리핑 시간과 달리, 이런 식의 미팅은 기술이 형편없었다. 한 참석자가 기억하는 그대로였다. "그 회의는 문자 그대로, 테이블에 보고서 몇 건 돌리는 것이다. 각각 다른 전문 분야의 각각 다른 정보 분석관들이 자기네 보고서를 돌린다. 이런 보고서를 저런 보고서와, 저런 보고서를 이런 보고서와 짜맞춰본 뒤, 바로 이것이 진짜야 하는 식이다. (……) 그래서 이런 미팅은 어떤 확실한 증거 smoking gun 도출 작업이라기보다는 퍼즐 조각 짜맞추기에 훨씬 더 가깝다."

CIA 분석관들은 다른 표현을 썼다. "양파 껍질 벗기기다. (……) 한 껍질 한 껍질을 벗겨내며 살펴보는 작업이기 때문이다."

다음은 한 전직 정보 분석관의 말이다. "그런 미팅은 물론 매우 기술적이며, 참석자들은 물리학자가 아니고서는 거의 알아듣지 못하는 말로 대화하는 그런 부류의 사람들이다." 그럼에도, 북한의 조달 노력 물증은 설득력이 있어 보였다. 이어지는 그의 얘기. "상세한 날짜와 구체적인 상황이 아주 많아, 내 기억으로는, 회의실에 있던 그 누구도 '글쎄, 설득력이 좀 떨어지는데'라는 식으로 말하는 사람이 없었다. 다시 말해, 우리 모두는 북한의 우라늄 조달 노력이 실제 벌어지고 있음을 확신하며 회의실을 나섰던 것이다."

이 같은 과정을 거쳐 도출된 최종 판단은 북한의 우라늄 획득 노력은 1997년 말과 1998년에 걸쳐 시작되었으며, 이때는 북한이 미국 관리들에게 워싱턴이 기본 합의를 준수하지 않고 있다고 경고한 직후였다는 것, 이는 북한과 A. Q. 칸의 접촉 빈도의 증가와 동시에 진행되었다는 것, 그리고 칸은 이런 접촉을 통해 (핵폭탄) 설계도면, 6불화 우라늄, 그리고 소량의 원심분리기를 제공하기 시작했다는 것 등이다. 일단 '쇼핑 목록'

을 확보하자, 북한은 우라늄 핵폭탄 프로그램을 위한 구성 물품을 사들이기 시작했다. 2001년까지 이 같은 북한의 시도는 일관 생산 능력 수준이라기보다 연구 개발 수준의 소규모에 머물러 있었다. 그럼에도 2002년 하절기 말에 이르자 그림이 달라져 있었다.

다음은 존 매클러린의 술회. "그림의 핵심은, 북한이 재료와 전문성, 그리고 데이터를 결합하여 원심분리식 우라늄 농축 프로그램을 만들어 낼 수 있다는 것이었으며, 이는 높은 수준의 신뢰성이 있다는 것이었다. 북한에 대한 각종 자료의 질은 우리에게 높은 신뢰성을 줄 정도의 높은 수준이었다."

이 무렵 고이즈미 준이치로는 리처드 아미티지에게 터트릴 폭탄 한 발을 가지고 있었다. 미국 국무 부장관은 연례 회의 참석차 도쿄에 가서, 당시 최고 현안이었던 미국의 이라크 침공에 대한 일본의 지원을 요청할 참이었다. 그와 동시에 그는 상세한 내용은 밝히지 않은 채, 북한의 우라늄 획득 노력에 대한 워싱턴의 우려가 점점 커지고 있음을 일본 총리에게 귀띔할 생각이었다. 아미티지는 부시 행정부 안에서 손꼽히는 일본통이었다. 그는 2000년 미 대선 직전, 자신의 주도로 안보, 정보, 경제 부문에서 일본과 더 밀접한 협력 체제를 촉구하는 보고서를 작성했다. 보고서의 목적은 미일 동맹을, 워싱턴이 오랫동안 영국과 유지해왔던 '특수 관계'의 아시아판으로 전환하는 것이었다.

그러나 고이즈미는, 그 나름의 놀라운 정보를 갖고 있었다. 8월 27일 고이즈미 총리는 미국 대사관 직원이 없는 사적인 회담을 청한 뒤, 어리둥절해하는 아미티지에게 김정일과의 정상회담을 위해 9월 중 평양을 직접 방문하려는 계획을 사흘 안에 발표할 것이라고 밝혔다. 이 계획은 그

때까지 일본 정부가 가장 친밀한 동맹국인 미국에게도 비밀로 유지했던 것이다.

조지 W. 부시의 가장 가까운 해외 친구 중 한 명으로 급속하게 부상했던 지도자에게, 그것은 자신의 자주성에 대한 깜짝 놀랄 만한 선언이자, 미 행정부의 대북 접근에 대한 노골적인 부정이었으며, 부시의 정책이 동북아 지역의 핵심 동맹국들을 어느 정도로 소외시켰는지를 보여주는 한 증좌였다. 고이즈미는 부시의 대결적인 접근법이 잘못되었으며 비생산적이라고 생각했다. 그의 보좌진은 미국의 대북 정책을 일관성 없고 분란을 부채질하며 조악하게 조율된 행동과 거친 언사의 혼합물이라고 봤다.

두 지도자 간의 견해차는 때때로 공개적으로 드러나기도 했다. 2002년 2월, 미국 대통령은 서울로 가는 길에 도쿄에 들른 바 있다. 부시와의 공동기자회견에서 고이즈미는 기자들에게 말했다. "일본은 북한과의 관계 정상화를 위해 노력하고자 한다."

고이즈미에게 평양과의 관계 정상화는 냉전 시대로부터 물려받은 마지막 미청산 과제였다. 한국과 일본은 1965년 관계를 확립했고, 중국과 일본은 1978년 이미 그렇게 했다. 고이즈미의 한 측근은 '북한은 마지막 숙제였다'고 말했다. 그리도 또 하나의 목표가 있었다. 고이즈미의 측근은 이를 '역사적 잔재의 청산. 일본은 한국을 식민지화한 바 있음'이라고 표현했다. 그에 따르면, 고통스런 과거를 영원히 잠재우는 것, 그것이 바로 고이즈미의 '숨겨진 현안'이었던 것이다. 물론 좀더 1차적인 목표는 1970년대와 1980년대 북한 요원들에게 납치된 십수 명의 일본 국민 문제를 해결하는 것이었다. 납치된 일본인들은 북한 요원에게 일본어를 가르치고 북한 이외의 지역에서 공작하는 법을 훈련시키는 데 활용되었다.

납치될 당시 불과 열세 살이었던 여성을 포함한 일본인 납치 피해자의 운명은 일본에서는 아주 심각한 국민 감정상의 문제였다.

같은 기자회견 자리에서 북한에 대한 부시의 언급은 사뭇 다른 견해를 드러냈다. 그는 단언했다. "평행선의 다른 한편에 나라 전체가 대량살상 무기를 만들기로 결정하는 바람에 굶주려 죽어가는 사람들이 있다. 그들은, 우리가 반드시 우리 이해를 지킬 것이며, 내가 반드시 미국 국민을 지킬 것이라는 사실에 대해, 결코 판단을 그르쳐서는 안 될 것이다."[15]

비록 당황스러웠지만 아미티지는 고이즈미의 뉴스에 차분한 태도로 반응하며, 총리가 평양행 뉴스를 발표하기 전에 먼저 자신에게 알려준 데 대해 외교적인 감사의 표시를 했다.

아미티지는 훗날 이렇게 회고했다. "우리는 아시아의 핵심 동맹인 일본이 정해진 날짜에 앞서 우리에게 알려준 데 대해 만족해했다. 그리고 나는 대통령도 그 뉴스에 대해 매우 기뻐할 것을 확신한다고 총리에게 말했다. 고이즈미 총리는 내게 우리의 지분(이해)을 해칠 의도가 결코 없다고 다짐했다."

아미티지는 이 무렵, 미국의 정보기관들이 아직 우라늄 문제에 대한 최종 평가를 종합하고 있는 상황이어서 고이즈미에게 상세한 내용을 제공할 위치에 있지 않았다. 그러나 그는 고이즈미에게 앞으로 문제가 있을지 모른다고 말했다.

"나는 고이즈미 총리에게 '조금은 주의할 필요가 있다. 북한에서 뭔가 새로운 상황이 전개되고 있으며, 이는 곧 밝혀질 것이다, 그것은 북한과 관련해 부정적인 것이 될 것이다. 그리고 나는 총리가 그것을 유념하고 깊이 주의를 기울여주기를 희망한다'고 말했다."

아미티지는 주일 미국 대사관으로 급히 되돌아가 본국의 콜린 파월에게 이 소식을 알리기 위해 전화를 걸었다. 파월은 곧 이어 부시에게 알렸고, 그다음 아미티지에게 다시 전화를 걸었다. 부시는 자신의 친구인 고이즈미 총리를 상당히 신뢰했다. 파월은 아미티지에게 말했다. "대통령은 총리의 평양행에 대해 불안해하지 않고 있다."

그러나 그것은 적어도 공식적인 반응일 뿐이었다. 찰스 프리처드는 사적으로는 훨씬 덜 적극적인 반응을 보였다. 그 소식은 '경고음을 냈다'는 것이다.

일본 외무성의 아시아대양주국장 다나카 히토시는 아미티지와 대담하며 그에게 직접적으로 이렇게 물었다. "당신네는 총리의 북한행에 대해 반대하는 입장인가? 우리는 매우 심각한 문제들을 갖고 있다. (……) 납치 문제와 기타 온갖 종류의 일들이다. 당신네는 우리를 위해 이 문제를 풀어줄 용의가 있는가? 당신네는 국익을 위해 온갖 유형의 국제 관계를 모두 동원하고 있잖은가."

다나카는 당시 워싱턴과 평양 모두 양쪽이 당면한 커다란 문제들에 대해 전혀 대화를 하지 않는 상황이어서 고이즈미의 방문이 미국의 이해에 해가 되기보다는 득이 될 것이라고 확신했다.

워싱턴의 주요 관심사는 확실히 우라늄에 대한 새로운 정보였다. "우리는 고이즈미가 평양 방문 시 의당 있어야 할 근본적인 이해 없이 북한으로 가는 것을 원치 않았다." 프리처드의 말이다.

고이즈미의 극적인 발표 이후 갓 2주가 지나 그와 부시는 뉴욕의 유엔 연차 총회 회의에서 다시 만났다. 고이즈미는 이때 북한의 우라늄 획득 노력에 관해 진일보한 정보를 제공받았다. 이와 동시에, 일본의 지도자는 훗날 정기적으로 되풀이되는 방식으로, 부시에게 북한과의 직접 대화를 고려해보라고 권고했다. 고이즈미는 말했다. "당신은 김정일을 좋아하지 않을 수도 있소. 김정일은 좋아할 만한 사람이 아니오. 그는 신뢰를 받을 수도 없소. 하지만 당신은 그와 직접 대화를 가져야 하오."

국무부 군축 담당 차관 존 볼턴과 그의 측근 마크 그룹브리지는 국가안보회의에서 비확산 문제를 처리하는 동료 강경파인 로버트 조지프로부터 전화를 받을 당시, 서울행 비행기에 막 오르려던 참이었다. 조지프는 그들에게 고이즈미의 평양행에 대해 알렸다. 고이즈미와 김정일 간의 외교적 대전환의 전망은, 그가 한국의 수도에서 행하고자 하는 호전적인 연설의 기세를 꺾지 못했다. 더욱이 볼턴의 연설은 워싱턴의 대북 외교를 제 궤도로 복귀시키고자 하는 부시 행정부 내 일부 인사들로부터 반대를 받던 터였다.

연설 초안은 평양에 대한 강력한 비난을 담고 있었다. 볼턴은 이미 성난 역풍이 일었던 한국에서, 북한을 다시 '악의 축' 일원으로 딱지를 붙일 계획이었다. 외교적 타격 가능성에 놀란 허버드는 볼턴에게 문제의 문구를 삭제할 것을 촉구했다. 대사는 다음과 같이 주장했다. "(그것은) 처음 나올 때부터 한국으로부터 오해를 샀으며, 내 생각으로는 한국과 공조하는 데 결코 도움이 되지 못했다. 나는 또한 대통령 자신도 2002년 2월 방한했을 때 문제의 표현을 쓰지 않았다는 사실, 내 추측으로는 대통령 또한 똑같은 결론에 이르렀기 때문에 그런 표현을 쓰지 않았다는 사실, 그리고 그 표현은 한국인들에게 오해될 소지가 있다는 사실을 지적했다. 당시 볼턴의 반응은 '대통령은 그렇게 말씀하셨고, 나 또한 그렇게 말할 것이다. 그것은 진실이다'는 것이었다."[16] 볼턴은 허버드의 말을 거의 귀담아듣지 않았다. 그는 허버드가 '상대국 과신주의의 대표적인 사례로서, 거의 모든 사안에 대해 김대중의 견해를 전적으로 반영'한다고 생각

했다.[17]

8월 29일, 즉 고이즈미가 아미티지에게 자신의 평양 방문 계획에 대해 말한 지 이틀 뒤, 볼턴은 주한 미국 대사의 호소를 무시한 채, 서울의 청중들에게 선언했다. "대통령이 이란, 이라크, 그리고 북한을 '악의 축'이라고 한 것은 그러한 표현이 드러내는 것 이상의 의미가 있었다. 그의 용어는 실제의 의미에서 옳았다." 볼턴과 허버드가 한국에서의 연설을 둘러싸고 충돌한 것은 그것으로 끝이 아니었다.

볼턴의 도발적인 연설은 상당히 어려워지고 있던 한미 관계를 관리하는 데 있어 허버드가 당면한 유일한 문제가 아니었다. 날로 부강해지는 근대화 도정의 한국이 초강대국 '맏형'의 오랜 그림자로부터 벗어나 독자적으로 떠오르려고 함에 따라 긴장 관계의 일부 측면은 불가피했다. 그러나 2001년 3월 김대중에 대한 부시의 굴욕적인 대우부터 악의 축 연설, 그리고 한국인들이 적이 아닌 빗나간 친척으로 보고 있는 평양 정권에 대한 거의 숨김없는 개인적인 반감에 이르기까지 일련의 사건들은 미국에 대한 적대감을 부채질했다.

북한의 우라늄 획득에 관한 새로운 정보가 막 모습을 드러내기 시작할 무렵인 6월 13일, 또 하나의 비극적인 사고가 뒤따랐다. 비무장지대 부근 좁은 지방도로를 따라 이동 중이던 미군 장갑차 한 대가 친구 생일잔치에 가던 14세 소녀 두 명을 덮쳤다. 신효순과 심미선 두 소녀 모두 그 자리에서 사망했다.

그들의 죽음은 처음에는 다른 뉴스에 묻혔다. 당시 한국은 월드컵 열기에 사로잡혀 있었다. 별다른 주목을 받지 못했던 한국 국가대표팀은 예상을 깨고, 일본과 공동 주최한 2002년 월드컵 토너먼트의 신화가 되었다. 준결승까지 오른 한국 대표팀의 성공은 예상치 못한 국가적 자부심의 물결을 촉발했다. '붉은 악마'를 상징하는 붉은 티셔츠를 입고 붉은 깃발을 흔드는 수많은 인파가 초대형 TV 화면을 통해 경기를 보기 위해 연일 거리와 시청 광장을 가득 메웠다. 경찰은 경기가 중계되는 동안 범죄율이 25퍼센트 가까이 떨어졌다고 보고했다. 그것은 성숙해진, 그리고 국제무대에서 정당한 자리를 차지하려는 자신감 있고 현대적인 한국의 또 다른 상징이었다.

그러나 이와 같은 민족 감정의 집중적인 분출의 초점은 급격하게 두 소녀의 사망 사건으로 옮아갔다. 그들의 죽음은 민족적 대의가 되어 노도와 같은 반미 시위와 투쟁에 불을 붙였다. 당시 주한 미국 대사 허버드의 차석이었던 에번스 리비어는 다음과 같이 말했다. "이런 식의 분출하는 민족주의, 워싱턴과 서울 관계의 냉각, 미국의 대북 정책에 대한 불만 고조, 이런 것들이 한데 합쳐지는 가운데 그 사건이 터진 것이다. 이는 곧 비할 데 없는 강력한 폭풍이 되었다."

효순-미선 사건은 상황을 더욱더 어렵게 만들면서 달아오르던 한국의 대통령 선거를 휩쓸었다. 11월로 예정된 대통령 선거에서는 좀더 강경한 대북 정책 탓에 워싱턴의 지지를 분명하게 얻고 있던 보수파 이회창과 미국에 머리를 숙이지 않겠다는 공약으로 유세를 벌이던 진보적인 인권 변호사이자 오랜 재야인사 출신 노무현이 맞붙었다.

CIA는 압도되어 있었다. 9·11 공격 1주년이 다가오면서 이 기관은 새로운 공격 가능성을 찾아내고, 가능하면 이를 막기 위해 그야말로 정신없이 일했다. 이 시기는 커다란 불안과 공포의 시기였다. 이와 동시에, 다가오는 미국의 이라크 침공을 위한 준비 작업이 속도를 내고 있었다. 이라크의 대실패에 일조했던 군사적 기동, 분석을 둘러싼 논쟁, 그리고 정치적 압력이 착착 심화되어가고 있었던 것이다.

이 같은 상황을 배경으로, CIA 분석관들은 북한의 우라늄 활동에 대한 가용 정보 평가를 마침내 완료하고, 존 매클러린 부국장은 부시 대통령, 체니 부통령, 럼스펠드 국방장관, 파월 국무장관, 라이스 국가안보보좌관, 그리고 리처드 마이어스Richard Myers 합참의장 등이 포함된 관계 기관장 회의에서 행할 발표 작업을 준비했다. 이에 대비하기 위해 매클러린은 분석관들과 함께 2~3시간에 걸친 일련의 회의를 열어 복잡한 사안에 대한 자신의 이해도를 재삼 확인코자 했다. 분석관 6명과 기술 전문가 1명으로 구성된 팀은 매우 기술적인 30쪽짜리 보고서를 작성해 CIA의 평가를 요약한 새로운 국가정보평가National Intelligence Estimate에 덧붙였다. 작업이 서둘러 진행되는 바람에 최종안은 관계 기관장 회의 하루 전날 밤 프린터를 통해 나왔다. 이 작업에 참여했던 한 인사에 따르면, 보고서의 논점the bottom line은 '북한이 생산 가능 규모의 우라늄 농축 프로그램을 갖고 있다'는 것이었다.

그러나 매클러린은 대통령과 그 밖의 인사들에게 발표하도록 일목요연한 형태로 자료를 종합하는 것이 아주 벅찬 과제라는 것을 깨달았다. 그는 내게 말했다. "자료를 종합하느라고 힘든 시간을 보냈던 것으로 기억한다. 이들은 아주 바쁜 사람들이기 때문이다. 이들은 기술적인 세부 내용을 일일이 살필 시간이 없다. 그래서 나는 전체적인 과정을 검토함으로써 왜 우리가 그런 프로그램이 존재함을 확신하는가에 대한 부분에 이르기까지, 전체 보고서의 내용을 대여섯 개의 논점으로 압축해야만 했다."

문제는 매클러린이 인정했듯이 명백한 물증이 하나도 없다는 사실이었다. "그때까지 알려지지 않았던 것들은 얼마간 있었다. 그러나 자신 있게 대답할 수 없는 문제들도 있었다."

각종 메모를 종합하면서 매클러린은 이 사안이 다른 무엇보다 훨씬 더 복잡한 정보 관련 내용이라는 사실에 새삼 놀랐다. 다른 상황에서는 명확한 상을 갖고는 했다. 이번 사안의 경우에는 원심분리기 시설에 대한 사진 한 장도 없었다. 대신 이번 사안은 복잡한 추리소설 같았다. 그는 스스로 생각해봤다. '내가 문서 파일을 건넬 경우, 기관장들이 이해하지 못할 수도 있지 않은가.' 매클러린은 그가 어떻게 발표를 하느냐에 따라 상당히 많은 일들이 달라질 것이라는 것을 알았다. 만약 자신이 발표 내용을 부풀리거나 과장한다면, 부시는 과잉 반응하거나 성급한 조처를 취할 수도 있었다. 알려진 것과 알려지지 않은 것 사이에서 적절한 균형을 잡는 일, 그것이 큰 과제였다.

부시와 다른 기관장들이 백악관 상황실에서 자리를 잡고 앉은 뒤, 매클러린이 마침내 손으로 직접 쓴 메모지를 보면서 발표를 시작했다. "나는 회의에 들어가서 이렇게 말했다. '오늘 이 자리에는 매우 복잡한 사안이 있다. 현재의 상황을 아주 분명하게 보여줄 단 하나의 정보도 책상 위에 올려놓을 수가 없고, 바로 그것 때문에 사안이 복잡하다. 먼저 여러분을 몇 년 전의 상황으로 안내해드리겠다. 다음, 여러분에게 좀 복잡한 낡은 자료들을 개괄할 수 있도록 하겠다. 다음, 여러분께 새 정보들을 보여드려 앞서의 낡은 정보에 새롭고 다른 빛을 쏘이도록 하겠다'."

약 10분간 진행된 요약을 통해, 그는 주요 기관장들에게 최근 몇 달간 좀더 일관성 있는 그림으로 재조합된 1997년, 1998년, 1999년의 사건들을 일별시켰다. 매클러린은 부시와 그 밖의 인사들이 사태의 심각성을 깨닫고 있다고 느꼈다. 다시 이어지는 매클러린의 회고. "그들에게 사태는 명확해졌다. 기본 합의는 심각한 문제에 빠졌다는 것이었다. 그들은 이에 대한 대응책을 내놓아야 했다."

콜린 파월이 먼저 입을 열었다. "이번 일은 기본 합의에 커다란 파장을 줄 것이다. 어떻게 자신할 수 있는가? 의심스런 대목은 없는가?"

상황실의 다른 참석자들도 파월의 예를 따랐다. 북한은 얼마나 멀리 나갔는가? 평양은 실제 우라늄 폭탄을 가지고 있는가? CIA는 그 물질이 어디 있는지, 어디서 그런 시설이 가동되고 있는지 알고 있는가? 매클러린은 조심스럽게 대응해야 했다. 그는 미국의 정보 집단들이 이와 같은 의문에 대해 구체적인 답을 갖고 있지 않다는 것을 분명히 밝혔다. 그는 북한이 원심분리 프로그램과 잘 맞아떨어지는 물질들을 사들이고 있는 것만은 자신할 수 있지만, CIA로서는 그 프로그램이 실제로 어느 지점에 놓여 있는지, 또 얼마나 진전됐는지에 대해서는 잘 모른다는 말을 되풀이했다.

토론은 1시간 동안 계속됐다. 합의점은 분명했다. 북한과 평상적인 비즈니스는 더 이상 가능하지 않다는 것이었다. 다음은 매클러린의 회고다. "사람들은 이 사안이 파급 효과가 여러 지역으로 확대되는 중대 발전으로 이해했으며, 예측 불가능하고 위험천만한 나라에 대해 걱정했다."

제6장

잔을 들 것인가 말 것인가

2002년 9월 고이즈미와 김정일이 평양에서 정상회담을 갖다.
다음 달 제임스 켈리는 협상단을 이끌고 평양에 가다

미국 정보 집단들 내부에는 북한의 우라늄 조달 활동에 관한 첩보의 신뢰성에 대해 사실상 만장일치의 공감대가 있었다. 한 전직 국가안보회의 고위 관리는 말했다. "그 문제에 대해서는 틀림없다는 자신감이 있었다. 정보조사국(국무부 산하 정보 담당 부서로, 훗날 이라크가 대량살상무기를 보유하고 있다는 평가의 문제점을 공격하게 된다)이나 그 누구로부터도, 북한이 고농축 우라늄HEU 프로그램을 비밀리에 시작한 사실, 북한 사람들이 부산하게 움직이고 있다는 사실, 그리고 그들이 부품을 얻기 위해 전 세계로 거액을 쓰고 돌아다닌다는 사실에 대해서는 시비를 걸지 않았다."

그러나 많은 의문이 여전히 풀리지 않은 채로 남았다. 우라늄 프로그램은 과연 어떻게 진척되었는가? 우라늄 생산 시설이 실제로 건설되었는가? 우라늄으로 폭탄을 생산하기까지는 몇 해가 걸릴 것인가? 무엇보다도, 우라늄 조달 활동을 시작한 북한의 동기와 궁극적인 의도는 무엇인가? 그리고 바로 여기에서, 북한의 조달 노력과 관련된 첩보에 대한 합의는 깨져버렸다. 첩보를 해석하고, 대응책을 고려함에 있어, 북한을 어떻게 할 것인가를 둘러싸고 초창기를 특징지었던 이념적인 편견과 정치적 텃밭 싸움이 재발했던 것이다.

당시 첩보에 접근했던 한 전직 고위 관리는 다음과 같이 인정했다. "부품이 부품 이상의 그 무엇이라고는 아무도 자신 있게 말할 수 없었다. A. Q. 칸이나 그 밖의 다른 누구든 마찬가지로 아무도 자기네들이 실제 가동 중인 원심분리 시설을 눈으로 확인했다고 보고한 바 없었다. 나는 그것이 타당한 말이라고 생각한다."

전 미 국무 부장관 리처드 아미티지는 말했다. "우리는 이 문제를 확정짓지 못했다. 만약 그 기관[CIA]이 이라크에 대해 얼마나 자신하고 있었는지를 살펴보면, 그들은 결코 고농축 우라늄 시설에 대해 확신하지 못할 것이다." 북한이 우라늄 프로그램 부품을 획득하려고 시도했다는 믿을 만한 확실한 정보와 실제 우라늄 농축 시설이 존재했음을 보여주는 확실한 자료가 없다는 사실 간의 구분은 매우 중요하다. 핵무기를 만들기에 충분한 고품질 우라늄을 농축시킬 원심분리기를 조립하는 데는 기술적 난관이 적지 않다는 점을 감안할 때, 정보 집단의 최선의 판단은, 2002년 11월 CIA 보고서가 지적했듯이, 그런 시설이 완전 작동 가능한 상태가 될 때까지 빨라야 '5년'이 걸린다는 것이었다. 과정이 더 길어질 것이라는 가정도 마찬가지로 가능했다. 국무부의 한 전직 고위 관리는 말했다. "그들이 무엇을 구입하려고 했는지 우리가 확인한 사실에 기초해볼 때, 그들은 실제로 생산 능력을 보유할 시점과는 5년, 7년, 10년 또는 그 이상 떨어져 있었다." 여전히 심각한 문제인 것만은 사실이지만, 보다 긴 시간대는 한반도에 중대한 위기를 다시 촉발하지 않고서도 문제의 해결을 위해 협상이 가능함을 뜻했다.

콜린 파월은, 이 정보로 인해 북한이 미국을 속이는 게 확실하다는 주장에 수긍했다. 그러나 국무부의 한 고위 관리가 회고했듯이, "그는 이 사안의 긴급성에 대해서는 항상 회의적이었다. 그는 이 첩보들이 핵 물질이나 장비의 조달에 대한 보고로서는 분명한 사실이지만 북한이 시설을 세우고 운영하며 작동한다고는 말할 수 없다는 점에서 객관성을 유지했다. 그것은 임박한 위험이 아니었다. 그것은 정상적인 대응이 필요한 또 하나의 사안일 뿐이었다."

우라늄 첩보의 긴급성을 둘러싼 온건파와 강경파의 논쟁, 그리고 이에 대해 행정부는 어떻게 대처할 것인가를 둘러싼 논쟁은 결국 김정일의 동기를 어떻게 평가하는가에 달려 있었다. 이 또한 의견이 크게 갈리는 주제이기도 했다.

북한은 정책 결정과 관련한 내부의 속사정에 대해서는 밝히는 법이 없다. 바로 이 때문에 평양의 우라늄 프로그램에 대한 어떠한 판단도 필연적으로 추측일 수밖에 없다. 북한의 우라늄 확보 노력이 기본 합의를 기만하기 위한 장기적 안목에서 결정된 것이 아니라, 북한의 내부 위기와, 워싱턴이 1994년 협정을 완전히 이행하지 못했다는 판단에 따른 당혹감이 한데 뒤섞인 결과 터져 나왔다는 설명도 가능하다.

실제로 북한의 우라늄 프로그램에 대한 설명은 한결같이, 그 프로그램이 북한의 기아 사태가 최악에 이르렀던 1997년 또는 1998년 시작됐다는 데 동의한다. 기아로 인한 수십만 명의 아사 사태와 경제의 끝 모를 추락으로 북한 사회는 소련과 기타 오랜 동맹국들이 몰락한 지 몇 년 만에 유례없는 내부적 긴장 상태로 빠져들 수밖에 없었다. 기본 합의 결과로 평양이 기대했던 혜택이 거의 실현된 것이 없다는 사실도 김정일 정권에 불안감을 더해주었다. 미국은 북한 플루토늄 프로그램의 동결을 전면에 내세운다는 핵심 목표를 달성했던 반면, 북한은 좀더 야심찬 목표를 가지고 있었다. 기본 합의는 평양에 그 어떤 정치적인 문건보다 상위에 있었다. 그것은 1990년대 초반 이래 북한의 핵심 목표가 되었던, 미국과의 오랜 적대 관계를 근본적으로 변화시킬 가능성을 보장해주는 문건이었기 때문이다. 중유 공급과 2기의 경수로 건설은, 명백한 경제적 실익이었음은 물론, 워싱턴과의 화해에 대한 정치적 상징으로 여겨졌다. 경수로는 어느 한 나라가 적대국에 선뜻 내줄 수 있는 그런 성질의 물건이 아니었다.

그러나 1997년까지 해빙을 향한 점진적인 움직임은 멈춰버렸으며, 그 해 2월 북한은 처음으로, 미국이 기본 합의의 공약 사항을 지키지 않고 있다는 내용의 공개 경고를 수차례 보냈다. 북한의 관영 조선중앙통신은 다음과 같이 선언했다. "핵 동결을 계속할지 우리는 장담할 수 없다."[1] 미국 관리들에 대한 사적인 경고도 마찬가지로 분명했다. 이로부터 바로 얼마 뒤 우라늄 농축 프로그램에 쓰일 부품을 입수하기 위한 노력이 개시된 것으로 보인다. 그리고 이것은 기본 합의로부터 기대했던 이득이 실현되지 않을 가능성에 대비한 위험 회피 노력이었을 공산이 크다.

초창기 개략적인 수준의 첩보 보고는 1990년대 말 평양의 우라늄 획득 활동을 완전히 성숙된 생산 능력이 아닌 연구 개발 노하우를 습득하는 것을 목표로 한 미미한 규모였다고 서술했다. 하지만 존 볼턴이 지적한 대로, 2001년과 2002년에는 마침내 변화가 있었던 것으로 보인다. 그는 말했다. "우리는 북한이 생산 가능 규모의 우라늄 농축 능력을 확보하고 있다는 구체적인 물증이 있으며, 그들은 이를 통해 무기급 우라늄을 가공하여 핵탄두로 만들지도 모른다."

이 대목에서 우라늄 개발 노력 초기 단계에서와 마찬가지로, 시점 문제는 매우 흥미를 끈다. 2002년 11월 19일의 1쪽짜리 보고서에서 CIA는 이렇게 언급하고 있다. "우리는 북한이 약 2년 전 원심분리 기반 우라늄 농축 프로그램의 개발에 착수했다고 평가한다." 몇몇 정보 전문가들은 평양이, 클린턴 행정부가 관계 개선의 돌파구를 마련하고자 노력했던 시점인 2000년에 우라늄 획득을 위해 분주하게 움직였다는 데 이의를 달고 있다. 그러나 2001년 행정부 교체, 부시 대통령과 기타 관리들로부터 오는 적대적인 신호가 김정일로 하여금 비밀 우라늄 개발 프로그램에 속도를 내도록 했다는 가정도 마찬가지로 성립 가능하다.

북한이 과연 미국과 과거와는 근본적으로 다른 관계를 가져다줄 협상의 대가로 핵무기 프로그램을 거래할 용의가 있었는가라는 좀더 포괄적인 문제도 마찬가지로 불확실하다. 기본 합의는 그 자체가 갖는 결함에도 불구하고, 김정일이 영변 원자로를 폐쇄하고, 미국으로부터의 정치적·경제적 이득을 대가로 플루토늄 비축분을 국제 사찰에 맡길 용의가 있었다는 사실을 보여준 바 있다.

우여곡절이 많았던 1990년대와 부시 행정부 시절의 첫 2년에 걸쳐 북한의 플루토늄 능력은 동결된 채로 남아 있었다. 더욱이 2002년 여름까지만 해도 평양은 공개적으로든 은밀하게든 미국과 모든 중대 문제를 협상할 수 있다는 의사를 표시하며 타협적인 신호를 보내려고 애썼다. 볼턴이 서울에서 문제의 연설을 하면서 북한의 핵과 미사일 프로그램을 호되게 비난하기 바로 이틀 전인 2002년 8월 31일, 북한 외무성 대변인은 볼턴 문제에 대응해 다음과 같이 공언했다. "조선민주주의인민공화국은 미국이 우리 공화국에 대한 적대 정책을 버릴 의지가 있다면 우리도 미국과 미국의 안보 우려를 씻기 위해 미국과 대화할 것임을 누차 밝혔다."[2]

북한 외교관들은 유사한 메시지를 워싱턴에 전하기 위해 모든 채널을 가동했다. 8월 중순, 리언 시걸은 북한 유엔 대표부의 상주 부대표 리근과 그의 후임으로 방금 막 도착한 한성렬과 함께 뉴욕에서 오찬을 가졌다. 영어가 유창한 두 사람은 북한에서 가장 경험이 풍부한 '미국통'이었다. 리근은 과거 몇 년간 뉴욕에서 근무했으며, 북미국장이 되어 평양에 돌아가려던 참이었다. 그는 1993년 유엔에서 근무했고, 1994년의 핵 협상에 참여했으며, 북한 외무성 북미국의 부국장으로 승진하기 전까지 3년 동안 뉴욕에서 살면서 기본 합의의 이행 실무를 맡아봤다. 그는 평양의 뉴욕 대표부의 제2인자로 뉴욕으로 돌아왔던 것이다.[3]

오찬에서 리언 시걸은, 평양이 '비확산 조약을 위반해 비밀 핵무기 프로그램을 갖고 있다'는 볼턴의 주장을 화제로 올렸다. 시걸은 한성렬에게 북한 정부가 '좀더 분명하게 핵 문제에 대응할 용의가 있음을 되풀이'하라고 설득했다. 9월 초 한성렬은 리언 시걸에게 이메일을 보내 북한은 협상할 용의가 있다고 언급했다. 한성렬은 다음과 같이 썼다. "조선민주주의인민공화국은 미국과 협상하겠다는 입장이다. 우리는 적대시 정책을 종식하고 나면 미국과 외교 관계를 정상화하는 것을 [조건으로] 미국의 안보 우려를 해소할 준비가 [되어] 있다. 미국은 우리가 먼저 무장해제하고 난 다음 정상화와 지원을 받을 것을 요구하고 있다. 우리가 원하는 것은 각자의 조건을 동시 교환하거나, 아니면 정상화부터 한 뒤 무장해제를 하는 것이다. 우리는 미국과 그 동맹국들에 비해 훨씬 약하고 군사적으로 뒤떨어져 있기 때문이다. 그래서 우리가 미국과 협상을 시작하려는 것이다."

이처럼 북한의 고위 관리가 부시 행정부의 최대 관심사에 대해 논의할 용의가 있음을 서한에 포함시킨 것은 상당한 진척이 이루어지고 있음을 뜻했다. 리언 시걸은 즉각 한성렬과 자신의 서신 내용을 요약해 제임스 켈리 차관보 앞으로 정책 메모 한 장을 작성했다. 리언 시걸은 다음과 같이 썼다. "핵과 관련한 북한의 태도에 상당한 진척이 이루어졌음이 최근 뉴욕에서 가진 북한 외교관과의 접촉을 통해 확인했다. 일련의 의견 교환을 통해, 한성렬 대사는 북한이 미국의 핵 관심사에 화답할 용의가 있음을 강조했다."[4] 서한은 켈리에게 직접 전달됐다. 그러나 리언 시걸은 이에 대해 답신은 받지 못했다.

평양의 협상 제의는 북한 정권이 경제 개혁의 가능성을 신중하게 모색하고 있다는 조짐 속에서 나왔다. 2001년 김정일은 중국에서 1주일을 보냈다. 장시간 중국 자본주의 실험의 지도적인 설계사인 주룽지 총리의 수행을 받으며, '경애하는 지도자'는 중국에서 일본 전자회사 NEC와의 합작 기업인 첨단 반도체 공장, 제너럴 모터스가 투자한 자동차 공장, 그리고 호화롭게 신축한 증권거래소 등을 방문했다.

다음은 한 중국 관리의 말이다. "김정일은 경제 발전 측면에서 중국과 북한의, 그리고 중국과 한국의 엄청난 격차를 알고 있다. 그가 경제 개혁에 특별한 관심을 갖는 이유가 바로 이 때문이다."

김정일이 중국 방문을 마치고 귀국한 직후 북한 텔레비전은 김정일의 상하이 방문 일정을 기록한 40분짜리 영상물을 방영했다. 김정일이 중국인 노동자의 가정을 방문하는 모습도 보였는데, 그의 아파트에는 텔레비전은 물론, 냉장고와 오디오 세트 등 북한 주민들 대다수는 상상도 못할 사치품들이 비치되어 있었다.[5] 북한 체제가 워낙 아리송해서 '경애하는 지도자'의 의도에 관해 확실한 결론을 이끌어내는 일은 언제나 수수께끼 같았지만, 이와 같은 변화는 김정일이 적어도 개혁을 진지하게 검토하고 있음을 시사했다.

마침내 2002년 중반, 평양은 경제 정책상의 중대한 변화를 발표했다. 정부는 하루아침에 식량 배급을 폐지하고, 향후 수요와 공급에 따라 물가가 결정되도록 하겠다고 발표했다. 치솟는 물가 충격을 완화하기 위해 임금이 즉각적으로 인상됐다. 동시에 농민들이 각자 텃밭에 작물을 길러 시장에 팔 수 있도록 허용했다. 소규모 자유 시장이 합법화되었고, 기업 관리자와 농업 관리자에게 더 많은 권한을 부여하여 경제 정책 결정을 분권화했다. 달러당 2.2원이라는 인위적인 환율로 연동되었던 북한의 원화는 평가 절하되었다. 달러당 150원이라는 새 환율은 암시장에서 달러가 통용되는 수준에 육박했는데, 이는 해외 자본을 끌어오고 북한 기업의 수출 길을 열려는 의도에 따른 것이다.

더불어 북한 정부는 외국 회사를 끌어들이기 위한 특별경제구역(특구)에 대한 구상을 재가했다. 초보 단계의 특별 구역이 이미 비무장지대 인근 개성에 들어섰으며, 남한의 기업들을 유치하기 시작했다. 이어서 북·중 국경 지대인 신의주에 제2특구 건설이 진행 중이었다.

아직 실험 단계이기는 했지만 이 모든 조처들은 지난 수십 년간의 북한 경제에 역사상 가장 큰 변화를 보여주었다. 부분적으로 그러한 조처들은 수년간의 기아 사태로 인해 초래된 부인할 수 없는 현실, 즉 국가 식량 배급 체계의 붕괴와 장마당의 등장 등을 북한 정부가 시인한 결과다. 그러나 그러한 조처들은 또한 취약한 경제 문제를 간파한 김정일이 적어도 개혁 가능성을 모색하는 데 나름 진지한 관심을 갖게 됐음을 뜻했다.

북한 체제처럼 경직되고 비효율적인 체제에 변화를 도입하는 것은 결코 쉬운 일이 아니었다. 그리고 김정일은, 만약 진정으로 경제를 개방하겠다고 결정할 경우 그의 지배력에 장기적으로는 타격을 줄지도 모르는 위험을 감수했다. 일부 분석가들에게는, '경애하는 지도자'가 북한의 안보 환경을 개선하는 것과 동시에, 이를 통해 내부 변화를 강화하는 방향을 선택했기 때문에 그런 위험을 감수하는 것이 가능해 보였다. 북한의 정권 변동regime change을 바라는 워싱턴의 기대를 꺾어버리겠다는 희망에서 미국과 회담을 추진하는 것은 이미 김정일의 핵심 전략 중 하나가 된 것처럼 보인다. 또 다른 전략은 일본과의 해빙을 실현하는 것으로, 이는 물론 도쿄로부터 수십억 달러의 경제 지원을 받을 수 있을 것이라는 전망에서 비롯되었다.

워싱턴에서 북한에 대해 강경 태도를 취해야 한다는 압력이 높아지는 사이, 아시아에서 미국의 가장 중요한 동맹국인 일본의 지도자 고이즈미 준이치로는 전혀 다른 길을 나서고 있었다. 2002년 9월 17일, 일본 총리는 김정일과 역사적인 정상회담을 갖기 위해 평양에 도착했다.

고이즈미로서는, 1970년대와 1980년대에 북한에 납치됐던 많은 일본 국민들의 운명이 가장 중요하고 일차적인 방문 현안이었다. 정상회담을 이끌어낸 비밀 협상에서 일본은 김정일이 납치를 시인하고 심지어 사과까지 할 수 있다는 분명한 암시를 받았다. 정상회담이 있기 사흘 전인 9월 14일에는 공식적인 신호까지 나왔다. 김정일은 일본 교토통신이 제출한 질문에 서면 답변을 주면서, '두 나라 사이에 일어났던 불쾌한 과거사들을 청산해야 할 때'라고 말했다.[6] 김정일은 일본의 잔인했던 식민지화에 대해 분명하게 언급했으며, 아울러 납치 문제의 배후에 자신이 있었다는 사실도 애매한 방식으로나마 암시했던 것으로 보인다.

고이즈미의 좀더 큰 목표는 동북아의 긴장을 완화하기 위한 방안의 하나로서 북한과 관계를 정상화하는 것이었다. 컬럼비아 대학의 일본학 학자이자 고이즈미의 오랜 친구인 제럴드 커티스Gerald Curtis는 말했다. "한반도에 대한 고이즈미의 관점은 매우 간명했다. 북한과 핵 문제를 풀 수 있다면, 북·일 사이의 급속한 정상화 과정에 납치 문제가 장애물이 될 수는 없다는 것이다."

평양으로 가기 직전 뉴욕의 유엔총회에 참석한 자리에서, 고이즈미는 부시 대통령으로부터 우라늄 관련 정보에 대해 설명을 들었다. 그러나 미국은 고이즈미가 이 문제를 김정일에게 직접 제기하지 않기를 바랐다. 대신 일본 지도자는 상황의 잠재적인 심각성에 유의해주는 한편, 김정일과의 회담 중에 핵 문제의 중요성을 간과하지 말아줄 것을 부탁받았다.

9월 17일 평양에 도착한 고이즈미는 김정일과 최초로 두 차례에 걸친 회담을 시작했다. 두 사람은 안보 현안 전반에 대해 논의했으며, 고이즈미는 김정일에게 일본은 북한의 핵 프로그램에 대해 우려한다고 말했다. 일본 외무성 관리 다나카 히토시는 이때, 김정일이 놀랄 정도로 다변이라고 생각했다. 그는 클린턴 행정부와의 외교 협상에 대해 긍정적으로 언급했으며, 부시 행정부와는 '뭔가 매우 잘못됐다'고 불평하기도 했다. 김정일은 그러나 이 같은 비판에도 불구하고, 고이즈미에게 자신은 대화를 통해 핵과 미사일 문제를 풀겠다는 약속을 지켜나갈 것이라고 말하는 한편, 북한은 핵 문제에 대해 '모든 관련 협정들', 즉 기본 합의를 지켜나갈 것이라고 다짐했다.

그러나 오전 회담은 납치자 문제에 대해 김정일이 아무런 언급도 하지 않은 채 끝났다. 이 사안에 대한 일본 측의 높은 관심을 고려해 고이즈미는 북한의 공식 오찬 초청을 거절했다. 대신, 일본 방문단은 도쿄에서 가져온 일본식 도시락 '벤또'로 점심을 대신했다. 그들은 평양 시내 초대소에 머무는 동안 북한 측이 북한 문제에 대한 오랜 매파인 아베 신조 관방장관을 곱지 않은 시선으로 보고 있음을 깨달았다. 게다가 그들은 고이즈미에게 강하게 불평하며, 김정일이 납치 문제에 대해 진전을 이루지 못하면 일본 방문단은 아무것도 얻지 못하고 귀국하게 될 것이라 말했다.

점심 이후 속개된 회담에서 김정일은 폭탄 발언을 했다. 오랫동안 부정했던 태도와는 딴판으로, 그는 북한 요원들이 일본말을 배우고 대남 공작에 이용하기 위해 일본 국민을 납치했노라고 시인했다. 그는 아울러, 일본인 8명이 사망했지만, 5명은 생존해 있고, 자신은 일시적으로 그들의 귀국을 허용할 뜻이 있다고 말했다. 김정일은 고이즈미에게 '이 사건은 양국의 수십 년 적대 기간 발생한 것이고, 이를 솔직히 말하고 싶다'고 시인했던 것으로 전해진다. 김정일은 납치자들을 '오판한 사람들'이라고 평하며 납치 사건에 대해 사과했으며, 다시는 그와 같은 일이 재발되지 않을 것이라고 약속했다. 그의 약속은 두 지도자가 회담이 끝났을 때 서명한 '평양 선언'에 공식화됐다.[7]

자존심 세고 비밀이 많은 북한 지도자에게, 이처럼 유쾌하지 않은 사건에 대해 공적으로 책임을 진다는 것은 전례 없는 일이었다. 김정일은 확실히 과거의 잘못을 공개적으로 인정하는 것이 문제를 가라앉히고 대일관계의 중대 개선을 이루는 길이라고 생각했다. 북한은 그러한 결과에 큰 기대를 걸었다. 도쿄는 일본이 과거 수십 년간 가혹하게 식민 통치한 데 대한 보상으로 50억 달러에서 1백억 달러에 이르는 거액의 원조 프로그램을 제공할 용의가 있음을 확실히 했다. 정상회담에 대한 일본 내 여론 조사는 압도적으로 긍정적이었다. 고이즈미 측은 수개월 안에 정상화가 이뤄질 것으로 자신했다. 그러나 그를 포함해 누구도 김정일의 납치 시인과, 적지 않은 일본인이 사망한 데 대한 일본 국민의 격한 감정적 반응을 예상하지 못했다. 몇 주 사이에 환희의 감정은 분노로 바뀌었으며, 보수적인 일본 언론과 사망한 납치 피해 유가족들의 분노가 이 같은 상황에 불을 질렀다. 신속한 관계 개선에 대한 찬성 여론은 증발해버렸다.

그러나 정상회담 직후에는, 고이즈미는 그 어느 때보다도 김정일과 공조할 수 있다고 믿었다. 그리고 그는 자신의 친구 조지 W. 부시에게 즉각 전화를 걸어 자신의 메시지를 전달했다.

우라늄 의혹 조사 결과에 대한 소식이 부시 행정부에 메아리치면서, 강경파들은 북한과 대화하려는 발상에 반대 목소리를 내기 시작했다. 여름에 이미 제임스 켈리 차관보를 평양에 보내기로 합의했음에도(6월의 남북 해상 충돌과 우라늄 관련 1차 보고에 의해 연기됨), 이제 체니 부통령과 럼스펠드 국방장관을 포함한 몇몇 지도급 인사들은 켈리의 방문 계획을 직접적으로 반대했다. 체니의 전 보좌관은 당시를 기억하며 이렇게 말했다. "이 시점에 북한에 가서 그 사람들과 우라늄 문제에 대해 대화하는 것이 가당키나 한가? 우리가 그들과 대면하면 그들은 모두 그 문제를 부정하려 들 것이다. 그다음엔 어떻게 할 것인가? 나는 우리가 북한에 가서 그들과 대면할 경우를 생각해봤다. 그들은 이렇게 말했을 것이다. '천만에. 우리는 하지 않았다. 지금 도대체 무슨 말을 하고 있는 것이냐. 그런 시설이 어디 있는지 우리도 한번 보자'."

볼턴과 로버트 조지프 두 사람도 모두 외교적 접촉에 반대했다. 럼스펠드도 백악관에 이를 주장하는 내용의 정책 메모를 보냈다. 더욱이 럼스펠드는 꼭 회담을 가져야 한다면, 강경파로부터 신임을 얻고 있는 볼턴과 조지프가 미국 협상 팀을 이끌어야 한다고 주장했다.[8] 한 전직 고위 정보 관리에 따르면, 바로 이 무렵쯤에는 평양행이 실현되리라는 보장이 전혀 없었다. '평양에 가서 북한과 협상해 문제를 푼다는 것은 말도 안 되는 소리'였던 것이다.

당시 국무 부장관 비서실장이었던 랜디 슈라이버Randy Schriver에 따르면 상황은 이랬다. "볼턴과 조지프, 그리고 부통령실과 노상 논쟁을 벌인 문제들은, '당신네가 가진 물증이 있나, 있다면 내놔봐라, 그리고 그들에게 궁지에서 빠져나올 기회를 주라, 그렇지 않다면, 당신네들은 당장 그들에게 따끔한 맛이라도 보이겠다는 것이냐?'는 것이었다. 그러나 볼턴은 '도대체 왜 북한에 그렇게 해야 하나, 그렇게 해서 왜 우리 〔첩보〕 소스를 망가뜨리고, 실제로는 그렇지 않은데도 마치 그들이 일을 정당하게 한다는 식으로 생각하게끔 만들어야 하나'라고 생각하는 것 같았다. 결국 강경파의 접근법은 그들을 혼내주어야 하고, 우리 동맹국이나 우방국들, 그리고 여타 국가에게도 문제를 외교적으로 풀기보다는 처벌하는 쪽으로 유도해야 한다는 것이었다. 파월과 아미티지는, 두 사람 모두 평양이나 김정일이 똑바로 행동하는지에 대해 큰 확신이 없었음에도, 항상 그들과 대화를 갖자는 편에 섰다."

논란이 계속되는 가운데, 일본 외무상 가와구치 요리코가 미국 측에 고이즈미의 방북 결과를 설명하기 위해 워싱턴에 도착했다. 콘돌리자 라이스 국가안보보좌관이 백악관 회동에서 전화를 받느라고 잠깐 자리를 떴을 때, 가와구치 외무상은 국가안보회의의 아시아 전문가이자 오랜 일본통인 마이클 그린을 돌아보며, 라이스에게 평양에 누군가를 보내라고 권하는 것이 좋은지에 대해 물었다.

그린은 국가안보회의의 동료들이자 강경파인 조지프 일파와 마찰을 빚을 것을 경계하며 조심스럽게, 그렇게 하는 것이 좋겠다고 권했다. 국가안보회의의 아시아 분석관들이, 미 행정부 내에서 두루 존중받는 일본 측을 활용해, 조지프와 볼턴 등 비확산 강경파와의 정책 대결에서 자기네 입장을 강화하고자 했던 것은 이때가 처음이 아니었다.

라이스가 다시 회의에 합류하자 가와구치는 마침내 자신의 생각을 이야기했다. 국가안보보좌관은 "흥미 있는 문제고, 검토해볼 만한 시점이라고 생각한다"라고 답했다. 그 직후, 고이즈미 총리가 전화를 걸어, 김정일과의 회담 경험에 근거해볼 때 미국 특사가 평양에 갈 만한 좋은 시점이라며, 부시 대통령에게 똑같은 말을 했다.

한국의 경우 당초 7월에 예정됐던 제임스 켈리의 평양 방문이 취소됐을 때부터 회담 개최를 부시 행정부에 촉구하던 차여서, 일본의 개입은 균형을 무너뜨렸다. 켈리의 방북 계획을 되살리는 방향으로 결정이 내려진 것이다. 그러나 논란은 이제 과연 켈리가 어떻게 처신할 것이며, 무슨 말을 할 것인가로 옮겨졌다. 여러 측면에서 이 논란은 한반도 정책에 대한 미국 행정부의 분란을 압축적으로 보여주고 있었다.

2002년 8월, 나직한 목소리에 안경을 쓴 26년 경험의 국무부 베테랑인 데이비드 스트라우브가 국무부 한국국장이 됐다. 유창한 한국어 구사자인 스트라우브는 자신의 세 번째 한국 방문을 막 마치고 돌아온 참이었다. 켈리를 평양에 보낸다는 결정과 더불어, 미국 대표단의 일원이 될 스트라우브는 국무부 한국 데스크의 페리얼 사이드Ferial Saeed의 조력을 받아 차관보가 행할 발언 요지 초안을 작성하는 임무를 맡았다. 외교 사절단을 보내는 경우, 부처 간 진행 과정이 일군의 다른 플레이어들, 즉 존 볼턴 휘하의 국무부 비확산국, 국가안보회의, 국방부, 부통령실, 그리고 관료 조직 내 타 부서의 확인을 받는 것이 필요하기는 했지만, 전체 사무는 국무부가 주도권을 잡는 것이 표준적인 관례였다.

스트라우브는 관료 사회에서 오래 생활해왔고, 숙맥도 아니었다. 그는 서울이라는 관망대에서 한국 정책을 둘러싸고 벌어진 초기의 권력 투쟁을 목격한 바 있다. 제임스 켈리, 리처드 아미티지, 그리고 콜린 파월 등 자신의 보스들과 마찬가지로 스트라우브 또한 우라늄 문제를 해결하기 위해서는 단호한 태도의 대북 협상을 찬성했으며, 켈리의 토론 주제를 작성하는 동안 워싱턴의 정치 환경에 유념하고자 했다. 그 같은 환경에서의 강경파의 위력은 그가 한국 데스크에 자리를 잡은 직후 벌어졌던 한 사건을 통해서 알게 된 것이다. 그가 켈리를 위한 북한 정책 자료 작성을 끝낸 어느 날 저녁, 자료를 들여다보던 차관보는 한숨을 내쉬며 스트라우브에게 말했다. "이것은 아예 '나를 쫓아내라'는 메모군."

어리둥절한 스트라우브가 '무슨 뜻이냐'고 되물었다.

켈리는 대답했다. "이것을 관계 부처 간 확정 회의에 내보내면, 그들은 나를 뒷전으로 밀어낼 것이오."

·

켈리의 발언 요지에 대한 스트라우브의 초안은 미 행정부의 이른바 대담한 접근에 대한 공약을 강조하는 것이었다. 스트라우브의 메모는 우라늄 문제가 반드시 대응해야 할 심각한 우려 사항이라고 적시했지만, 전체 화해 과정의 일부로서 북미 간의 다른 많은 현안 관련 논의 사항에 연결시켰다. 바로 이 같은 맥락에서만 대북 문제에 진척이 있을 것이라고 스트라우브는 믿었다.

초안은 다른 부처의 실무급 관리들에게 보내졌으며, 우라늄 문제를 핵심, 또는 유일한 의제로 만들지 못했다는 이유로 즉각적인 반대에 부딪쳤다. 존 볼턴의 수석보좌관 마크 그룸브리지가 비판을 주도했다. 그는 회상했다. "우리 주장은, 핵 문제가 맨 앞에, 그리고 중심이 되어야 한다는 것이다. 북한은 기본 합의를 정면으로 위반했다. 더 이상 할 말은 없다. 중단하라는 것이다."

그룸브리지는 이미 제출된 토론 사항들에 대한 근본적인 수정을 강요하기 위해 자신과 함께 일하던 관료 집단 내의 다른 부처 사람들 사이에서 협력자를 물색했다. 국방부의 조디 그린, 부통령실의 사만사 래비치, 그리고 국가안보회의에서 로버트 조지프와 함께 비확산 사무를 다룬 바 있는 존 루드는 국무부 동아시아태평양국EAP 외교관들이 '동아태유화론자들EAPeasers'(EAP와 '유화론자'를 뜻하는 'appeasers'를 합성한 조어-옮긴이)에 불과하다는 데 의견을 같이하고 있었다. 그룹브리지는 이들의 지원 아래, 스트라우브 초안의 대부분을 삭제하고 강경한 접근법으로 대체할 것을 요구했다.

조지프 또한 국가안보회의에서 비판론에 가세했다. 이 책을 위한 인터뷰에서 조지프는 켈리의 접근법을 가차 없이 비판했다. "북한이 우라늄 농축을 통해 핵무기를 만들려 한다는 것을 무시하고 도대체 무엇을 하겠다는 것인가? 도대체 어느 쪽이 기본 합의와 NPT, 그리고 안전조치를 위반하고 있나? 모든 약속 사항, 남북 합의를 비롯해 모든 것을 위반한 쪽은 북한이다. 그렇다면 남은 옵션은 무엇인가? 그것을 무시하고, 애당초 우리 모두가 생각했던 그대로 진행되어온 그런 기본 합의를 지속할 수도 있다. 그러나 만약 북한이 핵무기와 핵 프로그램을 포기하게 만들겠다는 의지가 있다면, 그 심각성을 그들이 알아야 한다. 만약 그걸 모른다면, 그들은 결코 핵을 포기하지 않을 것이다."

우라늄 문제를 풀기 위해 협상을 지지하는 쪽은, 강경파들이 해결책을 찾기 위해서가 아니라 오히려 기본 합의를 완전히 파기시킨다는 장기적인 목표를 이루기 위해 상황을 이용하려 든다고 확신했다.

콜린 파월의 말이다. "그들은 이것을, 우리를 기만해왔고 기본 합의를 파기한 쪽은 북한이며, 우리 생각은 틀렸다고 누누이 말해왔던 자기네 말의 타당성을 입증해줄 명확한 증거로 삼고자 했다."

그러나 스트라우브가 켈리를 위해 분명히 하고자 했던 접근법 그 이면에 도사리고 있던 생각은 결코 가치가 없는 것은 아니었다. 한 전직 국무부 관리는 다음과 같이 인정했다. "알려진 것처럼 우리는 이른바 동아태 유화론자들이다. 좋다. 우리는 아직도 북한에게 도움의 손길을 내밀고자 한다. 그러나 (당시) 우리는 결코 그들과 유화하지 않았다. 우리는 그들의 체제가 파산했다고 여겼다. 만약 우리가 전쟁을 원치 않는다면, 또는 붕괴를 원치 않는다면, 그 체제에 변화가 있어야만 했다. 변화는 그들에 의해 자발적으로 이뤄질 수도 있고, 타의에 의해 생길 수도 있었다. 이런 생각으로 우리는 북한이 고농축 우라늄HEU 프로그램을 중단하기를 바랐다. '좋다, 당신네는 딱 걸렸다, 그리고 시인하라, 여기 당신네가 시인해야 할 것이 있다, 최소한의 것만큼은 동의하라, 그다음 당신들 체제를 전환하고 연착륙을 실현해줄 진짜 진지한 경제 협력에 대해 논의해보자.' 그러나 우리의 접근 방식은 갑작스럽고, 극적이며, 감정을 만족시키는 그런 것은 아니었다."

그러나 그해 가을의 워싱턴 분위기에서, 즉 아프가니스탄 탈레반에 대한 분명한 군사적 승리에 덧붙여 대통령이 이라크를 침공하기로 결정한 분위기에서, (온건파의) 이 같은 외교적 뉘앙스를 띤 접근 방식은 별다른 지지를 받지 못했다. 국가안보회의의 한 전직 관리는 기억했다. "이라크로 모든 게 빨려 들어가는 시점인데다 심리적 상황까지 겹쳐, 우리는 강제적인 외교 수단coercive diplomatic leverage이 아주 많다고 느꼈다. 따라서 압박을 가해야 하는 것은 물론이었고, 우리가 가진 강력한 수단과 계기도 잘 활용해야 한다고 느끼기도 했다."

국방부 폴 울포위츠 부장관과 안보 담당 부보좌관 스티븐 해들리는, 켈리가 북한에서 해야 할 프레젠테이션이, 북한의 재래식 군사 위협과 인권 위반에 대한 강조를 포함하는 것은 물론, 표현도 더 강경해져야 할 것이라고 주장하며 논란에 끼어들었다. 그리고 그룹브리지와 그의 협력자들은 이들이 '체니 카드'라고 부르는 패를 빼들었다. 그들은 부통령실에서 일하던 사만사 래비치로 하여금 경쟁 상대의 입장을 정리해 체니에게 보고하는 한편, 대통령과 함께 적극적으로 개입하는 길을 찾아보자고 결정했다. 래비치도 강경한 입장을 갖고 있어 국무부 내의 비판가들은 그녀를 '미친 사만사'〔Samantha Rabid, 래비치와 발음이 비슷한, 래비드(광견병에 걸린, 미친)를 써서 조롱의 뜻을 담았다-옮긴이〕라는 고약한 별명으로 불렀다.

이윽고 그룹브리지가 '최고위층'이라고 칭하는 곳으로부터, 우라늄 문제가 켈리가 할 프레젠테이션의 '최우선, 중심'이 되어야 한다는 결정이 내려졌다. 한 핵심 강경파는 시인했다. "우리는 가능한 한 가장 튼튼한 밧줄로 그를 묶어두려고 했다. 그리고 상당한 이유에서, 우리는 파월과 아미티지를 신뢰하지 않았다."

이와 같은 결정은 체니가 부시의 외교 정책에 매우 강력한 영향력을 끼친 사례였지만, 결코 유일한 경우는 아니다. 파월과 아미티지에게는, 그것이야말로 북한과 기타 사안에 대한 그들의 보다 온건한 접근법이 왜 툭하면 무력화되는지 설명해주는 핵심 원인이었다. 아미티지는 다음과 같이 인정했다. "우리는 부통령이 이런 식으로 절집을 지키는 사나운 개 혹은 게이트키퍼가 되어가고 있는 줄은 미처 몰랐다. 부통령은 항상 대통령과 함께 있었고, 그래서 많은 결정들이, 내가 정상적으로 기대했던 것과는 다른 방식으로 내려졌다. 즉 그 결정들은 단지 하달되기만 했던 것이다."

파월의 비서실장 로렌스 윌커슨의 설명이다. "체니가 닦아놓은 네트워크는 거칠 것이 없었고, 일단 결정하면 그는 꿈쩍도 하지 않았으며, 초점이 확실했고, 전략과 비전이 있었다. 그들이 그것을 실행하는 방식은 북한 문제에 대해 제임스 켈리가 주재하는 정책 조정위원회와 같은 공식 회의든, 매달 3회씩 있는 켈리의 비공식 회의〔켈리가 정책 현안을 논의하기 위해 열었던 주간 회의〕든, 일단 회의에 참석하는 것이다. 그들은 회의에 참석해, 논란의 수위를 높여놓은 뒤, 그 결과를 부통령실에 가져갔다. 논쟁이 부통령이 생각하는 것과 180도로 달라질 것 같다고 예상되면, 그들은 서둘러 개입해서 논쟁을 끝냈다."

훗날 데이비드 스트라우브도 술회했다. "강경파의 접근법은 직접적으로 대통령과 부통령의 태도로부터 나왔다. 그리고 대통령으로부터 유리되었던 사람들은 파월 장관, 아미티지 부장관, 그리고 내가 모셨던 제임스 켈리였다. 당연하게도 우리는 어려움이 있었다. 파월 장관은 제대로 된 협상을 벌이려고 했고, 특히 북한과는 제대로 협상해보겠다는 것으로 생각된다. 그러나 대통령과 부통령은 그런 협상을 원치 않았다. 문제는 이처럼 간단했다."

제임스 켈리는 원래 남과 시비하는 사람이 아니었다. 더욱이 대북 혐오감만큼은 대부분의 강경파들 못지않았다. 한편 켈리는 비록 개인적으로는 마뜩치 않은 경우에라도, 군 생활을 오래 했던 사람답게 불평 없이 최종 지시를 따르는 스타일이었다. 이 책을 위한 인터뷰에서 그는 인정했다. "나는 협상하러 평양으로 출발하는 것이 아니었다."

강경파가 자신들의 의견을 강요했던 것은 협상 내용에만 국한되지 않았다. 그들은 전체 분위기 또한 통제하려고 들었다. 켈리 협상단은 정상적인 외교 관행을 지켜 북한 측을 위한 만찬 계획을 잡으려 했다. 평양에 도착하면 틀림없이 북한 측이 자기네가 주최하는 환영 만찬에 초대할 것이기 때문이었다. 하지만 답례 만찬 계획을 듣고 안보보좌관 콘돌리자 라이스는 완전히 '돌아버린' 것으로 알려진다. 켈리에게 당장 만찬 계획을 취소하라는 불호령이 떨어졌으며, 김정일과의 건배도 일절 하지 말하는 지시도 이어졌다.

한 전직 국무부 관리는 당시 라이스가 다음과 같이 말했다고 기억한다. "우리는 지금 우리와 맺어진 양자 협정을 북한이 기만한 것을 따지러 가는 겁니다. 샴페인 잔 따위를 들어 올리는 자리가 아니란 말입니다."

2002년 10월 3일, 리어 제트 35A 상용기의 군용판인 미 공군 C-21기가 엔진 굉음을 내며 오산 미 공군 기지의 활주로에 내려앉았다. 최종 목적지는 평양이었다. 승무원 두 명과는 별도로 이 비행기는 제임스 켈리와 총 8명으로 구성된 대표단 일행 중 5명을 태우고 있었다. 나머지 2명 중 통역관 1명과 한국어가 가능한 외교 공관 직원 1명은, 서울 북쪽의 비무장지대를 넘어 텅 비어 있다시피 한 4차선 고속도로를 타고 2시간이면 당도할 북한의 수도 평양으로 이미 출발한 상태였다.

이와 같은 교통편 주선은 상당히 이례적인 것이었고 외교적 상징성으로 가득 차 있었다. 부시 행정부가 일단 켈리를 보내기로 결정하자 당시까지 명목상으로나마 북한 측과의 접촉을 위한 핵심 담당이었던 프리처드가 방북 준비를 논의하기 위해 뉴욕에서 평양의 유엔 대사 박길연을 만났다. 북한을 찾는 외국인의 통상적인 교통편은 베이징에서 북한의 고려항공을 타는 것이었다. 그런데 이는 중국의 수도를 통해 멀리 우회해야만 했고, 이마저도 오래되고 불편한 소련제 일류신이나 투폴레프 제트기를 이용한 주당 2회로 한정된 여행이었다. 시간이 많이 소요되지만 과거 미국 관리들이 주로 이용했던 편은 일본으로부터 국제비행 공역을 통과해 북한 영공으로 들어가는 것이었다. 그러나 프리처드는 미국 대표단을, 평양 회담 전 한국 측에 설명하기 위해 켈리가 들를 서울에서 직접 평양으로 이동하는 특별 허가를 요청했다. 오랜 한반도 분단 상황에 비춰 볼 때 이 같은 교통편은 북한 당국으로서는 흔쾌히 받아줄 만한 제안이 아니었다. 프리처드는 이런 식의 태도를 미군과 북한군 장교들 간 업무 조정이 필요한 신뢰 구축 조처로 여겼다. 다소 뜻밖으로, 북한은 17시간 만에 긍정적인 회답을 보냈다. 모든 요구가 수용된 데 대해, 프리처드는 이것을 북한이 미국과의 진지한 외교 관여를 절실히 원하고 있음을 보여주는 증거로 받아들였다.

그러나 분위기는 켈리 일행이 도착하는 바로 그 순간부터 잡치기 시작했다. 의전에 민감한 북한 사람들은 미국의 고위 외교관을 그에 상응하는 직급의 관리, 보통 미국인과 많은 대좌 경험이 있는 베테랑 김계관을 통해 맞게 하는 것이 상례였다. 그런데 이번에는, 북한 외무성 미주국장이라는, 불안한 표정의 실무급 관리가 북한의 삭막하고 버려지다시피 한 순안공항에서 켈리 일행을 기다리고 있었다. 그는 미국인들을 라운지로 안내해 만찬 문제에 대해 격하게 불평하기 시작했다.

켈리 일행이 평양을 향하는 도중, 국무부 한국 데스크가, 켈리의 방문 이틀째 있을 답례 만찬을 취소한다는 워싱턴의 결정, (정확히 말하면) 강경파가 밀어붙인 결정을 통지했다. 이 소식이 평양에 웬만큼 퍼졌을 때, 북한 관리들은 결정 이유를 오해해, 방문 첫날 밤 자기네가 주최하는 환영 만찬에 켈리가 참석할 수 없다는 것으로 판단했다. 이런 이유로 켈리 팀이, 방문 이틀째의 답례 만찬은 주최할 수 없지만, 첫날 저녁 만찬에는 참석할 것이라고 설명하는 데 다소 시간이 걸렸다.

데이비드 스트라우브는 경악했다. "물론, 그것은 쓸데없고 어리석은 짓이었다. 외교관들은 함께 식사를 하게 마련이다. 전쟁을 하는 것이 아닌 바에는 외교관들이 그렇게 하는 것은 자연스럽고 당연하다. 그것은 외교 과정의 일부이고, 또 그렇게 할 만한 충분한 이유도 있다. 그러나 백악관 보좌진들 가운데에는, 40～50년간 탁월하게 미국을 위해 봉사한 제임스 켈리가 자기네가 지시한 대로만 행동해야 한다는 속 좁은 이념론자들이 있었다. 나는 왜 북한 사람들이 조롱당했다고 생각하는지 상상할 수 있다. 왜? 나도 조롱당했다고 생각하기 때문이다."

켈리 팀의 또 다른 일행은 "만찬 계획을 놓고 벌인 실랑이는 결코 좋은 출발이 아니었다"라고 말했다.

양측이 합의한 일정은 일단 김계관 부상과의 회담 후 그날 저녁 환영 만찬을 열고, 이튿날 오전 김계관 부상과 좀더 장시간 회담을 가진 뒤 김정일의 최고위급 외교 보좌역인 강석주 외무성 제1부상과의 폐막 회담을 갖는 순서로 정해졌다. 10월 3일 오후, 양측은, 북한 정권의 숱한 군중 행진 및 집회 장소인 김일성광장 부근의 스탈린 양식으로 지어진 북한 외무성 건물에 모였다. 김계관은 주최측으로서 빈객인 켈리에게 먼저 발언할 기회를 주었다. 켈리는 짧은 분량과 긴 분량, 두 통의 발언 요지를 갖고 있었다. 켈리는 사전에 승인 받은 짧은 원고를 통해, 당초 자신은 대담한 접근법에 관해 대화를 하고자 했었다는 발언으로 운을 뗐다. 그러나 곧 이어서 그는, 북한이 우라늄 농축에 의한 비밀 핵무기 개발 프로그램에 관여하고 있다고 믿을 만한, 그리고 논박의 여지가 없는 정보와 첩보를 미국이 입수해 이제 그런 식의 접근이 불가능해졌다고 주장했다. 비밀 프로그램을 중단하기 전까지는 어떤 대화도 불가능하다고 그는 강조했다.

켈리는 물증을 제시하지 않았다. 미국 정보 집단이 켈리가 물증을 공개하도록 허용하지 않았을 수도 있다. 그리고 실제로 미국이 얼마나 많은 것을 알고 있는가를 북한에 노출시키지 않는 것이 좋겠다는, 미국 측 내부의 일반적인 합의도 있었다. 그러나 북한 측 답변 여하에 따라 상당 부분 좌우될 여지가 많다는 것을 인식했던 켈리는 김계관이 자신의 발언에 즉각 반응하지 말아줄 것을 당부했다.

켈리는 기억했다. "나는 그에게 즉각적인 답변을 요청한 것이 아니었다. 나는 한 번 더 검토된 답변이 나와주기를 바랐다."

켈리 차관보는 1시간 남짓 계속된 나머지 프레젠테이션을 미국의 현안과 관련된 항목들, 즉 미사일, 재래식 무기, 테러리즘, 그리고 인권 등의 문제를 언급하는 데 할애했다. 그는 또한 우라늄 농축 프로그램을 그대로 둔다면 북한이 한국·일본과 관계를 확대하려는 노력에도 악영향을 미칠 것이라고 언급했다. 그가 말하는 동안, 김계관 측과 문자 그대로 수천 시간을 회담장에서 보냈던 찰스 프리처드는 북한 관리들의 표정을 주의 깊게 살폈다.

김계관은 입술을 꾹 다물고 묵묵히 앉아 있었지만, 얼굴이 붉게 달아오르더니 곧 심하게 일그러졌다. 물론 북한 관리들은 이 책을 위한 인터뷰에는 응하지 않을 테지만, 김계관은 회담 후 한 달이 지나지 않아 당시 평양 방문이 예정됐던 미 상원 외교관계위원회의 보좌관 프랭크 자누지에게 켈리의 프레젠테이션에 대한 자신의 소회를 들려준 바 있다. 김계관은 낙관적인 생각으로 가득 찬 채 회담에 임했다고 말했다. 온갖 우여곡절에도 불구하고 북한은 당시 부시 행정부와 관계를 진전시킬 중요한 순간이 왔다고 생각했다는 것이다.

몇 주 뒤 우드로윌슨센터의 해외 학자들을 위해 준비한 발표문에서 자누지는 김계관과 나누었던 11월의 대화 내용을 자세하게 설명했다. 자누지는, 켈리와의 회담에서 김계관이 제기할 예정이었던 논점은 (훗날 자신과의 회동에서 드러난) '고립무원의 상태에서 구제되고 싶어 하는 불안정한 북한 정권의 의중'과 일치했다고 평하면서, "북한은 미국의 4대 핵심 관심사에 대해 융통성 있는 입장을 개진하려 했던 것으로 안다"라고 말했다. 여기서 4대 관심사란, IAEA의 특별 핵 사찰 시기, 북한의 탄도미사일 수출, 기본 합의에 명시된 경수로를 재래식 발전소로 대체 제공한다는 부시 행정부의 의향, 그리고 주한 미군의 지위를 포함한다.[9] 김계관은 켈리의 비난을 전혀 예상치 못했으며, 완전히 경악했다고 말했다는 것이다.

켈리의 프레젠테이션이 마무리되자 김계관은 잠깐의 휴식 시간을 요청했다. 외교관들이 회의장 바깥 복도에서 담소를 나누는 동안, 김계관은 갑자기 회랑으로 뛰어 내려갔다. 미국 대표들은 회의장이 이미 도청되고 있음을 알고 있으면서도, 이 같은 일이 벌어진 이유는, 우라늄 프로그램의 존재를 미처 몰랐던 김계관이 켈리의 극적인 추궁에 충격을 받고, 북한 통역관들이 은밀하게 도청한 켈리 발언 원고가 전달되기 전에 자신이 먼저 직접 상관들, 특히 강석주 제1부상에게 보고하고자 했던 것으로 추측했다.

회담이 속개되자 김계관은 자신의 답변을 전달했다. 이 장면에 대한 켈리의 기억. "나는 그에게 특정한 답변을 하지 말 것을 요구했다. 물론 그는 즉각 내 요구를 거부했다."

김계관은 비밀 우라늄 프로그램 주장은 날조된 것이며, 미국 내에서 북미 관계의 개선에 반대하는 자들이 꾸민 음모일 뿐이라고 잘라 말했다. 그는 그런 추측은, 1998년 북한이 금창리에 비밀 지하 핵 시설을 갖고 있다는 미국의 주장(그 뒤 찰스 카트먼 일행의 사찰이 허용되어 사찰을 벌인 결과

틀린 주장임이 판명되었음)만큼이나 신뢰성이 없는 것이라고 말했다. 그는 또 워싱턴이 우라늄 문제를 이용해 평양이 서울 및 도쿄와 관계 진척을 이루는 것을 막으려 한다고 비난했다. 김계관은 이렇게 켈리의 추궁을 부정한 뒤, 자신의 나머지 논점들로 돌아갔다.

회담은 곧 끝났다. 그리고 짧은 휴식 시간 뒤, 김계관은 미국인들을 위해 성대한 환영 만찬을 주최했다. 프리처드는 자신의 회고록에서, 이날의 만찬이 '과일, 연어회, 메추라기알탕, 무지개송어(칠색송어–옮긴이), 잣죽, 신선로, 버섯과 꿩고기전, 냉면과 차'를 포함한 '진수성찬'이었다고 말했다. 그러면서 그는 이렇게 결론 내렸다. "이날의 만찬에 들인 노력과 비용에 비춰볼 때, 미국이 답례 만찬을 철회한 것에 북한이 기분 상한 것은 별로 놀랄 만한 것이 못 된다."[10]

이날의 연회에서 켈리는 의전 문제와 관련해 처음으로 난관에 부딪혔다. 그는 강경파들에 의해 북한 사람들과의 건배 제의를 금지당했기 때문이다. 김계관이 잔을 들자, 프리처드와 다른 미국 대표들은 켈리가 과연 어떻게 대응할지 궁금해했다. 그는 차분한 태도로 거의 보일락 말락 자신의 잔을 들어 올렸다. 프리처드는 회고록에 적고 있다. "나는 귀국 시 〔켈리의〕 감시인이 켈리의 지시 위반 사실을 보고할 것이고, 이로 인해 워싱턴에 한바탕 빗발치는 비판이 일게 되는 장면을 떠올릴 수 있었다."[11]

다음 날 아침, 미국인들은 김계관과 제2차 회담을 가졌다. 켈리는 하루 전의 프레젠테이션 내용을 거의 한 자 한 자씩 반복했다. 김계관 또한, 미국이 북한을 강압한다는 비판을 단순히 되풀이하며 이렇다 할 새로운 내용 없이 대응했으며, 우라늄 의혹을 '반응할 가치도 없는 것'이라고 깎아내렸다.[12]

실질적인 문제에 대해서는 전혀 논의가 없었던 최고인민회의 김영남

상임위원장에 대한 짧고 어색한 예방이 끝난 뒤, 켈리 일행은 미국의 대북 정책 관련 외교 역사상 가장 중요한 만남 중의 하나가 될 강석주와의 만남을 위해 외무성으로 되돌아갔다. 김일성과 김정일 양인의 최측근이며, 직설적이고 단호한 사고방식의 강석주 제1부상은 북한 외교 정책 기구의 절대적인 인물로서, 과거 6~7년간 평양의 수많은 대미 외교 협상의 주역으로 활약해왔다.

이 회담에서 강석주의 발언은 한마디로 폭탄이었다. 켈리와 대표단 일행은 경악을 금치 못했다. 북한이 비밀 우라늄 프로그램을 가지고 있다는 미국 측 주장을 시인한 것으로 간주되는 발언이었던 것이다. 이 발언은 워싱턴에 보고되면서 미국의 북한 다루기가 부시 행정부 측의 중요하지만 부차적인 관심사에서 세계적으로도 파장을 갖는 중대 위기로 전환하는 촉매제가 됐다. 그것은 기본 합의의 파탄을 초래했고, 평양의 플루토늄 무기 프로그램을 재가동시켰으며, 북한의 비확산조약 탈퇴, 그리고 핵무기 확산 통제를 위한 국제 체제 전체의 크나큰 약화를 가져왔던 것이다. 이날의 회담은 또한 워싱턴 내 강경파들의 결의를 더욱 굳건히 했으며, 마침내는 2006년 북한의 핵 실험과 이에 따른 외교적 부수 현상도 유발했다.

그러나 그로부터 몇 년이 흐른 뒤에도, 강석주가 정확히 무슨 말을 했으며, 무슨 의도로 그렇게 말했는가는 여전히 논란과 논쟁을 일으키는 쟁점으로 남아 있다. 이 문제에는 북한의 발언 방식, 용어 구사, 해석의 정확성, 켈리 팀의 추가 질문을 통한 발언 배경에 대한 철저한 추궁의 부재, 부시 행정부에 대한 평양 측의 오판, 그리고 온갖 미묘한 암시에 대한 무시 또는 거친 미국식 정책적 반응에 대한 (북한 측의) 상처 입히기 등 온갖 의문이 따라다닌다. 미국 정부는 이 회담의 속기록을 한 번도 공개한 바 없다. 국가안보문서보관소(조지워싱턴 대학에 소재하고 있으며 과거의 기밀문서 수천 건을 입수하는 데 성공했음)와 같은 각종 기관이 정보자유법Freedom of Information Act을 통해 이 회담 속기록에 접근하려고 노력했지만 모두 거부당했다. 북한 관리와 공식 매체들은 또 그들 나름대로, 정치적 관점에서 재단한 불완전한 설명을 내놓은 바 있다. 이 같은 상황에서, 그리고 공신력 있는 회담 속기록이 없는 상황에서, 이날의 회담을 재구성하는 것은 현재까지도 어려운 일로 남아 있다.

다음의 설명은 일차로 켈리와 그 외 여러 명의 켈리 팀 일원들과의 다면 인터뷰에 기반한 것이며, 찰스 프리처드가 자신의 저서 『실패한 외교Failed Diplomacy』에서 설명한 내용, 켈리가 워싱턴으로 귀환한 뒤 속기록을 받아본 미 정부의 고위급 인사 수명의 관찰과 느낌, 회담 이후 수개월 사이 평양 방문 기간 중 북한 측과 이 회담에 대해 이야기할 기회가 있었던 몇몇 미국인들의 설명, 그리고 북한 매체에 실린 여러 건의 공식 논평 등을 통해 보충한 것이다.

10월 4일 늦은 시각, 켈리 일행이 북한 외무성에 도착하자, 강석주, 김계관, 그리고 그 외 몇 명의 북한 관리들은 이들 일행을 악수로 맞이했다. 켈리 팀에는 한국어 구사자가 3명 있었다. 한 명은 한국 출신으로 미국에 귀화한 통 김Tong Kim으로, 그는 미국 정부의 공식 통역관이었다. 켈리 대표단 중 일부는 그의 통역 실력이 세월이 흐름에 따라 떨어진다고 느꼈지만, 통 킴은 수년 동안 선임 통역관으로 활동해왔다. 다음, 공관 주재원 줄리에 김Julie Kim은 한국계 미국인이었다. 세 번째 한국어 구사자 데이비드 스트라우브는 주한 미국 대사관 업무를 위해 한국어를 배운 사람이다.

강석주는 켈리에게 정중하게 미국 측이 먼저 발언할 것인지를 물었고,

켈리는 다음과 같이 답했다. "귀측이 주최측이니, 먼저 하십시오."

노트를 들여다보며 서두를 연 강석주는 이후 30분간 독무대를 펼쳤는데, 이는 북측의 정규 통역관 채순희에 의해 통역되었다. 북한 고위 관리의 딸이라는 소문이 나도는 그녀는 북한 외무성 내에서 제몫을 다하는 완숙한 외교관이었다. 그녀의 일차적인 업무는 통역이었지만, 일부 미국인들은, 그녀가 미국을 상대하는 북한 사람들의 내부 판단 과정에서 좀더 중요한 역할을 할지 모른다고 의심했다.

훗날 그녀와 대면했던 한 미국 외교관은 "그녀는 흔해 빠진 통역관은 분명히 아니다"라고 단언했다. 그녀는 김계관과 친밀한 관계였다. 너무나 친밀한 모습이어서, 일부 관리들은 비록 입증할 방법은 없었지만, 채순희와 김계관 사이에 로맨스가 있지 않나 의심할 정도였다.

어쨌든 그녀의 통역 능력에 대해서도 켈리 팀 내에서는 약간의 우려가 있었다. 찰스 프리처드는 몇 년 전 뉴욕에서 열린 한 회의에서, 통 김이 채순희가 한 말을 재번역할 때, 그녀가 너무 화가 나 "더 이상 나는 필요 없겠군"이라고 혼잣말을 중얼거리며 요란스럽게 자리를 뜨는 바람에, 김계관조차 한동안 통역관 없이 혼자 남는 곤란한 상황이 연출되었던 장면을 떠올렸다.

강석주는 앞서의 회담에 대해 김계관으로부터 상세한 보고를 받은 뒤 자신은 밤새 고위 군 장교, 국방 조달 담당 부서, 그리고 그 밖의 정부 부처 사람들과 만나 대응책을 논의했다고 말하며 프레젠테이션을 시작했다. 그의 말을 듣는 동안, 데이비드 스트라우브는 강석주가 평양판 심야 관계 기관 대책회의에 대해 설명하고 있다고 생각했다. 강석주는 김정일을 언급하지는 않았지만, 몇몇 미국인들은 그와 같이 중요한 사안에 대해서는 '경애하는 지도자'가 틀림없이 보고받았을 것이라고 생각했다.

강석주는 자신이 북한 정부와 조선로동당을 대신해서 발언하고 있음을 강조하며, 미국의 대북 정책에 대해 통렬한 비난을 개시했다. 북한을 악의 축에 포함시킨 사실, 그리고 부시 대통령의 불량 국가에 대한 선제공격 원칙에 따라 북한을 핵공격 대상 목록에 올려놓은 사실 등을 지적하며, 부시 행정부의 행동이 기본 합의를 사실상 무효화했다고 주장했다.[13]

켈리는 한 인터뷰에서, 강석주의 어투가 '대단히 심각'하면서도 비꼼으로 가득 찼다고 회고했다. 프리처드가 받은 인상은 다음과 같다. "그는 얼굴이 상기되어 있었다. 화가 난 것처럼 보였다. 목소리가 이따금 높아졌다. 그는 설교를 하고 있었다. 그는 한편으로는 비아냥조였고, 다른 한편으로는 매우 도전적이었다." 자신의 회고록에서 프리처드는 강석주의 비아냥에 대해 다음과 같이 옮겨놓았다. "우리는 악의 축이고 귀측은 신사요. 이게 바로 우리 관계요. 우리는 신사들과는 문제를 논할 수 없소. 만약 미국의 압력 때문에 우리가 무장해제를 한다면, 그다음 우리는 유고슬라비아나 아프가니스탄의 탈레반처럼 될 것이고, 맞아 죽을 것이 아니오."[14]

강석주는 발언 도중, 우라늄 농축 프로그램에 대한 켈리의 의혹을 몇 번이나 언급했다. 그러나 미국인들은 한결같이 북한 관리들이 켈리의 의혹을 명백하게 확인해준 대목은 결코 한 번도 없었다는 데 견해가 일치한다. 데이비드 스트라우브는 회고했다. "그가 정확히 무슨 말을 했느냐, 바로 이것이 이 사안의 가장 민감한 부분이다. 그러나 이 점에 있어 나는 아직도, 그가 '그렇다 우리는 핵무기를 만들기 위한 우라늄 농축 프로그램이 있다'라고 간명하게 말하지는 않았다고 주장할 것이다."

회담에 참여했던 미국 사람이나 북한판 회담 속기록을 읽어본 사람들 양측에 따르면, 강석주가 했던 말은 북한은 그런 무기는 물론, 그보다 더 강력한 무기도 보유할 '권리가 있다'는 것이다. 10월 25일 공식 외무성 성명에서 북한의 조선중앙통신은 강석주의 발언을 다음과 같이 기술했다. "조선민주주의인민공화국은 미국 대통령 특사에게, 공화국 주권과 미국의 핵 위협 증가에 대항해 공화국이 존립할 권리를 지키기 위해서는 핵무기뿐만 아니라 그보다 더 강력한 어떤 형태의 무기도 보유할 권리가 있다는 점을 분명히 했다."[15]

'그보다 더 강력한 무기'에 대한 언급은 핵무기 보유의 '권리가 있다'는 선언만큼이나 미국인들에게는 놀라운 것이었다. 찰스 프리처드는 자신의 저서에 이렇게 쓰고 있다. "우리는 그가, 생화학 무기가 되었든, (이미 북한이 생산 능력을 보유하고 있다고 의심하는) 플루토늄 기반plutonium-based 핵무기가 되었든, 아니면 기타 다른 무기가 되었든, 우라늄 기반uranium-based 무기 이상으로 개발이 진척된 무기를 제조할 준비를 평양이 하고 있음을 말한 것으로 이해했다."[16] 회담 소식이 공개된 뒤, 또 다른 북한 관측통들은 그것이 하나의 국가로, 또는 주체 이념 또는 자주self-reliance로 표현되는 그들의 정신에 대해 언급한 것이라고 믿었다.

강석주의 메시지는 켈리에게는 분명했다. "많은 말을 했지만 그는 그것을 직접적으로 말하지는 않았다. 하지만 그는 자기네가 좀더 넓은 차원의 핵무기 프로그램의 일부로 우라늄 농축 프로그램을 진행하고 있음을 분명하게 밝혔다." 탁자 맞은편에서 들으면서 켈리는 자신의 왼편에 앉아 있던 프리처드에게 몇 마디를 휘갈겨 내보였다. 그것은 다음과 같이 쓰여 있었다. "잭, 지금 내가 듣고 있는 말 당신도 듣고 있소?" 프리처드도 급히 그렇다는 응답을 휘갈겼다.

이것이 바로 회담에 참석한 미국인들이 함께했던 반응이었다.

데이비드 스트라우브의 말이다. "그가 간단히, '우라늄 농축 프로그램이 있다'고 말하지는 않았다. 그러나 그는 이전의 프레젠테이션에 대한 대응에 30분을 할애했다. 그것도, 우리 측 참석자 한 사람 한 사람이 저마다 '강석주가 프로그램을 시인하고 있다'는 생각이 들게 하는 방식으로 말했다."

강석주가 발언을 멈추자 켈리가 답변했다. 국가안보회의 아시아 전문가 마이클 그린에 따르면, 켈리의 발언 요지는 다음과 같다. "지난 몇 년간 우리 대통령의 악의 축과 관련한 발언 때문에 귀측이 고농축 우라늄 프로그램을 갖게 되었다고 말한다면, 그것은 우리가 알고 있는 사실과 맞지 않소. 매들린 올브라이트가 국무장관으로 여기 오기 훨씬 전부터 귀측은 이 프로그램을 진행해왔던 것으로 우리는 알고 있소."

프리처드는 자신의 저서에서, 강석주가 이에 대한 반응으로, 미국은 북한이 핵무기를 만들고 있다고 지속적으로 주장했다는 말을 되풀이하며, 다음과 같이 덧붙였다고 기술하고 있다. "그러나 그런 미국은 어떻소? 미국도 핵무기를 만들고 있지 않소? 우리도 똑같이 할 수밖에 없소."[17]

마이클 그린은 강석주의 발언 요지를 담은 메모들을 해독하는 데 무진 애를 썼다. 그것들은 탁자 맞은편에 거꾸로 놓인 상태로 볼 수 있었다. 이 국가안보회의 직원은 4항에 이르는 것으로 보이는 요점들을 받아 적었다. 강석주는 이제 세 번째 항을 설명하기 시작했다. 부시 행정부가 북한의 주권을 존중하고, 불가침 조약에 서명하는 한편, 다른 나라와의 관계 개선을 포함해 경제 개발을 방해하지 않겠다고 동의한다면, 평양은 켈리가 제기했던 우려에 화답하겠노라고 강석주는 밝혔다. 그는 또한 미국 대통령과 김정일 간의 회담 구상을 되살리는 데 관심이 있다는 암시를 주었다. 클린턴 행정부가 퇴조하던 시절 성공을 거두지 못했던 바로 그 일이었다.[18]

그것은 북한의 고전적 수법이었다. 일단 방심한 듯이 보인 뒤, 어느 누구에게도 특히 미국에게 밀린다는 생각에 극도로 민감한 태도를 보이며, 강석주는 거침없는 공격과 비난, 거친 언사, 그리고 말도 되지 않는 요구로 대응했다. 그러나 동시에 그는 사실상 우라늄 문제를 테이블에 올려놓고, 만약 워싱턴이 두 나라를 갈라놓고 있는 모든 문제의 해결(결국, 강석주는 켈리의 방문 목적이 바로 여기에 있다고 생각했다)을 목표로 한 포괄적인 협상을 벌일 의사가 있다면, 그때 북한은 우라늄 프로그램에 대한 미국의 우려에 화답할 용의가 있다는 강력한 신호를 보낸 셈이었다.

몇 년 뒤 당시 상황을 기억해내면서 데이비드 스트라우브는, 강석주의 전략은 미국의 의심을 시인도 부인도 하지 않은 채, 그것을 평양이 오랫동안 바라 마지않던 워싱턴과의 협상에 시동을 걸기 위한 장치로 이용하려는 것이었으며, 강석주의 단호하고, 때때로 전투적인 개성이 그가 의도했던 것에 미치지 못하는 모호함을 연출하게 됐다고 믿게 됐다.

스트라우브는 말했다. "내가 아주, 아주 강하게 받았던 인상은 그가 지도부로부터 자기네가 우라늄 프로그램을 시인은 하되, 그것에 대해 미국측과 협상할 뜻이 있다는 인상을 우리에게 심어주라는 지시를 받았다는 것이다. 그리고 사실, 강석주는 구체적으로 협상을 제안했으며, 심지어는 양국 간 정상회담이 바람직하다는 암시까지 했던 것이다. 그럼에도 실제 벌어진 결과는, 그가 다소 지나치게 낙관하지 않았나, 그리고 당초 마음먹었던 분명한 목표와는 좀 다르게 자신이 행한 말을 통해 우리에게 약간의 불분명함을 남겨두려고 했던 것이 아닌가 하는 것이다. 그래서 결국 우리는 모두들 그 회담에서 강석주가 고농축 우라늄 프로그램을 시인한 것이라고 이해했다."

스트라우브는 또한 강석주의 행동이 조지 W. 부시를 근본적으로 오해

한 결과라고 믿었다. 평양의 미국과의 경험은 주로 클린턴 정부 시기의 경험에서 비롯한 것으로, 당시 워싱턴은 가장 큰 쟁점에 대해서도 협상을 통한 해결 방식을 일관되게 추구하려 했다. 스트라우브는 말했다. "2002년 10월 현재, 북한은 아직 조지 W. 부시와 그의 행정부를 완전히 이해하지 못했으며, 그로부터 클린턴 행정부가 했던 식으로 반응을 유도해낼 수 있다고 생각했다." 북한이 미처 깨닫지 못했던 것은 부시 행정부에 들어와서는 상황이 달라졌으며, 대부분의 관리들은 협상에는 별로 관심이 없었던 반면, 미국의 요구에 대한 북한의 굴복에 더 관심을 갖고 있었다는 사실이다.

제임스 켈리에게 강석주의 독백은 다음과 같은 것이었다. "(그의 연설은) 좋지 않은 소식, 나쁜 소식, 지독한 소식이자, 아무것도 할 수는 없지만 약간 해볼 만한 여지가 있다는 뜻에서 전형적인 북한식 연설이었다. 그는, 약간의 전망을 제공하는 몇 가지 조건(그중 하나는 상당한 고위급 수준의 접촉일 것이다)을 내걸었다." 그러나 켈리는 강석주가 협상을 제안하고 있음을 알면서도 이를 무시했다. "나는 협상하러 거기 간 것이 아니었다"고 그는 덧붙였다.

사실 켈리의 손발은 워싱턴의 엄격한 훈령에 묶여 있었으며, 그중 핵심은 북한 측과 대면해 그들에게 우라늄 프로그램의 종식을 요구하는 한편, 이 주제에 대해서는 어떤 타협도 배제하라는 것이었다. 켈리의 발표 요지를 작성하는 과정은, 평양이 스스로 켈리의 말을 인정하기 전까지 그가 무슨 말을 할지에 대해 아무도 알 수 없게 하여, 미리 대비하지 못한 채 강석주가 하는 말을 미국 대표들이 있는 그대로 들을 수 있도록 해야 한다는 강경파에 의해 주도되었다.

프리처드는 훗날 당시를 이렇게 회고했다. "물론 우리는 그들이 고농축 우라늄 의혹을 시인할 때의 상황에 대해서도 거론했다. 하지만 당시에는 그럴 가능성이 높지 않다는 쪽이었다. 따라서 그들이 우라늄 프로그램을 인정할 때 어떻게 해야 할 것인지에 대해서는 정해놓은 계획이 없었다."

더욱이 켈리는 미 행정부에서 이미 결정된 행동 방식을 그대로 적용해 강석주를 압박하여 더 상세한 내용을 끌어내지도 않았다. 다음은 마이클 그린의 말이다. "나는 우리가 '자, 녹음을 위해 우리 질문에 다시 한 번만 답변을 되풀이해주시오. (……) 귀하는 지금 고농축 우라늄 프로그램이 있다고 말씀하는 겁니까?'라고 말했는지 기억에 없다. 이런 말이 이상하게 들릴지도 모르겠다. 당시 상황과 분위기를 설명하는 것은 참으로 어렵다. 그러나 나는 켈리가 맞다고 보는 것이 더 중요하다고 본다. 당시의 통역에서는 우리가 강석주의 말에 의심이 들게끔 하는 구석이 전혀 없었다." 그러나 사실, 호주머니에 소형 녹음 장치를 몰래 넣고 회의장에 들어간 사람은 미국 대표단 가운데 아무도 없었다. 몇 년 후 켈리는 약간은 분개하며 이 사실을 인정했다.

강석주의 말에 대해, 켈리는 직설적으로 그가 방금 말한 내용은 결코 환영할 만한 소식이 아니며, 자신은 워싱턴에 이를 즉각 보고할 수밖에 없다고 말했다.

다음은 마이클 그린의 보충 설명. "켈리가 그들에게, 자신은 그들이 기만한 이후 그 같은 단절된 상황에서, 그리고 압력을 받는 상황에서 협상하지 않겠다고 말한 것 또한 매우 중요한 메시지였다. 북한 측이 그런 식의 결과를 기대하지 않았던 것은 매우 분명하다. 실제로 켈리가 '이제 그만 끝내겠다'고 말하며, 노트북을 접고 극적으로 일어나자 매우 충격을 받은 듯한 모습이었다."

켈리 팀은 놀라움과 곤혹스러움이 뒤엉켜, 일행 중 한 사람의 말대로,

'쇼크' 상태로 평양 시내 중심부의 고려호텔로 돌아갔다. 강석주를 통해 들은 말은 '확실한 물증smoking gun'에 다름 아니라고 확신한 미국 협상단 대부분은 그의 말을 워싱턴에 긴급하게 전달할 필요가 있다고 느꼈다. 모든 전화가 도청되는 호텔에 묶여 있는 상태여서, 당초의 출발 예정은 이튿날 아침이고, 비록 하루가 다 저문 시각이었음에도 당장 평양을 떠나자는 의견도 있었다. 야간 출발을 위한 비행 편을 이용하든, 비무장지대를 통과하는 교통편을 이용하든 승인을 받기 위한 절차상의 어려움 때문에 사실상 그런 의견은 실현성이 없었다. 대신 데이비드 스트라우브는 전화기를 들고 얼마 전 문을 연 평양 주재 영국 대사관의 참사관 제임스 호어James Hoare를 불렀다.

제임스 호어는 33년 경력의 베테랑 해외 주재원이자, 서울과 베이징에서 근무한 바 있는 오랜 아시아 전문가였다(훗날 평양 주재 영국 대사를 역임-옮긴이). 2001년 초, 그는 영국 대사관 개설을 위해 평양에 도착했다. 그 뒤 같은 해 12월 영국과 북한 사이에 공식 외교 관계가 수립되면서 주북한 영국 대사가 부임하게 되는데, 제임스 호어는 이를 위해 기반을 닦는 역할도 했다. 당시의 북한과 영국 간의 이 같은 일은, 남북 정상회담과 매들린 올브라이트의 초빙을 비롯해, 같은 해 북한의 김정일이 장기간 유지했던 국제적 고립 정책을 허물고자 취했던 다양한 이벤트 가운데 하나였다. 그 이전 평양 주재 스웨덴 대사관이 북한의 수도에서 오랫동안 미국의 이해를 대변해왔지만, 켈리의 방북이 확정되고 나서는 영국 공관이 미국 대표단에, 필요한 경우 새로 설치된 자국의 통신 보안 장비를 이용할 수 있도록 편의를 제공하겠다고 제안한 바 있었다.

호어는 하루 전 켈리 일행이 평양에 도착한 이후, 미국 팀으로부터 아무런 연락도 받지 못했다. 이제 금요일 오후 늦은 시각, 스트라우브는 전화선을 연결해, 일이 좀 생겼으며 미국은 영국의 제안을 받아들이고 싶다고 말했다. 아직은 정리가 덜 끝난 공관을 치우면서 호어는 공식 복장 차림의 인상을 덜기 위해 그날 입었던 정장을 갈아입었다. 자신의 말대로 '상당히 지저분한' 차림새로 호어는 켈리 일행을 태우기 위해 유니언 잭을 휘날리며 대사관 차량 두 대를 출발시켰다.

데이비드 스트라우브를 비롯해 초조한 미국인들에게 영국인들은 다음과 같이 느껴졌다. "그 당시 우리에게는 영국인들이 우리를 구출하러 오는 말 탄 기사 같았다. 그들은 우리를 차에 태우고 곧 그쪽으로 데려갔다." 켈리 일행의 흥분은 그들의 표정에서도 금방 나타났다. 호어는 "그들의 얼굴은 굳어 있었고 붉게 상기되어 있었다"라고 기억했다.

영국의 통신 장비는, 대사관 내 유일한 '보안실secure room'에 있었으며, 두 사람을 겨우 수용할 만한 비좁은 공간이었다. 보안 장비는 본국 외무성에 전송하기 위해 전문을 타자 치고 난 뒤, 전문을 암호화하는 보안 조치가 된 기계였다. 바로 옆방에서 통역관인 통 김과 줄리에 김이 탁자에 앉아 자신들이 들은 내용에 관해 양쪽 모두가 동의하는 최종 문안을 작성하기 위해 각자의 속기 내용을 점검했다. 한편 스트라우브는 당일의 사건들을 요약한 2쪽짜리 보고문을 쓰기 시작했다.

다음은 제임스 켈리의 기억이다. "우리가 가장 먼저 한 일은 강석주로부터 들은 정확한 내용에 대해 의견 일치를 보는 것이었다. 워싱턴이 사태를 확실하게 이해하기 위해서는 강석주 발언의 미묘한 의미 차이까지 파악해야 했다." 속기록에 근거해 한국어 구사자들이 정리 내용을 말했으며, 회담장에서 채순희에 의해 제공됐던 통역은 일단 무시하기로 했다. 데이비드 스트라우브는 다음과 같이 설명했다. "우리는 완전한 (강석주 연설) 원고transcript를 작성하지는 못했다. 당시 녹음 장치를 지니고 있지 않았기 때문이다. 그러나 한 마디 한 마디, 원고의 내용에 최대한 가까운 일종의 가원고quasi-transcript를 작성할 수 있었다."

두 사람은 마침내, 켈리 팀의 누군가가 '내용에 일관성이 있지만, 상대 통역관 채순희가 말한 것과는 똑같지 않은, 일종의 합의된 문건'이라고 칭한 문건에 대해 의견일치에 도달했다. 어쨌든 가장 중요한 사실, 즉 강석주가 우라늄 프로그램 보유를 시인했다는 점에 대해서만큼은 이견이 없었다. 켈리는 말했다. "우리 팀에서 그 점에 대해 의심했던 사람이 있었다고는 생각하지 않는다."

영국 외교관 제임스 호어는, 미국인들이 영국 대사관에 오면서 자기네 컴퓨터도 가져오지 않았다는 사실에 놀랐다. 대신 그들은 일단 자기네 원고를 영국 대사관의 보안 조처가 안 된 토시바 랩탑에 옮겨 적은 뒤, 이것을 보안실에서 재타이프했다. 줄리에 김이 먼저 가원고를 보냈다. 다음, 스트라우브가 '북한, HEU 프로그램을 대담하게 인정North Korean defiantly admit HEU program'이라는 제목의 보고문을 전송했다. 수년 뒤 스트라우브는 당시를 회고하며, '인정admit'이라는 표현 대신 '시인acknowledge'이라는 표현을 쓰는 것이 좋았을 뻔했다고 말했다. "인정은 '맞다, 우리는 그것이 있다'를 분명히 나타내지 않기 때문"이라는 것이다.

스트라우브는 제임스 호어에게 회담 내용에 대한 간략하고 일반적인 요약본만을 제공했다. 하지만 호어도 자신의 보안 기계에서 타이프되던 전문 내용을 어깨 너머로 보려고 했던 것은 사실이다. 그는 회고했다. "매우 부정적인 내용이었다. (……) 24시간의 지연 끝에, 그들이 강력한 프로그램을 가지고 있음을 확인 (……) 더욱이 고농축 우라늄 프로그램에 대한 의혹의 맥락에서 제기되었음. (……) (전문의) 기본 내용은, 그들이 시인하고 있다는 것이었다."

워싱턴의 대단히 악의적인 정치 상황을 고려해, 켈리 팀은 제임스 켈리가 서명한 전문과 가원고 모두에 대해 기밀이 유지되도록 신경을 썼으며, 일단 워싱턴의 영국 대사관으로 보낸 뒤, 다시 콜린 파월 국무장관에게 직접 전달되어야 한다고 요청했다. 그러나 전문이 전송된 지 불과 몇 시간 만에 보고 내용은 영국 정보기관들 사이에 파다하게 퍼졌다. 배포처가 국무부의 최고위층으로 제한될 것이라고 믿었던 켈리 팀의 생각과 상관없이 이 보고문memo(여기서 '메모'는 보통 약식 보고 사항을 말한다. 한글화된 '메모'와의 혼동을 피하기 위해 편의상 '보고문'으로 옮겼다. 이 책에서 '메모'로 표기된 것은 이 같은 보고문을 말한다-옮긴이)은 제멋대로 국방부와, 심지어 찰스 프리처드에 따르면, '그런 것이 입수될 줄은 꿈에도 몰랐던 기관들'에까지 흘러들어갔다.

이튿날인 10월 5일, 켈리 일행이 토머스 허버드 대사와 한국 정부에 그들의 엄청난 소식에 대해 설명할 준비를 하며 C-21 편으로 한국의 오산 공군 기지에 내렸을 때, 미 공군 소령이 마중을 나왔다. 이 소령은 보고를 통해, 아직 대사는 아무것도 모르지만, 자신은 물로 아마도 많은 미군 관계자들이 이미 전문을 읽어보았을 것이라고 밝혔다. 켈리 팀은 흠칫했다. 켈리 팀이 워싱턴에 미처 도착하기도 전에, 부시 행정부 안에서 강석주의 '시인'에 대한 정보를 통제하는 일은 물론, 이에 대해 외교적 대응책을 마련하는 일이 순식간에 난제가 될 참이었다. 그러나 미국의 강경파들에게 켈리 전문이라는 폭탄은 하늘에서 떨어진 만나manna(신이 내린 음식-옮긴이)였다.

제7장

네 글자 단어

북한이 농축 우라늄 보유를 시인하자
미국은 기본 합의를 깨고 중유 공급을 중단한다고 선언하다

콜린 파월은 전화벨이 울렸을 때 백악관 상황실에서 열릴 국가안보회의 참석을 준비하고 있던 차였다. 막 평양에서 벗어난 제임스 켈리가 북한 외무성 제1부상 강석주와 가진 극적인 대결과 관련한 소식에 대해 국무장관에게 직접 보고하기 위해 건 전화였다. 파월은 경악했다.

파월은 회고했다. "그다음, 나는 회의장에 들어가 동료들과 함께 앉았다. 그리고 나는 말했다. '여러분은 믿지 않을지 모르겠지만, 방금 전 켈리가 도착해 우리가 이 회의에서 논의할 논점을 정했소. 무엇이겠소? 북한이 (우라늄 프로그램을) 인정했소.' 모두들 말했다. '무어라고?' '그렇소, 그들은 인정했소. 확인했소. 무엇을 확인했느냐? 자기네가 모종의 프로그램을 갖고 있다는 사실을 확인해주었소'."

파월은 존 볼턴을 자기 방으로 불러 소식을 전했다. 볼턴은 장관 책상의 맞은편에 앉아 평양에서 보내온 전문을 읽었다. 볼턴은 환호작약하며 속으로 말했다. '내 말이 맞았어. 기본 합의는 이제 끝장났다구.'

켈리가 일단 한국과 일본을 위해 평양에서의 만남을 간략히 설명한 뒤(한국, 일본에서 가진 짧은 방송 출연에서는 강석주의 발언에 대해 언급하지 않았다) 아시아에서 돌아오자, 미국 관리들은 대응책을 결정하기 위해 한바탕 열띤 협의에 돌입했다. 켈리는 부시 대통령, 도널드 럼스펠드 국방장관, 파월, 그리고 다른 고위 관리들이 참석하는 기관장 회의에 출석해 방북 결과를 보고하도록 지시받았다.

모든 회의 참석자는 이미 켈리 팀에 의해 준비된 1차 원문을 읽은 상태여서, 논의는 무슨 일이 있었는가보다는 그것이 무엇을 의미하는가에 대한 것이었다. 강경파들에게, 강석주의 '시인'은 그들이 기다려왔던 순간으로, 그것은 핵 프로그램에 대한 대화 가능성이 없다는 증거였으며, 클린턴 행정부 시절 확립되었고, 행정부 내 온건파들이 약간의 수정을 가해 지속하고자 하는 관여 정책의 전체 구도를 붕괴시킬 수 있는 기회이기도 했다.

다음은 볼턴의 회고. "나에게 가장 1차적인 문제는 기본 합의와, 이에 기반을 둔 힘의 상부구조를 어떻게 제거할 것인가였다. 나는 기본 합의가 일종의 함정이자 환상이었다고 생각했고, 북한이 실제로는 분명히 우리를 괴롭히고 있는데도 안전하다는 느낌을 심어주었으며, 이제는 실상을 알게 됐다고 판단했기 때문에 이를 즉각적인 목표로 삼은 것이다."

볼턴은 미 행정부가 유엔 안전보장이사회로 가서 북한에 대해 제재를 가하도록 요구하자고 주장했다. 볼턴의 견해는, 평양에 대한 압력을 높이는 식의 조처는 물론, 러시아와 중국을 압박해 좀더 강경한 태도를 취하도록 만들자는 것이었다. "국제적인 차원의 제재가 가해지지 않는다면," 볼턴은 불길한 표정으로 덧붙였다. "그다음에는 적어도 우리라도 상자 안에 뭐가 들었는지 확인하고 더 나아가 뭔가를 할 수 있어야 한다."

강경파들은 또 기본 합의의 조건에 따라 미국이 매년 평양에 제공해왔던 중유의 선적을 중단할 것을 주장했다.

콜린 파월도 북한에 대해 관대하지 않았다고 알려진다. 그러나 그는 개인적으로는 우라늄 정보에 대해 여전히 회의적인 태도였다. 파월은 켈리가 돌아오자마자, 국무부 정보조사국 내 최고 핵무기 기술 전문가 중 한 사람에게 '고농축 우라늄과 관련 있는 정보는 하나도 빠짐없이' 검토하라고 지시했다. 이로 인해 그 젊은 전문가는 매주 7일씩 꼬박 수개월을 조사에 매달렸다.

어느 모로 보나 미 행정부는 강석주의 '시인'에 너무 집중해, 북한이 이와 동시에 위기를 벗어나는 방안으로서 협상을 제안했던 사실에 아무도 주의를 기울이지 않았던 것으로 보인다.

북한은 북한대로, 켈리 방북에 대한 첫 공식 논평에서, 분노한 어조를 취했다. "미국 특사는 우리 공화국이 먼저 핵과 미사일, 재래식 전력과 '인권' 문제 등 미국이 일방적으로 제기한 문제들을 충족시켜야만 조일 관계와 대남 관계는 물론 조미 관계가 순조롭게 풀리게 될 것이라고 주장하며 고압적이고 교만한 태도를 취했다."[1]

얼마간 측은한 어조로, 북한의 유엔 대표부 제2인자인 한성렬은 사흘 뒤 로이터 통신 기자에게, 미국은 '우리와의 대화를 거부'하고 있다며, '우리는 대화뿐만 아니라 전쟁도 준비하고 있다'고 덧붙였다.

내부 논쟁이 진행되는 동안, 미 행정부는 아무런 공식 발표를 하지 않았다. 부시 대통령은 내부 논의가 누설되는 일이 결코 없어야 한다고 강조했다. 리처드 루가와 척 해겔Chuck Hagel 등 일부 공화당계 중진 의원에 대한 제임스 켈리의 기밀 보고를 제외하면, 평양에서의 극적인 맞대결과 북한이 비밀 우라늄 핵무기 프로그램의 보유 사실을 시인한 것으로 보인다는 사실은 여전히 기밀이 유지됐다.

그 이유는 10월 초 같은 시기에 미 행정부의 관심이 또 다른 악의 축인 이라크에 집중되었기 때문일 수 있다. 대통령은 사담 후세인에 대한 무력 사용의 의회 승인을 요청한 상태였으며, 그와 그의 측근들은 자신들의 전쟁 계획을 정당화하기 위해, 이라크의 독재자가 실제로 그런 능력을 갖고 있는지에 대해 정보 집단 내에서조차 격렬한 논쟁이 벌어지고 있었음에도, 이라크 핵무기 프로그램 망령을 반복적으로 제기하고 나섰다. 북한의 우라늄 관련 정보가 공개되면 핵무기를 구실로 한 전쟁 논리에 타격을 주거나 또는 양대 전선에서의 동시 전쟁에 대한 우려를 조성할 수도 있었던 것이다.

일례로 켈리가 평양에서 돌아온 불과 며칠 뒤인 2002년 10월 7일, 부시가 신시내티의 청중들 앞에서 사담의 핵 야심에 대해 경고한 것을 들 수 있다. 그는 말했다. "미국은 이 같은 사실을 알게 된 이상, 우리를 상대로 조성되는 위기를 무시해서는 안 된다. 위기에 대한 분명한 물증을 마주한 상황에서, 미국은 최종적인 증거, 즉 버섯구름 형태로나 나타날 법한 '스모킹 건(확실한 물증)'을 앉아서 기다릴 수는 없다."[2]

이전 몇 주 동안 국가안보보좌관 콘돌리자 라이스도 비슷한 이미지를 사용해왔다. 한편 체니 부통령은 이라크의 핵무기 프로그램에 대해 미국이 '부인할 수 없는 물증,' 즉 사담 후세인이 우라늄 원심분리에 사용되는 알루미늄관을 확보하려고 애써왔다는 물증을 갖고 있노라고 밝혔다.

부시 연설(10월 11일) 며칠 뒤, 미 상원은 77 대 23이라는 압도적인 표차로 사담 후세인에 대한 미 대통령의 무력 사용권 승인을 표결 처리했다. 하원의 표결 결과도 296 대 133으로, 마찬가지로 일방적이었다. 찬성표를 던진 많은 사람들, 특히 민주당원들은 핵 위협을 강조했다. 예를 들어 캘리포니아의 민주당계 여성 의원 다이언 파인스타인Diane Feinstein은, 자신의 의회 결의안 찬성을 정당화하면서, 상원에서 '가장 큰 위협은 핵 위협'이라고 주장했다.

《유에스에이 투데이》의 외교 담당 수석 통신원 바바라 슬래빈Barbara Slavin은 수년 동안 북한 이야기를 추적해왔으며 평양을 방문한 몇 안 되는 미국 기자들 중 한 명이었다. 부시 행정부 관리의 최초 북한 방문 이후 침묵이 이어지고 있음을 이상히 여긴 그녀는 여기저기 전화를 걸기 시작했다. 곧 그녀는 켈리의 회담이 매끄럽지 않았다는 소문을 듣게 됐다. 수십 통의 통화 끝에 그녀는 한 전직 행정부 관리와 연결되어, 그로부터 국무부 사람들이 강석주와의 만남을 '재난'이라고 말하고 있다는 얘기를 들었다.

10월 15일, 슬래빈은 국무부 리처드 바우처 대변인에게 접근했으며, 그는 그녀가 '어느 정도는 감을 잡았다'고 말해주면서도, 그녀에게 그 이상의 확인은 해주지 않았다. 좀더 확실한 취재원이 없어 슬래빈의 편집자들은 기사를 일단 보류했다. 그녀는 이튿날 특종을 놓쳤다.

슬래빈의 뒷조사는 부시 행정부에 이야기가 곧 새어 나가게 될 것임을 주지시켰다. 미 행정부는 정보가 편의적으로 이용되는 것spin을 통제하기 위해 뉴스를 공개하기로 결정했다. 10월 16일 리처드 바우처 대변인은 성명을 발표했다. 그 내용은 다음과 같다. "켈리는, 북한이 기본 합의 및 다른 협정을 위반하며 핵무기를 위한 우라늄 농축 프로그램을 갖고 있음을 의미하는 정보를 최근 입수했다고 북한에 알렸다. 북한 관리들은 그런 프로그램이 있다고 인정했다. 지난여름 내내 부시 대통령은 우리의 동맹국 및 우방국들과 협의하며 대북 관계를 개선하기 위한 대담한 접근법을 발전시켜왔다. (……) 그러나 북한의 핵무기 프로그램에 대한 우려 측면에서, 우리는 이 접근법을 더 이상 추구할 수 없는 상황이다."[3]

이 같은 성명은 한마디로 폭탄이었다. 《뉴욕 타임스》《워싱턴 포스트》《유에스에이 투데이》를 비롯한 주요 매체들은 이를 1면 머리기사로 올렸다. 그러나 대이라크전 계획에 몰두했던 미 행정부의 당면 최대 전략은 위기의 의미를 축소하는 것이었다. 부시, 체니, 라이스, 그리고 다른 고위 관리들은 사담 후세인 반대에 열을 올리는 한편, 북한에 대한 소식을 전달하는 일은 상대적으로 직급이 낮은 관리인 바우처에게 맡겨졌다. 이날 이후 몇몇 기자를 골라 북한의 우라늄 정보와 파키스탄과의 관계에 대한 일부 세부 내용을 제공하는 한편, 문제 해결을 위한, 그리고 새로운 사태 발전이 위기로 일컬어지는 것을 막기 위한 의식적인 노력이 병행됐다.

워싱턴의 기자단을 위한 배경 설명회에서, 유일하게 '행정부 고위 관리'로 밝혀진 안보 담당 부보좌관 스티븐 해들리는 말했다. "우리는 (……) 북한에 검증 가능한 방식으로 핵무기 프로그램을 중지할 것을 촉구한다. 우리는 이 문제를 평화적으로 해결하고자 한다. 우리는 위기를 원치 않는다." 이튿날 백악관 대변인은 말했다. "대통령은 이번 일을 골치 아프면서도 정신을 번쩍 들게 하는 소식이라고 믿고 계신다. 우리는 평화적 해결을 추구할 것이다. 지금 이 시점에서는 외교 채널을 통하는 것이 최선의 방책이다."[4]

미 행정부가 한편으로 이라크와의 전쟁에 대한 의회 승인을 확보하기 위해 사담 후세인의 핵무기에 대한 의혹을 이용하면서도, 다른 한편으로는 북한에 관한 소식을 비밀로 유지해왔던 사실은 일부 의원들에게는 잘 먹히지 않았다. 제임스 켈리는 상원 외교관계위원회에 비공개 보고를 하도록 요구받았다. 보고회장에 참석했던 이 위원회의 한 의원 보좌관은 다음과 같이 말했다. "보고를 하는 동안 켈리는, [행정부가] 이처럼 중대한 국가 안보 관련 정보[우라늄 첩보]를 4개월간이나 의회에 알리지 않았다는 사실과, 북한에서 돌아온 뒤 열흘간이나 북한의 의혹 확인 사실을 보고조차 하지 않은 사실에 격분한 상원의원들과 보좌관들의 경악해하는 모습과 마주치게 됐다."

민주당 상원의원 조지프 바이든 밑에서 일하는 아시아 전문가 프랭크 자누지에 따르면, 켈리에 대한 의원들과 보좌진의 질문은 가시 돋친 것이었다.

"이 문제에 대해 당신은 언제쯤 우리에게 말해줄 계획이었나? 당신은 이 사실을, 의회에서 이라크전 준비 논쟁이 한창이던 2002년 6~7월부터 알고 있었다. 당신은 그때 이미 북한이 기만하고 있다는 것을 알았다. 당신은 이런 정보를 우리에게 말하기 전에 북한에 말하고 있다. 당신은, 기본 합의 사항 관련 비용을 지불하는 의회가 북한의 위반 사실에 대해 언제쯤 보고받았어야 했다고 생각하는가?"

이에 대해 켈리는 북한 우라늄 정보가 민감한 것이며, 백악관은 대응책을 고려하는 동안 정보가 누설되는 것을 피하고자 했다고 답했다.

한 상원의원은 다음과 같이 회고했다. "이것은 완전히 엉터리다. 그들은 여름철 내내 계속됐던 이라크 논의를 망치고 싶지 않았던 것이다. 당시 지속적인 (전쟁) 고취 노력이 있었다. 콘디 라이스가 텔레비전에 나오고, 누구나 우리가 이라크 전쟁을 각오해야 한다고 하던 때가 바로 그때다. 그들은 북한의 합의 위반으로 취지가 빗나가버리기를 원치 않았던 것이다. 이라크 문제 표결 전에 북한이 핵 관련 책임을 위반하고 독자적인 핵 능력을 추구한다는 것에 대한 논의가 4개월간이나 있었다고 상상해보라."

분노는 당파의 노선을 뛰어넘었다. 행정부에 대북 강경책을 주문하는 백악관 앞으로 보내는 한 서한에는, 공화당계 하원의원 두 명이 민주당계 의원 한 명과 합류했다. 오랫동안 북한의 핵 야욕에 비판적이었던 크리스토퍼 콕스Christopher Cox, 벤저민 길먼Benjamin Gilman, 그리고 에드 마키Ed Markey는 이 서한에 다음과 같이 썼다. "우리는 북한의 대량살상무기 위협이 적어도 이라크에 의한 위협과 같은 정도로 심각하다고 여긴다. 우리는 귀하에게, 너무 늦기 전에 이 같은 위협에 강경하고도 단호하게 대응할 것을 촉구하는 바이다."

한국, 일본과 협의하기 위한 여행에서 켈리는, 평양의 핵 프로그램에 대한 '가시적인 폐기' 없이는 어떤 협상도 없을 것이라는 워싱턴의 입장을 공공연하게 고수했다. 그는 "그런 상황의 진전 없이 대화를 시작하는 것은, 내 생각으로는, 본말이 전도된 것이다"라고 말했다.

그러나 서울과 도쿄는 겉으로는 북한의 핵 활동에 비판적이었으나, 미국에 협상의 길을 포기하지 말 것을 권고했다. 도쿄에서 고이즈미 준이치로는 북한과 정상화 협상을 계속한다는 계획을 발표했다. '적대적 관계를 협력적인 것으로 바꾸기 위한 1단계 과정을 취하는 것이 일본에 최선이 될 것이라고 판단하기' 때문이었다.[5]

한편 서울에서는, 외교통상부 이태식 차관이 기자들에게 "북한 핵 개발과 관련된 모든 문제는 대화를 통해 평화적으로 해결되어야 한다"라고 말했다.[6] 한국은 견해 차이를 바탕에 깔고 워싱턴에 대한 도전적인 뜻을 한껏 담은 제스처로서, 10월 19일부터 23일까지 평양과의 관계 개선 확대 방안을 논의하기 위해 북한 관리들과 장관급 회담을 열었다. 이때 김대중은 "나는 문제가 경제 제재나 전쟁이 아닌 대화로 풀려야 한다고 굳게 믿는다. 경제 제재를 통해 제네바 〔기본〕 합의를 폐기처분하는 것은 북한이 핵 문제와 관련된 합의의 구속으로부터 자유로워지는 결과만을 초래하게 될 것이다"라고 말하며 끼어들었다.[7]

부시 대통령이 태평양 연안국 지도자들의 연례 회의인 에이펙APEC 정상회담 참석차 멕시코로 날아간 동안, 기본 합의가 사실상 죽었는가, 그리고 미국 외교의 중심축이 외교냐 아니면 강제냐를 둘러싼 미 행정부 내의 전투가 언론을 무대로 공개적으로 벌어졌다.

여러 차례의, 특히 강경파에 의한 정보 누설의 수혜자였던《뉴욕 타임스》특파원 데이비드 생어는 '행정부 고위 관리들'이 말해준 내용이라며 다음과 같이 썼다. "부시 행정부는 1994년의 군축 관련 협정을 폐기하기로 이미 결정 내렸다. 그들 중 한 명은 '우리는, 우리가 알고 있던 합의는 죽었다고 생각한다'고 말했던 것으로 전해졌다."[8]

얼마 뒤 콜린 파월은 멕시코의 에이펙 회의에서《워싱턴 포스트》에 말했다. "나는 아직 네 글자 단어〔dead〕를 쓴 바 없다. 또 적어도 현재로서는 그렇게 할 생각이 없다. 〔……〕 나는 북한과의 직접 접촉을 배제하지 않고 있다. 만약 그들이 전화를 건다면, 우리는 들을 것이다. 그 반대의 경우도 기대한다. 다만 그것이 곧 협상을 뜻하는 것은 아니다."[9]

이튿날 또 다른 '행정부 고위 관리'가 똑같은《워싱턴 포스트》기자에게 다음과 같이 말하며 거세게 반발했다. "파월의 그런 타협적인 어조는 국무부가 반란을 획책하고 있다는 것을 보여준다. 〔……〕 여기에 아주 중대한 문제가 있다. 〔……〕 그 사람이 말한 것은 〔……〕 그 자신의 견해를 대변한 것이자, 국무부의 견해를 대변한 것이다. 그러나 그것은 행정부의 견해를 대변하지는 않고 있다."[10]

부시는 나름으로 중국, 일본, 그리고 한국에게 북한을 압박하라고 로비를 했다. 그러나 그가 공개적으로 혐오했던 지도자를 어떻게 다룰 것인가에 대한 개인적인 양면성을 보여주기라도 하듯 그는 김대중 및 고이즈미와의 공동성명에서, 자신이 2002년 한국에서 했던 약속, 즉 "미국은 북한을 침공할 의사가 없다"라는 말을 되풀이했다.[11]

한편 평양은 여전히 협상을 통해 위기를 벗어날 방안을 찾고 싶다는 신호를 보내고 있었다. 물론, 그렇다고 미국의 압력에 먼저 굴복하는 모습을 보일 용의는 없었다. 11월 2일 토요일 오후, 전 CIA 아시아 요원이었으며 조지 W. H. 부시 행정부에서 주한 미국 대사를 지낸 코리아소사이어티 회장 도널드 그레그, 그리고 저명한 전직 《워싱턴 포스트》 외교 담당 특파원이자 호평 받는 현대 한국사 책의 저자인 돈 오버도퍼Don Oberdorfer가 평양에 도착했다. 두 사람은 오랜 친구로 1970년대 초반 그레그는 CIA 서울 지국장이었고 오버도퍼는 《워싱턴 포스트》의 아시아 지역 담당 기자였을 때부터 서로 알고 지냈다. 두 사람은 모두 북한 측과 좋은 접촉선을 만들었고 각자 평양을 여러 차례 방문해왔다. 그들에 대한 초청은 켈리 방문 전에 나왔는데, 켈리 방문이 잘못되고 난 뒤에도 여전히 취소되지 않았던 것이다.

북한은 사실 성의 표시로, 켈리 일행이 그랬듯이, 두 사람이 비무장지대를 통해 북한으로 들어갈 수 있도록 허용했다. 그러나 이번에는 부시 행정부가 협조를 거절했다. 주한 미군은 북으로 가는 그 길이 '공식' 대표단에게만 개방될 것이라고 말했다. 오버도퍼는 미 국방부 폴 울포위츠 부장관에게 도움을 청했으나 회답은 분명했다. 워싱턴은 '타협적'이라고 해석되는 제스처에 대해서는 별 관심이 없다는 것이었다.

북한에 대한 상징적 제스처의 중요성은 그레그와 오버도퍼가 북한에 도착한 당일 밤 평양의 보통강 호텔에서 김계관이 주최한 만찬에 참석했을 때 분명해졌다. 북한 관리들이 가장 먼저 말하고 싶어 했던 것은 핵무기가 아니라, 제임스 켈리가 평양을 방문했을 때 그가 공식 만찬에 참석할 수 있는지의 여부를 두고 왈가왈부했다는 것이다. 김계관은 두 방문객에게 그 사건은 북한에 대한 모욕이었다며 분개했다.

다음 이틀 동안 오버도퍼와 그레그는 김계관, 고위급 장성 리찬복, 그리고 제1부상 강석주와 10시간이 넘게 대화를 나누었다. 가슴에 훈장 7개를 주렁주렁 단 리찬복과의 평양 문화궁전 회담에서 북한은 자신들이 세계에 접근하는 방식의 상당 부분을 특징짓는 포위 심리를 얼핏 드러냈다.

그는 분명하게 말했다. "침략에 반대한다는 보장이 없는 한, 우리는 무력으로 대비할 수밖에 없소. 우리는 미국이 언젠가는 우리나라를 군사력을 동원해 공격할 것이라고 믿고 있소. 우리는 그대로 무릎을 꿇고 노예가 되지 않을 것이오. 우리는 싸울 것이오."

오버도퍼가 대답 대신 물었다. "왜 당신들은 고농축 우라늄 프로그램을 시작했소?"

리찬복이 되받아쳤다. "협상 테이블에도 나가기 전에 핵 프로그램부터 포기해야 한다고는 생각하지 않소."

회담 중 기회가 여러 번 있었음에도 북한은 단 한 차례도 우라늄 프로그램에 대한 미국의 의혹을 부인하지 않았다.

대신 김계관 부상은 부시 행정부와 켈리가 취했던 '고압적이고 독단적인 태도'에 대해 불평을 되풀이했다. 실제로 우라늄 프로그램이 있느냐고 다그치자, 김계관은 켈리와의 회담에서 강석주가 했던 것과 똑같은 표현을 썼다.

김계관은 말했다. "우리는 핵무기를 보유할 권리가 있소. 우리가 실제로 갖고 있는지 없는지를 명확히 말해야 할 의무는 없소."

그러나 김계관은 평양이 협상을 통해 사태를 타개하고자 희망한다는 점만큼은 분명히 했다.

그는 두 미국인에게 말했다. "우리는 이처럼 중대한 문제를 대화와 외교로 풀기를 바라고 있소. 우리는 할 수 있는 모든 일을 다 해볼 참이오. 우리는 이 문제의 심각함과 불신감의 관점에서 볼 때 우리 능력을 최대한 발휘해 우리가 할 수 있는 최선을 다해왔소. 이제는 미국이 움직일 차례요. 미국은 우리가 핵 프로그램부터 포기하기를 바라고 있소. 저들은 우리더러 먼저 항복하라는 것이오. 양국 관계는 아주 적대적이오. 저들은 핵 공격을 하겠다고 우리를 위협하고 있소. 우리는 반격을 위해서 핵무기를 만들어야 할 위치로 내몰려왔소. 이것이 우리가 여러 가지 전술 무기에 관심을 쏟을 수밖에 없는 이유요."

몇 년 뒤 오버도퍼는 이렇게 회고했다. "우리는 꼬박 하루 반나절 동안 그 문제를 토론했다. 고농축 우라늄 프로그램이 있다는 것을 부정하는 말은 한마디도 없었다. 그러나 아무도 '갖고 있다'라고 명시적으로 말하지도 않았다. 다만 그것을 부인하지 않았다는 것이다. 핵심 주제는 어떻게 하면 그들이 그 상황을 벗어날 수 있는가 하는 것이었다. 그들은 켈리가 협상하지 않은 데 화가 나 있었다. 그들은 켈리가 협상을 맡은 사람이라고 생각했다."

도널드 그레그는 첫 회담부터 줄곧, 자신과 오버도퍼가 워싱턴에 전달해줄 수 있는 모종의 제스처나 직접적인 언급을 김정일로부터 받아내달라고 북한 관리들을 다그쳤다. 그것이 의미 있는 외교적 대화의 시발점이 되기를 희망해서였다. 출발 예정일 하루 전인 11월 4일 월요일 오후, 그들은 강석주 제1부상을 만났다. 북한 관리들이 이미 이전에 미국의 행동이 기본 합의를 '무효화'했다고 분명하게 밝힌 바 있음에도, 강석주는 그 협정이 여전히 살아 있기는 하지만 '실오라기에 매달려 있는 상황'이라고 했다. 그다음 강석주는 놀라운 얘기를 꺼냈다.

그는 방금 전 김정일과 회의를 마치고 나오는 길이라고 밝혔다. 강석주는 이어서 말했다. "당신들이 김계관과 논의한 사항은 국방위원회 김정일 위원장에게 보고되었소. 김정일 위원장은 부시 대통령 각하에게 구두 메시지를 전하기로 결정했소." 이어서 그는 한국어로 작성된 서류 한 장을 두 사람에게 건넸다. 비록 서명은 없었지만, 강석주는 그것이 경애하는 지도자가 미국 대통령에게 보내는 메시지의 전문임을 강조했다.

북한 통역관이 그들에게 서한을 통역해주었다. 서한은 다음과 같이 쓰여 있었다. "우리는 조선민주주의인민공화국과 미합중국 간 쌍방 관계에서 현재의 위기를 극복하고 새 장이 열리기를 기대한다. 우리는 현재의 핵 문제가 기본적으로는 우리나라 주권을 무시하고 노골적인 군사 위협을 가하는 미국의 적대 정책에서 기인했다고 믿는 바이다." 그러면서 서한은 다음과 같이 강조했다. "만약 미합중국이 우리 주권을 인정하고 불가침을 보장한다면, 우리는 반드시 새 세기의 요구에 따라 핵 문제를 해결할 방안을 찾을 수 있다는 것이 우리의 입장이다. [……] 만약 미합중국이 대담한 결정을 내린다면, 우리는 그에 합당하게 응할 것이다."[12]

강석주는 그레그와 오버도퍼에게 부시 대통령에게 전달되기 전까지는 그 메시지를 공표하지 말아줄 것을 요청했다.

두 사람은 서울로 돌아오자 안보 담당 부보좌관 스티븐 해들리의 비서에게 전화를 걸어, 자신들이 얼마 전 북한에 다녀왔는데 중대한 전달 사항을 가지고 돌아왔다며, 면담을 요청했다. 그들은 아울러 리처드 아미티지 국무 부장관과의 면담 약속도 잡았다.

워싱턴에 돌아온 직후, 그들은 해들리를 만나기 위해 백악관으로 갔다. 해들리의 좁아터진 사무실에서 두 사람은 평양에서의 면담 결과를 요약 설명하고 (김정일 서한의) 한국어 원본과, 북측 주통역관인 채순희가 제공한 번역본 한 통을 해들리에게 건넸다. 두 사람은 이것이 평양의 최고 지도자에게서 나온 보기 드문 제안이라는 점을 강조하며, 이것이 외교적 진전을 이룰 절호의 기회라고 평한 뒤, 답신을 보내라고 설득했다.

"비록 이것이 포킵 시(미국 남부의 산업도시-옮긴이)로 가는 열차 시각표였다고 해도(실현 불가능한 엉뚱한 제안이라는 뜻-옮긴이) 당신네는 답해줄 수 있소"라고 오버도퍼는 말했다. 그 서한은 다름 아닌 김정일이 보낸 것이기 때문이었다.

해들리는 답했다. "안 됩니다. 대통령은 그렇게 할 수 없소. 그것은 행패를 보상해주는 꼴이오."

해들리는 그 서한을 부시나 국가안보보좌관 콘돌리자 라이스에게 건네겠노라고 말했지만, 그레그와 오버도퍼는 실망감을 갖고 자리를 떴다. 다음은 오버도퍼의 짧은 소감. "매우 부정적인 반응이었다. 문을 닫아버리는 것이나 같았다."

이튿날 두 사람은 리처드 아미티지를 만나러 갔다가 전혀 다른 반응을 얻었다. 오버도퍼는 기억했다. "그는 이미 서한에 대해 알고 있었다. 그리고 자신과 파월은 매우 흥미를 갖고 있고, 뭔가 한건 이뤄지길 바란다고 했으며, 우리에게 매우 감사한다고 했다."

그레그와 오버도퍼는 아미티지에게, 자신들은 북한이 진실로 대화를 원한다고 느꼈노라고 말했다. 평양은 미국이 우라늄 활동을 적발하리라고는 미처 예상치 못했으며 어떻게든 벗어날 길을 찾고 있었다.

부시 행정부는 김정일의 서한에 결코 응하지 않았다.

당시 콜린 파월의 비서실장 로렌스 윌커슨에 따르면, 당시의 지배적인 분위기에서는 '협상'이라는 단어를 쓰는 것 자체가 강경파의 문제 제기를 부르는 보증 수표였다.

그는 한 인터뷰에서 말했다. "우리는 심지어 북한과 '협상한다'는 말도 거의 쓰지 않았다. 우리는 '회담한다' '교환한다' '과정'이라는 단어를 썼다."

아미티지는 좀더 직설적이었다. "부시 행정부에서 외교란, '됐어 임마, 우리가 하라는 대로나 해'였다"라고 말했다.

이 무렵 부시 행정부 내에서는 오히려 북한에 대한 중유 공급을 중단함으로써 압력 수위를 한 단계 높여야 한다는 합의가 널리 퍼졌다. 미국은 기본 합의 아래 KEDO가 매년 전력과 난방용으로 공급하는 50만 톤 분량의 중유를 사들이고 있었다. 중유 공급 중단은 심각한 에너지난에 시달리는 북한에 실질적인 타격을 줄 것으로 예상됐다. 이제 상대적으로 온건한 리처드 아미티지 같은 인사도 중유 공급을 끊는 것이 올바른 수순이라고 생각했다.

그는 한 인터뷰에서 말했다. "우리가 중유를 계속 공급하는 것은 말이 안 됐다. 그것은 과거에 합의되었던 것이다. 북한이 합의를 파기하는 상황에 이른 이상, 그것을 계속하는 것은 내게는 더 이상 말이 안 되는 것이었다."

2002년 11월 8~9일, 미국, 한국, 일본의 정부 관리들은 3국조정감독그룹TCOG 회의를 위해 도쿄에서 회합했다. 이 회의는 3개국 정부가 정책을 조정하기 위한 정례적인 포럼으로서, 중유 공급 중단이 주요 의제로 올라 있었다.

회의 개최 바로 며칠 전, 제임스 켈리와 미 국방차관 더글러스 페이스

Douglas Feith가 미국의 핵심 동맹국들에 압력을 행사해 평양에 대한 강경 대응에 찬성토록 하기 위해 서울과 도쿄를 방문했다. 페이스는 미국의 이라크 침공 계획과, 그리고 그 뒤의 형편없는 결과의 기획자가 됨으로써 논란의 대상이 된 인물이다. 한국, 일본 관리들과의 회의에서 그는 특별히 호전적인 분위기를 연출했다.

도쿄에서 가진 기자회견 자리에서 그는, 북한이 기본 합의를 위반한 데 대해 '응분의 대가를 치러야 한다'고 강력히 주장했다. 그는 또한 일본에, 부시 행정부 안보 현안의 핵심 사항인 미사일 방어망의 구축을 촉구했다. 그는 아울러 이를, '일본에 대한 북한의 미사일 공격이라는 심각한 위험'에 대한 대비용이라고 했다.[13]

페이스는 인터뷰에서 내게 말했다. "북한의 행동을 변화시키고자 한다면, 우리는 감언보다는 압력을 동원하는 것이 훨씬 더 성공 가능성이 있다." 그러나 그의 대화 파트너들에게는 이 같은 주장은 완전히 틀린 것으로 들렸다.

회의가 진행되는 사이, 42만 5천 톤에 이르는 11월 선적분을 실은 유조선은 이미 싱가포르를 출발하여 북한으로 가는 해상에 있었다. 제임스 켈리는 워싱턴의 강경파를 압박하면서도 배는 돌려야 한다고 말했다. 한국과 일본은, 이처럼 강경한 조처와 워싱턴이 평양에 대해 취하고자 하는 좀더 넓은 차원의 적대적인 자세 모두에 대해 불안해했다.

당시 논의에 참가했던 한 한국 외교관의 기억이다. "우리는 그다지 적극적이지 않았다. 그런 조치는 오히려 상황을 악화시킬 것이라는 게 서울의 일반적인 감이었다."

11월 13일, 부시는 국가안보회의를 주재해, 중유 선적에 대한 미국 정부의 후속 자금 지원 중단을 결정했다. 대결적 접근법을 삼가던 콜린 파월조차 한 목소리를 냈다. 그는 다음과 같이 기억했다. "그러나 이러한 충돌을 풀어낼 분명한 방법은 없었다. 〔……〕 그리고 궁극적으로 나는, 기본 합의가 침해된 상황에서는 기본 합의에 의한 중유 제공을 더 이상 정당화할 수 없었다. 그러나 나는 만약 중유를 끊는다면, 우리가 더 험난한 상황으로 가게 되리라고 알고 있었다."

중유는 미국이 이행해온 기본 합의의 마지막 책임이었으며, 북한의 플루토늄 프로그램 동결을 이어주는 마지막 연결 지점이었다.

대북 정책을 둘러싼 논란에도 불구하고, 또 그 와중에 발생한 10월 중순의 켈리 방북 소식, 그리고 그의 귀환 열흘 뒤 《유에스에이 투데이》의 바버라 슬래빈에게 정보가 누설됨으로써 미 행정부의 손발이 묶인 상황 등은, 기본적으로 강석주가 실제로 무엇을 말했고 무엇을 뜻했는지에 대한 합리적인 논의를 차단했다. 그가 말한 내용의 뉘앙스와 평양이 켈리의 의혹에 대해 반응할 때 북한식 사고방식의 특수성이 어떤 식으로 작용했는지는 당시 미국인들에게 지배적이었던 통념에 의해 흐려졌다. 강석주는 켈리로부터 설명을 요구받았고, 이에 대해 아는 것을 자인했다는 것, 북한은 기만에 몰두했었다는 것 등이다. 거두절미된 상황에서 행정부 관리들이 행한 강경한 언급들은 언론이 이 사건을 다루는 방식을 결정지었다. 실상은 이보다 훨씬 더 복잡하다는 것에 대한 인정 없이, 북한의 범죄성을 연일 부각시키는 것이었다.

한 예로, 강경파의 핵심인 더글러스 페이스는 11월 8일의 기자회견에서 "북한에 있는 동안 켈리 차관보가 알게 된 사실은, 그들이 핵무기를 추구하는 것 같다는 사실이 아니라 북한이 우라늄을 농축시키는 작업을 하고 있었다는 것"이라고 밝혔다.[14]

국무부의 한 전직 관리는 이렇게 진술했다. "일단 북한이 '우라늄이 있다는 것, 맞다'라고 말한 것으로 굳어지자, 그것은 우리가 갖고 있는 가장 중요한 사실이 됐다. 북한의 시인, 그것이 우리가 가진 가장 설득력 있고 부인하지 못할 물증이었던 것이다."

그럼에도 켈리-강석주 회담의 실제 원본을 본 많은 사람들은 의구심을 갖고 있었다. 켈리 대표단에 소속됐던 세 명의 한국어 구사자들은 충분한 시간을 갖고 자기네의 원래 속기 내용을 다시 살펴보며, 좀더 상세한 기록을 준비했다. 이를 읽어본 몇몇 인사들에 따르면, 좀더 주의 깊게 완성된 이 기록은, 평양 외무성 건물에서 강석주의 설명을 보고 들었던 사람들을 크게 놀라게 했던, 바로 그 '자인confession'의 느낌이 빠져 있었다.

"나는 회의석상에서 뭔가를 들었다는 사람들이 내가 재작성된 의사록에서 읽었던 것과는 뭔가 다른 식으로 들었다고 늘 생각해왔다." 당시 이 기록을 접했던 한 전직 고위 정보 분석관의 말이다. 그는 덧붙였다. "나는 사람들이 손짓이나 몸짓에 기초해 저마다 다른 해석을 내릴 수 있다고 생각한다. 회담에서 나온 속기록은 그런 몸짓이나 손짓이 고농축 우라늄 부분에 관한 것으로 되어 있다. 나는 의사록 원본을 보고 또 보았으며, 만약 다른 사람이 읽어본다면 그렇게 이해할 수도 있다고 본다. 하지만 나는 그것을 찾지 못했다. 북한은 허를 찔린 것이며, 아무리 우리가 설득을 한다 해도 받아들이지 않을 그런 태도를 유지한 것이다. 그래서 그들은 그렇게 말했던 것이다. 그들이 고농축 우라늄의 존재를 인정했다는 기록은, 그 회의 내용과 분위기가 입에서 입으로 전해질 때와 마찬가지로 그렇게 확실한 것은 아니다."

강석주의 '그보다 더한 무기'에 대한 언급은 오해의 가능성을 예고했다. 그러나 당시에는 켈리 팀의 그 누구에게도, 이 표현이 도대체 무슨 뜻인지 되물을 생각은 들지 않았다. 훗날 중국 외교부 아시아국장 푸잉은 북한 관리들에게 확인 설명을 요구했다. 그들은 그녀에게, '무기'는 사실 단순히 '북한 인민의 위대한 힘'에 대한 언급이었을 뿐이라고 말했다.

마찬가지로, 부시 행정부가 중유 선적을 중단하는 운명의 결정을 내릴 때도 북한이 이에 대해 어떻게 나올 것인가에 대한 실질적인 토론이 거의 없었다. 데이비드 스트라우브는 이렇게 기억했다. "우리는 그런 결정에 혹시 문제가 있는 것은 아닌지, 우리가 취할 수 있는 또 다른 전략은 없는지 등을 따져보는 데 아무런 시간도 들이지 않았다. 바로 그랬기 때문에 여섯 살 난 꼬마가 장기를 두듯이 후딱 결정을 내린 것이다. 그들은 바로 다음 말만 따먹으면 승리할 수 있다는 것만 생각했던 것이다." 강경파들에게는, 평양을 쥐어짜는 것은 비밀 고농축 우라늄 프로그램 혐의를 시인한 데 대한 응징일 뿐만 아니라, 그렇게 함으로써 김정일 정권의 붕괴를 촉진하려는 좀더 큰 목표와도 잘 맞아떨어지는 일이었다.

2002년 몇 달간, 북한에서 정권 변동regime change이 곧 일어날 수도 있다는 부시 행정부의 희망은 CIA가 '상당한 불안 징후significant signs of unrest'라고 한 것에 의해 부채질됐다. CIA 서울 지국은 북한의 군부나 일반인들 내부에서 모두 불만이 증가하고 있다고 보고했다. 증거는 김정일 타도를 촉구하는 내용의 전단이 평양 거리에 뿌려졌다는 것, 심지어 김정일 정권에 반대하여 반체제 집단을 조직하려는 시도가 있다는 것 등이었다.

이 같은 흥미를 돋우는 설명은, 역시 북한 체제의 취약성fragility을 강조하는 미국 국제개발처USAID의 보고와도 일치했다. USAID의 수장 앤드류 나시오스Andrew Natsios가 의뢰한 연구는 이를 수행했던 개발 전문가

로버트 거소니Robert Gersony가 비밀리에 중국 국경을 따라 북한 쪽을 여행한 바 있어 기밀로 분류됐다. 그의 결론은 북한의 붕괴가 가까웠다는 것, 그리고 1997년 기아 사태의 시점에 이미, 미국을 비롯한 국제사회의 원조가 지탱해주지 않았다면 붕괴했을 수도 있다는 것이었다.

CIA의 평가와 거소니 보고서는 정확히 우라늄 이슈가 표면에 떠오르던 바로 그 시점에 미국 정부의 최고위층에 회람되고 있었다. 일부의 설명에 따르면, 체니 부통령과 부시 대통령 자신이 이에 대해 보고 받았으며, 이는 김정일이 곤란한 상태이며, 미국이 해결해야 할 마지막 과제는 붕괴에 대처하는 것으로 그렇지 않을 경우 북한 정권을 정당화해주게 될 것이라는 강경파의 주장에 무게를 실어주는 결론이 덧붙여졌다.

그러나 2002년 몇 달간 이러한 첩보가 한 바퀴 돈 뒤, CIA는 돌연 보고 과정 전체를 중단했다. 이 사안에 대해 보고를 받았던 한 미국 관리에 따르면, 당시 CIA는 출처의 신뢰성이 떨어진다고 판단했으며, 워싱턴이 듣고 싶어 할 것이라고 생각되는 말을 들려주기 위해 날조되었거나 과장되었을지도 모른다고 판단했다. 한 전직 정보 분석관은 진술하기를, "북한 인민군 장성들이 김정일을 축출할 계획을 꾸미고 있다는 것과 같은 보고서의 일부 내용은 상당히 믿기 어려웠다. 그런 것들이 유출되거나 알려지게 될 정도로 허술하게 서류 작업을 했다면 그것은 작성자가 미쳤거나, 아니면 북한에 의한 역정보 시도였을 것이다."

첩보 내용을 들여다본 한 고위 관리는 훗날 CIA에 의해 반정부 움직임으로 묘사되었던 것은, 사실은 북한 군부 집단 내 소수 불평분자의 단발적인 사건에 불과한 것이라고 말했다. 이 관리는 말했다. "그것은 단순한 항명 사건으로, 소동을 벌여 무기고를 털었던 사건이다." 보고 내용 중 좀더 극적인 요소는 내용이 입증될 수 없었다. 이 관리는, "사람들은 그 사건을 정치적인 반란으로 성격을 잘못 규정하거나 잘못 분석했다"라고 덧붙였다.

그러나 정치 소요 견해를 지지하는 첩보가 철회된 이후에도, 북한이 붕괴할 형국이라는 판단은 부시 행정부 안에 널리 퍼져 있었다. 전직 정보분석관에 따르면, "최고위층 인사들은 절대적으로 그 생각에 이끌렸다. 보고가 없었던 일이 되고 나서도, 사람들은 북한이 벼랑 끝에 있다는 생각을 버리지 않았다. 그리고 그들은 자기네 의견에 찬동하지 않는 견해를 묵살하는 데 이용했다."

KEDO 본부는 뉴욕 3번가의 한 업무용 건물에 사무실을 두고 있었다. 2002년 11월 14일, KEDO의 집행이사회를 구성하고 있는 미국, 한국, 일본 그리고 유럽연합의 대표들이 이 기구의 역사상 가장 중요한 회의를 시작했다.

찰스 카트먼은 KEDO의 사무국장이었지만, 그의 오랜 친구이자 예전 동료였던 찰스 프리처드는 이 컨소시엄에 파견된 미국 정부의 공식 대표였다. 한나절에 걸쳐 토의가 진행되는 동안, 프리처드는 자기 주관에 따라 행동할 수 없었다. 대신 그는 대부분 국가안보회의의 강경파에 의해 구상된 행정부의 지시에 따라 움직이며, 가능한 한 강경하게 표현된 발언을 내세워 북한에 대한 중유 공급 중단을 발표했다.

다른 대표들, 특히 한국과 일본의 대표들은 이에 대해 기분이 언짢았다.

회의장에 있었던 한 한국 인사에 따르면, "기본적인 정치적 주장은, 우리는 우리 나름의 시간을 가져야지 갑자기 이런 식으로 해서는 안 된다는 것이었다. 우리는 상황이 더 악화되는 방향으로 고조되지 않을까 걱정했다. 이것이 바로 우리가 전달하고자 했던 기본적인 메시지였다."

일본의 한 고위 관리는 말했다. "중유 공급의 중단과 KEDO 협정의 폐기는 틀림없이 북한이 반격 수단을 취하는 결과를 가져올 것이다. 나는 중유 공급을 중단키로 한 결정이 연쇄 반응을 일으킬 것이라고 생각한다."

찰스 카트먼도 평양이 어떻게 반응할지에 대해 비슷한 우려를 표시했다. "나는 북한이 기본 합의 준수를 중지할 것이라고 생각했다. 나는 이 사회의 모든 사람에게, 만약 우리가 기본 합의의 문맥에 담겨 있는 일들을 하지 않는다면, 북한이 영변을 재가동할 것이라고 예견하기도 했다."

논의가 계속되면서, 프리처드는 연신 전화를 받으러 나갔다. 통화 상대는 존 루드로서, 그는 국가안보회의 비확산국의 로버트 조지프 밑에서 일하고 있는 강경파였다. 루드는 심지어 이미 제안된 결의안의 표현을 더 강하게 할 것을 주문했다.

한 해 전 봄부터 KEDO에서 일했던 전직 정보 분석관 로버트 칼린에 따르면, 프리처드가 이 문제에 대해 실질적인 발언권이 없었던 사실, 그리고 심지어는 아주 세세한 표현까지 워싱턴의 지시에 따라야 할 정도로 바짝 통제되고 있다는 사실은, '책과 다른 대표들에게 당혹스러운 일'이 되었다. 그에 따르면, 그것은 정책이 어디에서 나오는지를 보여주었던 것이다.

이와 동시에, 국가안보회의 관리들은 또한 한국과 일본 정부가 자기네 대표들에게 미국의 입장을 지지하는 지시를 내리도록 압력을 행사하기 위해, 협상 상대국들인 도쿄의 총리실과 서울의 청와대를 방문했다.

마침내 양국 정부는 마지못해 양보했다.

김대중 전 대통령은 다음과 같이 말했다. "북한에 대한 중유 지원의 중단 결정은 잘못된 결정이었다. 나는 그 결정을 반대했다. 그러나 당시 미국의 입장이 워낙 단호했다. 당시 모든 상황을 통제하고 있던 쪽은 미국이었고, 그래서 나는 더 이상 반대할 수 없었다."

일본과 한국의 대표들이 본국 정부로부터 미국의 입장에 찬성 표결하라는 지시를 받았을 때, 그들의 얼굴은, 로버트 칼린의 표현에 따르면, '잿빛'이 되었다.

11시간 계속된 회의가 끝난 뒤, KEDO 집행이사회는 북한에 대한 중유 공급의 중단을 밝히는 성명을 발표했다. 성명은 미 행정부 내 강경파의 표현을 사용하여, 이사회가 '기본 합의, 비확산조약NPT, IAEA 안전협정, 그리고 한반도 비핵화를 위한 남북 공동선언 하의 의무 규정에 대한 명백하고 심각한 위반인 북한의 핵무기 프로그램 추구를 비난하기로' '합의'(워싱턴이 동맹국들의 목구멍에 강제로 밀어 넣어 통과된 결정임을 감추기 위한 외교적 허구)했다고 언급했다.

성명은 북한의 핵무기 프로그램에 대해 '지역 안보 및 국제 안보를 위협하는 모든 책임 있는 국가에 대한 공동의 도전'이라고 말하며, '북한은 즉각 가시적이고 검증 가능한 방식으로 핵무기 프로그램을 폐기할 것'을 요구했다.

KEDO의 발표는 켈리의 강석주에 대한 연설 및 그 이후의 숱한 미 행정부 성명과 마찬가지로, 항상 의심 많고 극도로 예민한 북한으로부터, 가장 쉽게 부정적인 반응을 촉발할 수 있는 바로 그런 식의 논조를 채택했다. 그것은, 평양의 시각에서 볼 때, 의심의 여지없이 미국의 요구에 대한 굴복으로 해석될 수 있는 일련의 협상 불가능한 요구들을 제시했다.

미 국무부의 한 한국 전문가는 경악했다. "우리는 '엿 먹어라fuck you'라는 말에 대해 도덕적 만족감을 갖고 있었다."

그러나 부시 행정부는 이렇게 도전장을 내밀면서도, 북한의 반응을 처리하는 데 있어서는, 단지 추가 압력이 북한의 항복을 가져오거나, 이보다 양호한 경우 붕괴를 가져올 것을 희망하는 외에는, 아무런 대책이 없었다.

각국 대표들이 그 쌀쌀했던 11월의 저녁, KEDO 사무실을 떠난 뒤, 카트먼과 프리처드의 우려감은 더욱더 커졌다.

프리처드의 기억. "우리는 크나큰 절벽에서 떨어지는 중대 조치 하나를 방금 막 취했다는 것을 알았다."

제8장

벼랑 끝에 서다

미국의 조치에 맞서 북한은 비확산조약을 탈퇴하고
핵 시설을 재가동하겠다고 선언하다

영변 원자력연구소는 평양 북방 100킬로미터의 험준한 계곡에 자리 잡고 있으며, 북한 풍경의 상당 부분을 좌우하는 깎아지른 화강암 봉우리들이 양 옆으로 줄지어 서 있다. 이 봉우리들 중 한 꼭대기에 김정일의 별장으로 자주 이용되는 장쾌한 전망을 가진 초대소가 있다. 구룡강이 이 계곡을 관통하여 흐른다. 신화에 따르면, 해마다 아이들 9명이 강에서 죽는데, 이는 강에 사는 용 9마리를 달래기 위해서란다.

강둑을 따라 울퉁불퉁 먼지 나는 도로를 달리면 영변 읍내의 중앙 광장에 이른다. 발코니마다 설치한 석탄 조리 기구에서 나온 검댕을 뒤집어쓴 한 무더기의 정체 모를 아파트 건물들은 북한의 핵심 핵 시설 직원들이 거주하는 곳이다. 선전 포스터들이 도로에 줄을 이었는데, 용맹스러운 병사들이 제국주의 적을 물리치거나, 건장한 젊은이들이 결연한 모습으로 인공기를 흔드는 모습이다.

광장을 지나면 먼지 나는 도로는 땅을 파고 설치한 기관총과 군인들이 지키고 있는, 높이 3미터 길이 6미터의 철제 대문에 이른다. 내부에는, 대학 캠퍼스와 실험 단지의 중간쯤 되어 보이는 여러 채의 건물들이 전력과 난방을 공급하는 거대한 지상 증기 파이프로 연결되어 있다. 그러나 수백 미터마다 파이프가 빈 곳이 있다. 겨울의 혹독한 추위 속에, 파이프에서는 증기가 뿜어져 나오고, 이는 곧 수분으로 응결되면서 얼어붙어 고드름이 된다.

단지의 한복판에 또 다른 삼엄한 경비가 이뤄지는 가운데 철제 대문이 열린다. 1994년 핵 위기의 한복판에서 플루토늄을 생산했던 5메가와트급 원자로가 있는 곳이다. 바로 옆의 움푹 들어간 건물은 사용후 연료를 보관하는 저수조storage ponds가 있는 건물로, 이는 기본 합의에 따라 영변 시설을 동결키로 한 평양의 결정 이후 국제 사찰 아래 놓여 있었다.

높이 30미터 폭 10미터의 이 저수조는 수백 개의 스테인리스 저장용기canisters를 담가두도록 설계되었다. 미국에 의해 제공된 캐니스터에는 개당 40개의 사용후 연료봉을 담았다. 2002년 12월, 재처리될 경우 핵폭탄 5~6개를 제조할 무기급 플루토늄을 생산하기에 충분한 양인, 사용후 연료봉 8천 개가 바로 이곳에서 봉인됐다. 1990년대 중반 이후, 영변 단지 전체는 미국 기술 전문가의 도움으로 국제원자력기구IAEA에 의해 정밀하게 감시되어왔다. 모든 저장용기는 봉인되었으며, 폐쇄회로 카메라 15대가 영변을 24시간 감시할 수 있도록 했다. IAEA 사찰관 2명도 정기적으로 핵 시설에 상주했다. 매일 저녁, 두 사람은 이튿날 오전 사찰 활동을 벌일 단지 내의 건물을 통지하도록 되어 있다. 경우에 따라 '기습 사찰'을 위해 사찰 예정 1시간 전 통지를 보내기도 한다. 그것은 냉엄한 업무였다. 사찰관들은 교대되어 떠나기 전 한 번에 2주씩 우중충하고 으스스한 영변 단지의 외부인 숙소에 머물렀다. 한 사찰관은 1년 동안 3번 영변에 머무르기도 한다.

2002년 크리스마스 몇 주 전, 영변에 있던 IAEA 모니터 요원 2명(레바논 출신 1명, 중국 출신 1명)이, 지난 8년간 동결됐던 핵 프로그램의 국제 사찰을 가능케 한 장비들을 북한 관리들이 차례차례 폐기하는 모습을 속수무책으로 지켜보며 서 있었다. 12월 21일 금요일, 5메가와트 원자로 장비의 봉인이 제거됐다. 감시 카메라는 전원을 끊고, 커버를 씌워, 벽면을 향해 돌려졌다. 이튿날, 북한은 8천 개의 사용후 연료봉을 담가둔 저수조에 대해서도 똑같은 조처를 취했다. 주말에 이르자 영변 단지의 모든 건물에 있는 봉인과 카메라가 제거됐다. 일단 작업을 완료하자 북한 관리들은 맥주병을 가지고 나와 이를 기념했다.

평양의 핵 돌파가 진행되고 있었다.

당초 평양에서는 침묵이 이어졌다. KEDO 이사회가 11월 14일 중유 선적 중단을 발표한 뒤 꼬박 1주일간 북한은 아무런 대응도 하지 않았다. 심지어 11월 16일, 《워싱턴 포스트》가, 부시 대통령이 김정일을 비난했던 밥 우드워드의 지난 8월 인터뷰 기사를 내보낸 뒤에도 평양은 침묵했다. 1쪽짜리 보도는 부시가, 소리를 지르고 삿대질을 해가면서, "나는 김정일을 혐오한다. 나는 그 사람에 대해 본능적인 거부감을 갖고 있다. 자신의 국민을 굶겨 죽이고 있기 때문이다"라고 말했던 것으로 묘사했다. 그 기사는 부시의 대북 태도를 요약하여, "그가 현상 유지에 만족하지 않고 있음은 분명하다"라고 썼다.[1]

사흘 뒤, 42만 5천 톤의 마지막 중유 선적분을 실은 유조선이 남포항에 정박했다. 그로부터 사흘 뒤, 평양 외무성은 마침내 미국이 기본 합의를 붕괴시켰다고 비난하며 혹독한 비난 성명을 발표하는 것으로 대응했다.

성명은 "미국은 경수로 건설을 철저하게 지연시키고, 조선민주주의인민공화국을 선제공격할 계획을 세웠으며, 특히 우리를 '악의 축' 명단에 올려놓았다"라고 선언했다.[2] 성명은 또, 미국에 북한과 불가침조약을 맺을 것을 요구했다. 그러나 성명은, "조선민주주의인민공화국은 지금까지 최대한 인내심을 발휘해왔다"라고 경고했다.

2002년 11월 25일, 북한의 주요 신문은 보다 직설적인 경고를 보냈다. 관영 《로동신문》은 주장했다. "조선민주주의인민공화국은 기본 합의의 채택 이후 지난 8년간 막대한 전력 손실에도 불구하고 핵 시설 동결을 유지해왔다. 현재의 엄중한 상황은 공화국을, 더 이상은 기본 합의를 존중할 수 없는 단계로 몰아넣고 있다. 미국은 조선민주주의인민공화국에 대한 중유 공급을 중단키로 한 결정이 수반할 심각한 후과에 대해 전적으로 책임을 지게 될 것이다."[3]

사태 악화가 그 정도로는 부족하다는 듯이, 12월 10일 아라비아 해 수평선에 날이 밝아오자 나바라Navarra 호와 파티노Patino 호라는 두 척의 스페인 함정이, 예멘으로부터 9백 킬로미터 떨어진 곳에서 녹슨 화물선 한 척과 마주쳤다. 스페인 선박들은, 당초 해상을 통해 아프가니스탄으로 도망하는 알카에다 전사들을 저지할 목적으로 조직된 미국 주도의 다국적 해군 작전 '태스크포스 150' 병력의 일부였다. 화물선의 이름은 페인트로 덧칠했으나, 이 선박의 정체는 미국에게는 결코 비밀이 아니었다. 이 선박은 '서산'호였으며, 11월 말 소속항인 북한의 남포항을 떠난 이후 줄곧 정찰 위성과 해군 함정의 추적을 받아왔다.

스페인 선박은 서산호에 정지 신호를 보냈다. 서산호가 이에 불응, 나포를 피해 달아나려 하자, 나바라 호는 3회에 걸쳐 경고 사격을 가했다. 그다음, 저격수가 서산호의 마스트 줄을 조준사격을 통해 절단, 서산호에 승선할 스페인 병력을 실은 헬리콥터 위치를 낮출 수 있게 했다. 서산호 화물 목록은 적재 화물로 시멘트를 기재했으나, 신속한 검색 결과 15개의 재래식 탄두, 질산 추진제 탱크 23개, 그리고 정체불명의 화학물질 85드럼과 더불어, 은닉한 스커드 미사일 15기를 찾아낼 수 있었다. 스페인군이 서산호에 승선하는 동안, 해병대, 헬리콥터, 그리고 헤리어 수직이착륙기를 탑재한 미 해군 나소Nassau 호가 인근 해상을 초계했다. 스페인군은 지원을 요청했다. 미국 폭발물 전문가가 승선한 뒤, 서산호는 미 해군에 인계되었다.

이와 같은 미사일 수출은 북한 정권에 얼마 안 되는 경화 수입원이었다. 서산호 규모의 미사일 판매는 평양에 약 5천만 달러의 수입을 올리게 해주었을 것이다. 워싱턴은 수년간 이런 식의 거래를 알고 있었지만, 미국이 북한 선박을 공해상에서 저지하기는 이번이 처음이었다. 이와 같은 공격적 움직임은 대량살상무기의 확산을 막기 위해 새롭게 선제적 조치preemptive measures를 취하겠다는 부시 행정부의 의지가 담겨 있었다.

그러나, 성공적인 결과를 동반한 과감한 기습으로 보였던 이번 경우는 곧 당혹스러운 대실패로 귀결됐다. 이 미사일은 사실 예멘 정부가 주문한 것으로, 예멘은 즉각 자기네가 합법적으로 미사일을 주문했으며, 항해를 계속할 수 있도록 서산호를 풀어줄 것을 요구했다. 예멘의 주장이 옳았다. 서산호의 서류에 미심쩍은 부분이 있어도, 유도미사일의 국제 판매는 위법 사항이 아니었다. 예멘이나 북한 모두, 미사일 수출을 방지하기 위한 자발적인 국가들의 연합체인 미사일기술통제체제MTCR의 서명국이 아니었다. 이 같은 곤혹스러움에 덧붙여, 2000년 10월 예멘의 수도 아덴 항구에 정박 중인 미 해군 콜Cole 호에 대한 알카에다의 폭탄 테러 이후, 부시 행정부는 테러와의 전쟁에 대한 예멘의 지지를 얻기 위해 우호적인 관계를 형성하려고 애써왔다. 예멘 대통령과 딕 체니 부통령 간에 몇 차례 불쾌한 전화 대화가 오고 간 뒤인 12월 11일, 즉 나포된 지 하루 만에, 서산호는 항해를 계속하도록 허용됐다.

이 사건은 당시 수면 위로 부상하던, 평양을 다루기 위한 부시 행정부의 새 전략, 즉 북한을 변화시키고 부시 행정부 일각에서 기대하던 정권 변동을 강제하기 위해 경제적·정치적 압력을 병행한다는 '맞춤형 봉쇄 tailored containment'의 상서롭지 못한 출발이었다. 맞춤형 봉쇄라는 용어는 부시 대통령과 그의 최고 참모들의 검토를 위해 12월 한 달 사이 일련의 보고서들이 작성된 이후 등장했다.

그중 한 문건은 국가안보회의의 아시아 전문가로서, 켈리의 10월 방북단 일원으로 참가했던 마이클 그린에 의해 집필되었다. 그린은 자신의 제안을 '국제적 접근'이라고 불렀다.

그린은 한 인터뷰에서 다음과 같이 설명했다. "보고서의 핵심 주장은, 문제를 봉쇄하기 위해서는 동맹국들을 동참시켜야 한다는 것이었다. 우리는 동맹들이 그 같은 동참에서 이탈하지 않도록 하기 위해서도 외교적 노력을 해야 하지만, 일단 외교가 실패했을 때도 그렇게 해야 한다. 우리는 뭔가 큰 그림의 일단을 살짝 보여줄 필요가 있고, 약간은 힌트도 줘야 한다. 왜냐? 우리가 만약 외교적 과정을 거치려 하지 않으면 동맹국들은 북한에 대해 강경한 태도를 취하거나 북한을 압박하려 하지 않을 것이기 때문이다. 그러나 우리 자신은 매우 강경해질 필요가 있다."

두 번째 보고서는 부통령실의 사만사 래비치에 의해 작성됐다. 그녀의 강경 노선 시각은 그녀의 상관의 시각을 반영했다. 그녀의 보고서는 '정권 변동'이라는 제목이 붙었으며, 김정일의 몰락을 최우선의 즉각적인 미국 외교 목표로 만들 것을 제안하고 있다.

국가안보회의 비확산 부서 책임자 로버트 조지프와 그의 부관 조지프 루드는 세 번째 보고서 '맞춤형 봉쇄'를 작성했다.

조지프는 이 책을 위한 인터뷰에서 당시 상황을 다음과 같이 회고했다. "기본 발상은 정권의 생명을 연장시키는 원조 따위는 계속하지 말아야 한다는 것이며, 그렇게 함으로써 핵 위협을 연장시키지 말아야 한다는 것이다." 오히려 조지프 보고서의 제안은 제재, 경제적 압력의 가중, 북한 무기 수출에 대한 차단을 통해 김정일 정권의 주 수입원을 빼앗자는 것이었다. "정권의 생명을 연장시키는 편에 서는 것은 도덕적으로 역겨운 일이었다"라고 조지프는 말했다.

맞춤형 봉쇄에 찬성했던 한 외교관은 말했다. "목표는 김정일 정권을 천천히 손상시키는 것이었다. 나무를 예로 들어보자. 조금씩 조금씩 나무를 잘라내면 나무는 아주 오랫동안 쓰러지지 않겠지만, 점점 쓰러지는 방향으로 간다. 내 생각은 우리가 그 정권의 위험한 행동 요인들을 처리해 천천히 위해를 가하는 것이며, 그러다 보면 결국 정권을 몰락시킨다는 우리의 희망도 이뤄질 수 있다는 것이다."

이 같은 보고서들이 관료 기구들 사이에 나돌면서 올바른 접근법에 대한 격렬한 논쟁이 벌어졌다. 그린과 그의 상관이자 국가안보회의 아시아 국장 짐 모리아티 Jim Moriarty는 국무부 제임스 켈리의 지원을 받으며 로버트 조지프와 그의 강경파 지지 세력들과 격돌했다. 조지프는 미국의 일방적인 행동을 지지했다. 그의 반대자들은 맞춤형 봉쇄가 미국의 정책이 된다손 치더라도, 워싱턴의 아시아 측 파트너들이 참여하지 않으면 실효를 보지 못할 것이라고 주장했다. 당시 국무부 한국 데스크 과장이었던 데이비드 스트라우브는 말했다. "어떻게 우리가 맞춤형 봉쇄를 할 수 있겠는가? 누가 우리를 도와 북한을 봉쇄하려고 하겠는가?" 이를 지켜본

한 목격자는 '고성과 고함이 오가는 아주 큰 싸움'이었다고 기억했다.

결국 국가안보보좌관 콘돌리자 라이스가 맞춤형 봉쇄 옵션을 승인해 그것을 국가안보회의 회의에서 대통령에게 제출했다. 부시는 중국의 참여를 고집해, 미국이 단독으로 행동하기를 바라는 강경파들의 희망을 희석시켰지만, 그렇다고 장기적으로 김정일 정권의 종식에 대한 기대를 철회한 것은 결코 아니었다.

그러나 한편으로 조지프는 12월 말《뉴욕 타임스》의 마이클 고든과 배경 설명 인터뷰를 갖고, 맞춤형 봉쇄가 미국의 새 대북 정책이라고 말했다. 마이클 그린이 배석했지만 그는 기자의 면전에서 상급자인 조지프의 견해에 배치되는 말을 할 수 없었다. 새 정책을 어떻게 실행할 것인가에 대한 내부의 혼선에도 불구하고, 맞춤형 봉쇄는 워싱턴의 대북 대결적 접근법의 공식적인 간판이 되었다.

이 같은 완력 위주의 태도는 2002년 12월 중순 기밀 해제된 국가안보대통령명령 NSPD의 출판물에도 잘 반영되어 있었다. 당초 이 명령은 5월 17일, 대통령에 의해 서명된 문건이었다. 명령은 행정부의 새 선제행동 preemption 원칙을 다루고 있었다. 이 문건은 다음과 같이 기록했다. "미국은 미국과 해외 주둔 미군, 그리고 우방국과 동맹국의 이익에 반하는 모든 것에 대해 모든 옵션과 대량살상무기의 사용까지를 포함한, 압도적인 힘으로 대응할 권리를 가지고 있음을 앞으로도 계속 분명히 할 것이다."《워싱턴 포스트》는 기밀 분류된 부록이 미국의 이 같은 원칙의 핵심 대상이 되는 국가들 가운데 북한을 끼워 넣었다고 보도했다.[4]

동시에 부시 대통령은 행정부의 미사일 방어 정책을 개괄하면서 북한을 잠재적 목표물로 지명한 또 다른 NSPD를 재가했다. 이것은 언론 보도를 의도한 것은 아니었으며, 6개월 후 보수적인《워싱턴 타임스》의 빌 거츠Bill Gertz에게 새어 나간 뒤에야 햇빛을 보게 됐다. 2006년 12월 16일자의 NSPD는 다음과 같이 기술하고 있다. "북한과 같은 일부 국가들은 대량살상무기와 장거리 미사일을 미국과 우리 동맹국들을 강제하는 수단으로서 공격적으로 추구하고 있다. 그런 위협을 억지하려면, 강탈과 침략의 수단인 미사일의 가치를 떨어뜨려야 하며, 이를 통해 미사일 공격 위협이 우리를 협박하는 데 성공할 것이라는 적대국들의 자신감을 좌절시켜야 한다. (……) 본인은 이 같은 위협을 인식하면서, 미국은 장거리의 재래식 공격 능력과 핵 공격 능력, 미사일 방어, 그리고 활발한 산업적 인프라와 연구 인프라로 이뤄진 새로운 3대 핵전력a new triad을 배치하는 데 미국이 반드시 진전을 이룰 것을 지시한 바 있다."[5]

북한은 지구상에서 가장 비밀스러운 사회였다. 김정일 정권의 정책 결정은 불투명하기로 악명 높고, 평양의 진정한 의도와 정책적 입장을 해독하는 일을 지독히 괴로운 업무로 만들어놓곤 하는 호언장담과 수사적 표현의 베일에 가려 있었다. 국가의 선전기구들은 '미 제국주의자들'의 '도적 같은' 행동과 '저열한 음모'에 대해 틀에 박힌 비난을 쏟아내고, "양키들에 대해 불타는 적개심을 가진 조선민주주의인민공화국 군대와 인민은 죽음을 무릅쓰고 한판 전쟁을 벌일 각오로 넘쳐나고 있다"는 열띤 경고를 곁들이며, 북한은 매우 괴팍하고 위협적인 지도자에 의해 운영되는 세계에서 가장 미쳐 돌아가는 정치 체제의 면모를 너무 쉽게 과시했던 것이다.

그러나 사실, 미국과의 위기가 깊어가면서, 북한은 자신의 우려와 경고를 의심할 여지없이 분명히 하기 위해 당초의 방식과는 달리 나갔다. 평양은 켈리의 방북에서 시작해 미국과의 직접 협상을 되풀이 호소했으며, 핵 프로그램을 협상 테이블에 올려놓겠다는 점, 그리고 우라늄 문제에 대한 미국의 관심을 만족시킬 용의가 있다는 점, 그러나 이러한 목표들은 상호 합의의 맥락에서만 도달할 수 있다는 점 등에 대해 분명한 암시를 흘렸다. 북한은 미국의 요구에 먼저 굴복하는 식의 조처는 취하지 않으려 했다. 중유 공급을 끊겠다는 KEDO의 결정 직후, 북한은 또 한 번 대화를 요구하면서 인내력이 다했다는 신호를 보냈고, 플루토늄 프로그램을 중단시킨 기본 합의의 일부로서 이행했던 핵 동결을 중지할 수 있다는 암시를 보냈다.

서산호의 나포 이틀 뒤, 북한은 경고를 실행에 옮겼다. 국영 조선중앙통신은 외무성을 대신한 성명을 내고, "전력을 생산하기 위해 즉각 핵 시설의 가동과 건설을 재개하겠다"고 공표했다. 성명은, 핵 동결 조치는 '조미 기본 합의 아래 중유 50만 톤이 매년 공화국에 공급된다는 전제에서' 이행되어왔다고 주장했다.[6]

아직은 명목상으로 미 행정부의 대북 접촉 창구였던 찰스 프리처드에게 보낸 서한에서, 평양의 유엔 대사 박길연은 다음과 같이 썼다. "미합중국은 조미 기본 합의를 체계적으로 위반한 뒤 중유 공급 의무를 일방적으로 포기함으로써 기본 합의를 완전히 깨트렸다. 우리는 이미 누가 이에 대해 책임이 있는지를 분명히 한 바 있다."[7]

그러나 조선중앙통신의 공식 성명은, 성명에서 언급하지 않은 부분에서도 의미심장했다. 성명의 강조점은 전력 생산에 있었다. 사용후 연료를 무기급 플루토늄으로 재처리하겠다거나 핵폭탄을 제조하겠다는 위협은 없었던 것이다. 아울러 성명은 평양이 원하는 코스는 워싱턴이 용의가 있다면 직접 협상을 하겠다는 것임을 암시했다. "공화국이 핵 시설을 재동결할지 아닐지는 전적으로 미국의 태도에 달려 있다"라고 성명은 주

장했다.[8]

전직 국가안보회의 비확산 전문가 개리 새모어는 북핵 위기에 대한 연구에서 다음과 같이 쓰고 있다. 평양이 쓸 수 있는 도발적인 조치의 범위에 비춰볼 때, "이 같은 발표는 상대적으로 신중한 행보로 보였다. 위기를 절정으로 치닫게 하기보다는 워싱턴에 대한 정치적 압력을 높이려는 의도였던 것이다. 원자로를 재가동하는 것은 실질적인 문제로서 직접적인 위협은 되지 못했다. 북한의 핵 시설은 적어도 1년간은 상당량의 추가적인 플루토늄을 생산할 수 없었기 때문이다."[9]

그러나 워싱턴은 여전히 굽히지 않았다. 콜린 파월은 '북한의 그릇된 행동에 대한 보상은 우리가 할 수도 없고 하지도 않을 것'이라는 행정부의 입장을 되풀이했다. 부시에 의해 미 국방부의 자문기구인 국방정책위원회의 위원장에 임명됐던 저명한 네오콘 리처드 펄Richard Perle은, '관련된 위험이 상당히 위중하기 때문에' 북한에 대한 무력 사용도 배제할 수 없다고 말했다.[10]

북한은 끄떡도 하지 않았다. 크리스마스 이틀 후, 북한이 공식적으로 그들에게 북한을 떠나라고 지시하는 편지 한 통을 읽는 동안 사찰관 두 명은 이를 듣고 있었다. 이 결정의 공식 발표에서 조선중앙통신은 다음과 같이 말했다. "그들이 더 이상 남아 있어야 할 정당한 이유는 없다. 핵 시설에 대한 우리의 동결은 해제되었으며, 이에 따라 IAEA 사찰관들의 임무도 당연히 종식되었기 때문이다."[11]

2002년의 마지막 날, 사찰관들은 평양에서 고려항공 편에 탑승해 베이징으로 날아갔다. 그들은 작동을 멈춘 카메라 15대에서 꺼낸 테이프를 휴대할 수 있도록 허용됐으며, 가방 하나 분량의 잘려진 봉인도 가지고 갔다. 열흘 뒤, 사찰 요원들과 감시 장비들을 되돌려놓도록 허락하라는

IAEA의 요구와, 평양의 의무 위반을 유엔 안보리에 보고할 수도 있다는 경고에 맞서, 북한은 비확산 조약의 탈퇴를 발표했다. 이는 협정에 서명한 국가로서는 최초의 사례였다.

원자로를 재가동하고 8천 개의 연료봉을 무기급 플루토늄으로 재처리하는 김정일 정권이 걸어갈 길은 분명했다. 핵분열 물질을 최고로 높은 값을 제시하는 구매자에게 팔거나, 핵무기와 한국, 일본, 그리고 잠재적으로 미국 내 표적으로 그 핵무기를 운반해줄 미사일을 가진 북한이 되는 것이다.

미 행정부 내 강경파들 사이에서는 평양의 핵 정면 돌파가 함축하고 있는 것에 대한 우려가 일종의 불길한 만족감에 의해 누그러졌다. 북한에 대한 그들의 굽힘 없는 적대감이 사실로 입증되었다는 확신, 그리고 국무부와의 관료 기구 전쟁에서의 입지가 상당히 강화되었다는 확신이 들었던 것이다. 볼턴의 한 측근은 말했다. "우리 입장은 신에게 김정일을 있게 해준 데 대해 감사하는 것이었다. 그야말로 (켈리가 이끄는) 동아태국으로부터 우리를 구해줬던 것이다. 우리 반응은 항상 '아직도 그쪽이 사태를 파악하지 못하고 있나?'였다. 나는 사람들이, '북한의 의도를 시험해봐야 한다'고 말하는 데 질려버렸다. 북한이 얼마나 많이, 그리고 얼마나 많은 협정을 위반해야 사태를 파악하겠나? 바로 이 때문에 우리의 입장은, 적어도 지금은 빌미가 될 것이 없어 좋다는 것이다."

그러나 다른 일각에서는 북한의 벼랑 끝 전술이 워싱턴과의 대결을 고조시키기 위한 것이 아니라 대화에 나서도록 압박하기 위한 것이라고 믿었다. 정보 집단의 한 고위 인사는 다음과 같이 진술했다. "나는 그들이 플레이어로 대우받고 싶어 하는 반면, 그때까지 그런 대접을 받지 못했다고 느끼고 있는 것으로 보았다. 나는 이것을, 글렌 클로즈와 마이클 더글러스가 출연한 영화 〈위험한 정사〉에서, 그녀가 큰 칼을 들고 '나는 무시당하지 않을 거야' 하고 말하는 장면에 비유하겠다. 나는 북한이 지금 글렌 클로즈 역할을 하고 있다고 본다. '나는 무시당하지 않을 거야. 당신은 나를 심각하게 받아들여야 하고, 나하고 사귀어야 돼.' 그다음, 주의를 끌기 위해서 술을 잔뜩 마시고 오줌을 싸든 아니면 다른 일이든 무슨 짓이라도 하려는 것이다. 내 생각으로는 당시 사태의 본질은 '제발 우리를 주목해달라, 우리를 정당하게 인정해달라'였다. 나는 진짜 그랬다고 생각한다."

그럼에도 불구하고, 미 행정부는, 미국의 경고와 IAEA 및 한국, 일본, 그 밖의 정부들의 촉구에 맞서 핵 시설을 재가동하는 북한의 그 속도와 결단력에 주의를 빼앗기고 있었다. 표면적인 강경한 언사에도 불구하고, 워싱턴은 효과적인 대응책을 찾기 위해 애를 썼다.

워싱턴의 근육 자랑에도 불구하고 쉬운 방법은 결코 없었다. 서울을 겨냥한 1만 문 이상의 대포와 장거리 미사일 병기로 무장한 북한의 1백만 대군을 향해 무력을 사용하는 것은 위험천만했다.

"당시 군사적 옵션이 테이블에 올랐지만 매력적이지 못했다"라고 제임스 켈리는 말했다.

문제의 일부는 강경파가, 북한과 대화하겠다는 생각에 흠집을 내려고 무척 애를 쓰는 한편, 그 과정에서 대응 방안에 대한 논의의 범위까지 상당히 제약했다는 것이다.

다음은 당시 국무부 군축 담당 차관으로 근무했던 존 울프John Wolf의 기억. "내 입장에서는, 우리는 〔……〕 무슨 일이 벌어질지, 막상 일이 벌어졌을 때 무엇을 해야 할지에 대해 생각해내지 못했다. 나는, '자, 우리가 할 것은 이거다. 곧 함대가 뜰 것이다. 이때 외교관들은 이렇게 움직인다. 정보기관들은 저렇게 움직인다'는 식의 말을 들어보지 못했다."

공교롭게도 행정부가, 협상해서는 안 된다는 강경파의 압력에 응함으로써 정책의 선택권을 제약하고 있을 때, 북한이라는 과제는 이라크 침략이 임박하면서 가려졌다. 북한의 행동은 '악의 축' 창설 멤버 중 하나가 마침내 핵무기를 갖게 될 것이라는 전망을 제기한 반면, 미 정보 당국은 사담 후세인의 핵 프로그램이 성공 단계에 얼마나 근접했는지를 증명할 수 없었음에도, 이라크 독재자 타도는 여전히 부시 대통령의 최우선 과제였다.

미국은 이라크 침략의 와중에도 북한과의 전쟁에서 주도권을 잡기에 충분한 군사력을 보유하고 있다는 도널드 럼스펠드 국방장관의 경고에도 불구하고, 실상 미 행정부 내에서는 북한의 핵 돌파를 비롯한 모든 관심사가 곧 있을 바그다드 공격에 종속되어 있었다. 북한이 핵 시설 봉인을 뜯는 외에 카메라를 꺼버리고 영변의 사찰관들을 추방하는 사이, 미국의 무기 사찰관에 대한 이라크의 간섭조차 전쟁 정당화 논리의 하나로 주장했던 미 행정부는 정작 북한에 대해서는 '빨간 줄'을 전혀 긋지 않았다. 평양이 무슨 짓을 하든, 그리고 일부 강경파들의 대응 행동 압력에도 불구하고, 워싱턴은 이 상황을 위기로 다루지 않기로 결심했다.

찰스 프리처드에 따르면 내용은 이랬다. "대통령의 말에서 내가 받은 인상은, '북한이 무슨 짓을 하든 나는 이것을 위기로 생각지 않을 것이다. 재처리를 하든, 미사일을 발사하든, 핵무기를 시험하든, 그 자들은 아무것도 할 수 없다'였다. 그는 이라크 문제에 너무 집중해 있어서 북한 문제는 아예 안중에 들어오지 않았다."

체니 부통령의 아시아 담당 수석보좌관이었으며 대북 정책을 놓고 프리처드와 정기적으로 싸움을 벌였던 스티븐 예이츠도 같은 기억을 갖고 있었다. 그는 인정했다. "경고음이 울리고 있었던 것은 사실이지만, 정부는 이미 막중한 부담을 짊어지고 있었으며, 이것이 적어도 한 가지의 전략적 요소, 즉 군사적 옵션에 대해서만큼은 영향을 주었다. 그래서 경고음은 사라져갔다. 그러나 우리는 아프가니스탄, 본토 방위, 그리고 이라크전 준비 등의 문제로 분주한 바로 그 시점에서 이 문제에 대해서도 준비를 해야만 했다."

학술지 《해군대학보Naval War College Review》에 낸 한 연구에서, 조너선 폴락Jonathan Pollack은 다음과 같이 언급했다. "북한에 대한 행정부의 불길한 묘사와 〔……〕 평양이 비확산 의무를 조롱한 데 대해 미국이 보인 표면적인 침착성 간에는, 특히 이라크에 대한 행정부의 초지일관한 집중과 비교해볼 때, 근본적인 모순이 존재했다."[12]

12월 말, NBC 방송의 「언론과의 만남Meet the Press」에 출연한 콜린 파월은 직설적이었다. 그는 말했다. "그것은 위기가 아니다. 그렇지만 중대 우려 사안인 것은 사실이다."[13]

그러나 개인적으로는, 파월과 그의 차석 리처드 아미티지 모두 크게 우려했다. 아미티지는 말했다. "북한은 대담하게 반응했다. 파월 장관과 나는 우리가 제법 큰 구덩이에 빠졌다고 생각했다."

워싱턴 내 정치역학은 국무장관이 북한에 관여하려는 어떤 직접적인 노력도 하지 못하도록 막았다. 이때 돌연, 범상치 않은 협상가가 화면에 들어왔다. 뉴멕시코 주 주지사로 방금 재선된 민주당의 빌 리처드슨Bill Richardson이었다. 헝클어진 머리에 소탈한 이미지의 정치인인 리처드슨은은 빌 클린턴 정부에서 에너지 장관과 유엔 대사를 역임했으며, 특히 유엔 대사 시절 북한 외교관들과 좋은 관계를 유지했고, 평양에도 몇 번 다녀온 바 있었다. 북한 커넥션을 형성하는 과정에서 리처드슨은, 1990년대 본인의 힘으로 미국 정계와 학계의 다양한 인사들과 북한 사람들 간의 '막후' 통로로서 부각되었던 한국계 미국인 학자 K. A. '토니' 남궁으로부터 조력을 받았다.

2002년 12월 말, 리처드슨은 자신의 휴대전화로 걸려온 전화 한 통을 받았다. 평양의 유엔 대사관 제2인자 한성렬이었다.

놀란 리처드슨이 물었다. "뭘 원하시오?"

한성렬이 답했다. "당신이 부시 행정부 일로 우리를 좀 도와주면 좋겠소."

리처드슨은 혼자 속으로 생각했다. '이 사람들 아직도 뭘 모르는구만.'

그는 북한 사람에게 대답했다. "이보시오 한, 선거는 2년 전에 있었소. 나는 민주당원이오. 우리 당은 졌단 말이오. 내가 도대체 뭘 어쩔 수 있겠소."

그럼에도 리처드슨은 북측의 대화 제의를 부시 행정부에게 알려주었다. 제임스 켈리와 국무부 사람들은 파월에게 멸시받는 민주당의 당원이자 장래 가능성 있는 대통령 후보인 뉴멕시코 주지사는 문제가 될 뿐이라고 주장하며, 리처드슨이 끼어드는 것을 피하라고 권했다. 그러나 1월 들어 사태가 악화되자 파월은, 북한 외교관들이 뉴멕시코의 리처드슨을 방문할 수 있게 해주라고 국무부에 지시했다. 이와 같은 조치는 북한과 계속 소통하기를 간절히 바라는 파월의 의지를 드러내는 것이었다.

한성렬과 그의 일행은 평양이 NPT 탈퇴를 발표하던 바로 그 무렵 산타페에 도착했다.

"한 대사, NPT 탈퇴 건은 별로 좋지 않소." 리처드슨이 북한 대사에게 말했다.

"맞아요"라고 한성렬은 대꾸했다. "이것은 단지 전술일 뿐이오. 파월에게 최근 우리가 취한 일련의 조치들은 우리의 협상 입지를 개선하려는 전술일 뿐이라고 전해주시오."[14]

산타페 중심가의 음식점을 찾아 북한 사람들에게 진짜배기 뉴멕시코 칠리를 선보인 행사를 곁들인 이틀간의 논의 기간 중, 리처드슨은 위기의 한복판에 있는 사안들을 모두 의제로 올렸다. 논의 중간 중간, 그는 파월에게 전화를 걸어 토론 내용을 간략히 설명한 뒤, 지침을 요구했다. 파월은 그에게 북한 쪽이 NPT 탈퇴 결정을 철회할 용의가 있는지 탐색해보라고 강력히 주문하는 한편, 그런 목표를 달성하기 위해 남아 있는 옵션이 무엇인지도 살펴봐달라고 용기를 주었다.

리처드슨은 평양이 협상할 태도가 되어 있다고 확신하며 회담을 끝내고 나왔다. 그는 《뉴욕 타임스》에 말했다. "그들은 나에게, 자기네들 핵 재처리 시설 일부에 대한 검증 문제를 기꺼이 협상하겠노라고 말했다. 그들은 미 행정부에 우라늄 농축 시설에 대해서 설명하겠다고 말했다. 그들은 또 미국과의 관계를 개선하고 싶다고도 했다."[15]

리처드슨은 AP 통신에 다음과 같이 말하기도 했다. "그들은 뭔가를 얻어내기 위해서는 먼저 추가적인 카드를 내놓고 주장을 내세운 뒤 좀더 호전적인 입장을 취할 필요가 있다고 생각한다. (……) 때문에 내 생각으로 행정부가 해야 할 일은, 적절한 예우를 다해 전화기를 든 뒤, 모든 현안을 포괄적으로 다루는 회담을 정하기 위해 뉴욕의 유엔 본부에서 낮은 수준의 예비회담을 시작하는 것이다."[16]

어떤 식으로든 타협의 기미를 보이는 것에 대한 행정부 내 강경파의 거부감에 비춰볼 때, 이와 반대되는 식의 산타페 회담은 아무런 움직임도 유발하지 못했다.

이 중요한 순간 워싱턴이 보여줬던 혼동과 거짓 제스처, 모순된 신호, 그리고 잦은 마비 상태는 그 뒤 몇 년간 잇따른 부시 행정부의 대북 접근 태도의 특징이 됐다. 부분적으로 이런 교착 상태는 정권 변화를 유도하는 압력이 평양을 대하는 유일한 옵션이라고 믿는 강경파와 협상에 의해 성공 가능성이 주어질 것이라고 확신하는 실용파 간의 격렬한 내분의 결과물이었다.

이와 같은 교착 상태는 콘돌리자 라이스가 국가안보보좌관으로서 그와 같은 내분을 관리하고, 대통령을 도와 그가 일관된 전략을 구상할 수 있도록 하는 데 실패함으로써 더욱더 악화됐다.

행정부의 한 전직 고위 관리는 말했다. "그녀는 아무것도 하지 않았다. 그녀는 문제를 풀려는 시도조차 하지 않았다."

파월도, 체니도, 럼스펠드도, 그리고 그들의 보좌진들도 저마다 장기화된 동족상잔의 전쟁에 참여한 상황이어서 이것은 결코 쉬운 일이 아니었다. 라이스의 유약함이 막강한 안보보좌관을 두지 않으려는 대통령의 의중을 반영한 것인지, 아니면 그녀가 단순히 그녀의 주변에서 벌어지는 거인들의 싸움에 꿋꿋이 버텨낼 수 없었기 때문인지는 여전히 불분명하다.

또 다른 교착 요인도 물론 있었다. 바로 대통령 자신의 모호하기 그지없는 대북관으로, 이것은 확실하게 대북 정책을 둘러싼 전투에 영향을 끼쳤다. 그가 공개적으로 언급했다시피, 김정일 자신, 그리고 북한 주민의 고통에 무관심한 김정일에 대한 그의 '본능적인 혐오'에는 의문의 여지가 없었다. 북한과의 대화에 계속 반대했던 것은 바로 이와 같은, 부시에게는 전형적인 감정적 반응이었다. 파월은 "그는 그런 식으로 행동하는 정권과 협상하는 자세를 취하지 않으려 했다"라고 말하며, "그리고 그는 클린턴이 걸려들었던 일종의 협상 수렁에 걸려들기를 바라지 않았다. 그는 그런 식의 협상을 좋아하지 않았다"라고 덧붙였다.

그러나 부시가 실용적인 측면이 있었던 것 또한 마찬가지로 확실했다. 그는 김정일을 축출하기 위한 이라크 식의 군사 작전이 불가능하다는 것, 그리고 그도 결국에는 정권 교체에는 미달하는 정책을 지지할 수밖에 없다는 것을 이해했다.

국무부의 한 고위 관리는 말했다. "북한에 대한 그의 본능은 결코 우호적이지 않았다. 그래서 그의 기본 입장은 우리가 그들에 대해 강경 노선을 취할 필요가 있다는 것이다. 그 뒤 낭떠러지 끝에 서자 그는 돌아서서 '콜린, 나 좀 구해줘'라고 말하는 것이다."

상황이 이렇게 되면서 파월은 대통령을 압박했다. 파월은 말했다. "이게 바로 외교가 필요한 이유다. 때로는 매우 유쾌하지 못하고 시간도 오래 걸리는 일이지만, 곧잘 통하는 것 또한 외교다."

부시 행정부의 접근 방식의 이런 모순적 요소들은, 2002년 12월 마지막 날의 한 기자 간담회에서 대통령이 다음과 같이 말한 데서 분명하게 드러났다. "나는 북한 상황을 외교를 통해 평화적으로 해결될 수 있는 것으로 생각한다. (……) 그리고 나는 그 길을 계속 갈 것이다. 물론 모든 옵션은 언제나 테이블 위에 올라 있다(……)."[17]

외교적 접근법은 분명히 워싱턴의 핵심 아시아 동맹국들인 한국과 일본은 물론, 북한의 가장 오랜 우방국이자 김정일의 얼마 남지 않은 후원자인 중국의 협조를 얻는 것을 의미했다. 그러나 부시 행정부의 협상에 대한 정의는 '주고받기'와는 무관했다. 그것은 미국 정부 관리들이 툭하면 '나쁜 짓에 대한 보상'으로 표현하는 전략이었던 것이다. 그 대신, 부시 행정부의 외교적 노력이란 국제적 압력을 동원해 김정일 정권이 핵 프로그램을 완전 폐기하도록 만드는 것이었다. 워싱턴과 평양 사이에 접촉이 있었다면, 그 접촉의 유일한 의도는 북한이 워싱턴의 요구에 얼마나 따를 용의가 있는지를 설명하기 위한, 즉 다시 말해, 북한의 외교적 굴복 조건을 논의하기 위해서였을 것이다.

2002년 12월 서울의 반미 감정은 깊어만 갔다. 그해 가을 퓨Pew리서치센터가 발표한 한 여론 조사는, 조사가 실시된 아시아 국가 중 최고치인 73퍼센트의 한국인이, 미국은 외교 정책을 수행하면서 한국의 관심사를 무시하는 것으로 생각한다고 발표했다.[18]

그리고 이제는, 이와 같은 가연성 높은 상황에 더해, 한국은 대통령 선거 유세가 한창이었다. 김대중은 곧 대통령직에서 물러날 상황이었다. 보수적인 한나라당의 지도자이자 한미 동맹의 강력한 지지자, 그리고 대북 협상 회의론자인 이회창은 진보적인 인권 운동가이자 노동 변호사로서, 대북 관여 정책의 지속과 미국으로부터의 더 많은 자주권 확립을 주장했던 노무현과 맞붙고 있었다.

선거 운동 내내, 부시 행정부는 워싱턴을 방문한 이회창에게 따듯한 환대를 베풀어 그를 더 선호하고 있다는 신호를 보냈다. 이는 미 행정부와 퇴임하는 김대중 대통령 간에 조성되었던 냉랭한 관계와는 뚜렷한 대조를 이뤘다. 그러나 한국에서 반미 민족주의의 급속한 확산으로 보수적인 이회창조차 자신의 입장을 바꿀 수밖에 없었다. 12월 초, 그는 언제든 조건 없이 김정일을 만날 용의가 있다고 공언했다.

노무현의 최종 유세는 햇볕 정책 유지의 재확인과, 장래 자신의 정부는 위기가 무력 분쟁을 야기할 경우 반드시 미국 편에 서지는 않을 것이라는 경고를 비롯한 예리한 반미 발언의 증가 등으로 두드러졌다.

2002년 12월 19일, 한국 국민들은 마침내 대통령을 선택했다. 48.9퍼센트의 득표율로 노무현이 대통령으로 선출된 것이다. 한국 내의 세대차가 반영되어 그는 40대 이상보다는 40대 이하의 국민으로부터 매우 높은 지지를 받았다. 이미 긴장된 동맹 관계가 최대 위기에 직면하게 될 무대가 마련된 것이다.

대선 뒤, 퇴임 예정의 김대중 대통령은 워싱턴에서 흘러나오는 강경 논조에 대한 자신의 반대 입장에 목소리를 높였다. 그는 각료들에게 말했다. "공산주의 국가에게 압력과 고립 정책은 결코 성공하지 못했다. 우리는 북한과 전쟁을 벌이는 상황으로 가서는 안 되며, 냉전 체제와 극한 대결의 상태로 되돌아가서도 안 된다."[19]

노무현은 또 그 나름대로, 대통령에 취임하기 전 이미 자신의 생각이 단순한 선거용 발언 이상임을 분명히 했다. 2003년 1월 24일, 선거 승리 이후 가진 그의 첫 텔레비전 인터뷰를 위해 나와 함께한 자리에서, 북핵 위기의 거의 모든 측면에서 부시 행정부와 날카롭게 대립하는 입장을 개략적으로 설명했다.

그는 내게 말했다. "나는 평화적 해결을 위한 최선의 수단은, 북한에게 핵 야심을 포기하라고 일방적으로 요구하는 것이기보다 외교라고 생각한다. 만약 북한을 압박하는 전술이 전쟁 발발 또는 북한 정권의 붕괴를 초래한다면, 한국인들이 그 상황을 견뎌낼 것이라고는 생각지 않는다. 결국 나는 그러한 전술이 미국을 위한 적절한 정책 도구가 될 것이라고 생각하지 않는다."

노무현은 북한의 핵 프로그램에 대해 다음과 같이 말했다. "(그것은) 위협이라기보다는 정권을 지키기 위한, 그리고 개혁과 개방을 실행하는 데 필요한 경제적 지원을 얻기 위한 정치적 카드다. 나는 북한의 핵 야심을 가능성 있고 유용한 수단으로 간주하는 것이 정확한 표현이자 정확한 가정이라고 생각하지 않는다. 북한이 핵무기로 미국에 맞서지 않을 것이라는 것은 상식이 말해주는 바다. 그리고 나는 북한은 핵무기 보유를 통해 안보를 보장함으로써 미국의 공격 가능성을 억지해보려는 것이라고 생각한다."

고이즈미 준이치로는 북한과의 획기적인 외교적 전환에 엄청난 정치 자산을 투자해왔다. 부시 대통령과의 개인적 우정에도 불구하고 일본 총리는 미국의 접근 방식과는 대조적으로 2002년 9월 평양으로 날아가 김정일을 만나고 '평양 선언'이라는 문서에 서명했으며, 양국 관계를 오랫동안 괴롭힌 정상화를 위한 협상을 진전시킬 무대를 마련했다. 고이즈미는 그것이 동북아의 안정에 중요하다고 믿었던 것이다.

켈리의 평양 방문을 통해 우라늄 프로그램 의혹이 공개된 직후, 고이즈미는 자신의 협상 노력이 위기를 해소할 수 있으리라는 기대를 거듭 시사했다. 그의 행동은 이러한 자신의 접근 방식을 반영했던 것이다. 10월 말, 미국 관리들이 협상 불가능을 공언하는 동안, 고이즈미는 일본 관리들의 북일 정상화 회담 속개를 승인했다. 북한의 핵 동결 중단 뉴스에 대해 그가 기자들에게 보인 최초의 소감은 다음과 같은 것이었다. "북한의 발표를 주의 깊게 읽어보면, 그들의 일관된 입장은 평화적 해결을 추구하는 것이다."[20]

부시 행정부가 맞춤형 봉쇄와 제재에 대해 논의하기 시작하자 일본의 불편함도 날로 커져갔다. 일본은 북한과 협상하기를 원했다. 그러나 고이즈미-김정일 정상회담 이후 일련의 사건들은 오로지 하나의 이슈만을 최대의 현안으로 만들어버렸다. 일본 정부와 여론은 일종의 국민적 관심사로 떠오른 사연에 대한 대답을 원했다. 바로 북한 요원에 의해 납치된 일본인 10여 명의 운명이었다.

납치 피해자 기사는 일본인을 사로잡았다. 수많은 사람들이 사망한 데 따른 충격, 그들이 실제로 당한 일에 대한 해소되지 않은 의문들, 일부는 여전히 생존해 있을 것이라는 의혹, 그리고 2002년 10월 납치 피해자들이 일본으로 귀환할 때 생존자 5명의 자녀들을 데리고 가겠다고 요청하자 평양 측이 이를 거절한 사실 등은 보다 강경한 대북 정책에 대한 강도 높은 압력에 불을 붙였다. 납치 피해자 가족들은 국민적인 저명인사가 됐고, 눈물을 적시는 보도를 내보내는 일본 언론, 그리고 북한에 강경하게 대처해야 한다는 요구로 인기가 치솟은 아베 신조 관방장관 같은 매파 정치인들로부터 따듯한 환대를 받았다.

이러한 압력으로 인해 고이즈미가 북한에 대해 점점 더 강경한 언사를 할 수밖에 없었음에도, 일본 지도자는, 북핵의 사정권에 놓인 일본의 위치는, 한반도에서 군사적 대결이 벌어질 경우 일본의 공포가 훨씬 더 커질 수밖에 없음을 뜻한다는 사실을 인식하고 있었다. 심지어 미국과 일본의 안보 동맹을 강화하는 쪽으로 움직이면서도, 고이즈미는 계속해서 협상은 여전히 납치 피해자와 핵 문제라는 대하드라마를 매듭 짓기 위한 최선의 길이라고 믿었으며, 조지 부시와의 우정을 좀더 온건한 대북 접근법으로 미국을 유도하는 데 이용하고자 했다. 2003년 1월 마지막 주 부시와의 전화 통화에서 고이즈미의 메시지는 분명했다. 그는 대통령에게 말했다. "북핵 문제는 평화적으로 해결할 필요가 있다."[21]

그러나 상황은 갑자기 통제할 수 없을 정도로 꼬여가는 것처럼 보였다. 고이즈미가 부시와 대화하고 있던 바로 그 무렵, 미국의 정찰 위성은, 영변의 사용후 연료봉이 보관된 저장 시설에서 트럭에 화물이 적재되고 있는 모습을 추적하고 있었다. 그것은 북한이 사용후 핵연료를 핵폭탄용 플루토늄으로 전환할 수 있는 재처리 공장으로 핵연료봉을 옮긴다는 의미였다. 재처리 움직임은 위험한 신호였다. 많은 관측통들에게 북한에 대한 군사 행동을 정당화해줄 구실이 될 수 있었다.

콜린 파월은 스위스 다보스에서 열린 세계경제포럼에서, "미국은 북한을 침공할 의사가 전혀 없다"고 말했다. 그러나 같은 날 김대중은 부시, 미 태평양지역 사령관 토머스 파고Thomas Fargo 제독 등과 전화 통화를 갖고, 미군 병력과 항공기들을 동북아 지역에 증파해줄 것을 요청했다. 파고 제독은 도널드 럼스펠드 국방장관에게, 이미 주둔 중인 3만 7천 명을 보완할 수 있도록 대부분 공군력으로 구성된 병력 2천 명의 한국 파병 및 장거리 폭격기 24대의 대북 폭격 사정권인 괌으로의 이동 승인을 요청했다. 이와 더불어 그는 F-15E 전폭기와 U-2기, 기타 한국과 일본의 미군 기지에 배치될 정찰기 등을 요청했다. 1주일 뒤, 장거리 폭격기 B-52와 B-1이 괌으로의 배치를 위해 출동 태세를 갖추었다.

워싱턴에서는 대통령 대변인 애리 플라이셔가 북한이 연료봉의 재처리를 통해 '또 다른 도발적인 조치'를 취한 데 대해 강력히 경고했다.

북한은 도전적인 태도를 계속 취했다. 북한의 관영 매체들은 김정일이 군부대를 시찰하고 있으며, "전군이 결연하고 무자비한 타격으로 침략자들을 섬멸할 능력을 지닌 불굴의 전사들로 훈련받는 모습에 매우 만족해하셨다"[22]라고 보도했다.

동북아 전역에서, 근심에 찬 지도자들이 상황이 속수무책으로 전쟁으로 이어지는 것을 막기 위해 무엇을 할 수 있을지를 논의하기 시작했다.

제9장

중국의 등장

중국이 마침내 중재자를 자처하고 나섰으나
3자 회담은 실패로 끝난다

그는 한여름 더위에 축축 늘어지고, 살을 에는 한겨울 추위에 몸을 떨면서 미군과 한국군이 함께 훈련하는 비무장지대의 험준한 산골이 훨씬 더 편안했다. 미 육군 특수부대 대령 데이비드 맥스웰David Maxwell은 지금 콜린 파월의 비서실장인 로렌스 윌커슨의 편안한 사무실에 앉아 있다. 맥스웰은 한국어가 유창하고 특전단에서 오래 근무했던 퇴역 군인으로 다채로운 경력의 인물이었다. 그는 1980년대 이래 미국과 한국을 오가며 근무했던 미군 내 최고의 한반도 전문가 중 한 사람이었다. 베트남 근무 경험이 있는 전 육군 중령 윌커슨은 맥스웰을 워싱턴으로 불러 그에게 열심히 뭔가를 물었다. 윌커슨은 특수부대가 북한의 핵 시설을 마비시킬 가능성이 얼마나 되는지 알고 싶어 했다.

맥스웰은 자신의 개성을 억제하면서도 직설적이었다. 그는 윌커슨에게 말했다. "북한의 핵 시설은 아주 잘되어 있습니다. 아마도 지하에 있을 겁니다. 그런 작전을 위해서는, 비록 그런 시설이 어디에 있는지를 알아내더라도, 델타 포스Delta Force(미군 최정예 특수부대 중 하나로 보통 적진 침투, 주요 시설 파괴 등 극비 임무를 수행한다-옮긴이) 요원 수백 명이 필요할 겁니다. 그게 아니라면, 모래밭에서 바늘 찾기나 다름없습니다."

맥스웰도 윌커슨에게 묻고 싶은 것이 있었다. "당신은 진심으로 북한에 들어가 목표물을 파괴하고 다시 나올 방법이 있다고 보십니까? 아마도 병력 수백 명과 항공기 수십 대가 필요할 겁니다. 무슨 뜻이냐 하면, 북한의 방공 능력을 마비시켜야만 한다는 겁니다. 북한 입장에서 보면, 그것은 선전포고로 보일 겁니다."

맥스웰에게 결론은 명백했다. 그는 파월의 비서실장에게 물었다. "미국이 이 작전을 계속 추진한다면, 우리는 그 지역에서 파국을 각오해야 하지 않을까요?"

윌커슨은 답했다. "나도 압니다. 그러나 윗사람들 중에는 북한에 투입되어 핵 시설을 파괴시킬 만한 특수 작전 능력이 충분하다고 보는 사람도 있어요. 그 때문에 물어볼 수밖에 없어요."

맥스웰은 말했다. "그 사람들, 텔레비전을 너무 많이 봤군요."

특수부대 투입은 국방부가 연구하고 있던 여러 옵션 중 하나에 불과했다. 미국의 첩보위성이 영변에서 이상한 움직임을 포착했고, 이는 사용후 핵연료가 무기급 플루토늄으로 전환될 재처리 공장으로 운반되고 있다는 증거이므로, 도널드 럼스펠드 국방장관은 핵심 참모들에게 핵 시설을 파괴하기 위한 유사시 계획contingency plans을 수립할 것을 강조했다.

럼스펠드와 그의 부관 폴 울포위츠 다음으로 국방부 서열 3위이자 국방차관인 더글러스 페이스는 기억했다. "우리가 했던 일은 [……] 문제를 조사해본 뒤 우리에게 어떤 내용과 형식의 지렛대가 남아 있는지 찾아보는 것이었다. 다시 말해, 대화, 행동, 단독 행동, 공조 행동, 외교, 경제, 정보, 군 등 다양한 요소를 검토해 어떤 식으로 할 것인지, 우리가 북한과 같은 나라에게 자신의 행동을 바꾸라고 유인하거나 강제하기 위해서 최대한 동원할 수 있는 카드는 무엇인지 등을 검토하는 것이었다."

강조점은 강제coercion에 두어졌다. 1994년 북핵 위기 이래, 동북아 최대의 무력 과시에서, 미 국방부는 선박과 항공기 병력을 한국, 일본, 그리고 서태평양 지역에 보냈다. 1월 말 소속 기지에서 경계 태세에 있던 B-52 전략폭격기와 B-1 전략폭격기 24대가 한 달 뒤 괌에 배치되었다. B-1 폭격기 한 대만 해도, 1톤짜리 위성유도 폭탄 24발을 적재할 수 있고, B-52 폭격기의 적재 중량도 폭탄과 미사일 7만 파운드를 헤아릴 정도여서, 이 같은 조치는 그 자체가 동북아 지역 미군에 대한 대대적인 군사력 보강이었다. 항공모함 칼빈슨 호는 키티호크 호의 빈자리를 채우기 위해 일본으로 출항하라는 명령을 받았는데, 키티호크는 이라크 침공 준비가 절정으로 치달으면서 이미 페르시아 만으로 보내진 상황이었다. 그 밖에 F-117 스텔스 전폭기 6대와 F-15E 전투기 4대도 한국에 배치됐다. 표면적인 임무는 군사 훈련에 참가하는 것이었지만, 이 항공기들은 대대적인 선전을 통해 군사 훈련이 끝난 뒤에도 한국에 여전히 머물도록 명령받았다. 그리고 포울 이글Foal Eagle이라는 암호명이 붙은 군사 훈련은, 서울에서 남쪽으로 350킬로미터 떨어진 포항에서, 전함과 비행기 지원을 받는 1천 명의 해병대를 비롯해 총 3천 명의 병력을 동원한 대규모 수륙 양용 상륙 훈련을 실시하는 내용을 포함하고 있었다. 만일에 있을 북한 해안으로의 기습을 위한 예행연습임을 별로 어렵지 않게 짐작할 수 있는 것이었다.

이에 덧붙여, 2002년 12월 북한에서 예멘으로 스커드 미사일을 싣고 가던 선박을 붙잡았다가 예멘 정부로부터 강력한 반발을 산 이후 항해를 재개하도록 허용했던 서산호 사건의 망신에도 불구하고, 미 행정부는 미군을 동원해 미사일이나 핵무기 관련 물자를 운반하는 것으로 의심되는 북한 선박이나 항공기를 저지하거나 나포하기 위한 세부 계획을 짜기 시작했다.

동시에, 워싱턴의 발언 수위도 갈수록 호전적으로 변했다. 자신의 두 번째 연두교서 연설에서 부시 대통령은 다음과 같이 선언했다. "북한 정권은 공포를 불러일으키고 양보를 얻어내기 위해 핵 프로그램을 이용하고 있다. 미국과 세계는 결코 협박에 굴하지 않을 것이다."[1]

부시의 연설 직후, CIA의 조지 테닛 국장은, 북한이 비록 아직 시험을 거치지는 않았으나 미국 본토는 물론 알래스카와 하와이를 공격할 수 있는 장거리 핵미사일을 이미 보유하고 있는 것 같다고 말했다.[2] 또 다른 가공할 경고는 예상치 못한 소스에서 나왔다. 외교 수단의 지지자인 제임스 켈리는 상원 외교위원회에 출석하여, 평양이 우라늄 핵 능력을 개발하는 데 걸리는 시간이 당초 예상보다 훨씬 더 앞당겨졌다고 말했다. 켈리는 말했다. "일각에서는 우라늄 농축 문제가 먼 미래의 안개 속 어딘가에 떨어져 있을 것으로 생각해왔다. 사실은 그렇지 않다. 그것은 몇 달 내에 이뤄질 수도 있고, 플루토늄 문제 이후 몇 년 안에 이뤄질 수도 있다." 켈리의 발언은 미국 정보 집단에 의한 당초의 평가보다 우라늄 문제의 긴급성이 훨씬 더 크다는 것을 시사해주는 것이었다.

그리고 부시 대통령은 최후 수단으로서 북한에 대한 군사 행동 가능성을 처음으로 명확하게 제기했다. 그는 기자들에게 말했다. "위기를 해소하려는 외교적인 방법이 먹혀들지 않는다면, 결국 군사적인 방법으로 풀어야 할 것이다."[3]

입장 정리는 미국의 이라크 침공을 배경으로 하여 이루어졌다. 그것은, 일각에서는 오만과 자만이었지만, 네오콘들에게는 자신감이 충천한 순간이었다. 선제공격 원칙에 따라 국제 질서를 재편하려는 자신들의 비전이 현실화되는 순간이었기 때문이다. 얼마 뒤 사담 후세인의 동상이 바그다드 중심부에서 쓰러지자 존 볼턴은 "우리는 수많은 정권들이 이라크로부터 교훈을 얻기를 희망한다"라고 말했다.[4] 《뉴욕 타임스》와 가진 배경 설명 시간에 익명의 한 행정부 관리는 말했다. "이제 시작일 뿐이다. 나는 이라크와 마찬가지로 이란과 북한도 똑같은 귀결을 맞을 가능성을 배제하지 않을 것이다."[5]

리처드 아미티지는 당시를 이렇게 기억했다. "사담 후세인의 동상이 쓰러졌을 때 그것은 부시 대통령의 선견지명인 듯했다. 모든 사람들이 저마다, '제길, 대통령이 한 건 한 것 같구만'이라고 한마디씩 했다. 그래서 그쪽 편은 완전히 활기 넘치고 대담해졌다. 그들은 강력해지고자 했고, 테스토스테론(남성 호르몬-옮긴이)으로 넘쳐 있었다."

중국 전문가이자 미 국방부의 오랜 자문역인 마이클 필즈베리Michael Pillsbury에 따르면, 당시 형성되었던 대북 '강경 입장'은 강경파 최고위층에 전해졌다. 필즈베리의 말이다. "그들은 흥분했고, 공감했다. 그리고 그들은 사담 후세인보다 북한이야말로 침공당해도 싼 나라라고 생각했다. 우리는, 네오콘들이 다음번에 이란을 먼저 칠지, 북한을 먼저 칠지를 두고 농담을 하곤 했다. 우리는 '그런 것은, 알파벳 순서대로 정하는 것 아니냐'고 말하곤 했다."

그러나 가장 극단적인 강경파들에게조차 북한에 대한 군사적 타격은 엄청난 위험을 수반하는 것임이 분명했다.

필즈베리는 미 국방부 내 군사적 타격 논의의 분위기를 다음과 같이 설명했다. "먼저 질문이 제기됐다. 과연 군사 행동을 끝까지 추구할 수 있는가? 그 옵션은 과연 실행 가능한 것인가? 그러고 나서 군사 행동이 제3차 세계대전을 부를 수도 있다는 주류적 입장으로 되돌아갔다. 당시 주류적 입장은 북한에 대해 어떠한 형태로든 군사적 타격을 개시한다면, 북한은 남한을 침공한다는 것이며, 그것은 서울에 엄청난 재앙을 초래하는 것이었다. 그리고 결국 이 모든 일에 대비가 되어 있지 않다는 결론에 도달했다."

무력 과시를 통해 전달된 신호는 따라서 몇 가지 차원에서 작동되는 것을 뜻했다. 첫째, 국방부는 미국이 이라크에 매달려 있는 상황을 김정일이 이용하지 못하도록 붙들어두고자 했다.

더글러스 페이스는 단언했다. "우리는 우리의 억지력을 완전히 신뢰할 만한 것으로 만들어야 했다."

당시 명백하게 언급된 것은 아니었지만, 적어도 국방부의 일부 매파 인사들은 다른 목표를 갖고 있는 듯이 보였다. 북한이 미국의 공격에 대해 겁을 잔뜩 집어먹고 자신의 핵 돌파 전략을 재검토하게끔 미국의 군사적 자산을 배치하는, 일종의 협박이었던 것이다.

마이클 필즈베리는 말했다. "해안 상륙, 군함 동원, 그리고 각양각색의 배치 등이 행해졌다. 그것은 미국이 북한에 대한 타격을 준비하고 있다는, 즉 단순한 협박의 차원을 넘어선, 실질적인 대북 공격 준비가 이뤄지고 있다는 인상을 주었다."

한 고위 군사 당국자는 말했다. "우리는 그들이 이 신호를 명확하게 인식하는 한편, 우리가 자신들의 핵 능력에 대해 극도로 심각하게 생각하고 있음을 그들이 깨닫기를 원했을 수도 있다."

미국의 군사 증강은 한국에서 반미 감정이 한창 들끓고, 새 대통령 노무현의 취임식이 2003년 2월 25일 거행되는 가운데 이뤄졌다. 노무현은 전임자 김대중 대통령이 시작했던 대북 관여 정책의 지속을 다짐했으며, 핵 위기는 대화를 통해서만 비로소 풀릴 수 있다고 주장했다.

미 국방부에서는 럼스펠드 국방장관이 한편으로는 흥분이 고조되는 상태로, 그러나 다른 한편으로는, 그런 분위기가 자신이 벌써부터 하고자 했던 일, 즉 주한 미군에 대한 대대적인 재배치 작업을 추진하는 일에 일종의 촉매제 구실을 할 수 있다는 느낌을 갖고 계속되는 반미 시위를 지켜보고 있었다. 반미 시위는 주한 미군의 철수 요구를 특징으로 하고 있었던 것이다. 주한 미 보병 2사단은 수십 년간 중무장으로 요새화된 비무장지대의 지척에서 작전을 벌여왔으며, 북한의 대남 무력 침공 시 '인계 철선trip wire' 역할을 한다는 것이 주요 구실이었다. 그러나 군사 기술의 변화로 이 같은 개념은 시대에 뒤떨어진 것이 됐다고, 미국의 군사 계획 입안자들은 믿었다.

따라서 목표는 냉전 시기에 고안된 미군 (해외) 주둔 형태를 재편하여 21세기의 과제들을 효과적으로 해결하는 것이었으며, 이는 부시 행정부 이전 시절 이미 시작된 기획이었다. 워싱턴은 수십 년간, 국경선을 확실하게 넘을 것으로 예상되는 적들의 억지 또는 퇴각을 위해 고정된 기지들에 의존해왔다. 그러나 미국에 대한 위협이 비전통적인 적으로부터 비롯되는 시대가 도래하자, 주요 군사 개념도, 테러리즘, 핵 확산, 그리고 불량 국가 시대의 새롭고 예상치 못한 위기들에 미국의 전력이 신속하게 반응할 수 있도록, 좀더 기민한 태세를 창출하는 쪽으로 이동했다.

한 전직 고위 국방 관리는 기억했다. "비무장지대에 자리 잡은 미 2사단의 신원확인카드가 더 이상 쓸모가 없는 시대가 됐다. 그래서 우리는 군사 능력에 아주 많은 투자를 해왔다. 병력 수가 아니라 능력에 투자를 해왔던 것이다." 공군력과 해군력, 그리고 첨단기술 무기는 미국이 남한을 방어하기 위해 또는 북한에 쳐들어가기 위해 문자 그대로 북한군과 얼굴을 맞대는 병력이 더 이상 필요 없음을 뜻했다. 더욱이 좁은 땅에 조밀한 인구 밀도를 가진 지역에 박혀 있는, 비무장지대에 인접한 수많은 미군 기지들은, 미군 차량에 의해 두 여학생이 우발적인 죽음을 맞은 것과 같은 비극적 사고의 가능성을 증가시켰다. "그것은 미군 병력을 줄이고 그런 땅의 3분의 2를 되돌려줄 기회였다"라고 이 전직 고위 관리는 덧붙였다.

2003년 3월 초, 럼스펠드는 사실상 아무런 사전 협의 없이, 상당 수준의 주한 미군 병력의 후방 이동pullback과 상황에 따라서는 철수pullout 문제까지 한미 양국의 협상 테이블에 오를 수 있음을 시사해 서울 전역에 충격파를 던졌다. 2사단은 북한과 경계를 맞댄 38선 부근의 전방으로부터 서울에서 남쪽으로 멀리 떨어진 한강 이남으로 물러날 예정이었다. 이와 동시에, 미국은 서울 한복판 용산의 무질서한 주한 미군 사령부를 재배치할 계획을 세우기 시작했다. 갈수록 민족주의 성향이 강해지는 한국 국민들에게, 용산은 많은 사람들이 분개하는 거만하고 주제넘은 미군 주둔의 상징이 되어왔다. 서울에서 아주 멀리 떨어진 곳에 새 사령부를 세우면 큰 정치적 부담을 덜 수 있을 것이라는 게 국방부의 생각이었다.

그러나 럼스펠드의 발표에 대해 한국이 보인 첫 번째 반응은 놀라움이었다. 많은 한국인들은 2사단을 비무장지대에서 빼는 것은 북한에 대한 미국의 선제 타격의 전주곡이 될 수 있다고 우려했다. 재배치 계획이 발표된 지 채 수시간도 안 돼 한국의 고위 관리들은 미국에 결정 보류를 요청했으나 소용이 없었다.

북한도 또한 지켜보고 있었다. BBC와의 인터뷰에서 북한의 한 고위 관리는 직설적이었다. 북한 외무성 부국장 리평갑은 말했다. "미국에서는 이라크 다음 표적은 북한이 될 것이라고 쓰고 있다. 선제공격은 미국만 할 수 있는 것이 아니다. 우리도 만약 그것이 사느냐 죽느냐 문제가 되면 그렇게 할 수 있다." 그러면서 리평갑은 덧붙였다. "우리는 미국과 대화할 태세가 완전히 되어 있다. 그러나 동시에 우리는 미국과 한판 전쟁을 붙을 각오도 완전히 되어 있다."[6]

2003년 3월 2일 일요일 이른 아침, 미 공군 RC-135 코브라 볼 정찰기가 북한의 동해 수역 상공을 날고 있었다. 보잉 707기를 개조한 RC-135는 북한의 군사 활동 자료를 수집하기 위한 정밀 장비로 가득 차 있었다.

당시 서울에 주재하던 한 미국 관리는 말했다. "나는 미국 측이 비행기를 띄워 그쪽을 염탐하게 만드는 흥미로운 방식으로 북한을 건드리고 싶어 하는 모습을 보았다. 이것은 또 우리 군사력을 과시하는 효과도 있었다. 그리고 그것은 또한 그쪽에 비행기를 띄워 핵 관련 활동을 추적할 수 있는 일종의 방어 조치이기도 했다."

현지 시각으로 오전 10시 48분, RC-135기는 북한 전투기 1개 편대에 의해 저지당했다. 22분 동안 미사일로 완전 무장한 미그-29기 2대와 미그-23기 2대가 한번은 15미터 이내로 접근하며 미국 비행기를 바짝 따라붙었다. 적어도 미그기 한 대는 사격 지원용 자동 추적 레이더를 '개방'해두고 있었다. 미국의 통신 감청 내용에 따르면, 북한 미그기 조종사가 RC-135기 격추를 승인해달라고 요청했으나 북측이 불허한 것으로 나타났다.[7] 그러나 당시의 공중 대결은 미국 정찰기로 하여금 임무를 중단하고 일본 카데나(일본 오키나와 중부에 위치해 있다-옮긴이)의 미 공군 기지로 되돌아가도록 했다. 당시 사건은 북한이 1969년 미국 정찰기를 격추

시켜 승무원 31명을 사망케 한 이래 양국 간에 벌어진 가장 심각한 공중 대결이었다.

호놀룰루 사령부에서 상황을 모니터하면서, 미국의 태평양사령부 사령관 토머스 파고 제독은 북한이 언젠가 한동안 그와 같은 도발을 계획하고 있었다고 확신했다. 첩보는 또한 북한이 미그기들을 내륙의 기지에서 북한의 동해안 기지로 이동시켰음을 보여주었다. 게다가, 북한 공군기의 작전 반경과 성능은 좀더 장거리 임무를 위해 재편되었다. 파고는 말했다. "아마도 이는 그들이 장기간 기획해왔던 것이 아닐까 생각한다."

그러나 콜린 파월의 비서실장 로렌스 윌커슨은 국무부의 한 구석에서 보스가 당혹스러워했던 이 사건에 대해 나름의 평가를 내리기 위해 국방부가 제공한 비행 계획을 면밀하게 검토했다. 그는 이렇게 회고했다. "우리는 비행 계획을 검토해봤다. 우리는 왜 미국 비행기가 그렇게까지 대담하게 나갔는지 의아해했다. 그것은 좀 심한 도발 행위였다."

윌커슨의 이어지는 이야기. "정상적인 상황으로는, 정찰 임무는 북한의 영공 방어구역ADZ과 나란히 비행하도록 되어 있다. 이 지역은 남북한 모두 침범할 수 없는 구역으로 해안으로부터 일정 거리에 있는 지역이다. 아무리 근접해 있더라도, 평행 비행 항로 상에 있는 한, 북한은 미군 비행기가 국제 수역 상에 위치해 있다고 간주하게 된다. 그러나 이번의 경우, 윌커슨은 RC-135기의 비행 항로가 평행이 아니었음을 알게 됐다. 오히려 미군 정찰기는 북한의 ADZ를 여러 번 침범했으며, 최후의 순간에 가서야 방향을 돌렸다. 윌커슨에게 이것은 북한을 도발하기 위한 주도면밀한 행위였던 것으로 보였다.

윌커슨은 회고했다. "우리는 우리가 원치 않은 방향으로 사태를 몰고 갈 그런 식의 사고를 일으키고 있지 않나 우려했다."

미국의 무력 과시가 김정일 놀라게 했음은 의심의 여지가 없었다. 2003년 2월 12일 평양 주재 러시아 대사관을 찾은 뒤 김정일은 모습을 감추었고, 거의 두 달간 공식적인 모습이 보도되지 않았으며, 6년 만에 처음 개최된 3월 말의 최고인민회의 연례회의까지 불참했다. 그가, 사담 후세인처럼 조만간 미국의 공격 목표가 될 것을 두려워해 산악 지대 어디론가 안전한 장소로 몸을 숨겼다는 억측이 나돌았다.

RC-135기 사건 발생 이튿날, 조선중앙통신은 김정일이 "만약 미 제국주의자들에 의해 한반도에서 전쟁이 발발한다면, 그것은 핵전쟁으로 비화될 것이다"라고 말한 것으로 보도했다.[8]

그러나, 임박한 미국의 이라크 침공과 서태평양에서의 미국의 고조된 군사 태세의 결합은, 베이징에도 경보를 울렸다. 중국은 문득 부시의 선제공격 원칙이 현실이 되고 있음을 깨달았다. 그리고 워싱턴은 베이징이 그 가능성에 대해 잘못 판단하고 있음을 일깨워주려는 노력을 별로 하지 않았다. 사실 미국 관리들은 중국이 외교적 조처를 취하도록 하기 위해 중국의 두려움을 부추기고 있었다. 베이징의 중국 측 분석가들은 이라크 전쟁이 미국의 신속한 승리로 끝날 것으로 예측하며, 다음 표적은 북한이 될 수 있다고 경고했다. 평양이 핵 보유국의 길을 갈 가능성도 베이징의 우려를 더했다. 일본, 한국, 그리고 심지어 타이완까지 북한의 예를 따라 핵무기를 개발할지도 모를, 일종의 '도미노 효과'를 초래할 가능성을 떠올렸기 때문이다. 이 같은 흐름의 종국적인 결과는 중국 외교 정책의 대대적인 변화였다. 중국은 처음으로, 굵직한 국제적 위기에 대해 외교적 주도권을 행사했다.

한 중국 관리는 말했다. "우리는 워싱턴이나 평양의 막후에서 일하기를 좋아한다. 그들에게 더 많은 대화와 교류를 가지라고 권고하는 것이다. 그러나 2003년 초의 상황은 매우 위험했다. 내 인상은 부시 행정부가 너무 감정적이었다는 것이다." 그는 계속했다. "부시 행정부의 많은 정책들은 이성적이지 않았다. 부시는 '모든 옵션을 테이블 위에 올려놓았다'고 말했다. 중국은 이 발언을 단순한 빈 껍데기 위협으로 보지 않았다. 우리는 북한의 NPT 탈퇴와 원자로 재가동도 곱게 보지 않았다. 대결의 위험, 특히 군사적 대결의 위험을 깨닫고 나서야 중국은 조용하고 차분한 태도를 바꾸었다."

장기간 고수했던 태도를 버리는 결정은 쉽게 이뤄지지 못했다. 그러나 중국 외교부와 베이징의 몇몇 싱크탱크 안의 일단의 외교 분석가들이 이를 강력하게 밀어붙였다. 그들은 마땅히 해야 할 일을 하지 않을 때의 위험이 좀더 적극적인 역할을 도모할 때의 위험보다 훨씬 더 크다고 주장했다. 이 같은 정서는 당시 중국의 새 지도자 후진타오의 공명을 얻었다.[9] 정책 전환의 결과, 중국은 중재자로서, 그리고 북미 양측에 자제를 촉구하는 입장을 취했다.

2월 중순 외교 부부장 왕이가 베이징에서 북한 외무성 백남순 외상을 만나, 도발적 행위를 자제할 것을 촉구했다. 며칠 뒤 중국에서 북한으로 들어가는 송유 공급이 사흘간 중단됐다. 베이징 측은 이 사건이 고의적인 것인지 아니면 단순한 기술적 문제였는지를 명확하게 밝히지 않았지만, 그럼에도 평양 및 기타 관계국들이 그것을 중국 측 압력의 표시로 해석하는 데 만족해하는 것처럼 보였다.

온건 입장에 대한 중국 측 요구는 워싱턴에 대해서도 취해졌다. 콜린 파월이 2월 말 베이징에서 중국 지도자들을 만났을 때와 후진타오 국가주석이 자신의 국가주석 취임 직후 부시 대통령에게 전화를 걸었을 때 등이 비근한 예이다. 그러나 후자의 경우, 부시는 북한과의 양자 대화에 동의하지 않겠다는 단호한 입장을 유지했다.

어떻게든 협상을 진행시킬 방안을 모색하던 콜린 파월로서는 실망감이 커질 수밖에 없었다.

그는 인터뷰에서 말했다. "뭔가를 해야 할 때인 것만은 잘 알고 있었지만, 정작 할 수 있는 일이 없었다. 양자 회담으로는 돌아갈 수 없지, 우라늄 농축 망령은 튀어나왔지, 영변에서는 공장 돌아가는 소리가 나지, 중유 공급은 중단됐지 (……) 기본 합의는(……)" 이 대목에서 콜린 파월은 잠깐 숨을 고르더니 고함을 치다시피 했다. "나는 대통령이든 시스템이든 하나씩하나씩 풀어가게 만들 수 없었다. 그러려면 문제를 아예 확대해야 했기 때문이다. 대통령과 나는 결론을 냈다. '보십시오, 제가 만약 협상을 펼치려 한다면, 각하는 이를 허락하시겠습니까?' 그는 대답했다. '그럽시다'."

2003년 1월 말, 파월은 찰스 프리처드가 뉴욕에서 북한의 유엔 특사 박길연을 만나 세칭 'P5+5' 접근법에 대해 설명할 수 있도록 재가했다. 'P5+5' 방식은 유엔 안보리 이사국 5개국과 남북한, 일본, 오스트레일리아, 유럽연합 등 5자가 함께 핵 문제에 대한 회담을 갖자는 성사되기 힘든 제안이었다. 북한은 즉각 이를 거부했다.

2월의 베이징 방문 때 파월은 또 하나의 제안을 내놓았다. 중국이 남북한, 미국, 중국, 그리고 일본이 참가하는 일종의 다자 회담을 주최하자는 것이었다. 그는 중국 지도자들에게 회담을 알선하는 것이 그들에게 득이 된다고 말했다. 파월은 전기 작가 캐런 드영Karen DeYoung에게 다음과 같이 밝혔다. "봅시다, 당신네들이 진정으로 원하는 것은 토론이 이뤄지는 것 아니오. (……) 그런데 그런 일이 일어날 수 있도록 점화장치를 가진 쪽도 당신네들 아니오."[10]

파월이 '중대한 순간pivotal moment'이라고 말한 두 주 후, 그는 뉴욕에서 중국 외교부장 탕자쉬엔을 만났다. 두 사람은 미국이 이라크 침공을 준비할 때부터 유엔 활동이라는 명분으로 밀접하게 접촉해오던 터였다. 이제 파월은 대북 관여 정책에 대한 지지를 얻기 위해 그가 워싱턴에서 직면해야 했던 정치적 문제에 대한 짐을 중국 외교관에게 떠넘겼으며, 중국에 다자 회담을 주최할 것을 요청했다.

결국 파월은 탕자쉬엔과 중국 지도부에, 부시가 사실 양자 회담을 결코 수용하지 않으리라는 점을 납득시키는 데 성공했다. 그리고 충돌 직전까지 갔던 북한의 미그기와 미국의 정찰기 사건으로 나타난 위험 상황은 베이징의 우려감을 더 부채질했다.

3월 8일, 중국의 최고위 외교관 첸지천 부총리가 평양을 극비 방문했다. 첸지천은 북한에, 핵무기를 포기할 것을 촉구하고 다자 회담을 받아들이라고 압박하며 노골적인 메시지를 전달했다. 첸지천은 처음에는 파월이 얼마 전 제안했던 5자 회담을 내놓았다. 프리처드는 그의 회고록에서 이에 대해 다음과 같이 설명했다. "북한이 중국 측의 5자 회담 제안을 거부하자, 첸(지천)은 즉석에서 제안을 수정해 중국, 미국, 북한만 참여하는 3자 회담을 제안했다."[11]

평양의 즉각적인 반응은 결코 물러서지 않겠다는 것이었다. 북한의 매체들은 연일 오직 미국과의 직접 회담만이 위기를 풀 수 있다고 주장했다.

그리고 평양 또한 판돈을 걸었다. 3월 31일, 찰스 프리처드와 데이비드 스트라우브는 유엔의 북한 외교관으로부터 만나자는 요청을 받았다. 아미티지와 파월의 승인을 얻은 뒤, 두 사람은 뉴욕으로 짧은 여행을 떠났으며, 그곳에서 북한은 폭탄 발언을 했다. 프리처드가 기억하는 것처럼 메시지는 직설적이었다. 북한 외교관들은 프리처드와 스트라우브에게 말했다. "우리는 당신네들이 이라크에서 무엇을 하는지 죽 지켜보았다. 우리가 그 사태로부터 얻은 교훈은 이라크는 대량살상무기가 없다는 것이며, 당신네들은 그들을 침략했다는 것이다. 그래서 우리는 [영변 원자로의] 사용후 연료봉을 재처리하고자 하며, 그것을 가지고 당신네들이 우리를 침략할 수 없도록 핵 억지력을 만들고자 한다."

북한이 공식적으로 그리고 분명하게 핵무기를 만들 것임을 인정한 것은 이때가 처음이었다. 미국은 결코 명확하게 경고하지는 않았지만, 연료봉을 무기급 플루토늄으로 재처리하는 행위는 넘어서는 안 되는 금지선 red line 으로 간주되어왔고, 그 선을 넘는 것은 실질적으로는 시작도 되지 않은 외교적 해법에 대해 조종을 울리는 것일 수 있었다.

워싱턴에 돌아가자마자 스트라우브는 켈리에게 회담 결과에 대한 간략한 보고문을 작성했고, 이는 즉시 아미티지와 파월에게 전달됐다. 그러나 장관과 부장관은 정보를 바깥에 알리지 않기로 결정했다. 파월은 정보기관에, 영변에서 실제로 재처리가 실행될 것인지를 판단하는 작업을 서둘러달라고 요청했지만, 이 같은 경위에 대해서 다른 정부 기관들은, 심지어는 대통령까지도 캄캄한 상태였다. 파월은 만약 정보가 새어나간다면 당시까지도 여전히 진행 중에 있던 다자 회담 준비 노력이 위험에 처할 것을 우려했다.

마침내 정보가 알려졌을 때 부시는 파월에게 격노했으며, 이미 날카롭게 맞서던 강경파와 파월 외교팀 간의 관계는 더욱더 악화되었던 것으로 알려진다. 특히 국방부의 반발이 거셌다. 더글러스 페이스는 말했다. "앞으로 절대로 북한과 회담을 갖지 않을 것이며, 국무부와도 얘기하지 않겠다. 지금 파월과 아미티지는 하루도 빠짐없이 이야깃거리를 쏟아내고 있다. 국방부는 그런 식으로는 하지 않았다. 이 모든 것이 국무부 지도부에서 나오고 있기 때문에, 말다툼이 생기면 DOD〔국방부〕 쪽에서 싸움을 건다는 얘기가 나오는 것이다."

한 고위 관리에 따르면, 이 사건은 파월의 행정부 내 입지에 심각한 손상을 입혔다. "이 사건을 중대 전환점으로, 대통령과 라이스는 파월, 아미티지, 그리고 켈리에게 상대적으로 재량권free hand을 주려던 의향을 바꾸게 됐다."

한편, 중국은 미국과 북한이 제3의 방안에 동의할 수 있도록 조용히 이중 플레이를 했다. 중국 외교관들은 미국에 대해서는, 중국이 어느 회담에든 충분히 참석할 용의가 있으며, 동시에 앞으로의 회동은 북미 양자 협상의 본질을 가리기 위한 연막용으로는 쓰지 않을 것임을 확실히 했다. 그러나 중국은 북한 측에게, 만약 북한이 오랫동안 견지해오던 입장을 크게 변경하여 자기네가 참석하는 것에 동의해주면, 미국 외교관들과 일대일 회담을 가질 기회가 생길 수 있음을 넌지시 강조했다.

다음은 찰스 프리처드의 당시 상황에 대한 회고. "중국은 북한에 대해서는 '맞아, 당신은 미국과 양자 회담을 갖게 될 거야'라고 말한 뒤, 이번에는 미국을 돌아보며, '이봐 걱정하지 마, 이것은 진짜 3자 회담이라고' 하며, 양다리를 걸쳤던 것이다."

공평함에 대한 또 다른 표시로 베이징은 유엔 안보리가, 평양의 핵 프로그램을 비난하는 미국에 대한 지지 결의안을 통과시키는 것도 차단했다. 4월 12일, 북한은 중국 측에 외무성 미주국 부국장 리근이 베이징의 3자 회담에 보낼 대표단을 이끌 것이라고 통보했다. 회담은 사흘 동안 계속될 예정이었다.

좀더 확대된 다자 형식을 추진하면서 파월은 워싱턴의 핵심 동맹국들인 일본과 한국의 참여 없이 회담이 열릴 경우 빚어질 결과에 대해 우려했다. 3월 말, 파월은 회담 실현의 토대를 닦기 위해 한국의 새 외교통상부 장관인 윤영관을 만났다. 진보적 성향의 대학교수 출신인 윤영관은 북한에 대한 부시 행정부의 경직된 접근법이 위기를 더욱더 악화시킬 것이라는 우려를 노무현 대통령과 함께했다. 윤영관은 이 회담에서 파월에게, 북핵 문제를 풀기 위한 3단계 '로드맵'을 설명했다. 한국의 계획은 먼저 '중단'(혐오의 대상인 클린턴의 기본 합의를 연상시키는 '동결'이라는 용어는 부시 행정부에서는 저주, 그 자체였다)을 실현하고, 이어서 과거의 '현상 유지'로 복귀한 다음, 최종적으로 모든 주요 문제와 관련된 포괄적 해결을 위한 협상을 촉구했다. 파월은 말을 아꼈지만, 윤영관에게 3자 회담 가능성에 대해 설명하는 한편, 한국과 일본의 회담 참여라는 자신의 장기적인 희망을 강조했다. 윤영관과 노무현 대통령은, 한국이 배제될 것임에도 불구하고, 부시 행정부가 북한을 참여시키는 모종의 대화 방식을 약속했다는 사실을 알고 크게 안도하여 즉각적으로 회담에 찬성하는 한편, 워싱턴에 북한과 직접 대화도 가질 것 또한 촉구했다.

미국의 이라크 침공 이후, 노무현 대통령은 미국의 침공에 대해 이의를 제기하는 일부 보좌진의 반대에도 불구하고, 비전투 부대의 이라크 파병에 대한 한국 국회의 승인을 확보했다. 어느 측면에서 그것은 동맹국 미국에 대한 지지의 제스처이기도 했지만, 노무현은 이라크 파병의 주된 동기가, 부시 행정부를 압박해 북한에 관여토록 할 수 있는 모종의 추가적인 지렛대를 손에 쥐려는 것임을 분명히 했다. 그는 국회의원들을 상대로 다음과 같이 말했다. "대미 지지 확대는, 〔전쟁 반대〕 명분을 위해 마찰을 증가시키는 것보다 북한 핵문제를 해결하는 데 훨씬 더 유익하다."

일본 정부의 입장에서 3자 회담 구상은 그다지 달가운 것이 아니었다. 도쿄는 워싱턴이 중국을 설득해 좀더 큰 역할을 맡도록 강하게 주장하면서도, 일본 외무성의 한 고위 관리에 따르면, '북핵 문제가 북한과 미국, 중국에 의해서만 논의되는 상황을 피하고 싶어 했다.' 조지 부시와 20분간 전화 통화를 한 뒤 마침내 고이즈미 준이치로 총리는 회담을 승인했다. 이 전화 통화에서 부시 대통령은 장차 열릴 회담에 일본을 포함시키기 위해 노력할 것을 약속했다.[12]

3자 회담의 미국 대표 제임스 켈리는 북한과의 대화는 시간 낭비라고 생각하는 사람들의 흔적이 엿보이는 지시를 받았다. 켈리는 단순히 미국의 공식 입장만 되풀이하도록 허락받았다. 그는 리근에게, 미국은 북한의 핵 활동 동결 약속은 받지 않겠다고 알리는 한편, 대신 평양의 핵무기 프로그램에 대한 '검증 가능하고 돌이킬 수 없는verifiable and irreversible' 폐기를 주장했던 것으로 알려진다. 이것이 바로 이후의 협상에서 부시 행정부의 주문이 되어버린 CVID, 즉 '완전하고, 검증 가능하며, 돌이킬 수 없는 폐기complete, verifiable, and irreversible dismantlement'의 전조였던 것이다. 더욱이 북한이 만약 자기네가 사실상 사용후 연료를 무기급 플루토늄으로 재처리했다고 밝힌다면, 켈리는 즉각 회의를 종료하고 이를 워싱턴에 보고하도록 되어 있었다. 켈리가 북한에게 확인해주도록 승인받았던 유일한 양보안은, 미국은 김정일 정권 축출을 추구하지 않겠다는 것 정도였고, 이마저도 강경파들에게는 너무 많이 양보한 것이었다. 파월은, 이라크 전쟁에 몰두한 도널드 럼스펠드가 너무 바쁜 나머지 참석할 수 없었던 한 회의에서, 바로 그 양보 조건에 대한 부시 대통령의 승인을

확보하는 일에 매달렸다.[13]

그러나 국방장관은 나름대로 한반도 정책에 대한 자신의 복안을 밀어붙이고 있었다. 존 볼턴을 미국 협상단의 수장으로 앉히려는 시도가 실패한 뒤, 럼스펠드는 부시가 파월에게 켈리의 베이징 회담 참석 건을 계속 진행하도록 허락하기 며칠 전, 행정부의 고위 관리들에게 비밀 정책 요점 자료를 돌렸다. 이 요점 자료는 대북 정책의 분명한 목표가 김정일의 축출이 되어야 한다는 제안을 담고 있었다. 이 요지는 국방차관 리처드 롤리스Richard Lawless에 의해 작성되었다. 그는 전직 CIA 요원으로 다년간의 한국 근무 경험을 바탕으로, 한국 문제와 관련하여 국방부 내 핵심 창구가 된 인물이었다.

이 정책 요점의 핵심은 김정일이 결코 협상을 통해 핵무기를 폐기하지 않을 것이며, 따라서 북한 핵무기를 제거하기 위한 가장 실용적인 방법은 김정일을 제거하는 것이라는 내용이었다. 이 문건은 미국이 김정일 축출을 위해 중국과 협력할 것과, 김정일을 미국이 '납득할 수 있는' 정권으로 대체할 것, 즉 정권 변화보다는 '정권 변경regime modification'을 제안했다. 이 정책 요점은 무력 사용이나 북한 체제에 대한 전면적인 파괴를 제안하지는 않았지만, 베이징과의 협력 아래 경애하는 지도자를 권좌에서 밀어내기 위해 좀더 압박을 가할 것을 제안했다.

이 문건은 김정일 체제를 보장하려는 파월의 입장과 정면으로 상충하는 것이었다. 그의 입장은 한 고위 관리가 《뉴욕 타임스》에 말했던 바와 같이, '우리는 그를 내쫓으려는 것이 아니다'였다.[14] 베이징 회담이 코앞에 닥치자, 이 문건은 회담에서 빠지도록 부시 정부를 압박하기 위해 의도적으로 시간을 맞추어 작성된 것처럼 보였다. 사실, 이 문건은 럼스펠드가 타 부처에 보낸 뒤 거의 바로 《뉴욕 타임스》에 누설됐다.

국방부 관리들은 이 문건이 파월과 아미티지도 문건의 복사본을 받은 국무부에서 새어 나갔다고 믿었다. 행정부 내에서 이 문건이 본격적으로 논의되기 전에 럼스펠드의 입장에 흠집을 내려는 의도에서였다는 것이다. 《뉴욕 타임스》 기사는 익명의 관여 정책 찬성파 관리가, 현재 북미 간 중재자로 움직이는 중국이 미국 주도의 북한 정부 붕괴 노력에 합류할 것이라고 생각하는 것은 '정신 나간' 생각이라고 말한 내용을 담고 있었다.

《뉴욕 타임스》는 그와 같은 외교적 노력에 참여한 바 있는 행정부의 한 고위 관리의 말을 다음과 같이 인용했다. "중국이 가장 원치 않는 일은 북한의 붕괴로서, 이로 인해 북한 난민이 대량으로 중국으로 쏟아져 들어가, 서방 동맹국들이 중국 국경 지대에 진출하는 것이다."[15]

한편, 켈리가 베이징으로 떠나기 바로 며칠 전, 북한은 더욱더 일을 복잡하게 만들었다. 2003년 4월 18일, 북한의 조선중앙통신은 영문 성명을 내고, '우리는 8천 개 이상의 사용후 연료봉을 성공적으로 재처리했다'고 공표했다.[16] 이와 같은 공식 발표는 워싱턴에 경종을 울렸다. 어떤 식의 재처리에 대한 확인이든 그것은 부시로 하여금 예정된 회담을 취소하도록 만들 수 있었기 때문이다.

북한의 성명이 발표된 뒤 한 미국 관리는 《워싱턴 포스트》에, '비행기에 올라타고 회담장으로 간다면 우리는 바보 취급을 당할 것이다'라고 말했다.[17] 그러나 분석가들은, 한국어판 보도는 이보다 불분명하다고 언급했으며, 사흘 뒤에는 원래의 영문판 성명이 조선중앙통신의 웹사이트에서 빠지고 새로운 것으로 대체됐다. 그 내용은 다음과 같다. "우리는 8천 개의 연료봉에 대해, 재처리 공정까지 가는 최종 단계를 성공적으로 완료했다." 재처리 문제는 적어도 공식적으로는, 석연치 않은 구석이 많아 당초 열리기로 되어 있던 회담은 취소되지 않았다.

댜오위타이釣魚台 국빈관은 보기 드문 경승지다. 19개 동의 전통 양식 건물들, 수양버들이 늘어선 인공 호수, 그리고 세심하게 단장된 정원이 있는 이 국빈관은 베이징 한복판에 있는 고즈넉한 초록의 오아시스다. 2003년 4월 23일, 제임스 켈리와 리근, 그리고 중국 외교부 왕이 부부장이 제2차 핵 위기가 터진 이래 북미 고위 관리가 참석하는 최초의 회의를 위해 댜오위타이의 널찍한 회의실에 함께 앉았다. 켈리와 동석한 인사들은 미국 협상단의 일원들로서, 국무부 한국 데스크 과장 데이비드 스트라우브, 국가안보회의의 마이클 그린 등 2002년 10월의 켈리-강석주 회담 참가자들을 포함하고 있었다. 그 외, 미 합동참모부의 대표이자 국방부의 북한국장으로서 강경파인 조디 그린Jodi Green 준장이 참석했다.

회담은 맨 처음, 각국 협상단 대표가 준비된 성명을 낭독하는 전체 회의로 시작했다. 이날 오후에 오찬이 예정되어 있었으며, 이튿날 오전 후속 회의를 열기로 되어 있었다. 중국의 주요 일본 전문가 중 한 사람으로서 부드럽고 국제적인 매너의 왕이가 양측 모두에 합리적 태도를 주문하는 것으로 의사일정을 시작했다. 왕이에 대한 미 국무부 한국 데스크 과장 데이비드 스트라우브의 인상은 다음과 같다. "(그는) 학교 선생님처럼 굴었고, 일종의 생색을 내는 매너로 사회를 보았다. 우리와 북한 사람들은 서로 지지 않으려 드는 학생들이었고, 서로 싸움질을 하는 꼬마들이었다."

그다음 순서는 북한의 리근이었다. 그는 키가 작고 다부진, 그러면서 호전적인 인물이었다. 그는, 알려지기로는 쿠바 하바나의 북한 대사관에 주재하던 무렵 마이애미 라디오 방송을 들으며 연마한, 뛰어난 영어를 구사했다. 그는 평양의 유엔대표부에 상주한 바도 있으며, 과거 10년간 대미 협상에서 미국 외교관들과 오랜 시간 입씨름을 벌인 이력도 있다.

리근은 훗날 북한 매체들이 스스로 '대담한 접근법'이라 부르게 되는 내용을 설명했다. 평양이 바라는 것은 미국의 진지한 협상 파트너가 되는 것으로서, 개방된 입장을 취할 용의가 있다는 제안이었다. 그는 북한이 핵 프로그램을 폐기하고, 국제 사찰단의 핵 시설 진입을 허용하며, 미사일 판매를 중단할 준비가 되어 있다고 말했다. 이에 대한 교환으로, 그는 미국 측으로부터 주요 양보, 즉 관계 정상화, 경제 원조, 안전 보장, 그리고 불가침조약 등을 요구했다. 그는 또한 워싱턴이 먼저 조치를 취할 것을 원했다. 그는 또 자신의 프레젠테이션에서, 북한이 영변의 사용후 연료봉의 재처리를 시작한 사실을 언급했으며, 미국 측〔스트라우브와 프리처드〕은 3월 말 이미 이 같은 상황 변화에 대해 통고받았다는 점을 지적했다.

켈리와 스트라우브를 제외하고는 미국 협상단의 어느 누구도 지난달 유엔에서 있었던 북한 외교관들의 인정(3월의 재처리 관련 통고 사실-옮긴이)에 대해 알지 못했다. 리근이 이를 언급하자, 국방부의 조디 그린은 펜을 내려놓고, 그녀와 눈길을 마주치기를 피하는 켈리를 노려봤다.

리근이 프레젠테이션을 마치자 켈리는 문서로 작성된 자신의 지시 사항을 낭독했다. 그것은 미국 측으로부터 어떤 양보나 편익이 고려되기 전에 북한 핵무기 프로그램에 대한 '검증 가능하고 돌이킬 수 없는' 폐기를 강조하는 내용이었다.

켈리는 양자 회담이 없다는 점을 분명히 했다. 리근은 그러나 양자 회담에 대한 약속 없이는 이튿날로 예정된 3자 회담에 참석하지 않을 것이라고 주장했다. 프리처드에 따르면 상황은 다음과 같다. "당황한 중국 측이 말했다. '잠깐만, 좀 책임 있는 어른답게들 행동합시다. 그리고 토론은 계속되어야 할 것 아니오?' 켈리는 말했다. '나는 못하겠소. 내게는 그런 지시 사항이 없소'."

첫날 회의는 양측 입장이 현격하게 벌어진 가운데 중국이 어색하게 중간에 끼어든 상태로 끝났다.

그날 저녁, 중국 측은 댜오위타이에서 연회를 주최했다. 켈리는 중국의 왕이를 자신의 왼편에, 그리고 리근을 오른편에 두고 앉았다. 켈리와 리근은 켈리가 1992년 민간인 신분으로 평양을 방문했을 때 만난 바 있었다. 두 사람은 만찬 내내 대수롭지 않은 주제를 놓고 영어로 한담을 나누었다. 그러나 만찬이 끝나 모든 손님들이 자리에서 일어났을 때, 리근은 자신의 통역관인 채순희를 향해 몸짓을 했다.

켈리는 당시를 이렇게 기억했다. "그리고 갑작스럽게, 우리는 미니 양자 회담을 갖게 됐다. 그는 즉각 한국어를 시작했다. 그것은 그가 우리에게 하려는 말이 공식 발언임을 분명히 보여주기 위한 것이었다."

양자 회의는 절대 갖지 말라는 지시에도 불구하고, 거의 문자 그대로 북한 측에 의해 구석에 몰린 탓에, 그리고 개인적으로는 그들이 할 말이 무엇인지 들어보려는 강렬한 희망에 이끌려 켈리는 자리를 뜨려고 하지 않았다. 리근은 직설적인 경고를 전달했다. 그는 북한은 핵무기를 보유하고 있으며, 평양이 그것으로 무엇을 할지는, 즉 단지 그들이 핵무기를 보여주기만 할지, 아니면 가장 나쁘게는 핵무기를 다른 이해관계자에게 이전할지는 미국이 결정하게 될 것이라고 말했다. 리근은 켈리에게, '그것은 바로 당신네에게 달린 것'이라는 말로 자신의 발언을 끝냈다.

사전에 준비되었음이 분명한 리근의 발언은 한마디로 폭탄이었다. 또한 그것은, 협상 테이블에서 이익을 얻어내기 위해 허풍과 위협을 통해 긴장을 한껏 고조시키는 평양의 공격적인 외교 스타일의 표본이기도 했다. 더욱이, 이미 1994년 위기 이전부터 북한이 1~2개의 핵무기를 제조했음은 공공연한 사실이었지만, 평양이 스스로 핵 보유를 인정한 것은 이번이 처음이었다. 또한 리근이 사용한 ('과시' 또는 '이전'이라는) 용어는 '실험' 또는 '수출'이라는 용어보다는 덜 위협적이었음에도 리근의 발언은 김정일 정권이 그런 단계를 밟고 있을 가능성을 제기했다.

미국인들이 숙소로 돌아왔을 때, 협상단 안에는 긴장이 고조됐다. 국방부의 조디 그린을 포함한 협상단 일원 중 몇몇은 켈리에게, 과거 사용후 연료 재처리에 대해 국무부에 통고했다는 리근의 언급에 대해 따져 물었다. 그린은 이 대목을 워싱턴으로 전달하기 위해 당일 사건들을 요약하는 전문에 포함시킬 것을 요구했다. 그녀는 경고했다. "나는 도널드 럼스펠드 밑에서 일한다. 나는 당신에게 보고하는 것이 아니다. 만약 당신이 전문에 그 내용을 삽입하지 않는다면, 내가 별도로 보고하겠다."

그린의 이 같은 위협은, 이후 몇 달간의 외교 무대에서 점점 더 중요하고 파괴적인 역할을 하게 될, 워싱턴 내 관료 기구 투쟁의 핵심 측면을 잘 나타냈다. 상호 경쟁 중인 파벌은 저마다 별도로 비공식 경로의 이메일과 전화 연결망을 갖고 있었다. 이번의 경우처럼 회의에서 언제, 무슨 일이 발생하든, 각각 다른 기관 소속은 서로 자신의 상관에게 결과를 알리며, 이 과정에서 특정 의제를 진척시키기 위해 상황 전개에 '급회전spin'을 주거나 경쟁 상대의 신뢰에 흠집을 낼 수도 있는 부분을 언론에 흘리기도 한다.

데이비드 스트라우브의 말이다. "우리는 합참, 국방장관실 및 기타 기관에서 나온 사람도 있다. 미 정부 안에서 앞으로 어떤 일이 벌어질 것인지에 대한 나의 인상은, 존 볼턴이나 로버트 조지프, 그리고 체니 부통령 측 사람들이 이메일 명단을 갖고 있고, 파월과 아미티지, 그리고 그들 밑에서 일하는 사람들도 따로 자신들의 이메일 명단을 갖고 있으며, 이들 경쟁 파벌들이 문자 그대로 광속의 커뮤니케이션 망을 가지고 회담 내내 서로 싸울 것이 분명하다는 것이었다."

켈리가 파월에게 공식 양자 회담을 갖도록 허락해달라는 이메일을 보내는 동안, 그의 적대 진영 사람들은 거의 동시에 전화통을 붙잡고 당일의 사건들을 요약해서 전달하고, 이는 즉각 기자들에게 새어 나갔다. CNN의 국무부 출입기자 안드리아 코펠Andrea Koppel도 그런 누설의 수혜자 중 한 사람이었다. 그녀의 정보원은 리근이 켈리에게 '노골적이고 대담하게' 평양은 핵무기를 갖고 있으며, 그것들을 시험하겠다고 위협한 것으로 묘사했다. 코펠은 말했다. "미국 측에 의한 해석은 이것이 분명한 공갈blackmail성 시사라는 것이다."

스트라우브는 지적했다. "만약 당신이 외교를 시도하는 사람이라면, 그런 발언을 직접적으로 1면에 내려고는 하지 않을 것이다. 그것은 어디까지나 윗사람이 판단하고, 논의하고, 고민해야 할 문제인 것이다."

아직 행정부 내 어느 누구도 문제를 진지하게 생각해볼 시간을 갖기 훨씬 전에 대중은 이미, 강경파들의 회의적 시각을 정당화해주고도 남을 북한의 또 다른 무모한 움직임에 대해 주입받게 된 것이다. 다음은 켈리의 생각이다. "존 볼턴 또는 그의 주구 중 한 사람이 즉각 그것을 그녀〔코펠〕에게 내밀었을 것이다." 누설 사건의 장본인임을 부인하면서도 볼턴은 리근의 벼랑 끝 전술을, '그 친구들이 자발적인 행동으로 핵 능력을 포기하지 않을 것임을 보여주는 또 다른 증거'로 보았다.

양자 회담을 갖도록 해달라는 켈리의 요청을 파월은 수락하지 않았다. 다음은 당시 파월의 코멘트. "그것은 현재 상황이 허락하는 것을 넘어선다."

4월 24일 부시 대통령은 공군 1호기 탑승 중, 가장 최근의 상황 진전에 대해 질문받자 NBC 방송의 탐 브로코우Tom Brokaw에게 다음과 같이 말했다. "자, 그들은 이제 옛날의 벼랑 끝 게임으로 돌아갔다." 그다음, 부시는 덧붙였다. "여담이지만, 그게 바로 우리가 미사일 방어 체계를 진척시켜야 하는 또 다른 이유다."

다음 날 아침, 회담이 파행될 것이라는 프리처드의 예상은 현실화됐다. 회담 이틀째의 일정은 첫 회의에서 행해졌던 입장 설명에 대해 각자가 논평을 하는 것이었다. 그러나 평양으로부터 직접 지시를 받은 리근은, 켈리가 설혹 지시에 따라 하는 수 없이 그렇게 하는 경우일지라도 켈리와 우선적으로 공식 양자 회담을 갖지 못한다면, 다른 모든 참가자들과의 전체 회의에 참석하지 않겠노라고 주장했다.

켈리는 당시 상황을 다음처럼 회고했다. "우리는 3자 회담 아니면 회의를 갖지 않기로 했었다. 북한 측은 바로 그 3자 회담에 나오지 않으려고 했고, 우리는 양자 회담에 나가지 않으려고 했다."

중국 측 역시 부시 행정부를 설득해 양자 회담에 동의하게 만들려고 했다. 워싱턴 주재 중국 대사는 콘돌리자 라이스에게 개인적인 청원을 할 정도였다. 1차 회동이 대실패로 귀결되면서 중국 측은 북미 양측 태도에 크게 분개했으며, 자신이 중재한 회담이 붕괴될 경우 입을 체면 손상이 큰 걱정이었다. 베이징은 결국 고전적인 외교 속임수를 쓰게 됐다.

이튿날 이른 아침, 주미 대사로 근무한 바 있는 노회한 중국공산당 간부이자 중국의 신임 외교부장 리자오싱은 북한 측에게는 댜오위타이에서 열리는 사적인 모임이라고 전하면서 리근을 초대했다. 모임이 진행되는 동안, 리자오싱은 이번에는 켈리 일행이 똑같은 건물에 도착해 대기실에서 기다리도록 약속을 잡았다.

켈리는 다음처럼 회고했다. "모임이 끝날 무렵 리자오싱은 리근과 손을 맞잡고 여유 있는 모습으로 나왔다. 이때 리근은 프런트 홀에 웅성웅성 모여 있는 미국 대표단의 모습을 보고 경악했던 것이 틀림없다. 그는 우리를 지나치지 않고서는 문밖으로 나갈 수 없었다. 갑작스럽게 마이크 소리가 들렸다. 이 모든 것은 북한 측을 억지로 회의에 참석시키기 위한 중국의 사전 계획이었는데, 이는 중국 측이 이번 일은 성공적이었으며, 우리가 다른 회담을 갖는 데 동의했다고 말할 수 있도록 해주는 것이었다." 켈리는 이 점을 깨닫고 있었다.

리근이 굳이 자리를 빠져나가려 하지 않았던 점은 켈리의 입장에서 볼 때 자신의 생각이 맞았음을 보여주는 것이었다. 켈리는 말했다. "리근은 일종의 원맨쇼를 하는 인물이다. 우리는 3자 기념 촬영을 했고, 그는 기꺼이 우리와 악수하고자 했다. 그는 다른 쪽 방으로 가기는커녕, 그 비슷한 일도 하지 않았다."

댜오위타이에서 기자들에게 말하면서 중국 외교부장은 회담을 진척시키기 위한 결연한 태도를 보이려고 애썼다. 그는 말했다. "상대방의 언행을 주목하면서 우리는 더 많은 행동을 강조해야만 한다."[18]

그러나 국제 외교상의 최초의 시도는 오히려 베이징을 당혹스럽게 했으며, 워싱턴과 평양의 괴리를 부각시키기만 했다. 회담이 끝난 직후, 북한의 조선중앙통신은 당시 상황이 '조선민주주의인민공화국으로 하여금 필요한 억지력의 보유를 선택하게 했으며, 이를 실천에 옮기게 하고 있다'라고 말했다.[19]

이와 동시에, 미국의 첩보 위성은 영변 원자로의 냉각탑에서 흘러나오는 수증기를 추적했다. 사용후 연료봉에 대한 재처리 작업이 진척되고 있다는 움직일 수 없는 증거telltale sign였다. 며칠 뒤, 도널드 럼스펠드 국방장관은 상원 세출위원회에, 미군은 지하 깊숙이 묻힌 목표물을 처리할 수 있는 성능의 무기는 없다고 말했다. 행정부의 촉구에 미 상원은 새로운 '지하시설 파괴용bunker busting' 핵무기의, 특히 대북 사용을 금지한 10개년 금지 조치를 해제했다.

제10장

"성명문을 잘 읽어보시오"

노무현과 부시가 정상회담을 갖다.
제1차 6자 회담이 2003년 8월 베이징에서 열리다

미국, 중국, 북한의 외교관들이 베이징에서 실패한 운명의 회담을 준비하고 있는 동안, 독일과 프랑스의 정보기관들은 빌 드 비르고Ville de Virgo 호라는 프랑스 화물선 한 척을 예의주시하고 있었다. 4월 초, 이 배는 함부르크 항구에서 아시아로 가는 정기 항해를 위해 화물을 실었다. 마지막 순간, 214개의 초고성능 알루미늄관을 담은 컨테이너가 실렸다. 그것은 표면적으로는 중국 동북 지역의 선양항공기공업집단유한공사(이하 '선양항공기공사'-옮긴이)의 주문에 의한 것이었다.

빌 드 비르고가 함부르크 항을 빠져나온 지 몇 시간 뒤, 독일 정보 당국은 이 알루미늄관이 항공기 제작에 쓰기 위한 것이 아니라는 것, 최종 목적지는 중국이 아니라는 것을 확인했다. 알루미늄관은 북한에 인도될 물품이었으며, 우라늄을 재처리해 핵무기를 만드는 데 필요한 원심분리기를 제작하기 위한 것이 분명했다.[1]

한 해 전 CIA를 비롯한 정보기관들은 북한이 우라늄 폭탄을 만드는 데 필요한 물품들을 구하려고 부지런히 유럽을 드나드는 것을 지켜보았다. 이제, 정보기관들은 이 선박의 프랑스인 선주와 접촉하여 빌 드 비르고 호에 명하여 예정에 없던 이집트의 알렉산드리아 항에 기항하도록 설득했다. 거기서 프랑스와 독일 요원들은 화물선에 승선하여 문제의 알루미늄관을 압수했다. 2003년 말, 독일인 3명이 이 거래에 개입된 것으로 밝혀져 기소됐다.

이 사건은 북한이 우라늄 농축 작업에 필요한 물품을 얻는 데 얼마나 끈질기게 매달리고 있는지 보여준다. 그러나 이 문제에 대한 이전의 미국 정보 평가가 사실이었을지라도, 얼마나 많은 장비가 실제로 북한에 들어갔는지, 또는 조립되고 가동되었는지는 여전히 불분명했다.

그럼에도 빌 드 비르고 호 사건은 존 볼턴, 로버트 조지프, 그리고 부시 행정부 내의 다른 비확산 매파들을 자극하여 평양에 대한 압력을 단계적으로 강화하기 위한 새로운 계획을 진척시키도록 했다.

새로운 계획은 '확산방지구상Proliferation Security Initiative, PSI'이라고 부르며, 불법적인 미사일과 기타 화학, 생물학, 핵 등 비재래식 무기의 불법적인 국제 거래를 표적으로 삼기 위한 노력으로 다른 나라들의 협력을 구하는 것을 목표로 했다. 2002년 5월 31일 폴란드에서 연설하면서 부시 대통령은 다음과 같이 공언했다. "미국과 우리의 많은 친밀한 동맹국들은 의심스러운 화물을 운반하는 비행기와 배를 수색하고 불법 무기 또는 미사일 기술을 압수하기 위한 새로운 협정을 성안하는 작업에 착수했다."[2]

존 볼턴은 회고했다. "우리는 국제 협력을 얻을 수 있다면, 대량살상무기 기술과 물질의 국제 거래를 차단하기 위해 더 많은 일을 할 수 있을 것이라고 생각했다. 그리고 그것은 확산 억지 효과를 가질 것이다."

PSI는 실재하는 기구가 아니었다. 오히려 그것은, 반확산counterproliferation에 대해 공동 이해를 갖는 국가들의 집합체인 '의지의 동맹'이었다. 그러나 그것은 출범하는 바로 그 순간부터 공해상에서 선박을 차단하는 행위의 합법성legality, 관련 무력의 행사 방식, 그리고 동맹coalition이 감당해야 할 정치적 과제에 대한 숱한 의문에 직면했다. 맨 처음, PSI는 10개국을 끌어 모았으며, 이들 10개국은 저마다 원칙적인 선언에 서명했다. 불참 사실로 인해 두드러진 2개국은 중국과 한국으로, 이는 북한을 상당 부분 염두에 두고 PSI를 계획했던 미국 관리들에게는 큰 차질이었다.

볼턴은 다음과 같이 인정했다. "북한은 탄도미사일 기술 수출과 기술 및 물질 수입 양쪽 모두 확실한 용의자였다."

미국이 창안한, 공해상에서 선박을 저지해 검색하는 저지 부대의 창설 전망은, 이라크 침공 이후, 부시 행정부의 다음 목표는 바로 자기네가 될 것이라는 북한의 생각을 강화시켰다. 이로 인해 영변에서 사용후 연료봉의 무기급 플루토늄 재처리 작업은 속도를 더했다. 강경파들은 새로운 외교적 채찍stick으로 PSI에 기대를 걸었던 반면, 미국의 아시아 지역 핵심 파트너 국은 물론 국무부의 관여 정책 지지파들은 부시 대통령이 테이블 위에 당근을 올려놓도록 설득하는 작업에 한층 박차를 가했다.

2003년 5월 중순, 한국의 대통령 노무현은 조지 W. 부시와의 첫 번째 정상회담을 위해 워싱턴에 도착했다. 양측은 모두 2년 전 부시와 김대중과의 재앙으로 끝난 최초 정상회담에 대한 강렬한 기억을 갖고 있었다. 그러나, 새로운 한국의 지도자는 정치인 대 정치인으로서 부시에게 말할 수 있을 것이라고 자신했다. 취임 직전인 1월에 있었던 CNN과의 인터뷰에서 노무현은 말했다. "나는 부시 대통령이 대단히 허심탄회하고 솔직한 인물이라고 들었다. 나 또한 너무 솔직해서 오히려 위험스럽다는 평을 받을 정도로 매우 솔직하고 전향적인 사람이다. 그러나 나는 일단 만나면 솔직하고 허심탄회한 토론을 갖게 될 것이라고 생각한다."

회담에 앞서 노무현은 자신이 북한 문제에 대해 부시와 얼마나 다른지를 분명히 했다. 그는 언론인들에게, "북한과의 군사적 갈등은 그것을 생각하는 것만으로도 끔찍한 일이다"라고 말했다.[3] 그는 또 "나는 강제적인 수단, 대화를 위한 가능한 모든 노력을 다할 때까지 미뤄두어야 된다고 생각한다"라고 말했다.[4]

노무현의 방미에는 윤영관 외교통상부 장관이 수행했다. 두 정상이 만나기 전, 윤영관은 리처드 아미티지 국무 부장관(콜린 파월은 당시 국외 체류 중)을 방문했다. 윤영관은 미국이 북한과 심지어 다자의 틀에서라도 양자 접촉을 갖는 것을 한국이 얼마나 중요하게 생각하는지에 대해 되풀이 강조했다. 아미티지는 이에 대해, 북한과 양자 접촉을 갖지 않는 것이 미국의 정책이라고 직설적으로 맞받았다.

윤영관은 당시 아미티지에게 다음과 같이 말한 것으로 기억했다. "만약 귀측이 북측과 만나 대화하지 않겠다면 다자 회담을 갖는 것에 대해서는 어떻게 생각하는가? 북한 문제는 국제 이슈이기 때문에 당연히 다자 회담 방식은 중요하다. 그러나 다자 회담 방식에서는 모든 당사국들 사이에 자유로운 토론이 이뤄져야 한다. 남한과 북한, 일본과 북한, 미국과 북한 사이에 [……] 양자, 삼자, 또는 다자간 토론이 있어야 한다. 따라서 미국 측이 베이징에 가서 북한과 만나지 않는 것은 자연스럽지 못한 일이다."

훗날 윤영관의 한 측근은 그가 아미티지와의 회담에서 '양자'라는 말을 열 번 가까이 썼다고 말했다.

아미티지는 고장 난 녹음기처럼 응답했다. 그는, "안 된다. 그것은 우리 정부의 정책이 아니다"라고만 답했던 것이다. 한국 측은 아미티지가 자신이 사실상 동의하지 않는 정책을 되풀이 설명하고 있다는 생각을 갖고 회담을 끝냈다. 사실 2월 초에 있었던 상원 외교위원회의 증언에서, 아미티지는 "우리는 북한과 직접 회담을 할 것이다. 이에 대해서는 추호의 의문도 없다. 우리가 북한과 양자적으로 대화할 것임은 물론이다"[5]라고 말한 바 있다.

며칠 뒤, 조지프 바이든 민주당 의원은 백악관의 한 모임에 참석해 부시 대통령에게 말했다. "나는 대통령께서 북한과 일대일 대화를 갖기로 한 것을 대단히 기쁘게 생각합니다." 이에 대한 부시의 반응. "지금 무슨 말씀을 하고 계십니까? 그것은 제 정책이 아닙니다. 우리는 절대로 그렇게 하지 않을 것입니다." 그 뒤 부시 대통령은 아미티지의 의회 증언에 대해 '머리끝까지' 화를 냈으며,[6] 아미티지는 '본의를 잘못 전달한 데' 대해 콘돌리자 라이스로부터 지적을 받은 것으로 알려진다.[7]

노무현이 백악관 집무실에 들어서자 부시는, 식생활이 좋지 않은 탓에 북한 사람들의 평균 키가 남한 사람들에 비해 15~20센티미터나 작다는 얘기를 들었으며, 그리고 그와 같은 충격적인 사실을 알았을 때 눈물을 흘렸다는 등의 말로 대화를 시작했다. 한국 측은 부시의 감정적인 대응이 얼마나 심한지에 대해 놀랐다.

비록 개인적인 상호 반응의 강도는 김대중 때보다는 떨어졌지만, 노무현은 부시에게 북한 문제를 외교적으로 풀어야 할 필요성을 강조했으며, '평화번영 정책'에 대한 자신의 책무에 대해 거듭 설명했다. 한국의 입장은, 아무리 수용하기 어려운 것일지라도 북한이 일단 4월 베이징 회담에서 제안을 내놓은 이상, 미국은 이에 대해 역제안으로 대응하는 것이 중요하다는 것이었다. 미국 대통령은 별 관심이 없었다. 부시는 북한의 핵 프로그램 중지 없이는 어떤 대응 조치도 가능하지 않음을 분명히 했다.

콘돌리자 라이스는 회담 후 기자들에게 말했다. "우리의 대북 정책은 다음과 같이 확실하게 요약될 수 있다. 북한이 수많은 세월 동안 자행해 왔던 그런 식의 공갈에 대해서는 특별히 미국만이 아니라 그 어떤 나라도 굴복하지 않을 것이다."[8]

압력의 상승에 대한 평양의 반응은 새삼스러운 것이 아니었다. 조선중앙통신은 미국과 미국의 동맹국들이 봉쇄를 가할 경우, '즉각적인 물리적 보복 조치'가 따를 것이라고 경고했다.[9] 그리고 7월 8일, 찰스 프리처드와 데이비드 스트라우브는 북한의 유엔 대사 박길연과 그의 부관 한성렬을 만났다. 준비된 성명문을 낭독하면서 북측은 자기네가 8천 개의 사용후 연료봉의 재처리를 완료했으며, 그 물질을 핵폭탄으로 바꾸는 일을 진척시키고 있다고 밝혔다.

다이빙궈는 부드러우며 세련된 데다 남의 말을 경청할 줄 아는 중국 외교 부부장이었다. 그의 직책은 통상적으로는 중국 외교부의 고위 공산당원에 해당됐지만, 주요 측면에서 그의 영향력은 자신의 상관인 리자오싱 외교부장보다 컸다. 후진타오 주석의 측근인 그는, 외교부의 해당 직책을 맡기 전까지는, 일반 동맹국보다는 형제국 대접을 받는 북한과의 관계를 책임진 중국공산당 대외연락부장이었다. 그는 김정일을 빈번하게 만났으며 중국 관료들 가운데 '경애하는 지도자'와 개인적으로 가장 친밀한 관계를 유지하는 것으로 알려졌다.

2003년 7월 12일, 다이빙궈는 중대 임무를 띤 후진타오 주석의 특사 자격으로 평양에 도착했다. 다이빙궈는 김정일과 6시간에 걸친 회담을 가졌으며, 북한 핵 프로그램에 대한 협상 재개의 중요성을 설명하는 중국 국가주석의 서한을 전달했다. 홍콩의 《신보재경신문Hong Kong Economic Journal》의 한 해설에 따르면, 이 서한에서, 후진타오는 북한에게 3개 항을 약속했다. 그는 김정일에게 중국은 협상을 중재할 용의가 있으며, 북한에게 과거보다 더 큰 규모의 경제 지원을 제공하는 것은 물론, 미국을 설득해 한반도 비핵화의 대가로 불가침 약속을 북한이 받아낼 수 있도록 노력할 용의가 있다고 말했다.[10]

두 사람의 대화에서, 김정일은 다이빙궈에게, 자신은 미국과 회담을 재개할 준비가 되어 있다고 말하면서도, 미국과의 양자 대화에 대한 자신의 주장을 강조했다. 김정일은 또, 자신의 특사가 미국과 의미 있는 협상에 임할 수 있는 한 회담의 전체적인 방식에 대해서는 신경 쓰지 않을 것임을 시사했다. 다이빙궈는 강석주와 외상 백남순을 포함해 다른 최고위 관리들과의 확대 회담을 끝내고 베이징으로 돌아갔다.

중국 외교관이 평양에 있는 동안, 부시 대통령은 아프리카 순방 중이었다. 이때의 방문은 전직 대사 조지프 윌슨Joseph Wilson(가봉 대사와 이라크 대리 대사 등을 역임-옮긴이)이 《뉴욕 타임스》에, 미 행정부가 이라크 침공을 정당화하기 위해 정보를 조작해왔다고 주장하는 의견란 기고문을 활자화했던 순간으로 가장 잘 알려져 있다. 파월은 라이스를 비롯한 다른 관리들과 함께, 행정부의 주장과는 정반대로 사담 후세인이 니제르로부터 우라늄을 사들이려고 했다는 증거는 없다는 윌슨의 단언이 초래할 후폭풍에 긴급 대처하면서도, 대북 정책에 대해 대통령에게 압력을 가했다. 파월의 전기 작가 캐런 드영에 따르면, 공군 1호기 기내에서의 보기 드문 '독대' 기회를 이용해 그는 대통령에게 다음과 같이 진언했다. "행정부는 중국 측이 우리 구상에서 주도적인 역할을 맡아줄 것을 청한 바 있으며, 그들이 현재 그렇게 하고 있다는 사실, 즉 적극적으로 진전시킬 방안을 추천하고 있다는 것은 백악관으로서는 성공적인 것이다. 미국 관리들이, '별도' 회담이나 협상은 결코 아니더라도, 북측과 짤막하게나마 대화를 갖도록 허용하는 것은 평화적인 관계를 위한 청사진을 제공해줄 망정, 결코 미국의 원칙을 저버리는 일이 되지는 않을 것이다."[11] 부시는 아주 열심히는 아니었지만, 파월의 의견을 귀담아듣는 것처럼 보였다.

중국 측은 미 국무부로부터 다이빙궈를 거의 즉각 워싱턴에 파견해주도록 요청받았다. 자신의 회고록에서 찰스 프리처드는 당시 베이징은 '5자 회담으로 직행하는 것은 시기상조'라고 믿었다고 말한다. 중국은 좀더 유연성 있는 접근법을 취하는 것, 그리고 3자 방식으로 북한과 회담하는 것이 상황을 진전시킬 최상의, 그리고 아마도 유일한 길일 것이라고 생각했다.[12] 미국에 도착하자마자 다이빙궈는 콘돌리자 라이스, 콜린 파월, 제임스 켈리, 그리고 딕 체니를 만났으며, 특히 체니에게는 후진타오가 부시 대통령에게 보내는 서한을 건넸다.[13]

다음은 당시 상황에 대한 켈리의 기억. "중국 측은 또 한 번의 3자 회담을 주장했다. 그러나 나는 그것이 제대로 진행되지 않을 것이라는 점을 중국 측도 잘 이해하고 있었다고 생각한다. 우리가 5자 회담으로 가려는 노력으로 3자 회담을 했다는 사실을 기억해보라. 우리는 진정으로 한국과 일본이 참여하기를 바랐다."

프리처드의 설명은 다음과 같다. "파월은 중국 측의 3자 회담 요청을 따르기는 했지만, 어디까지나 베이징이 평양을 설득하여 즉각적으로 도쿄와 서울이 포함된 회담으로 확대하는 조건 하에서였다." 사실상 3자 회담과 5자 회담을 똑같은 하나의 회담 방식으로 설정한 것이다. 프리처드에 따르면, 파월이 전화로 러시아 외무장관 이고르 이바노프Igor Ivanov에게

계획을 설명했을 때, 러시아 측은 모스크바가 빠진 데 대해 이의를 제기했다.[14]

어쨌든, 중국 외교관은 평양에 회답 메시지를 전달해줄 것을 부탁받았다. 그 내용은, 미국은 북한, 중국과 회담할 준비가 되어 있으며, 이는 즉각적으로 확대된 형식의 다자 회담으로 이어지는 한에서의 회담이라는 것이었다.[15]

2003년 8월 1일, 북한의 조선중앙통신은 외무성 성명을 인용하여, 북한이 6자 회담에 나갈 준비가 되었다고 발표했다. 회담은 8월 27일 베이징에서 시작해 사흘 동안 열기로 결정됐다.

베이징 회담 준비가 막바지 단계에 이르렀을 때, 볼턴은 김정일에 대한 가시 돋친 비난을 토해냈다. 서울에서 가진 한 연설에서 그는, 43번에 걸쳐, 예우와는 상관없이 '경애하는 지도자'를 언급하면서, 김정일을 '폭정의 깡패 국가 지도자tyrannical rogue-state leader'라고 칭했다.

볼턴은 "자신은 평양에서 왕족처럼 살면서, 김정일은 수십만 인민을 정치범 수용소에 가두어놓고 있으며, 그 밖에도 수백만 명을 비참한 빈곤의 늪에 빠뜨리고 있다"라고 공언했다. 아울러 그는 유엔 안보리가 '합당하고 시의적절한 행동'을 취해야 할 때라고 주장했다.[16]

외교적 절차가 진행되는 중대한 시기에 볼턴이 그와 같이 논란의 여지가 많은 연설을 했다는 사실은 파월과 국무부 사람들을 격노시켰다. 볼턴은 국무부 내 동료들의 통상적인 승인을 얻기 위해 자신의 연설 초안을 제출했다. 한국 데스크의 데이비드 스트라우브 과장은 문제를 야기할 수 있을 것으로 생각되는 수많은 구절에 노란 줄을 그은 뒤, 문제의 문건을 켈리에게 보여주었다. 켈리의 반응은, 볼턴과 또 한 번 추악한 싸움을 하는 것에 동아태사무국은 관심 없다는 것이었다. 켈리는 마지못해 볼턴의 연설에 동의를 표했다.

그러나 연설 예정일 하루 전 복사본을 본 토머스 허버드는 강력하게 반대했다. 2005년 볼턴이 미국의 유엔 대사로 지명될 무렵 상원 외교위원회에서의 증언에서, 허버드는 다음과 같이 말했다. "우리는 그의 연설 어조가 너무 강하며, 김정일에 대해 사실상 모든 문장마다 경멸적인 표현을 사용한다고 생각했다. 나와 대사관 직원들은 그의 연설이 북한을 회담에 복귀시키기 위한 우리의 이해에 대해 비생산적이라고 주장했다."[17]

허버드는 볼턴에게, '한국인들은 우리에게 북한을 협상 테이블로 복귀시키기 위한 노력으로서 북한을 다루는 어조를 누그러뜨려줄 것을 일관되게 요청해왔다'는 것과,[18] 그의 연설은 평양은 물론 미국의 핵심 동맹국인 한국까지 격분시키게 될 것이라고 경고했다. 허버드에 따르면, 볼턴은 '모든 독설을 연설문 안에 그대로 남겨두었다.'[19]

볼턴 측은 이에 대해 연설의 주요 목표가 한국에서 북한의 인권 문제를 현안으로 올려놓는 것이라고 주장했다. 그는, "나는 한국 정부가 북한의 억압에 대해 신경 쓰지 않는 것은 비양심적이라고 생각했다. 나는 이에 대해서도 논의가 이뤄지기를 원했다"라고 말했다.

제임스 켈리는 다음과 같이 회고했다. "내가 그 연설이 행해지지 않기를 원했겠는가? 그렇다. 그 연설은 없었던 것이 차라리 나았을지 모른다. 그의 연설은 한국의 많은 사람, 그리고 일본의 일부 세력을 적대적으로 돌려놓았으며, 그들은 간단히 말해 이 연설이 타협을 불가능하게 만들 것이라고 생각했다."

볼턴이 한국에서 귀국한 직후, 성난 콜린 파월은 그를 국무부의 자기 집무실로 소환했다.

볼턴의 한 측근은, 이때의 상황이 두 사람이 '고성이 오가는' 말다툼을 벌인 드문 사례 중의 하나였다고 말하며, "파월은 분을 참지 못했다"라고 회고했다.

파월은 준엄하게 말했다. "존, 앞으로 내 허락을 받기 전에 당신은 어떤 연설도 할 수 없소. 공적 업무도 안중에 없고, 리치[아미티지]도 안중에 없고, 그 누구도 안중에 없소. 당신은 내 허락 없이는 연설할 수 없소. 이유는, 존, 의도하든 안 하든, 그리고 대부분은 의도하기 일쑤지만, 당신은 사람들을 돌아버리게 만들기 때문이오."

파월은 이 전투에서 이겼다. 다음은 리처드 아미티지의 얘기. "전체적으로 볼 때, 그 같은 경고는 꽤 좋은 효과를 거두었다. 나는 존이 자기 권한을 넘어선 데 대해 그처럼 꾸지람을 듣는 것을 본 적이 없었다."

그러나 파월이 자신의 명목상의 하급자에게 자신의 의지를 관철하는 것과, 기관 간 싸움에서 승리하는 것은 전혀 별개의 문제였다. 파월과 그의 협력자들은 다가오는 6자 회담에서 제임스 켈리가 무슨 말을 할지를 둘러싼 더 크고 훨씬 더 중요한 전투에서의 패배를 앞두고 있었다.

2002년 10월 켈리의 평양 방문 때와 마찬가지로, 켈리에게 제안될 논점의 초안을 작성하는 일은 국무부 한국 데스크의 데이비드 스트라우브에게 떨어졌다.

스트라우브는 이 상황을 다음과 같이 기억했다. "부시 행정부 내의 전체 세력 판도가 어떤지, 그리고 대통령의 완강한 개인적 신념이 무엇인지에 대해서는 우리 모두가 알고 있었다. 그가 약간의 재량권, 즉 대북 관여 정책을 둘러싼 2002년 토론의 핵심에 있었던 '대담한 접근법'에 대한 언급을 끼워 넣어 켈리에게 북한과의 양자 접촉의 여지를 남겨두고자 했던 한 부분은, '회담의 가장자리 부분'에 있었다.

스트라우브는 말했다. "켈리는 북한 사람들과 만나고 싶어 했으며, 그것이 옳은 일이라고 생각했다. 우리는 6자 회담 안에 있었고, 우리의 목표는 북한에 대해 긍정적이든 부정적이든 협상 수단을 더 많이 가질 수 있도록 나머지 4자의 공감을 얻고, 이를 통해 우리가 원하는 것을 북한이 행하도록 만드는 것이다. 우리는 다른 협상단의 느낌과 태도를 고려해야만 한다. 우리는 골목대장이나 천치바보처럼 보이기를 원치 않았다. 그래서 켈리는 우리가 북한과 마주 앉을 수 있고, 그들과 회담을 가질 수 있음을 보여주고 싶어 했다."

리처드 아미티지는 다음과 같이 말했다. "전체적으로 보아 국무부는 가능한 한 많은 재량권을 얻고자 했다. 다음 우리는 부처 간 협의 절차에 들어가는데, 거기서 재량권은 적당한 크기로 나누어지게 된다. 확산 분야 사람들에게, 그것은 '절대, 절대로 안 될 일'이었지만, 켈리는 계속해서 약간의 재량권을 모색했다."

볼턴의 한 측근은 스트라우브의 초고에 대해 다음과 같이 말했다. "그의 초안은 '다른 모든 사안,' 즉 전후 순서의 측면에서 누가 먼저 움직일 것인지, 북한이 과연 민간 핵 프로그램을 가질 권리가 있는지 등 모든 현안이 결론에 의해 덮여지기를 바랐다. 우리는 그저 웃을 뿐이었다."

조지프도 존 볼턴처럼 전 과정에 대해 회의적이었다. 그는 "나는 북한 사람들이 진지하다고 생각하지 않는다. 그들이 진지했었다고 생각하지도 않는다. 핵심은 압력을 가하는 것이다"라고 말했다.

로버트 조지프는 켈리가 얼마간 북한 특사와 양자 협상을 갖기 위해 애를 쓸 것이라고 우려해, 켈리에 대한 본인의 지시 사항을 따로 작성했다. 조지프는 다음과 같이 말했다. "나는, 6자 회담의 틀 안에서 양자 회담이 이뤄질 수 있다고 생각하는 사람이 아주 많았다고 생각한다. 그리고 나는 그것이 실수라고 생각했다. 이것이 바로 내가 회담 논점을 쓰는 편이 동아태사무국EAP이 쓰는 것보다 더 낫다고 본 이유다."

국방부의 강경파들 또한 끼어들었다. 폴 울포위츠 국방 부장관은 켈리가 북한의 재래식 무기 위협은 물론 인권 남용 문제도 강조해야 한다고 주장했다. 그리고 럼스펠드 국방장관은 '대담한 접근'에 대해 그 어떤 언급도 걷어낼 것을 요구했다.

국가안보회의에서는 비확산국 로버트 조지프의 강경파 부관인 존 루드와 아시아 전문가 마이클 그린이 상충되는 압력을 조정하는 업무를 맡았다.

이렇게 해서 켈리를 위한 최종 지침은 상당히 엄격해졌다. 체니의 아시아 담당 보좌관 스티븐 예이츠는 "그 어느 지시 사항에서도 켈리가 그 어떤 양자 회의도 피해야 한다는 내용은 빠지지 않았다. 즉 그는 협상을 피하라는 지시를 받은 셈이었다"고 말했다.

국무부 대변인 리처드 바우처는 다음과 같이 말했다. "솔직히 말해, '당신은 다른 협상단이 없이 〔북한 측과〕 한 방에 들어가면 안 돼'라는 부처 간 협의의 지시 사항이 어느 정도는 있었다고 본다."

켈리처럼 지식과 경험이 풍부한 사람에게 이 같은 지시 사항은 굴욕감이 들 정도로 완고한 것이었다. 존 볼턴의 한 측근이 지적한 것처럼, 그것은 꼭 '영어를 할 줄 아는 훈련된 침팬지가 한 마리가 있는 것'이나 마찬가지였다.

6자 회담 개최 엿새 전, 찰스 프리처드는 마침내 일을 접었다. 현직에 있던 마지막 몇 주간 그는 다시 자신이 강경파들의 표적이 되었음을 깨달았다. 이번엔 존 볼턴이 문제가 됐다. 북한은 김정일의 신상에 대한 수많은 가시 돋친 표현이 담긴 존 볼턴의 서울 연설에 격분했다. 북한의 조선중앙통신은 즉각 볼턴을 '인간 쓰레기'라고 딱지를 붙였으며, 뉴욕에서 미국 관리들과의 회담을 요구했다. 회담에서 프리처드와 데이비드 스트라우브는 북한의 유엔 특사가 소리 높여 낭독하고, 볼턴을 최대한 강력한 표현으로 비난한 장광설의 수령자였다. 이에 대해 프리처드는 북한 특사에게 북한 측이 경청해야 할 사람은 단 두 명, 즉 대통령과 국무장관뿐이라고 말하며, 콜린 파월이 공식적으로 내린 지시를 반복했다. 프리처드는 볼턴을 직접적으로 언급하지 않았다.

뉴욕에서 워싱턴으로 귀환한 뒤 스트라우브는 파월과 다른 최고위 관리들이 참석하는 회의를 위해 정책 메모 한 편을 작성했다. 파월은 자신의 정책 구상에 대한 볼턴의 잦은 반대를 고려해 내부 문건 중 일부의 배포를 인가하지 않았다. 이번 건의 경우, 볼턴이 스트라우브 메모의 사본을 받았는지, 또는 이에 대해 알고 있었는지는 분명치 않다. 어쨌든 볼턴은 자신이 보기에 프리처드가 자신을 방어하지 않은 사실에 몹시 분개했다. 곧 이어, 애리조나 주 출신의 보수파 공화당원이자 볼턴의 동맹인 존 킬Jon Kyl이 파월에게 항의 서한을 써 보내는 한편, 서한 사본을 체니 부통령, 리처드 아미티지, 그리고 볼턴에게 보냈다. 항의 서안은 행정부가 북한에 혼란한 신호를 보내고 있다고 비난했으며, 파월에게 프리처드에 대해 '시정 조치corrective action'를 취할 것을 요구했다. 킬이 비밀 분류된 메모에 대해 얼마나 알고 있었는지도 역시 불분명하다. 그러나 이 사건은 그때까지 대북 관여파의 지도적인 인사들을 행정부에서 퇴출시키려는 강경파의 시도 중 가장 노골적인 것이었다.[20]

베이징 댜오위타이 국빈관의 움푹 들어간 방에 놓인 6각형 테이블은 6자 회담 대표단을 모두 수용할 정도로 크고 거대했다. 주최측인 중국은 의도적으로 제임스 켈리를 북한 특사 김영일 옆에 앉혔다. 미국 팀은 김영일을 보고 깜짝 놀랐다. 북한 외무성 부상인 그는, 수년간 미국과 수많은 협상에 참여했던 김계관과 달리, 미국인이나 핵 문제를 다뤄본 경험이 전혀 없는 중국 전문가였던 것이다. 이것은 좋은 징조가 아니었다.

그러나 2003년 8월 28일 열린 전체 회의에서 모두 발언을 하면서, 김영일은 북한의 제안을 협상 테이블에 올려놓았다.

그는 다음과 같이 공언했다. "한반도 비핵화는 조선민주주의인민공화국의 궁극적인 목표다. 핵무기를 보유하는 것은 우리의 목표가 아니다. 미국이 적대시 정책을 바꾸고 우리에게 위협이 되지 않는다면, 우리는 핵 프로그램을 폐기할 수 있다."

김영일의 제안은 '동시 행동simultaneous action' 원칙에 입각한 일련의 단계들을 포함했다.

중유 선적 재개와 식량 원조 확대에 대한 답례로, 북한은 '핵 프로그램의 폐기에 대한 의지를 천명할 것'이라고 김영일은 말했다. 미국과 불가침조약을 체결하고 전력 손실을 보상해주는 답례로, 북한은 '핵 시설과 핵 물질에 대한 동결, 그리고 이에 대한 감시와 사찰을 허용'하겠다고 김영일은 말했다. 그는 미사일 문제가 '조선민주주의인민공화국과 미국 사이에, 그리고 조선민주주의인민공화국과 일본 사이에 외교 관계가 열릴 때' 해결될 것이며, '우리는 경수로가 완공되는 시점에서 핵 시설을 폐기할 것'이라고 말했다.[21] 김영일은 또한 평양이 우라늄 농축 프로그램을 갖고 있다는 미국의 주장을 부인했다.

김영일의 발언은 물론 전형적인 북한식 수법으로, 보상으로 무언가를 받기 위해서는 북한부터 무장해제하라는 요구와, 북한이 알아둬야 할 것은 미국이 수용하지 못할 입장이 있다는 사실에 대한 극단적인 반응이었다. 그러나 그의 발언은 분명히 협상 개시용으로 선수를 친 것뿐이기도 했다. 핵심 문제는 실제 협상 과정이 진행된다면 무슨 일이 벌어질 것인가였다.

워싱턴 강경파의 입장을 반영하는 자신의 프레젠테이션을 통해 켈리는 북한이 기대하는 주고받기식 과정에 대한 미국의 반대 입장을 분명히 했다. 대신 그는 북한이, 외교적·정치적 또는 경제적 인센티브에 대한 논의가 있기 전 핵 프로그램을 '완전히, 검증 가능하게, 그리고 돌이킬 수 없게 폐기'해야만 한다는 부시 행정부의 요구를 되풀이했다. 켈리는 타협적인 대목 한 군데에서, 미국은 북한을 침공할 의사가 전혀 없다는 부시 대통령의 발언을 언급했다. 그러나 켈리가 낭독한 성명은 평양의 불가침조약 요구를 분명히 거부했다. 한 관측통이 말했듯이, 켈리는 '테이블로 가기는 했지만 아무것도 올려놓지 않았'던 것이다.[22]

데이비드 스트라우브는 개막 회의에 앞서 중국 관리들과 사적으로 이야기를 주고받았다. 그에게는 이상한 요청이 하나 있었다. 전체 회의가 진행되는 방 한 켠에 소파를 갖다놔줄 수 없느냐는 것이었다. 스트라우브가 이유를 설명하자 중국인들은, 좀 가볍게 말하자면, 어안이 벙벙했다. 켈리가 북한 측과 양자 대화를 할 것인가를 둘러싼 워싱턴의 싸움에서 최종 결정은, 다른 대표단이 지켜보는 가운데서만 가능하며, 어떤 식으로든 협상으로 비춰져서는 안 된다는 것이었다. 스트라우브는 회고했다. "나는 우리나라와 내가 속한 국무부에 무척 곤혹스러웠다."

미국의 엄격함은 중국인들도 당황케 했다. 한 중국 관리는 말했다. "미국의 입장은 매우 단호했다. 유연성이라고는 없었다. 우리는 미국에게 북한과 양자 토론을 갖도록 매우 열심히 설득했다. 미국 대표단은 매우 완강하게 거부했다."

그러나 중국 측은 스트라우브의 요청을 정식으로 들어주었다. 8월 28일 오후 전체 회의 휴식 시간에 스트라우브는 북한 사람들에게 다가가 담소를 나눌 의향이 있느냐고 물었다. 켈리는 국방부 관리인 리처드 롤리스 국방차관과 국가안보회의의 아시아 전문가 마이크 그린, 그리고 통역 한 사람을 대동했다. 그들의 존재는 기관 간 협조를 반영했다기보다는, 워싱턴에서 켈리와 국무부가 강경파 분자들로부터 받아온 깊은 의구심을 반영한 것에 가까웠다. 그들은 켈리 특사가 지시 사항을 뛰어넘는 행위를 시도하지 못하도록 회담 기간 내내 그의 행동거지를 감시할 필요가 있다고 느꼈다.

리처드 아미티지는 다음과 같이 말한 바 있다. "적어도 내 생각에, 우리는 죄수를 감시하는 사람과, 그 감시자를 또 감시하는 사람이 있었던 옛 소련 시절에서 나온 사람들 같았다."

큰 회의실 한 구석에 중국 측이 제공한 소파에 앉자, 켈리는 김영일에게 다음과 같이 직설적으로 말하며 담소를 시작했다. "지금 이 자리는 협상이 진행 중이 아니다. 이 자리는 또한 공식 회의도 아니다."[23]

켈리는 "나는 우리가 그들과 협상 중에 있지 않다는 것을 분명히 하기 위해 주의를 기울였다"라고 회고했다.

켈리는 어색함을 확연하게 느꼈다. 그는 기억했다. "솔직히 나는 김영일 부상이 우리와 의사를 주고받는 자리가 아닌 다른 곳에 있었더라면 하고 생각했다."

미국 측은 김영일이 뚱하기만 할 뿐 별로 '인상적이지 못한' 사람이라고 느꼈지만, 이 북한 특사는 질문 목록을 갖고 있다고 말했다. 북한 사람들이 흔히 그렇듯이, 즉 계획된 당혹감과 전술적 이유에서, 김영일은 적대적인 어조를 택해, 데이비드 스트라우브의 표현에 따르면, '검사처럼' 질문 사항을 늘어놓았다.

김영일은 시작했다. "질문 1. 적대 정책을 종식할 용의가 있습니까? 질문 2. 기본 합의 하의 의무 사항을 이행할 용의가 있습니까?"

김영일은 모두 합쳐 10개의 질문을 던졌다.

켈리는 마치 형사 피의자처럼 심문받는다는 생각에 기분이 상했다. 이에 대응해 켈리는 퉁명스럽게 말했다. "내 성명을 주의 깊게 읽어보시오. 김정일에게 나의 성명을 읽어주시오."

깐깐한 지시 사항에 맞춰, 시험을 치르는 듯한 문답 과정은 비록 소리가 들릴 정도는 아니었어도 다른 나라 대표들이 모두 훤히 볼 수 있는 상태에서 진행됐다. 데이비드 스트라우브는 당시 상황을 다음처럼 회고했다. "그 넓은 홀에 모였던 다른 당사국 대표들 모두가 그곳에 있었다. 물론 그들은 일이 어떻게 돌아가고 있는지 알고 싶어 했으므로, 곧 〔……〕 농장에 살았으면 소들이 얼마나 호기심 많은지를 잘 알 것이다. 〔……〕 그곳에 있었던 사람들도 마치 그런 소들처럼 우리 자리로 모여들었고, 점점 더 북미 대화에 가까이 다가왔다. 참으로 우스꽝스러운 일이었다."

남한 외교관도 북미 대화 언저리에 어떻게든 다가가려고 애썼던 사람들 중 한 명이었다. 그는 이와 같은 회의 모습에 대해 스트라우브와 같은 평가를 내렸다. 그는 "솔직히 말해 나는 그날 북미 대화가 유치했다고 생각한다"라고 말했다.

김영일은 회의실 한 구석의 소파에 앉아 다음과 같이 밝혔다. "당신네가 적대시 정책을 끝내지 않은 것은 확실하다. 그러므로 우리는 핵무기 보유를 선언하고 우리의 핵 억지력을 보여주는 것 외에는 달리 방법이 없다." 이에 대해 켈리는, "이것은 매우 심각한 문제다. 나는 이 같은 사실을 다른 회담 당사국들에게도 알리겠다"라고 맞섰다. 김영일은 "나도 그럴 것이다"라고 응수했다.

북미 대화는 30분도 안 되어 끝났다.

켈리는 담담하게 회고했다. "우리가 가졌던 대화는 결코 만족스럽지 못했다."

중국의 한 관리는 덧붙였다. "나오는 말마다 적대적이었다. 모든 의견 교환이 정책 성명의 교환에 불과했다."

그날 밤, 켈리 대표단이 묵었던 베이징의 호화로운 성 레지스 호텔의 전화통에 불이 나다시피 했다. 훗날 일상적인 풍경이 되어버린 이 같은 전화통화에서 켈리 대표단의 각 성원들이 국방부, 국가안보회의, 그리고 합참 등 해당 사무실에 전화를 걸어 제각각 당일의 사건을 전달하고 있었다.

켈리는 파월과 아미티지를 위한 상세한 전보문을 작성하는 동안 기분이 언짢았다.

그는 다음과 같이 기억했다. "나는 워싱턴 내 각각의 개인적인 영지에 보고하는 사람들을 두고 있었다. 그 영지가 반드시 정책을 지지하는 것은 아니었다. 이런 일은 점점 더 심해졌다. 나는 그들이 한편으로 전보문을 쓰면서 동시에, 아마도 공개 회선을 이용해 해당 기관에 보고하는 것에 썩 기분이 좋지 않았다. 이들은 전화 저편의 다른 사람에게 우리를 비난하느라 정신이 없었다."

켈리는 김영일이 전체 회의 협상 테이블 위에 올려놓은 제안에 대해 매우 회의적이었다. 켈리의 생각으로는, 핵 시설을 동결하겠다는 제안조차 일보 진전을 뜻하지 못했다.

그는 회고했다. “동결 제안을 호주머니에 찔러 넣는 것의 문제는, 그것이 단지 우리를 기본 합의로 되돌아가게 만들 수 있었다는 것이다. 나는 그것은 큰 실수가 될 수 있었다고 생각한다. 우리는 〔……〕 핵무기 프로그램을 완전히 종식시킬 책무가 있었다. 동결은 그 같은 과정의 한 단계일 수 있다. 그러나 하나의 단계가 그 자체로서 하나의 목표가 될 위험성이 있다면, 즉 그것이 종국에 가서는 기본 합의로 귀착된다면, 우리는 상당한 목표 미달 상황에 빠지게 된다. 핵무기 프로그램이라는 주요 부분을 다루지 못할 것이기 때문이다.”

그러나 북한의 벼랑 끝 전술의 역사를 감안했을 때, 켈리든 스트라우브든 김영일의 핵실험 위협 경고에 특별히 놀란 것은 아니었다.

그럼에도 워싱턴에서는 위협을 외교적 해결책에 대한 새로운 제안으로 받아들이는 대신 위협의 구체적인 내용이 무엇인지에 촉각을 곤두세운 강경파 진영이 언론에 누설한 내용이 신문 머리기사를 지배했다. 《워싱턴 포스트》의 1면 머리기사는 ‘북한, 핵무기 실험 위협’이라고 보도했다. 《뉴욕 타임스》는 ‘북한, 원자탄 실험 천명’이라며 안달했다.

회담 둘째 날, 김영일은 전체 대표단에게 자신의 위협을 되풀이하겠다는 약속을 훌륭히 해냈다. 김영일의 경고, 그리고 그의 매너는 다른 대표단들에게 쉽게 납득되지 않았다. 스트라우브는 다음과 같이 회고했다. “김영일이 그의 언어 선택과 프레젠테이션을 통해 보여준 일종의 으름장은, 중국인을 포함해 모든 사람들에게 나쁜 인상만 남겼다고 생각한다.”

단지 ‘정부 관리’라고만 확인된 기자들을 위한 배경 설명회에서, 켈리는 평양이 ‘위협을 행동으로’ 옮긴다면, 다른 회담 당사국들이 강력하게 대응할 것을 분명히 했다고 밝혔다.

4월에 있었던 3자 회담에서도 마찬가지였지만, 북미 양측의 날선 공방은 주최측 중국으로 하여금 아무런 성과도 만들어내지 못하고 북미 양자를 화해 불가능한 상태로 몰아넣은 회담에서 그나마 긍정적인 측면을 부각시키기 위해 필사적으로 매달리게 했다. 외교 부부장 왕이는 무미건조한 것일지라도 공동성명을 내도록 강력히 밀어붙였다.

북한 대표단 중 한 사람이 평양의 훈령을 갖고 회의실에 들어온 것은, 4월에 켈리와 맞선 바 있는 북한 관리 리근이 실무 차원 회의에서 공동성명의 성사 가능성을 논의 중일 때였다. 함께 방에 있었던 한 일본 외교관에 따르면, 리근은 머리를 흔들면서 '우리는 아무것도 동의할 수 없다'고 말했다.

결국, 유일한 공식 성명은 중국 외교 부부장 왕이로부터 나왔다. 그는 6자 모두가 회담을 다시 갖기로 합의했다고 발표했으며, 미국과 북한에 '상황을 더 격화시킬 수 있는 발언과 행동을 자제해줄 것'을 촉구했다.[24]

미국 관리들은 회담에 진전이 없었음에도, 다자 회담이 열렸다는 사실 자체가 부시 행정부 정책이 유효함을 입증한 것이라고 강조했다. 강경파 국방차관 더글러스 페이스가 기억하는 것처럼, 6자 회담의 틀에서 문제를 풀 수 있는 합의가 나올 것이라고는 생각하지 않았지만, 중국 측이 북한 측과 효과적으로 양자 작업을 하는 데 유익했다면, 6자 회담은 의미가 있었다.

베이징은 그러나 평양보다는 워싱턴에 더 당혹해했다. 6자 회담의 공식 주최측이었던 왕이는 회담이 끝난 그 다음 주 필리핀 방문 중에, 회담 진전의 최대 장애물이 무엇이라고 생각하느냐는 질문을 받았다. 그의 답변은 직설적이었다. "미국의 [대북] 정책, 이것이 우리가 직면했던 가장 큰 문제였다."[25]

왕이의 견해는 중국 외교부 대변인 콩취엔에 의해 그대로 되풀이됐다.

콩취엔은 '미국이 조선민주주의인민공화국에 얼마나 위협이 되는가. 이것이 다음번 회담에 더 깊이 논의되어야 할 필요가 있다고 말했다. 아울러 그는 다음번 회담은, 자신이 말한 워싱턴의 '부정적인' 대북 정책에 대처해야만 한다고 덧붙였다.[26]

중국 관리들은 또한 워싱턴에 확산방지구상의 일환으로 실시될 대규모 해군 군사 훈련을 연기하거나 규모를 축소할 것을 촉구했다. 이는 9월 말 오스트레일리아 연안에서 실시될 예정이었다.[27] 군사 훈련은 계획대로 진행됐다.

8월 30일 토요일, 김영일과 북한 대표단 일행은 2시간 동안의 평양행 비행을 위해 베이징에서 삐걱거리는 소련제 고려항공 TU-154호기에 탑승했다. 이들과 함께 두 명의 미국인이 탑승했다. 프랭크 자누지와 케이스 루스Keith Luse가 그들로, 두 사람은 각각 미국 상원 외교위원회의 민주당과 공화당 측 보좌관들이었다. 다음 사흘간, 그들은 6자 회담 석상에는 없었던 저명한 북한 관리와 거의 12시간에 걸친 대화를 갖게 된다. 이런 식의 외교적 만남을 통상적으로 관리했던 김계관 외무부상이 바로 그였다.

자누지와 루스는 김계관이 방금 폐막된 회담 결과에 낙담해 기분이 언짢은 상태라는 것을 알았다.

김계관은 미국인들에게 말했다. "미국은 관계를 개선할 준비가 되기 전에 조선민주주의인민공화국이 바지를 내리고 벌거벗은 채 수모를 당하기를 원하고 있다. 우리는 그렇게 못한다."

김계관은 켈리가 제안한 조건을 무조건 항복 요구와 동일시했다. 한국전쟁의 종전이 아직도 평화협정으로 전환되지 못했다는 점을 지적하면서 김계관은 말했다. "우리는 미국과 엄밀히 말해 전쟁 상태에 있다. 당신네는 우리가 무조건 항복하기를 원하고 있다. 그러나 우리는 이라크가 아니다." 그러고 나서 김계관은 두 사람에게 말했다. "당신들 두 사람은 북한이 핵 국가가 되지 못하게 막는 방법에 대해 그리 심히 걱정할 필요가 없으며, 핵을 가진 북한과 어떻게 더불어 살 것인가에 대해 생각해볼 필요가 있다."

김계관의 발언에 깜짝 놀라면서 자누지와 루스는 평양이 될 수 있는 한 빨리 핵 국가가 되려 한다고 결론 내렸다. 대부분 무기급 플루토늄으로 재처리된 8천 개의 사용후 연료봉을 갖고, 북한이 얼마 지나지 않아 곧 새 폭탄을 병기고에 추가할 수도 있었던 것이다. 두 사람은 또 북한의 입장에 깔려 있는 것은 존중과 안보에 대한 절실한 바람이라는 데 의견이 일치했다.

유일하게 희망적인 대목은 "이것은 고위급 대화를 통해 모두 해결될 수 있다"라는 김계관의 발언이었다. 이것은 그들이 생각하기에 조지 W. 부시가 절대로 생각하지 않을 정상회담에 대한 또 한 번의 요구였다.

워싱턴의 경직된 입장에 대해 언짢아하는 쪽은 북한만이 아니었다. 루스와 자누지가 평양에 있는 동안, 남한의 윤영관 외교통상부 장관은 워싱턴에 있었으며, 거기서 그는 콜린 파월에게 김영일이 내놓은 제안에 대해 미국이 상세한 제안으로 화답할 것을 권고했다. 윤영관은 또한 파월에게 평양에 미국의 외교 관련 사무실을 소규모로라도 개설하겠다고 제안해보는 건 어떻겠냐고 제의했다. 대사관보다는 훨씬 격이 떨어지지만, 양국 간 외교 관계를 충분히 대표할 수 있는 성격의 사무실로서, 북한에게 인센티브를 제공하자는 취지였다. 연락 사무소 발상은 기본 합의에서도 언급되었으나 이행되지 못한 바 있었다.

윤영관은 다음과 같이 회고했다. "그런 식의 제스처는 북한이 좀더 협조적으로 나오도록 동기를 부여해주었을 것이다. 북측이 그런 식의 미국의 구상에 반응을 하지 않더라도, 미국의 태도에 대해 좋은 인상, 즉 미국이 외교를 통해 이 같은 문제를 다루려는 진지한 태도를 갖고 있다는 인상을 줄 수 있다."

한국의 제안이 차가운 반응을 얻은 것은 당연했다. 그러나 이 같은 견해 차이는 파월과 윤영관이 뉴욕의 유엔 연차총회 석상 바깥에서 가졌던 첨예한 의견 교환에 비하면 대수롭지 않았다.

회담은 윤영관이 파월에게 미국인 학자 두 명이 공저한 신간 서적, 『한반도 위기: 핵 무장 북한 다루기Crisis on the Korean Peninsula: How to Deal with a Nuclear-Armed North Korea』 한 권을 증정하면서 좋지 않게 출발했다. 이 책은 미국과 중국, 러시아, 일본, 그리고 한국이 북한에 경제 원조와 평화조약 및 불가침협정을 포함한 안보 보장을 제공하고, 북한은 재래식 무기와 핵무기에 대한 상당한 감축으로 답례하는 '대타협Grand Bargain'을 주문했다. 이와 같은 발상은 부시 행정부의 접근법과 전적으로 상충하는 것이었다.

윤영관은 파월에게 '이와 비슷한 것을 해야 한다'고 말했다. 국무장관은 눈에 띄게 기분이 상한 표정이었다. 그때부터 회담 분위기는 더욱더 험악해졌다.

당시 한국의 노무현 대통령은 한국군의 이라크 파병을 지지함으로써 큰 정치적 위험을 안고 있었다. 노무현은 이것이 대북 정책과 관련해 워싱턴에 대해 지렛대를 손에 쥐는 중대 조치로 여겼다. 그러나 노무현은 자신의 정치 기반인 좌파 세력으로부터 비판을 받게 됐으며, 서울에서 안보팀 회의가 끝난 뒤 윤영관 외교통상부 장관은 파월에게 노골적인 메시지를 전달하라는 지시를 받았다.

윤영관은 "나는 단호하게 말하라는 지시를 받았다"라고 회고했다. 미국이 북한에 대해 좀더 유연한 태도를 보이지 않는다면, 한국군의 이라크 파병은 의문에 빠질 수 있다고 윤영관은 파월에게 경고했다.

파월은 화가 났다. 그는 퉁명스럽게 대꾸했다. "그런 식의 말은 동맹국들이 서로를 상대하는 방법이 아니다."

다시 윤영관의 회고다. "콜린은 한국 측이 두 가지 이슈를 연계하고 있다고 생각했다. 그는 기분이 좋지 않았다. 그러나 나는 그에게, 당시 노무현 대통령이 직면한 어려운 정치적 상황에 대해 생각해보라고 요청했다. 그의 지지층의 핵심 그룹은 〔파병〕 발상을 반대했다. 나는 기본적으로 한국의 국내 정치 상황을 설명하고자 했다."

사실 워싱턴에 대한 노무현의 민족주의적 의구심이 심화되고 있었지만, 민족주의 감정은 그의 최측근 사이에서 더욱더 강렬했다. 노무현은 '386세대'에 둘러싸여 있었다. 1960년대에 출생하고, 1980년대에 대학을 다녔으며, 당시 30대였던 사람들로 구성된 386세대는 군사 통치와 이에 대한 미국의 지원을 반대하는 시위를 벌이면서 정치적으로 성숙해졌으며, 북녘의 사촌들과의 화해라는 발상에 투철했고, 부시 행정부의 강경 노선을 한반도 평화에 대한 최대 위험으로 인식했다. 이들 386 그룹의 우두머리는 이종석으로, 그는 처음에는 청와대 국가안보회의 사무차장으로 임명되었으며 훗날 통일부 장관으로 봉직했다. 김대중 대통령의 특별보좌관으로 2000년 남북 정상회담에도 참석했던 정치학자 이종석은 미국의 대북 정책에 대한 오랜 비판가였으며, 최우선적인 대북 관여 정책 지지자이기도 했다.

이종석이 정책을 관리하고 당시 대중적인 인기가 크게 떨어지고 있던 노무현이 이에 힘을 실어주면서, 청와대의 기조는 점점 더 완강한 반미주의로 흘렀다. 양극화의 한 결과는 내부 텃밭 싸움으로, 한국의 정책 결정자들도 두 파벌로 분열했다. 이종석과 국가안보회의가 연계된 자주파, 그리고 외교부를 중심으로 하고 대미 관계의 중요성을 강조하는 동맹파가 바로 그것이었다.

분열은 놀라운 폭로 사건에 의해 악화되었다. 남한 정부가 2000년 김대중과 김정일의 정상회담을 성사시키기 위해 수억 달러를 북한에 지불했다는 것이다. 송금 업무는 남측 재벌 그룹 현대의 자회사에 의해 처리되었으며, 전 포르투갈 식민지인 마카오의 북한 은행 계좌로 들어갔다. 김대중은 자신이 이 같은 송금에 대해 알고 있었다고 인정했지만 남측의 국익이 걸린 대북 대화의 길을 촉진하는 데 도움이 된다는 논리로 이를 방어했다. 2003년 가을까지 예닐곱 명의 한국인이 송금 과정에서의 역할에 대한 법정 재판에서 유죄 판결을 받았다. 게다가 6자 회담이 시작되기 직전, 현대 창업주의 아들이 서울 본사 사무실에서 뛰어내려 자살했다.

이후 수개월간, 내부 싸움은 대미 관계를 악화시키고, 한미 동맹을 훼손시키는 외에, 김정일을 어떻게 상대할지를 둘러싸고 부시 행정부와의 불화를 재촉하며 심화되었다.

미첼 리스Mitchell Reiss는 미국 버지니아 주 윌리엄앤메리 대학의 국제정치학과 부학장이었다. 그는 1990년대, 북한과 많은 핵심 의정서들을 협상한 바 있으며, 기본 합의에 따른 경수로 건설 책임을 맡은 컨소시엄 KEDO에서 일하기도 했다. 2003년 8월, 리스는 정책실장을 맡아 국무부에 들어갔다. 콜린 파월은 그에게 북한을 최우선 과제로 만들 것을 주문했다.

리스는 곧 '자문 서클'이라고 부르는 일련의 사적 모임을 갖기 시작했으며, 이 모임은 협상을 통한 북핵 위기 해결에 찬동하는 관리들로 구성되었다. 자문 서클은 리스 외에, 제임스 켈리, 한국 데스크 데이비드 스트라우브, 국가안보회의의 마이클 그린, 오랜 CIA 요원이었으며 대북 협상 담당 특사로서 찰스 프리처드를 대신하게 될 조지프 디트라니 Joseph DeTrani, 리스의 직속 직원이었던 이반 파이겐바움 Evan Feigenbaum(스탠퍼드 대학에서 박사학위를 취득했으며 중국 전문가임-옮긴이), 그리고 켈리의 보좌역 데이비드 애셔를 포함했다. 이 그룹은 정기적으로 모여 북한을 어떻게 다룰지에 대해 각기 다른 의견을 주고받았으며, 리스와 파이겐바움은 이를 미국의 새로운 입장에 포함시키려고 했다.

이들이 구상했던 개념은 '2 플러스 2와 키커 two plus two and kicker'라고 불렀다. 단기적으로 미국은 영변의 가동 중단('동결'이라는 어휘는 지나치게 '클린턴식'이라고 간주되어 사용할 수 없었다), 핵 활동 중단에 대한 북한의 공개적인 다짐을 포함해 북한 핵 프로그램의 즉각적인 중단을 요구해야 한다고 리스는 제안했다. 이에 대한 대가로, 미국은 북한을 침공하지 않겠다는 공식 다짐을 북한 측에 제공하라고 그는 권고했다. 새로운 접근 방식의 목표는 비핵화된 북한으로서 이는 국제 사찰에 의해 그 지위를 검증받고, 이를 통해 미국은 북한과 정상적인 외교 관계를 갖는다는 것이었다. 과도적인 단계에서는, 미국이 북한에 연락사무소 개설을 제의할 것을 제안했다. 이것은 명백하게 트로이 목마로 간주됐다. 즉 북한 정권에 대해 더 많은 것을 알아내고, 정권을 내부로부터 서서히 무너뜨릴 방도를 찾는 기회로 보았던 것이다. 이 전략은 전 CIA 요원이었던 디트라니가 적극 찬성했다. 디트라니는 다음과 같이 말했을 것이다. "오늘 당장 나에게 여섯 명만 붙여달라. 우리는 이 전략을 실행에 옮길 방법을 알고 있다."

파월은 리스의 정책 제안 전부를 수용하지는 않았지만, 대통령에게 북한을 공격하지 않겠다는 공약을 제공할 것을 강력히 추천했다. 2003년 10월 11일 주말, 캠프 데이비드에서 열린 핵심 보좌진들과의 회의에서, 부시는 그 다음 주 방콕에서 열리는 에이펙 연례 정상회담을 통해 만나기로 예정된 중국 후진타오 국가주석에게 이를 시험 삼아 제안해보겠다고 동의했다. '자문 서클'의 한 회원은 다음과 같이 설명했다. "파월은 이 제안을 시험해볼 필요가 있음을 알았다. 첫째, 거래가 이뤄질 수 있는지 볼 필요가 있었다. 둘째, 동맹을 관리할 필요도 있었다. 셋째, 미국이 아시아에서 갖는 위상 문제도 있었다. 만약 안보 위협에 대처하지 않는다는 인상을 줄 경우, 그것은 미국의 위상을 깎아내릴지도 모를 일이었다."

평양이 핵 야망을 포기하기로 동의하기 전까지는 북한에 안전 보장은 물론 어떤 형태든 양보를 제공한다는 발상에 완강하게 반대해왔던 대통령으로서는, 그것은 중대 변화였다. 후진타오와의 회담에서 부시는 6자회담 참가국 모두가 참여하는 다자 안보 협정의 일부로서 대북 불침공에 대한 서면 약속을 제공할 수도 있음을 내비쳤다. 물론 한 고위 관리가 말한 대로, "이쪽의 움직임은 북한 쪽의 검증 가능한 진전에 의해 좌우될 것이다"라는 전제 하에서의 얘기였다.[28]

부시는 공식적인 불가침조약이라는 북한의 장기적 관점의 요구에 대해서는 "그것은 협상 대상이 아니다"라며 거부했다.[29] 그러나 그것은 미국의 대통령이 외교적 해결책을 찾아낼 수 있다면 북한의 안보 우려도 진지하게 고려될 수 있음을 수용한 최초 사례가 됐다. 부시는 후진타오로부터 미온적인 반응을 얻었다. 그는 단순히 중국은 핵 위기에 대해 '평화적 해결책을 찾기 위해 노력할 것'이라고 말했던 것이다. 그럼에도 중국 국가주석은 고위 공산당 간부이자 중국 전국인민대표회의의 우방궈 상무위원장을 평양에 즉각 파견했다.

제1차 6차 회담 이후, 북한은 해결책 협상에 대한 바람을 빈번하게 되풀이했음에도 핵무기를 늘리려는 노력은 계속됐다. 10월 초, 북한 외상은 8천 개의 연료봉이 재처리됐으며, 북한은 만약 미국이 '적대시 정책'을 포기하지 않을 경우, 핵 억지력을 지속적으로 유지하고 증가시킬 것이라고 공식 선언했다.[30] 부시가 아시아로 출발하자, 조선중앙통신은 "적절한 시기가 되면, 조선민주주의인민공화국은 물리력으로서의 핵 억지력을 일반에 공개하는 조처를 취할 것이다"라고 언급했다.[31] 또한 이 점을 확신시키기 위해 부시가 방콕에 있는 동안, 북한은 사정거리 100마일 정도의 신형 크루즈 미사일을 시험 발사했다.[32]

부시의 제안에 대한 첫 반응으로, 조선중앙통신은 그 제안을 '부끄러운 일'이라고 평했다.[33] 그러나 우방궈의 평양 도착 직전, 북한 외무성은 돌연한 변화로, 부시의 제안을 '기꺼이 고려할 것'이라고 발표했다.[34] 2003년 10월 30일, 중국 중앙방송의 저녁 뉴스 보도는 우방궈와 환하게 웃는 김정일이 악수를 하는 모습을 보여주며, 북한이 6자 회담을 다시 여는 데 '원칙적으로' 동의했다는 아나운서의 설명을 내보냈다. 그러나 이 발표 뒤, 평양은 '동시 행동 원칙에 기초한 일괄 타결 제안을 실천하는 방안이 제시될 경우'에만 회담에 참가하게 될 것이라는 종래의 입장을 다시 한 번 되풀이했다.[35] 반면 우방궈의 분명한 성취를 선전하려는 베이징의 결정은, 중국이 여전히 북한이 결국 협상 테이블에 복귀할 것이라고 확신하고 있었음을 시사했다.

베이징의 희망은 2003년 안에 제2차 6자 회담을 여는 것이었다. 바로 이때 체니 부통령이 끼어들었다.

제11장

"악과는 협상하지 않는다. 다만 쳐부술 뿐이다"

2004년 1월 미국 대표단이 영변 핵 시설을 방문하다.
6자 회담이 재개되고 고이즈미는 김정일과 두 번째 정상회담을 갖다

딕 체니는, 콜린 파월의 말에 따르면, 북한에 대해 '매우 강경'했다.

2003년부터 2005년까지 체니의 안보 담당 부보좌관으로 일했던 프린스턴 대학 중국학자 아론 프리드버그는 다음과 같이 말했다. "북한 문제에 대한 체니의 관점은 북한 정권이 문제의 근본적인 원인이라는 것이다. 그런 관점이 달라지지 않는 한 확산 문제는 절대 해결될 수 없다. 따라서, 문제에 대한 유일한 해결책은 정권의 성격을 바꾸는 것이다."

그러나 이라크 문제가 점점 커지고 협상을 선호하는 아시아 지역의 핵심 상대국들은 부시 행정부와 깊은 갈등을 빚게 되자, 대통령 자신이 외교적 해법의 필요성을 강조하게 되었으며, 이로 인해 정권 변동이라는 강경한 전략에 대한 체니 등의 희망은 좌절되었다. 중국이 6자 회담 제2라운드를 중개하려고 노력하는 가운데, 강경파들은 이번에는 초점을 바꾸었다. 양보를 불허하는 입장을 확실히 함으로써 그 결과 북한이 굴복하거나 회담 전체를 깨버리는 것을 목표로 잡은 것이다.

2003년 가을 내내 파울라 드수터 Paula DeSutter는 미 행정부 내에서 이런 새로운 움직임을 이끌었다. 드수터는 상원 정보위원회의 애리조나 주 출신 공화당 의원 존 킬 밑에서 일하는 극단적인 보수 성향의 비서였으며, 존 킬은 2003년 8월 북한에 대항해 존 볼턴을 옹호하지 않았다는 이유로 찰스 프리처드를 사퇴시키려 했던 장본인이었다. 드수터는 2002년 여름, 국무부 검증준수 담당 차관보로 임명되었다. 검증준수국은 국무부 조직 편제에 비교적 새롭게 추가된 기구였다. 이 기구는 1999년, 초보수적인 노스캐롤라이나 주 상원의원으로 상원 외교위원회의 위원장이었던 제시 헬름스의 압력에 의해 설치된 기구로, 당시 헬름스는 국무부의 통상적인 군축 전문 인력들이 감시에 필요한 충분한 전문성이 없다고 판단, 별도의 부서가 군축 관련 조약들의 검증을 감독하기를 원했다.

드수터의 검증준수국은 존 볼턴의 직접 지휘 아래 있었으며, 드수터와 볼턴은 즉각 의기투합했다. 차관보 직책을 맡으면서 드수터는 같은 국의 한 직원으로부터 볼턴은 '훌륭한 사람이며 매우 보수적'이라고 들었다고 말했다. 2005년 볼턴의 유엔 대사 지명을 위한 상원 청문회의 증언에서, 드수터는 자신과 볼턴이 의견 불일치를 겪었던 일을 '단 한 번도 기억하지 못한다'고 증언할 정도였다.[1]

2003년 가을, 즉 미국이 북한의 핵 프로그램에 대해 '완전하고, 검증 가능하며, 돌이킬 수 없는 폐기'를 여전히 요구했던 6자 회담 제1라운드에 이어진 이 시기, 드수터와 그녀의 직원들은 검증 계획 작업에 매달리기 시작했다. 정보기관들, 체니 부통령실, 그리고 국가안보회의 로버트 조지프의 비확산실 등의 생각이 맞는 관리들과 조용히 만나면서, 드수터는 마침내 매우 강압적인 검증 체제를 담고 있으며, 주요 요점을 색깔로 표시한 두툼한 문건 하나를 내놓았다. 볼턴의 차석이자 비확산 담당 국무차관보 존 울프의 말에 따르면, 이 문건의 기본 접근 방식은 IAEA를 무시하고, 그 대신 미국이 '언제, 어디서나 자신의 요구에 따라, 사전 통보 없이 조사할 권한'을 갖고 검증 업무를 맡아야 한다는 것이었다. 울프에게 이 제안은 완전히 비현실적인 것이었다. "북한에 대해 강압적이고, 통보 없는 검증은 결코 가능한 일이 아니며, 유일한 방법은 정권 교체를 통해 검증하는 것"이었기 때문이다.

이 과정에 참여했던 한 관리는 "그들은 사찰단원 1만 명이 손을 맞잡고 비무장지대를 따라 북으로 간다는 생각을 갖고 있었다. 그것은 완전히 비현실적인 것이었다."

드수터는 강압적인 조치야말로 북한의 비핵화를 보장해줄 유일한 방법이라고 주장했다. 이는 체니 사무실이 공유하고 있던 생각이었다. 체니의 안보 담당 부보좌관 아론 프리드버그는 "북한의 땅굴 파기와 은닉 기술을 감안하면 우리는 반드시 검증이 필요하며, 이는 냉전 시대에 했던 국가 단위의 기술 수단으로는 불가능하다"라고 말했다. 그러나 드수터의 제안을, 북한이 결코 동의할 수 없을 정도로 높은 장벽을 만들어 그렇지 않아도 불안한 외교 과정을 완전히 탈선시키려는 것으로 본 사람은 존 울프 혼자만이 아니었다.

국무부 한국 데스크 데이비드 스트라우브 과장은 말했다. "전 세계에서 주권 국가가 이런 식의 강압을 받아들인 예는 없다. 강경파들은 이 제안을 협상 기회를 완전히 망치는 방법으로 이용하고 있었다."

파월에게 제출한 한 보고서에서, 국무부 정책기획실장으로서 파월로부터 검증 문제를 처리해달라고 요청받은 미첼 리스는 드수터의 접근법을 '국가적 규모의 항문 검사'라고 평했다. 파월의 비서가 리스를 불러 말했다. "'항문 검사'라는 말이 국무부에서 사용된 것은 이번이 처음이다.

당신은 정말 그렇다고 생각하는가?" 리스는 '그렇다'라고 대답했다.

리스는 이어서 파월에게 드수터의 계획은 고려할 가치가 없는 생각이라고 말했다. 파월은 '대안을 생각해내라'고 주문했다.

늦은 가을, 드수터와 볼턴, 볼턴의 아시아 전문가 마크 그룹버그, 제임스 켈리, 리스, 파월의 비서실장 로렌스 윌커슨, 그리고 몇몇 관리가 견해 차이를 해소하기 위해 만났다. 한 참석자의 말에 따르면, 그것은 '처절하고도 고성이 오가는 싸움'이었다. 리스는 파월의 지시에 따라, 검증 문제에 대해 주도적 역할을 할 자신의 권리를 주장했다. 그는 북한에게 먼저 핵 시설에 대해 자세하게 밝힐 의무를 지워야 하며, 그 후에 검증 조치를 취해야 한다고 주장했다. 이때, 그는 핵 프로그램의 일부를 손에 넣기 위해서는 합의를 불가능하게 만들 검증 조치를 주장하는 것보다는 거래하는 것이 낫다는 파월의 견해를 반영했다.

회의장에 있던 한 인사는 '파울라가 그 말에 이성을 잃고' 리스를 향해, '어떻게 감히 그렇게 하겠다고 생각할 수 있느냐'고 소리쳤다고 말했다. 또 다른 참석자는 볼턴이 목소리를 높이고, 매우 뻣뻣해졌으며, '지능적인 깡패 두목'처럼 행동했던 것으로 기억한다.

드수터를 비판하는 한 인사는 다음과 같이 우스갯소리를 했다. "그 사람들은 한마디로 '홍팀'이라고 부를 수 있다. 몹시 흥분하면서 얼굴이 벌겋게 되는 경향이 있었기 때문이다."

이 논란의 결말은 미 정부 안에서는 '찢어발긴 메모split memo'라고 알려졌다. 아무런 합의 없이 상충하는 두 가지 입장이 모두 파월 장관에게 보고됐던 것이다. 당연하게도, 장관은 강경파의 견해를 기각하고 리스의 관점을 수용했다.

그러나 이처럼 좀더 온건한 접근법조차 행정부 내에서는 싸움판에 빠져들었다. 일단 계획이 잡히자 미 행정부는 동맹국들에게 이 계획을 설명해야 했다. 한국을 미덥지 못하게 생각했던 강경파들은 일본에 먼저 설명할 것을 고집했다. 만약 계획이 새어 나가면 그런 행동이 한국을 자극할 수 있다는 점이 지적되자, 일본에 대한 브리핑이 끝나자마자 한국 외교관을 위한 설명회도 준비되었다. 그러나 기관 공동의 결정 탓에 국무부의 브리핑 담당자들은 한국 측에나 일본 측에나 문서 사본을 보낼 수 없게 되었다. 그 대신 동맹국들은 오직 구두 요약만 제공받을 수 있었다.

데이비드 스트라우브는 다음과 같이 술회했다. "우리는 모국어가 영어가 아닌 사람들에게 기술적인 주제에 대해 브리핑을 하기로 했다. 얼마 뒤, 한 한국 외교관이 내게 와서 '당신 말의 절반도 이해하지 못했다. 그러나 정부에는 내용을 알려야 한다. 어떻게 했으면 좋겠느냐?'고 말했다."

스트라우브는 매우 화가 나서, 상부의 승인 없이 한 직원으로 하여금 한국 대사관 직원들을 사적으로 만나도록 주선했다. 한국과의 그 직원은 한국인이 한 마디 한 마디 받아 적을 수 있을 정도로 천천히 전체 메모를 읽어주었다. 스트라우브는 "사본을 넘겨준 것은 아니지만, 적어도 메모의 전모만큼은 이해할 수 있도록 했다"고 말했다.

그러나 대북 정책에 끼어든 막강한 권한의 인사는 파월만이 아니었다.

12월 12일, 대통령의 핵심 외교 정책 보좌관들이 이 문제를 토론하기 위해 만났다. 앞서 몇 주 동안, 중국은 6자 회담의 두 번째 회의를 연내에 개최할 수 있기를 바라며 열심히 회의를 주선한 바 있었다. 12월 9일, 북한은 타협적인 신호를 보내기도 했다. 조선중앙통신은 북한 외무성 대변인이 평양은 만약 미국이 북한을 테러지원국 명단에서 삭제하고, 경제 제재를 해제하며, 에너지를 지원하면 핵 프로그램을 동결할 용의가 있다고 말했다고 보도했다. 부시 대통령은 신속하게 이 제안을 거부했지만, 중국 관리들은 그럼에도 예정된 회의의 폐막 때 공표할 성명의 가안을 작성했다. 중국은 미국에, 워싱턴의 신속한 수락이 북한을 회의에 참가토록 하는 열쇠가 될 것이라고 말했다.

체니 부통령은 그런 회의에 자주 참석하지는 않았지만 이날만큼은 예상 밖으로 모습을 내비쳤다. 아론 프리드버그가 말한 대로, 그는 '다른 사람들이 대북 입장을 부드럽게 완화시키고 모임을 끝내지 못하도록 여러 차례, 마지막 순간에 등장'했다. 중국의 성명 초안은 북한 핵 프로그램에 대해 CVID(완전하고, 검증 가능하며, 돌이킬 수 없는 폐기)라는 용어를 사용하지 않았다. 이 용어는 미국 측 대북 입장의 핵심이었다. 체니는 만약 성명 안에 (북한이 거의 확실하게 거부할 것이 뻔한) 그 용어가 포함되지 않는다면, 성명은 받아들일 수 없다고 말했다.

캐런 드영이 자신의 파월 전기에서 쓰고 있는 것처럼, '부통령의 생각에 6자 회담은 미국이 다른 4개국의 지지를 받아 협상 여지가 없는 요구를 내놓은 무대였다. 여기서 조금이라도 모자라는 것은 북한이 핵 프로그램을 확대하도록 허용한 클린턴의 물러빠진 대북 정책으로 되돌아가는 것일 뿐이었다. 평양은 미국의 요구를 따르거나 그렇지 않으면 그 대가를 치를 위험을 감수해야' 했던 것이다.[2]

이 회의 뒤 《워싱턴 포스트》와 인터뷰한 참석자 두 명에 따르면, 체니는 "우리는 악과는 협상하지 않는다. 다만 쳐부술 뿐이다"라고 말했다. 《워싱턴 포스트》의 해설이 지적한 대로, '그것은 사실상 논의를 종식시켰다. 중국 측의 초안은 거부'됐던 것이다.[3] 12월 중 6자 회담을 열기 위한 노력은 물거품이 되었다.

2004년 1월 2일, 《유에스에이 투데이》의 헤드라인은 '북, 미국의 영변 시설 방문 허용'이었다.[4] 바바라 슬래빈 기자에 의해 작성된 이 기사는 북한이 일단의 미국인들이 영변 핵 시설을 돌아보는 데 동의했으며, 이 방문은 부시 행정부에 의해 승인됐다는 내용이었다. 부시 대통령은 백악관에서 신문을 보고 노발대발했다. 그는 콘돌리자 라이스에게 '나는 인가하지 않았다. 당장 중단시키라'고 성을 냈다.

방북단은 스탠퍼드 대학의 저명한 아시아 관계 석학이자 한국전 참전용사인 존 W. 루이스John W. Lewis에 의해 조직됐다. 루이스는 1987년 이후 북한을 정기적으로 방문해왔고 북한의 고위 관리들과 지속적인 대화의 끈을 유지해왔다. 이번 방문에, 루이스는 상원 외교위원회 소속 보좌관 두 명, 즉 민주당 조지프 바이든 밑에서 일하는 프랭크 자누지와 공화당의 리처드 루가를 모시면서, 당시 우연의 일치로 독자적으로 북한 방문을 계획하고 있던 케이스 루스를 초청했다. 두 사람은 모두 예전에 북한을 방문한 바 있으며 의회에서 가장 지식이 풍부한 아시아 전문가들로 여겨졌다. 루이스는 또 당시 워싱턴의 싱크탱크 브루킹스 연구소의 방문연구원이던 찰스 프리처드에게도 방문을 타진했다. 그리고 가장 중요한 사항으로서, 평양이 방문 일정에 영변 방문을 시사했으므로 루이스는 1985년부터 1997년까지 미국의 핵폭탄이 최초로 제조된 로스알라모스 국립연구소의 소장을 역임한 바 있으며, 미국의 핵무기 분야 핵심 전문가 중 한 사람인 시그프리드('시그') 헤커Siegfried('Sig') Hecker를 초청했다.

부시의 지시에 따라 라이스는 파월에게 전화를 걸었고, 파월은 상원의원 바이든에게, 그리고 다시 그는 자누지에게 전화를 걸었다.

바이든은 말했다. "프랭크. 방금 파월 장관과 통화를 끝냈네. 우리는 흥미로운 대화를 했네. 파월은 '백악관 측에서 내가 자네를 보내지 않기를 바라는 모양일세. 파월은 루가에게도 연락하라는 지시를 받았고, 내게도 연락해보라는 지시를 받았네. 그들은 자네가 북한에 가는 것을 원치 않아. 파월은 자기가 방문을 무산시키라는 지시를 받았다고 하더군."

바이든은 그 뒤 파월에게 되물었다. "장관께서는 그들이 북한에 가는 것이 별 도움이 안 될 것이라고 보는 겁니까?"

파월은 대답했다. "그렇지는 않습니다. 그런 말씀은 아닙니다. 다만 저는 의사를 타진해보라고 들은 내용을 말하고 있는 것입니다."

바이든은 "그럼 좋소, 그들을 보내기로 하겠소"라고 말했다.

2004년 1월 중순 평양은 몹시 추웠다. 북한 외무성 부상 김계관과의 첫 회의에서, 북측은 대미 관계의 해빙을 바라는 북한 정부의 희망을 강조했다. 그는 모든 핵 활동을 동결하겠다는 제의를 되풀이했으며, 미국인을 영변으로 보내기로 한 결정에 대해 설명했다.

김계관은 말했다. "우리는 귀측의 영변 방문을 교착 상태를 해소하고 밝은 미래를 열어나가는 데 기여하기 위한 방안이라고 보고 있다. 우리는 귀측과 게임을 하려는 것이 아니다. 우리는 귀측이 영변을 방문할 수 있도록 초청했다. 이렇게 한 가장 일차적인 이유는 투명성을 확실히 하기 위해서다. 이번 일은 가정과 실수를 줄여줄 것이다. 이번 방문은 그런 뜻에서 큰 의미가 있다."[5]

방북단 또한 김계관에게 우라늄 문제를 추궁했다.

시그프리드 헤커는 다음과 같이 기억했다. "우리는 김계관에게 적절한 기회를 주고 싶었다. 즉, '좋다, 우리는 우라늄 프로그램이 있다. 하지만 우리는 농축 프로그램을 추구하지는 않을 것이다'라는 답변 같은 것이었다. 그러나 김계관은 미끼를 물지 않았다."

오히려 김계관은 우라늄 확보 노력 자체를 부인했다.

찰스 프리처드는 말했다. "그의 대답은 '우리는 결단코 그런 프로그램을 계획한 적이 없었다'였다. '우리는 현재에도 그런 프로그램을 가지고 있지 않다. 우리는 과학자들도 없으며, 시설도 없다. 우리는 고농축 우라늄 프로그램과는 아무 상관도 없다'."

미국인들은 밴을 타고 평양에서 영변으로 달렸다. 도로는 곳곳이 비포장이었다. 김계관의 차석인 리근이 방문단과 동행했는데, 그 또한 영변 시설을 처음 방문하는 길이었다. 리근은 흥분한 듯했지만, 막상 영변에 도착하고 나서는 실망한 표정이었다. 미국인들은 "그가 제임스 본드에서나 나올 법한, 현대적이고 으리으리한 시설을 기대했던 것 같다"라고 믿었다. 그러나 그들은 1950년대로 거슬러 올라가는 다이얼과 장비들을 갖춘 허름하고 다 낡아빠진 시설을 보게 되었을 뿐이었다. 영변의 과학자들은 매우 자부심이 넘쳤고, 핵 분야 종사자라면 누구나 알고 있는 전설적인 인물인 헤커에게 알랑거렸다.

자누지는 다음과 같이 회고했다. "사람들이 뭔가에 대해 아주 큰 자부심을 느낄 때 보통 그렇게 하듯, 그들은 헤커에게 아주 많은 말을 했으며, 경계심도 내려놓은 듯했다. '자 우리 과학자들끼리 있으니, 당신에게 우리 장난감에 대해 말씀드리겠소. 세계적인 전문가인 당신한테 우리가 플루토늄에 대해서 얼마나 많이 알고 있는지 자랑 좀 하겠소.' 이런 식이었다."

수석 공학자인 리성환의 안내로 방문단은 사용후 연료를 보관해놓은 탱크로 갔다. 건물은 난방이 되지 않았으며, 얇은 얼음장이 저수조를 덮고 있었다. 흐릿한 물속에 있는 저장 용기(캐니스터)의 상당수는 비어 있는 것이 분명했고, 몇몇은 그냥 밀폐된 채인 것으로 보였다. 얼마 뒤, 북한 사람들이 말했다. "자 지금까지 연료 탱크가 비어 있는 것을 보여드렸습니다. 이것은 모든 연료봉이 무기급 플루토늄으로 재처리되기 위해 제거되었다는 것을 의미합니다."

헤커가 응수했다. "아니요, 아직 보여주지 않았소. 당신들은 내용물이 없는 캐니스터가 있다는 것만 보여주었소. 내용물이 있는 캐니스터도 많이 있을 수 있소."

북측은 무엇을 보여주면 믿을 수 있겠느냐고 물었다. 헤커는 무작위로 캐니스터 하나를 골라 열어보자고 요청했다. 보통은 숨기는 것이 많은 북한으로서는 매우 이례적으로, 그들은 즉석에서 동의했으며 헤커를 당시 저장 탱크 쪽으로 안내했다. 헤커는 무작위로 한 개를 가리켰다. 북측은 뚜껑을 열었다. 그것은 비어 있었다.

헤커는 그들에게 '이제 만족한다'고 말했다.

다음으로 미국인들은 재처리 공장으로 안내되었다. 시설은 최근까지 사용되지 않았던 것이 분명했다. 북측은 자기네가 2003년에 8천 개의 사용후 연료봉 모두에 대한 재처리를 완료했다고 주장했다.

시설 참관 후 한 회의실에서 북측은 '여러분은 지금까지 우리의 핵 억지력을 둘러보았다'고 자랑스럽게 선언했다.

이에 대해 또 한 번 회의론을 제기한 사람은 헤커였다. 그는 말했다. "귀측은 우리에게 시설만 보여주었을 뿐이오. 그러나 귀측은 아직 생산물을 보여주지는 않았소."

북측이 물었다. "생산물을 보여드릴까요? 잠깐만 기다리시오."

난방이 안 되는 회의실에서 한 시간이 지난 뒤, 실험실 기술자 두 명이 혹독한 추위에 코트와 목도리로 온몸을 꽁꽁 싸맨 채 금속 용기 하나를 들고 들어와 탁자에 올려놓고 뚜껑을 열었다. 안에는 목제 상자 하나가 있었다. 기술자들은 그것을 꺼내 뚜껑을 열고 두 개의 유리병을 공개했다. 이 장면을 보면서 자누지는 인형을 열면 또 하나의 작은 인형이 나오는 러시아의 목각 전통 인형을 연상했다. 기술자들은 병 한 개가 플루토늄 산화물 150그램을 담고 있으며, 다른 병 하나에는 플루토늄메탈 200그램이 있다고 말했다.

헤커는 귀국 후 상원 외교위원회의 청문회에서, "유리병들은 돌려서 열고 닫는 금속 뚜껑이 부착되어 있었으며, 투명 테이프로 단단히 감겨 있었다"라고 증언했다.[6]

북측은 가이어 계수기(방사능 측정에 쓰임-옮긴이)를 가져와 유리병에 대고 이리저리 흔들었다. 방문단의 한 사람은 '병이 뜨뜻했다'고 말했다.

헤커는 '그것을 들어볼 수 있느냐'고 물었다. 그들은 맨 손으로 병들을 건네면서, '그렇게 하라'고 대답했다. 헤커는 즉각 고무장갑을 요구했으며, 북측은 요구에 따랐다. 그다음 잠시 동안 북한 기술자들이 병뚜껑을 열어보려 했다.

"됐어요. 됐어." 헤커가 말했다. "그럴 필요까지는 없어요. 그냥 들어보겠다는 것이오."

헤커는 의회 증언에서 다음과 같이 말했다. "장갑 낀 손으로 유리병을 들어봄으로써 플루토늄메탈이라고 하는 그 물질의 밀도와 온도를 느껴보려고 했다. 매우 두꺼운 유리병은 알맞게 무게가 나갔고 약간 따뜻했다(그러나 중요한 것은 그것이 건물 내의 다른 물건들처럼 차갑지는 않았다는 것이다). 물론 손에 올려놓는 따위의 원시적인 방법으로는 그 금속과 분말이 플루토늄이라고 정확히 확인할 수는 없겠지만, 그러나 방사능 물질인 것만은 분명했다."[7]

헤커가 유리병을 다루고 있는 사이, 다른 일행들은 북한 사람들을 관찰했다. 일행 중 한 사람은 당시 정황을 다음과 같이 말했다. "그들은 정어리를 삼킨 고양이들 같았다. 과학자들은 자신감 있고 확실하다는 듯한 표정에, 약간은 자랑스럽다는 표정이었다."

그날 밤 평양에 돌아온 뒤, 루이스 일행은 김계관과 저녁을 함께했는데, 그는 이 자리에서도 영변의 과학자들 주장을 그대로 되풀이했다. "자, 이제 당신들에게 우리의 핵 억지력을 보여주었소."

미국 방문단에게 영변에서의 특별한 하루의 유일한 목적은 북한 핵의 정예로움을 믿게 하고, 이를 통해 워싱턴에 메시지를 되돌려주려는 것임이 분명했다. 평양은 확실히 부시 행정부를 압박해 진지한 협상을 시작하게끔 만들고 싶어 했다.

그러나 이때 또 한 번 헤커가 과학자로서의 회의론을 폈다.

"아니요, 귀측은 억지력을 보여주지 않았소. 핵 억지력이라는 것은 플루토늄, 폭탄, 그리고 운반 체계, 이렇게 세 가지 요소로 구성되어 있소. 귀측은 우리에게 플루토늄을 보여주었을지는 모르지만, 우리는 확실하게 알 수 없소. 개연성은 있는 것처럼 보이오. 나는 어느 정도는 믿고 있소. 그러나 귀측은 폭탄을 보여주지는 않았소."

김계관이 말했다. "그렇다면, 당신은 폭탄을 보고 싶다는 것이오?"

헤커는 '그렇다. 핵폭탄을 보고 싶다'고 답했다.

김계관이 다시 말했다. "우리는 귀측에 그것을 보여줄 권한이 없소. 그 권한은 군에 있소."

다른 미국인들도 진짜 '억지력'을 보지는 못했다며, 헤커의 말에 장단을 맞추었다.

여전히 트집쟁이 노릇을 하면서 일행 중 한 사람이 김계관에게 물었다. "만약 미국이 우리 방문을 통해 귀측이 바라는 식의 결론을 내리지 않는다면 어떻게 하겠소?"

바로 이때, 김계관이 눈에 띌 정도로 짜증 난 표정으로 자신의 통역관인 채순희를 돌아보며 말했다. "그 영화 제목이 뭐였더라?"

프랭크 자누지는 김계관이 무엇을 말하려는 것인지 대충 눈치 챘다.

그는 채순희에게 다시 한 번 물었다. "〈바람과 함께 사라지다〉 맞지?"

"네." 그녀가 대답했다. 그런 다음, 김계관을 대신해 그녀는 말했다. "우리의 대답은 이겁니다. 솔직히, 우리는 조금도 개의치 않습니다."

영변에서 돌아온 뒤, 프랭크 자누지와 다른 방북단 일행은 그들이 보고 들은 것을 설명할 때 이에 대한 반응에 당혹해했다. 국가안보회의, 국무부, 펜타곤, 그리고 정보기관 들에서 행한 설명회에서 그들의 결론은 한결같았다. '북한은 연료봉을 재처리했으며, 무기급 플루토늄과 작동 가능한 핵 장치를 제조할 능력이 있다. 그러나 폭발시키지는 않을 것이다.' 조지프 바이든 상원의원이 파월에게 사적으로 만나 이 사안을 제기하자 파월 장관은 그에게 말했다. "그들이 핵무기를 한 개 또는 두 개, 혹은 일곱 개 또는 여덟 개를 갖고 있는지는 별문제가 아니다. 북한이 핵무기가 전혀 없었던 상태에서 한 개 또는 두 개를 갖게 됐을 때 이미 문턱을 넘어선 것이다. 따라서 나는 플루토늄을 조금 더 갖게 된 것을 걱정하지는 않을 것이다."

자누지는 경악했다. 그는 회고했다. "이 사람들에게는 폭탄 하나하나가 문제가 된다. 확산 위험이 있기 때문이다."

부시 정부 내 강경파는 미국과 한국 사이의 긴장을 부채질했다. 2004년 1월, 그것은 청와대 내 좌파와 한국 외교통상부 내의 실용파 간의 주도권 다툼을 비등점까지 끌어올렸다.

분열은 극심했고 인신공격으로 번졌다. 외교통상부 북미국의 한 직원이 노무현 주변의 좌파 성향 가신그룹을 탈레반에 비교했다는 얘기가 청와대에까지 들어갔다. 한국에서는 '칼바람'으로 알려지게 된 이 사건에서, 외교통상부 내 핵심 간부들 몇몇이 청와대로 소환되어, 가장 유명한 좌파인 안보회의 사무차장 이종석이 지켜보는 가운데 조사를 받았다.

한 미국 국방 관리는 말했다. "그들은 샅샅이 색출되었다. 청와대에서 피심문자가 문자 그대로 위원회 앞에 선 채로 엄중한 심문이 진행되기도 했다."

이 사건을 잘 아는 한 관측통은 말했다. "한미 동맹 지지 입장을 표명했거나 동맹과 적극 협상하는 태도를 가진 사람은 누구나 미국의 아첨꾼으로 단정되거나 몰려 문책당하고, 배제되고, 쫓겨났다."

이에 뒤따른 숙청으로 외교통상부 북미국장과 '탈레반' 발언을 입 밖에 낸 하급 관리가 희생됐다. 두 사람은 모두 다른 자리로 재배치됐으며, 최종 감독자인 윤영관 외교통상부 장관도 물러나야 했다. 윤영관이 사임을 발표하면서 한 청와대 비서관은 다음과 같이 강조했다. "외교통상부 내의 일부 관리들은 '종속적인' 과거의 외교 정책 패러다임에서 벗어나지 못했을 뿐 아니라 〔노무현〕 정부의 '자주적' 외교 정책의 기본 개념과 방향도 올바로 이해하지 못했다."[8] 그러나 실용주의 외교의 신호로, 노무현은 정통 외무 관료 출신이자 친미 성향을 갖고 있었으며, 미래의 유엔 사무총장이 될 반기문을 새 외교통상부 장관에 임명했다.

노무현 정부의 타협적인 태도를 인정하여 북한은 2004년 초 남측 정부에 중대 제안을 내놓으며 이 제안을 워싱턴에 전달해줄 것을 요청했다. 전 남측 관리를 중개자로 하여 북한은 일명 '동결 대 보상freeze for compensation'이라는 제안을 내놓기 위해 다음 6자 회담에 나설 준비가 되었다고 밝혔다. 북측은 영변에서의 동결 활동에 대한 보답으로 중유와 전력의 지원, 그리고 제재의 해제를 원했다.

내부의 대변동에도 불구하고 한국의 외교통상부 관리들은 북측의 제안에 긍정적인 요소가 일부 있다고 판단했다. 그들은 동결을 수용하고, 보상 방법을 중유로만 국한하며, 제안의 내용을 '동결에 상응하는 조치 freeze for corresponding measures'로 수정할 것을 제안했다. 제임스 켈리를 비롯한 국무부 관리들과의 회담에서, 한국 측은 미국에 북측 제안에 적극적으로 반응해줄 것을 주문했다. 그러나 이 제안은 전혀 진전이 없었다.

2월 16일, 부시의 고위 보좌관들이 다음번 6자 회담의 미국 측 입장을 최종 결정하기 위해 만났다. 동결은 거부되었다. 대신, 제임스 켈리는 북측의 우라늄 프로그램에 대한 특별한 강조와 함께 CVID를 고수할 것을 지시받았다. 그는 안전 보장의 가능성을 언급하도록 허락받았다. 그러나 언제 미국이 그와 같은 조치를 취하는 데 동의할지 또는 언제 유인책을 제시할지에 대한 시간표는 제공하지 말라고 지시받았다. 한 관리가 《워싱턴 포스트》에 말한 바처럼, "우리는 우리 쪽 풍경의 모든 것을 일일이 자세하게 표시한 일종의 로드맵을 그려주지는 않겠다"는 것이었다.[9]

6자 회담 2라운드가 쌀쌀하고 연무가 자욱한 2월 어느 날 베이징에서 열릴 때, 조지프 디트라니가 미국 협상단에 합류했다. 파월과 리처드 아미티지에 의해 국무부에 합류해 찰스 프리처드의 대북 회담 특사 직을 대신해달라는 부름을 받은 그는 오랫동안 CIA의 공작원이었다. 그는 교활한 공산 적국을 다루는 일에 정통해 있었다. 중국의 관화(만다린)를 유창하게 구사하는 디트라니는 CIA의 동아시아 공작 총책이 되기 전, 두 번에 걸쳐 베이징에서 근무한 바 있었다. 첫 번째 근무 시기였던 1980년대 초반, 디트라니는 중국을 설득해, 아프가니스탄의 소련군과 싸우는 무자헤

딘 반군에게 제공하기 위해 소련이 설계한 무기들을 제조하는 데 핵심적인 역할을 했다. CIA에서 그를 칭찬하는 동료들은 그에게 '브로드웨이 조'라는 별명을 붙였다.[10]

미국인들에게 북측 협상 대표는 낯익은 얼굴이었다. 수년간 수많은 대미 협상을 관장했으며, 대화가 가능한 인물로 알려져 있던 김계관이 둔감하고 말이 잘 통하지 않는 김영일을 대신한 것이다. 북한이 이미 회담 전 시사했던 바대로, 김계관은 평양이 '상응하는 조치'를 위해 영변의 활동을 동결할 용의가 있다고 밝혔다. 이에 대해 켈리는 CVID에 대한 미국의 요구를 되풀이했으며, 영변의 플루토늄 프로그램뿐만 아니라 북한이 없다고 주장하는 우라늄 프로그램까지 회담에서 다룰 것을 주장했다.

제1라운드와 달리, 이번 회담에서 켈리는 댜오위타이 2층의 한 사실private room에서 북측과 두 번에 걸친 양자 회담을 가질 수 있었다. 켈리는 회담이 끝난 뒤 기자들에게 "협상은 하지 않았지만 의사소통을 할 수 있는 좋은 방법이었다"라고 애써 웃으며 말했다. 그는 "견해 차이와 의문이 아주 컸다"라고 인정했다.

양측은 개막 성명에 담긴 내용을 다루었지만, 켈리는 김계관의 동결 제안을 거부했다. 한 미국 측 참가자는 말했다. "우리는 '동결'이라는 말 자체를 듣고 싶지 않다고 일관되게 주장했다. 우리는 지시받은 사항이 있었다. 기본 합의로 되돌아가서는 안 된다는 것이었다. 우리에게 필요한 것은 포괄적인 폐기에 대한 북한의 약속이었으며, 북측에 '그 부분에 대해 귀측은 우리에게 뭔가를 내놓아야 한다'고 말했다."

켈리 주장의 핵심은 우라늄이었다. 한 미국 관리는 말했다. "그것이 바로 핵심이었다. CVID에 대해 말할 때도 우리는 그들에게 '우리는 귀측이 우라늄 프로그램을 입수하려는 것으로 알고 있다'고 말했다." 미국 측은,

어떤 공약 사항이든 '우라늄 농축 문제가 포함되어야 할 것'이라고 주장했다.

김계관은 우라늄 프로그램의 존재를 부인하며, 다음과 같이 맞받아쳤다. "당신들은 잘못 알고 있다. 당신들은 이라크에서 실수했다. 지금 여기서도 실수하고 있는 것이다."

김계관은 켈리에게 우라늄 프로그램에 대한 미국의 주장을 뒷받침할 만한 증거를 대라고 요구했다. 켈리는 "내가 귀측에 모든 정보를 준다면, 귀측이 그것을 감추는 것이 훨씬 더 쉬워질 것이오."

그러나 켈리는 또한 리비아의 경우를 언급하며 다음과 같은 희망을 피력했다. "그 사람들은 문제의 심각성을 이해하고 있다. 북한 핵 문제가 일단 해결되고 나면, 관계 개선을 가져올 수 있는 다양한 문제들에 대해서도 토론이 가능해질 것이다."[11] 평양은 여전히 먼저 움직여야만 했다. 오직 그럴 때만 워싱턴은 상응하는 조치를 취하겠다는 것이었다.

김계관은 미국이 부시 대통령의 성명을 쓸 때 북한에 적대적인 의사가 없으며 북한을 침공할 의사가 없다는 것을 넣을 수 있는지 여부를 따져 묻고, 만약 북한이 핵 프로그램을 폐기할 경우 미국이 어떻게 할지에 대해 세부 사항을 요구하는 식으로 켈리의 말을 되받았다. 켈리는 부시의 다자 안전 보장 약속을 되풀이했지만 서면 약속 또는 전력을 공급할 용의가 있는지에 대해서는 한마디도 하지 않았다.

입장 차이를 좁히기 위한 노력으로 한국 측은 3단계 제안을 내놓았다. 1단계는, 북한은 모든 핵 활동을 폐기하겠다는 의사 표시를 분명히 하고, 미국은 안전 보장을 제공할 의사가 있음을 선언하는 원칙에 대한 합의였다. 2단계는 '핵 폐기로 가기 위한 조치'로 성격을 분명히 하고 검증이 이뤄지면 동결 조치에 따라 중유나 기타 보상과 같은 '조정된' 반응이 뒤따르도록 하는 것이다. 3단계는 검증을 통한 핵 폐기다. 켈리는 한국 측 제안이 '창의적'이라고 생각했으나 워싱턴은 계속 동결에 반대했고 중유 제공에 참여하기를 거부했다. 한국의 아이디어는 거의 힘을 받지 못했다.

1라운드에서와 마찬가지로, 회담을 성사시키기 위해 상당한 외교적 자본을 투자했던 중국은 공동성명을 밀어붙였다. 조지프 디트라니는 북한을 대표하는 리근과 함께 미국을 대신해 초안 작업을 벌였다. 그러나 북한 측이 CVID란 문구를 받아들이지 않을 것은 분명했다. 성명서 작성 회의는 험난했다. 한 목격자는 싸움을 일삼는 리근이 '얼굴이 벌겋게 상기'되었으며 어떤 형태로든 합의하지 말도록 지시받은 것이 분명했다고 기억했다.

켈리는 파월에게 회담의 교착 상황을 보고했다. 외교적인 모멘텀을 유지하기 위해 파월은 켈리에게 북측이 협상장을 박차고 나갈 가능성을 줄이기 위해 자구 수정을 검토할 수 있도록 허락했다.[12]

켈리 협상단에는 존 볼턴의 수석 아시아 전문가 마크 그룹브리지도 있었다. 그는 CVID가 최종 성명에 포함되지 않을 수도 있음을 의미하는 켈리 측의 유연한 태도 변화에 놀랐다. 그는 명확성의 결여는 위험할뿐더러, 여기에 강경파들이 국무부에 대해 갖는 근본적인 문제가 있다고 생각했다. 그는 또 CVID 조건에 대한 동의가 없이 달랑 종이 한 장 남기는 것은 전혀 의미가 없다고 느꼈다. 그룹브리지는 회고했다. "북한이 심지어 우라늄 농축 프로그램이 있다는 사실조차 인정하지 않으려는 마당에, 왜 우리가 그 자리에 있어야 했나?"

2월 26일 저녁, 딕 체니가 개입했다.

당시 체니의 아시아 담당 수석보좌관이었던 스티븐 예이츠는 다음과 같이 회고했다. "우리가 아주 확실한 결과를 얻지 못할 것이라는 점이 분명해졌다. 그런데도 공동성명에 대한 협상은 진행됐고, 공동성명에 무엇을 넣고 무엇을 뺄지에 대한 자잘한 실랑이가 있었다. 그리고 그것은 공동성명이 기본 합의로 되돌아가는 것과 놀라울 정도로 흡사한 방식으로 작성될 수 있는 것으로 비춰졌다."

예이츠는 체니에게 회담에서 벌어진 일에 대해 보고했다. 예이츠는 말했다. "그는 이번에는 결코 약점을 보여서는 안 된다는 강한 견해를 가지고 있었다. 우리가 반확산과 관련하여 반드시 지켜야 할 기준에서 물러서는 모습을 보여주는 것은 결코 안 된다는 신호였다. 그리고 당시의 협상이 바로 그런 식으로 진행된다면, 그것은 실수라는 것이다."

콜린 파월과 리처드 아미티지는 안보 담당 부보좌관 스티븐 해들리로부터 전화를 받았을 때 퇴역 외교관 존 화이트헤드John Whitehead를 기리는 정장 차림 만찬에 참석하고 있었다.

아미티지는 회고했다. "우리는 전화를 받으러 바깥으로 나왔고, 파월의 리무진 승용차에 탄 뒤 보안 〔전화선상으로〕 통화했다." 해들리는 백악관이 켈리에 대한 지시 사항을 변경하려 한다고 말했다. 파월은 만찬장으로 돌아가야만 했기 때문에 아미티지에게 이 건을 맡겼다. 아미티지는 "스티브와 나는 결국 뭔가에 합의했다"라고 기억했다.

그러나 일은 그것으로 끝이 아니었다.

아미티지는 말했다. "나는 우리가 합의했다고 생각했다. 그러나 그 합의 내용은 부통령의 입장과는 모순됐다."

부시와 사적으로 회동한 체니는 대통령을 설득해 켈리에 대한 지시 사항을, 회담에서 나올 그 어떤 성명도 반드시 CVID에 대한 언급을 포함할 것을 고수하는 쪽으로 강경하게 나가라고 했다.

파월이나 아미티지에게 알리지 않은 채 부시는 국가안보회의에 지시해 켈리에게 새 훈령을 전달하라고 했다. 해들리는 국가안보회의의 아시아 전문가 마이클 그린에게, 베이징의 켈리 협상단과 함께 있는 그의 국가안보회의 동료 척 존스와 통화하여 켈리에게 회담에서 나오는 어떤 성명도 대통령과 부통령으로부터 직접 나온 다음과 같은 표현을 포함하도록 하라고 지시했다. "미국은 6자 회담 과정의 지속적인 지지는 〔……〕 조선민주주의인민공화국의 모든 핵무기와 모든 핵 프로그램에 대해 완전하고, 검증 가능하며, 돌이킬 수 없는 폐기에 의거함을 선언한다."[13]

켈리는 자신의 팀과 한창 회의를 하는 중에 이 같은 소식을 들었다. 마이클 그린의 말에 따르면, 그는 '모욕감을 느꼈으며, 아주, 아주 불쾌'해 했다. 켈리는 조지프 디트라니를 돌아보며, "볼턴 패거리들이 대통령에게 접근한 거야"라고 말했다. 그다음 그는 볼턴의 측근인 마크 그룸브리지를 돌아보며, 한 목격자가 기억하듯이, '죽일 듯이 노려보았다'는 것이다.

그룸브리지는 한껏 고무됐다. 그는 "그 훈령의 내용은 아주 좋았다. 내가 썼더라도 자구 하나 다르지 않게 똑같이 썼을 것이다"라고 회고했다.

파월은 베이징 시각으로 한밤중에 중국 외교부장 리자오싱으로부터 전화를 받고 처음으로 무슨 일이 벌어졌는지를 알게 됐다. 리자오싱은 그에게, 북측이 또 한 번의 라운드를 열기로 동의하는 좀더 일반화된 성명에 서명할 의향이 있어 보이는데, 미국의 새로운 조건이 성명을 위태롭게 만들고 있다고 말했다. 파월은 격노했다. 부시와 독대하면서 그는 파월과 아미티지 모두 백악관으로부터 불과 몇 블록 떨어져 있음에도 체니가 샛길을 이용한 데 대해 크게 불평을 늘어놨다. 날카로운 문답이 오간 뒤, 파월 장관은 부시 대통령에게 CVID에 대한 미국의 요구가 포함되지 않은 성명을 허락해달라고 설득했다.[14]

베이징 시각으로 오전 2시, 켈리는 CVID 언급이 빠질 수도 있음을 통고받았다. 그 대신 합의된 표현은 '포괄적 폐기 comprehensive dismantlement'였다. 아침 나절 막간의 시간을 이용해 북한을 포함한 6자 모두는 합의에 도달했다. 문서는 최종 승인을 얻기 위해 각각의 수도로 보내졌다. 한 협상 참가자의 표현을 빌리면, 상당한 진통 끝에 '쉼표 하나 바꿀 수 없다'는 전제 아래에서였다.

다음 날 아침, 지칠 대로 지친 외교관들이 성명이 발표될 바로 그 장소에서 마지막 전체 회의를 준비하는 동안, 북측이 갑자기 새로운 수정을 요구해왔다. 김계관은 다음과 같은 문장을 추가할 것을 요구했다. "모든 당사국들은 입장 차이가 존재함을 인정하며, 향후의 논의에서 이 같은 의견 차이를 좁히기로 합의했다."[15]

미국 측이 추가적인 수정을 요구하지 않는다는 간밤의 합의를 상기시켰는데도 북측은 완강했다. 켈리 협상단의 일원은 북측의 태도를 '이것이 바로 우리가 원하는 것이다. 우리 방식을 따르거나 그렇지 않으면 없었던 일로 하자'는 식이라고 평했다. 다른 협상단이 마지막 행사를 위해 댜오위타이에 속속 도착하고 있는 중에도 북측은 자신의 숙소에서 요지부동이었다. 결국, 6자 회담 1라운드 때와 마찬가지로 중국은 한반도 비핵화에 대한 모든 당사국들의 공약과 '대화를 통한 평화적 해결'을 모색하는 데 대한 결의, 그리고 6월까지 제3라운드 회담을 개최키로 한 결정 등을 강조함으로써 입장 차이를 덮어버린 '의장 성명'을 발표할 수밖에 없었다.

켈리로서는, 최후 순간에 북측이 보인 완강함이 체니가 부추긴 강경 노선의 훈령을 무의미하게 만듦으로써 향후 빗발칠지 모를 비난의 총알을 피할 수 있었다.

그는 회고했다. "〔미국 측으로서는〕 잠재적으로 낭패를 부를 요소가 일부 있었다. 그러나 보통 그렇듯이 북한이 그런 상황에서 우리를 구했다."

이런 와중에도 파월은 계속 부시에게 자신의 입장을 관철시키려고 했다.

베이징을 떠나기에 앞서 기자들과 가진 배경 설명회에서 켈리는 체니 사건을 일절 거론하지 않았다. 그가 약간 각색한 내용은, '북한을 제외한 모든 참가국들은 상당한 정도로, 같은 입장이었기 때문에' 제2라운드가 매우 중요했다는 것이었다. 그는 북한이 회담에서 고립되었으며, 다른 참가국 대표들을 적으로 돌렸다고 묘사했다.

그러나 체니의 안보 부보좌관 아론 프리드버그는 상황을 다르게 봤다.

그는 말했다. "진짜 한배를 탔던 건 일본뿐이었다. 한국, 중국, 러시아 모두 좀더 타협적인 태도를 보이라고 미국을 설득했으며, 북측에는 미국 측의 압력을 완충할 수 있게끔 도움을 주었다."

워싱턴의 핵심 동맹국 두 나라는 이제 각각 독자적인 방식으로 북한을 상대하기 위한 조처를 취했다.

6자 회담 2라운드가 끝난 며칠 뒤, 한국의 노무현 대통령은 전국적으로 방영된 텔레비전 연설에서, "친미냐 반미냐가 우리를 평가하는 기준이 될 수 없다. 우리는 한 걸음 한 걸음 우리의 독자성을 강화해나가야 하며, 자주 국가로서 우리의 역량을 축적해나가야 한다"라고 밝혔다.[16] 같은 날, 서울은 비무장지대 북측에 자리 잡은 개성공단의 인프라를 개발하기 위해 4천만 달러를 별도로 책정해둘 것이라고 발표했다.

노무현의 이 같은 움직임은 백악관을 놀라게 했던 것으로 보인다. 이틀 뒤, 한국의 신임 외교통상부 장관 반기문이 첫 번째 공식 워싱턴 방문에 나섰다. 서울의 인천공항으로 이동하는 동안, 반기문은 워싱턴의 한국 대사관으로부터 부시 대통령이 도착하자마자 만나기를 바란다는 전화를 받았다.

반기문은 비행기가 착륙하자마자 채 한 시간도 지나지 않아 부시 대통령 집무실로 안내되었다. 회담 분위기는 서먹서먹했다. 부시는 마지못한 미소를 띤 채, 미국 무기 체계가 최근 몇 년 사이 얼마나 정확해졌는지에 대한 설명으로 화두를 열었다. 그는 반기문에게 말했다. "우리 무기 체계는 이제 살상력이 더 커졌고 더 효율화됐소. 이제 우리는, 유고슬라비아 때와는 달리, 우리가 마음먹은 목표물은 무엇이든 파괴시킬 수 있소."

부시의 발언은 반 장관을 흔들어놓았다. 그러나 부시는 도널드 럼스펠드 국방장관의 감독 아래 미군 전력을 변환하고 업그레이드하려는 좀더 큰 그림의 맥락에 자신의 발언을 연결짓고, 미국이 한반도 주둔 미군 병력의 규모를 축소하더라도 한미방위조약 상의 의무를 이행할 태세를 유지할 것임을 강조함으로써 반기문의 불안감을 덜어주려고 했다.

부시는 또 반기문에게, "〔한국의〕 모든 사람들이 내가 북한을 침공할 거라고 생각하지만 그것은 틀린 생각이오. 나는 북한을 침공하지 않을 것이오. 나는 외교적 방식으로 이 문제를 풀고 싶소"라고 말했다.

무력 공격에 호소하지 않고서도 북한을 압박해 협상을 타결하겠다는 부시 대통령의 말을 듣고서도 한국 측은 여전히 불안한 마음으로 모임을 파했다. 그러나 얼마간 마음이 놓인 것은 사실이었다.

체니 부통령의 메시지는 좀더 완고했다. 2004년 4월 베이징을 방문한 자리에서 체니는 외교적 방식의 느린 속도에 대해 유감을 표명하며 중국 지도자들에게, 6자 협상에서 '시간은 우리 편이 아님'을 경고했다.[17] 미국이 인내력을 잃어가고 있음을 암시하면서 그는 북한을 점증하는 위협이라고 묘사했다. 그는 상하이 푸단 대학에서 한 연설에서 다음과 같이 강조했다. "과거의 전례에 비춰볼 때, 그리고 현재 북한의 능력에 대한 우리의 평가에 비춰볼 때, 우리는 북한이 예를 들어 〔……〕 테러 조직에 핵무기를 제공할 수도 있다는 점을 우려하고 있다. 우리는 과거 이런 종류의 무기를 구입하려 했던 알카에다와 같은 테러 조직이 바깥에 많다는 것을 알고 있다."[18]

중국 지도자들이 미국에 좀더 유연성을 보여줄 것을 촉구한 데 대해 체니 부통령은, 북한의 핵 프로그램이 폐기되지 않을 경우, '역내의 다른 국가들'이 핵 국가로 갈 수도 있음을 경고함으로써 중국 자신의 우려에 불을 지폈다. 그의 이 발언은 중국으로서는 최악의 악몽, 즉 중국의 역내 최대 라이벌인 일본이 핵무기를 개발하겠다고 나설 수도 있으며, 한국과 심지어 타이완까지 일본의 예를 따르게 되는 상황에 대한 속내가 훤히 비치는 언급이었다. 체니의 목표는 중국이 북한을 압박해 미국의 요구 조건에 따르도록 만들려는 것이었다.

부통령을 수행한 아시아 전문가로서 중국어 구사 능력이 있는 스티븐 예이츠는 당시 정황을 다음과 같이 회고했다. "그는 기본적으로, 상황은 매우 심각하고, 미국은 이를 우려하고 있으며, 핵 기술의 확산이 우리 모두에게 중대한 안보 과제가 될 것이라는 생각을 지속적으로 환기시켰다. 당시 방문 목적은 중국인들에게 북한과 관련된 문제에 있어 좀더 적극적이고 전향적인 자세를 취하라고 촉구하는 것이었다."

서울과 도쿄에서의 중간 체류 기간 체니는 유사한 논지를 폈다. 알카에다를 평양과 결부시키려는 부통령의 노력은 북측을 격분시켰다. 북한 외무성 대변인은 4월 18일자 조선중앙통신에 보도된 성명을 통해 다음과 같이 주장했다. "미국이 알카에다 테러 공포에 사로잡혀 밤잠을 설치는 것은 충분히 이해할 만하다. 그러나 우리 공화국을 그 따위 테러 조직과 몰상식하게 연관 짓는 체니의 행위는 터무니없는 무지의 소치이다." 성명은 계속해서 체니를 '공화국 체제에 대한 고질적인 적대감에 사로잡힌 정신착란의 인간'이라고 비난했다.[19]

체니가 베이징을 출발한 며칠 사이 풍문이 나돌기 시작했다. 주말인 4월 19일, 한국의 언론 매체들은 북한에서 관용 열차 한편이 국경을 넘어 중국으로 향했다고 보도했다. 김정일이 중국의 수도를 또 한 번 방문하고 있다는 것이었다. 그러나 다음 며칠 동안, 중국과 북한은 공식 논평 없이 침묵을 지켰다. 어느 쪽에서도 국영 매체를 통한 보도는 없었다. 중국 대변인은 김정일의 중국 체류에 관한 일체의 사실을 부인했다.

북한 지도자에게 비밀주의는 전형적인 것이었다. 김정일이 중국을 떠난 뒤 방문 사실이 최종적으로 확인되면서, 중국이 체니 부통령의 경고를 유념하고 있었음이 분명해졌다. 베이징의 관영 매체들은 북한이 6자회담을 계속하기로 동의했으며 6월 중에 열리기로 되어 있는 다음 회담에도 참가할 것이라고 발표했다. 김정일은 중국 지도자들에게 자신은 비록 미국의 서면화되지 않은 불침공 약속에 대해 여전히 의구심을 갖고 있지만 핵 위기의 평화적 해결을 다짐했던 것으로 알려진다.

베이징에서 새로 개최될 회담에도 불구하고 이 같은 의구심은 북핵 프로그램을 계속 진전시키는 쪽으로 북한을 몰아갔다.

북한 최고인민회의 상임의장 김영남은 5월 초 북한을 방문 중이던 미국 학자 셀리그 해리슨Selig Harrison에게 다음과 같이 말했다. "우리는 그

〔부시〕가 공정한 방식으로 우리와 함께 핵 문제를 풀겠다고 진지하게 생각하는 것 같지 않다고 판단하고 있다. 우리는 'CVID 우선' 원칙을 받아들일 의사가 확고하다. 내 느낌으로는, 그는 이라크 사태와 대통령 선거 때문에 핵 이슈의 해결을 지연시키고 있다고 본다."

기묘하게도, 김영남은 적어도 한 가지 점에서 체니 부통령과 의견이 일치되는 부분을 발견했다. 김영남은 말했다. "시간은 그쪽〔부시〕 편에 있지 않다. 우리는 이 시간을 양적으로든 질적으로든 우리 핵 억지력을 강화하는 데 1백 퍼센트 효과적으로 사용할 것이다."[20]

그러나 알카에다를 평양과 연계시키려는 체니의 노력은 계속 북한 지도자들을 성나게 만들었다. 김영남은 해리슨에게 말했다. "우리는 미사일 문제와 핵 물질 문제를 명확하게 구분하고 있다. 우리는 외화를 벌어들이기 위해 미사일을 판매할 자격이 있다. 그러나 핵 물질과 관련해서는, 우리 정책은 과거와 현재, 그리고 미래에도 알카에다는 물론 그 누구에게도 절대로 이전하지 않는다는 것이다. 절대로."

백남순 외상도 덧붙였다. "우리가 비극적인 사건이자 미국에 대해 크나큰 충격을 가한 야만적인 9·11 테러 공격에 대해 알카에다를 비난하고 있다는 점을 명확히 해두고 싶다. 부시는 그 충격을 미국이 우리에게 등을 돌리는 데 쓰고 있다. 그러나 진실은 우리는 당신네의 우정을 절실히 필요로 하고 있다는 것이다."[21]

제1차 정상회담 때는 식사도, 공동성명도 없었고, 극적인 요소도 별로 없었다. 그러나 2005년 5월 중순, 양자 접촉 내지 실질적인 협상에 대한 워싱턴 측 반대 입장을 전면 부정하면서 일본 총리 고이즈미 준이치로는 김정일과 평양에서 2차 정상회담을 열었다. 2002년 1차 정상회담 이후,

일본 내 분위기는 뚜렷하게 악화되어 있었다. 납치 피해자의 운명에 대한 대중적 분노는 고이즈미가 자신의 목표인 대북 관계 정상화를 추진할 수 없게끔 발목을 붙잡았다. 그리고 핵 위기는 동북아를 과거 어느 때보다 긴장된 상황으로 만들었다.

2월 6자 회담의 장외 회담에서는 물론 이어진 회담에서도 북한 관리들은 일본 외교관들에게 납치 문제는 부분적으로 북한의 대미 관계 개선의 진전에 달려 있음을 시사했다. 90분간에 걸친 정상회담에서 고이즈미는 김정일에게 1천만 달러어치의 의료 물자와 25만 톤의 식량을 제공했다. 김정일은 2002년 북한을 떠날 수 있도록 허락했던 납치 피해자 5명의 가족 8명이 이번에는 일본의 친척들과 재결합하도록 허락한다는 데 동의했다. 그러나 3명은 북한에 그대로 남게 했다. 주한 미군 병사로 1965년 북한으로 탈영하여 일본인 납치 피해자 중 한 사람과 결혼한 찰스 젠킨스 Charles Jenkins 및 그들의 두 자녀였다. 젠킨스는 만약 일본으로 갈 경우, 미군 당국에 의해 탈영 혐의로 투옥될 것을 두려워했다. 몇 개월 더 추가 협상이 있은 뒤에야 그는 북한 땅을 떠날 수 있었으며, 주일 미군 기지에서 명목상의 30일 형을 복역한 뒤 그의 사건은 종료됐다.

핵 문제 또한 고이즈미의 현안 중 높은 순위였다. 고이즈미는 "나는 [김정일과] 일대일로, '핵무기로 얻게 되는 것과 그 핵무기의 폐기로 얻게 되는 것을 비교해본다면 하늘과 땅 차이가 있을 것이다'라고 말했다"라고 밝혔다. 이에 대해 김정일은 일본 총리에게, 자신은 궁극적으로 비핵화 약속을 지킬 것이라고 말했다. 워싱턴과의 직접 회담에 대한 자신의 열의를 강조하면서, 김정일은 고이즈미에게, 북한과 미국이 '춤을 잘 출 수 있도록' 다른 6자 회담 참가국들이 '음악을 연주해주기를' 바란다고 말했다. 김정일은 자신의 협상 대표가 '목소리가 쉴 정도로' 충분하게 미국 측

과 대화하기를 바란다고도 말했다.[22]

정상회담이 끝나자 고이즈미는 기자들에게 말했다. "개인적으로 나는 북한이 긍정적인 방향으로 6자 회담을 진전시키는 데 관심을 갖고 있다고 느꼈다. 나는 북한이 이것을 실현하고자 한다고 믿는다. 어떤 식의 접근법을 취할 것인지에 대한 판단은 미국에 달렸다."[23]

도쿄로 돌아오는 길에 고이즈미는 자신의 친구인 부시 대통령에게 전화를 걸어, 김정일의 직접 대화 요청을 전달하는 한편, 이를 수락할 것을 부시에게 촉구했다. 부시 대통령은 그러나 별 관심이 없었다. 2주 뒤, 두 사람은 조지아의 시 아일랜드에서 열린 G8 정상회담에서 다시 만났으며, 이때 고이즈미는 다시 김정일이 핵협상에 진지하게 임할 것이라고 말하며 부시를 압박했다. 부시는 이에 대해 다음과 같이 대꾸했다. "그〔김정일〕는 신뢰성 없는 거짓말쟁이다. 나는 그런 나라를 믿을 수 없다. 나는 증언자들이 있을 때만 그들과 대화할 것이다."[24]

제12장

“일부는 좋고, 일부는 좋지 않으며, 일부는 아주 나쁘다”

미국, 북한의 불법행위에 주목하다.
부시는 재선에 성공하다

워싱턴에서 데이비드 애셔를 겪어본 사람치고 그에 대해 중립적인 태도를 갖는 사람은 거의 없다. 그의 지지자들, 예를 들어 상관인 제임스 켈리 같은 사람들에게 그는 '특출한 일'을 하는 '똑똑한 사람'이었다. 그러나 그의 비판자들에게 그는 '알맹이 빠진 데이브' '폭탄 투척꾼' 그리고 '목소리 큰 괴짜'로 통했다.

옥스퍼드 대학 박사학위 소지자인 애셔는 금융 분야의 배경을 가진 일본 전문가였다. 그는 부시 정부의 요직에 많은 사람을 보낸 미국의 보수적인 싱크탱크인 미국기업연구소에 최종적으로 발을 들여놓기까지, 아시아 지역의 헤지 펀드 영업 분야에서 일하며 1990년대를 보냈다. 동아시아 담당 국무 차관보가 되자 켈리는 애셔를 국무부로 불러들여 자신의 핵심 참모 중 한 사람으로 삼았다. 애셔의 당초 보고 사항은 일본 경제였다. 그러나 2003년 말과 2004년 초, 그는 불법행위구상Illicit Activities Initiative, IAI이라 통칭되는 계획의 주동자가 되었다. 그것은 더러운 거래를 표적으로 삼아 북한에 압력을 가하고 약화시키려는 야심찬 계획이었다.

애셔의 활동적인 성격은 이 계획에서 핵심적인 역할을 했다. 연갈색 머릿결에 안경을 쓴 그는 동작 빠른, 즉 끊임없이 움직이고, 말하고, 밀어붙이는 대학교수처럼 보였고, 또 그런 식으로 행동했다. 조용한 행동거지로 말미암아 '생각 깊은 부처님'이라는 소리까지 들을 정도였던 제임스 켈리는 한 직원에게, 애셔에 대해 다음과 같이 평한 적도 있었다. "데이브 있잖아. 그 친구는 한 시간에 15가지 아이디어를 생각해낸다구. 대부분은 정신 나간 것이야. 하지만 몇 가지는 아주 괜찮단 말이야."

2003년까지 애셔는 북한의 불법 행위에 대해 적지 않은 에너지를 쏟고 있었다. 그는 다음과 같이 회고했다. "북한이 오랫동안 달러를 위조하고 불법 행위를 일삼았다는 증거가 수없이 많았음을 이해하는 것이 중요하다. 그러나 지금까지 아무도 그것에 관심을 두지 않았다."

애셔는 북한이 사실상 '소프라노 국가', 즉 방대한 범죄 기업이라고 믿게 되었다. 그는 말했다. "불법 행위 영역을 파들어가면 파들어갈수록, 우리는 북한이 온갖 불법 행위에 연루되었다는 증거를 더 많이 접하게 된다. 이 중 아주 고약한 것은 위조된 미국 화폐의 대량 유포로, 이는 적어도 세계 도처에서 달러화의 신용에 일시적으로나마 악영향을 끼쳤다. 우리는 북한에 대해, 관련 정도에 따른 합당한 법적 조치를 취하는 것은 정당한 일이라고 생각했다."

그의 생각으로는, 평양의 불법 행위를 표적으로 삼게 되면 김정일에게 실질적인 고통을 가할 수 있고, 잘하면 그의 권력 장악에도 타격을 가할 수 있을 것이라고 여겼다. 더욱이 미국 달러화의 위조를 통해 북한은 미국에 대해 '경제전economic warfare'을 벌이고 있으며, 이는 국제법상으로도 개전의 이유casus belli로 간주될 수 있다는 것이 그의 주장이었다. 그는 이런 행위의 근절을 목표로 삼는 부처 간 태스크 포스의 구성을 요구하는 메모를 작성했으며, 자신이 그 책임을 맡겠다고 제안했다. 이 아이디어는 켈리와 리처드 아미티지 부장관에 의해 면밀하게 검토됐다.

아미티지는 다음과 같이 기억했다. "북한은 메스암페타민 문제는 물론 위조 달러 문제와 마카오 및 그 외 도처에서의 돈 문제도 걸려 있었다. 따라서 사법 집행은 충분히 할 수 있는 일이고, 실제로 북한 주민에게 해를 주지 않으면서도 북한 엘리트층에게는 타격을 가할 수도 있다. 그렇다면 당신은 이에 찬성할 것인가? 켈리는 내 사무실에서 그렇다고 했고, 나는 기본적으로, '좋다, 한번 만들어보자'고 했다. 그다음, 우리는 그것을 파월에게 제출하고 설명도 덧붙였다. 그는 '좋다'고 했다."

그러나 애셔의 계획을 누구나 편안하게 받아들인 것은 아니었다. 국무부 한국 데스크 과장 데이비드 스트라우브는 그것이 6자 회담의 진전 전망을 손상시킬 수도 있는 좋지 않은 아이디어라고 생각했다. 더욱이 그는 관료 체제 내에서 애셔가 한국 문제에 대해 노골적으로 기선을 잡으려는 것으로 여겨졌기에 더욱 분개했다.

2004년 중반 한국 데스크 책임자로 스트라우브의 뒤를 이은 제임스 포스터도 마찬가지로 비판적이었다. 포스터는 이 구상이 강경파에게 유리한 수단을 제공하기만 할 뿐이라고 주장했다. 그것은 미국의 외교 수단을 보완해주지 못할 것이며, 오히려 부처 간 회의가 열릴 때마다 미국은 북한과 상대할 수 없으며, 상대해서도 안 된다고 믿는 사람들에게 합당한 근거를 제공해줄 것이라고 포스터는 생각했다.

그러나 콜린 파월은 반론을 일소해버렸다.

당시의 결정에 대해 그는 다음과 같이 말했다. "이런 문제를 협상 테이블에서 제외시킬 수는 없었다. 이 문제가 협상에 영향을 주므로 아무것도 할 수 없다고 치자. 북한은 미국 돈을 위조했다. 그들은 마약도 운반했으며, 수많은 불법도 저질렀다. 그들에게 호된 맛을 보여줘야 한다고 생각됐고, 그럴 경우 불법행위구상을 쓸 수밖에 없었다. 결국 우리는 그렇게 했다."

강경파가 한국 정책에 대해 상당한 영향력 있는 발언권을 가진 행정부에서, 파월과 그의 핵심 측근들에게 어필했던 부분은 불법행위구상을 통해 그들도 북한에 대해 완력을 행사할 수 있다는 점으로, 이 점은 관료 집단 내의 다른 경쟁 상대도 인식하고 있었다. 체니 부통령의 아시아 전문가 스티븐 예이츠는 당시 상황을 다음과 같이 지적했다. "상황을 전개시킨 심리적인 동력은 파월, 아미티지, 그리고 이들 밑에서 일하는 사람들을 포함한 국무부 팀에서 비롯되었다. 예를 들면 이런 식이었다. '우리도 할 줄 안다. 우리도 강경할 때는 강경하다. 우리도 이것을 충분히 다룰 수 있다. 우리는 정책 결정자면서 실행자고, 그것도 다른 사람들에게 부담을 주지 않고서도 할 수 있다. 우리를 믿어달라. 우리가 하는 일을 믿어달라.' 그런 뒤 그들은 자기네들만의 일종의 프로젝트를 진행한 것이다."

경쟁 상대들은, 제아무리 파월의 지원이 있어도 애셔의 불법행위구상에 대한 아이디어가 관료 집단 내에서 가는 곳마다 회의론에 부딪치게 만들 심산이었다.

아미티지는 다음과 같이 회고했다. "우리는 국가안보회의 등에 이 아이디어를 납득시키는 데 약간의 어려움을 겪었다. 사실, 나는 차석 회의에 가서 〔안보 부보좌관〕 해들리를 설득했다. 해들리는 애셔를 좋아하지 않았으며, 다른 국가안보회의 사람들, 특히 비확산 쪽 사람들은 그를 매우 싫어했다. 나는 데이비드에게 '물러나서 이 구상에 대해 입도 뻥끗하지 말라. 다른 사람이 물어보면 대답도 하지 말라'고 했다. 데이비드의 최대 적은 종종 바로 자신이었기 때문이다."

사실, 당초 애셔는 보스의 지원을 등에 업은 상태에서 이 프로젝트에 대해 국무부 주도권을 유지하고, 데이비드 스트라우브나 제임스 포스터가 지적했던바, 6자 회담 반대파들이 이 프로젝트를 외교적 과정을 망치기 위한 시발점으로 삼을지도 모른다는 우려가 현실화되는 것을 막기 위해 강경파 핵심과는 일정한 거리를 두려고 했다.

체니의 측근 스티븐 예이츠는 이렇게 기억했다. "국무부는 자기네 프로젝트에 누구도 끌어들이기를 원치 않았다. 그들은 백악관의 우익 열성분자들이 이것을 회담을 죽이기 위한 구실로 빼앗아가지 않을까 걱정했기 때문이다."

또 다른 회의론자 가운데에는 존 볼턴과 로버트 조지프가 있었다. 파월 비서실장이었던 로렌스 윌커슨의 말이다. "그들은 애셔 프로젝트가 바로 자신들의 확산방지구상Proliferation Security Initiative[북한 해운을 차단하기 위해 볼턴이 주장했지만, 당시까지 효력이 별반 신통치 않았던 계획]에 위협이 된다고 느꼈다. PSI는 본질적으로는, '우리는 PSI 약속을 지킬 것이다. 아 참, 그런데 우리는 해군 배 한 척을 불러내 공해상을 항해토록 할 참이다. 우리가 뭔가 하고 있다는 것을 보여줄 것이다'라며 몇몇 사람들이 떠드는 정도였다. 따라서 나는, 효과적인 요소를 두루 갖춘 애셔의 구상을 볼턴 등이 PSI에 대한 위협이라고 생각했을 것이라고 본다."

그러나 애셔 자신은 불법 행위로 평양을 압박하는 것은 단순히 협상의 지렛대를 확보하기 위한 또 다른 방편이었다고 주장했다. 만약 평양이 협상에서 계속 뻣뻣하게 나온다면, 이 분야에서 압박을 증대시킬 수 있었다는 것이다.

애셔 구상을 작동시키기 위해, 찬성파들은 이 계획이 공중의 시선에서 벗어나 있어야 한다는 데 의견이 일치했다.

아미티지는 다음과 같이 술회했다. "전체 프로그램은 조용히, 그리고 아무 말도 하지 않는다는 전제에 입각해 있었다." "만약 이에 대해 말이 나오면, 그때는 북한이 더……" 아미티지는 이 대목에서 말을 끊은 뒤 이렇게 덧붙였다. "그래서 조용히, 그리고 아무 말도 하지 않겠다는 것이었다."

워싱턴에서는 정부 기관을 서로 협력하게 만드는 일은 종종 불가능한 과제다. 그러나 애셔는 밀어붙이기를 거듭해 마침내는 국무부, 재무부, 비밀 부서, 사법 집행 기관, 그리고 정보 기구의 대표들을 한 방에 불러 모았다.

한 관리는 다음과 같이 평했다. "애셔는 특유의 열성적인 성격에서 나오는 엄청난 에너지로 모든 일을 일사천리로 밀어붙였다."

전체 계획을 1급 비밀에 부친 채 많은 기획 회의가 국무부 보안실에서 열렸다. 검토됐던 아이디어 중 일부는 첩보 영화에서 막 뽑아온 듯했다. 위조지폐를 옮기기 위해 북한이 외교 행랑을 곧잘 이용한다는 데 착안해, '북한 외교관을 붙잡아' 외교 행랑을 압류하는 것도 한 방안이었다. 북한 대사관에 침투하거나 북한이 거래하고 있는 은행 내부로 들어가기 위해 국가안보국NSA의 전자 도청 설비를 이용하는 방안은 또 다른 옵션이었다.

이런 회의에 여러 번 참석했던 로렌스 윌커슨은 다음과 같이 말했다. "그 계획은 북한이 돈을 갖고 있는 거의 모든 곳을 포괄했다고 보는 편이 맞다. 그 돈이 불법적인 것이냐 합법적인 것이냐와는 상관없었다."

2004년 초여름, 부시 행정부의 대북 정책은 여러 전선에서 상충하는 압력에 직면해 있었다. 대통령의 핵심적인 국내 정치 기반인 기독교 우파는 북한의 경악스러운 인권 성적표를 미국 정책 현안의 상위에 놓으려고 애쓰고 있었으며, 실제 그런 방향으로 발전할 경우 대북 정책의 강경 입장을 더욱더 부채질할 수 있었다. 일견 '온건한' 국무부 내부에서는, 관료 기관 간 내부 싸움이 계속 중임에도, 불법행위구상이 모습을 갖춰가고 있었다. 이와 더불어 일본, 한국 등 방위조약 동맹국들과 6자회담의 주최측인 중국 등 미국의 핵심 아시아 파트너국들로부터도 미국이 6월 말로 예정된 6자 회담 다음 라운드를 비롯해 교착 상태에 빠진 협상에서 어느 정도 유연성을 보여야 한다는 다양한 압력이 들어왔다.

2004년 11월 미국 대선의 민주당 후보가 될 상원의원 존 케리도 유사한 요구를 했다. 6월 1일의 유세 연설에서 케리는 부시 행정부에 다음과 같이 말했다. "북한이 알려진 바로는 6~9개의 핵폭탄을 만들기에 충분한 연료를 확보하는 동안 우리는 그저 협상 테이블을 설치할 것인가를 둘러싼 협상만 진행해왔다는 게 이 사태의 본질이다. (……) 우리는 북한과 직접 대화를 준비해야 할 것이다. 이 문제는 중국이나 다른 나라가 협상 테이블에서 우리 대신 말하도록 내버려두기에는 너무도 긴급한 것이다."[1]

앞서의 라운드에서처럼, 국무부 한국 데스크의 데이비드 스트라우브 과장은 다가오는 회담의 켈리 프레젠테이션 초안을 준비하며 부시 행정부의 과거 비타협적인 입장을 완화하라는 한국, 일본, 그리고 중국 측의 압력을 이용하려고 했다.

스트라우브는 다음과 같이 회고했다. "제3라운드를 위해 나는 약간은 허용 한도를 시험해보고자 했다. 좀더 진전시킬 수 있는 영역에서 이런 저런 것들을 포함해 초안을 작성했고, 그것을 보스에게 보여주었으며, 회람을 위해 타 부처로 보냈다. 적어도 이 정도면 프레젠테이션용으로 쓸 만하다고 판단했다. 과거 회담 때보다 약간은 발전된 내용이었다."

미국 협상단 중 한 인사는 이렇게 말했다. "그들이 우리가 원하는 일을 하기에 앞서 그들에게 뭔가를 내놓을 만한 준비가 되어 있지 않은 경우에라도, 우리는 적어도 약간은 상세한 설명을 해주고, 우리가 협상하려는 것의 내용과 그들이 핵을 폐기할 경우 생각해두어야 할 것들에 대한 개요 정도는 그들에게 밝혀야 한다는 생각이 있었다. 이런 이유로, 회담장에서 전달해야 할, 또는 프레젠테이션할 사항들의 채점표를 만들기 위해 상당한 노력과 준비를 기울였다."

예상했던 대로 국가안보회의, 부통령실, 그리고 국방부의 강경파들로부터 바로 반격이 왔다.

이 과정에 참여했던 한 국방부 관리는 회고했다. "국무부는 한계치를 시험하려고 했다. 그리고 사람들은 그들을 붙들어 매어놓아야만 했다. 솔직히 우리는 편익을 제공해 북한이 핵을 폐기하도록 한다는 생각에 찬성하지 않았다."

스트라우브는 말했다. "베이징으로 떠나기 직전, 우리는 백악관의 지원을 받은 〔국가안보회의 비확산 국장〕 로버트 조지프로부터 바로 그 점에 관해 전혀 새로운 내용의 보고서를 느닷없이 받았다. 그리고 우리는 '이게 바로 당신들이 할 일이오'라는 소리를 들었다."

스트라우브와 그의 국무부 직원들이 몰랐던 사실은 체니 부통령과 도널드 럼스펠드 국방장관이 켈리의 논점을 강경하게 바꾸기 위해 사적으로 개입했다는 것이다. 그 개입은 미국 대북 정책을 둘러싼 내부 싸움에서 국무부가 우세를 보이지 못하는 데 대해 한국 측이 당혹해하면서 직접 백악관을 상대하겠다고 시도한 뒤 벌어졌다. 스트라우브가 1차 보고서를 회람시킨 뒤, 6월 중순 한국 국가안보회의 관리들은 미국 측 상대역들을 만나 곧 개최 예정인 회담에 대한 공동 대응 방안을 내놓았다. 여기에는 북한이 핵을 폐기하기 전, 핵 프로그램을 동결시키는 과도기를 설정하고 이를 미국이 수락할 것도 포함하고 있었다. 이는 미국의 종래 입장에 대한 수정을 뜻하는 것이었다. 한국 측의 새로운 제안에 대해 알게 되자 체니는 그의 참모들에게 지시해, 다른 식으로 표현하는 한이 있더라도 '동결'이라는 언급은 반드시 빼도록 했다. 이와 동시에, 럼스펠드도 평양에 핵 능력의 폐기를 위해 6개월의 기간을 부여한다는 아이디어에 반대했다. 그는 로비를 벌여 기간을 3개월로 줄이는 데 성공했다.[2]

부시 행정부는 융통성이 없다는 비난을 반박하기 위한 노력의 일환으로, 'CVID'라는 용어를 빼고, 6자 회담 이래 처음으로 일부 특정 사항을 포함시킨 제안을 내놓았다. 그러나 이 제안마저도 여전히 북한이 먼저 행동할 것을 전제했으며, 한편으로는 북한이 먼저 핵 능력을 폐지할 때까지 미국 측의 구체적인 편익 제공을 유보토록 했다.

2003년 6월 23일 전체 개막 회의의 성명을 통해, 제임스 켈리는 북한이 먼저 모든 핵 프로그램을 폐기할 것에 동의하는 단독 선언을 하라고 주장했다. 다음, 도널드 럼스펠드에 의해 요구된 3개월의 기간 안에, 다음과 같은 사항을 이행해야 한다고 켈리는 말했다. '(북한은) 핵 활동에 대한 완전한 목록을 제공하고, 핵 활동의 가동을 중지할 것. 모든 분열 물질의 안전 조치와 모든 연료봉에 대한 모니터링을 허용할 것. 모든 핵무기, 무기 관련 부품 및 원심분리 장치 부품에 대한 공개적이고 감시 가능한 방식의 불능화를 허용할 것' 등이다.[3]

일단 평양이 그와 같은 선언을 하면, 미국을 뺀 중국, 한국, 러시아와 일본은 중유 선적을 재개하도록 했다. 연료 선적이 시작되면서 북한에 대해 안전 보장을 제공한다던 국무부의 제안은 럼스펠드가 반대한 뒤 대통령에 의해 거부되었다.[4] 켈리는 합의 과정이 진전되는 동안 미국 측 제재의 해제에 대한 '논의'도 가능할 것이라고 말하면서도, 북한에 대해 미국이 제공하는 모든 '지속적인 편익'은 '핵 프로그램의 폐기가 완료된 이후'에만 있을 수 있다고 강조했다.[5] 또한 그는 '대미 관계의 완전 전환'은 북한이 다음의 사항에 동의하기 전까지는 이뤄지지 않을 것이라고 말했다. '인권에 대한 자세를 바꾸고, 미국의 테러 지원국 명단에 오르게 된 쟁점들을 성의 있게 검토할 것, 불법적인 대량살상무기 프로그램을 폐기할 것, 미사일 및 미사일 관련 기술의 확산 행위를 중단할 것, 그리고 도발성을 완화시킨 재래식 무기 배치 방식을 채택할 것' 등이다.[6]

북한 특사 김계관은 또한 그 나름으로, 핵 활동 동결과 그에 대한 합당한 대가에 대한 평양 측 제안에 일부 상세한 설명을 덧붙였다. 그러나 북한이 최종적인 핵 폐기 훨씬 전에 편익을 받는, 김계관이 붙인 '동결 대 보상reward for freeze' 제안은 켈리의 안과는 전적으로 달랐다. 김계관은 '북한이 핵무기와 관련된 모든 시설과 이 시설의 가동에 의해 양산된 생산물들을 동결할 준비가 되어 있으며, 추가적인 핵무기의 생산과 핵무기의 이전 및 실험을 자제하며, 동결은 핵 프로그램의 궁극적인 폐기를 가져오게 될 첫출발이 될 것'이라고 말했다.[7] 그럼에도 그는, 이에 대한 보답으로 미국의 제재 해제와 전력 2백만 킬로와트의 공급을 요구했다. 이 같은 전력량 규모는 북한이 기본 합의 아래 지원받기로 약속한 경수로 2기에 의해 생산되었을 양이었다. 총 규모는 중유로 환산하면 약 270만 톤으로, 이는 북한의 에너지 부족량 규모를 추측케 하는 징표이기도 했다.

팽팽한 회담 분위기를 개선하기 위해 중국 측은 전체 개막 회의가 끝난 뒤 댜오위타이 국빈관 마당에서 열릴 성대한 환영 만찬 일정을 잡아놓왔다.

켈리 대표단의 한 사람은 다음과 같이 말했다. "그것은 일종의 뒤풀이 행사로서, 미국 사람들이 북한 사람들과 편하게 어울릴 수 있는 자리였다." 그러나 중국 측은 베이징의 예측할 수 없는 여름 날씨를 미처 고려하지 못했다. 다음은 또 다른 켈리 협상단 일원의 당시 상황 설명이다. "모두 셔틀 버스를 타고 200미터 정도를 가서 아름다운 야외 정원 지대로 들어갔다. 여기에 중국 측은 얼음 조각상과 중국 전통 의상을 차려입은 아리따운 아가씨들, 그리고 왕새우와 많은 음식을 준비해 이미 성대한 야외 뷔페 무대를 차려놓았다. 그런데 우리가 그곳에 간 지 10분도 되지 않아 거대한 먹장구름이 몰려오더니 장대비가 쏟아진 것이다. 사람들은 비 피할 곳을 찾아 실내로 들어갈 때까지 겨우 새우 두 마리도 먹지 못한 상태였다. 물론 그들은 돌아다니며 대화하는 대신 즉시 숙소로 돌아갔다."

이것이 6자 회담 새 라운드 첫날의 상서롭지 못한 뒤풀이였다.

그러나 둘째 날 오후, 켈리와 김계관, 그리고 쌍방의 참모들은 두 시간 남짓 계속된 사적인 모임을 가졌다. 한 목격자에 따르면, 켈리는 김계관에게 미국은 '동결'이라는 단어를 좋아하지 않으며, '중지halt'라는 말을 더 즐겨 쓴다고 말했다.

김계관은 즉각 'ABC〔클린턴만 빼고 누구든〕가 여전한 모양'이라고 받아쳤다.

켈리는 다음과 같이 응수했다. "우리는 최종적인 핵 폐기를 준비하는 과정에서 중지에 대해 논의할 것이다. 일단 귀측이 약속을 하면, 다른 모든 것이 물 흘러가듯 흘러가게 된다."

그러나 북한의 우라늄 프로그램 문제를 두고 두 사람은 여전히 언쟁을 벌였다.

켈리가 김계관에게 말했다. "귀측은 영변 시설을 폐기하겠다고 한다. 우리는 귀측이 영변에 있는 것 이상에 대해서도 협상하겠다는 다짐이 필요하다."

김계관은 우라늄 확보 노력에 대해서는 부인한다는 북한의 오래된 입장을 되풀이했다. 그다음, 그는 북한의 핵 '억지력'을 보여주겠다고 위협해 미국 측을 경악케 했다.

켈리는 훗날 다음과 같이 말했다. "북측은, 북한에 핵무기를 시험해보고 싶어 하며, 아마도 회담의 진전이 없으면 그렇게 할 사람들이, 정확히 확인된 것은 아니지만, 일부 있다고 말했다."[8]

그러나 이에 놀란 켈리가 좀더 상세한 내용을 캐묻자, 김계관은 더 이상 말하지 않았다.

이 모임의 한 참석자는 말했다. "그는 우리의 주의만 끌어놓고 나가버렸다."

김계관의 경고로 촉발된 우려감 가득한 언론 머리기사들에도 불구하고 켈리와 그의 동료들은, 핵실험이 가까웠다는 아무런 증거가 없다고 주장하며 위협 발언의 의미를 깎아내렸다. 한국 협상단의 관리들도 비슷한 견해를 가지고 있었다. 그러나 켈리는 주최측으로서 회담 폐막 때 6자 모두가 참여하는 공동성명을 발표함으로써 협상에 진전이 있음을 보여주기를 열망하는 중국 측의 요구는 받아들이길 주저했다. 중국 외교부장이 콜린 파월과 직접 통화를 했지만 미국 측을 설득하지 못했다. 그 대신, 중국 협상단 대표는 별 진전을 보지 못한 회담에 긍정적인 인상을 심기 위해, 연속 3회째의 '의장 성명'을 발표했다.

회담이 끝나자 켈리는 기자들에게 회담의 결과에 대해 '일부는 좋고, 일부는 좋지 않으며, 일부는 아주 나쁘다'고 평했다. 북한은 '진실된 분위기'라고 평했으며, 미국이 'CVID'라는, 반대에 부닥칠 용어의 사용을 뺀 데 대해 평가했다. 양측 입장의 골은 여전히 깊었으나 낙관론자들은 적어도 양측이 각자, 협상의 중요한 첫걸음인 열린 자세를 내보였다고 믿었다. 그러나 과연 어느 쪽이 타협할 준비가 되어 있는지는 여전히 불투명한 상태였다.

회담 폐막 1주일 뒤, 콜린 파월은 자신의 결정에 따라 브루나이의 아세안 지역 포럼에서, 2년 전에 했던 비슷한 만남처럼 북한 외무상 백남순과 또 한 번의 '우연한 만남'을 준비했다.

백남순은 '다시 뵙게 되어 반갑다'고 인사했다. 파월은 '지난번에는 내가 먼저 발언한 바 있다'며, 이번에는 백남순에게 먼저 발언할 기회를 주었다.

백남순은 미리 준비된 성명을 통해 김계관이 베이징에서 이미 제출했던, '말 대 말' 제안을 되풀이했다. 그러나 그는 이번에는 북한의 생각에 대해 약간의 추가적인 설명을 덧붙였다.

그는 파월에게 말했다. "미국은 우리가 〔북핵 프로그램의〕 폐기 원칙을 저버릴 것이라고 의심하고 있다. 그러나 우리는 핵을 동결한다면 귀측이 우리를 공격할 것이라고 의심하고 있다. 미국이 만약 에너지 공급이나 제재 해제, 또는 테러지원국 명단 삭제와 같은 보상을 제공하기 위한 긍정적인 조치를 취한다면, 우리는 핵 폐기를 진전시킬 것이다. 미국이 만약 우리의 제안을 주의 깊게 살펴보고 보상 작업에 착수한다면, 획기적인 일도 얼마든지 가능하다."

이에 대해 파월은 다음과 같이 응수했다. "우리는 주의 깊게 검토하고 있다. 내 생각과 대통령의 생각은, 우리는 일단 진전을 이루기는 했으나 아직도 갈 길이 멀다는 것이다. 우리는 귀측을 침공하거나 공격할 의사도 없고 적대적인 의도도 없다. 미국은 심각한 입장 차가 존재하거나 우리와 다른 이념 체계를 가진 다른 많은 나라들과도 관계를 맺고 있다. 미국은 행동이 보여지기를 원한다. 우리는 잠정적인 안전 보장 협정을 고려할 수도 있다. 핵 동결은 폐기뿐만 아니라 궁극적인 제거와도 반드시 연계되어야 한다."

파월은 최종적인 합의를 위해서는, 우라늄 문제가 해결되어야 함을 강조했다. 그는 백남순에게 말했다. "우리는 귀측의 입장에 혼란을 느끼고 있다. 우리는 신뢰 구축의 방편으로 귀측이 가진 프로그램 문제를 충분히 토론해야 한다. 우리는 다음번 회담을 준비하는 중이므로, 세부 내용을 파악할 필요가 있으며, 좀더 특정한 부분에 대해 알아야 할 필요가 있다."

그는 또한 백남순에게 핵실험을 하겠다는 북측의 거듭되는 위협에 대해 주의를 환기시켰다. "핵을 실험하겠다는 성명은 일을 더 어렵게 만들 것이며, 우리는 신뢰를 쌓고 상황을 진전시킬 필요가 있다."

이에 대해 백남순은 다음과 같이 말했다. "귀측은 이것이 순조롭게 해결될 수 있음을 우리에게 설득해왔다. 양측이 이 문제를 해결하려는 태도가 있다면, 문제는 반드시 순조롭게 해결될 수 있을 것이다. 우리는 핵실험을 할 것이라고는 공식적으로 말한 바 없다. 우리는 우라늄 농축 프로그램이 없으며, 이를 입증할 용의가 있다. 미국이 만약 적대시 정책을 부인한다면, 우리는 이 문제를 말끔하게 청산할 것이다."

같은 시각, 미국은 북한 선박 한 척이 남포항을 떠나 남한의 부산항을 향해 가고 있는 것을 유심히 살피는 중이었다. 이 선박에는 애셔의 불법행위구상의 표적이 되는 가짜 미국 담배가 잔뜩 실려 있었다. 애셔는 가짜 담배 생산이 북한에게는 큰 사업이라고 믿고 있었다. 애셔는 2005년의 한 연설에서 다음과 같이 강조했다. "사실 가짜 담배는 북한의 컨테이너 화물 수출 부문에서 가장 큰 부분일 수 있다. 가짜 담배는 다른 화물과 섞여 나진과 남포항을 통해 중국과 한국의 주요 항구를 경유한 뒤 전 세계로 운송된다. (……) 40피트짜리 컨테이너 하나 분량의 가짜 담배를 생산하는 데는 7만 달러 정도 비용이 들지만, 이 정도 분량은 거리의 판매가로는 3백만~4백만 달러에 이른다."[9]

미국은 통상적인 채널을 통해 서울의 관계 당국에 이 같은 사실을 통보했다. 그러나 특히 6자 회담에서 미국이 강경한 태도를 보이는 상황에서 대북 긴장 완화를 최우선순위로 삼고 있는 노무현 정부는 별도 대응을 하지 않기로 결정했다. 1차 저지에 실패하자 미국은 해상 운송을 차단할 수 있는 또 다른 방안을 찾아냈다.

당시의 작업에 참여했던 한 전직 관리는 다음과 같이 말했다. "미국의 해안경비대는 한국의 해양경찰과 협조 관계를 맺고 있었다. 그래서 일각에서는 '서울에서는 입씨름이나 하게 내버려둬. 우리는 우리 일이나 하면 돼'라고 했다. 양측 해양경비대는 언제든 공조할 수 있는 친구이자 단짝 관계였고, 이 같은 공조는 한국의 별도 승인이 필요 없는 상황이었기 때문이다. 해경 쪽에 미리 통지해두고, 북한 배가 들어오면 쓸어버리면 그만이다."

실제로 북한 선박이 부산에 도착하자 한국의 해경은 세관 당국에 이를 통보해 가짜 담배를 실은 컨테이너 몇 박스가 몰수됐다.

7월 말, 북한은 비무장지대 북측에 있던 마지막 대형 대남 선전 간판을 철거하고 수십 년간 비무장지대의 볼거리였던 대남 비방 방송을 중단했다. 마지막 대남 방송 내용은 다음과 같다. "같은 핏줄에, 같은 말을 쓰는 우리는 더 이상 떨어져 살 수 없다. 우리는 민족 분단의 비극을 가능한 한 최단 기간에 끝장내야 한다."[10]

8월 중순, 남북한 운동선수들이 2004년 아테네 올림픽 개막 행사에서 함께 행진했다.

이와 같은 조치들은 남과 북의 관계 발전뿐만 아니라 한국과 부시 행정부의 뚜렷한 차이를 뜻하는 것이었다. 2004년 9월, 한국의 반기문 외교통상부 장관이 뉴욕에서 열린 유엔 연차총회의 한 켠에서 콜린 파월을 만났다. 준비된 발언 요지를 설명하면서 반기문은 '창의적인 발상과 지혜, 그리고 유연성'의 필요성을 강조하며 파월에게 새롭고 발전된 대북 제안을 마련해줄 것을 주문했다. 반기문은 이 같은 취지의 설명을 얼마간 이어갔으나 효과를 보지 못했다. 한 국무부 관리는 "파월은 반기문을 상당히 거칠게 대했다"라고 회고했다. 결국 반기문의 제안은 일언지하에 거절당했다.

2004년 6월의 6자 회담은 데이비드 스트라우브에게는 마지막이 될지 몰랐다. 2년간의 한국 데스크 과장 임기가 같은 해 여름이면 끝날 예정이었기 때문이다. 2004년 초, 제임스 켈리에게 그는 조만간 사퇴할 결심을 밝혔다. 문제는 부시 대통령의 대결적인 대북 접근 방식에 대한 의견 불일치만이 아니었다. 1980년대 초반 군부독재 시절, 당시 젊은 공관 근무자로서 스트라우브는 서울의 미 대사관에서 인권 문제를 다루고 있었다. 당시 그는 '물고문' 문제를 문서화했다. 이 기술은 구금자들을 가상 익사 상태에 빠트리는 것으로, 9·11 이후 합법적인 심문 기술로 부시 행정부가 승인했던 바로 그 기술이다. 이라크 및 전반적인 테러와의 전쟁에서 생포된 죄수들에 대한 가혹 행위 보도를 접하면서, 스트라우브는 다음과 같이 결론 내렸던 것이다. "나는 고문의 사용을 용인하는 정부에서는 일하고 싶지 않다. 바로 이 문제가 부시 정부의 대북 정책 분야에서 일했던 경험과 맞물렸다. 나에게는 대통령 본인의 성격이 고집불통의 정책에 상당 부분 책임이 있는 것으로 보였다."

그러나 그해 4월 말, 일본 데스크 과장 자리가 갑자기 생겼다. 한반도 정책의 악몽에서 벗어날 수 있다는 생각에 스트라우브는 그 자리를 마지막으로 맡은 뒤 정부를 떠나겠다고 결심했다. 그의 후임은 제임스 포스터로, 1990년대 대북 협상에도 참여한 바 있는 오랜 일본통이었다. 포스터가 했던 첫 번째 일은 우라늄 농축 관련 첩보 내용을 면밀히 살피는 일이었다. 그는 별로 특이점을 발견하지 못했다. 관련 첩보들은 북한 공작원들이 우라늄 프로그램의 부품을 확보하려 했다는 것은 분명히 보여주었지만, 그 같은 작업이 상당히 진척되었다는 증거는 별로 발견할 수 없었던 것이다. 평양의 의도가 무엇이든, 그들이 실제로 무기를 만들기에 충분한 우라늄을 생산할 정도의 시설을 보유하고 있음을 입증해줄 증거는 하나도 없었다.

포스터는 또 이미 협상의 진척을 가로막는 장애물이 되어버린 우라늄에 초점을 맞추는 일은 잘못된 것임은 물론 위험한 것이라고 생각했다. 그는 거의 즉각적으로 존 볼턴 및 다른 강경파들과의 격렬한 분쟁에 휘말렸다. 회의가 열릴 때마다 포스터는 우라늄 첩보가 제아무리 확실한 물증smoking gun이라 해도, 핵폭탄용 물질을 매일 쏟아내고 있는 플루토늄이야말로 진짜 중요한 문제라고 지적했다. 핵무기 한 개당 플루토늄 6킬로그램이면 충분하다고 그는 주장했다. 북한이 우라늄 프로그램부터 먼저 시인해야 한다고 고집하게 되면, 미국은 이보다 훨씬 더 중대한 당면 현안들에 대처할 수 없게 된다는 것이었다.

포스터의 의구심은 그가 2004년 9월 베이징 방문을 위해 자료를 준비하면서 명료해졌다. 제임스 켈리, 조지프 디트라니, 그리고 로버트 월폴Robert Walpole과 더불어 포스터는 회의적인 중국 측에 우라늄 정보에 대한 증거를 제시해달라는 요청을 받았다. 중국 방문의 최종 보고서를 쓴 월폴은 CIA의 1급 핵무기 전문가였다. 그는 2003년 2월, 이라크 전쟁을 정당화하는 콜린 파월의 악명 높은 유엔 연설을 위해 자료를 준비하는 데 핵심 역할을 했던 인물이다. 파월 연설이 있기 며칠 전, 그는 파월에게 이라크로 가는 도중 가로챈 알루미늄관이 사담 후세인이 핵 프로그램을 가지고 있다는 유력한 증거를 제공한다고 보고했다. 이 증거는 그러나 훗날 신뢰성을 잃었다.

베이징으로 떠나기에 앞서, 포스터는 월폴이 준비한 브리핑 자료를 읽었다. 그는 그것이 설득력이 약하다고 생각했다.

중국 측도 별로 귀담아듣지 않았다. 당초 중국 외교 부부장 우다웨이는 미국 측 프레젠테이션 내용을 듣는 데 중국 측 군사 그리고 정보기관 전문가를 합석시키자는 데 동의했었다. 미국 측은 정보를 공유함으로써 군과 보안 기관 사람들을 납득시키고, 우라늄 문제가 심각한 것이라는 인식을 중국 지도부에 강조하려고 했다.

그러나 막상 미국 측이 도착하자 우다웨이는 방문단을 만나지 않겠다고 핑계를 댔다. 대신 훨씬 직급이 낮은 외교부 관리가 회의를 주재했으며, 그나마 이 회의도 한 참석자에 의하면 '두서가 없는' 회의였다. 중국 측 참석자들은 이 회의에서 북한이 과연 그런 기술을 갖고 있는지, 우라늄 폭탄을 만들 능력이 있는지, 그리고 최종 목표를 달성하기까지는 얼마나 시간이 걸릴지 의문을 제기하며 미국 측 주장에 대해 상당한 회의를 표명했다.

한 중국 관리는 말했다. "우리는 미국의 평가 결과에 대해 정말 의문을 가졌다. 북한이 고농축 우라늄 프로그램을 갖고 있다고 결론 내리기는 어렵다고 판단했기 때문이다."

한 미국 관리는 회고했다. "사실 당시 회의는 왜 우리가 우라늄 문제에 그토록 단호한지를 설명할 전기가 될 것으로 예상했었다. 하지만 우리는 아무것도 하지 못했다."

북한의 기준으로 볼 때도, 평양의 혹평은 극단적이었다. 조선중앙통신은 '부시는 극악한 파시스트 폭군이며 인간 도살자이자, 정치적인 백치이고 인간 쓰레기'라고 공박했다.[11]

이 같은 분노의 폭발은 위스콘신 유세 때 부시가, 6자 회담의 다른 당사국들은 힘을 합쳐 '북한의 폭군에게 핵 무장을 포기하라고 거듭 촉구'해야 한다고 말한 것에서 촉발됐다.[12] 이 사건은 북한의 극단적인 예민함과 허장성세 성향은 물론, 세계 다른 나라들과 더불어 북한 또한 2004년 미국 대통령 선거 유세를 매우 주목하고 있음을 보여주었다. 민주당 후보 존 케리는 핵 폐기 문제를 위해 부시가 북한과의 직접 대화를 거부한 것을 되풀이 비난했다. 9월 30일 텔레비전 토론에서 케리는 "그들이 대화를 하지 않은 사이, 연료봉이 인출됐고, 사찰관들이 추방되었으며, 텔레비전 카메라도 치워졌다. 그리고 지금은 4개에서 7개의 핵무기가 북한의 수중에 있다. 이 모든 일이 현재의 대통령 재임 중 일어났다"라고 주장했다.

그러나 부시는 다시 한 번 양자 협상을 배제했다. "김정일과 대화를 갖는 것은 효과가 없을 것이다. 그는 6자 회담이나, 그에게 메시지를 보내고 있는 다른 5자의 연합을 파탄내려 하고 있다."[13]

대선이 있기 몇 주 전인 10월, 부시 대통령은 미국 상원에서 만장일치로 채택된 북한인권법에 서명했다. 이 법안은 각종 법적 장애물을 제거해 미국이 북한 난민 보호소에 자금을 공급하고, 미국의 대북 라디오 방송을 늘리며, 북한에 성경을 몰래 반입하거나 민주주의 및 인권 보장 단체에 금융 지원을 할 수 있도록 하는 내용이었다. 평양은 다음과 같이 평했다. "존엄한 주권 국가인 공화국을 중상모략하고, 인민이 선택한 사회주의 체제를 와해시키려는 미국의 진짜 의도를 백일하에 드러낸 또 하나의 대북 적대 정책 선언이다. (……) 이 법은 핵 문제를 해결하기 위한 6자 회담의 개최 이유는 물론, 공화국이 미국을 상대할 정당한 근거도 박탈했다. 공화국은 미국의 무력에 맞서 최후의 순간까지 억지력을 늘리는 데 박차를 가하는 것 외에는 다른 방법이 없다."[14]

2004년 11월 2일, 조지 W. 부시는 존 케리에게 패배를 안기며 자신의 두 번째 임기를 얻어냈다. 약 2주 뒤 북한은 논평을 내놓았다. 평양의 첫 번째 반응은 신중한 타협적 자세였다. 11월 13일, 조선중앙통신은 외무성 대변인 성명을 인용해, 북한은 '대화와 협상을 통해 공화국과 미국 간에 가로놓인 핵 문제를 해결할 것을 지지한다'라고 보도했다. 아울러 이 통신은 "미국이 공존할 자세가 되어 있다면, 핵 문제의 해결도 충분히 가능하다'라고 전했다.[15] 이 성명은 언제, 그리고 어떻게, 북한이 6자 회담에 복귀할 것인지에 대해서는 언급하지 않았다.

회담 보이콧이 장기화될 수 있다는 전망은 한국의 노무현 대통령에게 우려를 안겨주었다. 이튿날 로스앤젤레스 국제사무위원회에서 한 연설에서, 노무현은 무력 사용 및 정권 교체 발상을 반대함으로써 부시를 질책하고, 대북 경제 압박론을 비난하며 다음과 같이 밝혔다. "대화 말고는 핵 문제에 대응할 다른 대안은 없다."

노무현의 연설은 워싱턴에서 냉담한 반응을 받았지만 그의 측근들은 노무현의 발언이 부시 못지않게 김정일을 겨냥한 것이라고 주장했다.

한국의 한 관리는 다음과 같이 말했다. "노무현의 진정한 의도는 미국을 자극하려는 것이 아니고, 김정일의 입장에 공감한다는 뜻을 보임으로써 그를 설득하여 6자 회담에 복귀시키려는 것이었다. 북측이 돌아오면 그들은 도움을 받을 수 있다는 것이다."

미국 국무부의 한 관리는 다음과 같이 말했다. "한국은 북한을 너무 심하게 압박할 경우, 그쪽이 난폭하고 어리석은 짓을 저질러 상황을 악화시킬 수 있다는 것을 심각하게 우려했다. 그들은 압박 전술이 잘 통하지 않을 것으로 믿었다. 더 큰 우려는 우리에게 잘 통할 만한 정책이 있다고 한국 측이 생각하지 않았다는 것이다."

제13장

"우리는 핵을 만들었다"

콜린 파월과 제임스 켈리가 떠나고,
콘돌리자 라이스와 크리스토퍼 힐이 전면에 나서다

조지 W. 부시의 재선은 곧 파월 국무장관의 임기가 끝남을 의미했다. 체니와 럼스펠드에 의해 공격 받고, 대통령과 강력한 개인적인 관계도 만들 수 없었으며, 자신의 실용주의 외교 정책이 제1기 행정부를 좌지우지했던 이념론자들과의 싸움으로 빗나갔던 탓에 파월은 북한과 관련해 일관되고 효과적인 정책을 채택하도록 대통령을 설득할 수 없었던 것이다. 파월의 차석과 동아태 담당 차관보인 제임스 켈리도 떠났다. 그들은 모두 행정부 내에서의 내부 싸움과 세계 안정이라는 목표가 진척되지 못한 점에 낙담하고 지쳐 있었다.

아미티지는 예의 흙냄새 나는 어투로 다음과 같이 말했다. "우리는 베트남 전쟁 때의 비어를 쓰고는 했다. '놈들 dicks(남자의 성기라는 뜻도 있다-옮긴이)이 철조망 안에 있다'는 것이다. 이게 무슨 뜻이지 아느냐? 적군이 우리 진영 내부에 있다는 것이다. 바깥에서는 적군과 맞붙어 싸우고, 안에서는 또 아군끼리 한판 한다는 뜻이다. 나는 내가 하루 16시간 밖에 나가

싸우고, 들어와서는 또 8시간을 몸부림친다는 것을 깨달았다." 아미티지는 잠시 생각에 잠겼다가 다시 말했다. 그 자신에게나 파월에게 '그것은 개인적으로 매우 큰 손해'였다는 것이다.

크리스토퍼 힐은 농담을 좋아했다. 그것은 그의 비꼬기 좋아하고 신랄한 성격의 일부이자 그의 외교 스타일의 일부이기도 했다. 두 번째 임기가 시작될 무렵 부시 행정부의 대북 정책 상태에 대해 말하면서, 오랜 해외 공관 근무자 출신인 힐은 그것을 1964년 뉴욕메츠 팀의 첫 번째이자 최악의 메이저 리그 시즌에 비유했다. 꾸며낸 이야기일 가능성이 높지만 아무튼 그의 말에 따르면, 뉴욕메츠 팀은 그해 시즌에서 단 한 팀도 꺾지 못하는 진기록을 세웠다. 당시 메츠의 감독은 전설적인 케이시 스텐겔Casey Stengel로서 70대였다. 스텐겔은 경기에서 2루수와 3루수가 연신 볼을 빠뜨리는 것을 지켜보고 있었다. 마침내 그는 글러브를 집어 들고 직접 경기장으로 나갔다. 물론 그 또한 모든 땅볼을 놓쳐 주자를 출루시켰다. 그러자 그는 잔뜩 독이 올라 이렇게 투덜댔다는 것이다. "너무 형편없이 게임을 망쳐놓은 바람에 아무도 제대로 플레이를 할 수 없게 됐어."

그러나 힐은 도전을 피하는 사람이 아니었다. 1995년 그는 구유고슬라비아의 세르비아, 회교도, 그리고 크로아티아인 사이의 전쟁을 끝내는 협상에서 리처드 홀부르크Richard Holbrooke 유엔 대사의 차석으로 일한 바 있었다. 세르비아 지도자 슬로보단 밀로셰비치를 비롯해 유혈 사태를 일으킨 완강하고 감정이 격해진 발칸 지도자들을 상대하면서, 홀부르크는 힐을 '뛰어나고 두려움 없으며, 주장이 분명한' 그리고 '매우 뛰어난 협상가'라고 평했다. 2004년 중반 토머스 허버드가 은퇴할 때 힐은 로비를 벌여 주한 미국 대사가 되는 데 성공했다. 예상했던 대로 2004년 8월 서울에 도착하자 그는 관행을 무시하고 반미 감정으로 이름난 대학들을 방문했으며, 미국 외교 정책의 비판자들과 공식 논쟁을 벌이고, 1980년 군의 진압 당시 한국 군대에 의해 살해된 민주화 운동 희생자 묘지를 공식 참배한 최초의 미국 고위 관리가 됐다. 1980년은 김대중이 사형 선고를 받았던 바로 그해이기도 하다.

2004년 12월, 힐은 정례 협의 정도가 될 것이라고 생각한, 부시 행정부의 개편된 국가 안보팀과의 모임을 위해 워싱턴을 방문했다. 부시는 콘돌리자 라이스가 파월 국무장관을 대신하게 될 것이며, 그녀의 오랜 차석이었던 스티븐 해들리가 새 국가안보보좌관으로 승진할 것이라고 발표했다. 힐은 해들리와 일정을 잡았으며, 여기에서 북한에 대해 좀더 유연한 정책을 강력하게 개진하기로 마음먹고 있었지만, 아시아 문제에 대한 전반적인 토론을 위해 라이스가 합류할 것이라는 사실을 알고 무척 놀랐다.

힐은 다음과 같이 회고했다. "나는 스티븐 해들리와 회의를 가졌다. 그 다음 라이스가 회의를 주재했다. 이를 통해 나는 두 사람이 중요성이 떨어지는 현직 주한 대사 이상의 자리에 나를 앉히려 한다는 느낌을 받았다."

자신이 동아시아 담당 차관보로서 제임스 켈리의 후임으로 고려되고 있다는 것이 힐에게는 분명해졌다. 그렇게 되면 자신은 북한을 상대하는 직무를 맡게 될 터였다.

힐은 라이스에게 소신껏 청했다. 다음은 힐의 회고다. "나는 라이스에게 '그 사람들과 협상할 수 있도록 해주기 바란다. 내가 그들을 좋아해서가 아니다. 나는 그들과 협상이 필요하다'라고 말했다. 아울러 '이것이야 말로 우리가 진전을 이룰 유일한 방법이다'라고 했다."

'받지 않으면 그만둔다'는 식의 전제로 말한 것은 아니지만, 힐은 자신이 판단할 때 합당한 수단이 주어지지 않을 경우 직무를 받을 수 없음을 분명히 했다. 그는 세 차례의 대사직을 포함해 해외 근무 분야에서 이미 상당한 관록을 쌓았다고 생각했다. 자신의 판단에, 필요로 하는 것을 얻지 못하면 그만둘 준비를 해야 할 상황이었다.

힐을 차관보로 선택한 것은 라이스가 실질적 협상과 관련된 대북 전략에 열린 자세를 가질 수 있음을 보여주는 징후였고, 그녀는 자신의 전임자에 비해 결정적인 이점을 갖고 있었다. 콜린 파월과 달리 그녀는 조지 W. 부시와 상당히 가까웠으며, 파월이 누리지 못한 개인적 유대와 접근성을 갖고 있었다. 바로 이 같은 사실이 부시 1기 기간에는 거의 상상할 수도 없었던 가능성을 열어주었다.

다른 인적 변화 또한 미국의 대북 정책 전환 가능성을 높여주었다. 라이스는 부시를 설득해 군축 담당 차관인 존 볼턴을 유엔 대사로 임명하게 했다. 이 자리는 볼턴에게 높은 공적 인지도를 주었지만, 사실은 그와 더불어 그의 입김이 작용하는 관료 기구 내 구도를 워싱턴 정책 결정의 일상적인 역할로부터 제거해버린 것이다. 볼턴은 같은 매파 성향의 로버트 조지프에 의해 대체되었는데, 조지프는 국가안보회의에서 비확산 문제를 담당해왔으며, 그곳에서 관료적인 측면에서 볼턴만큼 능숙하게 일했다. 그러나 볼턴의 이임은 강경파 진영의 운명이 점차 쇠하고 있음을 나타내는 상당히 뚜렷한 징후로 간주되었다.

미국의 대북 관계를 새롭게 규정할 중요한 요소가 또 있었다. 2005년까지 이라크 전쟁은 재앙으로 변했다. 미군은 좀처럼 끝날 기미가 없는 내전에 끌려들어갔다. 이라크 전쟁에 대한 미국 내 대중 지지도는 곤두박질치기 시작했으며, 이라크 침공의 가장 열렬한 지지자들은 수세에 놓이게 됐다. 행정부 전반에 걸쳐 이라크 상황의 급격한 악화를 관리하기 위해 악전고투하던 고위 관리들은 동시에 북한 문제에도 너무 많은 시간과 에너지를 쏟아 부을 수밖에 없었다.

2004년 내내, 빅터 차는 인내심 있게 때를 기다렸다. 조지타운 대학 국제관계학과의 상당히 존경받는 교수이자 온화한 성격의 차는 이미 콘돌리자 라이스로부터 국가안보회의에 아시아 전문가로 합류해달라는 요청을 받은 상황이었다. 하지만 한국 태생의 그에게 기밀 인가가 떨어지기까지는 거의 1년이 걸렸다.

차는《포린 어페어즈》에 게재한 '매파적 관여Hawk Engagement'라는 제목의 북한 관련 논문으로 라이스와 부시 대통령의 주목을 받았다. 북한에 대해 깊은 의구심을 가진 차는 그럼에도 외교를 통해 핵 위기를 해소해야 한다고 주장했다. 미국이 좀더 강제적 수단을 채택하고 싶다면, 우선 아시아 파트너들에게 부시 행정부가 비적대적인 해결 방안을 찾을 수 있는 기회를 완전히 소진했음을 보여주는 것이 중요하다는 것이었다.

12월, 차는 마침내 새로운 일을 시작할 수 있게 됐다. 빅터 차는 이제는 북한을 상대하는 일을 맡게 된 전직 CIA 요원 조지프 디트라니를 동행하고 북한의 유엔 특사들과 두 번의 공식 회담을 갖기 위해 뉴욕으로 갔다. 디트라니가 전한 메시지는 분명했다. 선거가 끝났으므로 북한이 6자 회담으로 복귀할 때가 됐다는 것이었다. 외교를 통한 해결을 지지하는 미국 외교관들은, 북한 측에 부시 행정부가 그들이 줄곧 불평해온 '적대시 정책'을 고려하지 않는다는 사실을 납득시키지 못한 점을 내내 곤혹스러워했다.

미국 팀의 한 인사는 이 회담의 배경을 다음과 같이 회고했다. "그들은 계속해서 적대시 정책을 말했다. 우리는 이에 대해, '그렇다면 좋다. 뉴욕에서 당신들에게 우리는 적대시 정책이 없다는 것을 말해주겠다'라고 답했다."

그러나 북한 측은 여전히 확신을 갖지 못했으며, 자기네들은 콘돌리자 라이스가 곧 있을 의회 인사 청문회에서 행할 발언과 부시가 자신의 두 번째 취임식 및 상하원 합동 연설에서 북한에 대해 어떻게 언급하는지를 지켜볼 것임을 확실히 했다. 한 고위 관리는 말했다. "그들에게 그것은 부시 2기 행정부가 어떤 방향으로 가게 될지를 알려줄 확실한 신호였다."

모두 3번에 걸친 공식 연설 때마다 국가안보회의 직원인 빅터 차와 마이클 그린은 라이스와 부시의 연설 원고 전부를 한 자 한 자씩 빠짐없이 읽었다. 그들은 악의 축과 같이 예상치 못한 과도한 수사가 포함되지 않도록 확인했음에도, 세 가지 연설 모두의 용어와 어조, 메시지는 북한 측에 생각거리를 많이 남겼다.

대통령 취임사에는 북한에 대한 분명한 언급이 없었다. 대신, 외교 정책과 관련한 주요 주제는, 당시 사담 후세인의 축출을 배경으로 한 민주화 문제였다. 그리고 부시의 연설문 대필자는 이를 다음과 같은 힘찬 문장에 담았다. "따라서 모든 국가, 모든 문화에서 민주주의 운동의 신장과 제도화를 추구하고 지지하는 것이 바로 미국의 정책이며, 그 최종 목표는 전 세계 폭정의 종식이다."[1]

대통령 연두교서에는 북한에 대해 온건하게 표현한 문장이 단 한 군데 있었다. "우리는 북한을 설득해 핵 야망을 포기하도록 아시아 각국 정부와 긴밀하게 협력해나갈 것이다"라는 것이다.[2]

그러나 라이스는 취임식 사흘 전 상원 외교위원회의 인준 청문회에서 행한 모두 발언을 통해, 북한을 쿠바, 버마, 이란, 벨라루스, 그리고 짐바브웨 등과 더불어 '폭정의 전초 기지'라고 불렀다.[3] 편집증적인 북한에게, 라이스의 이 같은 일회용 발언은 미국의 6자 회담 실행에 대한 라이스의 거듭된 언급을 애매하게 만들었다. 이 발언은 부시 행정부가 김정일과 적대를 원하는지 관여를 원하는지 확실치 않다는 것을 보여주는 핵심적인 발언이었던 것이다.

최초의 정보 누설 기사는 2005년 2월 1일자 《뉴욕 타임스》에 실렸다. 정보기관 누설의 오랜 수혜자인 데이비드 생어 특파원과 그의 동료 윌리엄 브로드William Broad가 극적인 사건 전개를 보도한 것이다.

그들은 1면 머리기사에서 다음과 같이 썼다. "과학적인 실험 결과 미국 정보기관과 정부 과학자들은 거의 확신을 갖고 북한이 특수 처리된 우라늄을 리비아에 팔았다고 결론 내렸다. 은둔의 나라 북한이 원자탄에 필요한 민감한 연료를 수출했다는 이전의 의혹을 뒷받침하는 것이다."[4]

이 기사는 문자 그대로 폭탄이었다. 리비아의 지도자 무아마르 카다피가 2004년 초 핵무기 프로그램을 포기했을 때, 리비아는 미국에 6불화 우라늄 약 2톤이 담긴 커다란 통을 넘겨준 바 있다. 6불화 우라늄은 액체 상태의 우라늄으로서, 원심분리기에 넣어 농축시키면 핵무기 연료로 쓸 수 있다. 《뉴욕 타임스》는 미국은 이 물질이 북한으로부터 온 것이라고 결론 내렸다고 보도했다. 이 신문은 문제의 정보가 '북한이 이란과 시리아를 비롯해 나른 나라들에게도 우라늄을 이미 팔았는지를 판단하기 위한 증거 찾기'를 촉발시켰다고 말했다.[5]

몇 시간 뒤, 《워싱턴 포스트》는 익명의 '미국 관리'의 말을 인용해, 같은 주장을 되풀이하면서 세부 내용을 새롭게 추가했다. 국가안보회의의 고위 관리 두 명, 즉 마이클 그린과 윌리엄 토비William Tobey가 미국의 핵심 아시아 동맹국들에게 상황을 설명하고 보다 강경한 대북 접근법에 대한 지지를 얻기 위해 도쿄, 서울, 그리고 베이징에 파견되었다는 것이다. 만약 평양이 실제로 불량 국가들에게 핵무기 물질을 확산시키고 있다면, 그것은 명백하게 '금지선red line'을 넘어선 것이며, 이는 김정일과 대결할 것을 주장하는 강경파의 주장에 힘을 실어주게 되는 것이다. '시험 결과, 우라늄 거래 북한 관련설 입증' '미국, 동맹국들에게 북한의 리비아 핵물질 판매 알려' 등 경고성 신문 제목들은 북한 핵 문제를 둘러싼 상황의 긴급성을 다시금 일깨운 것이 분명하다.

문제는 미국 정보기관들 사이에서 언론 보도의 핵심 의혹 부분이 확실한 사실인지에 대해 팽팽하게 의견이 갈렸다는 것이다. 그 뒤 몇 주간, 상충되는 평가가 《뉴욕 타임스》와 《워싱턴 포스트》에 계속 실렸고, 정보 집단 내의 기관 간 경쟁자들도 누설 내용을 둘러싸고 한판 싸움을 벌였으며, 부시 행정부의 대북 정책도 불안정한 상태에 놓였다.

《뉴욕 타임스》의 최초 보도가 나온 지 불과 이틀 만에 《워싱턴 포스트》는 '이 정보를 잘 아는 분석가와 관리들'의 말을 인용하여, 북한 6불화 우라늄의 리비아 선적 의혹에 대한 증거는 상당히 불분명하며, '오히려 파키스탄을 지목하는 것이 쉬울 것'이라고 보도했다.[6] 《뉴욕 타임스》의 최초 기사는, 미국 정부 과학자들이 리비아에 의해 제공된 6불화 우라늄 샘플을 분석하여 '이를 폐기 과정 때 얻은 다른 나라의 우라늄 샘플 동위원소의 특징과 비교해본 결과, 리비아의 6불화 우라늄이 북한으로부터 온 것'이라는 결론에 도달했다고 보도했다.[7] 그러나 그 뒤 《워싱턴 포스트》 기사에 인용된 전문가들은, 해당 물질을 함께 실험해본 IAEA와 같은 결론을 내리지 않았으며, 미국 전문가들은 자기네 실험 결과를 IAEA에 알리지 않았다고 주장했다.[8]

더욱이 문제의 실린더는 북한 것이 아니라 파키스탄 것이었다. 즉 A.

Q. 칸에 의해 운영되는 핵 확산 네트워크의 한 파트에서 입수했다는 것이다. 북한은 상당량의 천연 우라늄 매장량을 갖고 있기 때문에 6불화 우라늄이 북한에서 생산되어 북한과 파키스탄 간의 오랜 미사일과 핵 물질 및 제조법 거래 일환으로 파키스탄으로 수출되었다는 추론도 물론 가능했다. 그러나 칸이 소량의 6불화 우라늄을 북한에 보내 자신이 공급해준 원심분리기를 시험할 수 있도록 했으며, 북한이 빈 용기를 파키스탄에 되돌려주자, 칸이 리비아로 선적하기 위해 다시 그 용기에 6불화 우라늄을 채웠을 것이라는 추론 또한 마찬가지로 가능했다.

북한의 원자로와 기타 시설들을 방문해 미국 내에서는 북한을 가장 잘 안다고 할 수 있는 핵 전문가 시그프리드 헤커는 "칸이 북한에 있던 실린더들을 포장했는지, 아니면 6불화 우라늄이 북한으로부터 나온 것인지는 확실치 않다"라고 말했다.

그 외 또 다른 의문도 있었다. 리비아로의 수출 사건은 영변 핵 시설이 정밀한 국제 감시 아래 놓여 있었으며, 미국 첩보에 따르면, 북한 측이 고농축 우라늄 개발의 초기 단계에 머물 때인 2001년에 발생했다. 북한이 당시 수출이 가능할 정도로 많은 물질을 실제로 생산했다는 것은 북한이 당시 이미 가동 중인 6불화 우라늄 공장을 갖고 있었다는 것, 즉 미국 정보 당국이 추적했던 이상의 능력을 갖고 있었다는 것을 뜻한다.

3월 중순, 《워싱턴 포스트》의 다프나 린저Dafna Linzer는 좀더 극적인 의혹이 담긴 후속 기사를 내보냈다. 린저는 '당시 거래에 관한 상세한 지식을 가진 관리 두 명'을 인용해, 북한이 아닌 파키스탄이 6불화 우라늄을 판매했다고 보도했다. 더욱이 이 관리들은 린저에게 다음과 같이 말했다. "구매자인 동시에 판매자로서 파키스탄의 역할은 알카에다 지도자를 추적하는 과정에서 미국 측 파트너가 행했던 역할을 덮어버리기 위해 은폐됐다."[9]

대량살상무기 관련 첩보가 강경파들의 어젠다를 지지하기 위해 조작되었을 것이라는 보도는 미국의 이라크 침공 전 상황을 연상시켰다. 당시 부시 행정부는 사담 후세인의 무기 프로그램에 대해 회의론을 표시하는 사람들을 무시하거나 침묵시켰던 것이다. 이번의 경우, 목표는 미국의 아시아 파트너들 모두에게 북한의 배신 행위를 납득시키기 위해서였던 것으로 보인다. 특히 중국을 설득해 평양에 대한 압력을 가중시키기 위해 관련 첩보를 사용하려 했던 것으로 보인다.

당시 사건에 대해 잘 알고 있는 몇몇 인사들에 따르면, 콘돌리자 라이스 등은 중국이 핵 문제 해결의 열쇠를 쥐고 있다는 생각에 상당한 흥미를 느꼈다. 베이징은 국제무대에서, 김정일 정권을 지지하는 것 이상의 이해를 가진 책임 있는 '이해 당사자'가 되었으며, 따라서 북한 우라늄 관련 정보는 중국 측의 행동을 유발할 것이라고 이들은 믿었다는 것이다.

그러나 국무부의 중국 및 한국 전문가들은 이런 이야기에 동의하지 않았다. 한 전직 고위 관리는 다음과 같이 회고했다. "그들은, 중국으로 하여금 북한에 핵무기를 폐기하라고 압력을 가하도록 하기 위해 우리가 첩보 사건을 꾸며냈을 거라고 진심으로 믿고 있었다. 중국이 당시 그렇게 움직일 의향이 전혀 없었음은 아주, 아주 분명했다. 오히려 중국은 정반대의 생각을 가지고 있었다. 그들은 김정일 정권을 붕괴시킬 뜻이 없었던 것이다."

중국 방문 준비에 참여했던 한 관리는 당시를 회고하며 다음과 같이 혹평했다. "이 자들이 바로 미국 외교 정책의 기득권자들이다. 그들은 바보, 멍청이들이다. 도대체 어디에서 이 자들이 이런 생각을 끄집어낼 수 있었겠는가? 바로 아시아 지역에 대해서는 아무것도 모른다는 사실에서 나온 것이다. 이 자들은 거기서 잠시도 살아본 적도 없는 자들이다. 이 나라들에 가서 얼마간이라도 지내봐야 한다. 미국의 두 가지 주요 관심사인 인권이나 비확산에 대한 우리의 특별한 생각은, 그곳에서는 전혀 관심사가 되지 못한다는 것을 이해해야만 된다. 이 지역 사람들은 북한이 안에서 폭발하는 상황, 그래서 서로 치고받는 분쟁에 휘말리는 상황을 극도로 겁내고 있다. 왜냐? 한반도에서 무슨 일이 벌어지게 될지 아무도 제대로 생각해본 적이 없기 때문이다. 지금도 그들은 모른다. 앞날에 대한 예측이 없는 상태에서 김정일을 제거하는 것은 사담 후세인을 제거하는 것만큼이나 위험하다."

당시 사건에 대해 설명하면서, 국가안보회의 아시아 전문가 마이클 그린은 양 당사자에 대한 언론 보도가 모두 과장되었다고 주장했다. 일본, 한국, 중국 지도자에 대한 설명의 주안점은 북한이 어떤 형태로든 핵 물질을 갖고 있을 위험성에 대해, 그리고 테러리즘 시대에 평양이 버젓이 그런 물질을 수출한다면 미국이 결코 좌시하지 않겠다는 것을 강조하고, 평양을 떠밀어서라도 6자 회담을 재개하는 게 얼마나 시급한 일인지를 강조하기 위한 것이었다. 그러나 그린은, 비록 《뉴욕 타임스》와 《워싱턴 포스트》에 정보가 누설될 당시 북한의 혐의는 이미 검증된 사실이라는 인상을 주었음에도, 북한이 주도면밀하게 6불화 우라늄을 수출하고 있다는 주장을 미국 측이 입증할 수는 없다는 점을 인정했다.

어쨌든, 워싱턴의 실용파들이 예견했던 대로, 중국 측은 계속 회의적인 태도를 보였고, 6불화 우라늄 사건은 핵심 아시아 파트너들이 갖고 있던 미국에 대한 불신을 불식시키지 못했다.

《코리아 타임스》의 표제는 '미국 정보, 또 한 번 망신'이라고 아우성쳤다. 보수적인 《조선일보》조차 '워싱턴, 서울에 거짓말?'이라고 물음표를 던졌다.

서울의 한 관리는 다음과 같이 말했다. "한국 정부는 북한이 고농축 우라늄 프로그램을 갖고 있다는 미국 얘기를 충분히 납득한 바가 없다. 우리는 미국 측에 '물증을 좀 보여달라'고 청하고, 또 청했다." 이 관리는 다음과 같이 말하며 코웃음 쳤다. "그린이 '물증'을 보여주기는 했다. 그러나 그것은 단지 설명일 뿐이었다. 거래 관련 서류 사본이나 기타 다른 확실한 증거는 단 하나도 없었다."

또 다른 한국의 고위 관리는 한술 더 떴다. 그는 회고했다. "나는 아주 화가 났다. 나는 그린에게 불쾌감을 내비쳤다. '동맹이라는 게 도대체 뭐냐? 우리가《뉴욕 타임스》를 통해서 미국의 입장을 알아야 하겠는가? 한국에 오려거든 우리에게 와라. 당신네가《뉴욕 타임스》에 보여준 것은 새로운 정보냐, 아니면 또 한 번 비비 튼 것이냐?"

당시 사건은 미국과 한국의 갈수록 악화되는 긴장 관계 속에서 결코 단발로 그친 자극적 사례라 할 수 없다. 2004년 내내, 한미 양국의 군사 정책 입안자들은 당시 주한 미군 사령관이었던 리언 라포테Leon Laporte 장군의 지시 아래, 일명 '콘플랜CONPLAN 5029'(개념 계획)로 알려진 군사 계획을 다듬고 업데이트하는 작업을 벌이고 있었다. 그것은 북한이 붕괴할 경우 한미동맹이 어떻게 대응할 것인지를 상세하게 밝힌 것이다. 보도된 바에 따르면, 이 계획은 북한에 쿠데타나 내전, 또는 기아 사태, 소요 사태, 중대한 핵 관련 사고, 그리고 비무장지대를 통한 탈북 난민들의 대량 유입 사태가 발생할 경우에 대비한 행동 계획을 담고 있다. 미국 관리들은 지침을 격상시켜 오플랜OPLAN(작전 계획)으로 확대할 것을 제안했으며, 그렇게 되면 우발 사태에 대해 군사적 조치를 취할 수 있게끔 세밀한 계획을 수립해야 한다.

2005년 1월, 좌파 성향의 이종석이 주도하는 한국의 국가안보회의는, '한국의 주권 행사'를 제약할 수 있다는 이유로 이 제안을 거부했다. 2005년 4월, 한국 정부는 오플랜의 세부 내용을 누설하는 한편, 이에 대한 반대를 표면화해 미국 관리를 경악시켰다. 미국의 성난 한 고위 군 장교는 다음과 같이 불평했다. "콘플랜이든 오플랜이든 북한의 불안정한 상황이 남한으로 넘어오는 것을 막기 위해 만들어진 것인데, 이것이 어떻게 한국 주권을 제약한다는 말인가? 우리에게 와서 그런 식으로 말할 때는 정말이지 할 말이 없었다. 그것은 자기네들이 아주 잘하는 것 〔……〕 즉 앞으로는 북한에 성급하게 굴복하는 것이나 연습하고 있겠다는 것 아니냐."

노무현 대통령은 기자들에게 자신의 입장을 설명했다. 이 자리에서 그는 다음과 같이 말했다. "우리는 우발 계획 5029의 내용을 다시 짜야 한다. 현재의 계획은 궁극적으로 미군이 북한에 들어가 상황을 통제하는 데 집중되어 있다. 만약 이런 일이 실제 일어난다면 상황은 심각해질 것이다."

청와대의 한 전직 관리는 한국의 입장을 방어하며 당시 상황을 다음과 같이 말했다. "이것은 북한에 잘못된 신호를 주었을 수 있다. 우리는 북한을 필요 이상으로 놀라게 만들고 싶지 않았다."

그러나 북한은 이미, 콘돌리자 라이스의 '폭정의 전초 기지' 발언에 놀란 상태였다. 2005년 2월 10일, 북한은 사태의 수위를 극적으로 끌어올렸다. 조선중앙통신에 의해 보도된 한 외무성 성명은 다음과 같았다. "우리는 자위를 위해 핵폭탄을 이미 제조해놓고 있다. 우리는 〔6자〕 회담 참가를 무기한 중단할 수밖에 없는 상황에 왔다."

그것은 확실한 정책 공표였다. 평양 특사들이 과거 미국 관리들과의 회담에서 사용했던바, '핵 억지력'이라는 모호한 표현이 아니었던 것이다.

대신 북한은 처음으로 자기네가 핵 보유국임을 공식 선언했다. 핵실험이 없는 상태에서 이 같은 주장을 입증하는 것은 불가능했지만, 선언 그 자체는 북한이 연료봉을 무기급 플루토늄으로 재처리해왔다는 사실, 그리고 부시 행정부가 강경 노선 정책을 바꾸지 않을 경우 초래될 결과에 대해 북한이 거듭 경고했던 내용과 일맥 상통하는 것이었다.

북한의 발표는 북한 측이 부시가 두 번째 임기를 시작하면서 내놓는 미국의 각종 성명을 얼마나 면밀하게 주시하고 있는가를 분명히 했다.

조선중앙통신은 다음과 같이 주장했다. "미국의 공식적 입장을 명확히 하기 위해 미국 정부의 고위 관리들이 행한 발언들에는 조선민주주의인민공화국과 공존하겠다는 의지를, 또는 이 같은 정책을 변화시키겠다는 의지를 보여주는 말이 단 한 마디도 없다. 반대로 저들은, 공화국을 끝장내는 것이 자신들의 최종 목표라고 선언했다. 미국은 핵 문제 해결의 최대 걸림돌인 반공화국, 적대시 정책을 거둬들이라는 우리의 요청을 거부하면서 공화국을 적으로 취급하는 것은 물론, 이에 만족하지 않고 우리를 완전히 부정하고, '폭정'으로 규정해버렸다. 이로 인해 우리 공화국은 미국과 협상하고 6자 회담에 참여할 명분을 잃어버렸다."[10]

예상대로, 워싱턴에서는 북한이 단순히 협상 테이블에 복귀하기 전에 외교적 양보를 얻어내기 위한 협상 전략의 일부로 겁주기 전술을 쓰고 있는 것이냐, 아니면 실제로 돌아오지 못할 한계선을 넘은 것이냐를 둘러싸고 논쟁이 벌어졌다. 강경파들은 유엔의 제재 결의안을 촉구했다. 크리스토퍼 힐은 미국과 북한이 궁극적으로는 얼굴을 마주보고 협상을 해야 할 것이라고 믿고 있었다.

콘돌리자 라이스 신임 국무장관은 모호한 신호를 보내고 있었다.

2005년 3월, 인준 청문회 이후 첫 번째 아시아 순방 길에 나선 그녀는 전쟁 발발 시 지휘부로 사용될 한국의 비밀 벙커에 대한 대대적으로 선전된 방문을 계획했다. 그러나 도쿄에서 그녀는 한 중대 연설을 통해 '북한은 주권 국가'라고 인정하고, '우리는 북한을 공격하거나 침략할 의사가 전혀 없다'라는 부시와 파월이 사용한 공식을 되풀이했다.[11]

한편 그녀는 베이징에서는 외교가 실패할 경우, '국제 체제 안에서 다른 옵션이 없다'는 이유로 대북 압력을 높이는 방안을 제기했다. 평양에 대해 정치적·경제적 제재의 강화를 승인하는 유엔 안보리 결의안을 채택하고자 하는 옵션은 미 국방부와 체니 부통령실의 강경파들로부터 오랫동안 지지를 받아왔다. 체니는 즉각, 한국도 그랬던 것처럼, 중국이 강경 노선에 찬성하지 않을 것이라고 자신의 견해를 밝히는 한편, 라이스에게 2004년 6월 6자 회담 때 켈리가 내놓았던 제안을 완화할 것을 주문했다. 라이스는 이를 거절했다.

중국 여행 직후, 라이스는 다시 한 번 평양에 대한 유엔의 행동을 모색할 필요성을 제기했다. 폭스뉴스와의 인터뷰에서, 그녀는 다음과 같이 말했다. "우리는 만약 필요하다면 안보리로 가거나, 또는 필요하다면 다른 수단을 취할 권리가 있고 그럴 가능성 또한 있다. 나는 미국이 북한 핵무기에 대해 상당한 억지력을 유지하고 있다는 사실을 북한이 착각하지 않을 것이라고 생각한다."[12]

늦은 봄, 부시 대통령이 한 텔레비전 뉴스 토론에서 김정일에 대해 개인적인 비난을 신랄하게 퍼부으며 목청을 높였다. 그는 말했다. "김정일은 위험한 사람이다. 그는 자신의 국민을 굶겨 죽이는 사람이다. 그는 거대한 노동 수용소를 갖고 있다. 또 핵무기를 날릴 만한 그의 능력에 대한 우려도 있다. 그가 그렇게 할 수 있을지 없을지 우리는 모른다. 그러나 나는 그렇게 할 수 있다는 가정 아래 김정일과 같은 폭군을 상대하는 것이 최선이라고 생각한다."[13]

부통령도 CNN의 래리 킹에게 김정일은 '세계에서 가장 무책임한 지도자'라고 말하면서 장단을 맞추었다.

이에 대해 북한의 공식 언론 매체들은 부시를 '인격을 상실한 훌리건이자, 도덕성이 떨어지는 반푼수며, 우리가 결코 상대할 수 없는 저열한 인간'이라고 비난했다.[14] 체니에 대해서는 '잔인한 괴물이자 피에 굶주린 야수'라고 말했다.[15]

이 같은 비난은 양측 모두 호전적인 제스처를 동반했다. 2005년 4월, 북한 관리들은 당시 평양을 방문했던 셀리그 해리슨에게, 영변 원자로에서 곧 연료봉을 빼내어 무기급 플루토늄으로 재처리할 것이라고 말했다. 이는 2002년 말 북한이 핵 동결을 중단하고 사찰관들을 추방한 뒤 2003년 초 이미 재처리를 마친 8천 개의 연료봉에 의해 지탱되어온 북한의 핵 능력을 더욱 증대시킬 수 있었다.[16] 평양은 또 북한을 유엔 안보리에 회부하려는 어떤 시도도 '전쟁 행위'로 간주할 것이라고 경고했다.[17]

한편, 《뉴욕 타임스》 기자 데이비드 생어와 윌리엄 브로드는 또 한 번 놀라움을 안겨주는 선정적인 누설의 수혜자가 됐다. 이들은 앞서 2월, 북한이 6불화 우라늄을 리비아로 이전했다는 논란 많은 의혹을 귀띔 받은 바 있다. '미국, 북한의 핵실험 준비 사실 언급'이라는 제목의 이 기사에서, 《뉴욕 타임스》는 미국의 첩보 위성이 '상당한 규모의 신속한 핵무기 실험 준비'를 포착했다고 보도했다.[18] 기사는 '위성사진을 판독했던' 관리들의 말을 인용해, 북한이 핵실험을 실시하기로 계획한 장소인 한 터널의 건설 공법에 대해 매우 흥미로운 세부 사항을 담았다. 그러나 취재원은 아울러 "위성은 김정일의 의도까지는 꿰뚫어볼 수 없다"고 언급했으며, 이와 같은 예행연습은 단순히 '부시 행정부를 압박해, 핵 프로그램을 막는 대가로 좀더 개선된 내용의 일관적인 경제·외교적 인센티브를 제공토록 하기 위한' 방편일 수도 있다고 추측했다.[19]

같은 시각, 아시아 지역에서는 또 한 차례 미국의 무력 과시가 있었다. B-2 폭격기와 F-15E 전폭기를 북한을 사정권에 둔 괌으로 파견한 뒤, 미국은 뉴멕시코 주 홀로만 공군 기지의 F-117 스텔스 폭격기 15기를 한국의 여러 미군 기지에 배치했다. 국방부는 또 B-2 폭격기와 F-15E 전폭기를 '정규 훈련'이라는 명목으로 괌에 보냈지만, 훈련이 끝난 뒤에도 양 비행 중대는 복귀하지 않고 체류 기간을 연장했다.[20]

중국은 점점 북한과 미국 양측 모두에 대한 당혹감이 커져갔다. 북한의 '핵 제조'와 6자 회담 보이콧 발표가 있은 지 며칠 뒤, 중국의 후진타오 국가주석은 중국공산당 대외연락부 왕지아루이 부장을 평양에 보내 김정일에게 마음을 바꿀 것을 촉구하는 개인 서한을 전달했다.

4월 초순, 북한 외무성 강석주 제1부상은 사흘간 베이징을 방문해 중국 최고 지도자들과 회담했다. 강석주는 부시 행정부에 대한 평양의 견해를 설명했다. 그는 부시 독트린이 3개 요소로 구성되어 있다고 말했다. 정권 교체, 선제공격, 그리고 악의 축이라는 것이다. 그는 북한의 장기적인 목표는 비핵화지만, 현재의 상황 아래서는 '핵 억지력'을 확대하는 것 외에는 선택의 여지가 없다고 말했다.

회담 분위기는 대개 팽팽한 긴장이 흘렀으며, 때때로 논쟁이 돌출하기도 했다. 중국 관리들은 강석주에게, 중국 측은 북한의 핵 노력에 '반대'한다고 직설적으로 말했다. 신중하게 계산된 외교 무대에서, 이와 같은 발언은 과거 중국이 사용했던 '지지하지 않는다'라는 식의 표현에 비해 상당히 강경한 것이었다.

강석주의 부시 독트린에 대한 3개 항 설명에 대해, 중국 측은 독자적인 3개 항의 공식을 가지고 있었다. 그것은 '3개 지지론'으로 부르는 것으로, 비핵화 지지, 평화안전 지지, 그리고 핵 문제 해결을 위한 6자 회담 '지지'가 바로 그것이다. 강석주는 베이징으로부터, 중국은 북한의 관심사를 이해하지만 그 관심사에 대응하는 최선의 길은 대화라는 말을 들었다.

같은 무렵, 한 중국 외교관은, 공개적인 논평으로는 보기 드물게, 《뉴욕 타임스》에 회담 재개의 실패에 대해서는 부시 행정부에 상당한 책임이 있다고 말했다. 중국 외교부 관리 양시위는 "성공을 보지 못한 한 가지 근본적인 이유는 미국 측의 협력 부족에 있다"라고 말했다. 그는 《뉴욕 타임스》의 조지프 칸Joseph Kahn에게, 김정일에 대한 부시 대통령과 다른 미국 관리들의 인신공격이 북한의 '체면'을 잃게 만들었다고 말했다. 《뉴욕 타임스》는 다음과 같이 보도했다. "양시위는 부시 대통령이 지난 4월 말, 북한의 지도자 김정일을 '폭군'이라고 말함으로써 협상 분위기를 '망쳐놓았'으며, 그 뒤로 몇 주간 신의성실 자세로 협상하겠다고 북한을 설득하는 노력도 행하지 않았다고 말했다."[21]

양시위는 부시 행정부에게 북한과 직접 대화하는 방안을 찾아보라고 촉구했다. 《뉴욕 타임스》는 그의 말을 다음과 같이 인용 보도했다. "나는 미국이 북한과 비공식 접촉을 갖는 것조차 꺼린다고 알고 있다. 그러나 나는 미국이 세계의 초강대국으로서 협상 재개를 가능케 하도록 유연성과 신의를 좀더 발휘해주기를 희망한다."

크리스토퍼 힐은 2005년 봄의 대부분을 6자 회담에 접근하는 새로운 방법을 찾아 우려스러운 교착 상태를 타개한다는 생각으로 보냈다. 외교 과정이 별다른 진전을 보이지 못한 한 가지 원인은 회담을 어떻게 진행시킬 것인가에 대한 철저한 비전이 없었던 것이라고 그는 믿었다. 힐은 구유고의 교전 당사국들 사이에서 데이튼 평화 회담이 진행되는 동안 자신이 상용했던 개념을 빌려왔다.

그는 회고했다. "우리가 데이튼에서 했던 일은 일련의 합의된 원칙을 갖는 것이었다. 모든 사람이 일단 같은 입장에 서게 되면, 그 원칙이 어떻게 작동하는지를 보여주게 될 좀더 포괄적인 사항들을 다루었다. 그래서 나는 별 부끄러움 없이 이 아이디어를 들여왔다. 내 생각은, 일단 그 원칙을 협상장에 가져간 뒤, 우리가 어떤 상황에 처해 있는지를 보여주자는 것이었다. 나는 우리가 그 원칙의 타당성을 시험할 때도 원칙이 있어야 한다고 생각했다. 만약 협상 당사국들이 원칙에 동의할 수 없거나 이를 적용할 수 없다면, 우리는 합의를 도출해낼 바탕이 없는 것이다. 만약 우리가 원칙에 대해 동의할 수 있다면, 그때부터 우리는 그것을 진행할 수 있는 것이다." 이 방법은 클린턴 행정부가 따랐던 방법이기도 했다. 원칙에 대해 합의를 이룬 다음, 실질적인 단계를 진행해나간다는 것이다.

힐의 생각은 6자 회담의 개시 이래 중국 측이 적용하고자 했던 것과 놀라울 정도로 유사한 것이었다. 베이징은 원칙을 갖고 시작해 실행으로 나아간다는 개념을, 미국과 북한을 동시에 압박해 각자 양보하도록 하는 방법으로 생각했다. 이것이 바로, 왜 중국이 이때까지의 회담에서, 미국과 북한이 모든 핵심 문제에 대해 상당한 격차를 보인 탓에 매회 '의장 성명'을 발표하는 것으로 끝났음에도, 6자 회담이 열릴 때마다 회담 말미에 참가자들 모두가 공동성명을 내는 일에 그토록 열심이었는지를 설명해 준다.

라이스 팀에 새롭게 등장한 핵심 인사는 외교적 움직임을 보고자 하는 힐의 희망을 공유했다. 필립 젤리코우Philip Zelikow가 바로 그로서, 그는 아버지 부시 대통령 시절 국가안보회의에서 라이스와 함께 일했고, 독일 통일에 관한 미국의 정책에 대해 책 한 권을 공저했고, 9·11 위원회의 사무국장으로 일한 바도 있는 버지니아 대학 교수였다. 라이스는 그를 국무부 자문으로 임명해 신임 국무장관의 핵심 보좌역으로 일하도록 했다.

젤리코우는 다음과 같이 말했다. "우리는 대북 협상의 기본 모델은 성공 가능성이 없고 사실상 개념적으로 하자가 많다고 결론 내렸다. 우리는 기본적으로 6자 회담 틀을 만들어냈지만 그 틀의 실질적인 내용은 비핵화에 대한 양보 교환 개념에 너무 얽매어 있었고, 이 틀 안에서 우리는 우리대로, 저들은 저들대로 각자의 입장을 주장했으며 상황은 동결되어 있었던 것이다. 우리는 너희에게 기름 1배럴을 주겠다. 그러니 너희들도 우리에게 대들보를 내놓아라. 이런 식의 맞불tit-for-tat 모델은 우리를 만족시키지 못할 것이며, 실제로 북한 측에 최악의 대응을 유발했다."

젤리코우가 언급했듯이, 핵심 전제는 '외교적 행동을 위해 북한에 과거 제공됐던 것보다 훨씬 풍부한 의제를 제의하는 것'이었다.

그러나 젤리코우의 접근법은 또 다른 부분도 포함하고 있었다. 바로 라이스의 주의를 특별히 끌었던 것으로, 북한의 불법 행위 퇴치 운동이 그것이었다. 젤리코우는 다음과 같이 말했다. "우리는 북한 정부에 핵 프로그램을 유지하고 범죄 국가 노릇을 계속할 경우 그 비용이 엄청나고 고통스럽다는 점과, 북한의 범죄 행위를 막기 위해 미국이 다양한 수단을 채택하겠다는 점 모두를 동시에 고조시키면서 분명히 해둘 필요가 있었다."

문제는 이러한 접근법의 두 부분이 상호 보완적인가, 아니면 상호 모순적인가 하는 것이었다. 즉 워싱턴 강경파들의 계속되는 저항이 과연 참된 외교 노력에 여지를 줄 것인지의 문제였던 것이다. 또한 그런 조건에서 북한을 어떻게 협상 테이블로 돌아오도록 유인할 수 있는가 하는 것도 문제였다.

6·15 남북 정상회담 5주년 당일, 한국의 정부 대표들은 정상회담을 기념하기 위해 서울을 출발해 평양으로 갔다. 한국 대표단의 단장은 정동영으로, 그는 2004년 4월 노무현 대통령에 의해 통일부 장관으로 임명된, 영국 유학 경험이 있는 전직 텔레비전 뉴스 앵커였다.

정동영은 2005년 3월 라이스가 국무장관으로서 아시아를 처음으로 순방할 때 그녀를 만난 바 있었다. 그는 그녀에게 북한이 왜 '폭정의 전초기지'라는 용어와 다른 미국 고위 관리들에 의해 행해진 거친 언사에 그토록 공세를 취하는지를 설명하고자 했다.

그는 라이스에게 다음과 같이 말했다. "북한 정권의 특징은, 지도자를 공격할 경우, 그 밑에 있는 사람들이 충성심을 보이기 위한 경쟁을 시작한다는 것이다." 이 때문에 타협의 전망이 불가능해진다는 것이다. 정동영은, 미국에 북한과 대화하라는 표준적인 한국 측 호소를 되풀이했다. 그는, 라이스가 '그저 듣고만 있었다'라고 회고했다.

평양에서 정동영은 김정일로부터 유고슬라비아의 지도자 티토 원수의 국빈 방문을 위해 1970년대에 지어진 평양 교외의 한 호화로운 건물로 초대받았다. 회담은 5시간 반 동안 진행되었으며, 이 중 90분이 핵 문제에 할애됐다. 김정일은 미국이 대미 관계 정상화를 이루려는 자신의 희망을 무시하고 있는 데 대해 곤혹스러움을 표시했다. 그는 부시 행정부가 지난 2000년 10월 조명록 차수의 역사적인 워싱턴 방문 때 서명했으며, 양측 정부가 쌍방 간에 '적대적 의도를 갖지 않는다'는 내용을 포함하는 공동성명(코뮤니케)을 재다짐하지 않는다며 불평했다. 김정일은 정동영에게, 북한은 핵 프로그램을 지속하는 것 외에 달리 도리가 없다고 말했다. 한반도 비핵화 지지에 대한 선친의 유지를 언급하며, 김정일은 미국이 정상적이고 우호적인 관계를 맺고자 할 의사가 있다면, 자신은 핵무기를 보유할 필요가 없을 것이라고 말했다. 그런 뒤 김정일은 북한이 '존중받고 인정받는다면' 6자 회담에 돌아갈 준비가 되어 있다고 암시했다.

김정일과 함께 시간을 보냈던 다른 방문 인사들과 마찬가지로 정동영도 김정일이 '핵 문제와 기타 국제 문제에 대해 해박하고 잘 정리되어 있는' 지도자며, 핵 협상 타결에 대해 자신이 밝힌 희망이 북미 간의 진지한 대화를 통해 검증되기를 바란다는 인상을 받고 떠났다.

북한을 협상 테이블로 되돌리기를 바라면서 한국 정부는 정동영의 방북에 이어, 만약 김정일이 북핵 프로그램 폐기 과제를 진전시킨다면 전력 2백만 킬로와트를 제공하겠다고 제의했다.

2005년 6월, 뉴욕에 있는 전미외교위원회의 학자 도널드 자고리아 Donald Zagoria는 이른바 '트랙 II' 회의(반민 · 반관 성격의 국제회의-옮긴이)를 조직했다. 표면적으로는 학술회의를 표방했지만 실제로는 미국과 북한이 대중적 관심을 피해 비공식 토론을 가질 수 있는 회의였다. 유엔의 북한 외교관들은 평양의 고위 관리가 모임에 초청된다면, 그래서 미국 관리들과 사적으로 만나는 것이 가능하다면, 평양은 6자 회담에 돌아갈 수 있다는 뜻을 내비쳤다. 힐은 라이스를 설득해 북한 외무성 미주국장 리근의 초청 비자를 승인해달라고 했다.

김정일이 남측의 정동영 통일부 장관과 대화를 나눈 지 2주 뒤, 리근은 뉴욕에서 대북 협상 담당 특사 조지프 디트라니, 한국계 미국인으로서 국가안보회의 아시아 전문가인 빅터 차, 그리고 그 밖의 소수 미국인들로부터 점심을 대접받았다.

디트라니는 지난 2년간 리근을 상대해왔다. 이 전직 CIA 요원은 북한 사람들이 콧대는 높지만, 기본적으로는 점잖은 사람들이라고 생각했다. 회담이 있기 전 디트라니는 힐에게, "당신도 그를 좋아할 것 같은데요"라고 말했다.

힐도 대답했다. "그와 얘기해봐야 될 것 같군." 디트라니와 힐은 '비공식' 전화 통화를 갖기로 했다.

회담이 시작되자 디트라니는 직설적이었다. 그는 리근에게 말했다. "협상 테이블로 갑시다. 상황이 결단 나게 생겼소. 상호 비난은 아무에게도 도움이 되지 않소."

리근도 마찬가지로 직설적이었다. 리근은 잘라 말했다. "우리가 협상에 돌아갈 수 있는 길은 딱 한 가지요. 당신네 국무장관이 '폭정의 전초기지' 발언을 철회하는 것이오."

"그런 일은 없을 것이오"라고 디트라니는 되받아쳤다.

리근은 말했다. "그렇다면, 우리가 만나서 당신네의 표현법에 대한 우리의 분함을 표시했다, 그렇게 말하면 되는 것이오?"

"그렇게 하고 싶으면 그렇게 하시오." 디트라니는 응수했다.

"이에 대해 한말씀 하시겠소?" 리근이 물었다.

디트라니는 대답했다. "아니요. 당신네는 분하다고 말할 수 있소. 우리는 그에 대해 아무 말도 하지 않겠소. 그러나 우리더러 뭘 철회하라는 요구는 하지 마시오."

회담이 끝난 뒤, 디트라니는 워싱턴의 힐에게 전화를 걸어 그에게, 약간의 움직임이 있었음을 보고했다. 북한은 6자 회담으로 복귀하기 위해 체면을 살릴 방법을 찾고 있으며, 디트라니와 힐이 논의했던 전화 통화를 시도할 때가 된 것이 분명했다.

같은 날 늦게, 미국 측과 북한 측은 다시 만났다.

그 자리에 있었던 한 인사는 다음과 같이 회고했다. "이렇게 해서 회담 중에 전화벨이 울렸다. 우리는 전화를 받았고, 이런 식으로 말했다. '오, 크리스. 지금 막 리근과 만나고 있는 중입니다. 예? 그와 통화하고 싶다고요?' 그렇게 한 뒤 전화기를 리근에게 넘겨주었다. 그런 뒤 우리는 틀림없이 리근의 얼굴을 쳐다보았을 것이다."

제임스 켈리 시절에 온갖 수모를 당했던 탓인지, 북한 측은 '선물을 받은 어린애들처럼' 좋아했다고 한 참석자는 말했다.

힐은 어떤 협상이든 성공에 필요한 신뢰를 다지는 유일한 방법은 자신의 협상 상대와 개인적인 관계를 만들어나가는 것이라는 점을 잘 알고 있었다. 바로 이것이 첫 번째 중요한 단계였다. 그리고 강경파들의 엄격한 훈령에 옴짝달싹못했던 제임스 켈리와는 달리, 힐은 물론 '적절한 경우에 한해서'이긴 했지만, 자신의 보스로부터 그렇게 할 수 있는 재량권을 부여받았다.

북한 측은, 6자 회담 복귀에는 열린 태도를 보이면서도, 공식 발표가 있기 전 반드시 힐과 양자 회담을 하고 싶다는 점을 분명히 했다. 힐의 문제는 라이스와 다른 고위 관리들이 회담은 인가해줄 의향을 갖고 있음에도, 그 회담은 반드시 중국 측도 참여하는 3자 회담이 되어야 한다고 고집한다는 것이었다.

2005년 6월 9일, 콘돌리자 라이스가 중국의 수도로 향하는 비행기 안에 있는 동안, 힐은 베이징의 호화로운 성 레지스 호텔에 도착했다. 중국 관리들이 미국의 요청에 따라 북미가 모두 참석하는 만찬 자리를 주최하기로 동의한 바로 그 장소였다. 그러나 그가 도착했을 때는 중국 측도 북한 측도 나와 있지 않았다. 곧 힐에게는, 중국 측이 그 자리에 나타나지 않을 것이라는 점이 분명해졌다. 힐은 북한 사람들만 참석하는 만찬에 참석할지에 대해 즉석에서 결정을 내려야만 했다. 그는 지침을 받기 위해 비행기 안에 있는 라이스에게 전화를 걸 수도 있었다. 그러나 위험을 감수할 용의와 향후 몇 달간 자신의 일처리 방식을 특징짓게 될 그 자신의 명령 범위를 확장하겠다는 (또는 무시당하지 않겠다는) 의지를 보여주기 위해, 힐은 독자적으로 일을 진행시킨 뒤 이를 라이스에게 기정사실로 설명하기로 결심했다. 식사 도중, 북한의 김계관 부상은 평양이 6월 말로 회기가 예정된 6자 회담에 돌아가게 될 것임을 확언했다.

그날 밤늦은 시각 라이스가 베이징에 도착하자 힐은 그녀가 묵는 호텔 객실을 찾아갔다. 그는 라이스에게 말했다. "나쁜 소식이 있다. 중국 측이 나타나지 않았다. 그러나 좋은 소식도 있다. 북한이 회담에 복귀하겠다고 밝혔다." 힐의 생각과 달리, 라이스는 힐의 일 처리 결과에 크게 신경을 쓰지 않았다. 어차피 다시 회담을 진행시키는 것이 그녀의 주요 목표였기 때문에, 분을 누그러뜨린 것이다. 그러나 이튿날 아침, 그녀는 중국 리자오싱 외교부장에게 항의했다. 라이스의 자서전에서, 《워싱턴 포스트》의 기자 글렌 케슬러Glenn Kessler는 그녀가 리자오싱에게 "귀측이 주최하는 만찬이었는데, 나타나지 않았다"라고 엄중하게 말했던 것으로 언급하고 있다. 리자오싱은 그녀에게, 과정이 아니라 결과에 주목해달라고 말했다.[22]

북한은 약속을 지켰다. 만찬이 끝난 뒤, 조선중앙통신은 다음과 같은 내용을 공식 발표했다. "베이징에서 있었던 양측 대표들 간 조미 접촉에서, 미국 측은 조선민주주의인민공화국을 주권 국가로 인정하고, 공화국을 침범하지 않으며, 6자 회담의 틀 안에서 양자 대화를 열겠다는 점을 분명히 했고, 공화국은 이를 '폭정의 전초 기지'로 규정했던 발언의 철회로 받아들이고 6자 회담에 복귀하기로 결정했다."[23]

3개월간의 공백 끝에, 바야흐로 진지한 외교가 시작될 참이었다.

제14장

9·19 선언

2005년 9월 6자 회담 제4라운드 만에
마침내 공동성명 형식으로 9·19 선언이 채택되다

2005년 7월 말 베이징의 댜오위타이 국빈관에서 진행된 회담 분위기는 과거의 회담 때와는 사뭇 달랐다. 미국은 처음으로 북한과의 양자 회동에 대해 자신의 판단을 적용하고, 진지한 주고받기를 할 수 있도록 허락받은 협상가를 갖게 됐다. 미국은 더 이상 요구를 듣기만 하거나 북한 측의 항복을 기다리는 쪽이 아니었다.

크리스토퍼 힐은 김계관에게 상황이 달라졌음을 적극적으로 설득했다. 과거의 6자 회담의 양상을 특징짓는다면, 긴 전체 회의 시간에 각각의 대표들이 준비된 원고를 읽고, 본 회의 외의 모임이나 비공식 양자 접촉을 가질 시간적 여유나 기회도 상대적으로 없었다고 할 수 있다.

이제 전체 회의 시간은 단축됐고, 각국 협상단은 좀더 실질적인 문제로 신속하게 넘어갔다. 힐은 북측에 대면 회동이 더 이상 논란거리가 되지 않음을 확실히 보여주려고 했다. 김계관과의 첫 양자 회담은 1시간 반 동안 계속됐다. 힐 협상팀의 누군가가 우스갯소리로 말했던 것처럼, 약간

과장을 보태면 김계관이 제임스 켈리와 직접 대면했던 시간을 모두 합친 것보다 길었다. 힐은 또 미국이 협상 타결을 진지하게 바라고 있으며 그렇게 될 때까지 베이징에 계속 머무를 준비가 되어 있다는 점을 강조했다. 그는 만약 양측이 훌륭한 최종 성명을 내놓는 데 동의한다면 평양을 직접 방문할 수도 있음을 내비쳤다.

그러나 모든 것이 변한 것은 아니었다. 강경파들은 여전히 워싱턴에서 영향력을 갖고 있었고, 회담의 전체 과정에 대해 회의적이었으며, 힐이 부적절한 양보를 하지나 않을까 우려했다.

한 핵심 강경파 인사는, 자기 진영이 두루 공유하는 입장을 반영하며 다음과 같이 평했다. "크리스토퍼 힐은 대부분의 국무부 관리들이 갖고 있는 문제에 시달리고 있다. 그것은 곧 자기네 이름을 협상의 맨 끝에서 보기를 원하며, 회담이 모든 문제를 해결해줄 것이라고 생각한다는 것이다. 나 역시 소통이 중요하다고 생각한다. 그러나 때때로 대화를 하지 않는 것도 소통이라고 생각한다. 그는 협상 타결을 원하고, 자신이 타결을 볼 수 있다고 생각하는데, 나는 그가 제정신이 아니라고 생각한다."

전임자 제임스 켈리 때처럼 힐의 협상단에도 워싱턴의 수많은 기관에서 파견된 대표들이 있었으며, 이 기관들 중 상당수는 협상 타결을 목표로 하는 힐과는 생각이 달랐고, 저마다 워싱턴의 보스들 혹은 동맹 세력들과 일상적으로 통화했다. 국가안보회의의 윌리엄 토비는 국가안보회의의 비확산국 책임자인 보수파 존 루드와 접촉했다. 소장 정보 분석가인 앤서니 루지에로Anthony Ruggiero는 국무부 군축 담당 차관으로서 존 볼턴 자리에 임명된 로버트 조지프와 연락을 주고받았다. 스콧 피니Scott Feeney는 국방부를 상대했고, 빅터 차는 국가안보회의의 스티븐 해들리와 접촉했다. 한편 힐은 콘돌리자 라이스를 직접 상대했다. 이는 순조로운 회담 운영을 위한 방식이 아니었다.

더욱이 힐이 김계관과 양자 회담을 가질 수 있게 된 그 자체만으로 양쪽이 합의에 이르게 될 것을 뜻하는 것은 아니었다. 6자 당사국은 모두 전체 회담 원칙과 목표에 대해서는 합의하고 세부 사항은 추후 논의키로 하자는 발상에는 찬성했으나(중국은 힐과 마찬가지로 특정 항목에서 벗어나 포괄적인 접근이 필요하다는 판단을 자체적으로 내리고 있었다), 미국과 북한의 입장 차이는 금방 분명하게 나타났던 것이다.

첫 번째 이슈는 핵 프로그램을 포기하려는 북한의 움직임을 어떻게 부를 것인가의 문제였다. 힐은 '폐기dismantlement'라는 용어를 고수하도록 지시받았다. 북한은 이 용어가 강제적으로 실행에 옮긴다는 뜻을 함축한다고 항의하며 반대했다. 김계관은 '포기abandon'를 고집했는데, 이는 북한이 자신의 용단에 따라 그렇게 한다는 뜻을 포함했다. 일부 참관자들에게 '포기'가 비록 폐기보다는 의미가 약하다고 생각됐지만, 힐은 이에 대해 유연한 입장이었다. 미국 측은 마침내 북한의 용어를 수용했다.

다른 이슈들은 훨씬 더 논란이 되는 것으로 드러났다. 미국은 우라늄 문제가 성명 어딘가에 언급되어야 한다며 강경한 입장을 고수했다. 힐은 고농축 우라늄HEU이라고 적시하지 않을 생각이었지만, '모든 핵무기와 기존의 모든 핵 프로그램들'이라는 표현만큼은 고집했다. '프로그램들'이라는 용어가 북한의 우라늄 노력을 가리키기 위한 것임은 명백했다.

북한은 그 대신 '모든 핵무기의 포기'라는 자구를 쓰고자 했다. 회담이 난관에 봉착하자 중국 측은 타협안을 제시했다. 중국 외교부 아시아국의 추이티엔카이 국장과 그의 참모들은 제안된 문건들의 실제 문안 작성 작업을 총괄했다. 추이는 부드럽고 세련되었으면서도 주의 깊고 꼼꼼했지만, 그의 신중한 외양은 반짝이는 창의성을 감추고 있었다. 회담이 진행되면서 그의 팀은 다양한 제안을 새로이 추가한 문안들을 작성해 토론과 논쟁을 위해 6개국 협상 팀에 회람시켰다. 협상단들은 회의가 끝날 때마다 새로운 지시를 받기 위해 자국의 수도와 접촉했으며, 이때마다 절충 과정이 완전히 다시 시작됐다.

추이티엔카이는 다른 용어를 제안했다. 즉 북한은 남북 정부 간 체결된 '1992년의 한반도 비핵화 공동선언에 의해 금지된 모든 핵무기와 핵 프로그램을 포기한다'라는 것이 바로 그것이다. 이 협정은 서울과 평양이 모두 '핵무기의 실험, 제조, 생산, 반입, 보유, 보관, 배치 또는 사용'을 금할 것과, '핵 재처리 및 우라늄 농축 시설의 보유'를 금할 것을 약속한 바 있다.[1]

중국 외교관들은 1992년 협정이 기본 합의보다 오히려 더 광범위하다고 주장했다. 북한은 이 제안을 달갑게 여기지 않았지만 쉽게 거부할 수 없었던 탓에 결국 1992년 이 협정에 서명했다. 중국 소식통에 따르면, 미국은 이 제안이 '오로지 평화적 목적으로만 핵 에너지를 이용'할 것을 승인했다는 이유로 반대했다. 이 같은 입장에 대한 반대는 워싱턴 강경파들의 영향력 건재를 반영하는 것으로, 그들은 아무리 평화적인 것이라 할지라도 어떤 종류의 핵 프로그램도 안심하고 맡길 수 없으며, 그럴 자격도 없다고 믿었다.

협상 과정이 조금씩 진전되면서 힐은 이번에는 협상단 내부의, 특히 국가안보회의 직원 토비(마이클 그린이 북한이 리비아에 6불화 우라늄을 팔았다는 불확실한 '증거'를 설명하기 위해 2005년 초, 도쿄, 서울, 베이징을 방문할 때 그를 동행했던 인물), 국방부의 피니, 그리고 강도가 약했지만 국가안보회의 아시아 전문가 차로부터의 반대에 직면했다. 힐은 또, 제안된 표현을 검토하고 있던 워싱턴의 보수적 비판 그룹도 상대해야 했다. 여기에는 국무부 군축 담당 차관 로버트 조지프, 국가안보회의의 비확산 분야에서 조지프의 업무를 맡았던 존 루드, 국방차관 더글러스 페이스, 체니 부통령실의 참모 두 명인 초강경 보수파 사만사 래비치와 부통령실 비서실장 루이스 '스쿠터' 리비 등이 포함된다.

힐 팀원 중 한 명은 다음과 같이 회고했다. "나는 항상 이 많은 논쟁들을 혼자 정리해봤는데, 논란의 진원은 보통 윌리엄 토비와 빅터 차, 그리고 협상 팀 안에서 말깨나 한다는 사람들이었으며, 그들은 〔이를테면〕 기본적으로 합의를 원치 않았다."

이와 같은 핵심적인 협상 포인트에 대한 미국의 입장은 내내 비타협적이었다. 중국은 주권 국가로서 북한이 평화적 핵 이용 권리가 있다고 주장했지만, 힐은 평양이 '모든 핵무기와 기존의 모든 핵 프로그램을 포기할 것'에 동의하도록 요구해야 한다는 훈령을 받고 있었다.

힐의 한 측근은 그 결과를 신랄한 어조로 설명했다. "물론 결과는 우리가 중국 측 제안을 되돌려 보낸 뒤 우리 팀이 아주 죽을힘을 다해 말을 다시 꿰어 맞춘 것이며, 그다음 북한 측을 들어오게 한 뒤 또 한 번 말 만들기를 하는 식이었다."

중국 측은 6자 모두에게 회람시킨 수정안에 미국의 요구를 포함시켰다. 그러나 중국 외교관들은 다른 협상단들과 마찬가지로 북한이 어떻게 나올지에 대해 우려했다. 그리고 그 우려는 즉각 현실로 나타났다. 회담 열흘째, 김계관은 추이티엔카이에게 " '만약 문건에 모든 핵무기와 모든 핵 프로그램 포기'라는 표현이 들어가게 되면, 이는 우리가 평화적 핵 이용을 포기한다는 뜻이 된다. 미국이 '모든 핵 프로그램의 폐기'를 고집한다면 우리는 경수로 문제를 다시 요구하겠다"라고 말했다.

힐과의 회담에서 평양의 훈령에 따라 움직이는 것이 분명했던 김계관은 경수로에 대한 요구를 제기했을 뿐만 아니라, 미국의 적대시 정책에 대한 '억지력'을 확보하는 차원에서 북한의 핵 프로그램은 이중 용도일 수밖에 없다고 주장하며, 오히려 앞서의 비핵화에 대한 약속으로부터도 뒷걸음치는 자세를 보였다.

힐은 김계관에게 이의를 제기했다. "어디 억지력이 얼마나 통할지 말해보시오. 우리가 귀측을 공격한다면, 그때는 어떻게 하시겠소?"

김계관은 침묵했다.

힐은 계속했다. "귀측의 무기로 우리를 공격하시겠소? 그것이 무엇을 뜻하는지 아시오? 아니면 남한을 공격하시겠소? 어디 설명 좀 해보시오. 도대체 그것이 얼마나 통하겠소?"

이 대목에서, 힐은 마침내 양자 회담을 지속하지 않겠다고 했다. 북한이 실망감을 표시하자 힐은 그들에게 물었다. "이제 와서 무슨 소용이오?"

한편 워싱턴의 강경파들에게 북한의 경수로 요구는 최근 몇 년간 자기네가 찢어발기기 위해 그토록 엄청난 시간과 노력을 들인, 클린턴의 혐오스러운 기본 합의 망령을 떠올리는 것이었다. 힐은 회고했다. "북한은 바로 그 문제를 들고 나왔고, 이 때문에 사람들은 즉각 열을 받은 것이다. 워싱턴에는 '북한에 절대로 경수로를 주지 않겠다'라고 말하는 사람들이 있었다." 라이스 또한 비판을 들었다. 힐은, "그녀는 엄청난 저항에 부딪쳤던 것이 분명하다"라고 인정했다.

회담이 중단된 동안, 나는 열네 번째로 평양을 방문했다. 북한은 아주 조금 문을 열어놓고 핵 문제에 대한 자신의 입장을 정당화하기 위해 국제적인 매체를 활용하느라 열을 올렸다. 그러나 그곳에 머물렀던 불과 일주일이란 기간만으로도, 2000년 10월 내가 마지막으로 평양을 방문한 이래 작지만 중대한 변화가 일어났음을 눈치 채기에 충분했다. 도착 직후의 인상은, 차량 없는 텅 빈 거리, 거대한 김일성 기념물, 김일성 배지를 가슴에 단 사람들 등 옛날 그대로였다. 과거의 방문 때처럼, 내가 어딜 가든 두 명의 북한 정부 안내원이 따라다녔다. 그들의 주 업무는 내가 북한의 평범한 주민들과 허락 없이 접촉하는 것을 막는 것이었다. 그러나 나는 평양 중심부에서 개인 노점상들이 간이판매대에서 과자와 음료수, 담배 따위를 파는 모습을 볼 수 있었다. 개인이 운영하는 식당도 더러 있었고, 평양의 통일거리 시장에서는 과일, 채소, 고기, 옷, 기타 소비재를 내놓고 현금을 가진 사람은 누구나 살 수 있게 했다. 사람들도 살림살이가 나아진 듯 보였고, 옷차림새도 좀더 나아졌다. 나는 심지어 하이힐을 신은 여성까지 목격할 수 있었다. 과거에는 들어보지도 못했던 일이다.

이 모든 일이 북한 정부의 아직은 과도적인 시장 메커니즘 실험 결과로서, 이는 2002년 중반 발표되었다. 또 다른 징후는 최근의, 소규모이긴 하나 각오가 대단한 일군의 서양 기업인들의 평양 도착이었다. 그들의 구성이 다채로웠다. 대담한 영국 은행가, 북한 제일의 외국계 인터넷 사업가가 되려는 야심만만한 전직 동독 외교관, 평양에 경영대학을 얼마전 세워 경영, 금융, 회계, 마케팅 따위를 북한 관리들에게 가르치겠다는 스위스인 등이었다. 이들 모두는, 비록 아직은 초기 단계지만 북한의 변화가 실질적인 것이며, 시간이 가면 북한 정권도 개혁을 확대할 것이고, 이에 따라 북한도 국제 경제에 좀더 밀접하게 연결될 것이라고 믿고 있었다.

평양의 변화 조짐에도 불구하고 인도 지원 단체의 직원들은 개혁이 상당히 많은 북한 사람들의 삶에 부정적인 영향을 크게 끼쳤다고 내게 말했다. 시장 개혁은 식량과 다른 상품의 가격을 상승시켰고, 국영 식량 배급 체계의 약화로 많은 북한 사람들이 식량조차 사 먹지 못할 형편으로 전락했다. 수도 평양 이외의 지역에서의 식량 부족 상황은 더더욱 심각해, 많은 사람들에게 만성적인 굶주림은 일상생활이 되었다. 북한 정부가 왜 6자 회담에서, 식량 지원, 연료 선적, 전력 공급, 그리고 평화적인 핵 에너지 이용 권리 등을 주장하는지를 이해하기는 어렵지 않았다.

1주일간의 체류 기간, 나는 두 번에 걸쳐 김계관과 폭넓은 토론을 할 기회가 있었다. 북한의 협상가를 만난 것은 이때가 처음이었다. 나는 김계관이 판에 박은 무뚝뚝한 표정의 공산당원이 아닌, 우호적이며 매력적인 인물임을 알게 됐지만, 그는 결코 메시지를 잊지는 않았다. 그가 회담의 재개 날짜가 다가옴에 따라 CNN을 통해 전하고자 했던 메시지 안에는 분명히 타협이 들어 있었다. 김계관은 평양이 결코 경수로로 상징되는 민간 핵 프로그램에 대한 권리를 포기할 수는 없다는 점을 강조했다. 그러나 그는 경수로가 건설될 경우, 북한은 그 운영에 대해서는 미국이 일익을 담당하는 '엄격한 감독'을 받아들일 것이라는 말로 요구의 강도를 완화시키려고 했다. 그는 또 비확산조약NPT으로의 복귀와 IAEA 안전 조치의 준수를 제안하기도 했다. 논란 많은 우라늄 농축 문제에 대해서는, 정부의 표준적인 부인 발언을 되풀이하면서도, 추가 논의의 길을 터놓는 듯한 발언을 했다. 그는 말했다. "앞으로 확실히 밝혀둘 필요가 있는 물증이 나온다면, 그때 가서 전적으로 그렇게 하도록 하겠다."

미국과 적대의 세월을 끝내고자 하는 북한 정부의 입장을 보여주는 예로서, 나는 1968년 북한 해군에 의해 나포된 미국 첩보 선박 USS 푸에블로 호를 관람토록 안내되었다. 이 배는 당시 북한 해역에서 통신을 감청하다가 또 한 번의 한국전쟁을 일으킬 뻔했던 배였다. 푸에블로 호는 평양 중심부를 관통해서 흐르는 대동강 변에 묶여 관광객들에게 개방되었다. 1968년 대치할 당시 생긴 총탄 구멍이 아직도 선명했으며, 이 배의 역사에 대한 해설 비디오에는 '미 제국주의자'에 대한 무수한 언급이 들어있었다. 이 배의 전시 목적은 북한이 필요하다면 언제라도 미국과 싸울 것임을 상징적으로 보여주려는 것이었다. 당시 푸에블로 호를 나포했던 북한의 해군 장교는 북한 정부 관계자들과 마찬가지로, 과거를 뒤로하고 미국과 새로운 관계를 시작하기를 원했다.

2005년 8월 말 6자 회담이 재개되자 중국 진영은 공통의 언어를 찾기 위해 더 많은 공동성명 문안을 작성해놓았다. 상당히 많은 버전들이 프린터에 걸리자, 한 중국 관리는 "환경론자들이 보면 우리를 비난할 것이다. 많은 나무가 들어가지 않느냐"라며 우스갯소리를 했다.

중국에 의해 작성된 4차 문안은 경수로에 대한 명시적인 언급이 없었으며, 다만 '평화적 핵 이용'을 언급했다. 일본, 한국, 그리고 러시아 측은 이를 수용하려 했고, 힐과 국무부 동료들도 그랬다. 북한 측이 이를 거부한다면, 그들은 회담에서 고립될 것이라고 힐은 주장했다. 그러나 워싱턴의 강경파들이 또 한 번 반대하고 나섰다. 이번에는, 미국이 평양과 '양자 대화bilateral dialogue'를 지키겠다는 표현이 문제였다. 라이스의 전기 『심복The Confidante』에서, 글렌 케슬러는 이 논란의 핵심적인 문장을 밝혔다. 원래의 중국 측 문안은 다음과 같다. "미합중국은 조선민주주의인민공화국의 주권을 인정하고 존중함을 천명했다. 아울러 조선민주주의인민공화국과의 관계를 정상화하기 위한 조치를 양자 정책과 양자 대화를 통해 단계적으로 취할 것임을 천명했다." 워싱턴의 강경파들은 이 표현을 다음과 같이 바꿀 것을 고집했다. "조선민주주의인민공화국과 미합중국은 상호간의 주권을 존중하고, 평화적으로 공존하며, 양국 관계를 각자의 양자 정책을 통해 정상화하기 위한 조치를 취해나가기로 약속했다." '양자 대화'에 대한 언급이 삭제됐던 것이다.[2]

미국이 '양자 대화'라는 표현을 거부하자 북한은 경수로에 대한 명확한 언급을 포함해야 한다고 고집했다. 회담은 다시 교착 상태에 빠졌다.

중국 측은 당혹감 속에서, 회담이 깨지면 미국이 책임져야 할 것이라고 경고하며 힐을 압박하려고 했다. 힐이 이를 물리치자, 중국의 협상 대표인 우다웨이 외교 부부장은 언론에 밝히겠다고 위협했다.

회담이 진행됨에 따라 매체에 대한 임기응변에 능한 것이 분명해진 힐은 다음과 같이 응수했다. "밝힐 테면 밝혀보시오. 나는 충분히 감당할 수 있소. 나도 언론에 밝히고 싶소. 아예 같이 갑시다. 나는 기다리지 못하겠소."

중국 측은 물러섰다.

힐은 점차 북한의 경수로 요구에 응수하는 방법을 찾지 못하면 회담이 사실상 결렬될 것이라고 확신하게 됐다. 그 요구가 평양의 실질적인 에너지 수요보다는 부시 정권이 폐기했던 기본 합의의 약속을 되찾으려는 정치적 상징과 관련 있는 것으로 보였지만, 힐은 강경파의 주장이 유치하다고 느꼈다. 북한이 핵 사업에서 손을 떼고 비확산조약에 재가입하는 한편 IAEA 사찰관들의 비핵화 과정 감시를 허락한다면, 경수로 문제를 논의하기로 동의해도 하등 해로울 것이 없었기 때문이다.

주말인 9월 17일, 힐은 뉴욕의 유엔총회에 참석 중인 라이스와 전화 통화를 했다. 그는 당혹스러워했다. 한 협상단원은 한번은 그가 "협상하는 것을 원치 않는다면, 차라리 나를 이리로 보내지나 말지"라고 중얼거리는 소리를 들었다. 한편 중국 측은 조심스러운 표현으로 경수로에 대한 북한의 소망을 인정하는 내용을 담은 제5차 문안을 작성했다. 문안은 다음과 같이 쓰여 있었다. "조선민주주의인민공화국은 핵 에너지의 평화적 이용에 대한 권리를 갖고 있다. 다른 협상 당사국들은 존중의 뜻을 표시했으며, 적절한 시기에 조선민주주의인민공화국에 경수로를 제공하는 주제를 논의하기로 했다."

중국 측은 이 순간, 5차안이 '받거나 말거나'의 양자택일 문제임을 분명히 했다.

라이스는 훗날 다음과 같이 말했다. "문제는, 우리가 과연 '적절한 시기에 경수로 문제를 논의'하도록 여지를 남겨둘 용의가 있느냐는 것이었다. 우리는 만약 '적절한 시기'를 애매하게 남겨두면, 북한이 다음번 회담에서 '우리 경수로는 어디 있느냐?'며 회담 자체를 꽁꽁 묶어버릴 수도 있다는 우려를 갖고 있었다."[3]

베이징 시각으로 9월 18일 자정, 힐은 마지막으로 라이스를 설득해 기회를 살려 공동성명을 수용하라고 했다. 그러나 라이스는 그 대신, 힐이 최종 전체 회의에서, 워싱턴에서 작성된 미국의 단독 성명을 낭독해 공동선언에 대한 미국의 '해석'을 제공함으로써, 아무도 미국의 성명 수용 사실을 조만간 경수로를 현안으로 상정한다는 의미로 오해하지 않도록 해야 한다고 주장했다. 공동선언문이 중요 문건임을 잘 아는 힐은 반대하지 않았다.

라이스를 상대하면서 힐은 장차 그가 협상단을 운영하는 표준적인 방식이 될 또 다른 특성을 보여주었다. 그는 나머지 협상단원들과 그들이 대표하는 기관들, 특히 국가안보회의와 부통령실의 비판을 효과적으로 동결시켜버린 것이다. 이들이 이 사실을 알아내자, 베이징에 있던 미국팀의 다른 멤버들은 격분했다.

한 미국 관리는 "미국 협상팀은 성 레지스 호텔 현관에서 문자 그대로 서로에게 고함을 질렀다"라고 말했다.

협상단에 포함되었던 힐의 한 비판자는 다음과 같이 말했다. "우리는 경수로 문제처럼 우리가 한사코 논의해서는 안 된다고 말했던 문제들을 감시한다는 생각을 가지고 있었다. 기본 합의와 비슷해 보이는 것을 다시 이리저리 끌어 모으는 것은 한마디로 어리석은 일이었다."

미국 협상팀의 일원으로 중국의 공동성명 최종안을 검토하면서, 빅터 차의 머리에는 또 다른 문제에 대한 경고음이 스쳐갔다. 성명은 북한과 미국 사이의 '평화 공존'을 언급하고 있었다. 차는 힐의 협상 기술만큼은 경탄해 마지않았지만, 한국계 미국인 학자로서 그는 힐이 분단된 한반도의 고통스런 역사에 대해서는 제한된 이해를 갖고 있다고 믿었다. 차의 관점에서 볼 때, 냉전의 절정기 때 주로 소련에 의해서 사용된 '평화 공존'이라는 표현은 북한에게 특별한 의미를 지니는 것이었다. 그것은 미국 군대가 없는, 그러면서도 궁극적으로는 북한의 방식에 따라 통일된 한반도를 의미하는 것이었다. 그것이 비록 북한의 해석이 아니었다 해도 국가안보회의 동료 마이클 그린은 물론 미국 협상단의 다른 강경파들도 차와 같은 우려를 표명했다.

차는 힐에게 알리지 않고 자신의 상관인 국가안보보좌관 스티븐 해들리에게 전화를 걸어 자신의 반대 의견을 개진했다. 차는 해들리에게 말했다. "힐은 그 용어의 의미를 이해하지 못하는 것 같습니다. 그리고 그 용어가 북한에게 갖는 상징성도 이해하지 못하는 것 같구요." 해들리는 즉각 라이스에게 이 사실을 알렸다.

9월 19일 월요일 아침, 힐과 다른 협상팀은 기자회견을 통해 공동성명이 발표될 댜오위타이 국빈관에서 기다리고 있었다. 그가 중국 외교 부부장 우다웨이와 한담을 나누고 있을 때 힐의 휴대전화 벨이 울렸다. 콘돌리자 라이스가 전화를 건 것이다. 그녀는 '평화 공존'이라는 표현에 대해 이견을 제시했다. 그리고 그것을 문건에서 삭제하도록 지시했다.

힐이 중국 측에 이 사실을 알리자 중국인들은 어떻게 그렇게 소소한 것까지 요구하는지 경악하고 놀라워했다. 막판에 문건을 수정하는 일은 연쇄 반응을 부를지도 몰랐다. 미국 측이 수정을 고집한다면, 북한도 똑같이 할 가능성이 있고, 전체 협상은 파탄이 날 수도 있었다. 우다웨이의 첫 반응은 "안 됩니다"였다.

힐은 "우리 상관이 수정하라고 지시했소"라고 말했다.

"우리 상관은 '안 된다'고 말했소"라고 우다웨이는 되받아쳤다.

힐은 라이스에게 다시 전화를 걸어 중국 측이 수정을 거부했다고 말했다. 라이스는 리자오싱 외교부장과 통화할 것을 요구했다. 우다웨이는 힐에게 리자오싱은 현재 베이징에 없다고 말했다. 라이스는 리자오싱이 어디에 있든, 자신은 그와 통화해야 한다고 고집했다. 이래서 급히 전화가 연결됐으며, 중국의 고전적 방식에 따라 타협이 이뤄졌다. 미국 측은 그 표현을 '평화적으로 함께 존재한다'로 바꿀 수 있다는 답변을 들었고, 라이스는 받아들였다. 한편, 중국 측은 북한을 포함한 다른 협상단에게 미국의 수정 요구 사항에 대해 알렸다. 김계관은 화를 냈다. 그러나 영어의 자구 수정이 근본적인 의미를 바꾼 것은 아니었으므로, 중국 외교관은 김계관에게 공동성명의 한국어판과 중국어판의 표현은 그대로 유지된다고 말했다. 북한 측은 수긍했다.

9·19 선언으로 명명된 최종 문건은 6자 회담의 중대한 전기를 뜻했다. 북한, 미국, 그리고 다른 네 당사국들이 핵 위기를 해결하기 위해 합의된 원칙을 기록한 최초의 사례였던 것이다.

이 선언에서, 북한은 다음과 같이 약속했다. '모든 핵무기와 기존의 핵 프로그램을 포기하고, 이른 시일 안에 핵무기확산금지조약(비확산조약)과 IAEA 안전 조치로 복귀'한다.

미국은 다음과 같은 사실을 다짐했다. "미국은 한반도에 핵무기를 두지 않으며, 조선민주주의인민공화국을 핵무기 또는 재래식 무기로 공격하거나 침공할 의사가 없다."

자구를 둘러싼 논란 끝에 나온 경수로 관련 부분은 다음과 같다. "조선민주주의인민공화국은 핵 에너지에 대한 평화적 이용권을 가진다. 다른 참가국들은 이에 대한 존중을 표시하고, 적절한 시기에 조선민주주의인민공화국에 대한 경수로 공급 주제를 논의하는 데 동의했다."

미국과 북한 양국은 '상호간의 주권을 존중하고, 평화롭게 함께 존재하며, 각자의 양자 정책에 따라 쌍방 관계를 정상화하기 위한 조치를 취하자는 데' 합의했다. 북한의 주권 존중은 북한 정부의 전복을 꾀하지 않는다는 외교적 표현이었다. 아울러 중국, 러시아, 일본, 한국, 그리고 미국은 북한에게 에너지를 지원하기로 합의했으며, 서울은 전력 2백만 킬로와트를 제공하겠다는 7월의 제의를 재확인했다.[4]

공동성명의 최종 세부 사항에 몰두했던 탓에 힐은 미국의 독자적인 성명 작성 작업을 워싱턴에 넘겼다. 이는 강경파들에게 자기 주장을 반복할 기회를 주었다. 부시 대통령은 훗날 2006년 이후 민주당이 주도하는 의회가 통과시킨 많은 법안에 '서명 진술문signing statement'을 달기로 예정되었으므로, 독자적인 성명은 베이징 합의의 의미를 약화시키는 방향으로 작성되었다. 로버트 조지프, 안보 부보좌관 J. D. 크라우치Crouch, 그리고 국가안보회의 비확산국장 존 루드는 공동 작업을 통해 단독 성명안을 작성했는데, 이는 전반전인 기조나 내용 면에서, 강경파의 선언문이나 다름없었다. 이 성명안은 외교적 융통성의 여지를 제거하는 방향으로 작성되었으며, 이미 진전을 이룬 내용들을 위태롭게 할 수 있는 북한의 부정적인 반응을 유발하도록 주도면밀하게 계산된 용어들을 사용했다.

이 성명은 북한의 반대뿐만 아니라 한국, 중국, 러시아 측의 반대로 한 해 전 미국이 폐기했던 용어들을 되살려, 북한이 '완전하고도 검증 가능하며, 돌이킬 수 없는 방식으로' 모든 핵 프로그램을 폐기할 것을 요구했다. 경수로라는 민감한 이슈에 대해서는, 베이징 공동선언이 이 문제에 대해 '적절한 시기에' 논의될 수 있다고 했음에도, 미국의 단독 성명은 사실상 그런 일이 결코 실현되지 않게끔, 다음과 같이 규정해놓았다.

"'적절한 시기'라 함은 조선민주주의인민공화국이 다음과 같은 사항을 실행했을 때에 한해 도래한다:

- 즉각적으로 모든 핵무기와 모든 핵 프로그램을 폐기했을 때, 그리고 이상의 조치가 IAEA를 포함한 신뢰할 만한 국제 수단에 의해 참가국 전원이 만족할 정도로 검증되었을 때, 그리고,
- 조선민주주의인민공화국이 NPT와 IAEA 안전 조치를 완전히 준수하게 되었을 때, 그리고 협력과 투명성에 대한 지속적인 실천 의지를 보여주었을 때, 아울러 핵 기술의 확산을 중단했을 때."

단독 성명은 계속하여, 바로 이 같은 시점에서만 미국은 논의에 '찬성' 할 것이라고 밝히고 있으며, 이 이상에 대한 언급은 없다. 게다가 워싱턴의 시각에서는 경수로가 전혀 재고할 가치가 없는 계획이라는 점을 강조하기 위해, 단독 성명은 경수로의 건설을 위해 기본 합의를 통해 구성됐던 컨소시엄은 해산될 것임을 분명히 밝혔다.

그것이 전부가 아니었다. 단독 성명은 북한이 관계 정상화가 가능하게 되기 전까지, '인권, 생물·화학 무기 프로그램, 탄도미사일 프로그램과 확산, 테러리즘과 불법 행위'에 대한 미국의 우려에 화답해야 한다고 말했다.[5]

워싱턴에서 단독 성명이 도착하자 힐의 반응은 '이런, 빌어먹을. 도저히 믿기지 않는구만'이었다. 힐은 단독 성명이 간담을 서늘케 하고, 무례하며, 조악할 뿐만 아니라, 북한 측을 자극해 돌아버리도록 교묘하게 계획된 것이라고 느꼈다. 그러나 공동성명을 다 훑어본 뒤 힐은 그것이 소소한 흥분제에 지나지 않을 것이라고 결론 내렸다. 정작 관건이 되는 문건은 향후에도 그 효력이 지속될 6자 전원에 의해 승인된 공동선언이었기 때문이다. 이런 이유로, 그는 비록 마뜩치는 않았지만, 폐막 전체 회의 석상에서 미국의 단독 성명 전문을 낭독했다.

성명서 낭독을 끝낸 뒤, 그는 큰 실수를 저질렀음을 깨달았다.

빅터 차는 힐의 바로 옆에 앉아 있었으며, 김계관이 잘 보이는 위치였다. 그의 앞에는 그가 낭독할 성명이 준비되어 있었다. 그러나 힐의 성명을 다 들은 뒤, 김계관은 자신의 준비된 발언을 폐기해버렸다. 대신, 그는 다음과 같이 말했다. "나는 우리가 산 하나를 오른 것으로 알았다. 그런데 더 높은 산이 앞에 또 있다는 것을 알게 됐을 뿐이다." 이튿날, 북한은 새로 나타난 산이 얼마나 높은지를 확실히 밝혀주었다. 평양의 외무성은 조선중앙통신이 발표한 성명을 통해 다음과 같이 경고했다. "미국은 신뢰 구축의 물리적 보장인 경수로의 공급 없이는, 조선민주주의인민공화국이 핵 억지력을 폐기할 것에 대해서는 꿈도 꾸지 말아야 할 것이다."

설상가상으로, 힐이 며칠간의 막바지 협상에 몰두해 있는 동안, 미국 재무부는 마카오의 한 작은 은행 뱅코델타아시아BDA를 '일차적인 돈세탁 우려 장소'로, 그리고 '북한 정부가 부패한 금융 활동을 벌이기 위한 자발적인 앞잡이'로 지정하겠다고 발표했다. 판에 박은 일과처럼 들렸던 이 발표는 힐과 전체적인 핵 협상 과정에 대한 엄청난 암시를 담고 있었다.

아울러 일상적인 의구심을 가진 북한에게, 힐이 보내는 재다짐의 암시는 속 빈 제스처에 불과한 것으로 비쳐졌다. 9·19 합의는 거의 문자 그대로, 선언문의 잉크도 채 마르기 전에 갈기갈기 찢겨지기 시작했다.

제15장

마카오의 뱅코델타아시아와 '소프라노 국가'

미국이 마카오의 뱅코델타아시아의
북한 돈 2천 5백만 달러를 돈세탁 혐의로 꽁꽁 묶어버리다

마카오는 오랫동안 '침체된 지역'이라는 평판을 얻고 있었다. 중국 침투를 노리는 포르투갈 무역상과 선교사들의 거점으로 16세기에 문을 연 이 포르투갈령 항구는 아시아에서 가장 오래된 유럽인 정착지였다. 1800년대 중반 주강 삼각주와 영국 식민지 홍콩 등 새로운 이웃의 출현에 의해 빛을 잃으면서 마카오는 20세기 초반부터 현재에 이르기까지 도박 및 이와 관련된 향락, 즉 매춘과 마약의 중심지로 알려지며 지속적인 쇠락의 시기로 접어들었다.

자갈 도로, 야외 카페, 빛바랜 지중해풍 건축, 그리고 초라한 카지노장과 나이트클럽으로 이뤄진 마카오는, 1990년대 말 라이벌이라 할 중국의 삼합회가 이 지역의 도박 산업 주도권을 놓고 혈투를 벌이면서 옛 명성을 잃기는 했지만, 그래도 여전히 일종의 세기말적 매력을 지니고 있었다. 그러나 이곳에서조차 범죄 조직들의 전쟁은 영화에서나 봄 직한 매력이 있었다. '이가 부러진 코이'는 그런 범죄 조직 두목 중 한 명에게 붙여진

별명이었다. 성격이 활달했던 그는 홍콩의 한 프로덕션에 자신의 일대기를 그린 영화를 만들기 위해 자금을 댔다. 결국 그는 수염 기른 포르투갈 경찰에 체포되어 싸구려 리스보아 호텔 카지노에서 쇠고랑을 찬 채 끌려 나갔다.

이윽고 1999년, 5백 년간의 식민 통치 끝에 포르투갈은 마카오를 중국에 반환했다. 중국이 고른 한 지역 유지가 특별행정구역의 운영 실권을 잡았다. 중국 인민해방군의 병영이 주둔한 데 겁먹어 삼합회는 저희들끼리 치고받는 전쟁을 중단했다. 경제를 회생시키기 위해, 지방 당국은 북한과 유대가 있고 평양에 직접 카지노를 세우기도 한 억만장자 스탠리 호가 장악해온 카지노 독점권을 빼앗아, 미국 라스베이거스의 도박업계 거물들을 유치해 업소 문을 열도록 했다. 이렇게 해서 최초의 미국계 카지노, 샌즈 마카오가 2004년 문을 열었으며, 인공 운하와 라스베이거스에서 직수입한 곤돌라로 가득 찬 베네치아 호텔·카지노 종합 단지가 뒤를 이었다. 당시만 해도 본토에서는 연습조차 불법이었던 도박을 위해 중국의 벼락부자들이 수천 명씩 행정구역의 경계를 넘어 밀물처럼 마카오로 밀려들었다. 마카오는 갑자기 신흥 도시가 된 것이다.

1970년대 중반 아직도 맥 빠진 식민지 전초 기지였을 당시, 마카오는 북한의 가장 중요한, 외부 세계로의 경제 출구 노릇을 했다. 양측 관계는 1974년 포르투갈에서 혁명이 벌어진 이후 시작되었다. 당시 리스본에 좌파 정부가 들어서서 북한과 외교 관계를 수립했던 것이다. 북한은 곧 관용 여권을 소지한 '기업인들'로 충원된 무역 회사를 몇 개 차려 문을 열었다. 이 중 가장 중요한 회사가 바로 조광무역회사로, 이 회사는 마카오 아베니다 시노니오 파이스 거리의 허름한 콘크리트 건물 5층에 사무실을 두고 활동했다. 이 회사의 공식적인 거래 품목은 고무, 의류, 인삼 따위였다. 그러나 이 회사는 텔레비전 세트, 헤네시 코냑, 생과일 등 사치품을 사들여 평양의 엘리트층에 보내는 일도 했다. 수년 동안, 이 회사는 지방 및 서방의 사법 집행 기관과 정보기관들로부터 돈세탁, 위조, 기타 불법 행위와 관련 있는 것으로 의심받았다.

마카오에 상주하는 북한 사람이 늘면서 평양 정부는 이 지역을 또 다른 베일에 싸인 활동 무대로 활용하기 시작했다. 마카오는 북한 스파이들의 실전 연습 장소가 되기도 했다. 거기서 그들은 현대 자본주의 사회에 뒤섞이는 법을 배울 수 있었던 것이다. 1987년, 북한 공작원 두 명이 한국 여객기에 폭탄을 장착해 탑승객 전원을 살해한 일이 있다. 두 명 중 한 명인 김현희는 자살용 알약을 삼키기 전 체포되었다. 김현희는 훗날 자신과 파트너가 슈퍼마켓 쇼핑법, 신용카드 사용법 등 실전에 필요한 기법 등을 익히는 장소로 마카오의 조광무역 사무실을 이용했다고 말했다. 그들은 이 기법을 이용해 홍콩에서 온 선량한 관광객으로 가장했던 것이다.

1990년 초반, 조광무역과 그 밖의 다른 북한 회사들은 마카오의 한 작은 은행과 거래를 시작했다. 뱅코델타아시아BDA가 바로 그것으로, 이 은행은 가족 경영 사업체였으며, 다채로운 경력의 지역 기업인인 스탠리 아우Stanley Au가 대주주였다. 아우는 마카오 입법원의 의원이기도 했으며, 1999년 중국으로의 주권 반환 이후 이 지역의 행정장관이 되려고 시도했다가 실패한 바도 있었다.

1994년, 조광무역의 임원 몇 사람이 이 은행에 위조 미국 지폐를 예금한 일로 체포되었다. BDA는 자체적으로 마카오와 홍콩 당국에 이 사실을 알렸다. 용의자 전원이 북한 외교 여권을 소지하고 있었고 이들은 재판 없이 귀국 조치됐다. 그러나 조광무역은 영업을 계속했다.

위조 및 돈세탁이 북한과 연결된 사건은 이번이 처음은 아니었다. 위조 지폐와의 전쟁을 맡고 있는 미국의 기밀검찰국(미 재무부 소속-옮긴이)은 북한을 수년째 감시해왔으며, 진짜와 거의 구별이 불가능할 정도로 고품질 위폐인 이른바 슈퍼노트가 대량 유통되자 긴장하지 않을 수 없었다.

재무부의 한 고위 관리는 다음과 같이 말했다. "나도 100퍼센트 알아낼 수 있다고 말할 수 없다. 육안으로 보거나, 굳이 진짜인가를 판별해보겠다고 마음먹지 않은 사람에게는 판별이 정말 어렵다. 우리는 슈퍼노트가 북한 정부에 의해 제조되고 유통된다는 사실을 의심하지 않는다."

2004년 9월, 미국 재무 부장관 브루스 타운센드Bruce Townsend는 다음과 같이 언급했다. "과거 수년 동안, 기밀검찰국은 음각이나 타이포그래픽과 같이 복잡하고 값비싼 기술을 이용해 찍어낸 위폐 종류를 면밀히 조사했다. 이런 형태의 위폐는 북한에서 만들어졌다. 이 계열의 위조 미화를 찍어내는 데 사용된 정교한 기법은 상당한 과학적 · 기술적 요소를 보유한, 자금 지원이 충분하고 실제 활동 중인 범죄 조직이 있다는 증거다."[1]

2005년 북한의 불법 행위에 대한 한 연구에서 스탠퍼드 대학 연구원 쉬나 체스트넛Sheena Chestnut은 북한과 연결된 위조 관련 사건 중 최소 10건의 목록을 작성했다. 이 목록에는 1994년 조광무역 관련 사건 외에 다음과 같은 것들이 포함되어 있었다. 북한의 외교관용 여권과 수십만 달러의 위조 달러를 캄보디아와 태국에 체류하는 동안 소지했던 전 일본 적군파 소속 테러범의 구금 사건, 3만 달러의 위조 달러를 소지하고 있었으며 1999년 마카오의 조광무역 직원이 연루된 또 다른 사건과 관계 있는 모스크바 주재 북한 대사관의 무역 담당 참사관의 체포 사건 등이다.[2]

북한은 이 같은 혐의를 일관되게 부인했지만, 각종 보도는 위조와 기타 불법 행위를 39호실로 알려진 북한의 수상쩍은 기관과 연결시켰다. 평양 시내 중심부 고려호텔 부근 삼엄한 경비 구역의 한 6층 건물에 입주해 있는 39호실은, 합법·불법을 떠나 북한 외화벌이 사업의 총본부인 것으로 여겨진다. 경화 부족에 시달리는 정권에게 이 39호실은 곧 무너질 듯한 경제를 떠받치는 데 중요한 역할을 했다.

언론 보도와 탈북자들이 전하는 바에 따르면 39호실의 핵심 업무는, 메르세데스-벤츠 자동차에서 롤렉스시계, 텔레비전 세트에 이르기까지 김정일이 직접 사용하거나 당, 군, 정부의 고위 관리들에게 충성을 보장받기 위해 지급하는 사치품의 조달인 것으로 알려졌다. 더불어 위조, 돈세탁, 그리고 마약 거래로 번 수익의 관리도 맡고 있다는 것이었다.[3] 마카오는 이들 활동을 위한 핵심 공작 근거지였다. 1990년대 말, 북한의 고려항공은 평양-마카오 간 정기 서비스를 시작했다(1999년 말, 나는 CNN 카메라맨들과 함께 마카오 공항에서 고려항공의 투폴레프-154기에 상당히 큰 소니 텔레비전 세트들이 줄줄이 실리는 장면을 비디오로 촬영한 바 있다. 당시 고려항공 비행기는 주당 1회 평양으로 돌아가는 비행 편이었다). 조광무역회사는 39호실의 마카오 사무실로 널리 알려져 있었다.

2000년 39호실은 중국은행 마카오 지점의 계좌도 관리해왔던 것으로 알려진다. 이 은행 북한 계좌는 한국으로부터 비밀 예치금 수억 달러를 받기도 했다. 현대 재벌에 의해 지불되었으며, 몇 년 뒤 김대중 대통령에 의해 지불 사실이 인정된 당시의 대금은 같은 해 6월 15일의 남북 정상회담이 한층 수월하게 이뤄지는 데 기여했다.

이외에도, 김정일의 가족이 마카오에 거주지를 두고 있다는 흥미로운 보도도 있었다. 포르투갈 정보 관계자들은 내게, 김정일이 마카오에 아파트 한 채를 보유하고 있으며, 이는 김정일의 처가 자주 이용한다고 말했다. 김정일의 장남 김정남 또한, 알려진 바로는, 마카오에서 지낸 바 있으며, 그가 리스보아 카지노에서 도박하는 장면을 보여주는 사진들도 있는 것으로 알려졌다.

데이비드 애셔는 자기가 북한의 아킬레스건을 찾았다고 믿었다. 불법행위구상IAI의 실행에 착수한 국무차관보 제임스 켈리의 보좌관으로서, 애셔는 김정일 정권이 위폐, 마약 거래, 기타 의심스런 거래를 통해 벌어들이는 자금에 너무 심하게 의존하고 있어, 그런 자금 흐름을 끊으려는 압박에 취약할 것이라고 확신하게 됐다.

그는 다음과 같이 말했다. "자금은 최고위층으로 직접 올라간다. 이것이 과거 우리가 관찰했던 다른 유형의 금권정치와 구별되는 점이다. 파나마의 노리에가는 칼리 〔마약〕 카르텔의 일부 구성원들과 공조했다. 세르비아의 밀로셰비치는 위조 담배 밀매에 관련되었다. 차이점이 있다면, 북한의 경우 최고 지도부가 그런 불법 행위를 경제 생존 전략의 핵심 부분으로 삼는다는 것이며, 이에 따라 북한 당국이 이런 물품들을 실제로 거래할 수 있도록, 전 세계의 외교 시설, 무역 회사, 첩보 계통 관리, 외교관 등 각종 수단을 이용한다는 것이다."

2005년 1월, 콜린 파월에게 국무장관 자리를 물려받을 때, 콘돌리자 라이스는 애셔에게도 브리핑을 받았다. 그는 특유의 열정적인 방식으로 불법행위구상 이면에 깔린 개념을 개괄적으로 설명했다. 이 회의에 참석했던 한 관리에 따르면, '콘디는 북한을 곤경에 빠트릴 수 있는 이 발상의 잠재력에 크게 경탄했다'는 것이다. 이렇게 되자 이 구상에 회의적인 입장의 한 국무부 고위 관리는 라이스의 흥분을 가라앉히기 위해, 애셔에게 불법행위구상이 북한의 정권 교체를 가져올 수 있느냐고 물었다. 애셔의 대답은 '노'였다. 그럼에도 라이스는 이 발상을 매우 좋다고 여겼다.

부시 정부가 2기를 시작하고 나서, 라이스에게서인지 부시에게서인지 아니면 두 군데 모두에서인지는 불분명했지만, 고위층으로부터 재무부, 기밀검찰국, CIA, 그리고 기타 정보기관과 사법 집행 기관에 대해 북한의 불법 행위를 목표로 하라는 승인이 떨어졌다. 그러나 애셔는 결과를 볼 때까지 자리에 붙어 있지 못하게 됐다. 힐 신임 동아태 담당 차관보는 애셔의 업무 스타일이 싫었고 불법행위구상 자체에도 별 관심이 없었던 것이다. 불행하게도 애셔는 해고되었다.

재무부의 두 고위 관리는 이제 평양의 지저분한 행위에 대한 추적을 정책 1순위에 올려놓았다. 대니얼 글레이저는 뉴욕의 한 막강한 법률 회사에서 일한 바 있었다. 9·11 뒤, 그는 재무부에 합류했고, 2004년에는 테러 자금 및 금융 범죄 담당 부차관보로 임명됐다. 그는 재무부 내에서 일을 성사시키는 인물로 두루 인정받았다. 글레이저의 상관은 스튜어트 레비였다. 하버드 법과대학원 졸업생인 레비 또한 공화당의 활동가로서, 존 볼턴과 마찬가지로 2000년 대선 당시 논란 많은 플로리다 재검표 사건 기간 조지 W. 부시 밑에서 일한 바 있다. 그는 2004년 중반 재무부에 입성했는데, 당시 테러범과 불량 국가의 자금 문제에 대응하기 위해 신설된 업무인 테러리즘 및 금융 정보 담당 초대 차관을 맡았다. 국가안보회의 쪽에서 그들은 국가안보회의 강경파 윌리엄 토비와, 그보다 정도가 덜 하지만 빅터 차의 지원을 받았으며, 국무부의 강경파 비확산 수장인 로버트 조지프로부터도 지원 받았다.

2005년 봄, 일련의 관계 기관 회의의 관심이 점점 BDA로 쏠렸다. 미국 관리들 사이에서는 이 은행이 북한과 오랜, 그러면서도 유쾌하지 못한 관계를 맺고 있다는 데 별 의문이 없었다.

대니얼 글레이저는 다음과 같이 회고했다. "BDA는 북한의 불법 행위에 대해 관대한 환경을 제공했다. 많은 악명 높은 북한 관련 회사들이 BDA와 거래하며, 이 은행을 통해 돈세탁을 했으며, 이 은행을 거쳐 현찰을 걸러냈다."

BDA에 관한 정보를 수집하기 위해, 국가안보국NSA(미 국방부 소속 정보수집 기관으로, 도청·감청을 주특기로 한다-옮긴이)에 이 은행의 내부 통신망을 감시하도록 감시 대상에 이름을 올리는 것을 포함해 다양한 수단이 동원됐다.

한 전직 국무부 관리는 다음과 같이 진술했다. "우리는 전 세계의 금융거래를 모니터하기 위해 오랫동안 국가안보국의 매우 정교한 공작을 이용해왔다. 만약 레이저처럼 특정 정치체, 특정 은행, 또는 특정 컨소시엄에 초점을 맞추면, 국가안보국은 실제로 우리가 분석할 수 있는 것보다 훨씬 많은 정보를 빼낼 수 있었다. 그것은 그냥 흘러들어온다. 그들은 온갖 정보를 얻어낼 수 있다. 그것이 바로 그 정교함에서 나온다."

BDA를 추적하는 재무부에게는 또 다른 신무기가 있었다. 9·11 이후 채택된 미국 애국법Patriot Act이 바로 그것이었다. 이 법의 제311절은 재무부가 용의선상에 있는 해외 금융 기관을 '돈세탁 우려 대상'으로 지정할 수 있도록 했다. 이렇게 지정된 은행은 사실상 미국 금융망으로부터 차단되며, 이는 미국과 사업상의 거래 관계가 있는 예금주에게 문제를 일으키게 된다. 게다가 오늘날과 같이 상호 연결된 세계에서, 이 같은 지정은 표적이 된 계좌를 보유한 국가를 세계의 부랑자로 만들 수 있다. 다른 금융 기관들이 미국의 블랙리스트에 오른 자들과 계속 거래했다가 미국의 금융망과 맺은 자신들의 관계마저 위태롭게 만들려 들지는 않을 것이기 때문이다.

2005년 한여름이 될 때까지, 새로운 6자 회담 시기가 다가오면서 재무부와 그 협력 기관들은 BDA를 '돈세탁 우려 대상'으로 지정하기에 충분한 정보를 확보했다고 판단했다. 물증은 FBI가 벌인 두 건의 기습 작전, 즉 '스모킹 드래곤Smoking Dragon'과 '로열 참Royal Charm'에 의해 보강되었다. 둘 다 똑같은 비밀공작을 통해, 마약업자와 무기 판매상으로 가장한 요원들이 미국 동부 연안과 서부 연안을 무대로 위폐와 위조 담배, 위조 비아그라, 무기 등을 미국에 들여놓는 일을 벌이는 중국계 범죄 조직에 침투했다.

수사는 마침내 수십 명의 용의자 체포, 1백 달러 위조지폐 450만 달러어치 압수라는 개가를 올렸다.[4] 2005년 6월 발부된 중국인 네 명에 대한 로스앤젤레스의 기소장은 밀수업자들, 그리고 기습 작전이 어떻게 작동하는지에 대해 생생한 정보를 전해준다. 금융 거래의 세부 내용과 범법 국가들의 명단은 공개되지 않았지만, 잠정적인 상황 재구성은 가능하다.

기소장에 따르면, 피고 차오퉁우는 "비밀요원에게, 자신은 위조 미화의 미국 수출 문제와 관련하여 한 외국(이하 '국가 1')에서 기소되지 않은 공모자를 만났다고 진술"했다.[5] 여기서 정체 미상의 '국가 1'은 중국으로 보인다.

차오퉁우는 "비밀요원에게, 한 외국(이하 '국가 2') 정부가 위조 미화를 제조하고 있는데, 그것을 비밀요원에게 팔 수도 있다"라고 말했다.[6] 여기서 '국가 2'는 북한으로 보인다.

2005년 3월, 차오퉁우는 대금 액수를 논의하기 위해 비밀요원을 만났으며, 돈은 단지 '국가 6'으로만 알려진 또 다른 외국으로 송금해줄 것을 요구했다. 기소장에 따르면, "이 비밀요원은 국가 6의 한 계좌로 2만 5천

달러를 송금했으며 (……) 이는 슈퍼노트를 국가 1로부터 미국으로 운반하는 대금"이었다.[7]

이 사건이 알려지고 난 뒤 가진 배경 설명에서, 미국 관리들은 위조 달러의 공급원을 북한이라고 밝혔으며, 《뉴욕 타임스》에는 돈이 결국 마카오의 BDA로 갔다고 말했다.

《뉴욕 타임스》는 다음과 같이 보도했다. "수사 결과는 뱅코델타아시아를 포함, 마카오 은행들에 중대한 의미를 지녔다. 수사 결과를 검토해본 미국 관리에 따르면, 이 은행들은 중국 영토를 경유하는 불법 금융 거래의 존재를 보여주는 강력한 증거물로서, 법정에 제출해도 될 정도였으며, 은행들을 돈세탁 사업체로 지정하기 위한 검증도 통과할 만큼 강력했다."[8]

그러나 관료 사회의 모든 구성원이, BDA에 대한 증거가 북한 정부와의 관련성은 말할 것도 없고, 북한인 개인을 기소할 만큼 강력하다고 믿는 것은 아니었다. 회의론자들에는 실제로, 한국 데스크 과장인 제임스 포스터와 한국 데스크 북한팀의 책임자를 포함한 대부분의 직원들, 수에 브렘너Sue Bremner, 국무부 정보 파트의 베테랑 정보 분석관 존 메릴John Merrill, 정보조사국, 정책기획실의 오랜 아시아 전문가인 로버트 매닝Robert Manning, 그리고 국무부 내의 다른 직원들에 이르기까지 국무부의 핵심 한국 전문가들이 모두 포함되어 있었다.

회의론자들은 재무부가 BDA에 두고 있던 혐의를 입증할 상세한 정보를 요구했으나, 실제로 설명 받은 부분에 대해서 여전히 만족스러워하지 못하고 있었다.

재무부의 결론에 이의를 제기했던 한 인사는 다음과 같이 언급했다. "솔직히 말해, 그들은 아무것도 내놓지 못했다. 아무리 돌이켜봐도 내가 얻었던 것은 애매한 혐의뿐이었다. (……) 요컨대, '어쨌든 우리는 북한이 온갖 유형의 활동을 벌이고 있으며, 그 사실 자체가 그들에게는 매우 분명한 경고를 보낸다는 것이었다."

북한이 BDA에 계좌를 가지고 있다는 사실과는 별개로, 회의론자들은 돈세탁과 위조, 특히 위조로 벌어들인 자금을 금융 기관에 입금했다는 증거가 충분치 못하다고 주장했다.

한 비판자는 말했다. "그것은 이라크 내의 핵무기 논란과 흡사했다. 핵무기는 거기 없었다."

크리스토퍼 힐은 회의론자들과 어느 정도 생각이 같았다. 그러나 국가안보회의, 백악관, 그리고 재무부로부터의 압력은 가차 없었다. 마침내 힐은, 강경파의 주장에 동의하는 것 외에는 달리 선택의 여지가 없다고 판단했다. 그렇지 않으면 행정부 내에서 자신의 위상을 두고 모험을 걸어야 하는 상황이었던 것이다.

그는 제임스 포스터와 그의 차석인 조지프 디트라니와의 회의에서, '결국, 이 문제는 법 집행에 관한 문제'라고 말했다.

포스터는 다음과 같이 되받아쳤다. "크리스, 이것은 법 집행 문제가 아닙니다. 이것은 순전히 단순한 공갈일 뿐입니다. 우리에게 역풍이 불 겁니다. 북한은 회담장을 떠나게 될 것입니다."

힐은 대답했다. "그렇더라도, 우리는 이것을 해야만 하오. 나는 우리 측의 신뢰성을 지켜야만 한단 말이오. 내 협상 재량권을 잃어버리더라도 말이오."

공식 입장은 미국의 조치가 법 집행에 불과하다는 것이었지만, 강경파들은 이 같은 조치를 대북 외교의 가능성에 흠집을 내는 한편, 이를 위한 기회를 잡거나 북한의 내부 붕괴를 촉진하려는 유혹이 컸다. 2005년 9월 8일, 미 재무부가 BDA를 '돈세탁 우려 대상'으로 지정한 사실에 대해 아직 발표는 하지 않았으나 준비를 마친 상황에서, 이 내용이 《월스트리트 저널》에 새어 나갔다.

크리스토퍼 힐은 이 보도가 나간 시점에 대해 격노했다. 그에게는 처음부터 내용이 아니라 누가, 왜 그런 사실을 누설했는지가 의혹의 대상이었다.

처음부터 이 문제에 관여했던 한 전직 관리는 "네오콘이 BDA를 잡았다"고 말했다. 정보 분야에 오랜 경험이 있는 한 관리는, "누군가가 다른 협상 통로의 신뢰감을 떨어뜨리기 위해 누설했다"라고 덧붙였다.

누가 누설의 근원이었는지는 현재까지도 불분명하지만 어쨌거나 2005년 9월 15일, 베이징에서 6자 회담이 재개된 이틀 뒤, 즉 크리스토퍼 힐이 회담의 교착 상태를 타개하기 위해 혼신의 힘을 기울이고 있던 바로 그 무렵, 재무부는 BDA에 대한 '돈세탁 우려 대상' 지정을 공식화했다. "BDA는 미국 애국법 제311절 상의 '돈세탁 우려 대상'으로 지정됐으며, 그 이유는 이 은행이 돈세탁 및 기타 금융 범죄 상의 용인할 수 없는 위험이 되기 때문"이라는 것이었다.[9]

이 같은 사실을 발표하면서 재무부의 테러리즘 및 금융 정보 담당 차관 스튜어트 레비는 다음과 같은 BDA의 범죄 행위를 비난했다.

- 지난 20년간, 북한 정부 기관과 유령 회사에 범죄 행위 관련 서비스를 포함해 금융 서비스 제공.
- 북한 기관원들의 수백만 달러 비밀 현금 예금 및 인출 지원.
- 미국 달러 위조 화폐를 비롯, 조선민주주의인민공화국 관리들의 대규

모 현금 예금 수령에 협력하고, 해당 화폐의 유통에 동의.

- 북한 유령 회사를 대신해 범죄 혐의 행위와 관련된 수백만 달러의 전신 송금을 위해 수차례 편의 제공.
- 신원 확인된 국제 마약 밀수업자를 대신해 수백만 달러의 계좌 서비스 제공.[10]

혐의 내용은 광범위하고 죄질도 나빴으나, 발표 내용에는 특정 이름과 날짜, 혹은 다른 구체적인 증거가 하나도 없었다.

베이징에서 이 소식을 들었을 때 힐은, 언론 폭로 때와 마찬가지로 발표 시점이 과연 정치적인 동기에 의해서 계산된 것인지 확신할 수는 없었지만, 이 같은 발표가 협상을 어렵게 하지 않을까 우려했다. 그러나 북한 측은 아무 말도 없었다. 이 사건에 대한 평양 측의 파장은 훗날 6자 회담이 끝난 뒤 나왔다.

그러나 마카오에서 이 사건의 파장은 즉각적이었다. 발표는 마카오 시각으로 목요일 밤에 나왔다. 9월 16일 금요일 아침, 재무부 발표에 불안해진 수천 명의 예금주들이 BDA 지점 여덟 곳에 예금을 인출하기 위해 몰려들었다. 그것은 고전적인 예금 인출 사태였다. 이 은행 전체 자산의 3분의 1에 달하는 약 1억 3천 3백만 달러가 단 하루 만에 빠져나갔다. 24시간 안에, 마카오 정부가 개입해 은행의 운영을 위해 3인으로 구성된 위원회를 임명했다. 곧 이어 마카오 당국은 BDA에 있는 2천 5백만 달러짜리 북한 계좌를 동결했다.

9·19 선언 서명 뒤 크리스토퍼 힐은 외교적 진척의 발판이 드디어 마련되었다고 조심스럽게 낙관하며 베이징에서 비행기에 올랐다. 그러나

워싱턴의 덜레스 공항에 도착했을 때, 그는 상황이 변했음을 발견했다. 그가 아직 비행기에 타고 있을 때, 북한은 만약 경수로를 공급 받지 못할 경우 비핵화는 불가능하다는 성명을 발표했다.

힐은 두 가지 느낌이 들었다. 한편으로 그는 그와 같은 요구가 북한이 툭하면 내뱉는 전형적인 것으로 무시되어야 한다고 생각했다. 그러나 그는 또한 북한의 발표가 부시 행정부 내에서 자신의 입지를 해치고, 북한이 자신이 이제 막 믿기 시작한 그대로 협상에 진지하게 임할 것이라고 강경파를 납득시키는 일을 더욱더 어렵게 만들지나 않을까 우려했다.

힐은 2005년 가을 평양을 방문해 베이징에서의 협상 진전 내용을 확대시키기를 원했다. 한국의 관리들은 이를 강력하게 지지했으며, 북한 측도 그의 방문을 환영할 참이었다. 힐은 정치적으로 자신을 보호하기 위해, 북한에 제이 레프코비츠Jay Lefkowitz를 데려갈 생각이라고 말했다. 레프코비츠는 2005년 8월, 부시 대통령에 의해 미국의 북한 인권 특사에 임명되었다. 이는 2004년 10월 통과된 북한인권법상 의회에 의해 지정된 직책이었다. 국무부가 인권 특사의 설치는 대북 외교 작업의 전망을 복잡하게 만들 수 있다고 경고함에 따라 백악관은 10개월간 그 자리를 공석으로 놔두었다. 기독교 집단의 압력에 따라 행정부는 마침내 빈자리를 채웠다.

레프코비츠는 철저한 네오콘이었다. 변호사이자 《코멘터리》와 《퍼블릭 인터레스트》 등 네오콘 간행물의 정기적인 기고가이기도 했던 그는 2001년부터 2003년까지 백악관의 예산관리처에서 일했으며, 그 뒤 뉴욕으로 돌아가 케네스 스타Kenneth Star가 운영하는 법률 회사 커크랜드에서 변호사 일을 재개했다. 케네스 스타는 1990년대 빌 클린턴 대통령과 그의 부인 힐러리에 대한 화이트워터 수사를 진두지휘했던 인물이다.[11] 레프코비츠는 독실한 유대인으로, 그의 매부 마이클 호로비츠Michael Horowitz는 허드슨 연구소에 적을 둔 우파 진영의 저명 인사였으며 북한 인권 실상에 대한 비판을 주도했던 핵심 인사였다. 흥미롭게도 레프코비츠 또한 인권 문제에 대해 북한을 압박하는 가장 강력한 후원 그룹인 기독교 보수파와 부시를 연결해주는 연락책이었다.

그의 대북 인권 특사 임명은 부시 행정부에서 나온 또 하나의 혼란스러운 신호였다. 평양의 인권 남용 실태는 경악할 만한 것이었으며, 이 문제에 대한 대통령의 견해 또한 의심의 여지가 없었다. 부시는 심지어 2005년 초여름, 탈북자로서 어린 시절의 수용소 생활을 그린 회고록 『평양의 수족관: 북한 수용소에서 보낸 10년The Aquariums of Pyongyang: Ten Years in the North Korean Gulag』의 저자 강철환을 백악관으로 초대해 대대적으로 보도된 모임을 열기도 했다. 그러나 대북 특사 직의 신설을 밀어붙인 보수 연합 측은, 대북 협상의 핵심 요소로서 김정일 정권의 정통성을 미국이 인정할 수 있는 방법을 찾는 작업이 크리스토퍼 힐에 의해 주도되던 정확히 바로 그 시점, 북한의 정권 변동을 지지하는 입장이었다.

다소 놀랍게도, 9월 중순 대북 인권 특사로 인준된 뒤 첫 번째 공식 논평에서, 레프코비츠가 북한에 대해 '20만 명을 노동 수용소에 가두었으며,' 이들은 '고문, 기아, 질병 그리고 무방비 상태'에 놓여 있다고 비판했음에도, 북한은 힐의 레프코비츠 대동을 수락했다.[12]

그러나 북한 방문 아이디어는 국방부, 국가안보회의, 그리고 협상 전망에 대해서는 물론 힐 자신에 대해서도 상당한 의구심을 갖고 있던 부통령실의 강력한 반대에 부딪쳤다. 이들의 반감을 반영하는 사례의 하나로, 행정부 내 힐의 비판 세력들은 차관보의 새 별명을 만들어냈다. 그들은 힐을 '김정힐Kim Jong Hill'로 불렀다.

미 국방부의 한 관리는 다음과 같이 말했다. "우리는 자기선전의 웃음거리가 되고 말았다. 우리는 솔직히 말해 또 한 번의 매들린 올브라이트식 방북 이벤트를 원치 않았다. 우리는 힐이 그곳에 가면 매들린 올브라이트 꼴이 되어, 경기장으로 안내되어 함성을 지르는 군중 속에 끼거나 매스 게임을 보게 될 것이라고 생각했다. 우리는 북한이 그를 통해 장관을 연출하기를 원치 않았으며, 당시 북한이 여전히 핵 프로그램을 폐기하겠다는 진지한 의도나 성실성을 보여주지 않은 상태에서 북한을 방문하는 것은 적절치 않다고 생각했다."

이와 더불어, 콘돌리자 라이스 또한 전체 과정상 당시의 국면에서 평양 방문의 가치에 대해 회의적인 태도를 보였다. 그녀는 힐에게, "본인을 너무 값싸게 팔지 말라"고 했다.

이런 이유로 얼마 지나지 않아 북한에 새로운 전제 조건이 추가됐다. 만약 힐이 방북한다면, 평양은 영변 원자로 가동을 중단하는 한편, 힐이 현장에 가야 한다는 것이었다. 이 아이디어가 강경파로부터 스스로를 보호하려는 힐 자신에게서 나온 것인지, 아니면 부통령실에서 강요한 것인지는 지금까지도 확실치 않다. 인터뷰 대상자들은 두 가지 가능성을 모두 제기했다. 그러나 어느 경우가 됐든, 그 요구는 미국 관리의 짧은 방북에 대한 대가로 북한에 핵심 협상거리 중 하나인 원자로의 가동을 중단하라는 것을 뜻했다. 당연하게도, 평양은 '노'라고 말했으며, 힐의 방북은 성사되지 못했다.

외교가 정체 상황에 빠진 가운데, 힐은 점점 자신감을 잃어갔다. 베이징에서 돌아온 뒤 그는 부시 대통령과 마주할 기회를 얻었다. 힐은 대통령이 적어도 몇 마디쯤은 치하나 격려의 말을 해줄 것으로 생각했다. 그러나 부시는 힐의 노고에 대해 입을 다물었다. 10월 중순, 라이스는 '격려의 말'을 전하기 위해 그를 불러들였다.

라이스는 그에게 말했다. "북한과 협상하려는 것에 반대하는 사람들은 신경 쓰지 마세요. 그들은 한 팀에 속해 있잖아요."

힐은 대답했다. "바로 그게 문제예요. 그들이 한 팀에 속해 있다는 것 말입니다."

그해 가을, 힐은 여러 번 사직할 것을 진지하게 고려했다.

한편, 오랫동안 안에서 타들어가던 긴장 관계가 2005년 가을 연례 한미 국방장관 회담에서 끓어올랐다. 몇 주 동안, 미국과 한국의 관리들은 공식 성명의 문안을 놓고 작업해왔다. 현재와 미래 동맹 관계의 목표를 구체적으로 설명하기 위한 연례 작업이었다. 공식 회담이 시작되기 바로 전날 밤, 한국 협상단은 노무현 대통령의 좌파 성향 안보보좌관 이종석의 지시 아래, 한국이 미국의 핵우산 아래 놓여 있다는 언급을 삭제하고자 한다는 뜻을 미국 측에 전해왔다. 한 한국 관리에 따르면, 이종석의 논리는 '북한이 한반도에서의 핵우산이 제거되어야 한다고 주장하는 마당에, 왜 우리가 북한을 자극해야 하는가?'라는 것이었다.

이 요구는 미국 측을 격분시켰다. 몇 시간에 걸친 난상 토론 끝에, 미국의 아태 사무 담당 국방 부차관 리처드 롤리스는 단호하게 이를 거부했다. 그는 핵우산 언급을 유지하든가, 그렇지 않으면 성명을 발표하지 않겠다고 고집했다. 한국은 물러섰다. 그러나 이 사건은 한미연합사령부 CFC의 구조를 근본적으로 개편하겠다는 노무현 대통령의 돌연한 주장으로 인해 그렇잖아도 악화돼 있던 동맹 관계에 또 하나의 악재로 작용했다. 한미연합사령부는 오랫동안 한미동맹의 중추 구실을 해왔다. 평시작전권은 한국이 가지고 있었지만, 전쟁이 발발할 경우, 두 정부는 한미 연합사를 책임진 장군이 즉각 양국 군이 모두 관계된 통합 작전 사령부의 사령관이 된다는 데 동의했던 터였다. 그런데 2005년 말, 개인적인 소신과 국민적 자존심에 호소해 날로 시들어가던 지지율을 되살리려는 정치적인 계산이 복합적으로 작용한 끝에, 노무현은 전시작전통제권OPCON을 되찾아오는 것은 국가의 자존심과 주권에 관한 문제라고 주장하며, 전시작전통제권의 한국군 이양을 공개적으로 밀어붙였다.

그러나 이 과정에서 노무현은 군내 기득권 세력과 불화를 겪게 됐다. 그들은 전시작전권 이양 조치가 동맹의 효율성을 위태롭게 할 수 있다고 우려했던 것이다. 청와대의 한 전직 관리는 다음과 같이 회고했다. "대통령과 많은 청와대 참모들은 전시작전권 이양을 지지했다. 반면 국방부는 이를 달가워하지 않았으며, 이와 같은 계획이 순수한 군사적 동기보다는 본질적으로 정치적 동기에 의해 너무 빨리 진전되고 있다는 것을 우려했다." 반대가 너무 거세어서 대여섯 명의 전직 국방장관과 고위 군 장성들이 노무현 정책의 위험성을 공개적으로 경고할 정도였다. 군 장성 출신으로 노태우 정부에서 주미 한국 대사를 지냈던 현홍주는 다음과 같이 언급했다. "이와 같은 분위기 속에서, 그리고 노무현 대통령 하에서 만약 전작권 이양이 이뤄진다면, 그 결과는 최악이 될 것이다."

미 국방부에서는, 전작권이 이양되었을 때 한국의 대처 능력에 대한 우려가 있었다. 미국의 한 관리는 다음과 같이 말했다. "한국은 전작권을 보유해본 적이 없기 때문에 알아둬야 할 것이 많다. 한국군은 주한 미군의 능력을 그대로 복제할 수 없다. 한국 측은 더 많은 공격 헬기와 다연발 로켓 발사장치, 고도의 항공 운영 능력, 그리고 C4I, 즉 지휘·통제·통신·컴퓨터 및 첩보 등이 필요하다."

그러나 한반도 주둔 미군의 좀더 포괄적인 재편reconfiguration 작업과 노무현 대통령을 움직인 민족주의 정서를 감안해, 워싱턴에서는 한국의 요구를 들어주는 방향으로 결정이 이뤄졌다. 한국의 국방장관이 공식적으로 럼스펠드에게 이 문제를 제기했을 때, 그는 놀랍게도 다음과 같은 답변을 들었다. "귀측의 계획에 대한 문호는 열려 있다. 우리는 귀측의 계획을 기꺼이 받아들이겠다."

미국의 한 국방부 관리는 다음과 같이 말하고 있다. "한미 모두 정치적으로 유익한 관계를 유지하고 싶다면 전작권은 대한민국이 맡아야 한다. 우리가 장기적인 관점에서 동맹 관계의 유용성을 지속하기 원한다면, 우리가 일하는 방식도 일부 근본적으로 변화시킬 필요가 있다."

한편, 북한과 일본 관리들은 2005년 들어 처음으로 다시 만나 당시 더욱더 논란이 되고 있던 일본인 납치 피해자 문제를 논의했다. 2004년 11월의 마지막 만남에서, 북한은 수십 년 전 북한 요원에 의해 납치된 것으로 잘 알려진 일본 시민 요코다 메구미의 유해라며 유골함 하나를 일본 측에 인도했다. 실종 당시 요코다 메구미는 13세였으며, 1977년 11월 배드민턴 시합을 끝내고 귀가하던 길이었다. 비탄에 빠진 그녀의 부모는 납치 피해자들의 생사에 대해 납득할 만한 설명을 요구하는 운동을 대표하는 얼굴이 됐다. 그러나 유해함 반환 직후, 일본 정부는 DNA 테스트 결과 반환된 유해는 실제로는 메구미의 것이 아닌 것으로 드러났다고 주장했다. 북한 당국의 설명에 의하면 메구미는 1993년 평양에서 자살했다.

북한의 이중성에 대한 냉소적인 반응으로 나타난 일본의 여론은, 북한에 대해 제재 또는 다른 형태의 보복 조치를 요구하는 등 엄청났다. 얼마 뒤, 권위 있는 과학 저널 《네이처》는 일본인 과학자들이 행한 DNA 테스트 방식과 그 결론의 신빙성에 의문을 제기했다. 그러나 이 같은 의문 제기는 평양에 대한 강경책 주장에 묻혀버렸으며, 이 같은 분노의 고조는 2006년 고이즈미 준이치로의 뒤를 이어 총리가 될 예정이었던 아베 신조 당시 관방장관의 지지율을 끌어올렸다.

새롭게 열린 북일 회담은 아무런 진전도 이루지 못했다. 일본 관리들은 납치 문제가 해결되지 않는 한 양국 간 관계 정상화는 가능하지 않다고 주장했지만 북한 측은 협조적인 태도를 보이지 않았다. 도쿄의 관리들은 6자 회담이 재소집될 경우 이 문제를 다루겠다고 다짐했다.

2005년 11월의 새로운 6자 회담 라운드는 겨우 사흘간에 그쳤으며 아무것도 이루지 못했다. 6자 모두 과거의 입장에 얽매여 꿈쩍을 하지 않았다. 미국은 다시 북한 측의 핵 연료 생산과 원조의 교환 제의를 거부했다. 오히려 크리스토퍼 힐은 평양에 영변 핵시설의 폐쇄를 요구했다.

그다음, 국무부 관리들이 우려했던 대로, 북한은 BDA에 대한 미국의 제재 문제를 제기했다. 북한 특사 김계관은 화를 내며, 제재가 해제되지 않으면, '핵 문제 논의는 불가능해질 것'이라고 경고했다. 김계관은 미국의 움직임이 '기본적인 신뢰의 결여'를 드러냈다고 말했다.[13] 평양의 시각에서는, 양국이 '상호간의 주권을 존중하고, 평화롭게 함께 존재하며, 관계 정상화 조처를 취해나간다'는 9 · 19 선언에도 불구하고, 미국의 강경파들은 BDA 문제와 북한의 국가적 존립을 해치기 위한 다른 제재 조치를 이용해 자기네 주장을 강화하고 있었다.

상호 입장 교환은 어려웠다. 한 보도는 회담이 '너무 긴장되어 다른 협상 대표들은 거의 대화를 할 수 없을 지경'이었다고 전했다.[14] 이때의 라운드는 다시 만나자는 애매한 동의만 남기고 폐막됐다. 회담 기일도 못박지 못했다. 폐막 직후 북한 외교부는 성명을 통해 다음과 같이 선언했다. "미국은 협상을 통한 핵 문제 해결을 주장하고 있지만, 실제로는 우리를 고립시키고 압박해 '체제를 붕괴'시키려 하고 있다. 조선민주주의 인민공화국이 '체제를 붕괴'시키려는 측과 협상 테이블에 앉아 체제를 지키기 위해 증강시킨 핵 억지력을 폐기하는 문제를 논의한다는 것은 어불성설이다."[15]

분위기는 오직 크리스토퍼 힐만이 할 수 있는 타협적인 제스처와 관련한 오해가 빚어지면서 더욱더 험악해졌다. BDA에 대한 조치는 전적으로 양자 간의 문제였기 때문에, 김계관은 힐에게 이를 풀기 위한 양자 협상이 필요하다고 말했다. 이에 대해 힐은 미국 관리들은 제재 조치를 작동시킨 미국 법에 대해 북한에 설명을 제공할 용의가 있다고 말했다. 이를 BDA 제재를 포함해 모든 문제에 대한 양자 논의를 열 수 있다는 뜻으로 받아들인 김계관은 평양으로 돌아간 뒤 12월 초순 워싱턴을 방문할 계획을 세웠다. 그러나 미 행정부의 강경파들은 북한과의 그 어떤 양자 회담도 반대했다. 11월 말, 김계관의 차석 리근이 재무부의 '기술적' 설명을 위해 초청받기는 했지만, 김계관에 대한 초청은 '취소'되었다. 북한 측은 미국이 약속을 깨뜨렸다고 생각했고, 이에 따라 모든 방문 계획이 없던 일로 됐다.[16]

뱅코델타아시아를 '1차 돈세탁 사업체'로 지정한 데 이어, 이번에는 BDA 내 50개 북한 계좌에 대한 마카오 정부의 압류 조치가 잇달았다. 이 가운데에는 북한 은행과 무역 회사, 북한 국적의 개인, 북한 단체와 사업하는 마카오 주재 회사들, 그리고 일부 마카오 거주민이 들어 있었다.

미국 측 요구에 대응하여, 마카오 정부는 회계 회사 언스트 앤 영Ernst & Young을 고용하여 BDA에 대한 감사를 벌이도록 했다. 언스트 앤 영은 30만 쪽에 달하는 자료들을 수집했다. 이 은행이 가진 사실상 모든 거래 전표였다. 미국의 지정이 해제되기를 바라며 마카오 정부는 언스트 앤 영이

30만 쪽에 달하는 이 자료들을, 평양에 대한 금융 압박을 강화하는 데 앞장서온 미국 재무부에 제출할 수 있도록 허가했다.

미국의 조치는 엄청난 효과를 거두었다. 북한은 '상당히 많은 외환액 꾸러미를 BDA 바구니에 넣어둔 상태여서' 거래 차단 조치에 특히 취약했다고 한 애널리스트는 지적했다. 더욱이, 다른 해외 기업과 은행도 북한과 합법적인 거래조차 진행하기를 꺼렸으며, 합법적인 경우라도 북한과 관련됨으로써 미국으로부터 불법 행위 연루 혐의를 받을 경우, 또는 미 금융 기관으로부터 차단 당할 경우 감수하게 될 위험을 우려하여 북한과 거래 관계를 끊기 시작했다. 미국 관리들은 노골적으로 이를 부추겼다. 재무부 관리들은 마카오, 홍콩, 베트남, 싱가포르, 중국 등지를 방문해 현지 은행들에게도 대북 거래 관계를 끊으라고 재촉했다. 또한 재무부는 미국의 모든 금융 기관에 대해 북한과의 접촉을 초래할 수 있는 어떤 거래도 방지하라는 경고성 권고를 발표했다. 재무부의 스튜어트 레비는 미국의 노력이 '점점 더 눈덩이가 되더니 마침내는 눈사태 효과가 나타는 것'을 만족스러운 듯이 바라보았다.[17] 외부 세계가 모두 북한을 피하면서 북한의 국제적인 사업 능력은 심한 부담을 받았다.

강경파 핵심들에게 금융 압박은 예상했던 것보다 훨씬 더 효과적인 것으로 보였으며, 이는 다시 북한에 정권 변동을 초래할 무기가 될 수 있다는 희망에 불을 붙였다.

국무부 군축 담당 차관 로버트 조지프는 다음과 같이 말했다. "북한은 범죄 기업이다. 우리는 변화를 볼 필요가 있다. 이는 단순히 핵 문제에만 그치지 않는다. 허약한 정권 그 자체다. 그것은 북한에 구명줄을 던져주지 말아야 한다는 주장이다."

많은 미국 관리들은 평양의 불법 행위 연루가 상당히 광범위해 '합법적인 거래' 따위는 아예 없다고 믿었다. 데이비드 애셔가 말한 것처럼, "북한은 행동, 태도, 산하 기관 들 모두가 점점 정상적인 국가라기보다는 범죄 조직 가문을 닮은 '소프라노 국가'가 되었다"는 것이다.[18]

2005년 8월 내가 평양을 찾았을 때, 북한에 살고 있는 극소수 외국 기업인 중 한 사람인 나이젤 코위Nigel Cowie는 평양에 새롭게 문을 연 개인 식당으로 나를 데려갔다. 코위는 대동신용은행의 총지배인으로서, 이 은행은 북한의 유일한 외국계 소유 은행이자 은행의 운영을 책임진 합작 기업이었다. 1995년 홍콩의 페레그린 금융그룹에 의해 설립된 대동은, 1997년 아시아 금융 위기 때 페레그린이 무너졌음에도, 평양의 작은 외국인 사회에서 유일하게 이용 가능한 은행이 됐다. 대동의 고객 2백 명은 해외 원조 기관, 해외 자금 공급을 받는 합작 투자 프로젝트, 그리고 일부 개인 외국인 거주자 들을 포함했다. 뱅코델타아시아에 동결된 전체 2천 5백만 달러에 이르는 52개 계좌 가운데, 7백만 달러가 대동은행에 속해 있으며, 여기에는 북한에 담배 공장을 세운 브리티시아메리칸 담배회사의 260만 달러도 포함되어 있었다.

북한의 추잡한 거래에 대한 오랜 의구심을 감안해, 코위는 대동은행의 경우는 합법적인 거래만 한다는 점을 강조하려고 애썼다. 미 재무부가 BDA를 돈세탁 은행으로 지정한 이후, 그는 대동은행의 사업이 북한의 다른 많은 합법적 회사들처럼, 미국의 조치로 인해 크게 손해를 보았다는 점을 되풀이 강조했다. 그는 또 훗날 미국의 그 같은 제재 노력의 범위가 어디까지 미치는가를 보여주는 한 사건을 회고하는 기고문을 써낸 적이 있다.

2005년 말, 대동은 몽골의 골롬트 은행에 계좌를 개설했다. 2006년 2월, 대동은 새 계좌에 미화 1백만 달러, 엔화 2천만 엔을 넣기 위해 직원을 보낸 바 있다. 북한에서는 현금 사용이 보편적이라고 코위는 말했다. 북한의 오랜 국제적 고립, 신용 획득 능력의 부재, 원시적인 금융 체제는 곧 현대적인 금융 수단을 거의 쓰지 않는다는 것을 뜻했다(이와 같은 사실은 내가 1980년대 말부터 북한을 방문하기 시작하면서 직접 경험한 것이기도 하다. 우리 CNN 팀은 항상 호텔 체재비, 위성 사용료, 기타 요금을 지불하기 위해 막대한 달러를 가지고 들어갔다. 신용카드나 수표, 또는 전신환 송금을 이용한 대금 지불은 어느 것도 대안이 되지 못했다).

울란바토르 공항에 도착했을 때, 대동 측 직원은 위조 화폐의 밀수 혐의로 몽골의 정보 요원에 의해 구금되었다. 코위는 몽골의 수도로 급히 달려가 상황을 해결하려고 했다. 당시 대동 측 현금에 대한 추가 조사를 끝낸 뒤에야 몽골 측이 화폐를 돌려주어 골롬트 은행에 예치할 수 있었다. 코위는 몽골 측이 미국 관리들의 권고에 따라 움직였다고 밝혔다.[19]

2006년 새해는 9 · 19라는 획기적인 전환의 약속이 점점 가물거리는 기억이 되면서 시작됐다. 외교 과정을 되살리려는 노력으로, 중국은 1월 18일 크리스토퍼 힐과 김계관 사이의 베이징 회담을 주선했다. 이 제안은 김정일의 일주일 일정의 중국 방문에서 나온 것이다. 중국 국가주석 후진타오와의 회담에서 김정일은 협상의 '어려움'에 대해 토로했지만, "한반도 비핵화, 6자 회담 제4라운드에서 발표된 공동성명의 이행, 협상을 통한 핵 문제의 평화적 해결 추구에 대한 조선민주주의인민공화국의 기본 입장에는 변화가 없다"라고 강조했다.

미국이 중국 측 초청을 받아들인 것은, 워싱턴에서 초청을 받아들이길 원하는 힐과 그의 지지자들, 그리고 중국 측이 참석하는 회담조차 받아들여서는 안 된다는 강경파들 사이에 또 한 번의 내분을 촉발시켰다. 결국 최종 결정은 전적으로 백악관의 몫이 되었으며, 부시 대통령은 힐의 회담 참석을 승인했다. 힐은 이때가 북한 문제를 다룬 그의 전체 경력에서 최저점 중 하나라고 생각했다. 그러나 부시가 자신의 손을 들어줬다는 사실은, 공격적인 언사와 북한에 대한 본능적인 혐오에도 불구하고 대통령이 핵 위기를 외교적으로 해결하겠다는 생각을 버리지 않았음을 보여주는 신호였다. 그러나 대화파와 강경파 양측 간의 커다란 입장 차이에 비춰볼 때, 베이징에서의 짤막한 3자 회담이 별 성과를 거두지 못할 것은 거의 자명했다.

리언 시걸은 우려가 깊어졌다. 외교가 속수무책인 가운데, 뉴욕을 중심으로 활동하는 이 북한 전문가는 대화의 부재가 위험하다고 느꼈다. 2월 초, 그는 전미외교위원회의 도널드 자고리아와 뉴욕에서 또 한 번의 트랙Ⅱ 회의를 조직하기 위해 노력했다. 북한의 유엔 대표부 부대표 한성렬이 2명의 국무부 중간 간부급 관리를 포함해 대여섯 명의 미국 전문가, 학자 들과 함께 비공식 브레인스토밍 회의를 갖도록 초청받았다.

한성렬은 6자 회담의 주요 장애물이 BDA 문제라고 즉각 언급했다. 시걸은 두 나라가 금융 조치와 북한의 불법 행위 모두를 논의하기 위한 '양자 메커니즘'을 설치할 것을 제안했다. 한성렬은 관심을 표시했다.

한성렬은 '그러나 그것은 우리 돈이다'라고 주장했다. 아울러 '만약 워싱턴이 우리 돈이 불법적으로 얻은 것이라는 증거를 갖고 있다면 미국은 그것을 공개해야 하고 평양의 협조를 요청해야 할 것'이라고 덧붙였다.

시걸은 미국이 합법적인 무역 절차까지 묶어둘 생각은 없음을 인정했지만, 평양이 그 계좌들이 합법적인 절차를 통해 운영되어왔다는 점을 입증하지 않는다면, 돈을 돌려받을 수 없게 될 것이라고 강조했다.

이에 대해 한성렬은, 문제를 해결할 수 있는 한 가지 방법은 북한이 시티뱅크와 같은 미국 금융 기관 계좌를 개설하는 것이라고 말했다. 그편이 미국에게 북한 자금을 감시하는 데도 수월할 뿐 아니라, 북한 자금이 합법적인 방법으로 사용되고 있음을 입증하는 데도 도움이 된다는 것이다.

시걸과 몇몇 다른 참석자들은 이 제안이 검토할 만한 가치가 있다고 생각했다. 토론은 만약 6자 회담이 재개된다면, 또 재개될 때 무슨 일이 일어날 것인가에 대한 화제로 넘어갔다. 질문에 대한 응답으로, 한성렬은 핵 시설을 동결시키겠다는 평양의 제안이 여전히 협상 테이블 위에 있다는 점과, 현 위기의 출발점인 플루토늄 일부가 2003년 재처리되었다는 점, 그리고 국제 사찰을 받을 수 있다는 점을 시사했다.

부시 행정부가 동결만으로는 충분치 못하다고 지속적으로 말해왔으므로, 한성렬은 다른 단계를 고려하도록 압력을 받았다. 가령 핵 시설과 핵 물질의 리스트를 제공하거나 일부 분열 물질의 경우 국제 사찰을 받는 일, 영변 핵 단지에서 작전을 재개할 수 없도록 추가적인 조치를 취하는 것 등을 들 수 있다.

그 대가로 북한이 원하는 것은 무엇인지 질문을 받자 한성렬은 테러 지원국 명단에서 북한을 빼줄 것과 미국의 모든 제재가 해제되기를 원한다고 말했다.

휴식 시간에, 국무부 관리는 워싱턴의 힐 또는 그의 측근 중 한 사람과 전화를 연결해 북한 특사가 말한 내용에 대한 현장의 반응을 전달했다.

이 회의에 이어 북한은 미국의 제재에 대해 설명하겠다는 미국 측 제안을 받아들이기로 했으며, 그 결과, 3월 북한 외무성 미주국장인 리근이 뉴욕으로 파견되었다.

그러나 워싱턴에서는 누가 리근을 만날지에 대해 또 한 번 다툼이 벌어졌다. 두 사람 모두 강경파 진영의 가장 적극적인 멤버들인 국가안보회의의 비확산 전문가 존 루드와 안보 부보좌관 J. D. 크라우치는 회담의 가치에 대해 회의적이었으며, 국무부 측이 설명회에 참석하는 것을 원치 않았다. 힐은 이를 반박했으며 마침내 라이스 국무장관을 설득해 힐의 측근이지만 북한을 상대한 경험이 전무한 동아시아 담당 선임 부차관보 캐슬린 스티븐스Kathleen Stephens를 보내기로 했다. 힐과 한국 데스크 제임스 포스터 과장, 그리고 6자 회담에 실질적으로 참여해온 다른 인사들은 참석이 허락되지 않았다.

2006년 3월 7일, 설명회는 3시간 동안 열렸다. 미국 측 발언의 대부분은 미국 재무부 부차관보인 대니얼 글레이저에 의해 행해졌다. 리근이 발언할 차례가 되자, 북한 측은 같은 달 앞서 있었던 트랙 II에서 제기된 일부 핵심 아이디어를 포함시켰다. 리근은 예상대로 어떤 잘못도 부인하며 제재의 해제를 요구하면서도, 한편으로는 북미 간 공동 태스크 포스 팀을 구성해 문제를 검토할 것을 제안했으며, 북한이 미국 은행에 계좌를 개설할 수 있도록 해줄 것을 요구했다.

이 제안은 북한이 교착 상태에서 벗어나기 위한 체면치레를 찾고 있다는 신호 직후에 나왔다. 리근이 뉴욕을 향해 출발하기 직전, 북한 외무성 대변인은 조선중앙통신에서 다음과 같이 주장했다. "우리는 이미 미국 측에 국제 문제인 '위조 달러' 문제를 해결하기 위한 노력에 협력할 뜻이 있다고 밝혔으며, 미국에 공화국이 정상적인 국제 금융 활동에 참여하지 못하게 할 것이 아니라 협력하게 할 것을 촉구했다. 만약 미국이 진심으로 자국 화폐의 보호에 관심이 있다면, 미국은 억지를 부리는 방식으로 '위조 달러' 문제를 공화국과 연결시키려는 무모한 행위를 중단하고, 빠른 시일 안에 공화국에 대한 금융 제재 조치를 해제하며, 정상적인 은행 거래에 상호 협력하는 길을 택해야 할 것이다."[20]

당연하게도 리근의 제안은 긍정적인 반응을 얻지 못했다. 공동 태스크포스 팀의 발상은 6자 회담 바깥에서의 양자 협상 금지라는 미국의 방침을 회피하기 위한 북한의 또 다른 술수로 비쳐졌다. 미국의 한 고위 관리가 지적했던 것처럼, 리근은 기본적으로는, '입 닥쳐'라는 말을 들은 것이다.

그럼에도 불구하고 리근의 뉴욕행은 중대한 전기가 되었다. 헨리 키신저가 북한 문제에 진지하게 개입하기 시작한 순간이 된 것이다. 설명회가 있기 하루 전, 도널드 자고리아는 또 다른 트랙 Ⅱ 회의를 주최한 바 있는데, 바로 이때 헨리 키신저가 참석했다. 전 국무장관 키신저는 조용히 백악관의 고정 방문객이 되었고, 그의 목소리는 조지 W. 부시에게 상당한 무게감을 주었다. 리근과의 대화에서 키신저는 북한 이슈를 좀더 포괄적인 지역 문제의 맥락에 놓았다.

키신저는 북한 특사에게 다음과 같이 말했다. "당신네는 미국과 새로운 관계를 원하고 있다. 우리는 당신네가 핵무기를 폐기하기를 원한다." 키신저는 양측에 BDA 제재와 같은 곁가지 문제에 몰두하기를 중단하고 좀더 폭넓은 동북아 안보 질서 구축 문제의 일환으로서 핵 문제를 어떻게 해결할 것인지에 대해 대화를 시작해야 한다고 촉구했다.

키신저는 리근이 행한 발언 가운데 일부 건설적인 요소가 있는 것으로 생각한다고 말했다. 전 국무장관은 미국이 원하는 것은 동북아의 모든 국가들이 미국과 그리고 다른 나라들과 건설적인 관계를 갖게 되는 것이라고 말했다. 핵 문제가 풀린다면, 지역 안보의 기본 틀을 발전시킬 수 있다고도 했다. 만약 그렇게 되지 않는다면, 북한의 경제 성장 전망은 제한될 것이며, 북한에 대한 압력도 가중될 것이라고도 말했다.

키신저는 북한의 정권 변동에 대한 우려를 이해할 필요가 있다고 인정했다. 초점을 맞출 핵심 이슈는 북한의 핵무기를 없애는 것이 가능한가의 문제이며, 한편으로는 안전 보장의 제공, 경제 개발과 사회 개발의 문제이기도 하다고 했다. 미국은 북한이 핵 프로그램을 유지하며 질질 끌기를 원한다고 믿고 있고, 북한은 북한대로 미국이 핵 폐기에 대한 보상으로 무엇을 할 것인가를 결정하기 전에 북한부터 핵무기를 버리라고 생각하므로, 양측이 문제를 몇 단계로 나누어 각 단계별로 구체적인 보상거리를 생각해내야 한다고 말했다.

공화당 우파인 리처드 닉슨이 결국 중국에 문호를 개방했던 것처럼, 키신저 또한 북한에, 협상 타결의 전망은 다음번 백악관에 입성할 사람보다는 현 부시 행정부에서 더 높다고 말했다. 미국의 한 고위 관리는 다음과 같이 평했다. "키신저는 기본적으로 북한 측에, '당신네는 현 미국 행정부와 협상해야 할 것이다'라고 말했다. 민주당 정부든 공화당 정부든 앞으로 더 나은 상황은 없을 것이기 때문이었다."

북한 측으로서는 이처럼 키신저와 의견을 나눌 기회를 갖는다는 것이 중대 발전이었다. 키신저는 리근에게 그가 백악관과 접촉하고 있다고 믿게 만들었다. 리처드 닉슨과 더불어 미국의 대중국 문호 개방의 설계자였던 사람의 참여는 북한 측으로서도 놓쳐서는 안 될 기회였다. 키신저의 말은, 비록 당시 시점에서 조지 부시가 이 노회한 외교관이 제공했을지도 모를 조언에 귀를 기울이고 있는지는 확실치 않았지만, 일종의 변화 가능성을 나타내고 있는 것으로 보였다.

키신저는 계속해서 《워싱턴 포스트》의 한 칼럼에서 자신이 피력한 바 있는 생각을 설명했다. 키신저는 칼럼에서, 교착 상태의 지속은 일본과 한국이 핵무기 개발에 착수하고 북한은 핵 물질을 확산시킬 위험이 있다는 것을 경고하며, "외교에 새로운 자극이 필요하다"라고 쓴 바 있다. 아울러 그는 어떤 문제가 관건인지에 대해 직설적으로 말했다. "핵 폐기 관련 협상은 핵 능력의 포기에 따른 안보 및 경제 혜택이라는 보상 문제와 관련되는 것이 불가피하며, 이런 의미에서 정권 변동과는 양립할 수 없다."[21]

천영우는 스스로 기뻐했다. 6자 회담의 한국 측 새 협상 대표인 그는 크리스토퍼 힐과 북한의 김계관 사이의, 그가 농담 삼아 '블라인드 데이트 blind date'라고 부르는 만남을 방금 막 주선했던 것이다. 천영우는 이것이 미국의 양자 접촉에 대한 제한을 에둘러 두 나라가 다시 대화를 시작하는 길이 되기를 기대했다.

2006년 4월 초, 세 사람은 중국, 러시아, 일본의 6자 회담 특사와 더불어 또 다른 트랙 II 회의에 참석하기 위해 도쿄에 있었다. 이번의 회의는 동북아협력대화Northeast Asia Cooperation Dialogue, NACD라고 부르는 것이었다. 이 회의는 1990년대 초반부터 연례적으로 열려왔다. 이번의 회의는 외교적인 재관여의 기회를 제공한다고 천영우는 믿었다.

미국의 힐은 예상대로 김계관이 있는 회의에 힐이 가지 않기를 바라는 강경파들의 반대에 부딪친 바 있다. 그럼에도 마침내 그는 도쿄로 날아가라는 청신호를 받았다. 그러나 힐은 김계관이 6자 회담 복귀를 밝힐 생각이 없다면, 그 또한 양자 회담을 열 생각이 없다는 점을 분명히 했다. 미국 특사는 이 같은 제약에 언짢은 기분이었지만, 당시 워싱턴의 지배적인 분위기로 볼 때 그 이상으로 이의를 제기하는 것은 불가능하다는 것이 힐의 판단이었다.

힐이 도쿄에 도착하자 천영우는 그에게 당초의 결심을 다시 생각할 것과 김계관을 직접 만날 것을 강력히 권고했다. 그러나 힐이 받은 지시는 분명했다.

천영우는 미국 측의 비타협적 태도에 상당히 속이 상했다. 그는 부시 행정부가 북한 핵 프로그램의 중단을 위해 의미 있는 단계를 밟아나가는 일보다는 양자 협상을 열지 않겠다는 것에 더 높은 우선순위를 두고 있다고 생각했다. 부시 행정부의 '원칙들'은 하나같이 한국의 이해를 해치며 협상을 통한 문제 해결을 더욱더 어렵게 만든다고 천영우는 생각했다.

회의 대표들은 도쿄 중심부의 호화로운 아카사카 프린스호텔에 묵었다. 천영우는 김계관과 같은 층에 있다는 것을 알게 됐다. 사람들 눈에 띄지 않게, 그리고 복도에 경관을 배치해두고, 남북 대표들은 천영우의 방에서 맥주와 위스키를 섞은 '폭탄주'를 억병으로 마시고 이야기를 나누며 몇 시간을 보냈다.

김계관은 천영우에게 BDA의 돈을 돌려받는 일이 최우선순위며, 북한의 6자 회담 복귀의 최대 걸림돌이 바로 BDA 제재라고 말했다.

천영우는 북측을 압박했다. 남측은 말했다. "우리는 언제든지 중유 공급을 재개할 것이다. 그것은 2억 달러어치에 상당한다. 그리고 당신네가 완전히 비핵화를 완료하는 순간부터, 우리는 전력 2백만 킬로와트를 제공할 준비가 되어 있다. 그것은 연간 10억 달러어치다. 따라서 당신들은 BDA로부터 2천 5백만 달러를 돌려받기 위해 그 모든 돈을 날리고 있다. 내 생각으로는 말이 안 되는 일이다."

김계관은 천영우의 논점을 인정했다. 그러나 그는 BDA 계좌의 주인들이 북한에서는 매우 힘센 사람들이며, 북한 외무성은 이들의 힘에 맞설 수 없다고 말했다. 그리고 이 힘센 사람들은, 돈을 돌려받을 때까지는 6자 회담에 절대 돌아가지 말라는 결정을 내렸다는 것이다. 그것은 한마디로 명령이었다. 김계관은 특정 이름을 거명하지는 않았지만, BDA의 적어도 일부 계좌는 김정일 일가의 개인적 용도였다는 추측도 많았다. 이것이 바로 왜 평양이 그런 난리를 피우는지, 왜 북한 외교관들이, 천영우가 김계관에게 말했던 것처럼, 수억 달러의 잠재적인 이익을 희생해가면서까지 자기네 요구를 밀어붙일 수밖에 없는지를 설명해준다.

김계관과의 자리가 파한 뒤, 한국 특사는 김계관과 힐을 붙여놓겠다는 결심을 더욱더 굳혔다. 그는 '블라인드 데이트'라는 꾀를 생각해냈다. 그는 힐에게 자신의 방에서 술 한잔 하지 않겠냐고 물었다. 천영우는 말했다. "김계관과 만나는 것을 라이스 장관에게 따로 보고할 필요는 없을 것 같다. 여기 낯선 사람이 아마 와 있을 거다. 그러나 사실은 낯선 사람은 아니고 김계관이다. 지시를 따르지 않은 것처럼 보일 필요는 없지 않느냐." 만약 천영우의 계획이 실현되었더라면, 두 사람은 아무도 두 사람이 만난 사실을 모르는 상황에서 솔직하게 이야기를 주고받을 수 있었을 것이다.

엄격한 지시에서 빠져나갈 길을 찾던 힐은 김계관이 그랬던 것처럼 천영우의 계획에 동의했다. 그러나 약속된 시간이 되기 전, 북한 측은 중국 특사인 우다웨이 부부장으로부터 중국 대사관에서의 만찬 초대를 받았다. 천영우의 계획을 알지 못했던, 그리고 그 초대가 힐과의 만남을 주선하려는 뜻이 있음을 알지 못했던 중국 측은 김계관과 힐 모두에게 만찬 참석을 요청했다. 중국 측에 의지하는 북한 측 입장을 고려해, 김계관은 중국 측 초대를 받아들이는 수밖에 없었다. 힐의 경우는, 김계관으로부터 6자 회담에 복귀할 것이라는 확약을 받지 못하는 한 초대를 받아들일 수 없다며 거절했다. 힐이 없는 만찬은 한마디로 '꽝'이었다. 김계관은 아무것도 먹지 않고 호텔로 되돌아왔다. 천영우의 방에 이르렀을 때는 '블라인드 데이트'를 성사시키기에는 때가 너무 늦은 상태였다. 남북 대표들은 술을 곁들여 회를 드는 것으로 그날 저녁을 보냈다.

회의가 끝나면서 힐이 김계관을 만나보길 거절한 일은 한국으로부터 신랄한 비판을 받았다. 보수적인《조선일보》도 이례적으로 다음과 같이 지적했다. "힐은 아무 조건도 달지 않고 그를 만나보려고 한 북한의 서열 2위 외교관에게 퇴짜를 놓았으며, 그에게 창피를 주는 한편 빈손으로 귀국하게 했다. 김계관은 북한 지도부에 보고할 적절한 설명거리가 하나도 없다. 이 사건은 도쿄에 있던 다른 나라 대표들에게도, 그들의 힘이 워싱턴의 입장에서는 대수롭지 않다는 메시지를 던지며 개운치 않은 뒷맛을 남겼다."[22]

김계관은 평양으로 귀환하기에 앞서 언론과 짤막한 회견 시간을 가졌다. 그가 회의는 실패한 것이 아니라고 말한 것은 일부 기자들에게 놀라움을 주었다. 그는 다음과 같이 말했다. "우리는 크리스토퍼 힐을 만나 미국의 최종 입장이 무엇인지 확인하려고 했다. 그러나 결국 우리는 그를 만날 수 없었다. 이제 우리는 미국의 입장이 무엇인지 알게 됐다. 그리고 그것은 우리의 결의를 더욱더 단호하게 만들었을 뿐이다."[23] 그다음, 북한 특사는 쏘아붙이듯이 말했다. "미국이 만약 우리를 압박하려 든다면, 우리는 더 강력한 수단을 취할 것이다. 우리는 정면 대결이라는 우리 고유의 전술을 쓸 것이다. 6자 회담 재개의 지연으로 하등 잘못될 것이 없다. 그동안 우리는 우리의 억지력을 더욱 증강해나갈 수 있다."[24]

북한의 언사는 일상적으로 허풍과 위협을 총동원한 것이어서 많은 미국 관리들과 그 밖의 다른 사람들은 북한과 그 대표들의 말을 과열된 태도라며 깎아내렸다. 그러나 북한은 자기네들의 다음 행동에 대해 분명한 신호를 보낸다는 점에서 일관된 패턴을 보여왔다. 김계관의 발언도 예외가 아니었다. 바야흐로 핵 위기가 발생한 이래 미국과 동북아 지역 전체가 우려해왔던 사건, 즉 북한의 핵실험을 위한 무대가 마련되었다.

제16장

네 발의 미사일

2006년 7월 북한이 대륙간탄도미사일을
포함한 총 네 발의 미사일을 쏘아 올리다

2006년 7월 4일 미국 동해안의 날씨는 북부에서부터 남부에 이르기까지, 구름 한 점 없는 하늘에, 눈부신 햇빛, 그리고 따뜻한 기온 등 완벽한 독립기념일 휴일을 기약해주고 있었다. 백악관에서는 비서진과 그들의 가족들이 국경일을 즐기기 위해 잔디밭에 모여 있었다. 대통령은 자신에게 우호적인 군 장병들 앞에서 연설하기 위해 노스캐롤라이나 주의 포트브래그에 있었으며, 이날 저녁 있을 불꽃놀이를 위해 워싱턴으로 돌아올 예정이었다. 축제 분위기에 더해, 이른 오후에는 우주왕복선 디스커버리 호가 플로리다의 케이프커네버럴에서 궤도로 쏘아 올려질 예정이었다. 이 행사는 미국 국경일에 이루어지는 최초의 우주 발사이자 2003년 우주선 승무원 전원이 희생된 우주왕복선 컬럼비아 호 공중 폭발 참사 이후 두 번째 우주 발사였다.

그러나 문자 그대로 디스커버리 호가 솟구치는 것과 거의 같은 시각, 지구 반대편에서 시작된 새로운 위기가 미국 국경일 잔치에 짙은 그림자를 드리우고 있었다. 지구에서 아득히 멀리 떨어진 곳에서 미국의 한 첩보 위성이 북한의 시험장에서 발사된 미사일의 뜨거운 연기 기둥을 추적하고 있었던 것이다. 이로써 북한은 스스로 설정했던 미사일 시험 유예 조치를 중단했다.

조지 W. 부시가 자신의 방위 전략 핵심으로 설정한 반탄도 방어망의 일부인 지상 및 해상 설치 센서들은 즉각 미사일의 진로를 추적하기 시작했다. 백악관 상황실이 독립기념일 경축 행사에 나갔던 고위 참모들을 소집할 무렵, 두 번째 미사일이 발사되었으며, 곧 이어 세 번째와 네 번째 미사일이 발사됐다. 네 번째 미사일은 미국의 우려 수준을 급격하게 끌어올렸다. 그것은 미국 전문가들이 알래스카와 미국 본토에 대한 타격 잠재력을 가진 것으로 믿고 있는 대륙간탄도미사일ICBM, 즉 대포동 2호였던 것이다. 캘리포니아와 알래스카에서는 모두 11발의 장거리 요격 미사일이 비상 대기 상태에 들어갔다. 아직 초기 단계에 있으며 효율적이지 못한 것으로 판명나기는 했지만, 실제 상황에 대한 대응으로 미국의 미사일 방어 체계가 가동 준비에 들어간 것은 이때가 처음이었다.

백악관의 한 고위 관리는 다음과 같이 지적했다. "그것은 미사일 방어의 최초 예행연습이었다. 모든 사람이 어떤 체계를 가동해야 할지, 어떤 발사대가 어디에 놓여야 할지, 미국 대통령은 사령관들에게 사안별로 어어떤 명령을 내려야 할지, 이런 상황에서 사령관이 가져야 할 권한은 무엇인지 등에 대해 생각해보게 됐던 것이다."

부시는 훗날 다음과 같이 말했다. "나는 우리에게 그것을 쏘아 떨어뜨릴 적절한 기회가 있었다고 생각한다. 적어도 군 사령관들은 내게 그렇게 말했다."[1]

그러나 대포동은 발사 후 45초 만에, 대통령이 요격 미사일로 비행 중인 북한 미사일의 격추 여부를 결정 내릴 수 있는 상태가 되기도 전에 공중 분해되어 바다로 떨어졌다. 이 미사일은 탄두를 싣지 않은 것으로 보였으며, 이와 더불어 미국에 현실적인 위협이 될 수도 있었던 위험한 순간도 지나갔다. 장거리 대포동에 추가해, 일본의 목표물을 타격할 수 있는 3기의 중거리 로동 미사일과 한반도 전역에 쉽게 도달할 수 있는 단거리 스커드 미사일도 발사되었다. 미사일 한 기의 설계 내용은 아직도 불분명하지만 일본에 도달할 수 있는 새로운 중거리 미사일이었을 공산이 크다.

미사일 발사, 그리고 평양이 명시적으로 미국과의 회담 및 훗날 일본과의 회담 지속 문제와 연계시켰던 미사일 시험 유예 조치의 중단이 던지는 메시지는 아주 분명했다. 한 정보 분석가는 다음과 같이 말했다. "북한은 외교를 먼저 시도했다." 그런데 이는 미국이 BDA 등의 북한 경화 계좌를 추적하는 결과만 초래했다는 것이다. "그러자 북한이 정면으로 앙갚음을 한 것이다"라고 이 관리는 덧붙였다.

시험 발사 준비는 2006년 4월 중순의 도쿄 회의에서, 크리스토퍼 힐이 북한 계좌 동결을 논의하기 위해 양자 회동을 갖자는 김계관의 제의를 거절하고, 이로 인해 김계관이 북한의 '억지력' 강화를 경고한 직후 시작되었다. 며칠 뒤 평양이 '적대적' 제스처로 받아들인 것으로 보이는 또 다른 사태가 빚어졌다. 4월 28일 일본 정부는 '북한 당국에 의한 납치 및 기타 인권 남용 문제 대응 법안'이라는 제목의 법적 수단을 일본 국회에 제출했다. 이 법안은 신물 나는 납치 피해자 문제와 관련, 대북 제재의 실행을 요구했다.[2] 김정일이 정확히 언제 결정을 내렸는지 판단할 방법은 없었지만, 미 정보 당국은 1주일 내에 북한의 미사일 시험 발사 준비의 최초

조짐을 찾아냈다. 5월 초, 미국 첩보 위성은 대형 견인 트레일러가 특유의 모양을 한 대포동 미사일을 시험장으로 옮기는 모습을 포착했다. 북한은 위성 감시를 받고 있다는 사실을 알면서도 굳이 자기네 작업을 숨기려 하지 않았다. 다음 몇 주 동안, 북한은 로켓 부품, 대형 연료 탱크, 그리고 기타 핵심 물품들을 조립하기 시작했다.[3]

부시 행정부와의 관계에서 흔히 그랬듯이, 북한이 스스로 미국의 '적대적' 의도로 간주한 행위에 온 신경을 집중하고 있었던 반면, 평양에 대한 워싱턴의 메시지는 혼란스러운 것이었다. 행정부 내 강경파들이 힐로 하여금 김계관과 양자 회담을 열지 못하게 하고, 재무부 관리들은 전 세계를 돌아다니며 각국 정부와 은행들에게 북한과의 금융 관계를 축소시키거나 아예 끊으라고 촉구하는 가운데에도, 조지 W. 부시는 워싱턴에 후진타오 국가주석을 맞아들였으며, 이때 북한에 대한 어조는 협력적이거나 타협적이었던 것이다.

북한을 다루기 위해서 중국의 도움을 끌어들이는 것은 몇 년 동안 미 행정부의 핵심 주제가 되어왔다. 북한의 식량, 에너지, 석유 및 원조의 주된 통로로서, 그리고 많이 느슨해지긴 했지만 이웃한 사회주의 국가와 오랜 '형제' 관계의 역사를 가진 중국은 평양에 특별한 영향력을 행사했다. 미국의 강경파들은 성공하지는 못했으나 여러 번 베이징을 압박해 북한의 행동을 '벌주거나' 미국과 함께 김정일 정권의 축출을 시도해보자고 압박해왔다. 이럴 때마다 중국은 워싱턴이 생각하는 것보다는 평양에 대한 압박 수단이 별로 없다고 주장했음에도, 한편으로 핵 문제에 대한 베이징의 고자세는 처치 곤란한 이웃 북한을 다룸에 있어 비중이 늘고 있는 중국의 역할을 반영한 것이었다.

4월 20일 후진타오 주석은 백악관의 한 공식 연회에 참석키로 되어 있었다. 보통 이 같은 경우, 두 정상은 나란히 앉지 않는 것이 관례였다. 의전 절차는 각자가 상대방 영부인의 곁에 앉도록 규정해놓고 있었다. 대화는 대체적으로 정중했으나 이따금 어색한 잡담도 있었다. 그러나 바로 이날, 부시는 식사가 시작되기 전 고위 보좌관에게, "자리 바꿈을 좀 해야겠네. 후(진타오) 옆에 앉아야겠어"라고 말해둔 터였다.

양국 지도자가 연회 장소로 이동하는 사이, 부시는 후진타오를 보며 "우리는 할 얘기가 많은 것 같습니다. 그러니 점심 때 서로 옆자리에 앉는 게 어떻겠소"라고 말했다. 후진타오는 짐짓 놀라는 표정을 지었다가 눈을 깜빡이며 대답했다. "아 그러시죠. 저도 느긋하고 허물없는 점심식사를 기대해왔습니다."

그러나 미국의 한 고위 관리의 회고에 따르면, 이 순간 이후 2시간은 '북한 문제를 주제로 한 토론으로서는 역대 양국 정상회담 어디에서도 찾아볼 수 없을 정도로 아주 진지한 논의가 이뤄진' 특별한 오찬이었다.

두 사람이 점심을 드는 가운데, 부시는 후진타오에게, 경제 개혁의 측면에서 북한이 과연 중국이 걸었던 길을 취할 여지가 있는지를 물었다. 후진타오는, 당시 중국은 북한이 현재 처한 것보다는 훨씬 더 좋은 외부 환경에 처해 있었다고 또렷한 목소리로 대답했다.

부시는 후진타오에게, 평양이 핵무기를 없앤다면 자신은 그런 국제 환경을 기꺼이 만들어줄 것이라고 말했다.

부시는 후진타오에게 다음과 같이 말했다. "자, 한번 봅시다. 저는 한반도의 평화를 위해 애쓸 것이오. 또 동북아에서 냉전을 종식시키고 싶소. 그러나 저 혼자서 이것을 이룰 수는 없습니다. 나는 내 쪽의 일은 잘 해낼 수 있소. 귀하는 귀하 쪽의 일을 해주시면 됩니다. 귀하는 외교적 해결이 도달 가능한 범위 안에 있다는 것, 그리고 제가 외교적 해결을 원하고 있다는 것, 그리고 한반도의 항구적인 평화를 바라고 있다는 것을, 북한 측에 이해시켜주실 필요가 있습니다."

부시의 직설적인 화법은 미국 대통령이 후진타오와의 여러 차례 회담을 통해, 중국 지도자 후진타오가 북한 문제를 두고 협력할 수 있는 인물이라는 느낌을 발전시킨 데서 나온 것이었다.

부시 참모의 한 사람은 '후진타오는 매우 내성적인 중국 국가주석'이며, 중국의 심대한 내부 문제에 집중하고 있는 인물이라고 평했다. "나는 후진타오가 북한을 완전히 골칫덩어리에 정신만 빼놓는 나라로 여겼다고 생각한다. 그래서 후진타오는 대통령이 그에게 던지는 메시지를 귀기울여 들으려고 했던 것이다"라고 그는 덧붙였다.

부시는 후진타오에 대해 또 다른 결론에 이르렀다.

미국 행정부의 한 고위 관리는 다음과 같이 말했다. "후진타오를 겉으로만 보아 알 수 있는 것은 그가 말수가 적다는 것이며, 중국공산당의 기본 방침을 적용하는 타입이라는 것이다. 그러나 실제 그와 말해보면 다른 점이 있음을 알게 된다. 그는 정말 뛰어난 청취자이며, 대통령이 말한 것을 완전히 소화해 자기 것으로 만든다." 아울러 부시는, 베이징이 아무리 부정해도, 평양에 대해 진정한 영향력을 갖고 있다고 확신했다.

다시 이 고위 관리의 말이다. "부시는 중국이 지렛대를 갖고 있으며, 문제 해결의 길은 평양이 아닌 베이징을 통하는 것이라고 줄곧 생각했다. 북한은 변화하지 않는다. [그러나] 변화시킬 수 있는 쪽은 중국이다. 중국과의 공조를 통해, 그리고 그들에게 북한이 하고 있는 짓은 아무에게도 도움이 되지 않는다는 것을 깨닫게 함으로써 그렇게 할 수 있다. 그렇게 함으로써 북한 문제를 좀더 좋은 위치로 옮겨놓을 가능성이 존재한다고 부시는 믿었던 것이다."

보도에 따르면, 후진타오는 부시의 타협적인 발언에 마음이 움직여 즉각 고위급 보좌관인 탕자쉬엔을 평양에 파견해 김정일을 만나게 했다. 국무위원 탕자쉬엔은 과거 중국의 외교부장으로 일한 바도 있다. 후진타오가 그의 평양 방문을 얼마나 중시했는가는 탕자쉬엔이 후진타오의 방미 일정을 모두 수행하도록 예정되어 있었다는 사실로도 드러났다. 하지만 그는 후진타오를 수행하는 대신, 즉각 북한의 수도로 떠났던 것이다.

부시의 발언은 북한을 어떻게 다룰 것인가에 대한 그의 심중에 일대 변화가 있음을 뜻했다. 그러나 미국의 다른 행동을 예의주시하며 아마도 워싱턴과 베이징이 북한에 양보를 강요하기 위해 '작당'을 할지 모른다고 의심했던 북한은 직접적으로 반응하지 않았다.

탕자쉬엔의 평양 방문은 비공개로 이뤄졌으며, 현재까지도 세부 정황이 드러난 바가 별로 없다. 그러나 탕자쉬엔이 김정일에게 부시의 발언 내용을 설명하고 북한에 6자 회담 복귀를 촉구하자, '경애하는 지도자'는, 북한은 BDA에 대한 미국의 금융 제재가 해제될 때만 협상 테이블로 돌아갈 것이라고 말한 것으로 전해진다.

탕자쉬엔이 김정일로부터 들은 바를 미 행정부에 전달하면서 중국 측은 또 다른 사항도 강조했다. BDA 동결 해제에 덧붙여 미국은, 북핵 협상의 일부로서 스스로 추진하겠다고 한 외교적·경제적 협력의 분명한 비전을 밝힐 필요가 있다는 것이었다.

미 국무부의 한 전직 고위 관리는 다음과 같이 회고했다. "중국의 어젠다는 만약 미국이 경제 지원과 그 밖의 사항과 관련해 일정한 보장을 해주려 하지 않을 경우로서, 중국은 이에 우리가 얼마나 진지하게 임하고 있는가에 대해 다소 회의적이었다."

장차 있을 미사일 시험 발사 준비에 박차를 가하고 있는 중에도, 북한은 양자 회담에 대한 마지막 공식 제안을 내놓았으며, 이 제안에는 중국 특사 탕자쉬엔에 의해 전달된 부시의 입장에 대한 암시적인 반응이 포함되었다. 2006년 6월 1일, 평양은 크리스토퍼 힐이 평양을 방문해주도록 공식 초청했다. 조선중앙통신에 의해 전달된 긴 성명을 통해, 북한 외무성 대변인은 몇 가지 타협적인 신호를 보냈다. 성명은 다음과 같이 밝혔다. "조선민주주의인민공화국은 이미 핵 프로그램을 포기하기로 전략적 결단을 내린 바 있다. 일단 미국이 우리를 적대시하지 않으며, 우리 공화국과 미국 사이에 신뢰가 구축되었다는 확신이 들면 우리는 단 한 개의 핵무기도 필요없을 것이다. 〔……〕 우리는 쌍무 관계, 평화적 공존, 평화협정 체결, 경수로 공급 및, '동시 행동'의 원칙에 따라 핵 프로그램을 포기하는 문제와 더불어 〔9·19〕 공동성명에서 언급된 기타 제반 사항들을 논의할 준비가 충분히 되어 있다. 〔……〕 미국이 공동성명을 이행할 진정한 정치적 의사를 갖고 있다면, 우리는 미국 측 협상단 대표가 평양을 방문해줄 것을 다시 한 번 정중하게 초청하는 바이다."[4]

그러나 이 초청 제안은 거의 즉각 거절당했다. 백악관 대변인 토니 스노우Tony Snow는 '미국은 북한 정부와 양자 협상을 벌이지 않을 것'이라고 표명했다.

한편, 6월 초 부시는 후진타오에게 전화를 걸어 평양이 미사일 발사 시험을 강행하지 않도록 중국의 영향력을 행사하라고 압박했다.

6월 중순, 북한은 북한 동부 지역의 시험장에서 대포동 미사일의 연료 주입을 완료했다. 미국 첩보 위성사진들은 발사대에 보조 로켓이 장착되었으며 미사일에 연료 탱크가 실렸음을 보여주었다. 이 같은 시험 발사 준비는 콘돌리자 라이스가 중국과 일본의 외무장관들과 코피 아난 유엔 사무총장에게 전화를 걸어 평양에 자제를 촉구하도록 만드는 등 북한의 시험 발사 저지를 위한 또 한바탕의 외교적 노력을 촉발시켰다.

이에 대해 북한의 한 고위 외무성 관리는 6월 21일, 평양은 더 이상 미사일 시험 유예 조치에 얽매이지 않을 생각이라고 표명했다. 그러나 동시에, 북한의 유엔 대표부 차석대사 한성렬은 미국이 직접 대화에 찬성하면 미사일 발사가 취소될 수도 있다는 전망을 내놓았다.

한성렬은 한국 연합통신에 다음과 같이 말했다. "우리는 미국이 우리의 미사일 시험 발사에 대해 관심이 많다고 알고 있다. 주권 국가로서 조선민주주의인민공화국은 미사일을 개발, 배치, 시험함은 물론, 수출할 권리도 있다. 다른 나라들이 우리더러 우리의 주권적 권리에 대해 이래라 저래라 떠드는 것은 옳지 않다." 그러나 그는 계속해서, "우리 입장은 어디까지나 토론을 통해 이 문제를 풀겠다는 것이다"라고 말했다.[5]

부시 대통령은 긴장이 고조되면서, 클린턴 행정부 시절 대북 정책을 관장하는 데 핵심 역할을 했던 인사 세 명으로부터 상당히 상충되는 조언을 들었다. 전 국방장관 윌리엄 페리와 전 국방차관보 애쉬튼 카터Ashton Carter가 북한의 대포동 미사일이 발사되기 전 이를 파괴하도록 군사 행동을 촉구하는 내용의 의견 칼럼을《워싱턴 포스트》에 게재한 것이다.

페리와 카터는 다음과 같이 썼다. "우리는 외교가 현재와 같은 상황을 막아줄 수 있을 것으로 믿었다. 그러나 외교는 실패했고, 우리는 가만히 앉아서 현재의 치명적인 위협이 무르익게 내버려둘 수 없다. 미국의 반대가 없는 대포동의 성공적인 발사, 그것이 가져올 장래의 희생은 북한이 더 심한 짓을 하도록 대담함만 키워줄 뿐이다. 결국 더욱더 많은 미사일에 더욱더 많은 핵탄두가 탑재되는 결과를 초래할 것이다."[6]

이튿날, 클린턴 시절 매들린 올브라이트 국무장관의 평양 방문으로 절정에 올랐던 대북 협상의 주역이자, 2003년 부시 행정부를 떠날 때까지 대북 협상 특사 직을 맡았던 찰스 프리처드로부터 이에 대한 답변이 나왔다. 자신의 《워싱턴 포스트》 의견란 기고문에서, 프리처드는 다음과 같이 썼다. "미사일 시험은 북한과의 협상이 어쨌거나 보상이며 북한을 강화해준다는 그릇된 논리에 존재하는 허점을 여지없이 드러내며 우리 자존심을 건드린 것 외에는 아무것도 아니다. 우리는 정반대로 평양과 대화의 장을 열어야만 할 것이다."[7]

그러나 부시 대통령은 미사일 발사는 '용납할 수 없는 것'이라는 경고만 되풀이했으며, 미국과 아시아의 동맹들, 특히 일본은 북한 로켓에 '결코 볼모로 붙잡히지 않을 것'이라고 경고했다.[8] 한편 미군 당국은 일본 카데나의 미 공군 기지에 패트리엇 PAC-3 요격 체제를 배치할 계획이며, 첨단 미사일 방어 체계를 갖춘 이지스 순양함 샤일로 호를 일본 근해에 주둔시킬 것을 고려 중이라고 일본 측에 말했다.

베이징은 불안해하며 점증하는 긴장 상태를 지켜보았다. 6월 28일, 원자바오 총리는 매사 신중을 기하는 중국식 대처 방법과는 사뭇 다르게 다음과 같이 경고를 보냈다. "우리는 북한에서 미사일 발사가 일어날 수 있음을 보여주는 정보들을 주의 깊게 주목하고 있다. 우리는 각 당사국들이 한반도 안정 유지라는 좀더 큰 이익을 위해 전진하는 한편, 상황을 악화시킬 수 있는 조치를 삼가줄 것을 희망한다." 여기서 '자제'를 언급한 것은 부분적으로는 워싱턴 회담에서 나온 미국의 선제공격에 대한 반응이었지만, 그것은 또 평양을 겨냥한 것이기도 했다. 중국 쪽에서 나왔기 때문에 그것은 북한 측에 대한 대대적이고 공개적인 비판을 뜻했다.

평양에서 원자바오의 촉구는 무시됐다. 북한에서는 외부 압력에 굴복하는 것은 상상조차 할 수 없는 일일 뿐만 아니라 김정일의 권위, 특히 군부 내에서의 권위에 손상을 줄 수 있는, 외국인에 대한 굴복으로 비쳐지기 십상이었기 때문이다.

김계관은 다음과 같이 말한 것으로 보도됐다. "내가 들은 것은 큰 형이 작은 동생에게, '그거 하지 마'라고 말하는 것이었다. 그러나 우리는 아이들이 아니다. 우리는 핵 국가다."[9]

도쿄 시각으로 7월 5일 새벽 4시 직전(워싱턴 시각으로 7월 4일 오후), 주일 미국 대사 토머스 쉬에퍼Thomas Schieffer는 북한의 미사일 시험 발사에 대해 알리는 일본 주재 미군 장교의 전화벨 소리에 잠을 깼다. 대사관은 즉각 일본과 연락을 취하기 위한 사전 계획을 실행에 옮겼다. 그것은 지난 몇 주간 미국과 일본의 외교관, 군 장교와 정보 계통 관리들이 연속 회의를 통해 마련해둔 것이었다. 그들의 목표는 1998년, 북한이 최초의 대포동 미사일을 발사했을 때, 미일 간의 협조 체제가 상당히 좋지 않았던 탓에 한 미국 관리가 일본 방위청에 전화를 걸었는데도 아무도 전화를 받지 않았던 전철을 되풀이하지 않겠다는 것이었다.

부시 대통령의 오랜 친구로서 부시와 함께 텍사스레인저스 야구단의 공동 구단주이기도 했던 쉬에퍼는 이번에는, 새벽 어스름을 헤치고 차를 몰아 일본 측의 아베 신조 관방장관과 방위청 및 외무성장관과 긴급 회동을 가졌다. 일본 총리는 이미 그의 안보 보좌진들과 회의를 갖고 있었다. 오전 7시 양측은 모두 미사일 발사를 비난하는 성명을 발표했으며, 일본의 텔레비전 방송들은 정규 프로그램을 중단하고 긴급 뉴스를 방송했다.

쉬에퍼는 다음과 같이 말했다. "이번 사태는 매우 도발적인 행동이다.

이번 사태는 오늘 아침 북한이 저지른 매우 위험한 일이다. 우리는 전 세계의 동맹국, 우방국 들과 지속적으로 협력할 것이며, 이와 같은 이유로 우리는 이번 사태를 유엔에 회부할 것을 검토할 것이다."[10]

북한의 첫 번째 미사일, 단거리 스커드는 지역 시각으로 오전 3시 33분에 발사됐다. 서울과 도쿄도 같은 시각이었다. 두 번째 미사일, 중거리 로동은 오전 4시에 쏘았다. 그러나 그로부터 1시간 동안, 즉 주일 미국 대사 쉬에퍼가 워싱턴과 연락을 취하고 고이즈미 총리가 그의 최측근들과 사태를 협의하고 있던 그 시각, 한국의 노무현 대통령은 아직도 취침 중이었다. 오전 5시 장거리 대포동 미사일이 발사된 뒤에야 노무현의 참모들은 그를 깨우기로 결정했다. 더욱이 한국의 텔레비전 방송들은 몇 번의 짤막한 뉴스 속보 외에는 오전 7시가 될 때까지 유럽의 월드컵 경기 중계를 계속했으며, 한국의 국가안보회의는 미국과 일본의 관리들이 이미 언론에 상황을 설명한 지 한참이 지난 오전 7시 30분이 될 때까지 소집되지도 않았다. 이 무렵 통일부 장관에 임명된 전 국가안보회의 사무차장 이종석은 다음과 같이 말하며 한국 측 반응에 대해 설명했다. "이 미사일들은 동해를 향해 발사된 것이기 때문에 국가 안보에 직접 위협이 된다고 생각하지 않았다."[11]

한국과 일본 정부가 보인 즉각적인 반응의 차이는 미국의 가장 중요한 아시아 동맹국 두 나라의 대북 반응 방식 사이에 가로놓인 깊은 골을 반영하는 것이었다. 북한의 위협에 익숙한 한국은 또 한바탕의 칼춤에 어깨를 으쓱하면 그만이었다. 이미 앞에서도 살펴보았듯이, 2000년 6월의 남북 정상회담 직후, 수많은 한국인들은 북한을 더 이상 적이 아닌, 빗나간 사촌으로 보기 시작했으며, 북한이 고립과 빈곤에서 벗어나도록 무역이나 경제 지원, 그리고 부드러운 말로 타일러야 한다고 생각했다. 게다가 한국의 대다수는 당시의 교착 상태를 북한의 호전 행위의 결과라기보다는 부시 행정부의 비타협성의 결과로 보았고, 지나치게 격한 반응은 미국의 대북 강경 노선의 강화만 초래할 위험이 있다고 우려했다.

한국 관리들도 마침내 미사일 시험 발사를 비난했고, 북한이 지원을 요구했던 쌀 50만 톤과 비료 1만 톤에 대한 지원을 보류하겠다고 발표했다. 그러나 노무현 본인은 일주일 동안 미사일 발사에 대해 한 마디도 언급하지 않았으며, 서울 정부는 평양과 고위급 협상을 계속했다. 미사일 시험 발사가 있은 지 거의 1주일도 되지 않아 통일부 장관 이종석은 북한의 수석 내각참사를 부산에서 만났다. 그러나 이종석이 평양에 미사일 발사 중단과 핵 프로그램의 폐기를 촉구하자, 북한의 대표는 서둘러 떠났다. 그럼에도 여전히 노무현 정부는 관여 정책이 긴장을 완화시키는 유일한 대안이라고 주장했다.

그러나 일본에서 미사일 시험은 일본 국민들의 불안을 가중시키고 강력 대응을 지지하는 여론을 낳는 등 평지풍파를 일으켰다. 장거리 미사일 대포동의 발사는 실패했지만, 일본 정부와 국민들은 시험이 잘 끝난 중거리 로동 미사일의 경우 남쪽으로 멀리 떨어진 오키나와의 미군 기지를 포함해 일본 전역의 목표물에 쉽게 도달할 수 있다는 점을 잘 인식하고 있었다. 사실 한국인은 북한을 위협으로 보는 경향에서 점점 더 멀어지고 있던 반면, 이미 납치 피해자 문제로 성난 일본인들은 크게 동요하며 자신들이 북한 미사일 공격의 목표가 될 가능성이 가장 높다고 여겼다. 공포와 분노가 일본 측의 반응을 형성했던 것이다.

일본의 한 관리는 다음과 같이 말했다. "일본에 대한 가장 직접적인 위협은 핵탄두를 실은 로동 미사일 공격이다. 일본의 위치는 사담 후세인이 텔아비브 근처에 핵무기를 갖고 있을 경우의 이스라엘과 거의 비슷하다."

미사일 시험 발사 후 몇 시간이 지난 뒤 일본은 북한 관리들의 일본 방문을 금지하고 북일 간 유일한 정규 왕복선인 만경봉 92호의 운영을 6개월간 중지한다고 발표했다. 관방장관 아베 신조는 "우리는 가능한 모든 제재 수단을 검토할 것이다"라고 말했다.[12] 대북 강경 노선에 기초해 정치 경력을 쌓았으며, 9월 고이즈미가 물러날 때 차기 총리 후보 1순위로 여겨지던 대표적인 우파 정치인인 아베는 또한, 일본이 북한 미사일 시험장에 대한 선제공격 계획을 고려할 가능성을 제기했다. 이와 동시에, 강력한 여론의 반응은 아베와 일본 우파들의 일본 평화헌법 개정 노력과, 일본 군대의 적극적 역할 강화 노력에 새로운 계기를 제공했다.

일본의 한 전직 고위 외교관은 다음과 같이 말했다. "미사일 시험은 일본의 입장에서는 매우 불길한 것이었다. 이는 일본의 안보 인식을 방위 증강과 일미 동맹 강화에 찬성하는 쪽으로 바꾸어놓았다."

도쿄의 강성 발언은 서울에서 경고음을 울렸다.

한국의 한 고위 관리는 다음과 같이 언급했다. "일본 측 움직임은 한국에 상당한 경계심을 갖게 했다. 일본의 재무장과 헌법 개정은 동북아 지정학 판도의 관점에서 볼 때 북한의 미사일 시험보다 훨씬 더 위험한 것이기 때문이다. 따라서 무력 사용과 관련한 보수파의 어젠다 추구라는 장기적인 정치 목표를 달성하기 위해 일본이 북한 미사일 위기를 활용하고 있다는 인식이 일면서, 우리는 매우 답답한 처지에 놓이게 됐다."

한국이 북한의 행동보다는 일본의 태도를 더 우려하는 가운데, 부시 행정부의 강력한 지지를 등에 업은 일본은 유엔의 대북 제재를 주도했다. 일본 측의 원동력은 아베 신조였다. 북한 미사일 시험 당일 아침, 일본은 유엔에 강경한 표현이 담긴 결의안 초안을 제출했다. 이 초안은 미사일 시험을 비난하며, 북한의 탄도미사일 개발, 배치, 시험, 그리고 확산에 대한 즉각적인 중단을 요구했다. 이 초안은 또, 북한의 미사일 혹은 핵 프로그램을 지원할 가능성이 있는 자금과 물질, 또는 기술의 금수 조치를 촉구했다. 일본 측 초안은 유엔 헌장 제7장에 따른 법적 구속력 있는 결의의 형태를 취했다. 유엔 헌장 제7조는 결의안을 의무화하고 이를 강제하기 위한 무력 사용을 허용한다는 조항이다.

당시 미국의 유엔 대사였던 존 볼턴은 일본의 유엔 대사 오시마 겐조와 더불어 강경한 일본 측 결의안의 가장 강력한 지지자가 됐다.

미사일 시험은 강경파 진영에 강력한 추진력을 제공했다. 유엔 헌장 제7장의 발동을 포함해 가능한 한 가장 강력한 행동에 대한 지지를 끌어올리기 위해 노력하면서, 볼턴은 이 위기를 '당초 내가 원했던 방식으로 북한을 추적하기 위한' 절호의 기회로 생각했다.[13]

부시 대통령은 또한 자신의 입장에서, 기자들에게 '북한과 협상 테이블에 혼자만 앉는 식의 덫에는 걸려들지' 않겠다고 말하며, 평양과의 양자 대화는 없다고 못 박았다.[14]

더욱이 미 행정부 내 온건파들 사이에서도, 미사일 시험은 강경 대응이 필요한 극악한 도발 행위로 간주됐다.

국무부 자문역인 필립 젤리코우는 다음과 같이 언급했다. "북한은 이 문제를 외교적 측면에서 풀려고 하지 않았다. 그들은 이 문제의 또 다른 측면, 즉 '겁주기'의 측면으로 일을 풀려고 했다. 그래서 우리는 강력한 대응이 필요하다고 판단한 것이다."

베이징으로 출발하기에 앞서 힐은 중국을 압박하기 위해, 북한은 중국의 자제 요구를 무시했다고 공개적으로 밝혔다.

힐은 다음과 같이 말했다. "중국은 '하지 말라'고 했다. 북한은 그래도 계속하고 결국 시험까지 한 것이다. 이제 중국은 무엇이 용납할 수 있는 행위이고 무엇이 용납할 수 없는 행위인지에 대해 좀더 확실한 태도를 보이는 것이 필요하다."[15]

부시도 중국 국가주석 후진타오와의 전화 통화를 통해 '위대한 중국 인민들에게 북한이 빰을 때렸다'라고 말하며, 베이징의 단호한 태도를 주문했다.[16]

그러나 중국과 러시아는 유엔에서 미국과 일본의 결의안, 특히 유엔 헌장 제7장의 회부를 받아들이지 않을 것이라고 밝혔다. 미국의 이라크 침공 이후, 베이징과 모스크바 양쪽은 부시 행정부가 국제 분쟁을 해결하기 위해 군사적 수단을 선호하는 데 대해 심각한 우려를 가지고 있었으며, 양쪽 모두 미국에 대북 군사 행동의 구실을 주지 않으려 했다. 한국도 비슷한 우려를 가지고 있었으며, 결의안 원안을 반대했다.

미사일 시험이 있은 지 며칠 사이, 콘돌리자 라이스는, 중국 외교부장 리자오싱과, '실망스럽다' '불쾌하다'고 동료들에게 전한 전화 통화를 수차례 가졌다. 이 중 한 번은, 현 상태의 결의안 초안에 대해 중국은 거부권을 행사할 것이라고 경고하는 리자오싱과, '상당히 냉랭한' 상황까지 갔었노라고 라이스는 전했다.[17]

중국 외교부 대변인은 다음과 같이 말하며 결의안 제안을 공개적으로 비판했다. "그것은 과잉 행동이다. 만약 초안이 승인된다면, 그것은 모순 관계를 악화시키고 긴장만 고조시킬 것이다. 그것은 한반도와 동북아 전체의 평화와 안정을 해치게 될 것이며, 6자 회담 재개 노력을 해치는 것은 물론, 유엔 안보리의 분열을 초래할 것이다."[18] 제재 결의안이 역효과를 부를 것이라고 확신하며, 중국의 유엔 대사 왕광야는 그 대신, 좀더 온건하고 법적 구성력이 없는 안보리 의장 성명의 채택을 주장했다. 왕광야는 리자오싱이 행했던 위협, 즉 중국은 강경한 결의안을 막기 위해 거부권을 행사할 것이라는 주장을 되풀이했다.

볼턴으로서는 중국의 이 같은 위협에 그다지 신경을 쓰지 않았다. 중국이 거부권을 행사한다면, "그것은 안보리가 제구실을 못하는 것을 보여줌으로써, 오히려 유엔의 틀 바깥에서 우리가 택한 일을 자유롭게 할 수 있도록 만들어놓을 것이다"라고 그는 자신의 회고록에서 썼다.[19]

미국의 의도에 대한 공개적인 우려 표명에도 불구하고, 중국 측은 내심 북한에 대해 분을 삭이지 못했다. '오랜 형제국'을 자임했던 나라의 자제 호소를 북한이 무시한 것은 물론, 미사일 시험이 군사적인 측면에서 잠재적으로 우려스러운 의미를 갖고 있었기 때문이다. 미국 국가안보회의의 아시아 선임 국장 데니스 윌더Dennis Wilder와의 회견에서, 중국의 한 고위급 장성은 분노를 뿜어냈다. 이 장군은 다음과 같이 열을 냈다. "우리는 그들을 위해 할 수 있는 모든 일을 다 했는데도, 그들은 자기네가 미사일 시험을 할 것이라는 사전 통보조차 주지 않았다. 그 자들이 감히 어떻게 그런 식으로 할 수 있나?"

미사일 시험 직후, 후진타오 주석은 베이징에서 북한 최고인민회의 부의장을 접견한 자리에서 다음과 같이 말했다. "중국은 사태를 악화시키게 될 어떤 행동에 대해서도 반대하며, 모든 관계 당사국들이 동북아 지역의 평화와 안정에 도움이 되는 방향으로 더욱 노력하기를 희망한다."[20] 북한 문제에 대해 공개적으로 말한 예가 드문 중국 지도자로서는, 이와 같은 발언은 단호한 비난이었다.

후진타오는 이와 같은 공식 언급에 따라 훼이량위 부총리와 더불어 6자회담 중국 대표단을 이끌었던 우다웨이 부부장을 평양에 보냈다. 북한의 생각을 돌이키기 위해 중국 측은 중국 외교 사절이 북한의 입장을 확인할 때까지 안보리의 결의안 표결을 연기할 것을 요청했고, 워싱턴과 도쿄는 이에 동의했다. 그러나 우다웨이와 훼이량위가 평양에 며칠 동안 머물렀음에도, 김정일은 이들의 접견을 거절했다. 퇴박의 인상을 주기 위한 계산된 행동이었던 것이다. 중국 측 사절은 빈손으로 북한의 수도를 떠났다.

북한의 미사일 시험과 후속 행동, 그리고 이에 기인한 언론의, 특히 일본과 미국 언론의 흥분된 보도는 김정일은 무모하고 호전적이라는 인식을 부채질했다. 미사일 시험 동기의 일부는 북한이 '적대적인' 미국·일본이든, '우애로운' 중국이든, 어느 쪽에도 결코 머리를 숙이지 않을 것이라는 신호를 보내려는 것처럼 보였다. 미사일 시험 직후 발표되어 조선중앙통신에 실린 장문의 성명에서, 북한 외무성 대변인은 미사일 발사를 워싱턴과의 직접 대화가 없었고, 도쿄와의 관계 정상화 작업도 전혀 진척을 보이지 않은 점과 연결시켰다.

성명은 또 미사일 시험을 미국 측의 금융 압박에 대한 대응 조치라고 합리화하며 다음과 같이 주장했다. "조선민주주의인민공화국의 미사일 개발, 시험 발사, 제조 및 배치는, 따라서, 힘의 균형을 유지하고 동북아의 평화와 안정을 보장하는 열쇠로 기능하고 있다."

그러나 성명은 의미심장하게도 협상 복귀의 가능성을 열어두었다. 즉, "이미 6자 회담의 9·19 공동성명을 통해 스스로 다짐했듯이, 한반도 비핵화 작업을 협상에 의한 평화적 방식으로 달성한다는 공화국의 의지에는 변함이 없다"는 것이었다. 그러나 북한은 상투적인 호통조로, 만약 미국이 양자 협상 요구를 들어주지 않을 경우, 더 강력한 수단을 동원할 것임을 다음과 같이 공언했다. "어느 나라든 시험 삼아 양자 회담을 받아들인다거나 공화국에 대해 강요하려 든다면, 공화국은 다른 형태의 더 강력한 물리적 행동을 취하는 것 외에 다른 선택이 없을 것이다."[21]

한편, 유엔에서의 협상은 논란이 가중됐다. 중국과 러시아는 타협적인 제스처로, 공식 결의안 반대 입장을 철회하고, 대신 일본의 초안과 같은 철저한 제재 또는 유엔 헌장 제7장에 대한 회부 등을 포함하지 않는, 별도의 초안을 제출했다.

미국의 유엔 대사 존 볼턴은 다음과 같이 말했다. "북한의 미사일 발사 사실을 알게 된 때부터 우리는 북한을 결박해 따르게 하려면 유엔 헌장 제7장의 강제 결의안이 필요하다고 생각해왔다."

일본의 유엔 대사 오시마 겐조도 다음과 같이 언급했다. "중국과 러시아의 결의안 원문은 대강만 훑어봐도 매우 중요한 사항에 대해 매우 심각한 구멍이 있음이 드러난다. 현재 상태 그대로 안을 받아들이기는 매우 곤란하다고 생각한다."[22]

이후 결의안을 둘러싸고 강도 높은 협상이 벌어졌다. 중국 사절단의 평양 외교 실패 직후, 중국과 러시아는 마침내 구체화된 제재에 관한 강경한 표현을 받아들이기로 했다. 그러나 대신, 두 나라는 유엔 헌장 제7장에 대한 언급이 모두 삭제되어야 한다고 주장했다. 그 결과, 당초 중국·러시아 측이 제시했던 온건한 표현, 즉 북한에 미사일 활동의 중지를 '촉구calls upon'하고, 회원국들에게 북한 대량살상무기 프로그램에 이로운 기술과 물질의 이전을 방지하도록 '촉구urges'한다는 표현 대신, 최종 결의안은 의무의 뜻이 더 강한 용어, '요구한다demands'와 '요청한다requires'를 썼다. 그러나 결의안은 중국과 러시아의 우려를 존중하여, 원안에서 미일이 지지했던 언급, '탄도미사일의 개발, 시험, 배치 및 확산'

을 빼고 '탄도미사일 프로그램과 관련된 모든 활동'이라는 좀더 완화된 표현을 사용했다.[23] 존 볼턴은 이와 같은 양보에 강력하게 반대했으나, 다소 누그러진 표현이 있다손 치더라도 결의안 채택을 위한 중국의 지지를 얻는 것이 더 중요하다고 믿은 콘돌리자 라이스와 백안관에 의해 제압당했다.

7월 15일, 유엔 안보리는 결의안 1695호를 만장일치로 통과시켰다. 부시 행정부는 이처럼 누그러진 문건조차 평양에 대한 압력을 상당히 가중시킬 수 있는 중대한 성취로 규정했다. 훗날 존 볼턴은 이 결의안을 다음과 같이 평가했다. "결의안은 평양 정부에 모호하지도 애매하지도 않은 만장일치의 메시지를 보내고 있다. 탄도미사일 프로그램을 중단하고, 대량살상무기 관련 물질의 조달을 중지하며, 검증 가능한 방식으로의 핵무기와 기존의 핵 프로그램의 폐기에 대한 2005년 9월의 공약을 이행하라는 것이다"[24]

중국과 러시아조차 북한을 비난하는 결의안에 서명했다는 사실은 의심할 나위 없이 중대한 외교적 조치였다. 그럼에도, 중국, 한국, 그리고 러시아는 북한과의 경제 관계를 막으려는 어떠한 의미 있는 태도도 보이지 않았으며, 평양이 국제 압력에서 빠져나갈 수 있는 모든 가능성을 보장해주고자 했다. 볼턴은 자신의 회고록에서, "우리는 사실 중국의 거부권 위협에 함몰되어 있었다"라고 인정했다.[25]

북한의 유엔 대사 박길연은 북한은 '결의안을 전적으로 거부한다'라고 말했다. 박길연은 유엔 안보리의 말발굽 모양의 테이블에서 일어나 나가 버렸다. 이튿날, 북한 외무성 대변인은 다음과 같이 주장했다. "미국의 극단적인 적대 행동으로 말미암아 최악의 국면에 이른 상황을 맞게 된 이상, 우리 공화국은 자위를 위해 온갖 수단과 방법을 동원해 전쟁 억지력을 강화해나갈 것이다."[26]

평양의 또 다른 폭탄은 2003년 10월 3일(한국 시각으로 10월 4일 - 옮긴이) 북한 외무성 발표를 통해 나왔다.

이 성명은 "핵전쟁, 제재, 그리고 압력 등 미국의 극단적인 위협은 조선민주주의인민공화국에 핵실험을 행하도록 강요하고 있다"라고 주장했다. 기일은 명시하지 않았지만, 과거의 언행에 맞게 북한은 미리 자신의 의도를 타전한 것이다.

그러나 경각심을 일깨우는 신문 헤드라인에서 빠진 것은, 이 성명의 마지막 줄, '대화와 협상을 통해 한반도 비핵화를 실현하겠다는 조선민주주의인민공화국의 기본 입장에는 변화가 없다'라는 것이었다.[27]

북한 핵실험 가능성에 대한 우려는 거의 미사일 시험 발사 직후 제기된 바 있었다. 8월 초까지, 미국 정보 당국은 명백한 활동에 대한 최초의 징후를 포착하기 시작했다. 이 가운데는 미국이 북한의 동북 지역의 지하 핵실험 시설로 여겼던 지점에서의 '의심스런' 차량 움직임, 대규모 케이블 매설 작업 등이 포함되어 있었다. 이에 대한 최초의 언론 누설과 더불어 미국 관리들이 이 문제를 논의할 때 사용했던 표현은 강경했다. 신원을 밝히지 않은 한 고위 관리는 〈ABC 뉴스〉에서 핵실험이 벌어질 경우에 대해, "우리는 그 은둔의 나라를 아무것도 외부로 나올 수 없게 완벽하게 봉쇄할 것이다"라고 밝혔다. 이 관리는 해상 봉쇄와 같은 훨씬 더 혹독한 제재 수단이 검토될 것이라고 말했다.[28]

핵실험 계획의 발표는 온갖 허풍에도 불구하고 평양의 행동 방식이 갈수록 예측 가능해지고 있음을 뜻하는 것이었다. 북한은 2006년 봄철 내내, 부시 행정부에 양자 대화와 함께 BDA에 대한 제재 조치를 중단해줄 것 등을 촉구한 바 있었다. 변화의 조짐이 보이지 않자 북한은 매우 노골적으로 미사일 시험을 준비했고 결국은 이를 실행했다. 이 같은 움직임은 미국이 대화를 준비하면 이에 응하고, 미국이 강경해지면 압력을 증가시키는 '맞불tit for tat' 패턴과 꼭 들어맞았다. 게다가 미국, 한국, 중국 및 기타 나라의 자제 요구를 무시하며 북한은 그 누구로부터의 외부 압력에도 굴하지 않겠다는 신호를 보내고 있었다.

클린턴 행정부의 대북 협상 대표였던 찰스 카트먼은 다음과 같이 언급했다. "미국과 상호 작용이 이뤄지지 않는다고 판단하면 북한은 우리의 주의를 끄는 일을 벌이는 경향이 있다. 그들이 가진 수단은 나쁜 것 일색이다. 그들은 진짜로 그런 것밖에 없다."[29]

이제 유사한 패턴이 되풀이되고 있었다. 워싱턴이 2006년 7월의 유엔 결의안이 요구한 제재의 실행 강도를 높이려 하고 면대면 협상에 아무런 관심도 보이지 않는 상황에서, 북한은 미국과 다른 국제사회 대부분이 우려하는 조치를 취할 준비에 들어갔다. 바로 핵폭탄 시험이었다.

긴장이 고조되면서 상황을 되돌릴 만한 정책 수단이 한계를 보이자 미국 측의 곤혹스러움도 커져갔다. 군사적 공격은 온갖 실용적인 쓸모에도 불구하고 배제된 지 이미 오래였다. 더구나 미국이 가진 불충분한 정보로는 북한의 핵 관련 장소 전모를 파악하기도 어려웠다. 미사일 발사는 북한이 한국과 일본의 목표물에 대한 타격 능력은 물론, 대포동 미사일까지 가동될 경우, 미국 본토의 목표물까지 타격이 가능하다는 것을 보여주었다. 게다가 중국, 한국, 러시아 등 동북아의 핵심 3개국은 군사적 수단에 대해 완강하게 반대하고 있었다. 이와 동시에, 금융 압박과 제재 강화 논의도 평양에 얼마간 고통이 될 것은 분명했지만, 김정일 정권이 굴복할 것이라는 조짐은 별로 보이지 않았다.

바로 이 같은 배경 아래 2006년 8월과 9월, 워싱턴은 한 고위 관리가 평한 '참호전'의 상황에 놓여 있었다. 전투원들은 낯익은 얼굴들이었다. 강경파 쪽으로는 국무부 군축 담당 차관 로버트 조지프, 유엔 대사 존 볼턴, 국가안보회의와 체니 부통령실의 윌리엄 토비와 존 루드가 포진해 있었다. 그러나 이제, 크리스토퍼 힐과 그의 국무부 우군들은 콘돌리자 라이스의 지원을 받으며 느리기는 하지만 갈수록 유리한 고지를 점령하기 시작했다.

국무부의 한 고위 관리는 다음과 같이 말했다. "사람들은 북한의 행동이 상당히 예측 가능해서, 만약 우리가 관여하지 않으면, 일단 우리는 미사일 시험을 경험하게 될 것이고, 다음으로는, 핵실험이 있을 것이라고 주장했다. 이런 식으로 계속하다가는 우리는 북한의 기세를 꺾을 수 있는 수단이 하나도 없을 것이다."

강경파의 점차적인 입지 약화의 한 원인은 이라크 전쟁이었다. 2006년 여름까지, 이 전쟁은 유혈이 낭자한 진흙탕 싸움이 됐다. 여론의 반대가 커졌으며, 대통령의 인기도 추락했고, 여론조사 결과는 이라크 전쟁이 2006년 가을에 있을 의회 선거에 출마한 민주당 후보들에게 유리하다는 것을 보여주었다. 이라크의 혼돈은 점차 대북 강경론자들도 포함된 이 전쟁의 가장 강력한 지지자들의 신뢰도를 떨어뜨렸으며, 행정부 내에서 그들의 영향을 잠식해 들어갔다.

조지 H. W. 부시 행정부의 안보보좌관이었던 브렌트 스코크로프트는 다음과 같이 언급했다. "나는 이라크에서 비롯된 후유증이 총체적인 재앙으로 변하고 있다고 생각한다. 이 과정에서 정권 교체를 지지하는 모든 발언의 토대가 무너졌던 것이다."

이런 상황에서, 북한 핵의 교착 상황에서 벗어나기 위한 길을 제공해줄 수 있는 온건 매파적 접근법이 부시 행정부 내에서 점차 매력적인 전망이 되었던 것이다.

아시아 정책을 담당하는 국방부의 한 고위 관리는 다음과 같이 말했다. "그들은 뭔가 성공의 느낌을 주는 것이 필요했다. 라이스의 중동 구상은 완전히 날아갔다. 이란도 날아갔다. 이라크는 그대로 이라크다. 힐은 '내가 뛸 공간을 달라. 그러면 뭔가 가지고 오겠다'라고 말했다. 그녀는 이것을 부시에게 팔았고, 거기서부터 두 사람은 움직이기 시작했다."

워싱턴의 내부 논쟁은 북한을 6자 회담으로 복귀시키기 위해서 미국이 얼마간 유연성을 보여야 한다는 중국, 그리고 특히 한국의 강한 압력에 의해서도 영향을 받았다. 한국의 안보보좌관 송민순(힐의 오랜 친구로서 두 사람 모두 폴란드 대사관 근무 시절부터 인연을 맺음)은 힐, 라이스, 그리고 다른 고위 관리들과의 연쇄 회동을 통해 논의를 주도했다.

이 과정에 참여했던 미국의 한 관리는 다음과 같이 회고했다. "한국은 '뱅코델타아시아 건을 종결하라'고 말했다. 이에 대한 답례로 북한은 〔영변 원자로를〕 동결할 것이다. 그다음, 우리는 중유를 주도록 한다는 것이다." 한국 측은 바로 이것이, 평양과의 면대면 대화를 외교 수단이 아닌 보상거리로 만들어 전체적으로 회담을 무너뜨린 책임이 있는 미국이 회담에 재시동을 걸 수 있는 방법이라고 주장했다.

한국의 한 고위 관리는 열을 올리며 다음과 같이 불만을 토로했다. "부시 행정부는 북한이 핵을 없애버리도록 만드는 일보다는 북한과 양자 협상을 갖지 않는 일이 더 중요하다고 생각했다. 북한이 핵무기 만드는 일을 중단시키는 일보다 북한의 불법 행위를 엄벌하는 일이 더 중요하다고 생각했다."

2006년 9월 중순 국빈 방문 중, 한국의 노무현 대통령은 부시 대통령에게 제재를 중지하고 평양과의 관계를 다시 시작하라고 간곡하게 설득했다. 그러나 이 회담에서는 물론 다른 회동에서도 미 행정부의 관리들은 BDA 제재는 미국의 법 집행 문제이며 정치적인 이유로 변경되거나 중단될 수 없다는 낯익은 공식 노선을 고수했다. 그러나 사적으로는, BDA 문제를 끝내기 위한 방안을 찾는 작업이 시작되었다. 이 과정에서 힐은 국무부 자문 필립 젤리코우의 지원을 받았다. 관료 사회 내에서의 영향력은 미미했지만 젤리코우는 콘돌리자 라이스의 귀를 가지고 있었다.

2006년 9월, 젤리코우는 BDA 상황에서 빠져나올 수 있는 몇 가지 방안을 작성해 라이스에게 제출했다. 그의 회고에 따르면, 첫째, 그는 미국이 'BDA 파괴 작업이 소기의 목표를 달성했다'는 점을 인식해야 한다고 주장했다. BDA는 이미 목표가 달성되었으며, 북한의 국제 금융 체제에 대한 접근도에서도 기대했던 비공식적 효과가 계속 이뤄지고 있는 본보기적 공격이었다는 것이다.

둘째, 젤리코우는 마카오 금융 당국이 몰수된 BDA 자금을 유통시킬 수 있도록 적절한 방안을 모색해야 한다고 권고했다. 그리고 바로 이 일은 '우리의 전반적인 외교 전략을 강화하고 재출발시키는 방식으로' 행해져야 한다고, 그는 주장했다.

젤리코우의 방안은 한국 측과 공유되었다. 무대응no action 전술이 취해지는 동안, 전체 과정은 향후 벌어질 상황의 토대를 마련하는 데 도움을 주었다는 것이다.

한편, 중국 측, 특히 우다웨이 외교 부부장은 한국 측이 부시 행정부에게 주장했던 내용을 강화하고 있었다.

미 국무부의 한 고위 관리는 말했다. "목표는 동일했다. 양측 모두

BDA 작업은 우스꽝스러운 일이며, 미국의 입장도 좋은 것은 아니라는 생각이었다."

북한의 10월 3일 발표 직후 며칠간, 핵실험을 하지 말라는 경고가 사방에서 빗발쳤다. 유엔 안보리는 '조선민주주의인민공화국에 의해 핵실험이 실시될 경우, 그것은 국제 평화와 안전에 명백한 위협이 될 것이며, 만약 조선민주주의인민공화국이 국제사회의 요구를 무시한다면, 안보리는 유엔 헌장에 명시된 책임에 따라 행동하게 될 것'이라는 성명을 발표했다.[30]

서울에서는 노무현 대통령이 정부 차원에서 평양에 핵실험 결과에 대해 '엄중 경고'를 보내라고 지시했다. 중국의 유엔 대사 왕광야는 만약 북한이 '잘못된 행동'을 계속한다면 '어느 누구도 북한을 보호해주지 못할 것'이라고 천명했다. 왕광야는 계속해서, "북한이 그래도 실험을 한다면, 그들은 엄중한 결과에 직면할 것임을 깨달아야 할 것이다"라고 말했다.[31] 중국 측은 사석에서도 평양에 똑같은 메시지를 보냈다.

워싱턴에서는, 크리스토퍼 힐이 고난도의 균형 잡기balancing act와 씨름하고 있었다. 관여 정책의 주창자로서 그는 부시 행정부 내에서의 자신의 입지가 북한의 위협에 의해 약화되고 있음을 절감했다. 이를 만회하기라도 하듯, 힐은 연방 강력한 공개 경고를 보냈다.

그는 다음과 같이 천명했다. "북한은 미래를 갖게 되거나 그렇지 않으면 핵무기를 가질 수 있다. 북한은 두 개 모두를 가질 수 없다. 우리는 핵을 가진 북한과 더불어 살지 않을 것이다. 우리는 그것을 용납하지 않을 것이다."[32] 미국이 핵을 가진 북한과 '더불어 살기'를 거부한다는 것이 무엇을 의미하는지는 결코 정확히 설명되지는 않았다.

이와 동시에, 부시의 최고 보좌진은 대응 방안을 논의하기 위한 긴급회의를 잇달아 열었다. 알려진 바에 따르면, 체니 부통령은 미국은 결코 북한과의 양자 회담에 동의해서는 안 된다고 완강하게 주장했다. 일부 보도에 따르면, 국가안보회의 쪽 강경파 관리들은 북한이 핵실험을 강행한다면, 미국은 더 강력한 제재를 가해 북한 자체가 '완전히 가동을 멈추게' 만들 것이라고 말했다.[33]

부시 정부는 또 유엔의 북한 외교관들에게 직접 경고를 전달하기로 결정했다. 그러나 워싱턴의 대북 양자 회동에 대한 금지 조처가 지나치게 엄격해 면대면 대결을 위해 뉴욕으로 출장을 가는 대신, 국무부 한국 데스크의 책임자 성 김이 전화상으로 경고를 전달했다.

제17장

마침내 강행하다

2006년 10월 9일 오전 북한이
마침내 핵실험을 강행하다

핵실험이 임박했다는 조짐은 중국에서 나왔다. 2006년 10월 9일 월요일 아침(워싱턴 시각으로는 일요일 오후), 북한 관리들은 평양 주재 중국 대사관에 핵실험이 임박했음을 통보했다. 베이징에서는 중국 측이 즉각 이를 미국 대사관에 알렸고, 대사관은 다시 이를 워싱턴에 전달했다. 백악관 서관West Wing 지하에 자리 잡은 5천 제곱피트 규모의 종합시설로서, 컴퓨터, 플라즈마 스크린, 그리고 통신 보안 시설로 꽉 차 있는 백악관 상황실에, 미국 정부의 고위 관리들이 사태 진전을 점검하기 위해 모여들었다.

사전 예고 뒤 20분이 지난 오전 10시 36분(한국 시각), 지진계가 평양에서 동북 방면으로 385킬로미터 떨어져 있고 러시아 쪽 국경선과 130킬로미터 떨어진 길주시 인근 풍계리 실험장의 깊은 산골에서 폭발을 감지했다. 미국 지질조사국은 중국, 일본, 한국으로부터 오스트레일리아, 우크라이나, 그리고 네바다에 이르기까지 20곳의 지진 관측소가 폭발에 의한 충격파를 감지해냈으며, 리히터 진도 4.2의 지진이 일었다고 보고했다. 핵실험 뒤의 방사능 구름을 통해 정보를 수집하는 특수 감지기를 장착한 미 공군 WC-135 콘스탄트 피닉스 대기수집 항공기가 즉각 출동했다. CIA, 국방정보국DIA, 에너지부, 국가안보국NSA, 그리고 위성 영상 자료를 연구하는 국립지질정보국NGIA을 포함한 미국의 각 기관들도 행동에 들어갔다.

이 모든 기관이 수집한 정보는 즉각 전 CIA 요원 조지프 디트라니에게 보고되었다. 2005년 말, 앞서 9 · 19 선언을 탄생시킨 협상에서 크리스토퍼 힐의 차석으로 활약했던 디트라니는 새로 만들어진 대북 협상 특사 자리를 맡기 위해 자리를 떠났다. 그는 국가정보국장 존 네그로폰테John Negroponte 밑에서 일하면서 국가정보국DNI의 최초의 대북 '업무 총괄팀장mission manager'이 되었다. 그의 직무는 이제 백악관, 국방부, 국무부에 하루 두 차례 상황을 설명하고 관련 자료를 배포하면서 핵실험에 대한 모든 첩보 작업을 조율하는 것이 됐다.

비록 최초의 핵실험이었더라도 TNT 5백 톤에 해당하는 5백 킬로톤에 이른 폭발력은 예상외로 작았다. 최초의 정보 보고는 그것이 실제 핵폭발이었는지에 대해서까지 의문을 제기했다. 그러나 며칠 뒤, 대기 샘플과 기타 기술적 분석에 의해 폭발은 플루토늄에 기반한 것으로서, 미국이 1945년 8월 일본 나가사키에 떨어뜨린 플루토늄 폭탄보다 훨씬 더 큰 규모의(21~23킬로톤) 핵 장치에 의해 발생한 것으로 밝혀졌다. 부분적인 성공에 그쳤을지라도 핵실험은 북한 과학자들이 기본적으로는 핵무기 기술과 설계 기술을 마스터했으며, 핵실험을 실시하기에 충분한 무기급 플루토늄을 확실히 확보했고, 일부는 다른 폭탄을 만들기 위해 남겨놓았다는 사실을 입증했다.

기술적 결함이야 어찌 됐든 핵실험의 정치적 후유증은 엄청났다. 북한의 핵 능력에 대한 불확실성이 일순간 사라져버린 것이다. 김정일 정권은 미국, 영국, 프랑스, 러시아, 중국, 인도, 그리고 파키스탄에 이어 세계 여덟 번째 핵 국가가 됐다. 이 사실이 함축하는 바는 놀라웠다. 이란의 핵 야망이 높아가면서 세계 핵 비확산 체제는 심한 타격을 입었다. 이제 세계에서 가장 고약한 몇몇 정권에게 미사일을 판매하고 오랫동안 군사 협력을 해온 데다 부시의 악의 축 멤버이기도 한 북한이, 이란이나 시리아 같은 나라들에, 더 나아가 테러 집단에도 팔아먹을지 모를 핵 능력을 자랑하고 있는 것이다.

부시 행정부에게 핵실험은 전체 대북 접근법의 철저한 실패를 뜻했다. 그의 대통령 재임 6년 동안 미국은 경고, 위협, 제재, 무력 과시, 그리고 내키지 않는 외교를 구사해왔다. 지난 며칠간 미 행정부 관리들은 핵실험은 '참을 수 없는' 그리고 '용납할 수 없는' 것이라고 거듭 천명해왔다. 그러나 미국은 김정일이 NPT를 탈퇴하고, 국제 사찰단을 추방하며, 동결됐던 원자로를 재가동하고, 사용후 연료를 무기급 플루토늄으로 재처리하는 것은 물론, 이론상으로는 미국 본토 공격도 가능한 대륙간탄도미사일을 포함한 미사일 시험에 대한 8년간의 유예 조치도 깨트리고, 6자회담을 보이콧하는 일도 막을 수 없었다. 이제, 거의 모든 곳에서의 경고에도 불구하고 북한은 국제사회에 도전하며 핵실험을 강행한 것이다.

하버드 대학 교수이자 핵 테러리즘에 관한 책의 저자이기도 한 그레이엄 앨리슨Graham Allison은 다음과 같이 물었다. "북한 핵실험이 이란과 다른 나라들에게 전해주는 의미는 무엇인가? 김정일에게는, 만약 그가 오사마 빈 라덴에게 핵폭탄을 팔려고 할 경우, 팔면 그만이라는 의미를 전해줄 수도 있는 것 아닌가?"[1]

이제, 행정부 전체의 강경한 자세에도 불구하고 과거 몇 년 동안 '금지선'을 확실하게 그으려고 하지 않았던 대통령은 마침내 그 선을 확실하게 그었다.

부시 대통령은 핵실험 12시간이 지난 뒤 열린 한 기자회견에서 다음과 같이 말했다. 비록 기술적 노하우는 아니더라도, "북한에 의한 핵무기 또는 핵 물질의 국가 또는 비국가 단체로의 이전은 미국에 대한 중대한 위협으로 간주될 것이며, 우리는 그와 같은 행위의 결과에 대해 북한이 완전히 책임지도록 할 것이다."[2]

그러나 이 같은 격한 비난은 과거 수년간 부시 행정부의 오락가락 대북정책의 상징이 되어왔던 혼란한 신호를 또 한 번 되풀이했다. 대통령은 새로운 '금지선'을 설정하면서, "미국은 북한의 위협에 맞서 우리 우방국들과 동북아 지역에서 우리의 이해를 지키기 위해 모든 수단을 준비해두고 있다"라고 말했다.[3]

그러나 이와 아울러 부시 대통령은 '미국은 외교 책무를 다할 것'임을 강조했다. 이 점을 강조하기 위해 부시는 북한 상황에 대한 자신의 언급에서 열한 번이나 '외교'라는 단어를 썼다.[4]

존 볼턴을 비롯한 강경파들은 매우 다르게 반응했다. 그들에게 핵실험은 대화를 통해 핵 문제를 해결하려는 노력의 종말을 뜻했다.

그는 다음과 같이 썼다. "북한의 핵실험에서 보수파들이 찾아낸 유일한 위안은, 이제 마침내 동아태유화론자들EAPeasers〔미 국무부 동아시아태평양국의 관여 정책파들〕이 북한에 대한 애걸복걸 접근법을 지속하기가 불가능해지리라는 것이었다."[5]

핵실험 다음 날 아침, 볼턴은 라이스의 승인을 받아 새로운 대북 강경

수단을 개괄한 결의안 초안을 유엔 안보리에 돌렸다. 이 결의안은 금융 및 무역 제재, 무기 금수, 사치품 금지, 그리고 가장 중요한 부분으로서 북한을 드나드는 화물에 대한 검색의 승인을 담고 있었다. 볼턴은 이 움직임이 자신이 중시해온 확산방지구상에 대한 유엔의 승인으로 이어지기를 희망했다. 확산방지구상은 2005년 대량살상무기의 확산에 대처하기 위해 시작된 것으로, 미국과 그 동맹국들에게, 미사일 또는 핵무기, 화학·생물 무기의 원료를 운반하는 것으로 의심되는 선박·항공기를 수색할 수 있도록 하는 내용을 담고 있다.

북한 핵실험에 대한 일본의 반응은 더 격렬했다. 김정일 정권이 결국엔 도쿄에 도달할 수 있는 미사일에 핵탄두를 실을 수도 있다는 망령이 광범위한 경보를 울리기 시작한 것이다. 일본의 유엔 대사는 북한으로의 수출 전면 금지, 북한으로의 선박 및 항공기 이동 금지를 요구하여 미국 결의안의 내용을 더 강화하려고 했다. 일본 국내에서는, 취임한 지 한 달도 안 된 아베 신조 총리가 독자적으로 북한으로부터의 수입 금지(일본은 당시 중국과 한국에 이어 북한 상품의 세 번째로 큰 수입국이었다), 북한 선박에 대한 일본 항구 폐쇄 등 비슷한 조치를 취했다.

중국 측에게 핵실험은 더 이상 투덜거리는 '어린 동생'이 아닌 북한으로부터 한 차례 세차게 뺨을 얻어맞은 꼴이었다. 베이징은 격노했다. 핵실험 몇 시간 후, 중국 외교부는, 북한의 행위를 '뻔뻔하다'고 표현하며, 강한 어조의 비난 성명을 냈다. 중국어에서 '한란'(悍然, '뻔뻔한' 또는 '언어도단'을 뜻함)은 보통 정치적 라이벌이나 정적의 가장 불쾌한 행위를 비난할 때나 쓰는 말이었다. 그러나 중국 측 성명은 냉정을 되찾을 것을 촉구했으며 각 당사국에 '협의와 대화'를 통해 문제를 풀어가자고 촉구했다.

그럼에도 화가 난 후진타오 주석은 북한을 책망하기 위해 즉각 리자오싱 외교부장을 파견했다. 리자오싱과 북한 고위 당국자들과의 회담 내용을 잘 알고 있는 소식통들은 이 회담이 '역대 북중 간 회담 중 가장 껄끄러운 회담'이었다고 말하고 있다. 베이징은 북한이 사전 협의 없이는 절대 핵실험을 하지 않는다는, 양국 간의 기본 양해 사항을 위반했다고 느꼈다.

한 중국 관리는 다음과 같이 말했다. "김정일은 개인적으로 중국 지도자들에게 자신은 비핵화를 지킬 것이라고 말해왔다. 그것은 자신의 아버지의 결정이라는 것이다. 아버지의 결정은 아들의 결정보다 더 중요했다. 김정일은 자신의 아버지 이름을 대며 비핵화에 대한 자신의 진실성을 표현하고자 했다. 우리는 이것을 이해했다. 그러나 그들은 핵실험을 했다. 그들은 약속을 저버린 것이다."

한 소식통에 따르면, 리자오싱은 북한 사람들에게 다음과 같이 말했다. "귀측은 선을 넘어버렸다. 이것은 전적으로 용납할 수 없다. 귀측은 이런 일이 다시 발생하지 않을 것이라고 약속해야 한다."

중국이 느낀 분노의 일단은 핵실험 직후 백악관에서 있었던 한 모임에서 표출됐다. 중국인민해방군 사절단은 이미 예정됐던 방문을 위해 워싱턴에 있었다. 후진타오와 가까운 것으로 알려진 중국 측 최고위 장성은 스티븐 해들리 국가안보보좌관과의 사적인 만남에 초대됐다. 한 번도 내용이 공개된 바 없는 이 회동에 부시 대통령도 잠깐 들렀다. 중국 장성은 부시와 해들리에게, 핵실험 이전과 이후, 중국인민해방군은 북측의 상대에게 관련 정보를 요청했으나 아무런 반응도 받지 못했다고 말했다.

미국 행정부의 한 고위 관리에 따르면, 이 중국 장성은 '그들은 통제 불능이다. 그들은 완전히 통제 불능이다'라고 말했다는 것이다. 그는 또 '그것은 정상적인 관계가 아니다'라고도 말했다.

중국은 단순히 평양이 자제 요청을 무시했다는 사실에 속이 뒤집힌 것이 아니었다. 핵실험은 중국으로서는 악몽과 같은 시나리오를 연출함으로써 동북아의 전략적 판도를 근본적으로 뒤바꾸어놓을 수 있는 잠재력을 갖고 있었다. 그 시나리오는 베이징의 최대 라이벌 일본이 핵 개발을 검토하게 자극할 수도 있는 역내 군비 경쟁이었다.

사실, 평양의 핵실험은 일본의 일부 고위 관리들로 하여금 오랫동안 금기시됐던 주제에 대해 이제는 공식적으로 논의를 시작해야 한다고 주장하도록 만들었다. 일본이 독자적인 핵무기를 개발해야 할지를 둘러싼 국가 차원의 논쟁을 촉구하는 인사들 가운데는, 집권 자민당 정조회장이자 아베 총리의 측근인 나카가와 쇼이치는 물론, 당시 매파적 성향의 아소 타로 외상도 있었다.[6] 대규모 원자력 프로그램을 통해 대량의 플루토늄을 확보할 수 있는데다 우주 로켓 제작·발사 능력을 자랑하는 일본은 수개월 안에 정교한 핵무기 프로그램을 실행할 능력이 있는 것으로 널리 알려졌다.

핵 공격을 받은 유일한 나라로서, 이 같은 요구는 일본인의 예민한 신경을 건드렸다. 정치적 동맹 세력이 핵 개발 문제를 정치 현안으로 올려놓는 가운데, 아베 총리는 신속하게 일본의 비핵국 지위를 재다짐하고 나섰으며, 대부분의 관측통들은 이 발상을 서투른 억지로 폐기해버렸다. 일본 방위청(현 방위성-옮긴이)의 한 관리는 "일본의 핵 개발은 완전히 비현실적이다. 히로시마, 나가사키에서 비롯된 이른바 핵 알레르기가 너무 깊기 때문이다"라고 지적했다. 그러나 동북아 지역, 특히 일본 군국주의가 빚은 과거에 대한 기억이 아직도 생생한 한국과 중국에서는 경계심이 널리 퍼져 있었다.

북한과의 관계 개선에 모든 걸 걸면서, 평양에 핵실험을 강행하지 말라고 강력히 요청했던 한국의 노무현 대통령에게 북한의 핵실험은 개인적으로 심각한 좌절이었다. 성난 노무현은 즉각 '엄중한 조치'를 부르짖었으며, 대북 화해를 위한 접근법 전체를 재고할 것임을 시사했다. 서울은 즉각 평양에 대한 인도적 지원 물자의 선적을 중단할 것이라고 발표했다.

서울 주재 한 외교관은 다음과 같이 말했다. "그는 북한의 비핵화를 위해 아주 열심히 노력했다. 그는 금지선을 그어놓고, 실험이 강행되면 이제까지와는 달리 일이 순조롭게 진행되지 않을 것임을 공공연하게 밝혀왔다. 결국 그는 개인적인 모욕을 당하기라도 한 듯이 성난 태도로 핵실험에 반응했다."

북한 핵실험은 그처럼 극적인 행동을 취하게 된 김정일의 동기에 대해 다양한 추측을 불러일으켰다. 일부 분석가들은 김정일이 권력 장악력을 유지하기 위해 북한의 최고 강경 조직인 군부를 달랠 필요가 있었다고 주장했다. 또 다른 분석가들은 핵실험 다음 날이 조선로동당 창립 61주년 기념일이었다는 사실과 함께, 김정일이 국민적 지지를 동원하고 민족주의 정서를 일으키기 위한 의도로 핵실험을 이용했을지도 모른다고 지적했다. 10월 9일은 또 유엔 안보리가 반기문 당시 한국 외교통상부 장관을 코피 아난에 이어 유엔의 신임 사무총장에 지명한 것을 인준한 날로, 핵실험은 부분적으로는 한국 외교관의 경사스런 순간을 망치기 위해 의도된 것이라는 일부 추측도 있었다.

그러나 어느 것도 확인할 길은 없었다. 10월 11일, 북한 외무성은 핵실험을 부시 행정부에 대한 북한의 낭패감과 직접 연결 지으며, 한편으로는 미사일 시험 이후 그랬던 것처럼 북한은 여전히 협상을 원한다는 뜻을 내비친 성명을 발표했다.

성명은 다음과 같이 언급했다. "조선민주주의인민공화국의 핵실험은 전적으로 미국의 핵 위협과 제재, 그리고 압력에 기인한 것이다. 공화국은 핵무기를 결코 선제 사용하지 않을 것이며, 핵무기 위협과 핵의 이전을 엄격히 금지할 것이다. (……) 비록 공화국은 미국 때문에 핵실험을 했지만, 대화와 협상을 통해 한반도를 비핵화하려는 의지는 아직 변함이 없다. 공화국은 대화든 대결이든 어느 쪽도 할 각오가 되어 있다."[7]

그러나 가장 가능성이 높은 쪽은, 북한 핵실험이 미국에 대해 '우리는 당신네 위협과 제재에 신경 쓰지 않는다. 당신네가 우리를 적으로 취급하면, 우리는 무장을 강화해나갈 것이다. 당신네가 진로를 바꾼다면, 우리도 그렇게 할 것이다'라고 말하기 위한 직접적인 방법이었다는 것이다.

미국의 한 퇴역 정보 분석가는 "미사일 시험의 목적은 미국에 충격을 가해 협상을 선택하게 하려는 것이었다"라고 판단했다.

이 성명에서는 불분명하지만 이후 북한의 행동에서 분명해진 것은 두 번째 메시지였다. 중국의 직접적이고 공개적인 반대에 공공연히 맞서 행해진 핵실험을 통해 북한은, 중국이 평양의 행동을 변화시킬 수 있을 것이라는 미국의 생각이 큰 착각임을 알리고자 했던 것이다.

유엔에서는 북한의 핵실험을 비난하는 결의안의 최종 문구를 둘러싸고 팽팽한 협상이 벌어졌다. 미사일 시험 발사 때도 그랬던 것처럼, 중국과 러시아는 한편으로 평양의 행동에 대한 자신들의 경각심에도 불구하고 일부 초강경 조항을 누그러뜨릴 것을 요구했다. 가장 논란이 된 문제는 모든 나라가 북한을 드나드는 화물을 검색하도록 승인한다는 대목과 유엔 헌장 제7장의 발동 문제였다. 중국과 러시아 측은 제재의 이행을 의무화한 제7조 조항이 무력 사용의 구실로 간주될 수도 있다고 우려했다.

화가 난 존 볼턴은 이들의 태도를 '반대의 벽돌 담장'이라고 평했다.[8]

억지로 타협할 수밖에 없었던 미국과 일본은 북한 항공기의 외국 이착륙 금지라는 일본 측 제안을 삭제하는 데 동의했다. 북한 미사일 및 핵 프로그램과 관련된 북한 자산에 대한 동결 요구는 그대로 유지되었지만, 위조, 돈세탁, 마약과 같은 다른 불법 행위에 의한 자산의 동결 언급은 삭제됐다. 덧붙여, 유엔 헌장 제41조 언급이 삽입되어, '무력 사용과 무관한 수단'에 의해서만 승인된 조치를 실행할 수 있도록 했다. 문서의 자구도 수정되어, 검색의 경우 해당 국가와 '협력적으로' 이뤄지도록 했으며, 검색 대상이 되는 화물의 종류에 대해서도 제한이 두어졌다.

그럼에도 2006년 10월 15일 결의안 1718호가 만장일치로 채택되자 이것은 한국전쟁 휴전 이래 북한에 대해 취해진 가장 강경한 국제 행동이 되었다. 결의안 최종판은 핵실험을 '국제 평화와 안전에 대한 명백한 위협'으로 비난했으며, 북한은 핵무기, 탄도미사일, 그리고 기타 대량살상무기를 생산하기 위한 프로그램을 중단하라고 요구했다. 결의안은 또 북한의 미사일 거래를 '불법illicit'으로 규정하고, 모든 국가가 북한의 핵, 미사일, 그리고 비재래식 무기 프로그램과 관련된 물질의 판매와 이전을 차단할 것을 요구했으며, 북한이 그런 무기를 수출하지 못하도록 그리고 사치품을 수입하지 못하도록 금지했으며, 북한의 반입·반출 화물에 대한 검색 권한을 부여했다.

워싱턴 일각, 특히 강경파 진영에게, 유엔 결의안은 대북 압박을 강화하기 위한 명분을 제공하는 것이었다. 한 고위 관리가 회고한 것처럼, 지금이야말로 진짜 북한에 한방 먹일 때라고 생각하는 사람이 일부 있었던 것이다.

결의안 1718호에 제시된 수단이 적극적으로 이행된다면, 이는 북한의 정책 변화는 물론, 김정일 정권의 붕괴도 가져오게 될 것이라는 기대감도 있었다. 부시 대통령조차, 최소한 감정적으로는, 그런 기대를 갖기는 마찬가지였다. 한 모임에서, 그는 흥분조로 다음과 같이 목소리를 높였다. "우리는 그에게서 핵무기를 없애버리고자 한다. 그리고 그에게서 핵무기를 없애버리고 나면, 우리는 그를 없애야 한다!"

그러나 제재가 김정일을 무너뜨릴 것이라는 전망은, 아무리 감정적으로 만족스러울지라도, 그 같은 결과가 이미 우려스러운 상황을 더 위험하게 만들지 않을지에 대한 미국 내 논쟁을 가열시켰다. 평양 옥죄기에 대한 비판자들은, 정권 변동과 이에 따른 혼돈은 공교롭게도 북한 핵무기 통제권을 둘러싼 내부 투쟁을 불러올 수도 있어 핵 물질이나 그 노하우가 다른 불량 국가나 테러 집단의 수중에 떨어질 가능성을 감소시키는 것이 아니라 오히려 증대시킬 것이라고 주장했다.

이런 목소리를 낸 인물 중 하나가 1기 부시 행정부 시절 리처드 아미티지의 보좌관으로 일했던 로빈 '삭' 사코다Robin 'Sak' Sakoda였다. 핵실험 직후 워싱턴에서 열린 한 싱크탱크 회의에서 그는 다음과 같이 경고했다. "북한에 대한 지나친 압박은 상황을 현재보다 더 악화시킬 수 있다. [……] 체제 붕괴, 난민, 그리고 북한 핵과 미사일에 대한 통제 불가능 사태 등이다. 특히 체제 붕괴 위험 때문에 북한을 얼마나 세게 압박해야 할지, 얼마나 조여야 할지에 대해서는 신중해야 한다."[9]

국무부 동북아 전문가들은 그의 견해에 공명했다. 그는 말했다. "근본적인 아이러니는 볼턴의 과장에도 불구하고, 우리가 생각해낼 수 있는 가장 겁나는 시나리오는 체제 붕괴라는 것이다. 그것이 우리가 우려해야 할 순간인 것이다."

사실, 핵실험은 부시 행정부가 직면한 세 가지 선택을 뚜렷하게 부각시켰다. 물론 세 가지 중 어느 것도 대통령의 입장에서는 매력적이지 못했다. 첫째는, 북한의 핵 능력을 파괴하든 아니면 정권 자체를 파괴하든 무력을 사용하는 것이었다. 그러나 미국이 북한의 핵심 핵 비축 장소를 분명히 파악하지 못한 상태에서, 그리고 어떤 식의 공격이든 한국이나 심지어 중국을 끌어들일 수 있는 북한의 보복이 따를 것이 거의 확실하므로, 이 선택은 어느 모로 보나 논의 대상이 되지 못했다.

두 번째 옵션은, 일방적인 제재를 단계적으로 강화하는 것이었다. 그러나 북한은 빈곤이나 기아, 그리고 고립에 익숙한 상태고, 한국과 중국은 북한의 붕괴를 막겠다는 입장이 확실하므로, 비록 유엔 결의안의 효력에 의해 뒷받침되는 경우라도 응징 수단은 충분한 효과를 거두기에는 미흡했다.

미국의 한 관리는 다음과 같이 지적했다. "창과 문을 모두 잠가버리고 북한을 상자에 집어넣는 것으로는 북한을 변화시키지 못할 것이 분명해졌다. 그들은 강인한 사람들이고, 고통에 대한 그들의 한계점은 우리가 잴 수 있는 것보다 훨씬 더 높다."

세 번째 옵션은, 북한이 실질적인 혜택을 얻을 수 있는 진정한 주고받기를 통한 진짜 협상이었다. 비핵화를 향한 의미 있는 진전에 대한 대가로, 적대 관계를 청산하고 정상화 노력을 하는 것, 지원, 그리고 궁극적으로는 정치적 승인 따위다. 이 접근법은 크리스토퍼 힐에 의해 오랫동안 지지받았던 것이며, 라이스와 부시도 여러 번 일정한 지지를 표한 바 있다. 그러나 부시 행정부 내 강경파들은 협상에 대해 완강하게 반대하는 입장이었고, 지난 몇 년간 북한의 도발적인 조치들로 오히려 사기충천한 그들은 외교적 과정을 따르려는 노력 자체를 와해시키려고 애써왔다.

그러나 핵실험 직후에는, 핵심 공화당 인사들도 부시 행정부에 대해 진로를 바꾸고 북한과의 직접 대화에 응하라고 촉구하고 있었다. 미 의회 상원 외교위원회 위원장인 리처드 루가, 그리고 펜실베이니아 주의 알렌 스펙터Arlen Spector도 이런 조치를 촉구하는 부류에 속했다.

스펙터는 부시에게 다음과 같이 촉구했다. "그들과 대화하자. 그들이 핵무기를 갖고 이를 전달할 능력을 갖게 됨으로써 문제는 아주 심각해졌다. 나는 우리가 직접적인 양자 회담을 비롯해 모든 대안을 사용해야 한다고 생각한다."[10]

아버지 부시 행정부에서 국무장관을 지낸 제임스 베이커James Baker도 "우리는 아무것도 버려서는 안 된다. 내 견해로는, 우리의 적과 대화하는 것은 유화 정책이 아니다"[11]라고 말했다.

유엔의 대북 결의안이 통과된 일주일 뒤, 콘돌리자 라이스는 일본, 한국, 중국을 향해 출발했다. 그녀의 순방 목적 중 하나는 일본과 한국이 여전히 미국의 핵우산 아래 있다는 것을 재확인하려는 것이었다. 이 점은 특히 일본에 대해 중요했다. 이와 같은 재확인이 독자적으로 핵 개발을 해야 된다는 일본 내의 논의를 무력화하는 데 핵심적이었기 때문이다. 그러나 이와 같은 재확인은 좀더 큰 문제에 대해서는 답하지 못했다. 북한 다루기에 실패함으로써 미국은 일본의 안보를 위험에 빠뜨렸던 것이다.

라이스의 좀더 큰 목표는, 그녀가 출발 직전 밝혔듯이, 유엔 제재의 적극적인 이행을 추진하기 위해서였다. 그녀는 다음과 같이 말했다. "우리는 공동 노력으로 북한을 고립시켜 국제사회에 참여함으로써 얻게 되는 이득을 얻지 못하게 만들 것이다. 북한은 세계를 위험에 빠뜨릴 수 없을 것이며, 다른 나라들과 무기와 미사일 부품을 예전과 마찬가지로 거래하는 것도 기대할 수 없을 것이다. 북한은 국제 체제의 안정을 해칠 수도 없을 것이고, 평화적인 통상을 위해 구축된 정교한 금융 네트워크도 이용할 수 없게 될 것이다. 우리는 국제사회의 모든 성원이 이번 결의안의 모든 내용을 충분히 이행해줄 것을 기대한다."[12]

라이스는 또 북한에 대해 '방어적 조치의 확대' 필요성에 대해서도 언급했다. 그녀는 일본에서, 라이스는 아베 정부가 이미 밀접해진 미국과의 군사적 관계를 더 심화시키는 데 열의를 보이고 있다는 것을 알았다.

주일 미국 대사 토머스 쉬에퍼는 다음과 같이 말했다. "북한 핵실험의 결과, 일미 관계는 과거 어느 때보다 굳건해졌다. 일미 동맹은 날이 갈수록 구체성을 띠어가고 있으며, 반대로 날이 갈수록 추상성은 줄어들고 있다."

안보 협력 분야의 수많은 미일 구상, 특히 미사일 방어망의 공동 개발 노력, 미국과 일본 공군 사령부의 공동 설치 움직임은 큰 지지를 받았다.

미 국무부의 한 관리는 말했다. "김정일은 우리에게 탄도미사일 협력 증진을 위한 근사한 명분을 제공했다."

그러나 라이스가 일본의 아소 타로 외상과 동행하여 한국에 도착했을 때, 당초 북한의 모험주의에 대처하는 3국 동맹의 굳건함을 과시하는 자리가 되리라고 기대했던 방문은 동맹의 형태를 띤 외양과 달리 크게 벌어진 입장 차이만 확인하는 자리가 되고 말았다. 북한의 핵실험을 서둘러 비난했음에도 노무현 대통령은 좀더 적극적으로 제재를 이행하자는 라이스의 압력에 저항했다.

당시 회담 자리에 있었던 한 외교관은 '회담의 화학작용은 신통치 않았다'라고 회고했다.

노무현은 미 국무장관에게 노골적이었다. 그는 말했다. "당신네 미국 사람들은 늘 이 문제를 외교적으로 풀겠다고 말해왔소. 그러나 당신네는 항상 장애물 높이를 높여왔소." 노무현은 특히 미국이 BDA 조사를 끝내지 않으려는 태도와, 크리스토퍼 힐이 북한 측과 직접 대화하거나 평양에 가지 못하도록 한 사실에 대해 불만을 표시했다.

노무현은 미국의 핵심 요구 사항에 대해서는 특히 비타협적이었다. 그것은 관여 정책에 대한 한국 대통령의 일관된 공약을 상징해왔으며, 북한 외환 수요의 절대적인 공급원 중 하나가 된 남북 경협 프로젝트 두 건을 한국이 중지하라는 것이었다. 두 건의 프로젝트 중 하나는 북한의 명승지 금강산에 남한의 기업 현대아산이 건설한 관광단지로서, 이는 연간 5억 달러 가까운 금액을 북한에 제공하는 것으로 평가되고 있었다. 또 다른 프로젝트는 개성경제특구로, 여기서는 북한의 노동자가 남한 회사의 상품을 제조하고 있었다.[13] 그러나 한국 정부는 라이스에게, 한국 정부는 사업을 중단하거나, 북한 정권과의 광범위한 접촉을 끝낼 의사가 없다고 단도직입으로 말했다.

한국의 한 고위 관리는 다음과 같이 말했다. "이 건들은 북한으로 가는 마지막 다리다. 북한으로 가는 모든 다리를 불태우는 데 대해, 그리고 북한을 압박해 핵무기를 포기토록 하는 일에 모든 것을 거는 데 대해서는 반발이 있었다."

게다가 노무현은 북한 선박의 검색이 남북 간 충돌을 부를 것을 우려하여, 미국의 확산방지구상PSI 참여 요청도 거절했다.

한국의 한 외교관은 다음과 같이 설명했다. "우리는 위협의 진원지에 더 가까이 있다. 따라서 우리는 위험 감수에 대해 더 주저하는 입장을 취할 수밖에 없다. 일종의 최전선 국가front-line state로서 우리는 공해상 또는 우리의 영해에서, 밀수 물자를 실은 것으로 의심되는 북한 선박과 직접 대치하는 위험을 감수하는 것에 더 신중할 수밖에 없었다"라고 토로했다. 미 국무부의 한 고위 관리는 "라이스는 한마디로 무시당했다. 아주 힘든 방문이었다"라고 말했다.

노무현은 자기 입장을 고수했지만, 북한의 핵실험은 그의 타협적인 대북 정책도 결국 김정일이 핵무기를 만들어 시험하는 것을 막아내지 못했음을 분명히 보여주었다. 야당인 한나라당의 지도자들은 노무현을 비난했으며, 일정한 형태의 관여가 대북 정책의 지도 원리가 되어야 한다는 점은 인정하면서도 좀더 강경한 조치를 취할 것을 요구했다.

국내와 미국 양측으로부터 압력을 받는 가운데, 10월 말 노무현의 관여 정책과 거의 동일시되는 한국의 몇몇 핵심 인사들이 사임했다. 가장 두드러진 피해자는 대북 정책의 창구이자 통일부 장관이며, 오랜 대미 비판자이자 대북 화해론자인 이종석이었다.

이와 동시에, 코피 아난을 대신하여 유엔 사무총장이 될 반기문 외교통상부 장관의 이임이 임박함에 따라, 실용파 송민순이 신임 외교통상부 장관에 지명됐다. 그는 전 폴란드 대사이자 바르샤바 시절부터 힐과 알고 지낸 고참 외교통상부 관리였다.

라이스가 베이징에 도착할 때까지, 북한에 대한 압박 수위를 높이기 위해 미국의 아시아 파트너들을 통일된 전선으로 묶어세우려는 그녀의 노력은 실패한 것이 분명해졌다. 핵실험에 누구보다 격노했던 일본에서조차, 좀더 냉정한 사고가 분위기를 지배했다. 라이스가 도쿄를 출발한 직후, 큐마 후미오 방위청 장관은 일본은 북한 선박에 대한 검색에 참여할지를 결정하기 전에, 외교에 더 많은 시간을 부여할 것이라고 발표했다.

라이스는 또 부시 행정부가 동북아 지역에서 위기의 수위를 오히려 높이려고 한다는 인식의 확산과 싸워야 했다. 특히 북한 선박의 저지 논의는 케네디 대통령이 쿠바에 대해 해상 봉쇄를 가했던 1962년의 쿠바 미사일 사태와 같은 공포를 불러일으켰다. 라이스는 미국은 여전히 외교적 해결을 원한다고 강조하는 수밖에 없었다. 서울을 떠나기 직전 기자들과 회견하는 자리에서 그녀는, "우리는 협상의 길을 열어두고 싶다. 우리는 위기가 증폭되기를 원치 않는다"[14]고 말했다.

중국 측은 또 나름대로, 유엔 결의안 내용과 상관없이 자기네는 북한 출입 선박의 저지 노력에 참여하지 않을 것이라고 밝혔다. 그러나 베이징은 북한을 압박하기 위해 조용히 몇 가지 조치를 취했다. 군용 예비품의 공급을 일시적으로 중단하고 중국 은행으로부터의 자금 이전을 막아버린 것이다. 또한 확인되지 않은 정보긴 하지만, 중국이 일시적으로 석유 공급을 중단했다는 보도도 있었다. 그러나 라이스가 베이징에 도착하자, 그녀가 중국 지도자들로부터 받은 메시지는, 후진타오의 표현을 빌리면, '상황이 악화되거나 통제력을 잃는 것을 막기 위해' 미국이 자제와 유연성을 보여주어야 한다는 것이었다. 민감한 북중 국경 지역에서의 안정 유지가 중국의 최우선 정책임은 분명했다. 중국은 김정일에 대해 아무리 화가 나 있었어도 북한 정권을 굴복시키려는 시도는 지지하지 않으려 했던 것이다.

라이스의 가장 중요한 회담은 중국 국무위원 탕자쉬엔과 관련 있었다. 국무장관이 베이징에 도착한 당일, 탕자쉬엔은 추가 핵실험에 대해 경고하고 북한에 6자 회담 복귀를 촉구하는 후진타오 주석의 개인 메시지를 전달하기 위해 평양에서 김정일을 만나고 있었다. 탕자쉬엔은 핵실험 이후 김정일을 만난 최초의 외국 관리였다. 이 방문은 그의 세계 순방 중 마지막 방문이었다. 핵실험 직후 후 주석에 의해 파견된 탕자쉬엔은 우다웨이 외교부장을 대동하고 맨 처음 워싱턴으로 가서 부시 대통령을 만나 대북 회담의 재개를 촉구했으며, 다음으로 모스크바로 날아가 러시아의 블라디미르 푸틴 대통령을 만났다.

북한의 수도 평양에 도착할 때까지, 탕자쉬엔은 김정일에게 핵실험에 대한 국제적인 반대 분위기의 확산에 대해 전하고, 푸틴, 후진타오는 물론 조지 W. 부시까지 외교를 통해 위기를 해결하고 싶어 한다는 내용을 전하게 되어 있었다.

김정일에 대한 메시지를 형성하는 방식에 영향을 준 한 가지 중요 요소는 헨리 키신저와 후진타오 주석의 만남이었다. 키신저는 우연히 북한 핵실험이 이뤄진 바로 다음 날인 10월 10일, 베이징에서 중국 주석을 만나기로 일정이 잡혀 있었다. 미 · 중 관계 개막 당시의 역할로 인해 키신저의 말은 중국인들뿐만 아니라 아시아 전체에 상당한 비중이 있었다. 앞서 몇 달간, 그는 한반도 문제가 대결로 치닫는 데 대해 우려감이 갈수록 깊어졌다. 연초 뉴욕에서 북한과의 트랙 II 회의에 참가한 뒤, 그는 부시 대통령과 이 문제를 논의했다. 키신저는 이라크 전쟁 상황이 나빠지고 세계무대에서 미국의 입지가 잠식됨에 따라 부시가 신뢰하는 정책 조언자가 되어 있었다.

이 논의에 대해 잘 알고 있는 한 고위 관리에 따르면, 2006년 여름, 키신저가 부시에게 전한 메시지는, "당신은 협상 트랙이 필요하다. 중국과도 협력해야 한다. 그리고 당신은 당신의 협상 대표가 본분을 다하도록 해줄 필요가 있다"였다.

후진타오를 만나기 직전, 키신저는 국가안보보좌관 스티븐 해들리와 접촉했으며, 이때 해들리는 미국이 유엔의 제재 결의안을 모색하고 있는 상황에서 후 주석과의 회동에서 미국의 입장을 지원해줄 논점 몇 가지를 키신저에게 제시한 바 있었다. 그러나 키신저는 부시가 2006년 4월 오찬에서 후진타오에게 했던 말을 강조했다. 즉 미국 대통령은 한국전쟁에 종지부를 찍을 평화협정과 동북아 지역 안보 체제에의 북한 참여를 포함해, 전체 한반도 상황에 대한 포괄적이고 평화적인 해결에 여전히 관심을 갖고 있다는 사실, 그리고 이와 같은 사실이 북한에 전달되어야 한다는 것 등이었다.

김정일과의 회담 후 바로 베이징으로 돌아온 탕자쉬엔은 라이스와 회동했다. 그가 말할 내용은 북한 방문이 '헛수고는 아니었다'라고 알려져 있었다. 중국의 관영 신화통신은 탕자쉬엔이 미국에 '좀더 적극적이고 유연한 자세를 취해줄 것'을 촉구했다고 보도했다.

그러나 사석에서 탕자쉬엔은 좀더 고무적인 메시지를 전했다. 탕자쉬엔은 라이스에게, 북한은 미국이 BDA 사태에서 벗어날 방법을 모색할 것이라고 믿는 것 같았으며, 자신은 김정일과의 회담 후 평양이 6자 회담에 복귀할 준비가 된 것으로 믿는다고 말했다.

그러나 미국은 먼저, 지난 1년 이상 치르지 않으려 했던 대가를 치러야 할 참이었다. 조지 W. 부시는 불쾌감을 참고 크리스토퍼 힐에게 그의 대화 상대인 김계관과 양자 회담을 갖도록 허락해야 하고, 또한 이번만큼은 열심히 협상해야 할 참이었다. 핵실험의 공은 이미 미국으로 다시 넘어간 상태였다. 부시 대통령은 제재 하나만으로는 더 이상 충분치 않다고 판단했다.

제18장

"어떻게 하면 여기서 벗어날 수 있겠소?"

BDA 문제로 인한 교착 상태를 풀기 위해
크리스토퍼 힐과 김계관이 베를린에서 만나다

2006년 10월 마지막 주, 크리스토퍼 힐은 피지에서 시드니로 향하는 남태평양 상공의 비행기 안에서 전화를 받았다. 콘돌리자 라이스는 힐에게 오스트레일리아 방문 일정을 단축하고 북한 특사 김계관과의 비밀 회담을 위해 베이징으로 가라고 지시했다.

중국은 며칠 전 라이스에게 자기네 제안을 전하며 회담을 주선했다. 힐이 등장해 BDA 문제에 대한 유연성을 시사한다면, 김계관도 북한이 6자회담에 복귀할 것을 선언할 준비가 됐다고, 중국 측은 흘렸다.

워싱턴의 국가안보회의에서 강경파들은 이 초청을 수락하는 것에 강력히 반대했다. 그러나 국무부의 한 관리에 따르면, 베이징의 메시지는 '북한을 다루는 길은, 핵실험에 대해 모두가 분개하는 것과 같은 상황이 벌어질지 모르지만, 그렇더라도 북한과 관여하는 수밖에 없다'는 것이었다. 라이스는 그 제안이 양자 협상이 아닌 3자 방식으로 제기됐다는 점에서, 한번 해볼 만한 일이라고 생각했으며, 조지 W. 부시를 설득해 국가안보회의의 반대를 제압하고 회담을 승인받았다.

훗날 강경파의 한 사람은 "왜 라이스가 그 회담을 허락했는지 모르겠다. 그 회담은 미국 정부 안에서는 별로 환영받지 못했다"라고 말했다.

라이스로서는, 그 회담은 결정적인 순간이었다. 그녀는 국무장관이 될 때부터 정체된 북핵 문제를 외교적으로 푸는 데 관심이 있었다. 비록 2005년 1월 의회 인준 청문회 자리에서 북한을 '폭정의 전초 기지'라고 한 언급이 의심 많은 평양 정권의 주의를 잡아끈 것이 사실이지만, 그녀는 또 같은 자리에서, '바로 지금이 외교를 할 때'라고도 말했던 것이다. 국무장관 취임 이래 2년 가까이 강경파들의 지속적인 압력에 직면한 바 있고 그녀 자신 북한에 대한 혐오감도 있던 터여서, 그녀는 북한에 대한 관여 의지와 대결 의지, 두 가지 면모를 모두 보여주었다. 크리스토퍼 힐은 라이스의 전략을 '한편으로는 조이고, 다른 한편으로는 대화를 한다는 2트랙 정책'이라고 설명했다.

그러나 핵실험은 모든 것을 바꿔놓았다. 강경파는 북한 핵실험을 관여 정책은 통하지 않으며 압박을 강화하는 것만이 유일한 옵션임을 보여주는 사건으로 보고 싶어 했지만, 라이스와 부시는 마지못한 태도로 반대 결론에 도달했다. 전 국무부 한국 데스크 과장 데이비드 스트라우브가 지적했듯이, '그녀와 부시가 북한과 관련해 행했던 모든 것이 통하지 않았다는 사실을 직면하는 때'가 온 것이다.

이미 북한 핵실험 이후 라이스의 아시아 순방이 이 사실을 보여준 바 있었다. 중국과 한국, 즉 대북 제재가 북한의 행동 변화를 유도할 기회를 잡기 위해서는 필수적으로 참가해야 할 이 두 나라는 강경 조치를 실행하지 않겠다는 의사를 분명히 했다.

라이스의 순방에 참여했던 한 관리는 다음과 같이 말했다. "그녀는 '당신들이 그렇게 비타협적이지만 않았어도 이런 일은 벌어지지 않았을 것'이라는 메시지를 받았다. 당신들이 김정일을 상대하기를 거부하는 바람에 사태가 여기까지 왔다. 당신들은 북한을 비난할 수 없다. 당신들은 김정일의 관심사를 들어줘야 한다. 그는 당신들과 얘기하고 싶어 한다. 당신들은 그와 얘기해야 한다."

힐 또한 자신에게 협상 기회를 달라고 라이스를 계속 밀어붙였다. 힐의 한 동료는 "그는 내가 만난 사람 중에서 가장 집요하고 다루기 힘들며 완강한 사람일 것이다. 그는 꼭 에너자이저 버니(미국의 한 배터리 회사의 캐릭터 이름-옮긴이) 같았다"라고 말했다. 한 전직 관리는 "그는 줄기차게 '나에게 약간의 재량권을 달라'고 말했다"라고 회고했다.

회의론자들의 계속되는 공격에도 불구하고, 힐은 라이스를 설득했고 마침내 협상을 이끌어낼 수 있었다고, 국무부의 한 고위 관리는 말했다. 국무장관은 갈수록 힐의 '굳건한 동맹'이 되어갔던 것이다.

북핵 문제를 다룬 바 있는 또 다른 관리는 말했다. "나는 그녀가 대북 협상은 참담하게 끝난 것으로 여겼다고 생각한다. 모든 것이 엉망이 되었다. 그리고 바로 그 자리에 뭔가 통할 만한 계획을 가진 듯한 힐이 있었던 것이다."

베이징 방문의 허락을 받은 것은 힐에게는, 그가 학수고대해왔던 작업의 개시를 의미했다. 그는 회고했다. "기본적으로, 당시의 생각은 그들은 회담을 시작해야 한다는 것이며, 우리는 은행 문제를 해결해주겠다고 동의해야 한다는 것이었다."

10월 31일 힐과 김계관, 그리고 중국의 우다웨이 부부장은 댜오위타이 국빈관에서 7시간을 함께 보냈다. 힐은 당시 3명의 특사를 위한 오찬을 주최한 우다웨이와 사적인 만남으로 행동을 개시했다. 식사가 끝날 무렵, 우다웨이는 일이 있다며, 힐과 김계관을 남겨놓고 자리를 떴다. 힐이 라이스로부터 받은 지시는 3자 논의에만 참석할 것과 북한이 6자 회담 과정에 복귀하기 위한 아이디어를 찾아보라는 것이었지 양자 회담을 승인한 것은 아니었다. 그러나 미국 특사는 지시의 내용을 확대 적용했다. 물론 이번이 처음은 아니었다. 힐과 김계관은 면대면 회담을 위해 별도의 방으로 물러났다. 근 1년 동안 북한이 그토록 요구해왔고, 힐도 비록 성공하지는 못했으나 사적으로 바라 마지않았던 회담이었다. 대화는 커피 브레이크 때도 이어졌으며, 그날 자정 무렵 공식 회의를 위해 3명의 특사가 다시 한자리에 모였다.

오랫동안 기다려왔던 힐과의 일대일 회동을 갖게 됐다는 사실은 북측의 시각에서는, 북한의 정당성을 미국이 존중한다는 의미였다. 그럼에도 이와는 별개로 김계관의 핵심 이슈는 2005년 9월에 발표된 BDA 이후 줄곧 그랬던 것처럼, 미국에게 북한의 돈줄 죄기를 끝내라는 것이었다. 김계관은 자신의 동료 리근이 차석인 캐슬린 스티븐스와 함께 참석했던 지난 3월의 뉴욕 회의의 아이디어를 협상 테이블에 올려놨다. 그중에는 BDA 문제를 다루기 위해 양자적인 실무 그룹을 만들자는 내용도 있었다. 이 회담에서 힐은, BDA 문제가 국무부가 간섭할 권한이 없는 법 집행의 문제라는 미국의 종래 입장을 반복하는 대신, BDA 사건을 접기 위한 방법을 모색해볼 용의가 있다는 점을 시사했다.

힐은 훗날 다음과 같이 말했다. "그들은 우리가 회담 차원에서 금융 조치의 문제에 응할 것이라는 말을 듣고 싶어 했다. 그래서 나는 금융 문제들을 처리하기 위한 메커니즘, 즉 실무 그룹을 만들 용의가 있다고 말했다. 즉 이 문제들을 해결하는 쪽으로 논의를 해보자는 것이었다."[1]

힐이 '실무 협상과 비슷'했다고 평한 이 대화는 또한 2005년 9월 19일 공동선언의 이행 방법까지도 논의했으며, 두 특사는 그렇게 하겠다는 양국 정부의 공약을 되풀이했다. 힐은 국내에서 정치적으로 자신을 보호하기 위해, 자기는 양자 '협상'이 아닌, 양자 '논의'를 열었다는 것, 그리고 김정일이 진짜 핵 프로그램의 중단을 협상할 용의가 있는지의 문제는 6자회담을 통해서만 증명될 수 있다는 점을 애써 강조했다. 그날 자정, 중국은 11월이나 12월 중 6자 회담이 재개될 것임을 공식 발표했다.

북한이 6자 회담 복귀를 결정하게 된 요인이 무엇인가에 대해서는 지금도 상당한 논란이 있다. 워싱턴 정파의 주장은 최고위급 관리들의 성난 훈계, 군사 예비부품에 대한 비공식적인 공급 중단, 국경 수색의 강화를 비롯한 중국 측의 압력이 역할을 했을 가능성이 있다는 것이다. 그러나 핵실험은 또한 중요한 심리적 효과도 가지고 있었다.

힐은 말했다. "나는 중국이 북한을 진짜로 강하게 압박했다고 생각한다. 나는 중국이 유엔 안보리 결의안에 찬성했다는 사실에 그들이 충격을 받았다고 생각한다. 그리고 그들은 핵무기를 시험했다. (……) 그래서 그들은 가슴을 쭉 펴게 된 것이다. (……) 자 봐라, 이제 우리도 핵 국가다, 이제는 협상할 만하다는 것이다."

김계관도 훗날 정확히 똑같은 점을 지적했다. 그는 기자들에게 말했다. "우리는 이 핵실험을 통해 우리에게 가해진 제재에 대항 수단을 갖게 됐다. 이제 그런 지위를 얻었으니만큼 우리는 대등한 입장에서 협상을 할 수 있게 됐다."[2]

김계관과의 면대면 회담을 통해 그리고 BDA 문제를 해결할 양자 '메커니즘'에 동의함으로써 북한이 거의 지난 12개월 동안 제기해왔던 조건을 힐이 받아들였다는 사실 또한 평양으로서는 마찬가지로 중요했다.

여기에는 앞서 3월 북한 대사 리근의 뉴욕 방문도 포함되며, 당시 그는 똑같은 메커니즘을 제안한 바 있었다. 다음 달인 4월 도쿄에서는 김계관이 제안을 위해 힐과 양자 회동을 모색한 바도 있었다. 물론 그 제안은 부시 행정부가 거부했으며, 그 결과 북한 핵실험이 있었던 것이다.

힐이 '돌파구'를 열었다는 뉴스는 미국 내 강경파들에게는 잘 받아들여지지 않았다. 과거에도 수없이 그랬던 것처럼, 그가 북한에 너무 많이 퍼주고 받은 것은 없다는 신랄한 비판이 있었다.

한 비판가는 "그것이야말로 힐 측의 진짜 오판이었다. 사람들은 그 회담을 별로 좋아하지 않았다. 크리스가 그 회담에서 무슨 약속을 했든, 앞으로의 회의에서 모두 재검토되어야 할 것이다."

외교적 방법을 되살리는 것을 지지하기는 했지만 라이스 또한 기분이 좋지는 않았다. 힐이 그녀의 지시를 어기고 김계관과 양자 회담을 가졌던 것이 주된 이유였다. 알려진 바에 따르면, 힐은 그 이유에 대해 기본적으로 중국이 자신과 김계관을 남겨두고 회담장을 빠져나갔기 때문이라고 설명했다. 미국이 평양을 설득하여 협상으로 돌아오도록 하는 마당에 평양을 피하고 모욕하는 일을 했어야만 하는가라는 논리였다. 화가 난 라이스는 그래도 분이 풀리지 않았다. 그녀는 우다웨이의 처사에 대해 이의를 제기하는 뻣뻣한 어투의 항의문을 베이징에 보냈다. 그리고 11월 초순 라이스는 다시 북한 문제를 논의하기 위한 고위급 미국 사절단을 중국, 일본, 한국에 보내면서 힐을 의도적으로 배제시켰다. 그 대표단에는 로버트 조지프와 윌리엄 토비 등 대표적인 강경파들이 포함되었지만, 힐은 워싱턴에 남았다.

회담 결과에 대한 내부 검토 내용을 잘 아는 한 인사에 따르면, '회의 주제는 제재의 이행을 논의하는 것이었으며, 우리가 만만하다는 인상을 주어서는 안 된다는 것이었다. 반대로 북한은 제재와 유엔 결의안 문제로 고통을 한동안 느껴봐야 한다는 것이었다.'

베이징에서 힐이 바로 며칠 전 매우 다른 태도를 보였다고 들었던 중국은 더 강경해진 미국 측 입장에 당혹해할 수밖에 없었다. 이에 대해 중국은, 강경파의 입장이 라이스 국무장관과 스티븐 해들리 국가안보보좌관의 견해를 반영한다는 설명을 들었다.

그러나 이번에도 또 한 번 미 행정부의 대북 접근법의 특징인 뒤섞인 메시지가 여실히 드러난 것으로 보였다.

힐이 빠진 미국 대표단이 아시아에 있을 때, 미국에서는 선거가 실시됐다. 2006년 11월 7일, 이라크 전쟁의 부실 관리가 원인이 된 조지 W. 부시에 대한 역사적인 반대 의사로, 유권자들은 상원과 하원 모두의 통제권을 민주당에게 넘겨주었다. 총선 며칠 뒤, 도널드 럼스펠드 국방장관이 사임했다. 전 비서실장 루이스 '스쿠터' 리비가 CIA 요원의 신원을 기자들에게 공개한 사건에서의 역할에 대해 거짓 증언을 한 혐의로 기소되면서, 이미 약화된 체니 부통령의 영향력 또한 더 감소됐다. 더욱이 2005년 '휴회 기간 중 임명' 결과 유엔 대사가 된 존 볼턴의 경우는 상원이 그를 인준하지 않을 뜻을 분명히 밝히자 사퇴를 결정했다. 군축 담당 차관으로서 볼턴을 승계했던 로버트 조지프는 라이스의 승인 아래 힐에 의해 북한 업무에서 손을 떼게 됐으며, 이미 의욕을 잃어 신년 초에 사임할 예정이었다. 부시 행정부를 장기 지배한 바 있는 우익 강경파들은 이렇게 퇴조하고 있었다.

라이스와 힐에게, 미국 총선 결과와 행정부 내의 달라진 세력 균형 관계는 오랫동안 실질적인 협상을 막으려고 노력했던 세력으로부터 대북 정책 통제권을 빼앗아오는 한편, 약화된 부시 대통령으로부터 새로운 접근법에 대한 찬성을 얻기 위한 새로운 기회를 제공했다. 더욱이 부시의 인기 하락과 공화당의 선거 참패의 핵심 원인인 이라크에서의 곤경이 계속되는 상황에서, 북한 문제에 대한 합의 가능성은 그 자체로도 득이 될 뿐만 아니라 잘만 하면 부시 행정부의 몇 안 되는 긍정적인 외교 정책 유산으로 남을 수도 있다는 측면에서, 라이스에게 갈수록 매력적으로 보였다.

미 의회의 한 고위 보좌관은 다음과 같이 말했다. "총선은 행정부의 생각에 자극을 주었다. 시간이 부족하다. 우리 세상도 손가락으로 헤아릴 수 있을 정도가 됐다. 앞으로 2년 남았다. 우리는 이미 과반수를 놓쳤다. 대북 협상은 해볼 만한 것이다. 북한 문제는 넘겨줄 만한 것이다."

행정부의 접근 방식 변화에는 또 다른 요인도 작용했다. 핵실험 뒤, 국가안보회의 아시아국장 빅터 차는, 평양이 과거 2005년 공동선언 당시 행했던 비핵화 약속을 이행할 진지한 의사가 있는지를 시험해보기 위해 대북 관여 정책을 시도해야 한다는 주장이 담긴 메모를 대통령 앞으로 보냈다. '매파적 관여hawk engagement'에 관한 기고문으로 국가안보회의에 임명되었던 차는 부시에게, 북한과의 면대면 접촉을 허용함으로써 대통령이 외교적 접근에 진지하다는 점을 보여주는 것이 중요하다고 말했다. 부시가 그렇게 했는데도 협상이 파탄난다면, 부시는 더 강경한 대북 조치에 대한 다른 6자 회담 참가국의 찬성을 끌어내는 데 좀더 유리한 위치에 설 수 있다고, 그는 썼다. 강경파적 면모가 있다는 평판 덕분에, 차의 견해는 국무부 쪽의 비슷한 메모와는 비교가 안 될 정도로 대통령에게 비중 있게 받아들여졌다.

접근법 변화의 유력한 징후는 11월 중순, 베트남 하노이에서 열린 에이펙 정상회담 장외에서 부시가 한국의 노무현 대통령을 만나면서 나왔다. 부시는, 워싱턴의 대북 강경노선에 때때로 완강한 반대 입장을 보이면서 오랫동안 긴장을 조성했던 노무현에게, 김정일이 핵무기를 포기하는 데 동의하면 자신은 한국전쟁을 공식 종결하는 선언에 서명할 용의가 있다고 말했다. 노무현은 정상회담을 통해 그와 같은 협정에 도장을 찍을 용의가 있는지 물었다. 부시는 일단 북한 핵무기가 없어지면, 김정일을 만날 용의가 있다고 말했다. 그의 발언은 진지한 정책적 입장이 아닌 즉석 발언이었지만, 김정일에 대한 혐오감을 결코 감춘 바 없었고, '악한' 정권의 멸망을 바라 마지않았던 그가 이제는 수십 년의 적대 관계를 종식시키고 나아가 면대면 회담의 여지까지 열어두고 있음을 보여준 것이다. 노무현과의 정상회담이 끝난 뒤 부시는 기자들에게 다음과 같이 말했다. "우리는 북한 지도자들이, 핵무기를 포기하면 그리고 핵무기 야심을 포기하면, 우리가 북한이 참여하는 안보 체제를 시작할 뿐 아니라, 북한 국민들에게 새로운 경제적 인센티브도 줄 뜻이 있다는 것을 알게 되기 바란다."[3] 아무리 즉석에서 한 것이라도 이 같은 발언은 부시에게는 미 행정부의 입장 변화를 뜻하는 것이었다.

11월 말, 힐은 이틀간의 회담을 위해 베이징으로 돌아갔다. 10월 회담 때와 마찬가지로, 이번에도 북한의 김계관, 중국의 우다웨이 부부장과의 3자 대화와 병행해 힐과 김계관 사이의 별도의 양자 회담도 있었다.

힐은 6자 회담이 재개되기 전에라도 미국이 북한 측으로부터 얻고 싶은 사항들의 목록을 제시하는 것으로 회담을 시작했다. 그는 이것을 '조기 수확'으로 불렀다. 아울러 그는 과거 그 어떤 미국 특사들이 했던 것보다 훨씬 더 구체적으로, 미국이 그 대가로 제공할 준비가 된 사항들에 대해 상세하게 설명했다.

보도에 따르면, 힐 제안의 초안은 북한의 영변에서의 활동 중단, IAEA 사찰 허용, 북한 핵 시설의 리스트 제공, 그리고 핵실험장의 폐쇄가 포함되어 있었다. 모든 조치들은 2008년 안에 완료하는 것으로 못 박았다. 이에 대한 대가로 북한은 식량 및 에너지 지원, BDA에 대한 제재 중단 방안을 찾아내기 위한 미북 협력에 대한 약속, 대미 관계 정상화 노력의 가속화에 대한 전망 등을 받아낼 수 있었다.[4]

북한은 열심히 들었다. 그러나 힐과 그의 팀은 김계관의 반응에 실망했다.

힐은 다음과 같이 회고했다. "그는 다른 것을 하기 전에 우선 은행 문제부터 해결해야 한다는 주장을 되풀이했다. 그것은 한마디로 과거와 똑같은 난관으로 되돌아가는 것이었다."

평양의 입장에서 그러나 이 문제는 단순히 동결 계좌 2천 5백만 달러의 문제가 아니었다. BDA에 대한 미국의 조치와 그 밖의 제재는 북한이 되풀이 항의해왔던 미국의 '대북 적대시 정책'의 상징이 되어왔던 것이다.

미국의 한 외교관은 김계관이 다음과 같이 주장했다고 말했다. '당신은 행동을 하자면서 말만 늘어놓을 뿐이다. 당신들은 적대시 정책부터 끝내야 한다. 당신네는 우리를 테러 국가로 취급한다. 그러니 당신네는 미국이 적대시 정책을 갖고 있지 않다는 점을 보이기 위해서 우선 당신네 법과 규제를 바꿔야 할 것이다.'

낭패감을 느낀 힐은, 이 회담을 주선한 데다 미국으로 하여금 북한이 선향적인 태도를 보이리라고 기대하도록 만든 중국 측에 항의했다. 그러나 김계관은 양보하지 않았다.

그는 베이징을 떠나기 전 기자들에게 다음과 같이 말했다. "우리는 〔2005〕 9·19 공동선언을 이행할 용의가 있다. 그러나 현재 상황으로는,

일방적인 방식으로 핵 프로그램을 포기할 수 없다."[5]

힐이 '조기 수확'의 개념을 밀어붙인 원래의 뜻은 협상에 신속한 진전을 이루고 외교적 방법이 아직도 살아 있으며 잘 진행되고 있음을 보여주려는 것이었다. 이는 워싱턴에서 자신의 노력에 대한 정치적 지지를 지속적으로 유지하기 위해서도 필요한 일이었다. 그는 자신의 노력이 아무런 성과도 얻지 못할 수 있다고 심각하게 우려하며 베이징을 떠났다.

같은 날, 강경파들의 새로운 움직임이 시작됐다. 워싱턴의 기자들은 행정부가 작성한 북한의 수입 금지 대상 사치품목을 어렵게 입수했다. 해당 품목은 요트, 오토바이, 대형 DVD 플레이어, 아이팟, 롤렉스 손목시계, 그리고 코냑을 포함해 모두 60종이 넘었다. 금수 조치의 기본 발상은, 사치품 취향이 잘 알려진 김정일의 수입선을 차단해, 그런 품목을 수입해 북한의 지배 엘리트층에 나눠줄 수 있는 힘과 위신을 박탈한다는 것이었다.

그러나 미국이 금수 조치를 내린 사치품은 모두 어디서든지 쉽게 구입할 수 있는 것들이었다. 아이팟과 코냑을 금지하면 김정일이 정책을 바꿀 것이라는 발상은 일부 관측통들에게는 그저 웃기는 일일 뿐이었다. 조지워싱턴 대학의 정치심리학 프로그램 제럴드 포스트Jerrold Post 소장은《워싱턴 포스트》에, '헤네시 코냑을 로켓 연료로 쓴다면 모를까' 만약 그렇지 않다면 사치품 금지가 김정일의 무기 프로그램을 중지시키지는 못할 것이라고 비아냥거렸다.[6] 오히려 이보다 훨씬 더 가능성이 있는 것은, 그런 식으로 김정일의 이색적이면서도 불쾌함을 주는 취향을 소문내려는 계산된 시도가 미국의 동기와 진실성에 대한 북한의 의구심을 더 부채질할 수 있다는 것이었다.

그럼에도 불구하고 평양은 2006년 12월 18일 베이징에서 시작되는 6자 회담의 새 공식 라운드에 북한 외교관을 보내기로 동의했다.

미국 내 또 다른 조짐으로서, 회담이 시작되기 일주일 전 전 미 재무부의 강경파인 스튜어트 레비 테러 및 금융 정보 담당 차관은 미 행정부가 BDA 문제에 대해 전혀 융통성을 보여주지 않을 수도 있음을 시사하는 연설을 했다.

레비는 다음과 같이 말했다. "우리는 익히 알려진 테러범들과 확산 용의자들의 금융 활동을 모니터하고 그들의 국제 금융망 접근은 물론 그와 관련한 모든 지원 수단까지 차단해야 한다. 우리는 단순히 유엔을 통해 거론된 개인이나 단체를 모니터 대상으로 지정하는 것 이상의 일을 해야 한다. (……) 공개적으로 그들의 책임을 지적하고, 금융 수단이나 통상 수단으로 그들을 고립시키고, 합법적이든 불법적이든 그런 모든 행위들을 중단하겠다는 확실한 다짐을 받아야 한다."[7]

레비의 이 같은 완강한 입장은 국무부와 재무부의 관리들이 BDA 이슈를 어떻게 처리해야 할 것인가를 둘러싼 까다로운 문제를 두고 실랑이를 벌이는 가운데 나왔다. BDA를 미국 애국법 제311절의 용의 단체로 지정한 것은 처음부터 실질적인 조치인 동시에 상징적 제스처였다. 마카오의 한 정체 모를 은행으로부터 수백만 달러가 유통되는 것을 막는 것보다는 전 세계의 다른 금융 기관들이 북한과의 거래를 꺼리게 만들려는 좀더 큰 틀의 목적이 더 중요했던 것이다.

미 행정부의 한 고위 관리는 다음과 같이 인정했다. "이 문제에서 목표는 실제 돈을 건드리겠다는 것이 아니다. 진짜 목표는 북한의 평판에 흠집을 내 다른 나라에서 북한 돈은 만지기를 꺼리도록 하는 것이다. 은행가들은 대체로 보수적인 사람들이지 않은가? 그들은 자기네들을 곤란에 빠뜨릴 회사들과는 거래하려 들지 않을 것이다. 일단 한 은행 시스템에서 이렇게 해두면, 다음에는 다른 전 세계의 은행들이 이 사람들을 경계하게 될 것이다."

이러한 목표 아래 실시된 BDA에 대한 조치는, 미국 자신도 얼마간 놀랄 정도로 성공을 거두었다. BDA에 대한 재무부의 '돈세탁 우려 대상' 지정은 세계적인 연쇄 반응을 촉발시켰다. 전 세계의 은행들이 미국의 제재 표적이 될 것을 두려워해 대북 금융 관계를 단절하기 시작한 것이다.

이 문제와 관련 있는 미국의 한 고위 관리는 다음과 같이 말했다. "북한 전체에 미쳤던 BDA 충격은 우리의 기대를 넘어섰다. 그것은 금융 제재가 갖고 있는 위력에 대해 눈 뜨게 했다."

재무부는 당초, 일단 BDA가 표적이 되면, 북한은 단지 이 은행에서 현금만 인출할 것이라고 예상했다. 그러나 재무부는 마카오 화폐 당국이 개입해 모든 의심 계좌를 동결하리라고는 미처 예상하지 못했다. 이와 같은 결정은 부분적으로는, 2005년 9월 재무부가 '돈세탁 우려 대상' 지정을 발표한 바로 다음 날 BDA 예금의 대량 인출 사태에 대비하기 위해 취해졌던 것이며, 부분적으로는 재무부의 움직임이 중국 은행 당국의 투명성에 의구심을 던져주었기 때문이기도 하며, 또한 부분적으로는 베이징의 지원을 받은 마카오 정부가 마카오를 '동양의 라스베이거스'로 변모시키기 위해 미국계 도박 회사들의 투자를 유치하려는 야심이 있었기 때문이기도 했다. 따라서 마카오 금융 체계의 투명성에 대한 어떤 의문도 마카오의 장기적 구상을 위태롭게 만들 위험이 있었다. 결국 마카오 지방 정부는 3인의 위원회까지 구성해 은행 업무를 관리토록 하는 한편, 동결은 그대로 유지했던 것이다.

그 결과는, 미국은 BDA 상황의 특정 부분을 푸는 문제에 대해서는 재무부의 적극적인 협력이 없이는 향후 어떻게 진행해야 할지에 대해 확실한 생각이 없었다.

앞서의 고위 관료는 다음과 같이 말했다. "솔직히 말해 우리는 아주 풀기 어려운 2천 5백만 달러 문제를 떨쳐버릴 수가 없었다. 이 돈은 원칙적으로 어려운 문제가 된 돈이었다. 왜 그런가? 그 돈을 동결에서 해제하면 그것으로 무엇을 할 수 있겠는가? 정말 골치 아픈 문제다."

사실 이 문제를 해결하기가 엄청나게 복잡하다는 것이 드러날 참이었다. 52개의 계좌는 개인, 회사, 그리고 다른 단체 등 다양한 부류가 소유하고 있었으며, 그 모든 예금주들이 현금을 인출하게 만들 수는 없었다. 게다가 북한은 다른 국제 은행들이 BDA와 똑같은 운명을 겪게 될 위험을 감수하면서까지 그 때 묻은 자산을 만지려 들지 않았기 때문에, 다른 곳에 자기네 돈을 옮겨놓을 수단도 별로 없었다. 전체적으로 보아 현금 위주의 경제 체제여서 북한에는 자체 금융 기관이 아예 존재하지 않거나 좀더 큰 국제 금융망과의 연계도 거의 갖고 있지 못했다. 그 결과, 직접적인 전신환 송금은 물론 다른 금융 기관으로 현금을 옮기는 방식의 현대적 거래 또한 문제가 될 수 있었다. 게다가 북한의 불안정한 신용도는 북한이 다른 곳으로부터 돈을 빌릴 수도 없음을 뜻했다.

국무부의 한 고위 관리는 "재무부는 당시까지 진행한 것을 어떻게 원위치시킬지에 대해 아무 생각이 없었다"라고 말했다.

부시 행정부의 입장을 더 곤혹스럽게 만든 것은, 마카오 정부의 의뢰로 국제적인 회계 회사인 언스트 앤 영이 작성한 128쪽짜리 BDA 감사 보고서였다. 용의선상의 계좌가 동결된 뒤 수개월간 실시된 감사는 미국 측의 BDA 관련 조치의 핵심이 되는 주장에 대해 의문을 제기했다. 재무부는 같은 은행에 대한 최초의 조사를 통해, 'BDA의 고위 직원이 위조 달러화를 포함한 큰 뭉치의 현금 예탁을 유치하기 위해 북한 관리들과 공조하고 있으며, 그 돈을 유통시키는 데 동의했다'라고 주장했다.[8] 그러나 언스트 앤 영은 미국 측 주장을 입증할 아무런 증거도 찾아내지 못했다고 말했다.

감사 결과 언스트 앤 영은 다음과 같이 결론 내렸다. "우리 조사에서 분명한 점은 (……) 물적 증거의 수준으로만 보자면, BDA가, 문제가 되는 기간 중에 위조 달러화를 유치해 유통시키지 않았다는 것이다."[9]

북한과 관련된 유일하게 확인된 위폐 사건은, BDA 직원이 북한의 조광무역회사에 의해 예치된 가짜 미국 돈을 마카오와 미국 당국에 알렸던 1994년 사건이었다는 것이다. 언스트 앤 영의 보고서는 그럼에도 BDA의 합법성에 대한 완전한 보증은 아니었다. 보고서는 허술한 내부 통제, 부적절한 정보 기술, 북한 고객에 대해 충분하고 합당한 관리 노력을 행하지 못한 점, 그리고 마카오의 반反돈세탁 법에 충분히 주의를 기울이지 않은 점을 이유로 BDA를 비판했다. 그러나 감사 결과는 부시 행정부가 제기한 큰 혐의에 대해 증거가 없다고 판정했다.

이와 같은 결론은 BDA 건을 밀어붙이는 데 시종 회의적이었던 부시 행정부 내 인사들이 내린 결론과 일치했다. 이 문제를 처리했던 국무부의 한 전직 고위 관리는 다음과 같이 회고했다. "북한 계좌들이 불법 행위에 연루되었음을 입증해주는 것으로, 재무부 사람들이 마카오 당국에 제시할 만한 것은 없었다. 한번 생각해보라. 특히 우리가 그 계좌들을 압류해 영수증을 죄다 조사한 뒤 만약 예컨대, 미사일이나 마약, 또는 그 밖의 다른 품목에 대한 판매 이윤 등 대량의 돈세탁 증거들이 나왔다면, 이런 증거들은 곧바로 공개되지 않았겠는가?"

사실, 학술 저널인《재팬 포커스》가 재무부 주장의 세부 내용에 대한 검토 결과를 기록한 바에 따르면, BDA에 대한 부시 행정부의 간행 문서와 공식 언급은 사실상 거의 모두가 놀라울 정도로 특정 사항들을 결여하고 있었다. 최초의 재무부 조사 결과에서 구체적인 증거라고 내놓은 사실상 거의 모든 BDA 관련 혐의들은 애매하게만 적시되었을 뿐이었다. 범법 행위에 대한 핵심 주장들은 가령 '널리 보도된 바에 따르면' '정보에 따르면' 또는 '조사에 따르면' 등의 구절들로 처리되어 있었다.

《재팬 포커스》의 연구는 당시 다음과 같이 결론 내렸다. "이 혐의들의 어느 것도 결정적이고 확실한 범법 행위의 물증에 의해 뒷받침되지 못했다. 그것은 단지 혐의의 목록에 불과한 것으로, 범죄성을 증명하는 데 필요한 기초적인 사실에 관한 증거들, 가령 날짜나 관련된 돈의 액수, 관련된 개인 또는 북한 단체의 이름 등을 적시하지 않았기 때문에 본질적으로 진실성을 입증하기가 불가능하다."[10]

BDA 문제가 해결된 뒤 이 같은 의문점에 대한 설명을 요구받자, 대니얼 글레이저는 다음과 같이 응답했다. "BDA 지정은 북한의 위폐 행위가 아닌, BDA가 북한의 다양한 불법 금융 활동을 용이하게 해주는 데 이용되고 있다는 우려에 바탕을 두고 이뤄진 것이다."

글레이저는 언스트 앤 영의 감사 보고서에서 지적된 북한 조광무역이 관련된 예의 1994년 위조지폐 사건에 대해 언급했다. 그러나 2005년 재무부가 이 은행에 대해 행동에 나설 당시의 정황과 관련하여 그는 다음과 같은 논점을 취했다. "조광무역은 여전히 BDA에 똑같은 계좌를 그대로 갖고 있었다. [1994년 사건 당시] BDA의 반응은 '제기랄, 앞으로 거래해서는 안 될 고객이로군' 하는 것이었다. 그러나 (한편으로는) '그 계좌를 그대로 놔둘 뿐 아니라, 북한과 관련된 고객들에 대한 은행 차원의 정밀 조사를 줄이자'라는 것이었다. 재무부의 BDA에 대한 관심사는 반돈세탁에 대한 체계적인 대응과 관련된 관심사였다."

그러나 BDA와 북한 정권에 대한 금융 제재를 강력히 추진했던 사람들에게, 재무부 혹은 미국 정보기관들이 발표할 용의가 있건 없건 또는 발표할 수 있는 입증 증거가 있든 없든 큰 문제가 되지 않았다. 사실, 전체 작업의 바탕에 깔렸던 생각은, 북한이 각종 불법 행위에 상당히 깊숙이 개입되어 있으므로(데이비드 애셔의 용어 '소프라노 국가'를 기억해보라), 북한의 은행 계좌든, 기업체든, 또는 금융 거래든 합법적인 행위 따위란 아예 없다는 것이었다.

이 점에 대해 크리스토퍼 힐은 훗날 다음과 같이 인정했다. "당시에는 관련성만으로 때가 묻었다고 판단하는 경우가 아주 많았다. 재무부는 기본적으로, 만약 어떤 돈이 불법 거래 품목들과 관련된 단체에 의해, 또는 그 주변에서 옮겨지기만 해도, 그것은 때 묻은 돈이라는 생각을 갖고 있었다."

BDA '돈세탁 우려 대상' 지정은 북한이 국제 금융 체제에 접근하는 것을 차단하겠다는 의도된 효과를 거두고 있었지만, 궁극적으로 그 전략은 역효과를 빚었다. BDA 교착 상태에서 빠져나올 방법을 찾는 것이 핵 문제의 진전을 위한 보다 중요한 관건이라는 것이 점점 더 분명해지면서, BDA 문제는 오히려 커다란 걸림돌이 되어버린 것이다.

크리스마스 1주일 전, 6자 회담이 베이징에서 재소집됐다. 김계관이 오직 BDA 문제만을 논의하고 핵 문제에는 응하지 말라는 엄격한 지시를 평양으로부터 받고 있음은 회담 출발 때부터 분명했다. 한 참가자의 표현에 따르면, 분위기는 '빳빳'했다.

힐 팀의 일원은 "그들의 주장은 기본적으로 'BDA 제재'를 풀기 전에는 〔비핵화를〕 논의할 수 없다는 것이었다"라고 회고했다.

힐은 눈에 띄게 굳은 표정이었다. 그는 기자들에게 다음과 같이 불평했다. "나는 BDA 건에 대해 말하려고 여기 온 것이 아니라는 점을 강조하고 싶다. 그것은 내가 할 일이 아니다."[11]

미국은 북한과 협력하여 BDA 교착 상태에서 빠져나올 길을 찾겠다는 힐의 약속에 이어 대니얼 글레이저 재무 부차관보가 이끄는 팀은 6자 회담과는 별도로 북한 협상단과 이틀에 걸쳐 회의를 가졌다. 평양이 이 문제를 심각하게 보고 있다는 신호로, 그리고 실질적인 진전을 이루고 싶다는 희망으로, 북한은 대외무역은행의 총재이자 핵심 금융 전문가인 오광철이 이끄는 협상단을 보냈다. 러시아에서 공부한 오광철은 북한의 차세대 기술 관료에 속했다. 그는 대외무역은행의 파리 사무소에서 몇 년을 보냈으며, 알려진 바에 따르면, 북한의 대외 금융 거래 전체를 감독하는 수수께끼 같은 39호실의 핵심 인물로 여겨졌다. 미국 대사관과 북한 대사관에서 이뤄진 이틀간의 회담에서, 글레이저는 미국 행동의 법적 기초를 설명했으며, 두 사람은 문제를 진척시킬 가능한 방법을 논의했다. 그러나 두 사람은 아무런 합의에도 도달하지 못했다.

크리스마스 나흘 전, 6자 회담이 휴회에 들어갔다. 평양으로의 귀환을 준비하면서 김계관은 말했다. "미국은 지금까지 제재를 해제하고 우리에 대한 적대시 정책을 포기하기로 한 결정을 이행하지 못했다. 미국은 현재 대화와 압력을, 당근과 채찍을 병행하고 있다. 이에 대해 우리는 대화와 방패로 맞서고 있다. 방패는 우리의 억지 능력을 향상시킬 것이다."[12] 이 간접적인 위협은 뚜렷한 움직임이 없을 경우, 북한은 2차 핵실험을 연출할 수도 있다는 것이었다. 며칠 지나, 미국 정보 당국은 북한의 핵실험장에서 활동이 재개된 사실을 추적해냈다. 한 고위 국방부 관리는 〈ABC 뉴스〉와의 인터뷰에서 "우리는 통지나 사전 주의 없이 핵실험을 행할 수 있게 북한이 이미 모든 조처를 취해놓았다고 생각했다"[13]고 말했다.

회담이 휴회에 들어가자 힐과 그의 동료들은 결과를 찬찬히 살펴보기 위해 미 대사관으로 돌아왔다. 그들은 김계관이 핵 문제와 관련하여 실질적인 논의를 할 준비가 되어 있지 않다는 사실에 실망했다. 그러나 힐은 동시에 그들이 완전히 산통을 깰 수는 없을 것이라고 생각했다. 그는 한국 데스크의 성 김 국장에게 북한 대사관과 접촉하도록 지시했다. 그날 저녁, 김은 빅터 차와 함께 북한의 유엔 대사 김명길을 만났다. 그들은 기자들이 진을 치고 있는 성 레지스 호텔에서 멀리 떨어진 업무 단지인 케리 센터의 '리틀 벨벳 라운지'라는 곳을 회동 장소로 골랐다. 이 장소는 로비 초입에서부터 벨벳으로 실내장식을 갖춘 곳으로, 라운지는 조심스럽게 만나기에 좋은 장소였다.

김과 차는 북측에게, 미국은 합의 타결을 진지하게 생각하고 있다고 말했다. 토론은 그러나 결론 없이 끝났다.

다음 날인 2006년 12월 23일, 빅터 차는 워싱턴으로 돌아갈 비행기를 타기 위해 베이징에 도착했다. 외교관 전용 출입국 심사대를 막 통과하려는 순간 그는, 김계관과 리근, 그리고 다른 북한 협상 대표들과 마주쳤다. 그들 또한 평양으로 가기 위해 고려항공편에 탑승할 준비를 하고 있었다. 각자 비행편의 출발을 기다리는 시간을 때울 생각으로 차와 북측은 함께 커피를 마시기로 했다.

그들이 앉았을 때 차가 물었다. "이 상황에서 어떻게 벗어나시렵니까?

앞으로 어떻게들 하실 거요?"

리근이 말했다. "아마 6자 회담 사이에 양자 회담을 해야 할 것 같소. 그러나 이번에는 베이징 바깥에서 하고 싶소. 우리는 중국 측을 더 이상 믿지 못하겠소. 우리는 중국 측이 당신네와 너무 많이 협력하고 있다고 생각하고 있소."

빅터 차는 속으로, 평양을 압박하기 위해 베이징의 도움을 동원하려는 미국의 전략이 지금까지 먹혀들었음을 리근의 말이 방금 확인해주었다고 생각했다.

리근은 이어서 제네바를 회담 장소로 제안했다. 그러나 빅터 차는 클린턴 행정부가 기본 합의를 협상했던 곳이기 때문에 워싱턴에서 문제가 될지도 모른다고 말했다. 차는 런던을 역제안했으며, 리근은 다시 베를린을 제안했다.

차는 다음과 같이 말했다. "나로서는 이에 관해 본국으로부터 어떤 훈령도 받은 게 없소. 그러나 꼭 회답을 드릴 것을 약속하오." 곧 이어 북한 대표단 일행의 비행편이 도착했고, 차는 작별의 인사를 건넸다.

비행기가 베이징을 떠나기 전, 그는 힐과 접촉했다. 두 사람은 어느 정도 같은 견해를 갖고 있었으며, 차는 힐 협상팀의 일원이었지만, 그들은 결코 편치 않은 관계였다. 대체로 백악관, 그리고 국가안보회의와 힐의 관계가 여전히 순탄치 않았기 때문이다. 국가안보회의가 과거 파월과 제임스 켈리의 대북 관여 노력에 대해서는 물론, 힐 구상에 대해서도 반대의 진원이었던 탓에, 힐은 빅터 차에 대해 일부 동맹으로서의 요소를 발견하면서도 전체적으로 깊은 의구심을 갖고 있었다. 힐은 베를린 회담 발상이 좋다고 생각했으며, 라이스에게 승인을 얻겠다고 동의했다. 한편 차는 그 제안을 스티븐 해들리 국가안보보좌관에게 보고했으며, 자신의

10월 메모에서와 마찬가지로 이 제안이 북측 의도를 시험해보기 위한 절호의 기회가 될 것이라고 주장했다.

그 다음 주, 힐은 마침내 '계속 진행' 승인을 얻었고, 북측은 뉴욕의 유엔 대표부를 통해 메시지를 보내왔다. 베를린이 좋겠다는 것이었다.

회담의 전초전에서, 그는 이미 자신의 트레이드마크가 되었고, 점점 더 두드러지고 있는 운영 스타일을 선보였다. 과거에도 반복적으로 되풀이된 강경파의 준동을 차단하기 위해, 그는 강경파들을 꼼짝 못하게 만들었다. 이 회담의 계선상에 있던 한 인사는, 라이스, 부시, 스티븐 해들리, 빅터 차, 그리고 소수의 신뢰할 만한 측근 외에는 '아무도 회담 추진 사실을 알지 못했다'라고 말했다. '그것은 이 회담이 매우 은밀하게 추진되었음을 뜻한다'는 것이다. 입장 표명 자료의 준비, 논점 작성 및 전체 기관을 대상으로 한 회람 등 회담을 위한 통상적인 부처 간 협의 절차는, 간단히 말하면, 아예 없었다.

힐의 한 동료는 다음과 같이 말했다. "크리스는 공정하게 움직이기를 거부했다. 그는 자료 한 건조차 추적당하지 않기 위해 극도로 주의했다. 부처 간 회의가 소집될 때마다 이구동성으로 퇴짜를 놓을 것이 뻔했기 때문이다. 그는 이런 식으로는 일을 하지 않겠다는 것이었다. 그는 사람들을 차단시키기로 결심했다."

그는 라이스의 지원을 받았다. 그녀는 2007년 1월 그녀의 다른 고위 직원에게, 북한과 핵협상을 마무리 짓는 것이 2년 남은 자신의 임기 안에 구체화하려는 3대 이슈 중의 하나라고 말한 바 있다. 나머지 두 가지는 이란의 핵 프로그램과 이스라엘-팔레스타인 갈등이었다.[14]

그러나, 힐에게는 부시 행정부는 여전히 협상을 반대하는 사람들, 외국인과 대화하는 행위 그 자체만으로도 약점을 보여준다고 생각하는 사람들로 가득 찬 곳이었다. 게다가 체니 부통령실, 국방장관실, 곧 물러날 군축 담당 차관 로버트 조지프 등 핵심 강경파들은 항상 어둠 속에 도사리고 있었다. 힐의 한 측근이 농담조로 말했던 것처럼, 그들은 힐의 베를린행을 결정할 '투표권을 받지 못한 사람들'이었다. 그들은 대통령이 이미 승인을 해준 뒤에야 베를린 회담 계획에 대해 알게 되었다. 베를린 회담을 막으려고 시도하기에는 이미 너무 늦어버렸던 것이다.

공교롭게도 힐에게 엄폐물을 제공한 사람은 전 유엔 대사이자 보스니아 평화회담 협상 대표였던, 클린턴 행정부 시절 힐의 옛 상관 리처드 홀부르크였다. 홀부르크는 1월 중순 베를린에서 소집되는 학자, 정부 관리, 그리고 정책 분석가들의 한 정기적인 모임을 주최할 예정이었다. 힐은 홀부르크에게 자신을 연설자로 초청하도록 일정을 맞추었으며, 이는 힐에게 그가 무엇을 계획하는지에 대해 언론이나 그 밖의 다른 사람들의 이목을 끌지 않고 출장을 갈 수 있는 구실을 제공했다.

북한 측과의 회담이 갖는 상징성은 엄청나게 중요했다. 북미의 고위 관리들이 중국이 중매쟁이나 사회자로 행동하는 베이징이 아닌 곳에서, 단독으로 양자 회담을 갖는 최초의 사례가 될 것이기 때문이었다. 마침내 조지 W. 부시와 김정일의 대표들이 한 자리에 앉아 앞으로 어떻게 할지를 논의하는 자리였던 것이다.

2007년 1월 16일, 힐과 그의 팀은 김계관을 비롯해 베일에 싸인 채 회담 때마다 빠짐없이 참석하는 통역관 채순희를 포함한 북한 협상단을 위한 만찬을 주최했다. 미국은 베를린 힐튼 호텔의 사석을 미리 예약해두었고 푸짐한 식사도 애써 준비했다.

힐 팀의 일원은 다음과 같이 회고했다. "우리는 회담에 지장을 줄 만한 것은 모두 제거해버렸다. 회담에 진지하고 성의 있게 임한다는 사실을 보여주고 싶었기 때문이다."

지난 18개월간의 직간접적인 만남을 통해, 힐은 자신의 북한 측 대화 상대에 대해 확실한 결론에 이르렀다.

꽉 막힌 권위주의 체제의 산물로서, 북한 측은 어김없이 평양의 엄격한 지시를 들고 나타났으며 이 같은 지시에서 벗어날 재량권이 별로 없었다. 그럼에도 북한 측이 괴팍하거나 순진한 것은 아니었다. 북측 또한 유머 감각이 있었고, 양측이 확실하게 결여하고 있는 상호 신뢰감의 조성을 위한 핵심 초석이 될 사적인 커넥션의 형성도 가능했다.

4시간 동안의 만찬에서, 적지 않은 양의 술이 회담장에 나왔고(화끈한 음주 습성이 있는 북한 사람들이 높이 평가하는 부분), 회담의 성공을 기원하는 우호적인 건배 제의가 오고갔다. 이 자리의 상징성에 대해서는, 제임스 켈리의 2002년 평양 방문을 기억하는 김계관과 그 일행도 결코 놓치지 않았다. 그 당시 켈리는 강경파들에 의해 건배를 제의하거나 연회를 주최해서도 안 된다는 지시를 받았던 것이다. 이제, 힐은 상황이 변했다는 신호를 북측에 보내고자 했다.

이튿날 양측 대표들은 미국 대사관에서 만났다. 힐은 그 자신이 '퍼포먼스 예술'이라고 부르는 긴 프레젠테이션으로 회담을 시작했다.

힐은 김계관에게 말했다. "우리는 〔2005년〕 9·19 선언을 통해 좋은 출발을 했다. 그러나 귀측은 안보를 증진시키고 외부 세계가 심각하게 생각하지 않으면 안 될 수단을 확보하겠다는 생각으로 핵 장치를 폭발시켰다. 귀측이 얻은 것은 그러나 정확히 정반대다. 중국은 처음으로 귀측 정권에 대해 제재를 가하는 결의안에 '예스' 표를 던졌다. 다른 국제사회도 미국이 귀측과 협상하는 면전에서 핵실험을 하는 것은 매우 위험스러운 일이며, 이에 따라 귀측의 국제 금융망에 대한 접근도 제한될 것이라고 결정한 것이다. 귀측은 일본과의 무역, 그리고 일본으로부터의 송금 문제에서도 스스로를 차단했다. 귀측은 한국의 경제 협력 프로그램 지속도 극히 어렵고 불편하게 만들었다. 귀측은 또 중국 측마저 당혹스런 처지에 빠뜨렸다. 그리고 이제 귀측은 만약 불량한 사람들 손에 넘어갈 경우, 미국으로부터 극단적인 반응을 초래할 것이 틀림없는 대량살상무기를 보유하게 됐다."

김계관이 주의 깊게 경청하는 가운데, 힐은 계속했다. "우리는 귀측이 자초한 궁지에서 귀측이 벗어날 길을 찾을 필요가 있으며, 이를 행하는 데 진지한 자세로 임하고 있다."

김계관의 반응은 적절한 예의를 갖춘 온화한 톤이었다. 기대치 않았던 양자 회담을 열게 된 데 대한 기쁨에 치우쳐 그는 힐이 제기한 특정 사항에 대해서는 이렇다 할 대답을 내놓지 않았지만, 북한 핵 지위를 과시하려 들지는 않았다. 대신, 그는 '대등한 입장'에서 미국과 협상하고 싶다는 평양의 희망을 강조했으며, 북한이 양자 간의 가장 큰 현안으로 간주하는 BDA와 미국의 금융 제재에 대한 논의로 주제를 돌리려고 했다.

자신의 이전 약속을 강조하면서 힐은 김계관에게 부시 행정부는 BDA 상황을 해결하겠다는 약속을 이행할 것임을 강조했다.

김계관은 북한이 일단 돈을 되돌려받으면, 평양은 핵 문제에 집중할 용의가 있다고 말했다. 힐은 연변 핵 시설의 폐쇄와 봉인, IAEA 사찰관들의 복귀 허용, 그리고 북한 핵 시설 목록에 대한 논의에 대해 다짐을 받아내려고 했다. 김계관은 에너지 지원 문제를 제기했으며, 중유의 선적을 요구했다. 두 사람은 이를 실행할 경우 타이밍과 절차에 대해 흥정을 벌였다. 힐은 북한이 45일 안에 영변을 폐쇄하면 중유를 선적하겠다고 제안했다. 김계관은 90일을 제안했다. 두 사람은 60일 기한으로 양보하고, 중유 선적량의 정확한 규모는 6자 회담을 다시 열어 결정하기로 합의했다.

수개월간의 실랑이와 교착 상태 끝의 이틀간에 걸친 양자 회담에서, 갑작스럽게 협상 타결의 윤곽이 그려졌던 것이다.[15]

공식 합의문은 준비되지 않았으며, 어느 쪽 특사도 문건에 서명한 것은 없었다. 그러나 힐은 다음과 같이 회고했다. '함께 검토했던 구상들은 현장에서 기록되었기 때문에' 양쪽 모두 무엇을 합의했는지에 대해 분명히 알고 있었다.

중동 방문을 마친 라이스는 워싱턴에 돌아가 전달할 협상 결과를 보고받기 위해 베를린에 들렀다. 힐은 그녀에게 논의 결과를 보고했으며, 회담 결과를 요약한 1쪽짜리 메모를 그녀에게 제출했다. 라이스는 스티븐 해들리 국가안보보좌관에게 전화를 걸었으며, 이어서 대통령의 승인을 받기 위해 부시 대통령과 직접 이야기했다. 베를린 회담 직전에 그랬던 것처럼, 통상적인 부처 간 협의 과정은 생략했다. 핵심 강경파 중 그 누구도 무슨 일이 벌어지고 있는지에 대해 보고받지 못했던 것이다. 수시간 뒤, 부시는 라이스에게, '협상을 계속 진행하라'는 언질을 힐에게 주라고 지시했다.

공식적으로 힐은, 베를린 회담은 단지 '의견 교환'일 뿐이라는 기조를 유지했다. 그러나 사실 그는 "기본적으로 우리는 '베를린 합의'를 만들어 냈다"고 인정했다. 세부 내용은 다음번 6자 회담에서 살을 보태야만 하고, 다른 4대 참가국의 동의가 필요하긴 했지만, 워싱턴과 평양은 독자적으로 북한 핵 프로그램을 종식시킬 새로운 협상의 바탕을 마련했던 것이다. 베를린 주재 미국 대사관의 연설에서, 힐은 북한과의 근본적인 화해의 가능성을 제기하며 무척 고무되어 있었다.

그는 "우리는 북한과 정상적인 관계를 수립하게 되기를 기대한다"라고 말했다.[16]

그러나 베를린 회담이 힐과 김계관 사이에 긍정적인 관계를 형성했으며, 북한에 부시 행정부가 마침내 협상 타결에 진지해졌음을 확신시켰다는 측면에서 획기적인 일이긴 했어도, 이후 몇 개월간 전체 과정을 위태롭게 할지도 모를 중대한 오해가 한 가지 있었다.

핵 문제에 몰입했던 힐은 BDA 건의 세부 사항을 숙지하는 시간을 별로 갖지 못했다. 다른 팀원들과 마찬가지로, 그는 그 문제를 풀어갈 구체적인 방법론에 대해서는 철저하게 검토하지 못했던 것이다. 그는 그와 김계관이 공감대를 찾게 된다면, 중국이 일종의 촉매제로 기꺼이 행동할 것이고, 북한에게 돈을 되돌려주는 일도 그리 복잡할 게 없을 것이라고 생각했다. 하지만 그의 이런 가정은 심각한 오산이었음이 밝혀지게 됐다.

이에 대해 힐 팀의 일원은 다음과 같이 회고했다. "그 뒤 우리는 BDA 문제를 푸는 방법에 대해 논의를 가졌다. BDA 이슈와 관련된 문제 중 하나는, 문제를 '해결한다'는 것이 정확히 무엇을 뜻하는가에 대해 한 번도 정밀 토론을 해본 적이 없다는 것이었다. 우리가 말한 것은 문제를 '해결한다'는 것이 전부였다. 북한은 이에 대해 한 가지 이해를 취했다. 즉 문제를 '해결한다'는 것은 우리가 즉각 모든 협의를 기각하고 북한 계좌를 모두 풀어준다는 것이다. (……) 이럴 때 우리는 단순히 마카오 당국에 자금을 풀라고 말하기만 하면 된다. 그러나 또 다른 이해 방식도 있었다. 즉 문제를 '해결한다'는 것은, 북한의 불법 행위에 대한 우리의 수사를 종결하는 것만을 뜻한다는 것이었다."

그 어느 쪽도 BDA 건의 애매한 구석에 대해 별 신경 쓰지 않았다. 당시 훨씬 더 중요했던 것은 협상 교착 상태를 확실하게 깼다는 사실 그 자체였다. 그날 저녁, 북한은 베이징의 중국가든이라는 음식점에서 미국인들을 위해 연회를 주최했다. 분위기는 아주 좋았다. 북측은 깍듯한 주최측이었고 술잔도 권커니 잣거니 자유롭게 오갔다. 그러나 힐은 전화를 받느라 끊임없이 자리를 비워야 했다. 라이스에게 전화가 걸려오자, 힐은 경애하는 지도자를 지칭할 때를 은근슬쩍 흉내 내어, "미안합니다. 아주 높으신 분한테서 온 전화를 받아야 합니다"라고 말하며 자리에서 일어났다. 그가 돌아왔을 때, 김계관이 일어나면서 '더 높으신 분한테 전화를 받았다'고 말했다. 이어서 그는 극적인 효과를 위해 잠깐 멈칫하더니 다음과 같이 말했다. "화장실에 좀 다녀와야겠소." 좌중에서는 웃음이 터졌다.

그러나 호의적인 분위기는 오래가지 않았다.

제19장

"우리 모두 당신을 기다리고 있습니다"

크리스토퍼 힐, 북한을 방문하다.
북한은 영변 원자로를 폐쇄한다고 발표하다

2007년 2월 7일, 6자 회담 다음 라운드를 위해 베이징으로 날아가면서 힐은 북한과의 협상 타결이 거의 막바지에 이르렀다고 확신했다. 베를린 회담 이후, 그는 중국 측은 물론 다른 6자 회담 당사국에게도 결과를 설명했다. 중국의 우다웨이 부부장과 그의 측근들은 이미 지난달 힐과 김계관이 도출해낸 양해 사항들에 주로 기초해 회담 제안문의 초안을 다듬고 있었다. 핵심 내용은 북한이 영변 원자로를 폐쇄·봉인하고(불능화는 아님) 핵 활동 리스트에 대해 논의하며, 이에 상응해 미국은 BDA 제재를 해제하고, 중유를 제공하며, 관계 개선을 향해 나아간다는 것이다.

이튿날 댜오위타이 국빈관에서 회담이 소집되자 중국 측은 합의문 초안을 돌렸다. 초안은 중유 1차분 선적의 맞교환으로 북한이 두 달 안에 영변 원자로 가동을 중단할 것을 전제했다. 초안은 또 비핵화 진척의 세부 사항, 미국의 금융 제재, 미국과 일본에 의한 궁극적인 관계 개선 노력, 그리고 동북아 지역 전체의 안보 체제 등을 포함한 다른 현안들을 다루기 위한 5개 실무 그룹을 구성하도록 했다.

김계관은 또 한 번 폭탄을 떨어뜨렸다. 북한이 비핵화를 위한 1단계 조치를 취하기로 합의하기 전 상당량의 중유와 전력을 지원해줄 것을 요구한 것이다. 김계관은, 2백만 톤의 석유(기본 합의에 따른 석유 선적분 4년 치에 해당)와 2백만 킬로와트의 전력을 얻지 못하면 협상하지 않겠다고 선언했다.

다른 참가자들, 그리고 누구보다도 크리스토퍼 힐은 경악했다. 미국 협상단의 일원은 다음과 같이 말했다. "우리는 이제 협상은 다 된 것이나 마찬가지라고 생각하며 베이징에 도착했다. 바로 그다음, 북한은 과거에 종종 그랬듯 협상을 다시 하지 않으면 안 될지도 모를 요구를 내놓았다. 물론 그들이 베를린 합의를 완전 부정한 것은 아니었지만, 더 내놓으라고 했던 것이다."

김계관의 술수는 부분적으로는 협상 테이블 맞은편 사람의 마지노선을 시험해보기 위해 일단 비현실적인 협상안을 거칠게 내놓는 식의, 전형적인 북한식 협상 전술이었다. 그러나 그것은 또한 2002년 기본 합의에 따른 연료 선적이 중단됐던 사실, 그리고 약속했던 경수로가 건설되지 못한 사실에 대한 누적된 불만감의 반영이기도 했다. 북한 입장에서, 그것은 피폐한 경제의 회복에 절대적인 막대한 양의 에너지를 송두리째 빼앗겨버린 것을 뜻했던 것이다

힐과 김계관은 2월 11일 일요일의 '장시간의 매우 솔직한' 만남을 비롯해 몇 차례의 사적인 회동을 가졌다. 김계관은 굽힘이 없었다. 기자들에게 흘러나간 이야기에 따르면, 그는 미국에 대해 '열변을 토하고' '핏대를 올렸다.'[1]

미국의 한 관리는 "그가 돌아버리는 순간이 종종 있으며, 그때는 정말

돌아버렸다고 할 수 있다. 그는 그 누구보다 매섭게 분노하는 스타일이다"라고 말했다.[2]

그러나 김계관이 요구한 세부 항목은 미국 측을 당혹스럽게 만들었다. 그는 처음에는 중유를 고집했다. 다음으로는 전력 공급을 요구했다. 그 다음에는 정확히 자신이 무엇을 원하는지를 확실히 하지 않은 채 둘 다 요구했던 것이다.

한 미국 관리는 기자들에게 다음과 같이 말했다. "그들은 도대체 이해할 수 없는 사람들이다. 그들은 자기네가 진실로 무엇을 필요로 하는지 정확하게 이야기하는 법이 없다."[3]

주말에 이르면서, 회담은 거의 붕괴 상태까지 갔다. 동료들의 표현을 빌리면, 힐은 '북한 측 요구가 너무 어처구니가 없어 머리칼을 쥐어뜯을 정도'였으며, '〔자기네 쪽에서는〕 더 이상 아무것도 내놓지 않은 채 중유만 막무가내로 요구'했다.

6자 회담의 모든 참가국들은 합의가 있든 없든 회담을 2월 13일 화요일에 끝내기로 동의했다. 시간을 다 써버리자 힐은 김계관에게, 북한이 기어코 요구 사항을 수정한다면, '우리는 회담장을 떠날 것이며, 그렇게 되면, 귀측은 아무것도 얻지 못할 것'이라고 경고했다.

김계관은 요지부동이었다. 그는 힐에게, 또 한 번의 회담이 있을 수 있으며, 베를린에서 도달한 양해는 협상의 토대로서 여전히 유효할 것이라고 말했다. 그러나 화가 난 힐은 강경 자세를 취했다.

힐은 경고했다. "만약 우리가 오늘 6자 합의에 이르지 못한다면, 베를린은 없다. 베를린에서 합의한 것은 없었던 일이 될 것이다."

김계관은 갑자기 자신이 너무 강하게 밀어붙였음을 깨달은 듯했다. 그의 접근 태도가 즉각 달라졌던 것이다.

당시 회담 분위기를 잘 아는 한 미국 관리는 말했다. "내 느낌으로는, 김계관은 평양에 'BDA에 대한 합의를 이뤄냈으나 잃고 말았다. 나는 뭔가를 얻었지만 지금은 아무것도 얻은 것이 없다'라고 보고해야만 하는 상황을 맞았던 것이다."

2월 16일의 김정일 생일을 불과 며칠 앞두고 완전히 빈손으로 돌아가는 일은 김계관으로서는 그다지 매력적인 일이 아니었을 수도 있다.

김계관은 힐에게 '우리는 관대하다'라고 말하며, 서둘러 중유 150만 톤 요구를 철회하겠다고 제안했다. 그러고는, 미국이 계속 '노'라고 말하자, 김계관은 더 이상의 요구를 하지 않았던 것이다.

그러나 난관의 중요한 돌파구는 한국의 협상 대표 천영우의 구상에서 비롯됐다. 그는 IAEA에서 활동했던 녹록지 않으면서도 노련한 외교관이었다. 천영우는 김계관과 사적으로 만나 북측에, 중유를 더 얻고 싶다면 북한이 더 많은 일을 하는 데 동의해야 할 것이라고 말했다. 두 사람은 5만 톤의 중유를 받는 대신 영변 핵시설을 동결한다는 협상안을 도출해냈다. 그러나 김계관이 원자로를 불능화하고 모든 핵 프로그램을 신고하는 데 동의한다면, 북한은 50만 톤짜리 기름통에 45만 톤의 중유를 더 채울 수 있을 것이며, 이와 더불어 양측이 모두 협상 내용을 이행함에 따라 전력 공급분에 해당하는 50만 톤의 중유와 기타 지원도 더 받을 수 있었다.

힐 자신도 김계관과 따로 회담을 갖고 있었다. 한 달 전 베를린에서, 미국 특사가 북한에 영변을 폐쇄·봉인하는 것 이상의 조치를 약속하라고 압박했을 때, 김계관은 이를 거부한 바 있었다. 이제 힐 또한 '더 하면 더 준다more for more'는 발상을 활용했다.

힐은 김계관에게, 영변을 단순히 폐쇄하는 것만으로 막대한 양의 중유를 제공할 생각은 없다고 말했다. 그런 식은 클린턴의 기본 합의와 너무 닮은꼴이었던 것이다. 그러나 힐은 '우리는 비핵화를 위해' 좀더 노력한다면, 좀더 구체적으로 말하면, 단순한 폐쇄에서 영변 핵 시설에 대한 영구적인 불능화로 나아갈 경우, '더 많은 중유를 제공할 용의가 있다'고 말했다.

한 미국 관리는 '북측에게 문제가 되었던 것은, 본국에 귀환해 선전할 수 있는 큰 숫자라는 사실이 분명해졌다. 그러나 우리가 그것을 어떻게 제공할 것인가에는 약간의 융통성이 있었다"라고 말했다.

북한은 또 중국, 한국, 일본, 러시아 등 6자 회담의 다른 4개국으로부터도 압력을 받았다. 이 참가국들은 BDA 이슈는 베를린 회담을 통해 마침내 타결을 보게 되었으며, 이제는 평양이 2005년 9월 19일 행했던 비핵화에 대한 자신의 약속을 이행해야 할 때라고 확신했던 것이다.

미국의 한 고위 관리는 다음과 같이 말했다. "중국 측을 포함한 모든 사람들의 기대는 '핵실험도 거쳤고, 6자 회담에도 희망이 생겼으니, 이제는 협상 테이블로 돌아가 공동선언의 이행을 위해 진실로 행동을 취해야 한다'는 것이었다. 이런 배경에서 북한은 2월 6자 회담에서 상당한 압박을 받고 있었다. 나는 그들이 이런 상황을 예상했으리라고는 생각하지 않는다."

타결이 지연되는 동안, 힐은 이제는 제안된 문건의 맥락에서 특정 표현을 승인하느냐 거부하느냐 수준의 문제에까지 협상에 깊숙이 개입하게 된 라이스와 통화를 거듭했다. 그러나 이번엔, 워싱턴 내부의 용의주도함이, 2005년 9 · 19 선언을 이뤄내던 이른바 막후 술수가 난무했던 상황과는 현저한 대조를 이뤘다. 당시에는 매번 초안이 나올 때마다 워싱턴 내부의 꼬일 대로 꼬인 알력 관계를 대변하는 부처 간 검토 과정에 제출되어, 강경파들에게 반대할 기회를 주는 외에 힐의 협상 완결 노력을 번

번이 무산시키거나, 심하면 이미 합의된 내용까지 전체 회의에서 뒷걸음치게 만드는 식으로 재작성되기도 했던 것이다. 이제 워싱턴의 변화한 세력 균형 상황을 반영하여, 라이스는 관료적인 절차를 건너뛸 수 있었다. 힐은 국무장관과 협의하고, 국무장관은 직접 대통령과 협의했다. 2·13 합의 내용이 알려지자 강경파들은 독이 올랐지만, 라이스 혹은 부시의 지지가 없는 상황에서 그들이 합의 과정을 무산시키기 위해 할 수 있는 일은 별로 없었다.

그러나 2월 13일 화요일 이른 시각까지는 당일 오후로 회담을 휴회시킨 상황에서도 여전히 합의가 없었다. 최후의 순간, 라이스는 힐에게 당초 천영우가 내놓은 것을 제안하도록 승인했다. 북한은 영변이 폐쇄됨과 동시에 중유 5만 톤을 받기로 되어 있었으며, 이를 미국이 꼭 제공해야 한다는 의무 조항은 없었다. 중유 45만 톤과 또 다른 50만 톤 상당의 에너지 및 기타 지원분은 북한 핵 프로그램에 대한 납득할 만한 신고 이후, 그리고 기존의 모든 핵 시설이 불능화되고 폐기된 이후 공급하기로 예정되었다. 이 발상의 핵심은 평양이 핵무장 해제를 위한 구체적인 조치를 취하기 전 평양에 모든 편익을 '선제공front-loading'하는 것을 피한다는 것이다. 편익의 선제공은 부시 행정부가 클린턴의 기본 합의에 대해 오랫동안 비판해왔던 것이기도 했다.

김계관에게 지나친 욕심을 부리지 말고 제안을 받아들일 것을 촉구하면서, 힐은 한국의 전통 술잔으로서, 적절한 양을 따를 경우에는 괜찮지만, 너무 많이 따르면 저절로 술이 없어지도록 만들어진 계영배戒盈杯를 비유로 들었다.

힐은 김계관에게 말했다. "우리는 지금 당신과 내가 그 잔으로 함께 술을 마셔야 하는 상황에 놓여 있다. 우리 둘 중 한 사람이 잔에다 술을 너무 많이 따르면, 그동안 따라놓은 술이 모두 없어질 것이고, 우리는 목이 마를 것이다. 당신의 선택에 달려 있다."

2월 13일 새벽 3시쯤이었다. 댜오위타이 국빈관에서 힐과 우다웨이는, 한 미국 외교관의 표현에 따르면, "협상 문안을 최종 확정하기 위해 이방 저방, 이 협상단 저 협상단을 왕복했으며, 각 협상단은 최종 지시를 받기 위해 각자의 수도에 전화를 걸고 있었다."

마침내 북한은 동의했다. 이날 늦은 오전, 9월 19일 공동선언 이후 7개월 만에, 그리고 한 차례의 핵실험 뒤, 각 협상단이 2005년 9월에 합의된 원칙들을 이행하기 위한 일종의 '행동 계획action plans'을 발표하기 위해 지친 모습으로 모였다. 북한은 60일 내에, '궁극적인 폐기를 목표로 영변 시설을 폐쇄·봉인'하며, IAEA 사찰단의 입북을 재허용하고, 모든 핵 프로그램에 대한 목록 작성 논의를 시작하기로 동의했다. 이에 대한 대가로, 북한은 일단 영변 시설을 폐쇄할 경우, 중유 5만 톤을 받게 되며, '모든 핵 프로그램에 대한 완벽한 신고와 기존의 모든 핵 시설에 대한 불능화'가 제공된 이후, 95만 톤의 중유 또는 해당분을 받기로 되었다. 이에 덧붙여, 미국은 '양자 간의 현안을 해결하고, 완전한 외교 관계를 향해 전진하는 것을 목표로 하는 양자 회담을 시작'하는 데 동의했다. 현안들 가운데에는 북한에 대한 '테러 지원국state sponsor of terrorism' 지정을 중단하며, 적성국교역법TWEA에 의해 가해진 다년간의 제재를 철회하는 조치가 포함되었다.[4] 비록 최종 문건에는 포함되지 않았지만, 힐은 별도의 회담을 통해 미국이 30일 이내에 BDA 제재를 종결하기 위한 논의를 시작하겠다고 김계관에게 다짐했다.

최종 회의가 끝나자 김계관은 힐에게 다가가 작별 인사를 건넸다. 김계관은 힐과 굳게 악수하고 너그럽게 웃으며, 목소리에 진심을 담아 말했다. “이제 이것을 끝까지 밀고 나갑시다!”

워싱턴에서 부시 대통령은 이 합의를 ‘북한 핵 프로그램을 풀기 위해 외교적 수단을 사용할 최선의 기회’라고 환영했으며, 라이스와 힐을 거명해 특별한 치하를 표시했다.[5] 대통령에게 협상 타결은 또 하나의 큰 입장 선회를 뜻했다. 부시는 대통령 취임 이래 자신이 혐오하는 정권과는 절대 양자 협상이 없을 것이며, 북한은 나쁜 행동에 대해 결코 ‘보상받지 못할 것’이라고 강조해왔었다. 6자 회담에서 부시 행정부의 과거 입장은 강경파의 견해를 반영했다. 평양이 먼저 무장을 해제하라는 요구, 북한이 비핵화를 순조롭게 진행할 때까지 경제적 또는 외교적 편익을 제공하지 않겠다는 거부적인 태도는 여러 가지 측면에서 김정일의 굴복에 해당하는 협상 조건이었다.

이제 부시는 강제, 위협, 제재, 그리고 선제공격 논의를 우선시하는 전략의 실패를 드러내며, 힐과 김계관의 예상치 못한 베를린 양자 회동을 통해 윤곽이 잡힌 합의 내용에 서명했던 것이다. 북한은 영변 시설을 폐쇄하는 조치를 취하기 전 BDA 제재의 해결이라는 편익을 먼저 받게 됐다. ‘폐쇄 및 봉인’이라는 구절을 만들어낸 우회적인 표현에도 불구하고 부시는, 2003년 이래 북한이 줄곧 주장해왔고 미국은 줄곧 거부해왔던 사실상 동결이나 다름없는 조치를 1단계 조치로 받아들인 것이다. 게다가 북한은 핵무기를 포기하기 훨씬 전에 중유와 기타 원조를 받을 수 있게 됐다. 한술 더 떠, 미국은 제재의 해제를 위해 그리고 궁극적인 관계 정상화의 진전을 통한 점진적인 화해까지 약속했다.

사실, 1994년 기본 합의와 놀라울 정도로 유사한 이 협정을 통해 부시는 그가 2001년 대통령 취임 당시 거부했던 것과 사실상 같은 내용의 합의를 받아들인 것처럼 보였다. 그러나 중대한 차이점이 있었다. 북한의 핵 프로그램이 이제 더 향상되었다는 사실이다. 북한은 7개에서 10개의 핵폭탄 분량의 플루토늄을 보유하게 됐고, 핵 장치까지 시험했다. 클린턴 정부 시절의 많은 퇴역 관리들이 재빨리 지적하고 나선 것도 바로 이 점이었다.

그러나 부시 행정부의 관리들은 2·13 협정이 기본 합의와 같지 않다는 점을 애써 강조했다. 이번의 경우, 북한은 핵 시설에 대한 동결뿐만 아니라 폐기까지 약속했고, 이에 대한 대가의 상당 부분은 비핵화에 대한 의미 있는 진전이 성취될 경우에만 실현된다는 점, 그리고 회담에 참여했던 6개국 모두가 대북 협상을 일궈내는 데 미국 혼자만 뛰지 않았음을 보증했다는 점 등이 그렇다는 것이다.

그러나, 의미 있는 협상에 대한 부시 대통령의 조기 거부에 대해 오랜 비판가였던 민주당 상원의원 조지프 바이든이 지적한 것처럼, 합의 내용은 중대한 측면에서 '우리를 미래로 후퇴시킨 것back to the future'이었다.[6]

당연하게도 협상 타결 소식은 오랫동안 과거 부시의 강경한 대북 노선의 가장 강력한 지지자들로부터 거의 폭동에 가까운 격한 반발을 불러일으켰다. 얼마 전 유엔 대사직을 떠난 존 볼턴은 이 합의를 종전 대북 접근법의 기본 전제들에 대한 포기라고 비난하며 반대를 주도했다.

그는 한 기자에게 말했다. "그것은 전 세계의 유력 확산 단체들에게 정확히 그릇된 신호를 보내는 것이다. 우리가 〔북한이〕 질질 끌기만 하면, 그래서 국무부 협상팀을 녹초로 만들기만 하면, 궁극적으로 저들은 보상받을 수 있다는 관념을 심어준 것이다."[7]

자신의 회고록 『굴복은 옵션이 아니다Surrender is Not an Option』에서, 볼턴은 좀더 통렬하게 비난을 퍼부었다. "이번 합의는, 결의안 1718호와 북한의 불법 돈세탁에 대해 강력한 경제적 압력을 가하려는 우리 재무부의 적극적인 노력으로 다 잡아놓았던 북한을 궁지에서 탈출하게 만든 것이다. 2·13 합의는 2001년 파월이 하려고 했다가 부시에 의해 제지당했던 '스키를 신고 자세를 너무 앞으로 수그렸던 일,' 바로 그것이다"[8]

《월스트리트 저널》의 한 사설은 2·13 합의를 '선의에 의한 비확산'이라고 비난했으며,[9] 오랜 우익 진영의 대변지 《내셔널 리뷰》는 '정확히 언제 김정일이 신뢰할 만한 인물이 됐나?'라고 헤드라인을 다는 한편, 합의는 북한 지도자에게 또 다른 기만의 기회만 제공하게 될 것이라고 주장했다.[10]

합의의 수많은 핵심 부분이 명료하지 못한 것은 의문의 여지가 없다. 성명은 핵 시설에 대한 북한의 '궁극적인 포기eventual abandonment'를 규정했다. 그러나 '사용후 핵 연료봉에서 추출한 플루토늄을 포함해 모든 핵 프로그램의 리스트를 논의한다'는 북한의 약속은, 2002년의 위기를 촉발시켰던 문제(그리고 북한이 줄곧 존재하지 않는다고 주장했던 프로그램)인 우라늄 농축 작업에 대해서는 그 어떤 명료한 언급도 포함하지 않았다. 더욱이 기존의 핵무기에 대한 언급도 없었다. 이는 북한이 어떤 식으로 '모든 핵무기와 기존의 핵 프로그램을 포기한다'는 2005년 9월의 공동성명의 의무를 지킬 것인지, 또는 과연 지킬 것인지 말 것인지의 여부에 대해 의문이 들게 했다. 김정일이 핵무기를 포기할 의도는 전혀 없으면서 잠시 시늉을 하는 것 말고는 별다른 게 없을 것이라고 의심했던 이는 워싱턴의 강경파들뿐만이 아니었다.

미국 측에서는, 워싱턴이 비록 테러 지원국 명단과 적성국 교역법 대상에서 북한을 삭제하는 문제 등 '양자 문제의 해결'을 약속한 것은 사실이지만, 베이징에서 발표된 성명은 그 과정을 설명하기 위해 가령 '시작한다' '착수한다,' 그리고 '진전시킨다' 등의 표현을 사용했을 뿐이었다. 즉 이 문제를 다른 부분의 진전 여부에 달린 문제로 남겨두면서, 미국이 실질적으로 특정한 행동을 이행할 것이라는 명시적인 공약은 하지 않았던 셈이다.

더욱더 힘든 협상이 가로놓여 있음이 분명했다.

2월 13일의 협상 타결은 일본을 결정권을 쥔 쪽으로 만들었다. 한국은 북한에 경제적 · 외교적 관여를 촉진하겠다는 신호를 보낸 반면, 화가 난 아베 총리는 합의에 따라 북한에게 약속된 원조를 제공하는 참가국 대열에 합류하기를 거부했다. 도쿄의 납치 피해자에 대한 집착은, 베이징에서 6자 회담의 특사 사사에 켄이치로가 김계관에게 제기했다가 무위에 그쳤음에도, 여전히 중대한 장애물로 남아 있었다. 납치 피해자 문제와 강경한 대북 태도를 통해 정치적 경력을 쌓은 아베는 평양에 타협적인 제스처를 보낼 분위기가 아니었다. 사실, 아베 자신이 그 조성에 한몫하기도 한 국내의 정치적 압력이 너무 거세어, 한 일본 학자는 《뉴욕 타임스》에, '일본의 외교가 납치 문제에 이른바 납치되어왔다'고 말할 정도였다.[11]

미국의 아시아 정책에 관한 보도로 널리 인정받는 《넬슨 리포트》의 편집자인 크리스 넬슨Chris Nelson은 납치 문제에 대한 일본인의 강박관념을 베트남전 종전 이후 인도차이나에서 작전 중 행방불명된 미군 병사들에 대한 미국인의 집착에 비유했다. 미국의 경우, 그것은 수십 년간 워싱턴의 역대 행정부가 하노이와 관계를 정상화할 수 없게끔 무력화시킨 바 있었다. 이미 그 자신의 기준에서 볼 때 납치 사실을 인정하고 사과까지 하는 예상치 못한 일까지 취한 바 있는 김정일이 그 이상의 일을 더 할 것인지는 매우 불확실했다.

넬슨은 다음과 같이 썼다. "양쪽 정부 모두 덫에 빠져 있다. 김정일이 이 비극적인 사건에 대해 비록 진실해 보인다 하더라도 평양이 무슨 제안을 한들, 과연 아베 총리나 또는 그의 후임자들이 이에 대해 만족하겠는가? 또 일본 정부가 만족한다 해도, 일본의 여론과 언론을 어떻게 납득시킬 수 있겠는가?"[12]

일본의 관리들은 새 협정에 의해 구성된 양자 실무 그룹을 통해 이 문제를 해결해나가겠다는 의사 표시를 했다. 그러나 아베의 경직된 자세로 인해, 제2차 세계대전 당시 저지른 잔학함이 동북아 지역 전체, 특히 한국에서 여전히 격렬한 분노의 대상이 되고 있는 일본은, 노골적인 위선까지는 아니더라도 도덕적으로 둔감한 국민으로 비쳐졌다. 더욱이 도쿄는 몇 안 되는 국민들의 운명에만 너무 매달려 김정일의 핵무기를 폐기해야 한다는 더 넓은 차원의 목표를 시야에서 놓쳐버릴 위험도 있었다.

일본의 입장은 또한 6자 회담 과정의 나머지 4개 참가국, 특히 미국과의 분열 가능성도 제기했다. 만약 이 네 나라가 일본이 수용할 만한 납치 피해자 문제의 해결 조항을 포함시킨다면, 북한을 테러 지원국 명단에서 삭제하려는 미국의 계획은 훨씬 더 복잡해질 수밖에 없고, 잠재적으로는 미국에 핵심 동맹국의 최우선 관심사를 무시할 것이냐, 전체 과정의 와해를 초래할 것이냐 양자택일해야 하는 어려운 과제를 남길 수 있었던 것이다.

그럼에도 불구하고 베이징 합의는 중대한 전기가 되었다. 이 합의는 매년 1개씩 새로운 폭탄을 만드는 데 충분한 플루토늄을 생산하는 원자로를 폐쇄하고, 훨씬 더 많은 핵 연료를 생산할 수 있는 훨씬 더 큰 규모의 원자로 건설을 중단하기로 했던 것이다. 합의는 또 원자로의 사용후 핵 연료로부터 플루토늄을 추출하는 재처리 공장도 폐쇄하기로 했다. 아마도 가장 중요한 것은, 합의가 원자로와 재처리 공장을 가동하는 데 필요한 더 많은 핵 연료봉을 만들기 위해 북한이 새로 건설한 연료 조립 공장을 폐쇄·봉인할 것이라는 데 있을 것이다. 또한 IAEA 사찰관들이 상주하게 됨으로써, 북한이 핵분열 물질을 생산 장소에서 옮기거나, 다른 '불량 국가들' 또는 테러 집단의 손에 넘기기가 훨씬 더 어려워질 것이었다. 가장 중요한 것은, 이 합의가 북한 핵 프로그램을 제거한다는 워싱턴의 목표와 수십 년의 대미 적대 관계의 근본적인 변화에 대한 평양의 두 가지 희망을 동시에 성취시킬 잠재력을 지닌 로드맵을 제시했다는 것이다. 김일성 이래 현재까지 북한은 오랫동안 미국이 더 이상 적이 아닐 경우 핵 능력은 필요치 않을 것이라고 강조해왔다. 2·13 합의는 평양에 이와 같은 전망을 명시적으로 전함으로써, 북한이 스스로 일관되게 주장해왔던 바를 실천할 수 있는지 시험할 수 있는 초유의 조건을 만들었던 것이다.

그럼에도 힐과 그의 동료들은 여전히 현실적이었다. 이 협상에 참여했던 한 미국 관리는 다음과 같이 생각했다. "북한이 핵무기 프로그램을 포기하기로 이미 결정을 내렸는가? 나는 이 질문이 사실상 올바른 질문이 아니라고 생각한다. 이 시점의 대미 관계에서 그와 같은 결정은 그들에게 의미를 갖지 못하기 때문이며, 핵폭탄 문제는 안보 문제이기 때문이다. 핵폭탄은 군사적 용도의 무기라기보다는 차라리 정치적 도구이며, 바로 그렇기 때문에 그들에게는, 우리와 그리고 다른 세계와의 관계가 어떻게 될지 100퍼센트 확신하지 못하는 바로 이 시점에서 이 같은 결정은 의미가 없다는 것이다. 아마도 이 문제에 대해 생각할 수 있는 또 다른 방식은, 우리가 이제 겨우 일관성 있게 움직이기 시작했다는 것이다. 지금은 우리 자손들에 대해 말할 최적의 시간이 아니다. 그것은 약간은 설부른 일이다."

2·13 합의가 풀지 못한 가장 까다로운 문제 중 하나는 북한의 우라늄 프로그램 상황이다. 합의에 서명하고 나서 며칠 뒤, 크리스토퍼 힐은 북한이 완전히 발전된 고농축 우라늄HEU 프로그램을 개발하고 있다는 미 행정부의 오래된 주장으로부터 물러서는 듯한 중대한 신호를 보내기 시작했다. 미국의 우라늄 문제에 대한 믿음은 우라늄 프로그램이 상당히 심각하고 즉각적인 위협이어서, 협상 거부, 중유 공급의 중단, 그리고 좀 더 대결적인 자세의 채택을 정당화했으며, 2002년 북한이 기본 합의 아래 시작했던 동결을 중단하고 급기야는 핵실험까지 실행하게끔 자극했던 것이다. 당시 부시 대통령은 고농축 우라늄 건에 대해 확신한 나머지 2002년 11월에는 한 기자회견 자리에서 '우리는, 북한이 미국과 맺은 합의와는 정반대로, 핵폭탄을 개발할 생각으로 우라늄을 농축시키고 있음을 확인했다'고 단언한 바 있다.[13] 물론, 정보 당국은 당시 북한이 우라늄을 농축하고 있는지에 대해서는 확실하게 말하지 않았으며, 다만 북한이 우라늄을 농축할 수단을 획득하고 있다고 말했을 뿐이다.

이제, 힐은 북한의 상황에 대한 미국의 확신이 다소 약해졌음을 시사했다. 2007년 2월 22일의 연설에서, 힐은 다음과 같이 말했다. "우리는 〔……〕 북한이 고농축 우라늄에 꼭 맞는 장비들을 구입했다는 정보를 갖고 있다. 〔……〕 그 프로그램은 복잡한 프로그램이다. 그것은 그들이 구입했던 것으로 우리가 알고 있는 것보다 훨씬 더 많은 장비를 필요로 하며, 그들이 그런 기술을 보유하고 있는지 우리는 잘 모르지만 다양한 테크닉을 필요로 한다. 그러나 우리는 왜 그들이 독일과 그 밖의 다른 곳에서 알루미늄관을 구입했는지에 대해 알 필요가 있다. 우리가 알기로는,

그 알루미늄관은 그들이 구입한 것으로 우리가 알고 있는 파키스탄제 원심분리기에 적합한 관이다. 만약 그 알루미늄관이 고농축 우라늄에 쓰이지 않는 것이라면 괜찮다. 우리는 추후 〔6자 회담에서〕 이를 다시 논의할 수 있다."[14]

힐의 발언은 이전 미 행정부의 주장과 같은 강경한 표현을 전혀 담고 있지 않았다. 그는 북한의 이른바 '인정,' 즉 핵 위기를 촉발시킨 중대한 순간에 대해 언급하지 않았다. 대신 그는 미 행정부가 좀더 확실하게 알아야 할 것은 북한이 고농축 우라늄 프로그램에 적용할 수 있는 기술 습득에 개입했느냐는 것임을 분명히 했다. 즉 실제 가동 중인 고농축 우라늄 시설의 존재를 확인해줄 믿을 만한 정보가 없다는 사실을 시사했던 것이다. 미 행정부가 이라크 핵 관련 정보에서 실패한 사실을 배경에 깔고, 힐은 북한이 자기들의 첨단 기술 쇼핑에 대해 수긍할 만한 답변을 내놓을 수 있을지 지켜보겠다는 듯이 보였다.

닷새 뒤, 전 CIA 요원이자 한때 힐 협상팀 일원이기도 했던, 그리고 지금은 국가정보국DNI 북한 업무 총괄팀장인 조지프 디트라니 또한 초기의 주장에서 한걸음 물러섰다. 미 상원 군사위원회의 증언에서 그는 북한이 습득 노력에 관여해왔다는 데 대해서는 미 행정부가 '높은 정도의 확실성high confidence'을 갖고 있는 반면, 북한이 조만간 우라늄을 농축할 수 있는 위치에 있는지에 대해서는 '중간 정도의 확실성mid-confidence'만 갖고 있다고 말했다.[15] 정보기관들 내부의 특수 용어로 포장된 이 말은, 북한이 우라늄 기반 폭탄을 제조할 능력을 어려움 없이 확보한 상태라는 미 행정부의 초기 주장으로부터 확실히 후퇴한 발언으로 보였다.

이 같은 미세한 정치적인 조정 노력에는 몇 가지 요인이 작용했던 것으로 보인다. 정보의 질을 측정하는 데 '높은' '중간' 또는 '낮은' 확신 등의 용어를 사용한 것은 최근의 변화다. 즉 그런 용법은 정보 판단의 신뢰도에 대해 기관 간 합의 정도를 판정하기 위한 '매트릭스'를 제공하기 위해 4년 전에 도입되었다. 이러한 접근법에 대해서는 회의론도 있다. 한 전직 정보 전문가는 "만약 그렇게 되면 대부분의 경우 이런 문제들을 평가할 수 없게 된다"라고 말했다.

어쨌거나 디트라니가 말한 '중간 정도의 확실성'은, 원래의 평가에 따르면 북한이 향후 5년 내에 연간 적어도 1개의 핵폭탄을 만들 수 있는 고농축 우라늄을 생산하는 프로그램을 실행 중임을 뜻한 반면, 2007년 시점에 와서는 북한 내에 우라늄 농축 시설이 건설되었거나 가동 중임을 보여주는 설득력 있는 증거compelling evidence가 나타나지 않았다는 것을 언급했다. 그것은 또한 북한의 우라늄 프로그램 관련 부품 조달 속도가 느려졌거나, 또는 한 고위 정보 관리가 언급했듯이, 북한의 우라늄 관련 활동에 대해 '우리는 점점 더 증거를 찾아내지 못했음'을 시사했다.

그러나 이러한 정보 평가 내용의 재정의를 공개함으로써 외교적 편익도 분명히 얻었던 것으로 보인다. 미국이 만일 북한이 실제로 진행했던 작업을 끝까지 추구하고자 했더라면, 그래서 전체 핵 위기의 궁극적 해결을 위한 핵심 단계인 북한의 우라늄 프로그램에 대한 북측의 인정을 좀 더 쉽게 끌어내고자 했더라면, 출발점은 2002년 당시의 부풀려진 주장inflated claims이 아닌, 실질적인 증거에 의해 뒷받침되어야만 했다.

6자 회담에 참가한 바 있는 한 인사에 따르면 당시 정황은 다음과 같다. "그들이 〔우라늄〕 프로그램을 가지고 있다는 판단에 대해서 우리 측에서는 양보의 여지가 별로 없었다. 그러나 북한의 주장은 '우리가 정말 그런 프로그램을 가지고 있다면, 어떻게 여태까지 들키지 않았겠는가?'라는 것이었다. 따라서 문제는, 어떻게 북한을 자기네가 인정할 수 있는 지점까지 나올 수 있도록 유도해낼 것이며, 어떻게 하면 우리가 당혹스런 상황에 빠지지 않도록 할 것인가의 문제였다."

당혹스러움은 북한에 대한 이슈만으로 그치지 않았다. 부시 행정부의 이란·이라크 관련 정보 오용 전력이 알려진 상황에서, 고농축 우라늄 주장에 대한 후퇴는《워싱턴 포스트》《뉴욕 타임스》및 다른 언론들이 이를 1면 머리기사 혹은 성난 사설로 다루면서 불꽃 튀는 논쟁을 유발했다.

《워싱턴 포스트》의 한 사설은 다음과 같이 목소리를 높였다. "다시 한 번 부시 행정부는 최악의 결과를 빚으며 불량 정권에 대한 공격적인 정책을 정당화하기 위해 정보를 과장했다는 비난을 사고 있다."[16]

그러나 고농축 우라늄 문제는, 제대로 다룰 생각이었다면, 6자 회담 과정의 후반부에서나 제기되었어야 했다. 미국은 다른 일을 진행하기에 앞서, 먼저 BDA 제재를 풀기 위한 베를린 회담에서의 약속부터 지켜야만 했다. 이 문제는 크리스토퍼 힐과 재무부 간의 격렬한 내부 투쟁을 촉발했고, 2·13 합의를 거의 침몰 일보 직전까지 몰고 갔다. 2천 5백만 달러를 반환하지 못한 일은 북한이 더 많은 핵무기용 플루토늄 생산을 지속할 빌미가 될 수도 있었다. 그러나 재무부의 입장은 본질적으로, 2·13 합의는 힐의 작품이라는 것이었다. 즉 해볼 테면 해보라는 것이었다.

힐이 BDA 문제에 대해 선을 그으려고 하자, 재무부는 마지못해, 자기네 주장을 되풀이하며 불법 계좌와 합법 계좌를 분리하고 장기간 동결됐던 자금 중 적어도 일부를 북한에 반환하려는 생각에 반대하지 않을 것임을 시사했다. 한 달 뒤《뉴욕 타임스》에 상황을 설명하는 자리에서, 재무부 관리들은 BDA 동결 계좌 52개 중 1천 3백만 달러가 있는 35개 계좌는 상대적으로 깨끗하다고 말했다. 1천 2백만 달러가 든 나머지 17개 계좌는 여전히 혐의가 있는 계좌들로, 재무부 관리들은 이 계좌의 돈이 위조, 마약, 기타 불법 행위에서 나온 것이라고 주장했다.[17] 이 상황 설명에서, 재무부는 사실상 다른 공식 언급에서와 마찬가지로 자기네 주장의 증거를 제시하지 않았다. 재무부의 판단이 예금주가 수상쩍은 전력을 갖고 있다는 사실에 바탕을 둔 것인지, 아니면 더럽혀진 특정 거래들에 대해 재무부가 알고 있으면서도 그 소스와 방법이 노출되는 것을 원치 않았던 것인지는 여전히 확실치 않다. 이 문제와 관련된 미국의 한 고위 관리에 따르면, '우리의 관심사는 예금주와 그들의 은행 거래 관련 행동이었지 실제 자금 그 자체는 아니었다.'

3월 14일, 테러 및 금융 정보 담당 차관 스튜어트 레비는 마카오 당국이 반돈세탁 규제를 강화하고 '금융 범죄로부터 은행을 보호하기 위한 안전 조치를 취하는' 등 '긍정적인 사태 발전'이 있었다고 인정했다. 그러나 레비는 은행의 영업 관행 개선 노력을 무시하는 한편, 위조와 관련한 설득력 있는 증거는 없다는 내용의 언스트 앤 영 감사 결과를 깔아뭉개면서 BDA에 대해 대대적인 공세를 폈다. "BDA 내부의 믿을 수 없는 금융 관행과 전반적으로 부적절한 통제가 무시하지 못할 정도로 뿌리 깊게 배어 있다. BDA의 영업 관행은 전 세계 다른 은행들에 실질적인 위협이 되고 있으며, BDA는 미국 금융 체제가 접근할 수 있는 영업 내용을 갖고 있지 않다"라는 것이다.[18]

이와 같은 판단은 오직 부분적으로만 특정 사실에 기초했던 것으로 보인다. 이 문제에 관계했던 한 관리는 다음과 같이 말했다. "그 당시 시점에서 BDA 문제는 [국무부와 재무부 사이의] 일종의 내부 싸움이었다. 재무부는 BDA가 불법 행위를 저지르고 있다는 생각을 강화해줄 만한 확실한 판단을 내놓지 못하는 것 자체가 상대편에 당혹감을 준다고 생각했다. 특히 9·11 이후 애국법 제311절 조항에 따라 이란과 다른 나라들을 추적할 수 있는 권한이 재무부에 주어진 것도 이슈가 됐다. 더욱이, BDA에 대한 엄격한 조치는 스튜어트 레비 자신이 오랫동안 가져온 대북 강경 노선과도 일치했다. 그는 북한을 미국의 금융 체제로부터 고립시키는 데 핵심 역할을 했을 뿐 아니라, 모든 북한 자금이 의심스럽다고 되풀이 주장했던 장본이었던 것이다.

BDA 이슈로 인해 자신의 대북 사업 계획이 발목 잡혔던 한 서방 기업인은 '북한은 쉽게 중풍에 걸릴 수 있는 나라'라고 말했다. 신용도가 불량한 탓에 북한은 차입 자체를 하지 못했다. 또 이 때문에 북한은 현금으로만 대외 무역을 행할 수밖에 없는 형편이었다. 그의 이어지는 말이다. "BDA 건은 북한에게는 사활이 걸린 근본적인 문제였다. 어느 은행에서도 계좌를 틀 수 없다면 경제를 어떻게 운영할 수 있겠는가? 대가를 지불하지 못하면서 어떻게 싱가포르에서 맥주 한 상자를 팔 수 있겠는가?"

바로 이런 이유로, 북한은 전액이 회수될 때까지는 BDA 계좌에 대한 어떤 부분적인 동결 해제도 받아들이지 않을 것이며, 핵 프로그램을 폐기하는 어떤 조처도 취하지 않겠다고 결정 내렸던 것이다. 평양의 입장은 IAEA 수장, 모하메드 엘바라데이의 평양 방문 때 명확해졌다. 진실성을 보이기 위한 제스처로서 북한은 2·13 협상 타결 바로 며칠 뒤 엘바라데이에 대한 초청장을 발부한 바 있다. 그는 2002년 연말 핵 사찰관들의 추방 이후 북한을 방문하는 최초의 IAEA 관리였다. 우연의 일치로, 미 재무부가 BDA를 돈세탁 우려 대상으로 영구 지정한다고 발표할 때 엘바라데이는 평양에 있었다. 북한 관리들은 IAEA의 수장에게 2·13 합의 내용을 '굳게 실천해나갈 것'이라고 말했다. 그러나 제재가 해제되고 돈이 회

수되지 않는다면, 영변 원자로는 계속 가동하게 될 것이라고 그들은 경고했다.[19]

6자 회담 다음 라운드는 그 다음 주 베이징에서 소집됐다. 미 국무부와 재무부는 여전히 전투 중이었다. 회담의 교착 상태와 미중 관계, 특히 재무장관 행크 폴슨Hank Paulson에 의해 주도되는 미중 전략 대화의 손상을 우려해, 콘돌리자 라이스는 폴슨에게 권유하여 그의 직원들에게 모든 북한 돈이 반환될 수 있도록 지시하게 했다. 그러나 그런 반환 조치가 어떻게 이뤄질지의 특정 내용에 대해서는 지침이 나오지 않았다.

6자 회담에 앞서 베이징에 도착한 힐은 절차를 도출하기 위해 김계관과 사적으로 만났다. 미 재무부는 방출되는 돈이 소위 나쁜 행위자, 즉 불법 행위 의혹을 받는 북한의 계좌 소유주들에게 되돌아가지 않도록 하는 데 신경을 썼다. 재무부는 힐을 압박해 북한이 '추적 시스템track regime'에 동의하도록 북한 측에 강조해줄 것을 요청했다. 즉 방출된 돈이 어떻게 쓰이는가에 대해 북한이 미국에 설명토록 한다는 것이었다. 당연하게도 북한은 이에 대해 거부 반응을 보였다. 대신 김계관은 자금을 '인도적 활동'에만 쓸 것임을 약속했다. 실제 이해된 사항은 사실 북한이 마음먹은 일은 무엇이든 할 수 있도록 하는 것이었지만, 김계관의 약속은 미국의 체면을 살렸다. BDA 난관을 풀면 핵 문제를 진척시킬 수 있다는 좀더 넓은 맥락에서, 힐은 김계관의 발언을 받아들일 만한 타협안이라고 판단했다.

3월 17일 일요일 저녁, BDA 문제의 재무부 쪽 창구인 대니얼 글레이저 부차관보가 베이징으로 날아갔다. 다음 날 아침, 그와 힐은 돈이 북한에 반환되는 데 미국은 반대하지 않는다는 내용의 공동 기자회견을 가질 예정이었다. 이날 밤 늦게, 글레이저 팀과 힐 팀은 성 레지스 호텔에서 만나 예정된 기자회견의 논점들을 검토했다. 힐과 김계관 사이의 합의에도 불구하고, 글레이저는 자신의 보스인 강경파 스튜어트 레비 차관으로부터 상당한 압력을 받았다. 레비는 글레이저에게 힐을 압박해 북한 측에 다시 가서 양해 사항에 '추적 시스템'을 포함시키는 문제를 재협상토록 하라고 고집했다. 힐은 자신이 받아들일 수 있을 정도로 협상은 잘되었으며, 콘돌리자 라이스 장관과 행크 폴슨 재무장관 모두 돈을 반환하기로 이미 서명했다고 말했다. 양측의 견해 차이는 그날 밤 내내 재무부 측과 국무부 측 관리들의 격렬한 논쟁을 초래했다. 이 논쟁에서 글레이저와 힐의 측근은 베이징의 호화로운 호텔 성 레지스의 객실 복도를 울릴 정도로 큰 소리의 고함과 인신공격을 주고받았다.

당시 사건에 대해 잘 알고 있는 한 관리는 말했다. "힐의 한 직원은 기본적으로 글레이저를 새벽 2시까지 자기네 호텔 방에다 잡아 가두고 그가 감정적으로 참담한 상태에 빠질 때까지 고함을 지르고 지분거리며 재무부를 몹시 윽박질렀다."

또 다른 목격자는 "아름다운 장면은 아니었다"라고 회고했다.

이튿날, 댜오위타이 국빈관에서 글레이저는 다음과 같은 내용의 성명을 발표했다. "조선민주주의인민공화국은 약 2천 5백만 달러의 BDA 동결 자금을 중국은행 the Bank of China 베이징 지점 내의 북한대외무역은행 계좌로 입금시킬 것을 제안했으며 [……] 이 자금은 인도적이고 교육적인 용도를 포함해 북한 인민들의 생활 개선을 위해서만 사용될 것이라고 제안했다. 우리는 이러한 제안이 조선민주주의인민공화국과 관련된 동결 자금 문제를 해결해주리라고 믿는다."[20]

그러나 매사에 회의적인 북한으로서는, 이 약속 하나만으로 충분치 못했다. 북한의 입장에서, 미국은 과거에도 번번이 약속을 저버린 바 있었다. 6자 회담이 진행되자 김계관은 핵 활동을 중지하기에 앞서 평양이 현금을 확인할 필요가 있음을 표명했다. 그다음으로, 김계관은 전체 회의를 보이콧하고 전체 라운드 일정을 뒤죽박죽으로 만들어놓으며 핵 문제를 논의하는 것조차 거부했다.

나흘 뒤, 회담은 아무런 진전 없이 산회했다. 이와 함께 2천 5백만 달러도 마카오의 뱅코델타아시아에 그대로 남았다.

다음 몇 주 안으로 북한의 자금 회수를 허용키로 동의하면서 국무부는 중국, 한국, 그리고 심지어 미국 은행들에게 BDA 돈을 받아들이도록 요청했다. 그러나 모두 돈세탁 혐의에 의해 때가 탈까 봐 겁을 내며 거절했다.

4월 말에 이르면서, 평소에는 낙관적인 성격의 힐도 점점 낙담하는 기색이었다. 북핵 사태를 해결할 수 있는 역사적인 기회가 서서히 사라져간다고 느꼈을 뿐만 아니라, 더 이상 진전을 이룰 해법을 찾지 못하는 데 대한 자신의 무력감에 애를 태웠던 것이다. 문제 해결 방법은 없어 보였다. 다만 그는 계속하여 이 문제에 대해 라이스를 채근했다. 그는 다음과 같이 회고했다. "나는 '나 크리스를 위해서, 우리는 북한에 돈을 돌려줌으로써 원자로를 폐쇄하도록 만들어야 한다'라고 계속 주장했다. 또 '왜 그것이 나쁜 협상인가?'라고 반문하기도 했다."

콘돌리자 라이스는 다시 행크 폴슨 재무장관과 부시 대통령에게로 가서, 절차상의 어려움과 관계없이 문제를 해결하기 위해 힐이 '전략적 결단'이라고 말하는 것을 실행하자고 간곡히 설득했다. 그러나 북한 자금을 처리해줄 은행이 나설 때까지 상황은 답보 상태로 남았다.

마침내 5월, 하바로프스크에 근거를 둔 극동상업은행Far East Commercial Bank이라는 정체가 불분명한 러시아 은행 한 곳이 잠재적인 구세주로 떠올랐다. 북한은 돈을 되돌려준다는 결정이 난 직후 가능한 옵션의 하나로 미국 측에 은행의 이름을 알려주었다. 달리 옵션이 없었던 상황이어서 모스크바 주재 미국 대사 윌리엄 번즈William J. Burns에게 러시아 측에 도움을 요청하라는 승인이 떨어졌다. 러시아 측은 그에게, 미국이 보증을 제공하지 않는다면, 러시아 쪽 은행들은 미국의 반돈세탁 규제에 의한 어떤 불이익도 감당하지 않으려 할 것이며, 모스크바는 최종 단계의 송금만 처리할 것이라고 말했다. 번거로운 협상이 이어졌다. 러시아 측은 워싱턴의 한 법률 회사를 고용해 미국 재무부 및 국무부 관료들과의 회담에서 자신을 대리하도록 했다. 마침내, 그들은 보증 수용 의사 표명에 동의했다. 그러나 안전성을 높이기 위해 러시아 외무장관은 이 문건이 미 국무부의 공식 외교 각서 형태로 자기 측에 전달되어야 한다고 요구했다. 재무부와 국무부 양측 모두 이에 동의했다. 알려진 바에 따르면, 6월 첫째 주말 부시 대통령은 독일의 G8 정상회담에서 러시아의 블라디미르 푸틴 대통령과 대체적인 윤곽을 논의함으로써,[21] 장기간 끌었던 BDA 드라마는 해결을 향해 나아갔다.

일주일 뒤인 6월 14일, 미 재무부의 동의 아래 BDA는 2천 3백만 달러를 마카오 통화국으로 옮겼으며, 마카오 통화국은 다시 자금을 6월 14일 날짜로 미국의 뉴욕연방준비은행으로 이체시켰다. 법적 분쟁으로 인해 2백만 달러가 아직 마카오에 남아 있었다. 이 돈은 러시아 중앙은행으로 송금되었으며, 이 은행은 이 돈을 다시 극동상업은행의 북한 대외무역은행 계좌에 입금시켰다. 재무부가 왜 명성 높은 미국 은행이 아닌, 러시아의 황량한 동쪽에 위치한 한 은행에 의해 행사되는 지급 의무에 대해 우선권을 주었는지는 불분명했다.

핵 폐기의 진전을 가로막았던 거대한 장애물 하나가 해소되었음에도, 사건의 전체적인 전말은 워싱턴의 심기를 불편하게 만들었다.

이 작업을 지지했던 한 고위 관료는 다음과 같이 개탄했다. "결국 우리는 북한을 위해 돈을 세탁해준 꼴이다. 그것도 연방준비은행을 통해서 깨끗하게 빨아준 것이다."

일부 의회 의원들은 경악했다. 하원 외교위원회의 공화당 중진 일리나 로스레티넨Ileana RosLetinen은 BDA 송금이 적법한 것이었는지에 대해 일반회계국GAO(미 의회의 감사 기구-옮긴이)에 의한 조사를 요구했다. 그러나 이는 북한에 대한 '보상'으로 비쳐질 만한 모든 제스처에 대해 워싱턴 내의 지지가 약하다는 반증이기도 했다.

그럼에도 일단 송금이 진행되자, 북한은 이미 약속한 대로 신속하게 행동을 취하기 시작했다. 6월 16일, IAEA 대표단의 영변 방문과 원자로의 가동 중단을 논의하기 위한 초청이 발표되었던 것이다.

같은 주, 크리스토퍼 힐은 아시아를 순방해 상당 시간을 중국, 일본, 그리고 한국 관리들과 6자 회담 재개와 관련한 협의에 할애하고 있었다. 김계관으로부터 예기치 못했던 북한 방문 초청을 받았을 때, 그는 몽골에 있었다. 그에 대한 초청은 북한 외교관을 통해 베이징의 미국 대사관에 전달됐다. 그것은 BDA 문제가 임박함에 따라 평양이 당초 약속했던 대로 핵 문제 해결에 재돌입하겠다는 신호였다.

힐은 오랫동안 북한 방문을 원해왔다. 그러나 그의 초창기 노력은 거듭 좌절됐다. 그러나 이번에는 자신의 표준적인 작업 방식을 유지하면서 보수 반대파가 자신을 주저앉히지 못하도록 하기 위해 힐은 부처 간 협의 과정을 건너뛰었다. 대신 그는 라이스에게 전화를 걸어 BDA 문제가 해결된 마당에 북한 방문은 외교 과정을 점화시킬 기회가 될 것이라고 주장했다. 그는 북한에 들어가 개인적으로 그쪽 내부의 분위기도 살펴보는 데 안성맞춤인 시기가 될 것이라고 말했다. 또 "만약 어느 누구와도 협상을 하려면, 상대편의 정체가 무엇인지 겉모양뿐만 아니라 실체에 대해서도 똑똑히 알아야 하는 것 아니냐"라고 주장했다. 라이스는 이를 부시에게 전했고, 부시는 이를 허락했다. 그 모든 일이 신속하게 이뤄졌으며, 힐은 이미 자신과 동행하고 있던 국무부 동료 중 네 명만 선발했다. 통상적인 경우 북한 방문에 함께 따라갈 국방부와 그 밖의 다른 기관 관리들은 배제되었다.

워싱턴에서 방북 준비를 했던 한 관리는 다음과 같이 말했다. "모든 일은 매우 쉬쉬 하며 진행됐다. 자기네들도 당연히 그곳에 가야 한다고 생각했기 때문에 [다른 기관 쪽에서] 상당한 불평이 있었다."

불평은 라이스가 힐의 방북 직전 로버트 게이츠 국방장관에게 전화해 힐이 그의 팀을 태우고 평양에 갈 군용기 한 대가 필요하다고 말하면서 더 커졌다.

당시 정황에 정통한 한 관리는 다음과 같이 말했다. "국방부는 이에 대해 자제력을 잃을 정도로 흥분했다. 그들은 힐의 방북을 막으려고 그야말로 온갖 힘을 다했다. 그러나 그들이 더 이상 무엇을 할 수 있었겠는가? 게이츠는 '그러시오'라고 말할 수밖에 없었다."

그러나 워싱턴의 여전한 분열 상황에 비춰볼 때, 힐은 커다란 위험을 감수해야 했다. 당시 한국 문제를 담당했던 한 관리는 말했다. "힐은 그야말로 판돈을 올려놓고 있었다. 그 자신의 판돈까지 걸었던 것이다. 북한이 자기네 몫을 끝까지 완수하지 않는다면, 그는 나뭇가지에 매달릴 판이고, 그 나뭇가지는 상당히 휘청거리는 것이었다."

그러나 이 또한 힐의 행동 특성을 보여주는 패턴의 일부였다. 힐의 행동에 공감하는 한 관리의 말대로, 힐은 한마디로 '론 레인저'(미국 서부극의 주인공으로 악당들의 기습에서 살아남은 텍사스 순찰대원-옮긴이)였으며, 동시에 뛰어난 기술을 가진 기사이기도 했다. 한 동료는 그를 '정무적인 피임명자로서 자신감과 정치적 감각을 갖춘 보기 드문 직업외교관'이라고 평했다. 행정부 내에서 그는 '모두를 따돌리는' 전략을 추구했다. 수년 동안 북한 문제 해결의 진전을 방해해온 사람들을 당해내지 못하게 만드는 논리는 야심만만한 누군가에게는 확실한 매력이 있었던 것이다.

북한과의 관계에서 힐은 개인적인 행동을 통해서이기는 했지만, 미국의 정책 변화가 진짜배기라는 것, 그리고 자신은 신뢰할 만한 대화 상대라는 것을 보여주는 것이 가장 중요하다고 믿었다. 이를 위해서는 한 관록 있는 북한 전문가가 평한바, '협상을 통해 일정 수준의 신뢰 관계를 형성하는 과정에서 유연성을 발휘할 수 있는, 그리고 북한과 의사소통을 할 수 있는 어느 정도의 개인적인 용기'를 필요로 했다. '대북 협상은 위험이 따르는 일'이기 때문이었다.

그러나 라이스와 부시는 그에게 위험을 감수하도록 내버려둘 용의가 있는 것처럼 보였다. 국무부의 한 관리가 말했던 것처럼, 대통령과 라이스의 생각은 기본적으로 다음과 같았다. '오케이, 좋아. 크리스 힐이 그것을 할 수 있다고 생각하면, 한번 해보도록 하자고. 성공하면 우리 위신이 서는 것이고, 실패하면 힐이 책임지는 거잖아. 그때 가서는 그를 빨랫줄에 내다 걸어야겠지.'

그럼에도 워싱턴 내부의 긴장은 여전히 워낙 팽팽해 힐은 24시간 이상 북한 땅에 머물러서는 안 된다는 지시를 받았다. 일정 확정 작업에 참여했던 한 관리는 힐 일행이 지시 받은 내용은 다음과 같다고 말했다. "들어가서 get in, 일 보고 get the business done, 바로 나온다 get out."

힐의 국무부 한 동료의 표현에 따르면, 그것은 '그물 없는 고공 줄타기 곡예 high-wire act without a net'였다. 그러나 힐은 물러서지 않았다. 6월 21일, 장대비가 쏟아지는 가운데 소형 미 공군 비행기를 타고 거의 버려지다시피 한 평양의 공항에 내렸다. 그는, 자신이 지금 해결책을 찾고 있는 바로 그 위기를 촉발시켰던 2002년 10월 제임스 켈리의 평양 방문 이래 북한의 수도를 방문한 최고위급 미국 관리였다.

그를 환영하기 위해 공항 활주로 위에서 우산을 들고 선 인물은 북한 핵 협상단의 차석 대표 리근이었다. 리근은 너그럽게 웃음을 지으며 그의 손을 내밀었다.

"우리 모두 당신을 기다리고 있습니다." 그가 말했다.

거의 도착하기가 무섭게 김계관은 힐을 영변으로 안내하겠다고 제안했다. 비밀이 많은 북한 사람들에게, 그것은 중대한 선의의 제스처였다. 그러나 그것은 힐을 매우 거북한 상황에 빠뜨렸다. 힐이 자신의 수행원들과 모여 있을 때, 국무부 한국 데스크 과장 성 김은 힐에게 '노'를 하라고 재촉했다. 북측은 아직 불능화 과정을 시작하지 않았으며, BDA 이슈는 여전히 최종 단계에 있었다. 성 김은 힐에게, 모양새가 좋지 않다고 말했다. 신문의 사진은 크리스 힐이 폐쇄된 시설을 보는 것이 아니라, 가동 중인 영변 시설을 보는 것이 될 터였다. 힐은 동의했으며, 초청을 거절했다.

김계관은 실망스러운 표정이었으며, 곧 이어 힐에게 북한의 원자력부 책임자를 만나볼 것을 권했다. 미국 측은 의심스러웠고, 그들 모두가 보게 될 것은 북한의 틀에 박힌 언사가 될 것이라고 판단했다. 이 제안 또한 거절당했다.

대신 박의춘 외무상에 대한 짤막한 예방 일정과는 별도로, 힐은 상당 시간을 김계관과 보냈다. 이제 두 사람은 얼마간 상대를 편하게 여기게 되었고, 논의 주제는 6자 회담 전반의 문제와 영변 원자로의 폐쇄 문제 같은 당면 현안으로부터 항구적인 동북아 안보 체제와 양국 관계 정상화 등 좀더 폭넓은 이슈에 이르기까지 광범위한 영역을 포괄했다. 힐은 일단 북한이 돈을 돌려받은 이상, 영변을 실제로 불능화하는 문제로 옮겨갈 것이라고 확신하며 자리를 파했다.

다른 많은 경우와 달리, 이번 방문에서 힐은 24시간 이상 북한 땅에 머물지 말라는 지시를 따랐다. 비행기 착륙 후 23시간 만에 그는 평양을 벗어났다.

이틀 뒤, 마카오 자금은 하바로프스크의 극동상업은행 북한 계좌로 입금되었다. 이튿날, IAEA 측 인원 네 명이 영변을 방문하기 위해 평양에 착륙했다.

한 달이 지나지 않은 7월 18일, IAEA는 영변 원자로의 폐쇄 사실을 발표했다.

제20장

"친애하는 위원장님"

힐과 김계관의 제네바 회담에 따라 북핵 불능화 작업이 시작되고
부시는 김정일에게 친서를 전달하다

로버트 칼린은 자신이 어디에 있는지 거의 믿을 수가 없었다. 미국의 퇴역 정보 분석관은 영변 핵 시설 안에 서 있었다. 그는 CIA에서 북한을 연구하며 거의 20년을 보냈으며, 2002년 악의 축 연설 뒤 넌더리를 내며 정부 일을 그만두기까지 10년간 미 국무부 정보조사국INR에서 같은 일을 했다. 그가 영변에 선 것은 2007년 늦여름이었으며, 칼린은 스탠퍼드 대학 교수이자 빈번한 북한 방문객인 존 루이스에 의해 조직된 방문단의 일원이었다. 방북단에는 로스알라모스 연구소의 전 소장인 시그프리드 헤커와 또 한 명의 미국 정보기관 북한 전문가이자 당시까지 정보조사국에서 북한을 연구하던 존 메릴이 포함되어 있었다.

헤커와 루이스가 영변을 마지막으로 방문했던 때는 2004년 1월이었다. 북한 측은 당시 영변 시설을 보여주고 자기네가 실제로 핵 '억지력'을 갖고 있음을 증명하기 위해 헤커에게는 플루토늄 용기를 들어보게 하기도 했다. 공교롭게도 이번 방문단은 북한이 핵 시설을 폐쇄했음을 보여

주고 싶어 영변으로 안내되었다. IAEA 사찰관들은 이미 몇 주 전 영변에 돌아왔으며, 기계에 봉인 작업을 하거나 벽에 감시 카메라를 설치하고 있었다. 미국인들이 영변 단지의 정문에 도착한 순간부터 이와 같은 개방을 이끌어낸 정치적 분위기의 변화는 확연해졌다. 미국인 중 한 사람이 평양 고려호텔의 자기 방에 여권을 놓고 왔다. 보안 의식이 강한 북한에서는 과거 제아무리 사전에 보증을 받았어도 갖춰야 할 서류가 한 장이라도 없으면 방문 승인이 떨어지지 않게 마련이었다. 그러나 이번에는 그는 다만 험상궂은 얼굴에 소총을 멘 북한 경비병들에게 미국 운전 면허증을 보여준 것으로 그만이었다. 그들은 손을 흔들어 그를 통과시켰다.

칼린은 그토록 오랜 세월 동안 자신의 분석적 에너지를 그토록 많이 소비해왔던 핵 단지의 전경을 눈여겨 살폈다. 그곳은 어둠침침하고, 황폐하고, 쇠락한 곳이었다. 바닥에는 물웅덩이가 있었고 벽에는 이끼가 끼어 있었다. 칼린에게 그곳은 순전히 의지에 의해서만 겨우 지탱되고 있는 듯이 보였다. 직원들에게 설명을 받으면서 칼린은, 영변에 고용된 사람들이 자신들의 시간이 거의 다 된 것을 알고 있다는 느낌을 강하게 받았다. 즉 핵 시설 가동을 중단하는 결정이 이미 내려졌던 것이다. 그럼에도 미국인의 존재는, 특히 정보 분야의 배경을 가진 사람들의 존재는 여전히 그들을 불편하게 했다. 한 기술자와의 대화에서, 세계적인 핵 권위자의 한 사람인 헤커는 특별히 자세하고 민감한 기술적 질문을 했다. 칼린은 기술자의 눈이 핵 단지의 최고 책임자에게 꽂히는 것을 보았다. 그것은 어떻게 반응할지에 대해 지침을 찾으려는 것이었다. 책임자가 보일 듯 말 듯 고개를 끄덕이자 이 기술자는 말하기 시작했다.

이 사건은 2007년 하반기, 북한의 억압적인 정치 체제가 아닌, 경제 분야와 일상생활, 그리고 아주 두드러지게는 외국인과 일반 북한 주민 사이의 상호작용에서 갈수록 분명해지고 있던 북한 개방 추세의 한 정점을 이룬 사건이었다.

칼린은 "넘지 말아야 할 선이 이미 다시 그어진 상태였다"라고 말했다.

칼린을 비롯해 갈수록 많은 외국인들이 많은 변화의 조짐에 주목했다. 한때 텅 비었던 평양 거리에 갈수록 많은 오토바이들이 눈에 띄었다. 이는 엄격히 통제되는 사회의 시민들에게 이동성을 높여주는 교통수단을 공식적으로 허용했음을 시사한다. 수없이 평양을 방문했던 칼린은 잘 차려입은 여성이 늘어난 것을 보고, 특히 청바지를 입은 북한 사람을 처음 목격하고는 놀라움을 금치 못했다.

거리 구석구석에 더 많은 전화 부스가 놓였으며, 이를 이용하려는 사람들이 줄을 지어 기다리고 있는 모습도 보였다. 또한 더욱더 많은 사람들이 휴대전화를 사용하고 있었다. 이는 내부 통신에 대한 사회 통제가 다소 완화되었다는 또 다른 징후였다. 구멍가게와 행상들도 눈에 띄었으며, 공식적으로 허가된 시장에서는 식료품, 의류는 물론 전자제품과 각종 공구에 이르기까지 많은 상품들이 나와 있었다. 방문단은 외국 기업은 물론 이윤을 창출할 기회를 보다 폭넓게 수용하려는 자세와 함께, 더 큰 경제적 가능성이 엿보인다는 느낌을 확실히 받았노라고 보고했다.

칼린 일행 중 한 사람은 폴란드 외교관에 의해 북한 정보기관의 안전가옥으로 이용되었던 곳으로 안내되었다. 거대한 개선문(파리의 개선문보다 더 큼)이 내려다보이는 언덕에 위치한 이 안전가옥은 이윤을 목적으로 한 식당과 외국인을 위한 게스트하우스 바뀌었다. 북한과 조총련계의 합작 사업체였다. 미국인들은 음식의 질이 그 건물에서 이뤄지는 대화를 추적하는 감시 장비 못지않게 좋다고 생각했다.

또 다른 개인 운영 식당에서 칼린은 여성 종업원들이 음식을 가져다준 뒤 안쪽 방에 앉아 이탈리아 오페라를 테이프로 녹음하고 있는 장면을 흥미롭게 지켜봤다.

외국인을 접대하면서 드러난 보다 개방적인 모습은 그 징후만 있는 것은 아니었다. 스탠퍼드 대학 루이스 교수가 이끄는 칼린 방문단은 교육 분야 교환 프로그램의 실시 가능성에 대해 논의하고 싶어 했다. 소수의 북한 학생들을 캘리포니아로 유치하고, 스탠퍼드 대학 교수들을 평양으로 보내며, 궁극적으로는 공식 교환 프로그램을 개설한다는 계획이었다. 이 같은 교환 프로그램의 의미는 잠재적으로 괄목할 만한 것이었다. 북한의 엘리트 성원들을 그들의 침체되고, 피폐되었으며 봉쇄된 사회 바깥의 삶에 노출시키는 것이며, 이들은 또 북한 내부 변화의 촉매제로 기능할 가능성도 있었던 것이다. 일부 공식적인 회의론에도 불구하고, 미국 방문단은 자기네 제안이 긍정적인 반응을 얻자 매우 놀랐다. 교육성에서는, 당초 회의적이었던 한 관리가 마침내 얼마나 많은 학생들을 팔로알토(스탠퍼드 대학이 자리 잡고 있는 곳-옮긴이)에 보낼 수 있느냐고 물었다. 미국 측은 서너 명이라고 답했다.

"여덟 명 내지 아홉 명 정도는 어떻게 생각하는가?" 하고 북측은 되물었다.

이후 2007년 가을, 미국 의회 보좌관들로 구성된 한 방북단이 북한을 찾았다. 그들은 평양외국어대학에 초청되어 영어과 학생들을 만났다. 그곳의 관리들은 영어책과 교재를 얻도록 도와달라고 요청했다. 과거 북한을 방문한 바 있는 사람들도 포함된 이 미국 방문단 또한 그들이 동행자 없이 거리를 걸으며 그 지역 주민과 쉽게 대화를 나눌 수 있도록 허용되었음을 새삼 깨달았다. 사전 각본에 없는 이런 식의 접촉은 과거에는 엄격히 금지되었던 것들이다. 김일성 사상의 선전을 위해 세운 한 박물관에서 방문객들은 안내원과 한국전쟁의 기원에 대해 즉석 토론을 벌이게 됐다. 그들은 전쟁은 '미 제국주의자들' 탓이라는 안내원의 틀에 박힌 설명에 대해 전쟁을 시작한 사람은 김일성으로 알고 있다고 맞섰다. 이 안내원은 정중하게, "우리는 서로 견해가 다르다"라고만 말했다. 그런 민감한 주제에 대해서도 예의를 갖춘 대화가 이뤄질 수 있다는 사실 자체가 과거의 억압적인 분위기가 많이 누그러졌음을 보여주는 징후였다.

상징적 의미로 가득 찬 또 다른 움직임은, 2007년 12월, 다음 해 평양에서 공연해달라는 북한의 요청을 뉴욕 필하모닉이 수락한 것이다. 미국의 오케스트라가 외교적으로 중요한 역할을 담당한 가장 최근의 예라 할 수 있다. 1956년 냉전이 한창일 때, 보스턴 심포니가 소련에서 공연한 최초의 미국 오케스트라가 됐고, 1973년 필라델피아 오케스트라가 핑퐁 외교, 그리고 그보다 한 해 전 리처드 닉슨의 선구적인 베이징 방문에 뒤이어, 역사적인 중국 방문을 단행한 바 있다. 뉴욕 필하모닉의 북한 연주회는 김계관의 사적인 개입까지 필요했던 복잡한 협상 끝에 최종 확정됐다. 놀랍게도 북한 측은 외국 언론이 이 연주회를 취재할 수 있도록 할 것, 연주회를 북한 전역에 생방송할 것, 그리고 오케스트라가 미국 국가 the Star-Spangled Banner를 연주할 수 있게 허용할 것 등 뉴욕 필이 내세운 조건을 받아들였다.

오케스트라의 평양 방문을 권했던 크리스토퍼 힐은 다음과 같이 말했다. "우리는 이 사람들과는 핑퐁 외교조차 없었다. 이 공연은 북한이 껍질을 깨고 나오기 시작했다는 신호가 될 것이며, 모든 사람은 이것이 장기간 이어질 과정이라고 생각했다. 그것은 그야말로 우리를 보는 그들의 시각이 크게 변화했음을 보여주는 것이며, 그러한 변화야말로 핵무기 협상을 진전시키는 데 도움이 될 수 있다."[1]

이 같은 추세에 대해서는 여러 가지 설명이 가능할 것이다. 김정일이 한동안 경제 개혁을 실험해보는 데 관심을 갖고 있었던 것은 확실하며, 이는 상하이·선전과 그 밖의 중국 경제 개혁 심장부들을 방문해 찬사의 말을 던진 것으로도 드러났다. 2007년 말, 초점은 경제 개혁을 실험하고 있는 또 다른 공산주의 국가인 베트남으로 이동했다. 2007년 10월, 경제 정책을 책임지고 있는 김영일 총리가 베트남을 방문했다. 그의 방문은 같은 달 초순 베트남 공산당 서기 농둑만Nong Duc Manh의 평양 방문에 이어 이뤄졌다. 그것은 고위급 베트남 관리에 의한 북한 방문으로서는 50년 만에 최초였으며, 북한 측은 그를 융숭하게 예우했고, 대규모 군중을 동원해 그를 환영했다. 탈북 난민들이 중국을 출발해 서울에 도착할 수 있도록 돕는 과정에서 베트남이 했던 역할은 잊혀졌다. 사실, 베이징과 평양 간에 긴장감이 흐르는 상황에서, 김정일은 북한 개혁의 실현 가능한 모델로서 베트남에 대해 갈수록 관심을 갖고 있는 듯이 보였다.

두 나라는 공통점이 많았다. 양국 모두 냉전에 의해 분단된 경험이 있으며, 미국과 처절한 전쟁을 벌였다. 공산주의 약소국으로서 양쪽은 모두 오랜 세월 미국의 제재와 여러 압력에 맞서 투쟁해왔다. 그러나 지금, 베트남은 고립에서 벗어나 미국과 외교 관계를 수립했으며, 해외 투자를 유치해 전쟁으로 잿더미가 된 경제를 되살리는 데 도움이 되는 시장 지향적 개혁 프로그램을 시작했다. 북한 총리가 항구와 산업 지구들을 방문하면서, 북한 측이 베트남의 경험에서 배울 것이 많다고 여기고 있음이 분명해졌다.

평양에 상주하는 한 서방 외교관이 했던 말, 즉 '북한은 베트남이 그 작업을 어떻게 했는지 주시하고 있다. 정치 변동 없이 어떻게 경제 변동을 이룰 것인지가 지금 그들이 당면한 최대 현안이다'는 것, 그대로였다.

아마도 변화의 더 큰 촉매제는 1990년대의 기아 사태와 식량 및 에너지에 대한 인민의 기본 요구를 충족시키지 못한 계획 경제의 실패에 의해 부채질된, 밑으로부터의 압력이었을 것이다. 이 사회적 힘은 북한 정부를 추동하여 인민들이 살아남을 수 있도록 자유 시장적 행위를 합법화시키도록 했다.

1990년대 중반부터 북한을 찾고 있는 한 인도 지원 봉사자는 "정부는 더 이상 줄 것이 없다. 따라서 인민들은 스스로 먹고살 길을 찾아야 한다. 이제, 모든 가구가 식구 중 한 사람에게는 무조건 무역 관련 일을 시키려고 한다. 그것이 외화에 접근할 수 있는 수단이기 때문이다"라고 말했다.

중국 및 한국과의 무역 및 접촉 증가 또한 변화에 기여했다. 수천 명씩 중국으로 도망치는 탈북 난민들에 덧붙여, 많은 수의 북한 이주자들이 밀수꾼이나 임시 노동자로 국경을 넘나들고 있었다. 그들이 드나드는 길목은, 북한 국경 수비대가 뇌물과 무관심에 길들여져 경비가 느슨했다. 러시아의 안드레이 란코프Andrei Lankov가 《아시아 정책Asian Policy》의 한 통찰력 있는 논문에서 지적했듯이, 일단 중국에 들어가면 많은 북한 젊은이들은 중국 소도시의 가게나 연변의 조선족들은 물론 한국 기업, 관광객, 선교사, 그리고 북한 사람의 탈출을 돕거나 김정일의 통치를 붕괴시키려는 활동가들에게서 흔히 접할 수 있는 인터넷에 노출된다.

이 북한 사람들은 중국과 한국의 번영에 관한 이야기는 물론, 라디오, 중국 이동통신망을 통해 국경 바깥과 접속할 수 있는 휴대전화, VCR, 그리고 갈수록 북한에서 인기를 얻고 있는 남한 연속극과 팝문화를 담은 비디오들을 가지고 집에 돌아간다.[2] 더욱이, 그들은 새로운 사고방식도 고향으로 가져갔다.

다년간의 북한의 포위 심리를 깨뜨린 또 다른 요인은 외교 일선에서의 진전이었다. 의심할 수 없는 확신, 쓰라린 경험, 그리고 외부의 적을 내부 통제력 강화와 일상생활의 고통을 정당화하는 데 사용할 수 있는 유용성 등이 한데 결합되어, 북한 정권은 미국을 여전히 깊은 의심의 눈으로 바라보고 있었지만, 의구심의 일부는 점차 완화되는 것처럼 보였다. 미국이 자기들을 공격하지 않을 것이라는 생각이 북한 관리들의 사고에 스며들기 시작했다.

크리스토퍼 힐은 그의 스타일, 즉 부시 행정부가 진실로 개선된 관계를 원하고 있다는 것을 보여주기 위해 강경파의 압력에 맞서고 북한의 관심사에 부응하기 위해 정치적 위험까지 감수하는 등의 자세가 분위기 변화에 일조했다고 믿었다.

그는 다음과 같이 말했다. "나는 우리가 협상했던 방식이 이런 차이를 가져왔다고 생각하고 싶다. 우리는 진심으로 진실성을 보여주었다. 물론 솔직히 말해 약간의 상상력이 보태진 것도 있지만."

힐은 또 자신이 점진적으로 김계관과 신뢰 관계를 쌓아왔음을 자신하기도 했다.

대북 외교에 참여했던 한 미국 관리는 다음과 같이 말했다. "분위기는 아주 좋다. 1년 전, 아니 좀더 극적으로 2년 전과 비교해보면, 그것은 낮과 밤의 차이라고 할 수 있을 정도다. 지금은 진지한 대화가 어느 정도 이뤄지고 있다."

힐은 말했다. "지금은 좋은 협상 관계다. 나는 김정일이 나를 일이 되게 하려는 사람으로 보고 있다고 생각한다. 가장 중요한 점은, 아마도 그가 나를 라이스 국무장관과, 그녀를 통해 부시 대통령에 접근할 수 있는 인물이라고 인식한다는 것이다."

미국 측으로서는, 김계관이 최근 몇 달간 대미 외교 일선에서 그의 역할에 대해 경애하는 지도자로부터 보상을 받았다는 얘기를 듣고 기운이 났다. 미국의 평양 방문객들은 김계관이 북한 지배층을 위한 주택지로 평양의 한 특수 지역에 새로운 주택을 제공받았다는 사실을 알게 됐다. 김정일은 또 자신의 핵 협상 대표에게 새 메르세데스-벤츠를 선사하기도 했다. 2007년 10월 초, 한국의 노무현 대통령이 김정일과의 정상회담을 위해 평양을 방문했을 때, 김계관이 독자적인 고위층 접근권을 확보하고 있다는 분명한 증거가 나타났다. 경애하는 지도자는 더 지위가 높은 관리를 제쳐두고 김계관에게 북측의 6자 회담 입장에 대해 남측 지도자에게 설명하라고 지시했다.

긍정적인 분위기는 2007년 가을에 이루어진 핵 분야의 변화에 의해서도 강화됐다. 9월 초순, 힐과 김계관은 제네바에서 만났다(이때까지 부시 행정부는 스위스의 이 도시가 15년 전 클린턴 행정부가 기본 합의를 협상했던 곳이란 점에 대해 더 이상 신경 쓰지 않는 듯했다). 9개월 전 있었던 회담을 재연하면서 양측은 이른바 2005년 9 · 19 공동 선언 이행의 '2단계' 조치의 기본 사항을 성안했다.

이 회담을 잘 알고 있는 한 미국 관리는 말했다. "이 회담은 기본적으로는 베를린 회담을 모델로 한 것이다. 사전에 미리 이해를 구해 6자 회담에 들어갔을 때 결과를 도출하는 방식이었다."

예전과 마찬가지로 힐은 자신의 어젠다에 대해 보안을 유지한 채, 과거 관여 정책에 장애가 되었던 통상적인 부처 간 협의 과정을 피했다. 6자 회담의 다른 참여자들 또한 제네바 회담이 끝날 때까지 상황이 어떻게 돌아가는지에 대해 깜깜하기는 마찬가지였다.

9월 말, 모든 6자 회담 당사국들은 김계관과 힐이 합의한 안을 승인하기 위해 다시 모였다. 2007년 10월 3일 공개된 새로운 합의안은 북한이 영변 단지의 핵심 3개 구성 부문, 즉 5메가와트 원자로, 플루토늄 재처리 시설, 그리고 핵 연료봉 조립 시설에 대해 같은 해 12월 31일까지 불능화 작업을 완료한다는 것이었다. 김계관은 또 평양이 같은 날짜까지 '모든 핵 프로그램에 대해 완벽하고도 정확하게 신고'한다는 데 동의했으며, 북한이 '핵 물질과 기술 또는 노하우를 이전하지 않는다'는 데 동의했다.[3]

영변 핵 시설을 불능화하는 작업은 그 전에 이미 시작되었다. 그러나 그 작업은, 미국과 북한이 당초 '불능화disablement'를 어떻게 정의할 것인지에 대해서조차 의견이 갈렸던 탓에 쉽지 않았다. 2007년 늦여름, 중국 선양에서 열린 6자 회담 실무 회의를 통해 입장 차이를 해소하는, 힐이 '어려운 협상'이라고 불렀던 회담이 열렸다. 미국 측은 몇 건의 서류를 들고 나타나, 일단 핵 시설이 폐쇄되면 다시는 쉽게 재가동할 수 없도록 보장하는 각종 조치의 리스트를 설명하면서, 다른 6자 회담 참가국들과 이를 공유했다.

힐은 "북한 측은 우리가 요구를 줄이기를 원했으며, 우리는 북한 측에 더 많이 하기를 원했다"라고 인정했다.[4]

그러나 일단 양해가 이뤄지면서, 그리고 IAEA 사찰관들이 이미 현장에 들어간 상황에서, 미국과 중국, 러시아의 핵 전문가들은 영변을 방문하기 시작했다. 그들은 마침내 영변 핵 시설의 설계 내용에 대해 들었고 이 시설을 불능화하는 방법에 대해 북측 기술자들과 세부적인 토론을 벌였다. 일부 장비에 대해 구동 체인을 끊고 기계를 해체하며, 핵폭탄 생산을 위한 무기급 플루토늄을 원자로에서 탈착시키는 등의 과정은 매우 복잡했다. 핵심 문제는 냉각조가 시간이 오래 걸리는 세척 작업 없이는 사용후 연료를 보관할 수 없게 되어 있다는 것이었다. 연료봉은 1995년과 마찬가지로 용기에 담을 수 있었다. 그 연료봉은 재처리가 필요할 수도 있었다. 그러나 이 같은 기술적 난관에도 불구하고, 전체 과정은 진척되었으며, 북한은 놀라울 정도로 협조적이었다.

이 외교 노력에 참여했던 한 미국 관리는 다음과 같이 말했다. "〔방문했던 전문가들에게는〕 미국 관리나 IAEA 관리들 어느 누구도 보지 못했던 도면과 설계가 공개됐다. 우리는 이를 촬영할 수 있는지 물었고, 그들은 '노'라고 답했다. 그다음, 그들은 우리에게 사진사를 딸려 보내겠다는 타협안을 들고 돌아왔다."

힐은 목표가 '〔불능화로부터〕 폐기에 이르는 빠짐없는 연속 작업을 통해, 즉 핵 시설을 완전 해체하고 이 같은 작업이 돌이킬 수 없는 상황임을 보증하는 것, 즉 북한이 다시는 과거에 했던 것과 같은 의도로 핵 시설을 사용하지 못하도록 하는 것'이었다고 말했다.[5]

핵 시설 신고는 훨씬 더 힘든 일이었다. 평양은 핵 문제를 종결짓는 향후 과정의 필수 단계로, 모든 핵 프로그램에 대해 '완벽하고도 정확한' 설명을 제공하겠다고 약속한 바 있었다. 힐에게, 그것은 당시까지 생산됐던 분열 물질의 총량을 완전히 공개하는 것일 뿐만 아니라, 지난 5년간 위기를 촉발해온 문제들, 즉 우라늄 프로그램 문제, 2002년 이래 북한이 정기적으로 부정해왔던 문제들에 대해서까지 북한 측이 확실하게 밝히는 것을 의미했다. 북한은 '다른 당사국들과 폐기하기로 된 모든 핵 프로그램의 리스트를 논의한다'는 2007년 2월의 공동성명에 동의했다. 그 외교 협상에 동원된 표현은 크리스토퍼 힐의 노력에 대해 비판가들이 즐겨 인용하는 트집거리 중의 하나였다. 따라서 북한이 파기 또는 지연, 또는 장난질, 또는 절반의 진실만 제공할지 모른다는, 그리고 힐의 표현에 따르면 어느 신고든 '웃기기 테스트'조차 통과하지 못할 것이라는 미국 측의 우려가 있었다. 북한이 이에 대해 진지하다는 것을 보여주는 신뢰할 만한 문서가 없을 경우, 워싱턴이 평양을 미국의 테러 지원국 명단에서 삭제하거나, 또는 적성국교역법 하의 제재에서 해제하기는 불가능했다. 그리고 이럴 경우, 전체 외교 과정의 붕괴를 부를 위험도 있었다. 힐은 그래서 기껏해야 부분적일 수밖에 없을 리스트를 수용하기보다는 논의를 좀 더 연장하는 것이 오히려 낫다고 생각했던 것이다.

힐의 한 동료가 인정했듯이, '신고는 매우 다루기 까다롭고 어려운 작업이 될 수 있었다.'

양측은 미국이 원하는 정보를 어떻게 공개할 것인지를 놓고 각자의 한계를 정하기 시작했다. 어느 쪽도 정확히 상대방이 어디까지 할 것인지 알지 못했다.

이 협상 과정을 잘 알고 있는 한 미국 관리는 말했다. "북한은 우리가 증거를 갖고 임하면 자기네들이 설명을 제공하는 식의 상황을 기대하고 있었다. 물론 우리가 원했던 것은 북한이 먼저 자기네가 행한 바를 확실히 밝히면, 우리가 갖고 있는 자료와 대조해 일치 여부를 판단하는 방식이었다."

그럼에도 몇 가지 움직임의 징후가 있었다. 김계관은 과거 우라늄 프로그램 자체에 대해 분명하게 선을 긋는 태도에서 벗어나 북한이 알루미늄관과 다른 부품을 조달하려 했던 적은 있다고 인정하기 시작한 것이다. 김계관에게 미국 정보 당국이 습득한 관련 정보를 들이밀면서 힐은 거래내역에 대한 상세한 답변을 받아내려고 압박했다. 김계관은 알루미늄관은 우라늄 프로그램을 위해서가 아니라 로켓 발사를 위한 것이었다고 주장했다.

이 점에 대해 힐은 다음과 같이 말했다. "우리는 그들에게 질문을 던졌다. 그들은 우리에게 일부 답변을 주었다. 그것은 '우리는 당신네들이 얘기하는 물질 중 어느 것도 갖고 있지 않다'라는 것 이상이었다. 그러나 그들은 우라늄 프로그램에 대해 실토하는 단계까지는 가지 않았다. 다만 그들은 몇 가지 물건을 사들였다는 점은 인정했다. 그들은 우리에게 자기네들이 통상적인 목적으로 그것들을 사들였음을 증명하고자 했다."

그러나 북한의 설명은 신뢰할 수 없는 것이었다. 미국의 한 관리는 "북측의 이야기는 앞뒤가 맞지 않았다. 북한은 거짓말을 하고 있었다"라고 말했다.

힐과 그의 동료들은 북한이 만약 해명할 의사가 있다면, 완전한 해명까지는 시간이 걸리고 더 많은 협상이 필요할 것이라는 사실을 깨달았다.

한 고위 관리는 말했다. "무기가 있는 장소, 그리고 무기의 숫자에 대한 확인이란 측면에서 그것은 일종의 막판 이슈가 될 것이다. 객관적으로 본다면, 이 시점에서 북한이 그와 관련된 모든 정보를 공개한다는 것은 말이 안 된다."

핵 시설 신고에 대한 협상은 전체 핵 위기에서 최대 문제의 정곡을 찌르는 사안이었다. 결국 김정일이 핵 능력을 맞바꾸려는 전략적 결단을 할 것인가, 바로 그 문제였던 것이다. 온갖 변화의 전조에도 불구하고, 평양은 과연 지난 세월 줄곧 추구해왔던 대미 외교 협상, 즉 관계 정상화와 대규모 경제 지원이라는 형태의 정치적 화해와 이에 대한 대가로서 비핵화를 완성하겠다는 정치적 의지를 갖고 있는가, 더불어 북한의 경직된 체제를 바깥 세계와의 더 많은 접촉에 연결시킴으로써 초래될 잠재적인 불안정 효과에 능히 대처할 자세가 되어 있는가의 문제였던 것이다.

최종적으로, 그 해답은, 아무리 상황을 면밀하게 따라잡더라도 외부인은 흐릿하게 파악할 수밖에 없는, 북한 내부의 역학 관계에 달려 있었다. 내부의 경제적 상황 변화의 조짐과 더 큰 외부 접촉의 징후는 북한 체제의 내부 작동 또는 정책 결정 과정의 불투명함을 결코 덜어주지 못했다.

김정일에 대한 개인숭배가 북한 전역에 퍼져 있었음에도, 많은 분석가들은 북한의 지배 엘리트가 과연 무엇을 해야 할지를 두고 첨예하게 대립하고 있다고 믿었다.

미국 정부의 한 오랜 북한 관측통은 다음과 같이 말했다. "김정일은 독재자일 수 있다. 그러나 그런 그조차 정치를 완전히 밀쳐버릴 수 없다. 그 또한 자신이 달래야 할 지지층이 있는 것이다."

한편으로는, 미국과 화해를 이뤄야 한다는 논리에 대해 회의적인 군부와 보안 기관의 강경파들이 있었다. 강경파들은 또한 핵 관련 인력 및 자원에 대한 막대한 투자는 물론, 경제를 끌어가는 데 있어서 당의 역할과 북한 사회에서 당에 대한 군의 우위를 확보케 한 '선군 정치' 원칙을 포함해 수십 년 전으로 거슬러 올라가는 기관의 이해를 가지고 있었다. 적대 국가였던 미국이 잠재적인 파트너로 전환되는 것은 이 경우 북한 군부의 영향력을 위태롭게 할 수 있다. 다른 한편으로는, 경제를 되살리고 북한을 반신불수로 만든 고립 상태를 끝내기 위해 핵 협상에 찬성하는 실용파도 있었다. 이들이 갖는 전망은 1960년대와 1970년대 북한의 경제적 성공(1970년대 초반 북한의 경제력은 남한과 대등하거나 오히려 앞섰던 것으로 여겨지고 있다)에 대한 기억이 없는, 그리고 지난 20년간 몰락과 박탈감, 그리고 위기만 경험했던 신세대들에게 특히 공명을 주었다.

일반적으로 김정일은 실용파에게 기울어졌던 것으로 여겨지지만, 권력을 유지하기 위해 그는 여전히 군에 의존하고 있었다. 이런 상황에서, 2007년 가을 내내 관영 조선중앙통신을 통해 보도된 그의 동정에 관한 기사가 거의 모두 군 부대 시찰과 관련 있는 것은 결코 우연이 아니다. 크리스토퍼 힐은 국가 선전 매체에 의한 그에 대한 끊임없는 언급과 정부 관리의 '위대한 장군님' 호칭은 (그의 아버지와 달리 김정일은 진정한 군인으로서는 의미 있는 경력이 없다는 점에 비춰볼 때) 그의 확고한 군 장악력이 아닌, 군에 대한 의존을 확연히 보여주는 것이라고 느꼈다.

65세라는 나이와 건강 문제에 대한 끊임없는 보도를 감안하면, 김정일은 또 다른 문제를 안고 있다. 그의 자녀 중 과연 누가 그의 사후 북한의 지도력을 물려받을 것인가의 문제다. 김정일은 이미 부친의 시간표를 훨씬 넘긴 나이다. 1971년 김일성이 김정일을 자신의 후계자로 지명했을 때, 김일성의 나이는 겨우 61세였다. 김정일은 20년 이상 주요 요직을 거쳤고, 이는 1994년 그의 아버지가 사망하기 전 그가 충분한 경험을 쌓고 자신의 권력 기반을 확장할 수 있도록 했던 것이다. 그러나 오늘날 김정일의 경우는, 아직도 확실한 후계자가 없다. 게다가 지난 수년간 지도자 훈련을 받은 사람도 없었던 것이다.

김정일의 장남은 김정남으로, 이제 30대 후반이며, 영화배우였던 그의 모친은 1960년대 김정일이 평양의 영화 제작소에서 시간을 보낼 때 그의 주의를 끌었다. 그러나 정남이 그의 아버지의 권력을 이어받을 기회는 2001년 도쿄의 국제공항에서 도미니카공화국의 위조 여권으로 일본에 입국하려다가 구금된 이후 멀어졌다. 당시 김정남은 관계 당국에 자신은 도쿄 디즈니랜드에 놀러갈 계획이었다고 밝혔다.

이와 같은 공개적인 망신 이후, 김정남은 몇 년 동안 베이징에 쫓겨가 있었다. 더불어 그의 모친도 김정일의 관심 바깥으로 밀려나 모스크바로 쫓겨간 뒤 2003년 사망했다.

모두 20대 후반인 다른 두 아들은 김정철과 김정은이다. 이들의 모친

고영희는 북한의 가장 유명한 가극단의 무용수 출신으로, 1970년대 이 극단이 노동당 행사에서 공연했을 때 김정일을 처음 만났다. 두 아들에 대해서는 알려진 것이 별로 없다. 손위인 정철은 알려진 바에 따르면, 프랑스 또는 스위스에 유학했으며, 예의는 바르지만 그의 아버지가 마땅치 않게 여기는 '여성스러운' 면모가 있는 것으로 전해진다. 동생 정은은, 경애하는 지도자의 식사를 위해 평양을 빈번하게 방문했던 일본인 요리사에 의하면, '눈에 띄는 난폭함'을 가지고 있다.[6] 김정일이 이들 중 누구를 더 좋아하는지는 분명치 않으며, 2008년 초반까지만 해도 이들 중 아무도 유력한 후계자로 부상하지 못했다.

그의 가계와 정권의 생존에 관심이 있는 김정일로서는, 후계 문제는 갈수록 긴급한 사안이 될 수밖에 없다. 미국 정부의 북한 관측통들은 경애하는 지도자가 핵 문제의 해결에 점점 더 압박을 받아, 누가 자신을 승계하든 침략을 당하지 않는 나라, 그리고 다음 세대에 현재보다는 나은 경제 전망을 줄 수 있는 나라를 물려주려고 할 것이라고 추측했다. 긴장감이 높고 정치적으로나 경제적으로 불안이 계속될 경우, 경험이 없는 아들들이 김정일을 승계할 가능성은 높지 않았다.

한 북한 분석가는 다음과 같이 말했다. "그가 순조로운 권력 승계를 원한다면, 그는 북한 엘리트는 물론 일반 대중도 지지할 수 있는 상황을 만들어야만 한다. 그들이 걸어온 궤적은 갈수록 피폐하고 고립된 나라를 김정일에게 보장했던 궤적이었으며, 이런 나라는 결코 한 나라의 지도자가 평화적으로 자신의 후계자에게 이양해주고 싶은 나라는 아니다."

그러나 문제는 여전히 남아 있었다. 최종적으로, 김정일과 북한의 군부는 핵 협상을 한 정권과 핵무기를 가진 정권 중 어느 편이 더 안전하다고 판단내릴 것인가?

런던 일요판《타임스》의 1면 머리기사는 첩보 스릴러물의 첫 단락처럼 읽힌다.

"이스라엘의 제69 F-15Is 비행단이 시리아의 해안을 가로지른 시각은 자정을 막 넘긴 뒤였다. 지상에서는 시리아의 가공할 방공망이 궤멸된 상태였다. 이라크 국경으로부터 50마일 떨어진 시리아의 목표물에 대한 대담한 공습이 진행 중이었다. 지상의 합류 지점에서 이스라엘의 공수부대는 접근하는 비행기를 위해 목표물에 레이저 빔을 쏘기 위해 대기 중이었다. 이 팀은 하루 전에 도착했으며, 대형 지하 창고 부근을 장악하고 있었다. 곧 벙커들에서 화염이 치솟았다."[7]

열흘에 걸친 이스라엘의 시리아 공습 의도는 2007년 9월 6일까지 비밀에 싸여 있었다. 그다음, 하나 둘 기절초풍할 주장들이 찔끔찔끔 새어 나왔다. 이스라엘이 노린 것은 북한의 지원으로 진행된 것이 분명한 시리아의 핵 프로젝트였다는 것이다. 그러나 세부 내용은 여전히 비밀에 싸여 있었다. 이스라엘은 언론이 공습에 대해 아무것도 폭로하지 못하도록 철저하게 검열을 가했다. 미국에서도 이 뉴스는 국가안보보좌관 스티븐 해들리의 지시에 의해 비밀로 유지됐다. 흥미롭게도 시리아조차 입을 굳게 다물었다.

사실상 어떤 관리도 진상에 대해 밝히지 않는 가운데, 익명의 '정보 관계자'를 통해 일부 드러난 정보는, 이스라엘의 목표물이 유프라테스 강 부근의 한적한 사막 지대에 있는 한 시설이라고 했다. 《뉴욕 타임스》에 새어 나간 내용에 따르면, 그곳에는 '북한이 핵무기 연료 비축을 위해 만든 것을 모델로 한 것이 분명한 원자로가 건설 중'이었다.[8] 그러나 북한이 직접 시리아 측에 그런 원자로를 제공했는지는 밝혀지지 않았다. 언론의 추측 보도로는 자료, 장비, 기술 지원, 그리고 북한 전문가의 상주 가능성은 있었지만 분열 물질의 제공 가능성은 없었다. 이 사건을 둘러싼 극도의 비밀주의, 특히 미국의 비밀주의에도 불구하고, 북한이 관련되었다는 정보는 실체가 있음을 시사했으나 이 또한 확인할 길은 없었다.

사실, 이스라엘의 공습 이전에도, 북한에 대한 강경파의 지속적인 의심은 라이스와 힐의 외교를 통한 핵 문제 해결 노력을 침몰시키기 위한 부시 행정부 내 강경파들의 새로운 시도에 불을 붙였다. 이스라엘의 공격이 정당한가를 둘러싼 2007년 여름의 행정부 내 논쟁의 일부로서, 체니 부통령 등 강경파들은 대북 협상에 대한 미국의 접근법 전체를 재고해야 하며, 2·13 협상에서 합의한바, 북한에 대한 중유 공급 결정도 번복해야 한다고 주장했던 것으로 알려진다. 이와는 대조적으로, 콘돌리자 라이스와 로버트 게이츠 국방장관은, 시리아의 시설이 완공까지 수년이 걸릴 것이라고 주장하는 한편, 외교상의 악영향을 경고하며 신중을 기할 것을 촉구했다.[9]

논쟁은 힐과 김계관의 제네바 회담 하루 전인 8월 31일, 존 볼턴이 작성한《아시안 월스트리트 저널》의 다음과 같은 의견란 칼럼을 통해 표면화됐다. "우리는 북한의 해외 핵 협력 세부 내용에 대해 알아둘 필요가 있다. 우리는 이란과 시리아 모두 탄도미사일과 관련하여 장기간 북한과 협력해온 사실을 알고 있으며, 핵 문제에 대한 협력 가능성 또한 전혀 억지가 아니다. 이란과 시리아, 또는 그 밖의 다른 나라들이 과연 북한 핵무기 개발의 '안전지대safe havens'인지, 만약 안전지대라면 어느 정도인지, 또는 그로부터 얼마나 혜택을 입었는지는 반드시 밝혀져야 한다."[10]

공습에 대한 뉴스가 공개된 뒤 논란은 심화되었다. 이때도 볼턴이 앞장을 섰다. 그는 다음과 같이 말했다. "나는 바로 이것이〔이 사건이〕 아무리 진지하게 핵무기 포기 약속을 하더라도 북한이 이를 준수하겠다는 의사가 없음을 입증해준다고 생각한다. 그리고 나는 이 사건이 대통령에게 합의를 파기하고 북한에 대한 압박 정책으로 되돌아가기 위한 절호의 기회라고 생각한다. 또 바로 이것이야말로 북한의 주의를 끌 수 있는 유일한 방법이라고 생각한다."[11]

과거의 경우와 마찬가지로, 북한이 진실로 시리아를 돕고 있었다면, 평양이 과연 무엇을 제공했는지와는 별도로, 한 가지 흥미로운 의문이 제기될 수 있다. 바로 타이밍의 문제다. 이스라엘 공습이 있은 지 몇 주 뒤, 민간 위성 업체인 버지니아 주의 지오아이GeoEye에 의해 공개된 위성 사진들은 문제 현장의 공사가 2003년 진행되었음을 보여주었다.[12] 북한의 개입 가능성 측면에서, 이 시점은 북미 간 긴장이 끓어올랐던 해라는 점에서 우연의 일치가 아닐 수도 있다. 2003년에는 기본 합의의 파기, 미국의 협상 거부, 더 많은 무기급 플루토늄을 만들기 위한 영변 원자로의 재가동, 사담 후세인의 축출, 그리고 미 행정부의 일부 고위 관리들에 의한 북한 정권 변동 가능성에 대한 발언 등이 있었다. 평양의 '맞받아치기' 행동에 대한 취향을 감안했을 때, 그와 같은 특별한 시기에 조지 W. 부시의 '나쁜 놈' 리스트에 올라 있는 나라에 일부 핵 원조(분열 물질 등)를 제공하는 행위는 논리적 타당성을 가질 수도 있다. 학자인 리언 시걸이 학자답지 않은 쉬운 영어로 표현했듯이, '우리도 북한을 엿먹였고, 북한도 우리를 엿먹인When we fuck with them, they fuck with us' 것이다.

그러나 부시가 과거 몇 년 동안 북한에 대해 구사했던 괄괄하고 호전적인 톤과 달리, 이번의 경우, 대통령과 콘돌리자 라이스는 시리아 사건이 평양과의 외교적 시도를 탈선시키지 못하도록 결정한 것처럼 보였다. 시리아-북한 커넥션에 대해 보고받았음에도 부시는 이스라엘 공습이 있기 바로 며칠 전 힐이 제네바에서 김계관과 양자 회담을 열도록 허락했으며, 시리아 사건에 대한 논란이 한창 회오리치는 와중에도 10월 6자 회담에서 합의된 '2단계' 협상에 서명했다.

힐은 다음과 같이 말했다. "우리가 6자 회담을 진행하는 이유, 그리고 우리가 이 과정에 이 문제에 진지한 관심을 가진 많은 국가들을 참여시킨 이유는 북한이 핵 사업에서 확실히 손 떼게 만들려는 것이다. 이런 일이 다 끝난 뒤에야 우리는 북한이 과연 다른 나라의 확산에 연루되어 있었는지에 대해 좀더 분명한 판단을 기대해볼 수 있을 것이다."[13]

사적으로 힐은 자신의 강경파 적들을 호되게 나무라고 있었다. 그는 강경파들을, 편한 자리에 앉아 그를 겨냥해 끊임없이 험담을 퍼부으면서도, 협상을 대신할 쓸 만한 대안은 내놓지 못하는 인간들로 보았다.

그러나 의회의 회의적인 보수파들의 압력이 행정부의 외교 노력을 한층 더 복잡하게 했다. 10월 말, 하원 외교위원회의 공화당 중진 일리나 로스레티넨은 시리아 사건에 대한 행정부의 비밀주의와 타협적인 대북 접근법을 비난하는 의견 칼럼을 발표했다. 이에 라이스는 로스레티넨과 '껄끄러운 만남'을 가졌고, 이튿날 크리스토퍼 힐은 북한이 시리아에 진짜 핵 관련 도움을 제공했는지에 대해 왜 행정부가 좀더 솔직하게 밝히지 못하는가를 둘러싸고 성난 의원들에게 거듭 추궁 받았다.

침묵의 이유는 공격의 세부 내용을 밝히지 말아달라는 이스라엘의 요청 때문이었던 것으로 보인다. 이스라엘은 시리아와 고위급 비밀 회담을 가져왔고, 심지어는 공격이 끝난 뒤에도 회담을 계속 갖기를 원했던 것이다. 힐은 의도적으로 모호하고 애매한 태도를 취했지만, 많은 관측통들에게는 북한의 혐의가 어느 정도는 사실이라고 확신하는 인상을 주는 듯한 말을 썼다.

그는 의회 의원들에게 말했다. "나는 정보 문제를 논할 만한 위치에 있지 않다. 나는 그것을 확인하거나 부인할 만한 위치에 있지 못하다."

워싱턴 내부 소식통인 《넬슨 리포트》의 크리스 넬슨이 지적했듯이, 상황은 "북한의 신뢰성과 부시 대통령의 6자 회담 성공에 대한 개인적 다짐 등에 대해 의회에 확신을 심어줘야 할 중요성이 있었고 〔……〕 사태가 매우 심각한 시점에 도달한 것 아니냐는 의회의 걱정을 가라앉히기 위해 가능한 한 모든 유인책을 동원해야 할 상황이었는데도, 힐은 아무것도 하지 않았다."[14]

이런 상황이 의미하는 바는, 미 행정부 내 어느 누구도 공공연하게 인정하지는 않았지만, 시리아-북한 커넥션 주장에 어느 정도 신뢰성이 있다는 것, 그리고 이것은 아직 미묘하고 불확실한 외교 과정을 위험에 빠뜨릴 역풍을 부를 수 있다는 것이었다. 힐과 그의 지지자들은 핵 문제 해결을 위해서는 대북 관여 정책을 계속하는 것 외에는 대안이 없다고 확신하고 있었다. 그들의 시각에서 볼 때, 제재나 혹은 그 밖의 다른 수단은 북한을 강제하여 핵 프로그램을 포기하도록 만들지 못했으며, 의미 있는 효과를 거둘 공산도 높지 않았다. 북한의 대對 시리아 관계는 수년 전 시작된 것인데다, 이미 협의 장소를 이스라엘이 파괴시킨 마당이어서 미국 안보에 전혀 지속적인 영향을 주지 않을 것이었기 때문이다. 사실 미 행정부 관리들은 일부 의회 의원들에게 이와 같은 상황을 설명했다. 북한이 시리아에 지원했던 원조의 내역이 무엇이든 그런 원조는 이미 모두 종료된 상태라고 설명했던 것이다. 동시에 이와 같은 설명은 또한 상원 외교위원회의 핵심 의원인 민주당의 조지프 바이든과 공화당의 리처드 루가가 각각의 보좌관을 통해, 자기네는 미국이 대북 협상 정책을 중단해야만 할 필요성에 대해 행정부로부터 아무런 설명도 듣지 못했다고 말하게끔 했다. 결론은 이 사건에 관해서는 가능한 한 거론하지 않는다는 의식적인 결정이었다.

미 의회의 압력은 미국 협상 대표가 당면한 많은 문제들 중 하나에 불과했다. 10월 말, 주일 미국 대사 토머스 쉬에퍼는 대통령에게 사적인 전보를 타전해, 힐이 평양과의 외교 협상에 대해 일본 대사관 측을 깜깜 무소식 상태로 만들었다고 불평했다. 이 전보는 매우 이례적인 것이었다. 통상적으로 대사는 국무장관에게 보고한다. 그러나 쉬에퍼는 대통령의 오랜 친구였으며, 부시가 1989년 텍사스레인저스 야구단을 사들일 때 공동 투자자이기도 했다. 쉬에퍼가 사적인 채널까지 동원했다는 사실 자체가 불만이 어느 정도였는지를 반영하는 것이었다. 그리고 그런 식의 반응을 보인 것은 쉬에퍼만이 아니었다.

미 국무부의 한 전직 관리는 다음과 같이 말했다. "힐은 자신의 '론 레인저' 정책을 추구하는 과정에서 자신의 권한 이상으로 나아갔으며 [……] 워싱턴 관료 제도에서 행사할 수 있는 자신의 권한을 총동원했다. 네오콘 세력의 약화에도 불구하고 그는 의회와 행정부 곳곳에 새로운 적을 만들었다."

쉬에퍼는 자신의 전보에서, 북한을 테러 지원국 명단에서 삭제해주겠다는 힐의 약속이 대일 관계의 손상을 가져올 위험이 있다고 경고했다. 도쿄 정부는 북한이 테러 명단에서 삭제되기 전 일본 납치 피해자 문제를 설명해야 한다고 줄곧 주장해왔다. 사실, 일본 의회는 바로 이 같은 취지로 결의안을 통과시킨 바도 있었다.

한때 국무부의 동북아 전문가로 일했던 한 고위 인사는 다음과 같이 말했다. "일본은 힐과 부시에 대해 상당히 언짢아했다. 그럼에도 이 문제는 계속 굴러가고 있었다. 일본은 배신감을 느꼈다. 이 같은 감정이 일본 관료 기구 내에서 위아래 할 것 없이 팽배해 있었다."

일본의 여론을 자제시킨 유일한 요소는 2007년 여름 강경파 아베 신조를 대신해 총리에 오른 후쿠다 야스오가 교착 상태에 빠진 납치 문제에서 벗어날 방안을 찾는 온건 실용파였다는 것이었다. 아베가 앞서 3월 미국으로부터 평양을 테러 지원국 명단에서 삭제할 것이라는 얘기를 들었음을 알고 있던 후쿠다는 자신이 11월 부시를 만날 때까지 이 문제를 재론하지 않았다. 후쿠다 내각은 납치 문제에 대한 충분한 설명을 계속 요구하면서도, 평양이 이 논란 많은 문제를 종결하기 위해 최소한의 조치를 취하기 쉽도록 일본의 입장을 수정할 수도 있다는 신호를 보냈다. 그러나 일본은 힐이 협상을 처리하는 방식에 대해서는 매우 불편해하는 상태였으며, 북한이 테러 명단에서 너무 빨리 삭제될 경우 대미 관계에 미칠 영향에 대해 우려했다.

다시 워싱턴 상황으로 돌아와보면, 힐은 또한 국방부 쪽에도 팬이 별로 없었다. 강경파인 도널드 럼스펠드가 국방장관이었을 때, 국방부는 역대 6자 회담에 국방부 직원들(대개는 대북 강경파 지지자들)을 심어놓을 정도로 막강한 대북 정책 플레이어였다. 한반도 문제에 있어 럼스펠드의 후임인 로버트 게이츠가 자신의 전임자 쪽보다는 라이스 쪽의 견해에 더 가까운 온건파였음에도, 힐은 주한 미군 사령관을 포함한 국방부 내 중심으로부터 밀려나 있었다.

클린턴 행정부 시절 대북 정책의 창구였으며 오랜 관여 정책론자인 찰스 카트먼과 같은 이도 한 켠에서 사태를 주시하며 걱정하고 있었다.

카트먼은, 힐의 업무 스타일이 '오래갈 수 있는 방식은 아니었다'고 말했다. 카트먼은 힐이 차관보 자리를 제안 받았을 때 그와 만나 얘기를 나눈 바 있으며, 이때 힐에게 '부처 간 합의를 구축할 것'을 권고했다. 그러러나 힐은 정반대의 접근법을 취해왔던 것이다. 카트먼은 다음과 같이 말했다. "부처 간 합의 없이는 정책 과정이 제대로 작동하지 못한다. 그런 정책은 기능부전이 되기 십상이며, 종국에 가서는 제 발을 스스로 자르는 꼴이 될 것이다."

강경파 '음모 집단'(콜린 파월의 전 비서실장 로렌스 윌커슨이 처음 사용한 기억할 만한 용어)의 노력에 비추어볼 때, 힐이 외교 과정을 재가동하고 지속시키기 위해 관료제를 피하는 것 말고는 선택의 여지가 없다고 느끼는 것은 이해할 만하다. 그러나 외교 과정이 새로운 정책으로 전환되려면, 행정부는 궁극적으로 의회의 협력과 사실상 옴짝달싹못해왔던 다른 핵심 기관의 협력을 필요로 했다. 힐에 대한 그들의 반감은 장래에, 특히 자신이 북한과 협상한 합의 내용을 이행할 시점에서 문제를 야기할 가능성을 떠올렸던 것이다.

그럼에도 여전히 힐은 가장 비중 있는 두 사람, 즉 대통령과 국무장관의 지지를 받고 있었다.

믿을 만한 한 행정부 관리는 다음과 같이 말했다. "크리스 힐은 장관과 대통령 두 사람과 직접 의사소통을 하고 있었으며, 그들은 자기들이 가고 싶은 방향을 확실하게 말했다. 아무리 다른 부처라고 해도 보통 어리석은 사람이 아니고야 대통령과 장관이 하겠다고 밝힌 것을 뒤집으려 한다는 건 흔치 않은 일이다."

그럼에도 빗발치는 비판과 시리아 관련 논란은 행정부로 하여금 목표치를 높이게 만들었다. 힐은 북한 측에, 신고는 반드시 이미 생산된 플루토늄 총량뿐만 아니라 우라늄 프로그램의 완벽한 세부 내용과, 시리아 같은 외국에 핵 기술과 물질을 이전했다는 혐의에 대한 설명, 그리고 핵무기에 대한 실제 현황까지 포함해야 한다고 주장하도록 지시받았다.

그렇지 않아도 어려운 일이 훨씬 더 어렵게 되면서 크리스토퍼 힐은 부시 대통령이 직접 김정일에게 제안해야 할 때가 됐다고 판단했다.

북한 외교사에서 가장 중요한 획기적 사건들 대부분은 김정일 또는 그의 아버지 김일성이 직접 관련될 때 이뤄졌다. 기본 합의의 길을 열었던 것은 1994년 김일성과 전 미국 대통령 지미 카터의 회담이었다. 2000년 남북 정상회담, 같은 해 10월 매들린 올브라이트의 방북, 그리고 2002년과 2004년 고이즈미 일본 총리의 평양 회담에서 결정적이었던 순간도 모두 경애하는 지도자 자신이 참여했을 때였다.

힐이 김계관과 우호적인 업무 관계를 확립하는 동안, 김정일은 그 과정에서 한 걸음 물러나 있었다. 부시 행정부 내에서는 아무도 거명이 안 된 채로 면대면 협상 기회를 제안할 때마다 김정일의 이름은 북한 관리들에 의해 끊임없이 거명됐다.

국무부의 한 전직 고위 관리가 말했던 것처럼, 김정일은 '확실히 책임을 맡고 있고 뭔가 보통의 경우와는 다른 일을 할 준비가 되어 있는 사람'이었다. 그리고 '만약 아주 민감하거나 사활적인 이해가 걸린 문제에 대해 북한과 협상하고자 한다면, 반드시 관계할 수밖에 없는 사람'이었다.

물론, 김정일의 오만함이 접촉이 없었던 유일한 이유는 아니었다. 조지 W. 부시는 별 거리낌 없이 김정일을 '폭군' '피그미'로 불렀고, 그를 '혐오'한다고 단언했다. 힐은 자신의 보스에게, 이제 상황은 대통령과 경애하는 지도자가 직접 소통하는 것을 필요로 한다고 설득했다. 그의 논리는 단도직입적이었다. 김정일이 미국으로부터 얻고자 하는 것은, 다른 무엇보다도, 주권 국가의 원수로서의 인정과 존중이라는 것이었다. 북한 체제가 김정일을 거의 신과 같은 인물로 묘사하는 탓에, 김정일에 대한 부시의 숱한 비난과 그의 정통성에 대한 부인은 분노와 반감의 주요 원인이 된다는 것이었다. 미국이 김정일에게 그의 핵 프로그램을 폐기하기 위한 합당한 조치를 취하도록 바란다면, 정중한 부시의 서한이 갖는 상징적인 효과는 엄청날 수 있다는 것이었다.

힐의 아이디어는 김정일 앞으로 된 부시의 친서를 들고 평양에 들어가 이를 직접 전달하겠다는 것이었다. 서한의 내용은 제재의 해제, 관계 정상화, 그리고 새로운 항구적인 동북아 안보 체제를 비롯해 미래 협력의 포괄적인 비전을 제시하는 것이었다. 그러나 이와 함께 서한은 북한이 영변 원자로의 폐기를 완료하고 핵 프로그램을 완벽하게 신고하겠다는 약속을 지키지 않으면 진전이 불가능하다는 점을 강조하기로 되어 있었다.

힐은 이 서한이 부시 대통령이 김정일을 만날 수 있는 최선의 기회를 제공해주며 북한에 대해 부시 행정부의 대결에서 협력으로의 태도 변화가 진정이라는 것을 납득시킬 것이라고 주장하며 자신의 생각을 라이스에게 강력히 선전했다. 처음의 반응은 회의적이었다. 그러자 힐은 일보 후퇴한 입장을 제안했다. 친서를 김정일뿐만 아니라 6자 회담에 참가한 다른 5개국 정상들에게도 모두 보내자는 것이었다. 힐은 젊은 한국계 미국 외교관으로서 그의 핵심 북한 전문가 중 한 사람인 유리 김을 시켜 다섯 통의 개인 서한을 급히 작성토록 했다. 이 서한 초안은 몇 시간 내에 라이스에게 전달됐다.

2007년 추수감사절 주말 내내, 라이스는 부시에게 김정일과 직접 의사소통하는 일의 이점에 대해 설명했다. 그 다음 주 초, 힐은 작성된 친서를 전달할 수 있을지 분명하지 않은 상태에서 아시아 순방과 계획된 평양 체류를 위해 워싱턴을 떠났다. 힐이 돌아오는 월요일에 평양에 도착하기로 예정된 가운데 11월 30일 금요일 밤, 마침내 국가안보보좌관 스티븐 해들리가 최종 자구에 동의했다. 부시는 마침내 토요일 이른 아침, 친서에 서명했으며, 유리 김은 힐과 합류하기 위해 공항으로 가는 길에 백악관에 들러 그 친서를 찾았다.

유리 김의 동료인 한국 데스크 성 김 과장(당시 그는 힐과 함께 서울에 머물면서 평양으로 떠날 채비를 하고 있었다)은 이제 마무리된 친서를 갖고 북한 유엔 대표부의 김명길에게 전화를 했다

그는 북한 측에 말했다. "부시 대통령이 서명한 서한을 힐 대사가 가져갈 것이다. 이것은 매우 중요한 변화다. 그리고 귀측은 이를 매우 진지하게 받아들여야 한다."

이 미국 외교관은 전화상으로 자신의 북한 편 상대가 처음에는 거의 말을 못할 지경이었다고 느꼈다. 그다음, 김명길은 이 소식을 즉각 평양에 보고하겠다고 말했다.

성 김은 또한 미국은 그 서한이 '합당한 방식으로' 전달될 수 있기 위한 만남의 자리가 마련되기를 바란다고 말하며, 힐이 경애하는 지도자를 만나려 한다는 최초의 암시를 주었다.

북한은 이에 대해 말을 아꼈다. 그러나 '악의 축' 표현의 장본인으로부터 나온 친서가 주는 놀라움은 거짓이 아니었다. 이어진 전화 통화에서, 김명길은 성 김에게 재확인을 요구했다. 그는 다음과 같이 물었다. "당신들 진짜로 부시 대통령 서한을 갖고 있는가? 대통령 서명이 들어간 진짜인가?"

평양의 날씨는 몹시 추웠다. 힐과 그의 동료들은 주로 고위급 방문객들에게 제공되는 백화원 초대소에 여장을 풀었다. 김계관과의 첫 회담에서 힐은 그런 중요한 서신은 개인적으로 전달하는 것이 미국의 관습이라고

말하며, 김정일에게 직접 친서를 전달하겠다고 주장했다. 김계관은 김정일이 통상적으로는 외국인들을 만나지 않았다고 응수하며 발뺌하는 태도를 취했다.

힐은 7년 전 김정일이 매들린 올브라이트와 인사를 나눈 바로 그 초대소에 머무르고 있음을 상기시켰다. 그러자 북한 측은 또 다른 구실을 댔다. 김정일은 군부대 시찰 때문에 현재 평양에 없다는 것이었다. 미국 측은, 힐이 김정일에 대해서는 직위가 너무 낮을 뿐만 아니라, 북한 측이 친서의 내용을 아직 확인하지 못한 상태여서 그 내용이나 어조에 대해 당연히 신경을 쓰고 있었을 것이라고 직감했다. 이 사실만으로도 북한 측이 그들의 보스에게 힐의 접견을 건의하기를 꺼릴 수 있었던 것이다. 그 대신 북한 측은 힐에게 그 문서를 박의춘 외상에게 전달하겠노라고 제안했다.

힐은 동의했으며, 12월 5일 칙칙하고 난방도 제대로 안 되는 북한 외무성 건물에서 마침내 힐은 엄숙한 태도의 그러나 눈에 띄게 유쾌한 표정의 박의춘 외상에게 부시의 친서를 건넸다.

친서는 '친애하는 위원장님'으로 시작하여, 유리 김의 예의 바른 그리고 거의 우호적인 말씨로, 김정일이 핵 프로그램을 완전히 공개하고 해체할 경우 관계 정상화의 가능성을 제기했다. 친서의 오직 한 대목에서, 백악관은 다음과 같이 밝혔다. "본인은 우리가 계속 진전을 이루기 위해서는 신고가 완벽하고 정확해야만 한다는 점을 강조하고자 합니다."

보수파의 비판을 의식해, 백악관은 친서의 의미를 축소했다. 그러나 비핵화된 북한과 관계를 완전 정상화하겠다는 부시의 개인적인 약속은 그의 과거 입장과는 180도 바뀐 것이었다. 부시의 친서는 또한 공을 다시 북한에게 분명하게 넘긴 것이었다.

한 정통한 공화당 의원 보좌관은 다음과 같이 말했다. "힐은 북한의 주장과 변명을 무장해제시키기 위해 일하고 있었다. 그는 하나씩 하나씩 북한 사람들이 초점을 이동시키지 못하게 (……) 또는 상대방이 패를 먼저 보이도록, 북한 사람들의 입장에서 그와 같은 변명에 대응하고 있었다."

북한 측은 이 편지에 진실로 기쁜 듯이 보였다. 비근한 예는 힐이 북한을 떠나는 순간, 그들이 뉴스를 공개했다는 것이다. 그 뉴스는 북한의 공식 매체 조선중앙통신에 단 두 줄로 보도됐다. 그러나 그것은 북한의 반응에 대해 많은 것을 말해주고 있었다. 2005년 '무뢰배이자 설익은 인간이며 촌뜨기'라고 비난했던 사람에 대해 조선중앙통신의 성명은 이번에는 부시의 공식 직함 전체, 즉 '미합중국 대통령'을 그대로 사용했다. 한 인간 개인이 아닌 직위의 권위를 인정한 것이다. 그것은 북미 관계가 개선되고 있으며, 북한 정권이 자기네 인민들에게 그와 같은 사실을 알려주고자 한다는 징후였다. 일주일 뒤, 유엔의 북한 외교관들은 김정일로부터의 긍정적인 구두 반응을 워싱턴에 알려왔다. 특정 사항을 지칭하지는 않았지만, 미국이 약속을 지키면, 김정일도 자신의 약속을 지키겠다는 메시지였다.

그러나 부시의 친서가 조성한 우호적 분위기가 핵 시설 현황 신고에 대한 힐-김계관 회담을 편하게 해주지는 않았다.

이 과정에 참여했던 한 미국 관리는 "그것은 정직성의 시험 무대가 됐으며, 그런 측면에서 북한은 결코 강했던 적이 없다"라고 말했다.

북한이 모든 핵 활동에 대한 '완벽하고 정확한' 리스트(여기에는 플루토늄과 핵탄두가 얼마나 많이 생산됐는지와 우라늄 개발 현황, 그리고 가령 북한이 시리아 또는 그 밖의 다른 나라들의 핵 프로그램을 돕기 위해 했던 일이 포함된다)를 제공하는 마감일인 2007년 12월 31일이 채 한 달도 남지 않은 상황에서, 김계관은 초안조차 갖고 있지 못했다. 대신, 그는 미국 측이 '참고 자료'라고 하는 것을 만들었다. 1차안의 예고편인 셈이었다.

힐에게는 즉각 이 자료들이 완벽하지도 정확하지도 않으며, 당초 평양이 약속했던 것보다 수준이 훨씬 미치지 못할 경우 미국에서 큰 문제를 일으키게 될 것이 분명했다. 힐은 김계관과 함께 앉아, 중대한 세부 내용이 빠진 부분이나 큰 구멍을 메모해가며 하나하나씩 정보를 살펴보았고, 북한 측에 더 꼼꼼히 작성하라고 압박했다.

우라늄 문제에 대해, 김계관은 북한이 인정해온 알루미늄관과 다른 물품에 대해서는 핵 프로그램이 아닌, 로켓을 위한 것이었다는 주장을 끈질기게 고집했다. 그러나 미국 측 어느 누구도 그 주장을 진지하게 받아들이지 않았다. 아울러 김계관은 북한이 농축 프로그램이 없다고 주장하면서, 한편으로는 가령 A. Q. 칸이 공급한 원심분리기 등 과거의 활동에 대해서 솔직히 밝히지 않았다.

김계관은 의료 용도의 동위원소나 김일성종합대학 실험실 등 평화적 목적을 위한 핵 물질과 시설은 일부 있으며, 북한은 그것을 포기할 의사는 없다고 말했다.

힐은, "그런 품목이 폐기 대상이 되는지는 나중에 결정할 수 있다. 그러나 리스트에는 올라야 한다"라고 답했다.

아울러 힐은 북한의 핵실험 장소에 대한 언급이 없다는 것 등 몇 가지 두드러진 누락을 지적했다.

핵무기의 실제 개수 문제도 있었다. 이 문제를 지적 받자 김계관은 다음과 같이 답했다. "엄밀히 말해 우리는 아직 귀측과 전쟁 중이다. 우리가 적국과 무기에 대해 논의하는 것은 적절치 못하다."

그러나 힐의 시각에서는, 북한이 생산한 바 있는 플루토늄 양이 정확하게만 신고된다면 문제되지 않을 수도 있었다. 미국 과학자들이 그 수치를 이용해 무기의 개수를 판단할 수 있을 것이기 때문이다.

힐은 북한에게 좀더 신중하게 자료를 작성하라고 압박하며 김계관과의 회담을 끝냈다. 그는 김계관에게 다음과 같이 말했다. "유명한 화가는 미완성 그림도 많은 돈을 받기 위해 팔 수 있다. 그러나 외교관은 미완성 작업을 팔아서는 아무것도 얻지 못한다."

힐에게 착각 따위는 없었다. 그는 북한이 신뢰성 있는 리스트를 만드는 것이 얼마나 어려울 것인가를, 그리고 심지어 그 난관을 극복한다고 해도, 과제는 점점 더 힘들어질 수 있다는 점을 잘 인식하고 있었다. (2007년) 2월과 10월 베이징에서 협상했던 합의 사항은 불능화와 신고를 위한 로드맵만을 제시했을 뿐이었다. 다음 단계들은 모든 핵시설의 폐기, 그리고 궁극적으로 핵탄두를 포함한 모든 분열 물질을 북한에 더 이상 두지 않는 일과 관련된 것들이다. 미국과 국제사회에 북한이 폭탄이나 시설을 감추고 있지 않음을 확신시키는 검증 과정 또한 필요했다.

추가적인 진전이 이뤄진다고 해도, 북한군이 귀중한 핵무기를 과연 포기할 것인지에 대해 의구심을 가진 사람은 결코 힐 혼자만은 아니었다. 훨씬 더 복잡하고 야심찬 어젠다가 있는 또 다른 협상 과정이 필수적이라는 것은 분명했다. 이러한 회담의 결과가 북미 간의 완전한 외교 관계 수립을 포함할 가능성은 있었다. 여기에는 대사관 개설, 제재의 종식, 그리고 매우 큰 규모의 대북 보상 패키지가 포함되며, 특히 포상 패키지는 평양의 오랜 경수로 요구와 정전협정을 대체하는 항구적인 한반도 평화 메커니즘의 창안 등에 대해 협상해야만 하는 것을 뜻할 수도 있었다. 이와 같은 단계가 없이는, 이와 같이 폐쇄적이고 편집광적인 나라가 그 군대와 최고 지도자들이 자신들의 안전 보장을 위해 가장 중요하다고 여기는 것들을 실제로 포기할 것이라고 생각하기는 힘들었다.

그러나 힐과 그의 동료들은, 온갖 실망과 좌절에도 불구하고, 자기네들은 마침내 김계관과 핵 문제에 대해 논의를 시작했으며, 북한 특사가 자신의 방식대로 앞으로 전진하는 길을 찾으려고 한다는 사실을 확신하며, 조심스런 희망을 갖고 회담장을 떠났다. 사실, 지난 1년만 되돌아보아도 북한의 협력이라는 놀라운 패턴이 드러났던 것이다.

미국의 한 관리는 다음과 같이 지적했다. "2 · 13 〔합의〕 이래 전 과정은 하나의 시험이었다. 2월 13일의 문제는 이런 것들이다. 그들이 과연 IAEA를 다시 들일 것인가? 대답은 '예스'였다. 그들이 과연 실제로 영변을 폐쇄하고 봉인할 것인가? 우리가 찾은 답은 '예스'다. 그들이 리스트를 논의할 것인가? 역시 '예스'다. 따라서 이제 〔신고의 내용과 관련해〕 우리는 또 하나의 새로운 시험거리를 가지고 있다. 그것은 문턱이 아주 높다. 그러나 지금까지, 불능화의 경우로 볼 때, 대답은 역시 '예스'였음이 입증되었다."

북한이 이처럼 순순히 동의하는 자세를 보인 것은 처음이 아니었다. 1990년대, 기본합의를 조인한 뒤, 북한은 한 묶음의 문제에 대해 놀랍게도 협조적이었다. 정부를 떠나고 난 뒤 쓴 한 논문에서, 전 CIA 분석관 로버트 칼린은 북미 간 협상이 합의를 이뤄낸, 그리고 일단 동의했던 내용에 대해 북한이 준수했던 일련의 문제들을 적시했다. 이 리스트에는 다음과 같은 것들이 포함되었다. 기본 합의에 따라 약속된 경수로 건설에 어떤 모델을 사용할 것인지의 문제, 같은 합의에 따라 인도된 중유 공급에 대한 모니터링, 영변 시설 동결 이후 사용후 연료봉을 용기 포장하여 안전 보관하는 문제, 한국전쟁 중 실종된 미군의 유해 수색 허용, 1998년 금창리 지하 시설에 대한 미국 측 의구심의 해소 문제, 그리고 1999년의 미사일 시험에 대한 모라토리엄 등이다.[15]

이 과정에 참여했던 또 다른 관리는 다음과 같이 말했다. "매번 큰 문제들이 있었다. 그것은 단지 북한을 상대하는 일의 일부일 뿐이다. 그러나 지금까지, 북한은 자기들이 하겠다고 말했던 것을 해왔다."

그리고 온갖 위험, 불확실성, 그리고 좌절에도 불구하고 힐은 부인하지 못할 업적 하나를 이루었었다. 즉 영변 핵 시설이 폐쇄되고, 불능화되었으며, 장래 핵폭탄을 위한 플루토늄 생산을 더 이상 하지 않는다는 것이다. 과거에 재조된 핵분열 물질이 그곳 어딘가의 비밀 장소에 저장되어 있었기 때문에, 영변 폐쇄는 이를테면 소 잃고 외양간 고치기나 마찬가지라는 이의를 제기할 수도 있다. 그러나 실질적인 측면에서나 상징적인 측면 모두에서, 그것은 중대한 일보 전진을 뜻했으며, 힐은 이제 자신이 직접 이를 확인해야 할 시점이라고 느꼈다.

힐의 호송 차량 5대는 영변으로 가는 도로 위의 유일한 차량이었다. 달리고 또 달리면서 차량들은 황량한 벌판과 험준한 산을 지났으며, 거리의 사람들이 이들이 지나는 것을 우두커니 지켜보았다. 미국인들은 차창 밖으로 손을 흔들어 보였다. 이따금 꼬마가 손을 마주 흔들었다. 다른 청소년들은 메르세데스 차량 행렬을 향해 머리를 숙여 인사를 했다.

북한 사람들은 친절하면서 전문적이었으며, 힐에게 영변 단지 전체를 모두 구경시켜주었다. 우중충하고 다 쓰러져가는 영변 단지의 모습은 힐의 한 동료에게는 과학 시설이라기보다는 꼭 지하 감옥과 같다는 인상을 주었다. 그들은 새 연료봉 수천 개도 보여주었다. '우리가 하고자 할 때, 그들을 중단시킨 것에 대해 하나님, 감사합니다.' 힐은 혼자 속으로 생각했다. 10월 합의에 의해, 이 연료봉들은 폐기하기로 되었던 것이다.

로버트 칼린과 그의 방북단이 넉 달 전 영변 단지를 방문했을 때 알게 된 것처럼, 영변의 직원들은 자신들의 운명에 대해 체념한 듯이 보였다.

그들 중 상당수가 핵 프로그램의 개발에 전 생애를 바쳤으며, 그들은 분명히 앞으로 닥칠 일에 대해 근심하고 있었다.

그들은 힐에게 호소했다. "우리 생계를 꼭 좀 기억해달라. 영변이 폐쇄된 뒤 당신네는 간단히 우리를 잊을 수 없다는 것을 꼭 기억해달라."

영변은 그렇게 폭탄 몇 개를 위해 이미 숨겨놓은 플루토늄을 갖고 시작하기에는 상당히 노후화되어 있어 공장의 불능화 작업은 평양 정권에게는 상대적으로 쉬운 일이었다. 영변은 워낙 상태가 좋지 않아 어느 경우에도 그리 오래 가동할 수 없었을 터였다. 신뢰성 있는 신고를 받고 실질적인 분열 물질을 확보하는 일은 훨씬 더 어려운 과제였다. 그러나 수많은 우여곡절 끝에, 그가 목격한 것을 통해 힘을 얻을 수 있었다. 북한은 영변에서 더 이상의 폭탄을 만들지 않을 것이기 때문이다.

아이러니한 것은 조지 W. 부시가 대통령이 될 때와 사실상 똑같은 상황으로 되돌아가기까지 거의 7년이 걸렸다는 것이다. 커다란 차이점은 북한이 수 킬로그램의 플루토늄을 갖고 있던 것과 달리, 이제 많게는 열 개의 폭탄까지 만들 수 있는 핵 연료를 보유하고 있다는 것이다. 그리고 2006년 10월의 핵실험을 통해, 김정일 정권은 이제 성숙한 핵 국가가 되었다는 사실이다. 부시가 전임자에게 물려받은 것보다 훨씬 더 위험하고, 돌이키기가 훨씬 더 어려운 상황인 것이다.

힐은 자신의 고통스러운 경험에 두 가지 큰 교훈이 있다고 믿었다. 하나는 북한을 다자적 과정으로 끌어들이는 일의 중요성이었다. 평양은 오랜 적인 미국에 대해서뿐만 아니라, 바로 이웃한 주변국에 대해서도 의무를 이행하고 있었다. 고립 상황에도 불구하고 북한은 이미 이 나라들과 정치적, 경제적, 그리고 상호 인간적 관계의 복잡한 그물을 갖고 있었다. 이와 같은 사실은 북한을 협조적으로 만들게끔 자극했다.

그러나 다자 외교 전략만으로는 충분치 않았다. 의심할 나위 없이, 평양의 반복된 요청에도 불구하고 부시 행정부의 1년 이상에 걸친 대북 양자 협상의 거부 태도는 핵 위기를 부채질한 결정적인 요인이었다. 존중을 보이기를 거부하는 태도, 김정일에 대한 개인적인 모욕, 정권 변동에 대한 마초식 발언(가령 딕 체니의 유명한 말 "우리는 악마와는 협상하지 않는다. 다만 쳐부술 뿐이다")은 강경파가 부시 행정부에 들여놓았던 오만함과 문화적인 둔감함, 그리고 이념적인 눈가리개를 반영한 것이다.

이제 마침내, 미 행정부는 협상을 통한 타결에 진지한 자세를 보였다. 헨리 키신저를 비롯한 다른 많은 사람들도 같은 메시지를 전달하고자 했다. 2007년 말 트랙 II 회의에서 이 존경받는 정치인은 북한 관리들에게, 과거의 전력에도 불구하고 조지 W. 부시가 북한에 합의서를 체결하고 이를 이행할 최선의 기회를 제공했다고 말했다. 북한 측은 2009년 민주당 후보가 대통령이 되기를 기다린다고 더 나은 조건이 보장되는 것은 아니라는 경고를 들었다. 사실, 이라크 전쟁이라는 급한 불부터 꺼야 할 민주당 출신 대통령은 자신이 부시처럼 북한에 대해 타협적이 되기 힘들다고 판단할지도 모를 일이었다. 존 볼턴과 같은 강경파의 공공연한 불만이 없지는 않지만, 마지못해 대통령의 관여 정책을 따라가던 의회의 공화당 핵심 인사들은 만약 민주당 출신 대통령이 비슷한 정책을 취하면 이를 비판하는 데 특별히 자제심을 보여야 할 이유가 없을 것이다.

2008년 초의 시점에서 북한의 장기적인 의도는 여전히 불분명했다. 김정일 자신이 아직 마음을 정하지 못했을 가능성도 있다. 그가 어느 순간 마지막 카드까지 다 쓰고 난 뒤 궁극적으로 과연 무엇이 제공되는지 본 뒤에야, 그리고 실제 그런 단계까지 이행된 뒤에야 핵무기를 포기할지 말지에 대한 최종 판단에 이를 수도 있었기 때문이다.

한편으로는, 핵 프로그램을 끝내는 것이 단순히 핵 시설 하나를 폐쇄하거나 핵 물질과 장비 리스트 제공에 동의하는 것 이상의 일이라는 것도 자명했다. 궁극적으로 그것은 반세기 이상 적대 관계에 있던 두 나라 사람들의 사고방식을 바꾸는 것과 관계된 일이었다.

영변에서의 마지막 날, 힐과 그의 동료들은 북한 원자력총국 리제선 총국장을 만났다. 리제선의 직급은 정부의 각료급에 해당됐다. 50대 중반인 그는 자신감이 있었고, 교양이 있었으며, 옷을 잘 차려입었다. 그의 행동거지는 핵 프로그램의 포기에 대해 그가 그다지 열성적이지 않음을 드러냈다.

힐과 대화하는 동안, 그는 자신의 머리를 가리키며 다음과 같이 말했다. "미국과의 관계를 변화시킨다는 것은 지난 50년간 우리가 생각해왔던 것, 그리고 현재 생각하고 있는 것을 완전히 바꾸는 일이다. 그러나 우리는 그렇게 하려고 노력하고 있다."

힐은 혼자 속으로 생각했다. '똑같은 일이 미국에서도 벌어지고 있다고 할 수 있다.'

미국 대사가 영변을 떠날 무렵 어둠이 내렸고 기온은 결빙점 이하로 떨어졌다. 북한이 두 나라를 위험천만한 대결 상태로 몰아넣었던 핵무기 생산 단지 바로 바깥에서, 힐의 메르세데스는 먼지 나는 도로를 터덜거리며 달렸다. 칠흑 같은 밤이었으며, 사방에 불빛 한 점 없었다. 이따금 힐의 차는 혹독한 추위를 이겨내기 위해 한데 모여 있는, 어둠 속의 유령과 같은 사람들 곁을 지나쳤다. 어떤 이는 수레를 밀고, 어떤 이는 오토바이를 타고 있었으며, 또 다른 이는 갓길을 천천히 터벅거리며 걷고 있었다. 북한은 미국에 도전했으며, 중국, 일본, 러시아, 한국, 그리고 유엔 안보리에 대해서도 그랬다. 북한은 오랜 제재와 고립을 견뎌냈고, 거의 모든 공산권 동맹국들이 경험한 체제 붕괴와, 건국 지도자의 사망, 그리고 자신을 핵 국가로 만든 처절한 기아 사태에서 살아남았다. 그러나 북한 인민은 그들의 정부와 이를 쓰러뜨리려 했던 미국의 노력 양쪽의 희생자라는 엄청난 대가를 치렀다. 그리고, 만약 최종 협상에 도장이 찍히지 않으면, 희생은 계속될 참이었다.

• 후기 •

크리스토퍼 힐은 좌절감을 느꼈고, 화가 났으며, 고통스러웠다. 부시 대통령의 친서를 평양의 김정일에게 전달하고 영변 핵 시설의 불능화 작업 현장을 시찰한 지 넉 달 후, 힐은 2006년 말과 2007년 초의 획기적인 외교적 진전 이후 어느 때보다 강력한 정치적 압력을 받았다.

사적으로 힐은 친구들에게, 체니 부통령실이나 다른 행정부 부처의 강경파들과 협상하는 것이 북한과 협상하는 것보다 훨씬 더 힘들다고 불평했다.

힐의 좌절감은 체니와 그의 동맹인 CIA 국장 마이클 하이든Michael Hayden 장군, 그리고 대북 협상의 강경 반대파들의 지원을 받는 측이 거의 1년 전 미 행정부가 이스라엘 쪽로부터 얻은 정보를 공개하려는 움직임 때문이었다. 2008년 4월 말, 미국 정보 집단은 당국의 승인을 받아 미 의회 의원들을 상대로 일련의 비밀 설명회를 열었다. 수시간 내에, 이스라엘 요원에 의해 찍힌 사진을 비롯해 그 정보들은 언론에 흘러나갔다. 설명의 핵심 내용은, 그리고 그 설명에 추가됐던 행정부 측의 약간의 '왜곡

spin'의 핵심 내용은 북한이 영변 것과 비슷한 원자로를 시리아가 지을 수 있게 도와주었다는 것, 그리고 그 시설은 2007년 9월 6일 이스라엘의 공습으로 파괴되기 전 거의 완성 단계에 도달해 있었다는 것이었다. 신빙성을 뒷받침하기 위해, 미 행정부 관리들은 기자들에게 영변의 고위 관리로 확인된 한 남성이 시리아의 핵 관련 기관 소장과 함께 찍은 사진을 공개했다.

공식적으로는 추가적인 비핵화 협상에 대한 의회의 지원을 확보하는 데 필요한 조치로 설명된 이 같은 폭로는 격렬한 항의를 불러일으켰다. 주요 표적은 힐이었으며, 항의는 주로 북한과의 협상을 반대하거나 협상에 회의적인 의회 인사와 언론으로부터 나왔으며, 이들은 행정부가 시리아에 대한 정보 내용을 오랫동안 묵혀왔다고 화를 냈다. 일부 의원들은 무슨 협상이든 자금 지원을 막을 것이라고 경고했고, 보수파 공화당 상원의원 샘 브라운백Sam Brownback은 힐의 차석인, 캐슬린 스티븐스의 차기 주한 미국 대사 지명을 미뤘다.

브라운백의 한 보좌관은 《워싱턴 포스트》에, '사람들이, 하는 말마다 거짓말인지 참말인지 구분이 되지 않는 정권과 협상을 하는 것에 대해 완전히 돌아버린 상태이며 매우 화가 나 있다'라고 말했다.[1] 그리고 그런 분노에 불을 지피는 것이 바로, 부시 대통령에 대한 압력을 키워 힐이 협상을 통해 얻으려는 협정을 철회시키려는 목표를 갖고 체니와 다른 강경파들이 벌이는 짓이라고 힐은 생각했다.

2008년 연초부터 봄까지, 힐과 그의 북한 상대인 김계관은 한 해 전 10월에 도달한 합의의 핵심 요소에 대해 공통분모를 찾기 위해 분투했다. 당시 합의의 핵심은, 평양이 '모든 핵 프로그램에 대해 완전하고도 정확한 신고'를 한다는 것, 이에 대해 미국은 북한을 미국의 테러 지원국 명단에서 삭제하고 적성국교역법 하의 제재를 끝낸다는 것이었다.

북한의 플루토늄 프로그램, 우라늄 농축 능력을 확보하려는 노력, 그리고 시리아와의 핵 협력 등 신고의 세 가지 구성 요소 가운데, 김계관은 세부 내용을 검증해야 할 문제는 일단 남아 있었지만, 플루토늄 문제에 대해서는 상대적으로 솔직했다. 그는 또 북한이 구입한 것으로 알려진 수천 개의 알루미늄관이 원심분리기 제작에 사용되지 않았다는 매우 중요한 정보를 공개했다. 이는 아마도 북한이 원심분리기 제작에 필요한 다른 핵심 부품을 얻지 못했기 때문이었던 것으로 보인다. 그러나 다른 두 가지 이슈에 대해서 그는 북한이 원심분리기나 다른 우라늄 관련 노하우를 파키스탄의 A. Q. 칸으로부터 입수한 사실에 대해 시인을 거부하며, 또 시리아와의 핵 관계를 부정하며 발뺌했다. 힐은 김계관에게 북한 사람으로 여겨지는 핵 관리가 시리아의 핵 기관 책임자와 함께 있는 사진을 보여주면서 '김 선생, 이게 바로 문제입니다'라고 말하는 등 추궁을 계속했다.

북한이 낱낱이 해명하기를 주저한 이유가 몇 가지는 있었던 것으로 보인다. 하나는 김정일 정권이 일관되게 부정해왔던 행위를 인정하기가 매우 불편한 데다 이는 전적으로 체면이 깎이는 일이었다. 다른 하나는 '고백 외교'와 관련된 과거 경험에 뿌리를 둔 것이 명백했다. 평양의 요원들이 일본 민간인을 납치한 사실에 대해 2002년 김정일이 고이즈미에게 고백한 것이 대표적이다. 김정일은 과거의 잘못을 인정하는 전례 없는 조처를 취하는 것이 대일본 화해의 길을 열어줄 것이라고 믿었다. 그러나 오히려 이 같은 인정은 일본의 격렬한 반응을 촉발했으며, 6년 뒤에도 여전히 관계 개선의 주요 장애물로 남아 있었다.

미국에 대해 불신이 깊은 북한 관리들은 2008년 초 미국 방문객들에게, 10·3 합의에 따라 모든 것을 공개할 경우 미국에서도 비슷한 반응이 일어날까 두렵다고 노골적으로 말했다. 2월 말 전 국방장관 윌리엄 페리의 평양 방문 때 전달된, 콘돌리자 라이스가 김계관에게 보낸 기밀 유지를 약속한 친서조차 북한의 이런 의구심을 덜어주지는 못했다.

북한이 공공연한 공개를 하지 않을 것을 확신하고, 교착 상태가 플루토늄 불능화 과정 전체를 위태롭게 할 것을 걱정하는 한편, 2008년 늦겨울 북한의 플루토늄 프로그램에 대해 정확한 신고 내용을 확보한 힐은, 김계관과 1차로 제네바에서 2차로는 싱가포르에서 일련의 회담을 가졌다. 그 결과, 북한은 플루토늄 프로그램에 대해서는 완벽한 신고 내용을 제공하는 한편, 시리아와 우라늄 문제는 일종의 내부자 간 사신私信 형태로 처리한다는 데 합의했다. 이 문건에서, 미국은 자기들이 알고 있는 내용을 적시하고, 평양은 이에 대해 이의를 제기하지 않기로 하는 대신 '미국의 판단을 인식'하고, '미국의 우려 사항에 진지한 주의'를 기울이기로 했다.

힐이 이처럼 명백하게 양보한 논리는 분명했다. 이스라엘에 의해 시리아의 원자로가 파괴된 마당에 북한이 한 일이 무엇이든 이는 과거사이지 현재의 안보 위협은 아니라는 것이었다. 우라늄과 관련해서는, 북한이 노력을 기울였던 것만큼은 의심할 여지가 없지만, 그렇다고 실제로 핵폭탄용 고농축 우라늄을 제조할 능력까지 확보했다는 믿을 만한 정보는 없었다. 김계관과 협상한 합의는 결코 완벽하다 할 수 없었지만, 힐은 이를 통해 협상 과정이 진전을 이루고 명백하고 현존하는 위협, 즉 북한의 무기급 플루토늄 비축분에 초점을 맞출 수 있을 것이라고 믿었다.

국무부의 한 고위 한국 전문가는 다음과 같이 말했다. "진짜 문제는 그들이 생산한 플루토늄 총량을 정확히 확정하는 것이고, 이를 제거하는 것이었다."

협상안의 구체적인 내용이 워싱턴에 도착하자 즉각적인 반발이 일었다. 존 볼턴은《월스트리트 저널》기고를 통해, 힐이 '시리아나 이란 같은 나라에 핵 기술과 물질을 퍼트리지 않았다는 북한 측의 주장을, 문자 그대로, 액면 그대로 받아들였'으며, 부시 행정부의 북한 핵무기 프로그램에 대한 정책을 '빌 클린턴이나 지미 카터의 해설서' 정도로 만들었다고 주장했다.[2]

그러나 모든 비판이 강경파로부터만 나온 것은 아니다. 협상을 오랫동안 지지해왔던 많은 사람들조차 힐이, 협상 타결만을 바라는 통에 너무 많은 것을 북한에 내주었다고 믿었다. 부시 행정부의 대북 관여 거부 태도에 항의해 2003년 사직한 찰스 프리처드는 다음과 같이 말했다. "나의 걱정은 미국의 관심사에 대한 북한의 인정이 핵 활동에 대한 완전하고도 정확한 신고로 이어지지 않을 공산이 크다는 것이었다. 겉보기에도 그것은 완벽함의 전제조건을 충족시키지 못한다. 정보를 주고 있는 쪽은 미국이지 북한이 아니다."[3]

협상안에 대한 논란의 단초를 얻은 힐의 적대자들은 그것을 재빨리 낚아채 북한의 시리아 커넥션에 대한 정보를 쏟아내는 데 이용했다. 그러나 정보 브리핑은 대답 못지않게 많은 질문도 양산했다. 평양이 다마스커스의 핵 공장 건설을 지원하고 있다는 증거는 설득력 있게 보였지만, 공개된 자료들은 연료봉을 조립할 계획에 대한 아무런 증거가 없었으며, 시리아가 공장을 가동하는 데 필요한 우라늄을 획득했는지에 대한 정보도 전혀 없었던 것이다. 재처리 시설의 증거도 없었으며, 또 요란한 여론 공세에도 불구하고 브리핑을 행했던 관리들은 문제의 장소가 실제로 핵무기 프로그램에 이용될 것이라는 점에 대해 미국의 정보 당국은 '낮은 단계의 확신'만 갖고 있음을 인정했다.

이라크 정보에 대한 정치적 조작의 기억이 아직도 생생한 상황에서, 《뉴욕 타임스》의 한 사설은 다음과 같이 반문했다. "정보 공개를 미룰 때는 국가 안보 때문이라고 하고, 그것을 공개할 때는 정치적 이유를 찾는 또 다른 예인가?"[4]

어느 경우였든 이와 같은 공개는 힐에게 정치적인 타격을 주었고, 의회에 대한 그의 신뢰도를 깎아내렸으며 라이스 국무장관과 부시 대통령으로부터 받아왔던 지원의 수준에 대해 새로운 의문을 제기했다. 자신의 목표를 달성하기 위해 관료 체제를 무시했던 탓에 지지자나 비판가들 모두 '론 레인저'로 불렀던 이 사람은 점점 더 수세에 몰리게 됐다. 끊임없는 내부 투쟁에 넌더리를 내고 대북 '온건'파로 비쳐지는 데 분노하며 침울해진 그는 사퇴를 결심하거나, 최소한 라이스가 그를 전폭적으로 밀어주지 않을 경우 사퇴하겠다는 위협이라도 해야 한다고 곰곰이 생각했다.

부시 행정부의 임기가 몇 달 남지 않았을 때도, 2001년 대통령 취임과 더불어 시작된 대북 정책의 주도권을 둘러싼 내부 투쟁은 끝날 기미를 보이지 않았다.

에필로그

"모든 것이 변했다"

오바마, 이명박, 김정일 그리고 또 다른 교착 상태

힐은 계속 일을 진행했다. 5월 초, 북한은 놀랍게도 과거 비밀스러운 태도와 달리, 1986년으로 내용이 거슬러 올라가는, 손으로 직접 쓴 1만 8천 쪽 이상의 기록 사본을 제출했다. 미국의 테러 지원국 명단에서 북한 이름이 지워지는 수시간 내로 영변의 냉각탑을 폭파하겠다는 약속도 잇달았다. 이와 더불어 불능화 작업은 계속됐다.

5월 28일, 힐은 베이징에서 신고의 최종 내용을 확정하기 위해 김계관과 만났다. 힐은 검증의 중요성을 강조했다. 힐의 한 측근은 다음과 같이 회고했다. "북한이 신고한 내용에 대해서는 아무도 믿지 않으려고 했다. 그래서 우리는 그들에게 신고 과정의 핵심 부분에 대해서는 검증이 필요하다고 말했다. 그들은 동의했다." 그럼에도 북한이 무엇에 동의할지에 대해서는 확실치 않았다. 힐 팀의 일원에 따르면, 회담은 '검증에 대해 우리와 협조할 것이라는 일반적인 내용의 공약'에 초점이 맞추어졌다. 기술적인 세부 사항은 전혀 논의되지 않았다.

그럼에도 워싱턴에 돌아간 힐은 라이스와 부시를 설득해 평양을 테러 지원국 명단에서 삭제하는 것을 승인할 수 있다고 믿었다. 검증에 협조하겠다는 분명한 의사 표시가 있었기 때문에 힐은 다음 협상 단계를 위한 무대를 마련할 수 있을 것으로 믿었던 것이다.

그러나 국무부의 군축 전문가들, 국가안보회의의 스티븐 해들리 국가안보보좌관, 부통령실 등 부시 행정부 내의 회의론자들은 물론, 공화당 대선 후보 지명이 확실한 존 매케인까지 모두가 명단 삭제를 이행하기 전 포괄적인 검증을 요구했다. 그 어떤 북한의 신고도 검증이 되지 않는 이상 가치가 없다는 것이 그들의 주장이었다.

국무부의 한 고위 관리는 다음과 같이 회고했다. "행정부는 갈수록 취약함을 느꼈다. 일부 의회 의원들이 표명한 우려도 있어, 우리가 하려는 것에 대해 일정한 조건을 내걸고 우파를 달래는 한편, 중도파를 붙잡아야 할 필요가 있다는 견해가 있었다."

미국 내 회의론자들의 압력에 덧붙여 한국과 일본도 명단 삭제를 반대했다. 특히 일본은 힐에 대해 갈수록 언짢아했으며, 그가 회담을 진전시키기 위해 자기네를 따돌리고 있다고 믿는 한편, 납치 피해자 문제에 대한 도쿄의 우려에 부응하지 않은 채 테러 명단 삭제 협상을 타결하지 않을까 우려했다.

그 결과가 라이스 국무장관의 보수적인 헤리티지재단에서의 연설이었다. 이 연설에서 그녀는 힐이 북한에 제시했던 것보다 현저하게 강경해진 입장을 내놓았다. 라이스는 실제 명단 삭제 단계를 '신고의 정확도와 완벽성을 검증하는 작업에 대한 북한의 협력 수준'에 결부시켰다. 그녀는 골포스트를 옮겨놓은 것을 인정했다. "우리가 했던 것은, 어떤 의미에서, 검증이나 원자로에 대한 접근 등 3단계에서 취해질 것을 2단계에서 취한다는 것이었다."[1]

그녀는 검증 및 준수 담당 국무차관보이자 존 볼턴의 가까운 정치적 동맹인 파울라 드수터가 검증 계획을 마련하도록 승인했다. 드수터의 4쪽짜리 메모는 평양에, 신고 목록에 올라 있지 않은 것을 포함해 '어떤 형태든, 과거와 현재의 시설을 포함해 핵 물질이 있는 장소, 시설, 지점에 대해 어느 장소에서든, 그리고 어떤 물질에 대해서든 완전한 접근'을 허용하도록 요구했다.[2] 그녀의 정책 메모는 또 사찰관들에게 모든 장소에서 샘플을 추출하여 분석을 위해 북한 바깥으로 반출할 수 있도록 할 것과, 평양이 '핵 물질 및 핵 관련 장비의 모든 수출입 기록'을 제공할 것을 강조했다.[3] 표면적으로는 합리적으로 보였지만, 이 계획은 비밀스럽고 의심 많은 북한 정권에, 평양이 테러 지원국 명단에서 삭제되기 이전, 국제 사찰관들이 어디나 들어가 마음대로 샘플을 추출할 수 있게 허용하고 우라늄 프로그램과 시리아와의 거래에 관한 모든 정보들을 제공하는 것을 전제로 한 것이었다.

힐의 한 측근이 회고했던 것처럼, 그것은 '상대가 보란 듯이 완전히 극단적이고 믿을 수 없을 정도로 주제넘은 제안'으로서, 힐이 김계관과 협상한 수준을 훨씬 뛰어넘을 뿐만 아니라 테러 지원국 명단 삭제 조건으로서 검증 절차를 필요로 한다는 명시적인 언급이 전혀 없는 2007년 2월과 10월의 합의 수준도 훨씬 뛰어넘는 것이었다. 힐은 매우 언짢아하며, 북한이 이를 거부할 것이라고 확신했다. 그것은 힐과 그의 지지자들이 강경파의 진정한 목표라고 의심했던 것이기도 했다.

힐 팀의 일원은 다음과 같이 지적했다. "그런 종류의 극단적인 문건은 사실 독약이나 다름없었다. 그것은 거부될 것이고, 그러면 전체 과정이 거친 소리를 내며 멈춰버리게 되는 것이다."

그럼에도 6월 26일, 북한 관리들은 과거에는 알려지지 않았던 핵 프로그램에 대한 세부 내용을 담은 60쪽짜리 신고서를 제출했다. 이 문건은 기밀로 분류되지는 않았지만 공개되지도 않았다. 다만 미국 관리들은 사적으로 북한이 플루토늄 38킬로그램(약 80파운드)의 존재를 인정했다고 말했다. 이 수치는 과거 미국 정보 당국이 추측했던 30~50킬로그램(65~110파운드) 중, 작은 쪽에 속하는 것이었으나, 노후화된 영변 시설의 낭비와 비효율을 고려한다면 대체로 납득할 만한 수치였다. 부속 서신을 통해 힐은, 평양이 '조선민주주의인민공화국의 우라늄 농축과 핵 확산 활동, 특히 시리아와 관련된 활동에 대한 〔미국의〕 우려를 인정했다'라고 말했다.[4]

불과 몇 시간 뒤 부시 대통령은 북한에 대한 '테러 지원국' 지정을 45일 이내에 철회하겠다는 의사를 의회에 통고할 것이라고 발표했다. 그러나 그는 검증에 대한 진전 없이는 실제 테러 지원국 명단 삭제는 없을 것이라고 밝혔다.

한편, 평양은 이미 약속된 에너지 지원의 '매우 더딘 속도'에 갈수록 화가 났다. 이들의 불만은 몇 가지 근거가 있었다. 겨울과 봄 내내, 보수 성향의 이명박 신임 대통령의 리더십 아래 한국은 중유 공급분 전량의 인도를 미루고 있었으며, 한편 일본은 납치자 문제에 대한 국민적 분노를 이유로 더 이상의 지원을 거부했다. 북한 특사 현학봉은 남한의 상대방에게 다음과 같이 말했다. "에너지 지원은 우리 측의 불능화와 관계된 것이다. 불능화 작업은 이미 80퍼센트 이상이 완료됐는데, 전체적인 에너지 협력 사업은 너무 느리게 진행되고 있다."[5] 과거 7년간의 경험에 미뤄볼 때 북한에게는, 미국과 그 파트너들이 과거의 약속을 또 한 번 저버릴 공산이 높아 보였다. 그들은 강력한 보복을 계획하기 시작했다.

힐은 갈수록 사면초가에 몰린다는 느낌을 받았다. 그러나 그가 당면한 압력은 대부분 그가 선택하거나 또는 그렇게 할 수밖에 없었던 행동의 결과였다. 적수들을 따돌리기 위해, 그는 통상적인 부처 간 협의 과정을 대폭 생략했다. 그는 또 미국에 있는 정적들의 주의를 환기시키지 않기 위해 동맹국들에게도 충분한 설명을 하지 않았다. 일단의 보좌관들과 힐의 상관으로서 그에 대한 지지와 그녀 자신의 강경 노선 사이를 왔다갔다한 콘돌리자 라이스를 제외한 외부 사람들은 그가 무슨 일을 하고 있는지 상세한 내용을 알지 못했다. 그는 정보를 강력하게 통제했으며, 서류 작업을 최소화했다. 그 비밀스런 스타일은 힐에게 북한과 협상을 벌일 때 일정한 융통성을 부여했지만, 또한 수많은 그의 상대들이 자신의 말에 극렬한 반대 입장을 취하도록 만들며 회의감을 부채질했다.

국무부의 한 베테랑 아시아 전문가는 다음과 같이 말했다. "2008년 중반까지, 힐의 행동은 고전적인 협상가의 모습, 즉 복잡하기 이를 데 없고 마키아벨리적인 테크닉으로 무장된 모습으로 발전해갔다. 그는 사람들에게 그들이 꼭 알아야 할 필요가 있다고 생각되는 부분에 대해서만 말했다. 그는 협상에서는 지나치게 타협적인 입장을 취했다. 그는 부통령실, 국무부 검증준수국, 일본, 한국, 그리고 북한과 싸웠다. 그래서 그의 전술은 모든 사람들에게 상당히 많은 '예스'를 남발하는 것이었다. 그는 다른 사람의 입장에 억지로 동의하게 되었으며, 그다음에는 이를 회피하려고 했다. 2008년 여름, 그 모든 일들이 힐을 옭아맸다. 힐을 상대하고 있던 모든 사람들이 점차 자기네들이 힐에 의해 어음처럼 팔려왔던 것은 아닌가 걱정하기 시작했다."

미국과 동맹국 사이에서 비판이 쏟아지는 가운데, 2009년 7월 둘째 주, 힐은 6자 회담 새 라운드를 위해 베이징으로 날아갔다. 그리고 불길한 예감에도 불구하고, 파울라 드수터의 '최대치' 검증 계획을 제시했다. 예상했던 대로, 김계관은 미국이 과거의 합의에는 포함되지도 않았던 새로운 요구를 강요한다고 비난하며 격노했다. 그럼에도 김계관은 검증을 완전히 배제하지는 않았으며, 한 미국 관리의 말에 따르면, '그것(검증)은 좀 더 제한된 방식으로 시작해 최종 단계에 가서야 확대될 것'이라고 주장했다. 이 미국 관리는 "그들은 신고된 장소에 대한 문서, 면담, 그리고 접근은 괜찮다고 했다. 그러나 샘플 추출과 미신고 시설에 대한 접근에는 동의하지 않았다. 그것은 나중에 할 일이었다."

그럼에도 워싱턴으로부터의 압력은 계속되었으며, 이는 부시 대통령이 베이징 올림픽에 참석하러 가는 도중 방콕에서 행한 강경한 어조의 연설에서 절정에 올랐다. 부시는 '우리는 북한에 의한 위협에 정면으로 맞설 것'이라고 선언하는 한편, 북한에게 '신고 내용의 검증을 위해 협조하고, 확산 활동 및 우라늄 농축을 포함한 북한의 행동에 대한 주요 우려 사항에 합당한 조치를 취하겠다고 약속할 것'을 요구했으며, '가혹한 통치를 끝내고 북한 인민의 존엄성과 인권을 존중하라'고 주장했다.[6]

북한에게 이런 식의 수사적 표현은 초창기 부시의 적대적 태도를 떠올리게 했다. 북한이 궁극적으로 '악의 축'의 일원에서 빠져나올 수 있을 것으로 생각하느냐는 질문에, '그것은 이미 확고한 일'이라고 대답했던 그때와 별로 나아진 점이 없는 어조였던 것이다.[7]

국무부의 한 부시 지지자는 다음과 같이 말했다. "북한 측은 힘을 통해서 오직 한 가지 얘기만 들어왔다. 워싱턴으로부터의 조짐이 변하면서, 그들은 미국이 골포스트를 옮겨놨다고 생각했다."

조지 W. 부시의 임기가 6개월 남은 상황에서, 핵 협상은 교착 상태에 빠졌다. 그리고 큰 문제가 굴러가고 있었다.

2008년 9월 9일은 조선민주주의인민공화국 수립 60주년이 되는 날이었다. 성대하게 마련된 경축 행사가 정치 일정의 가장 큰 특징이기도 한 북한에서 이날은 가장 중요한 날이다. 50주년과 55주년 때, 김정일은 김일성광장의 대규모 축하 군중 앞에 나타났었다. 북한의 달력에서 60주년은 특별한 의미를 지녔다. 김정일이 그런 행사를 빠뜨린다는 것은 거의 상상할 수 없는 일이었다. 그러나 이날 그는 어디에서도 찾아볼 수 없었다.

8월 14일 김정일의 마지막 공식 출현 직후, 서울과 도쿄, 그리고 미국의 정보기관들 사이에서 풍문이 나돌기 시작했다. 북한은 여전히 직접적으로 문제를 인정하지 않았지만, 그날 이후 경애하는 지도자가 뇌졸중에 시달리고 있는 것은 거의 확실해 보였다. 어느 경우든, 김정일은 너무 아파 9·9절 기념식에 참석하지 못했다. 그의 부재는 무성한 추측을 낳았고, 북한 체제의 핵심적인 취약점의 하나, 즉 지명된 후계자의 부재를 두드러지게 했으며, 북한의 국내 정치는 물론, 바깥 세계와의 관계에 긴장과 불확실성을 불어넣었다.

핵 협상과 관련해서 이런 타이밍은 더 이상 나쁠 수 없다 해도 과언이 아닐 정도였다. 8월 중순, 정확히 김정일의 뇌졸중이 알려진 바로 그 시기, 평양은 부시 행정부가 테러 지원국 명단 삭제를 거부한 데 대한 보복으로 영변 원자로에 대한 불능화 작업을 멈추고 시설을 재가동할 계획이라고 발표했다. 이와 같은 발표가, 부시 행정부가 약속을 어김에 따라 늘 보여주던 대로의 예상 가능한 벼랑 끝 전술이었는지, 아니면 김정일의 건강 악화로 인해 북한 내 강경파가 북한의 무력을 과시할 수 있는 핵 프로그램의 중단에 반대했던 것인지는 여전히 불명확하다. 그러나 어쨌든, 힐이 그토록 힘들여 이끌어낸 전체 협상안은 붕괴 위험에 처했다.

9월 말, 성 김은 북한 특사에게 급속히 악화되는 상황을 막는 데 도움이 된다면 힐이 평양을 방문할 용의가 있다고 말했다. 곧 북한의 초청이 이루어졌으며, 10월 1일 힐은 북한의 수도로 날아갔다. 비행기에서 내리는 바로 그 순간부터, 힐과 그의 팀은 상황이 변했음을 직감할 수 있었다. 미국 특사는 그것이 김정일의 건강과 후계 문제의 불확실성과 관련 있다고 확신했다. 힐의 한 측근은 "분위기는 평소보다 훨씬 더 팽팽했다"라고 회고했다.

이틀간의 협상에서, 힐은 김계관과, 검증의 원칙에 대해 그가 주장했던 일련의 구두 양해에 도달했다. 힐에 따르면, 김계관은 두 가지 핵심 이슈에 대해 유연성을 보였다. 신고서에 언급되지 않은 장소에 접근할 수 있게 하는 것과 다양한 핵 관련 시설에서 사찰관이 샘플을 추출할 수 있도록 하는 것이 바로 그것이었다. 김계관은 영변의 3대 신고 시설에 대해 폐기 단계에서의 '샘플 채취 및 기타 과학적 조치'를 허용하는 데 동의했다. 여기서 3대 신고 시설이란, 원자로와 재처리 공장 및 연료조립 공장으로서, 샘플 채취와 그 밖의 조치는 잠재적으로 북한이 얼마나 많은 플루토늄을 생산해냈는지를 사찰관이 확인하도록 해줄 수도 있었다. 그는 또 '상호 동의에 기초한 미신고 장소에 대한 접근'도 받아들였다.[8] 그것은 파울라 드수터의 '최대치' 제안에 훨씬 못 미쳤으며, 샘플 추출에 대한 표현도 혼란스러울 정도로 애매했다. 게다가 김계관은 어떤 양해 사항이든 문서화는 하지 않으려 했다. 그러나 힐과 그의 팀은 이와 같은 구두 다짐만으로도 필요한 것을 얻었다고 생각했다. 북한이 실제로 테러 지원국 명단에서 삭제될 경우, 다음번 6자 회담을 통해 문서화된 검증 절차를 얻을 수 있을 것이라고, 라이스와 부시에게 (물론 거의 그렇게 되지는 못했지만) 타당성을 제시할 수 있기 때문이었다. 힐은 아울러 11월 대선에서 누가 이기든 차기 대통령은 북한과의 위기를 물려받지 않으려 할 것이며,

상황을 진전시키기 위한, 그리고 영변 불능화 작업을 계속하기 위한 협상을 허용할 것이라고 생각했다.

힐은 워싱턴에 돌아와 라이스에게는 협상 결과를 보고했으나, 드수터와 검증준수국에는 알리지 않았다.[9] 힐의 주장에 휩쓸린 라이스는 다시 부시에게, 힐의 협상이 몇 달 남지 않은 임기 중 얻을 수 있는 최선의 결과라는 점을 납득시키려고 애를 썼으며, 그는 테러 지원국 명단 삭제 작업을 계속 진행토록 결정했다.[10] 힐이 그토록 겁을 내던 위기는 이렇게 해서 겨우 모면한 것처럼 보였다.

2008년 11월 4일, 버락 오바마가 미국의 제44대 대통령으로 당선됐다. 그는 유세 과정에서 북한을 포함해 미국의 오랜 적들과 대화를 모색하겠다고 공약한 바 있었다. 당선 이튿날, 북한 외교부 관리 리근이 뉴욕에서 연쇄적인 비공식 트랙 II 회담을 시작했다. 전직 국무부 한국 전문가이자 코리아소사이어티 회장 에번스 리비어와, 3명의 전직 주한 미국 대사이자 모두 오바마를 지지했던 토머스 허버드, 스티븐 보즈워스, 도널드 그레그, 학자 리언 시걸, 상원 외교위원회 보좌관으로서 오바마의 한국 실무 그룹 유세팀을 이끌었던 프랭크 자누지, 헨리 키신저 등이 미국인 그룹에 끼어 있었다.

리근의 입장에서, 이 모임은 선거 이후 미국 정치권의 온도를 체감해볼 기회였다. 거의 모든 대화 상대로부터 그는 똑같은 메시지를 들었다. 버락 오바마와 더불어, 이제 북한은 외교와 대화를 지키겠다고 약속했으며 핵 협상의 진전을 열망하는 미 행정부를 갖게 됐다는 것이다.

에번스 리비어는 "북한이 오바마를 차버린다면, 누가 실수하는지 분명해질 것이다"라고 리근에게 말했다.

그러나 리근은 뻣뻣한 태도를 취했다. 리비어에게 그는 '모든 게 변했다'라고 단언했다. 리근은, 2006년 핵실험이 그의 외교적 업무를 아주 '어렵게' 만들었다고 말했다. 북한 공사는, 미국으로부터 위협받는다고 느끼는 한 북한은 핵을 보유할 것이며, 여기서 말하는 '위협'은 미국이 한국·일본과 맺은 안보 동맹의 존재 자체를 포함한다고 주장하며 일련의 강경 자세를 보였다. 사실상 리근은 동북아에서의 미국 동맹 구조의 종결이 이제 비핵화의 전제 조건이라고 암시하는 듯이 보였다. 리비어는, 평양은 미국 대통령이라면 누구도 그런 요구를 받아들이지 않을 것이라는 점을 알고 있었기 때문에 핵무기를 협상 테이블에서 치워버리려는 속셈이었다고 결론 내렸다. 그것은 단순한 협상을 위한 책략이었을 수도 있지만, 리근이 암시한 것처럼 장래 협상의 새 출발점은 미국이 북한을 핵 국가로 인정하는 것이라는 식으로 북한이 주장한다면, 이는 문제를 확대시키는 것이었다. 리비어는 "그들은 해결이 불가능하다는 식으로 문제를 규정하고 있었다"라고 회고했다.

리근의 신호만이 북한의 강경 노선을 보여주는 유일한 조짐이 아니었다. 평양과 서울의 긴장도 수개월간 증가하고 있었다. 김정일의 건강 악화 훨씬 전부터, 평양은 전임자 노무현보다 북한에 대해 훨씬 더 회의적인 자세를 취해왔던 이명박 대통령에게 분노하고 있었다. 2월 취임 직후, 이명박은 향후 대북 지원은 북한의 비핵화에 대한 협력에 따라 결정될 것이라고 발표했다. 그는 또 노무현과 그의 전임이자 '햇볕 정책'의 원조 설계자인 김대중 전 대통령이 김정일과의 정상회담을 통해 도달했던 합의의 완전한 이행에서 발을 뺐다. 북한은 이를 경애하는 지도자에 대한 퇴짜로 간주했을 뿐만 아니라 남한의 새 대통령이 남북 합의의 규칙을 일방적으로 다시 정하려 한다고 느꼈던 것이다. 이에 대한 대응으로 평양은 이명박을 '매국노'라고 비난했으며, 간담을 서늘케 하는 위협을 연속적으로 쏟아내고, 남북 협력을 극적으로 축소시키는 조치를 취했다. 사태 악화는 김정일의 뇌졸중 직후 심화됐다. 남한은 남측 관광객 한 명이 북한 경비의 총에 맞고 숨진 이후 금강산 여행을 중단시켰으며, 북한은 많은 사람들이 북한 내 타 지역의 점진적인 경제 개혁 모델이 될 것으로 기대했던 남북 경제 협력의 전시장인 개성공단의 운영을 극적으로 위협했다.

2008년 12월 초순, 힐은 도쿄에서 같은 달 말 베이징에서 열릴 6자 회담을 준비하기 위해 각각 일본 측과 한국 측 특사인 사이키 아키타카와 김숙을 도쿄에서 만났다. 평양에서 있었던 10월 회담의 모멘텀을 살리기 위해 힐은 사이키와 김숙을 설득해, 힐의 한 측근이 표현한 바 있는, 검증에 대한 '함축된 문서'를 지지해주기를 바랐다. 이 문서는 '모든 것을 상세하게 설명하지 않은 것'이었다. 힐은 이런 형태의 문서야말로 6자 회담이 속개될 경우, 북한이 실제로 받아들일 가능성이 있는 유일한 문서라고 믿었다. 그러나 힐의 상대 두 사람은 모두 동의하지 않았다. 그들은 북한을 믿지 않는다고 말했으며, 김계관에게 주어질 문서는 반드시 북한 핵 시설에서의 샘플 추출 허용에 대한 명시적인 다짐 등을 포함해 검증 단계의 세부 리스트를 포함해야 한다고 주장했다.

동맹국들의 강력한 주장, 그리고 자신의 상관들과 미국 내 많은 비판가들의 검증에 대한 압력에 마침내 굴복하여 힐은 베이징에서 평양에 더 많은 강압적인 검증 절차를 받아들이라는 요구를 제기하기로 동의했다.

북한으로서는, 6자 회담 새 라운드의 중심 초점은 중유의 공급과, 영변 불능화 조치에 대한 대가로 약속한 다른 지원들이 빨리 이루어지도록 하는 것이었다. 회담의 전초전으로, 평양은 공급분 인도의 더딘 진행 속도에 대해 거듭 불평하며, 모든 지원 물량이 도착하고 불능화가 완료될 때까지, 즉 '2단계phase two'가 종료될 때까지, 북한은 검증 문서에 서명하지 않을 것이라고 경고했다. 그럼에도 힐은 계속 밀고 나갔다. 중국·북한과의 예비회담에서 힐은 자신의 본회담에서의 성명이 일본과 한국이 제기한 상세한 내용의 검증 요구를 포함하게 될 것이라고 주장했다. 북한은 이에 대해 에너지 인도 시간표를 요구하는 것으로 맞섰다. 검증 요구에 대해 북한 측이 동의하지 않자 일본과 한국은 '노'라고 했다.

6자 회담은 워싱턴에서 정권 이양이 임박한 가운데 이뤄졌다. 이 최적의 환경에서조차, 평양이 회담의 진전을 멈추었을 개연성도 물론 있었다. 유세를 통해 미국의 적들과 관여하겠다고 공약한 버락 오바마가 다음 해 1월 취임하게 되면 보다 후한 조건이 나올 수 있을지 지켜보기로 했을 수 있기 때문이다. 그러나 일본, 한국, 미국의 '최대치' 검증 요구와 모든 지원분이 도착할 때까지 검증 문서화를 거부하겠다는 북한의 태도 사이의 골은 어떤 식으로든 교착 상태를 불가피하게 했다. 회담은 합의 없이 산회했다.

힐이 워싱턴 귀환을 준비하고 있는 동안, 국무부의 션 매코믹Sean McCormick 대변인은, 평양이 미국의 검증 요구를 받지 않으면, 미국과 동맹국들은 중유와 기타 지원에 대한 약속된 선적을 중단할 것이라고 발표했다.[11] 김계관은 그런 식의 조치는 북한이 영변에 대한 불능화 작업 속도를 늦추게 만들 것이라고 경고했다.[12]

북한의 비타협적 태도와 한국·일본 등 동맹국의 의구심, 그리고 부시 행정부 자체의 내분 등에 끼인 상황에서 크리스토퍼 힐은, 자신이 위태로움 속에서 스스로 얻기 위해 싸우고, 계획하고, 협상했던 모든 것을 그대로 두고 6자 회담 무대를 완전히 떠났다.

2009년 5월 24일 일요일 자정 무렵이었다. 백악관에서 버락 오바마 대통령은, 미국의 전몰자를 기리기 위한 알링턴 국립묘지에서의 현충일 연설로 절정에 오를 월요일의 바쁜 일정을 위해 잠자리에 들 채비를 하고 있었다. 보좌관인 제임스 존스 장군이 놀라운 소식을 듣고 도착했다. 존스는 1시간 전 북한이 핵폭탄을 실험했다고 보고했다.

이튿날 성명에서, 오바마는 이 실험에 대해 '명백한 국제법 위반'이라고 규정하고, 국제사회에 '대응 조치를 취할 것'을 호소했다.[13] 곧 이어 한국은 확산방지구상PSI에 참여하겠다고 발표했다. 48시간 뒤, 북한은 한국전쟁을 중지시켰던 1953년 정전협정에서 탈퇴하겠다고 발표했으며, 워싱턴은 유엔 안보리에 강력한 제재를 가하는 결의안의 통과를 강력히 주장했고, 억지력으로서 아니라 '나라의 존엄과 주권을 건드리는 자들'을 향한 '무자비한 공격 수단'으로서의 핵무기 사용을 처음으로 언급했다.[14]

김정일을 비롯해 미국의 적들에게 대화의 손을 내밀겠다고 선거 중 공약했던 대통령에게 이와 같은 역설은 놀라운 것이었다. 오바마 행정부는 이제 북한과 위험한 대결 상황으로 치닫고 있었다.

오바마는 대북 정책에 있어서 두 가지 원칙을 갖고 취임했다. 외교에 대한 신념이 그 하나고, 미국의 지역 동맹들, 특히 대북 협상에서 나타난 힐의 스타일과 내용에 의해 사이가 벌어졌던 한국·일본과 더욱 협력하겠다는 공약이 다른 하나였다.

오바마 행정부의 한 고위 관리는 다음과 같이 말했다. "우리가 물려받은 가장 중요한 부분은 일본과 한국의 매우 악화된 감정으로서, 진전 자체를 어렵게 한 크리스 힐에 대한 개인적인 불신과 분노였다."

오바마의 한 참모에 따르면, 동맹국들 사이에서는, '힐이 최우선 과제를 뒤로 돌려놨다'는 일반적인 인식이 팽배했다. 그가 '북한과 먼저 협상한 뒤, 이를 중국 측에 말했으며, 그다음에서야 겨우 동맹국들과 협의했다'는 것이다. '오바마는 이를 되돌려놓을 필요가 있다고 느꼈다'고 이 참모는 말했다.

대통령으로서 취한 마지막 행동으로, 조지 W. 부시는 조선광업개발총회사, 목성무역회사, 그리고 시노-키Sino-Ki 등 3개 기업에 대해 미사일 확산 활동을 이유로 제재를 가했다. 오바마 행정부는 출범 직후, 이 제재 조치를 재확인했으며, 이는 2009년 2월 2일자 관보Federal Register에 고시됐다.[15] 이어서 그는 약속된 대북 에너지 지원의 중단 조처를 철회하기 위해 아무런 노력도 하지 않았다.

그러나 온갖 회의론과 부시 시대의 제재를 유지하려는 의사에도 불구하고, 신임 대통령은 또한 6자 회담 과정의 지속은 물론, 북한과의 직접 협상에 대해서는 여전히 여지를 남겨두고 있었다.

2009년 2월, 오바마는 북한과 협상했던 다년간의 경험으로 널리 존경받는 전 주한 미국 대사 스티븐 보즈워스를 자신의 북한 특별보좌관으로 지명했다. 보즈워스에 따르면, '오바마의 대화 약속은 대통령 취임 직후 북한에 직접 전달'되었으며, 이후 몇 달간 자주 되풀이되었다. 그러나 '이 같은 신호에 대한 긍정적인 반응은 전혀 없었다'는 것이 그의 설명이다.[16]

대신, 북한은 보즈워스가 임명되기 불과 3주 전인 2월 초 그가 전직 미국 관리들과 북한 전문가로 구성된 방문단과 함께 평양을 찾았을 때 그에게 밝힌 다른 메시지를 갖고 있었다. 방문단은 김계관과 거의 12시간을 함께 있었는데, 이때 김계관은 그들에게 2006년 10월 핵실험 이후 모든 것이 변했다고 말했다. 김계관은, 북한 핵 프로그램의 폐기가 다음 단계 협상의 초점이 되어야 하며, 미사일 협상 타결 또한 가능하다고 말했다.

하지만 그는 아울러 북한은 당분간 핵 국가 지위를 유지할 것이라고도 말했다. 평양을 압박해 핵을 포기하게 하려는 미국의 시도는 '문제'를 초래하게 될지도 모른다고 했다. 김계관은 또 미국은 이제 핵을 가진 북한과 공존하는 법을 배우는 편이 나을 것이라고도 경고했다.

그러나 김계관은 비핵화된 한반도는 여전히 궁극적인 목표가 될 것이라고 시사했으며, 미국과 우호적인 관계를 맺고 싶은 평양의 바람뿐만 아니라, 북한이 강대한 주변국, 특히 중국에 대해 균형을 잡는 것을 가능케 해줄 '전략적 관계'에 대한 바람도 강조했다. 그러나 이와 같은 선의의 표시는 매우 골치 아픈 사태 변화를 감추지는 못했다. 미국이 핵 프로그램을 버리는 '전략적 결단'을 내리라고 촉구하던 시절이 지난 뒤, 북한은 정확히 그와 반대의 길을 선택한 듯이 보였다. 이제는 앞으로 벌일 외교 협상의 출발점으로 평양의 핵 지위를 감수하라는 주장을 하고 있었던 것이다. 북한의 메시지는 출범 초기 오바마 행정부가 내부 검토 결과 내린 결론의 설득력을 강화시켰다. 오바마 행정부는 평양이 '핵 억지력'을 협상을 통해 버릴 의도는 없다고 결론 내린 바 있다.[17]

늘 비밀에 싸인 북한이라는 점을 고려할 때, 평양이 실제로 그런 돌이킬 수 없는 결정을 내렸는지, 또는 이 같은 정책 결정 과정 이면에 작용하는 요인들이 무엇인지 낱낱이 확인할 길은 없었다. 미국의 일부 분석가들은 북한이 핵 프로그램을 포기하는 데 전혀 관심이 없으며, 최근 몇 년간의 외교는 시늉에 불과했다고 오랫동안 주장해왔다. 다른 분석가들은 일종의 핵 문제의 루비콘 강을 건넌 행위인 2006년 핵실험의 충격을 지목하기도 했고, 권력 승계의 정치학과 아들에게 완숙된 핵 능력을 물려주려는 김정일의 희망을 지적하기도 했다.

협상에 깊숙이 참여했던 사람들을 포함해 또 다른 분석가들은 클린턴 행정부 및 부시 행정부에 대한 평양의 경험이 북한으로 하여금, 미국이 비록 돌이킬 수 없는 비핵화 조처를 요구하고는 있지만, 북한의 불안 심리를 완화시키는 확고한 조치를 취할 만한 능력은 없다고 판단하게 만들었다고 믿었다.

힐 밑에서 지역 전문가로 일했던 전 헤리티지재단 연구원 발비나 황 Balbina Hwang은 다음과 같이 기억했다. "북한은 어떤 면에서 힐이 먹여 살렸다. 그다음, 워싱턴에서 신호가 바뀌자, 그들은 미국이 골포스트를 옮기고 있다고 생각했다. 그러나 우리는 언제나 되풀이해 괴롭힘을 당해왔다고 생각하는 편집증적인 북한이 될 필요는 없다."

국무부의 한 고참 북한 전문가는 "심지어 모든 사람들이, 못살게 구는 쪽은 정작 그네들이라고 비난하고 있는데도, 북한 사람들은 항상 괴롭힘을 당하는 쪽은 자기네라고 생각했다."

부시 행정부의 국가안보회의에서 아시아 전문가로 근무했으며 6자 회담 후반기 크리스토퍼 힐의 차석이었던 조지타운 대학의 빅터 차가 썼듯이, 북한은 미국과의 합의에서 '선거와는 무관한 election-proof' 합의를 원했다. 즉 다시 말해 '대통령이 바뀌더라도 수명이 더 오래가는 합의'를 원했다는 것이다.[18]

어떤 식으로 설명하든, 힐이 중단한 것을 다시 이어가려는 오바마 행정부의 희망은 곧 사그라들었다. 대신 오바마 취임 직후, 미국과 한국의 정보기관들은 장거리 대포동 2호 미사일의 발사 가능성을 감지했다. 이는 김정일의 건강 악화 이후 첫 외국 방문객과의 회담과 동시에 발생했다. 중국과 북한의 매체들은 김정일이 중국 특사 왕자루이와 미소를 띤 채 악수하는 모습을 공개했다. 경애하는 지도자가 공무를 맡아보기 충분할 정도로 회복되었음을 보여주는 신호였던 것이다.

동시에, 한국의 정보기관은 김정일이 자신의 막내아들 김정은에게 권력을 물려줄 준비를 하고 있다는 징후들을 보고했다. 스위스 베른의 국제학교를 가명 상태로 다녔으며, 영어를 할 줄 안다는 것, 그리고 김정일의 세 아들 중 한 명이라는 것, 그리고 행동거지며 성격 면에서 세 아들 중 아버지를 가장 많이 빼어 닮았다는 것을 빼고는, 정은에 대해 알려진 것은 많지 않다. 한국은 김정일이 2009년 1월 권력 승계 계획의 대강을 발표했으며, 그가 깊이 신뢰하는 매제 장성택을 북한의 막강한 국방위원회 자리로 승진시켜 일상적인 정부 운영과 권력 승계 작업의 원활한 진행을 책임지게 했다고 주장했다. 신임 인민무력상과 총참모장의 임명을 포함한, 대대적인 군사 부문의 개편 또한 권력 승계 작업 감독을 위한 김정일 계획의 일환이라고 알려졌다. 곧 이어 김정은을 찬양하는 노래를 아이들이 배우고 있다는 소문과 관련한 보도가 북한으로부터 조금씩 새어 나오기 시작했다. 일부 CIA 분석관들에 따르면, 김정은은 '위대한 수령' '경애하는 지도자'와 같은 숭배의 위치를 드러내기 위해, '총명한 지도자'로 통해왔다.[19]

많은 북한 관측통들은 갈수록 단호해지는 평양의 외교 정책이 정치권력의 이양을 꾀하는 일과 직접적으로 연관되어 있다고 추측했다. 즉 뇌졸중 이후 김정일의 권력 장악력을 강화하고, 군부로부터의 지지를 굳건히 하며, 국가적인 자부심을 계발하고, 아들의 최종적인 권력 장악 기반을 다지기 위한 움직임이라는 것이다. 확인할 길은 없으나, 미국에서는 임박한 미사일 발사가 미국의 새 대통령을 시험하기 위한 명백한 도발 행동으로 간주됐다. 힐러리 클린턴 국무장관은 미사일 발사가, 2006년 핵실험 이후 통과되었으며, 북한이 '탄도미사일 프로그램과 관련된 일체의 행위에 대한 중지'를 강제한 유엔 결의안 1718호를 위반하게 될 것이라고 경고했다.[20] 로버트 게이츠 국방장관은 미국 영토를 향하는 어떤 미사일도 요격할 수 있다고 시사하는 한편, 일본은 미사일이 일본을 향할 경우, 요격 미사일을 장착한 이지스 구축함을 출동시킨다는 계획을 발표했다.

클린턴은 국무장관으로서 첫 순방지로 아시아를 선택했으며, 일본인 납치 피해자 가족과의 만남을 비롯해 한국과 일본의 보수 정부들과의 유대를 과시하기 위한 행보에 들어갔다. 덧붙여 그녀는 김정일에 이은 권력 승계 문제에 대해 기자들에게 공개적으로 자신의 추측을 말했다.[21] 그녀의 발언과 제스처는 북한을 화나게 만들었다. 평양의 외무성 대변인은 오바마 행정부를 '조선민주주의인민공화국의 신경을 건드리는 짓에 다름없는 온갖 말과 행동을 제멋대로 지껄이며, 남의 내정에 심히 간섭하고 있다'고 비난했다.[22]

2009년 3월 초, 스티븐 보즈워스는 서울과 도쿄, 베이징을 들르며 특사로서는 첫 아시아 지역 순방에 나섰다. 북한은 그가 평양을 방문할 의사가 있다는 말을 들었다. 그러나 그 제안은 먼저 미사일 시험을 보류하라는 조건이 달려 있었다. 사정이 이와 같았으므로, 평양은 '노'라고 했다. 뉴욕에서는 행정부 관리들이 북한의 유엔 공사를 만나 미사일 발사 취소를 되풀이 요구했다. 클린턴 시절의 비확산 전문가로서 워싱턴으로 돌아가 오바마의 비확산 국장이 된 개리 새모어는 다음과 같이 기억했다. "우리는 그들에게 만약 당신네가 미사일 시험을 벌인다면, 그것은 결의안 1718호의 위반이며, 우리는 가만히 있지 않겠다고 경고했다. 그들은 '만약 당신네가 유엔에서 행동에 나선다면, 우리는 그것을 적대적인 행동으로 간주하고 6자 회담에서 빠져버릴 것이며 더 많은 시험을 하겠다'고 말했다."

미사일 시험 준비가 계속되는 동안, 북한은 우주 공간의 자유로운 탐사를 허용한 1967년 유엔 조약을 들먹이며, 자기네는 평화적 목적으로 통신 위성을 발사하는 것이라는 주장을 계속했다. 그러나 미국과 동맹국들에게 이 움직임은 잠재적으로 핵탄두를 실어 나를 수 있는 대륙간탄도미사일 시험을 가리기 위한 것임이 명백했다. 중국과 러시아조차 북한에 시험 철회를 촉구했다. 준비를 계속하면서도 북한은 발사 가능 날짜를 발표하고, 국제 해운 및 운항 기구에 안전 관련 정보를 제공하는 등의 이례적인 조치를 취했다. 과거 북한 미사일 시험을 둘러싼 비밀주의와는 사뭇 대조적인 모습을 취했던 것이다.

상원 외교위원회의 아시아 전문가 프랭크 자누지는 다음과 같이 말했다. "그들은 모든 일을 교과서대로 하려고 한다. 만약 도발을 하려는 의도였다면, 왜 그들이 사전에 그것을 발표해 미사일 발사의 도발적 성격을 줄이려고 했겠는가?"

미국에서는 별로 신뢰성을 얻지 못했지만, 미사일 발사가 버락 오바마에 대한 '시험' 또는 후계 과정에 대한 영향과는 별 관계가 없을지 모르며, 평양과 서울 사이에 불붙고 있는 '우주 경쟁'과 더 관련 있을지 모른다는 가능성 있는 설명도 있다. 한국은 6월 중 자체 위성의 처녀 발사 계획이 잡힌 상태였다. 남북 관계가 고조된 바로 그 시기에 남쪽 라이벌이 우주로 먼저 가는 일을 막는 일은 평양에서는 아주 큰 선전용 전리품이 될 수도 있지 않느냐는 얘기다.

은아 리Euna Lee와 로라 링Laura Ling은 전 부통령 앨 고어에 의해 설립된 샌프란시스코 지역 커런트 TV의 기자들이었다. 위기가 심화되고 있는 상황에서, 두 미국인은 북한 난민의 중국 탈출을 취재하고 있었다. 3월 17일 오전, 그들은 중국에서 북한으로 들어가기 위해 얼어붙은 두만강을 건넌 직후, 북한 국경경비대에게 붙잡혔다. 그들의 미국 프로듀서와 중국 안내원은 체포되지 않고 간신히 빠져나갔다. 다음 날, 두 여성은 불법 입국과 '적대적 행위' 혐의에 대한 조사를 받기 위해 평양으로 이송되었다. 오바마 행정부는 돌연 대북 문제에서 새로운 도전에 직면하게 됐다. 이 두 명의 매력적인 여성이 재판을 받은 뒤 인권 위반과 경악할 만한 수용소 실태로 악명 높은 나라에서 투옥될 가능성에 직면한 것이다.

사건 발생 3주 후인 4월 4일 일요일(한국 시각으로 4월 5일-옮긴이), 3단계 대포동 2호 로켓이 북한 동해안으로부터 발사됐다. 조선중앙통신은 김정일이 발사 현장에 있었으며, '공화국의 과학자들과 기술자들이 그들만의 지혜와 기술로 위성을 성공적으로 발사했다는 사실에 대해 큰 만족감'을 표시했다고 보도했다.[23] 미사일 발사는 버락 오바마가 지구상에서 핵무기를 제거하자는 내용으로 프라하에서 행할 연설 예정 시각에 이뤄졌으며, 이날 실험은 사실 겉으로 보기에는 위성이 태평양에 떨어진 기술적 실패작이었음에도,[24] 오바마는 강경 자세를 취했다.

오바마는 다음과 같이 밝혔다. "바로 오늘 아침, 우리는 다시 한 번 왜 우리가 이런 위협에 대해 새롭고 좀더 엄격한 접근법으로 대응해야 하는지를 떠올리게 됐다. 북한은 장거리 미사일로도 쓰일 수 있는 로켓 실험을 통해 또 한 번 규칙을 어겼다. 이 같은 도발은 행동의 필요성을 뜻하고 있다. [……] 규칙은 구속력이 있어야 하고, 위반 행위는 처벌받아야 한다. 말은 뭔가를 나타내야 하는 것이다. [……] 그것이 바로 우리가 어깨를 겯고 북한이 진로를 바꾸도록 압력을 가해야만 하는 이유다."[25]

몇 시간 뒤, 유엔 안보리는 비상 회의를 소집했으며, 미국과 일본은 제재의 강화를 강력히 주장했다. 그러나 강압적인 조치를 항상 거북해하는 중국과 러시아가 이를 저지했다. 1주일 이상의 열띤 협상 끝에, 안보리는 결의안을 대신해 구속력이 없는 의장 성명에 합의했다. 그럼에도 성명은 베이징과 모스크바 모두가 서명한 사실에 의해 힘을 얻은 직설적인 메시지를 포함하고 있었다. 성명은 미사일 발사는 과거 안보리의 대북 결의안을 '위반'했다고 주장했으며, 북한은 평화적 목적의 우주 프로그램에 대한 권리가 있다는 평양의 주장을 부정하는 한편, 더 이상의 실험을 행해서는 안 된다고 요구했다.

평양은 이와 같은 강압적인 유엔의 반응에 크게 성을 냈다.

서울의 한 정통한 서방 외교관은 다음과 같이 말했다. "북한은 매우 화가 났다. 그들은 자기네들이 미사일 시험을 할 수 있다고 생각했다. 그들은 자기네들의 시험이 우주 발사가 될 것임을 모두에게 사전 예고했다. 그러나 국제사회는 호되게 나무랐다. 그들은 결코 미국이 그것을 결의안 위반이라고 말할 것이라고는 생각하지 않았다."

이에 대한 대응으로, 북한은 6자 회담에서 철수하고, 영변 시설을 재가동하며, 사용후 연료봉을 무기급 플루토늄으로 재처리할 것이고, '모든 수단을 동원해 핵 억지력을' 강화하겠다고 발표했다.[26] 며칠 뒤, 당시까지 계속 핵 시설에 남아 있던 국제 사찰관들 몇몇이 추방됐다. 평양은 미국에 사과를 요구했으며, 만약 그렇게 하지 않을 경우 북한은 핵실험을 실시하게 될 것이라고 경고했다. 5월 초, 김정일에게 보내는 오바마 대통령의 친서를 들려 보즈워스를 보내겠다는 미국의 제안은 거부당했으며, 북한이 공언했던 핵실험은 5월 25일(미국 시각 5월 24일-옮긴이)로 예정됐다.

버락 오바마의 취임식 이후, 사태 전개가 너무 빨라 새 행정부는, 완벽하게 다듬은 대북 전략을 수립하기 위한 시간이나 핵심 인력을 갖추지 못한 채 이 같은 사태 변화에 수동적으로 대응할 수밖에 없었다. 그러나 2009년 6월까지, 대체로 힐러리 클린턴 국무장관과 그의 차석 제임스 스타인버그 James Steinberg, 국가안보회의 아시아 국장 제프 베이더 Jeff Bader, 백악관 비확산 국장 개리 새모어에 의해 주도되는 대북 전략의 윤곽이 드러났다. 이들 모두는 몇 가지 복합적인 이유에 의해 북한이 더 이상 핵 프로그램 폐기를 협상하는 데 관심이 없으며, 미국은 북한에 손을 뻗어 양보를 '사들이는' 식으로 계속되는 도발에 반응해서는 안 된다는 결론을 내렸다. 그것은 클린턴과 부시 행정부 모두가 저지른 실수였다고 그들은 생각했던 것이다.

새모어는 다음과 같이 지적했다. "오바마 정부는 온갖 결함에도 불구하고 우리가 지속할 준비가 되어 있는 협상을 물려받았다. 북한은 그러나 그것을 던져버리기로 결정했다. 사람들은 그런 북한에 신물을 느끼고 있다. 더 이상 그들을 진지한 협상 파트너로 간주할 수 없다는 것이다. 우리는 그들의 요구에 장단을 맞추지 않을 것이다."

대신 오바마 정부는 회담할 용의는 여전하다고 주장하면서도 다른 한편으로는 신속하게 압력을 늘려나가는 쪽으로 행동했다. 유엔에서는 안보리가 2주 가까운 열띤 협상 끝에, 미국이 초안을 작성한 결의안을 통과시켰다. 이 결의안은 유엔 회원국들에게 북한 무기나 핵 기술을 운반하는 것으로 의심되는 화물선과 항공기를 (승선이나 탑승은 아닌 상태에서) 검색할 권한을 부여하는 것을 포함해 군사, 경제, 무역 등 광범위한 영역에서 제재를 가하는 내용이었다. 유엔 안보리가 미 해군으로 하여금 공해상의 북한 선박을 저지할 권한을 주는 쪽으로 움직이자,[27] 미 행정부 또한 4년 전 BDA를 겨냥했던 것보다 목표를 더 정확히 하고 효과적인 새 금융 제재를 준비하고 있었다.

오바마 대통령이 워싱턴에서 가진 한국 이명박 대통령과의 첫 정상회담에서 말했듯이, '과거 북한이 일단 호전적으로 행동하고 난 뒤 충분히 기다리면, 일정한 보상이 따르는 식으로 일이 진행되어왔다. (……) 나는 북한이 아직도 기대하는 것이 바로 그런 식이라고 생각한다. 우리가 보내려는 메시지는 (……) 그런 패턴을 깨버릴 것이며 (……) 주변 국가들을 위협하는 호전적이고 도발적인 행동이 앞으로는 중대하고도 심각한 제재의 집행을 초래하게 될 것이라는 점이다.'[28]

그러나 과거 유엔 결의안 채택 때와 마찬가지로, 중국과 러시아는 비록 결의안에 찬성투표를 했음에도, 새로운 제재를 의무화하거나 북한 화물에 대한 검색을 국제법에 통합시키려는 노력은 막았다. 북한에 대한 분노가 나날이 커져갔던 중국의 경우는 압력을 증가시킬 가능성도 있었지만, 중국이 충분한 열의를 가지고 평양의 행동 변화를 강압할 공산은, 특히 정치적으로 매우 불안한 북한에게 중국의 행동이 불안정성을 더 증가시킬 수 있는 상황에서는 그리 높아 보이지 않았다.

북한으로서는 압력에 굴복할 의사가 전혀 없다는 점을 분명히 했다. 북한 외무성 대변인은 "우리 공화국이 핵무기를 포기하겠다는 생각을 아예 할 수조차 없는 상황이 이어져왔다"라고 천명하며, 북한은 우라늄 농축 프로그램을 곧 시작하겠다고 발표하는 한편, '미국과 그 추종 세력들에 의한 어떤 형태의 봉쇄 시도'에도 '단호한 군사적 대응'으로 맞설 것임을 경고했다.[29] 한편, 3월에 체포된 두 명의 미국 기자들은 유죄 판결을 받았으며, 12년의 '노동 교화형'이라는 매우 무거운 선고를 받았다.

이들의 운명이 신문 지상을 달구면서 오바마 행정부는 북한 측과 그들의 석방을 협상하기 위한 '인도적 임무'의 고위급 특사를 파견하는 문제에 대해 막후 채널을 통한 교섭을 갖는 한편, 이와 같은 특사 파견을 통해 양국 간 교착 상태를 타개하고 양측이 대결을 향해 치닫는 상황을 돌이키기 위한 시도를 할 것인지를 놓고 논쟁을 벌이기도 했다.

흥미롭게도, 보즈워스는 좀더 의미가 함축되고 타협적인 어조를 취했다. 상원에서의 증언을 통해, 보즈워스는 '외교적인 상호 작용을 통해 상황을 풀어보려는 노력'의 중요성을 강조하며, 미국이 '대화를 원한다'는 말을 되풀이했으며, 조명록이 백악관을 방문해 공동성명에 서명했던 클린턴 시절 관여 정책의 절정기 때 나온 문구를 인용하여, 미국이 북한에 대해 '적대적인 의사가 없음no hostile intent'을 강조했다.[30]

그의 발언은 오바마 행정부에서 막 모습을 드러내기 시작한 봉쇄와 차단 정책에 대한 몇 가지 근본적인 문제들의 핵심을 건드렸다. 아무리 철저하더라도 강제적인 수단coercive measures이 실제로 평양으로 하여금 핵 야심을 포기하도록 만들 수 있을 것인가? 그런 수단들이 가령 컴퓨터 디스크에 들어 있는 설계도와 시험 결과와 같은 핵 관련 정보의 확산, 또는 중국과 러시아와의 허술한 국경을 통하거나 외교 행랑을 통해 몰래 빠져나가는 소량의 분열 물질 등을 막아낼 수 있을 것인가? 이에 대한 대답은 거의 확실하게 '노'였다. 사실, 부시 행정부와 수년간 대결했던 시기의 북한 행동에 기초해 판단해볼 때, 압력의 증가는 틀림없이 의도했던 것과는 정반대의 효과를 만들어냈다. 보즈워스는 바로 이 같은 사실을 인식하고 있었기 때문에 발언의 수위를 낮추고 대화에 대한 희망을 전하고자 했던 것이다. 그러나 이 책을 쓰고 있는 시점에서 볼 때, 북한이 상응하는 행동을 취할 것인지는 여전히 분명하지 않다.

평양이 협상을 통해 핵 프로그램을 포기할 준비가 되어 있는지는, 특히 초기 단계에서는 여전히 지속적인 논쟁의 대상으로 남아 있을 것이다.

불행하게도 클린턴 행정부나 부시 행정부 모두 김정일의 의도를 제대로 시험해볼 수 있는 상황까지는 도달하지 못했었다. 클린턴의 경우는 2000년 시간이 모자랐기 때문이며, 부시의 경우는 그의 초반 임기 6년 동안 기본 합의를 폐기하고, 지속적인 외교적 주고받기에 관여하기를 거부하며, 그 대신 북한을 강제하여 미국의 요구에 굴복시키려는 일로 소비했다. 이에 대한 대응으로, 북한이 2006년 핵실험을 실시한 뒤, 부시는 진로를 바꾸었지만, 크리스토퍼 힐의 협상 노력은 고질적인 워싱턴의 내분으로 훼손되었다. 더욱이 힐의 비밀주의적인 업무 처리 스타일과 이미 합의된 내용에 대한 일관성 없는 이행은 가뜩이나 의구심 많고 비타협적이며, 리더십 전환의 가능성까지 맞은 북한으로 하여금 협상 전 과정에 대해 자신감을 잃게 만들었던 것이 분명하다. 그 결과는 북한이 새로운 핵무기 국가로 인정받기를 원하는 것으로 나타났다. 어느 기준으로 보든, 그것은 미국 외교의 대실패였던 것이다.

• 감사의 말 •

이 책은 미국을 비롯한 세계와 북한과의 불편한 관계에 대한 거의 20년에 걸친 취재의 산물이다. 언론인으로서 나는 여러 번 북한을 방문하고 워싱턴, 서울, 베이징, 그리고 그 외 여러 나라의 주요 사건을 취재하며 각국의 지도급 인사들을 만날 기회를 가졌다. 그러나 긴급 뉴스와 끊임없는 마감시간에 쫓기는 현역 언론인으로서 가장 큰 골칫거리는 헤드라인 그 이상을 간취하기가 어렵다는 데 있다. 북한처럼 비밀스런 나라에 대한 외교적 공세, 정보 분석, 정쟁 등에 부딪칠 때는 특히 그렇다.

에저튼재단Edgerton Foundation과 국제정책태평양위원회Pacific Council on International Policy의 지원은 내가 18개월간 북한의 핵 문제에 관한 이야기를 풀어나가는 데 전념할 수 있게 해주었다. 브랫 에저튼, 태평양위원회의 제프리 개릿 회장과 워런 크리스토퍼 이사장의 후원이 없었다면, 이 프로젝트는 골머리를 앓는 텔레비전 특파원의 안이한 환상으로 남았을 것이다. 태평양위원회는 연구를 수행할 근거지와 특출하게 다정한 동료들을 지원해주었다. 데이비드 칼, 컴퓨터 천재 폴-에릭 노가드, 돈 나카가와, 니콜 맥알리스터, 차카 존스, 제니퍼 파우스트, 베티 페일리, 레이넌 매키, 그리고 야니사 제이콥스에 특별히 감사한다. 남캘리포니아 대학의 애넌버그 저널리즘 스쿨 학장 마이클 파크스, 그리고 제프리 코원 또한 나를 로스앤젤레스로 데려오는 데 중요한 역할을 했다. 애넌버그의 커뮤니케이션연구소 조너선 애론슨과 그의 동료들은 연구실을 제공했을 뿐 아니라 그 밖의 다른 중요한 도움도 주었다. 또한 한국재단Korea Foundation에도 특별히 감사한다.

나의 전 고용주이자 1989년 처음으로 나를 평양에 보냈던 CNN은 내가 뉴스를 위해 수집했던 자료들을 이 책에 이용할 수 있게 해주었다. 크리스 크레이머, 이슨 조던, 수많은 북한 취재 여행을 함께했던 동료들, 특히 팀 슈워츠, 네일 베닛, 스컷 클롯워시, 그리고 크리스 고어처에 특히 감사한다.

북한을 이해하고자 노력하는 동안 수많은 사람과 대화했지만, 특히 내가 현명한 분석을 위해 끊임없이 의지했던 발비나 황, L. 고든 플레이크, 존 울프설, 존 메릴, 그리고 리언 시걸 등 소수 북한 전문가 집단의 통찰력은 내게 아주 값진 것이었다. 그들과의 대화를 통해 나는 각각의 사안들에 대해 보다 깊이 있게 이해할 수 있었을 뿐만 아니라 이 책에 대한 구상을 현실화할 수 있었다. 리언 시걸과 1994년 핵 위기에 대한 결정판이라 할 수 있는 그의 책 『미국은 협력하려 하지 않았다Disarming Strangers』는 나에게 큰 도움을 주었다. 그는 자신의 깊은 지식뿐만 아니라 자신의 연구를 위한 면담 녹취록, 수년 동안 편집한 상세한 북한 관련 사건 연표를 내게 제공했다. 그것들은 내가 유달리 복잡한 이 이야기를 꿰맞추는 데 없어서는 안 될 참고 자료가 됐다. 그는 데이비드 스트라우브와 더불어 내 원고 전체를 읽고 귀중한 비판과 제안을 해주었다. 닉 스트리트 또한 이루 값을 따질 수 없는 편집상의 통찰과 도움을 주었다.

이 책을 쓰기 위해 나는 세계 여러 나라를 돌아다녔고 여러 도시 사람들에게 환대와 지원을 받았다. 나는 특별히 이라·게일·몰리 치노이, 자인 베르지, 조 도노번과 메이-초우 도노번, 피터 벡, 마이클 브린, 에번스 리비어, 이네즈 호, 그리고 이 책의 상당 부분이 집필된 웨스트나오미가街의 스타벅스와 캘리포니아 아카디아의 로스터 패밀리 커피숍 직원들에게 감사한다.

나는 남캘리포니아 대학과 그 밖의 다른 곳에서 매우 유능한 학생 집단과 함께하는 행운을 누렸다. 그들은 모두 정보 수집, 면담 녹취, 그 밖의 중요하지만 시간을 많이 잡아먹는 일들을 거들었다. 테이트 라이더, 레베카 존슨, 테레사 챙, 스티븐 듀발, 피터 소티로폴리스, 스펜서 트루질로, 린 조이스, 브리태니 헤이즈, 크리스 존스, 조지프 포피올코스키, 마크 아티에가, 에드워드 모레노, 데이비드 드솔라, 로한 말호트라, 프라디엄나 케지르왈, 슈리데비 바자지, 니콜 훔멜, 진호 한, 칼 요더, 토머스 클로츠, 개빈 예르크사, 앤드류 모리스, 낸시 우, 줄리엣 루젤럿, 누르 줄케필리, 사라 정, 키란 타쿠르, 케이트 비자, 제나 스토엘체, 샤넬 멜라메드, 애슐리 홈스, 스테파니 파렐, 앤디 번팅, 멜라니에 슈가브로드, 그리고 아라벨라 아르추가리에게 감사한다.

앨리슨 슬랙에게 특별히 감사를 표하고 싶다. 그녀의 에너지와 열정은 결정적인 도움이 되었다.

나의 출판 대리인 멜 버거는 이런저런 지원을 아끼지 않았으며, 이 책이 세인트 마틴 출판사에서 출간될 수 있게 해주었다. 편집인 필 레브진의 현명한 상담, 그리고 제네스 크로포드의 도움에 대해서도 감사드리고 싶다.

나의 누이 클라라 모라 치노이, 그리고 내 사촌이자 작가인 존 크리히는 정신적인 지원과 격려를 아끼지 않았다. 내 아내 린과 아들 댄과 벤 모두 이 책이 나오는 데 도움을 주었다. 벤은 인터뷰 대상자 명단을 편집했으며, 댄과 린은 초고를 읽고 값진 제언을 해주었다. 그리고 그들 모두는 내가 오래 집을 비우거나 북한에 강박적으로 몰두하는 것을 이해심과 유쾌한 유머로 참아주었다. 그들이 없었다면 이 책을 내는 것은 불가능했을 것이다.

10년 전 마지막 책을 쓸 때 내 어머니 헬렌 크리히 치노이는 글자 하나하나를 읽고 현명한 충고를 해주었다. 어머니는 이번에는 그렇게 할 수 없을 정도로 몸이 아팠다. 그러나 정신만은 나와 함께했다.

캘리포니아 아카디아에서

마이크 치노이

2008년 3월

• 옮긴이의 말 •

이 책은 남과 북을 드나들며 남북 관계와 한미, 북미 관계, 그리고 북핵 문제를 둘러싼 대화와 대결의 현장을 밀착 취재해온 전 CNN 기자 마이크 치노이의 Meltdown: The Inside Story of the North Korean Nuclear Crisis를 우리말로 옮긴 것이다.

아마도 독자 가운데에는 그를 기억하는 사람이 적지 않을 줄로 안다. 그는 멋진 콧수염을 길렀지만, 우리의 뇌리에서 그를 불러내는 것은 그의 트레이드마크인 콧수염이 결코 아니다. 한반도의 운명을 좌우할 만한 중요하고 극적인 일이 벌어질 때마다 거의 예외 없이 그는 '현장'에 서 있었고, 뉴스를 전하는 그의 모습과 목소리는 전파를 타고 전 세계로 퍼져 나갔다. 지금은 CNN을 떠난 상태지만, 기자가 아닌 '북한 전문가'로서 CNN 등 텔레비전 뉴스 화면에 심심치 않게 등장하는 그의 모습은 오늘날에도 여전하다.

무엇보다 그의 명성은 제1차 북핵 위기의 긴장이 최고조에 이르렀던

1994년 6월, 본격적으로 세상에 알려졌다. 전 미국 대통령 지미 카터가 전격적으로 평양을 방문해 당시 북한의 최고 지도자 김일성 주석과 회동을 갖고 북핵 문제를 둘러싼 북미 대립의 극적인 돌파구를 찾았을 때, 그는 서방 기자로는 유일하게 카터를 동행해 긴박했던 협상 과정과 결과를 시시각각 휴전선 이남과 전 세계에 알렸던 주인공이다.

1989년 7월, 임수경 방북 사건 취재를 시작으로 지금까지 그의 북한 방문 취재 경험은 15회에 이른다. 그는 1992년 4월과 1994년 4월, 두 번에 걸쳐 생전의 김일성 주석을 직접 만났고, 1999년에는 당시 북한 개방파의 실세였던 김용순 비서를 인터뷰했다. 그 외 그가 직접 만나 인터뷰한 최고위급 인사 가운데는 지난 8월과 5월, 각각 유명을 달리한 한국의 고 김대중 전 대통령과 고 노무현 전 대통령도 있다. 현재 국내에는 전《워싱턴 포스트》특파원이자『두 개의 코리아The Two Koreas: A contemporary History』의 저자인 돈 오버도퍼, 그리고 역시《워싱턴 포스트》의 도쿄지국장을 역임했고, 1972년 서방 기자로는 최초로 김일성 주석을 인터뷰한 셀리그 해리슨 등이 언론인 출신으로 한반도 문제에 가장 정통한 미국인으로 알려졌지만, 이 책을 읽어본 독자는 치노이의 대북 취재 경험 또한 그들에 못지않다는 것을 실감할 수 있을 것이다.

2009년 11월 11일 밤 9시부터 10시까지 1시간 동안, 서울의 야경이 한눈에 바라다보이는 하이얏트 호텔의 한 바에서 바로 그 화려한 경력의 치노이와 함께 마주앉을 기회가 있었다. 나는 그를 공동 번역자 홍성걸 박사(한국해양수산개발원 연구위원)와 함께 만났다. 원래 이 만남은 이보다 약 두 주 전, 치노이가 직접 역자에게 이메일을 보내와 자신의 서울 방문 계획을 알리며, 서울 방문 기간 중 잠깐이라도 짬을 내 만나보고 싶다는 요지의 메시지를 보내온 데 따른 것이었다.

미국 매사추세츠로에서 태평양을 가로지른 긴 여행 끝에 방금 호텔에 도착한 치노이는 시차 때문에 약간 어지러움을 느낀다며, 알콜 도수가 약한 진저 한 잔을 주문했다. 우리는 아사히 맥주 작은 병을 각각 주문했다. 그는 나에게 자신의 책이 한국어로 나올 수 있도록 애써준 데 대해 고맙다고 했다. 나는 '고맙다는 말은 바로 내가 드리고 싶은 말'이라며, 분량이 만만치 않아 힘들었지만 이 책의 번역 작업은 진정으로 보람 있는 일이었다고 답례했다. 곧 이어 나는 함께 갔던 홍 박사에 대해 2007년 12월 개성에서 열린 남북 수산협력 실무회담에 남측 협상단의 일원으로 참가한 이력이 있노라고 소개했다. 치노이는 특별한 반응을 표시하지는 않았지만, 눈빛을 빛내며 진지하게 우리 이야기를 들었다.

이날의 만남이 있기 이틀 전, 미국은 대북 특사 스티븐 보즈워스의 방북 결정 사실을 공식 발표했다. 치노이는 이를 언급하면서, 한국 사람들이 어떻게 생각하는지에 대해 궁금해했다. 나는 이명박 정부 내에 실용파와 대북 강경파 간 입장 차이가 있는 듯하지만, 궁극적으로는 한미 공조의 차원에서 일을 풀어가려는 데 의견이 모아지는 것 같다고 말했다.

자리를 함께했던 홍 박사는 치노이에게 북미 관계의 전망에 대해 물었다. 치노이는 이에 대해 매우 진지하게 답했다. 오바마 행정부가 대단히 신중하게 대북 문제에 대해 접근하고 있으며, 지난 4월 북한의 장거리 로켓 시험 발사 사건과 지난 5월의 제2차 지하 핵실험에 대해서는 상당히 격노한 바 있고, 이런 상황에 비춰볼 때 오바마 행정부가 북한과 상대하더라도 결코 '협상을 위한 협상'은 하지 않을 것이 분명하다는 견해를 밝혔다. 그는 또 '강석주 면담' 등 보즈워스 특사가 제시한 '방북 조건 3개항'을 북한이 일단 받아들인 사실에 주목해, 북한도 열의를 보이는 것만큼은 사실이라고 말했다. 하지만 치노이는 북미 관계에 대해 결코 낙관하지 않았다.

이런저런 얘기를 나누는 사이 1시간이 훌쩍 흘렀다. 우리는 치노이의 다음 날 일정을 위해 아쉬움을 뒤로하고 자리에서 일어났다. 그와 함께 호텔 라운지 쪽으로 계단을 오르는 동안, 치노이는 나에게 귀가 번쩍 뜨일만한 놀라운 생각을 밝혔다. 한국어판이 나오면 몇 권을 자신에게 보내줄 수 있느냐고 물으면서, 그 이유에 대해 '김계관 부상을 비롯해 북한 고위 관계자들에게 (한국어판을) 돌릴 생각'이라고 말했던 것이다. 비록 내가 지은 책은 아니지만, 한글로 옮겨진 이 책이 현재에도 북미 또는 6자 회담의 북한 측 주역인 김계관에게까지 읽히게 된다면, 그것은 솔직히 말해 역자로서 미처 생각지 못했던 커다란 보상이 아니겠는가.

이제 치노이의 책을 왜 번역하게 됐는지, 이 책이 과연 어떤 의미가 있는지에 대해 역자로서의 소감을 좀더 소상히 밝혀야겠다. 나는 치노이의 원저를 지난해 가을 내가 한국해양수산개발원 남북해양협력팀에 합류하여 홍성걸 박사가 진행하던 남북 수산 협력 방안과 관련된 과제를 거들면서 처음 접하게 됐다. 이때 나는 북미 협상, 그리고 6자 회담 관계자에 대한 수많은 인물 정보, 그리고 거의 한 장에 한 건 이상 터지는 놀라운 사실들에 대해 강렬한 흥미를 느끼며, 이 책을 숙독하겠다고 결심했다. 하지만 '보고서 완성'이라는 '발등에 떨어진 불'을 끄느라고 숙독의 기회는 미뤄졌다.

올봄 보고서 작업이 일단락되어 약간의 짬이 생기자 나는 치노이 책을 다시 집어 들었다. 이 무렵 남북 관계는 악화일로였으며, 그 핵심이 북한 핵에 직결되어 있었던 탓에 치노이 책의 여러 대목은 홍 박사와의 대화에서 '단골'로 오르내렸다. 그러나 이때까지만 해도 우리가 치노이 책을 번역까지 하게 되리라고는 꿈에도 생각하지 못했다.

치노이 책을 가방에 넣고 다니며 출퇴근길 버스 안에서 한창 읽고 다니던 어느 날, 나는 김정일 후계 체제를 전망하는 한 세미나를 참관했다. 세미나가 끝나 나오는 길에 과거 기자 노릇 하던 시절의 선배이자 인생 선배인 문정우 형과 우연히 마주치게 됐다. 그와 커피 한잔을 앞에 놓고 서로의 근황을 주고받는 중에 나는 그가 곧 출범을 앞두고 있는《시사IN》출판팀을 맡아 이런저런 출판거리를 기획 중이라는 사실을 알게 됐다. 그때 나는 가방에 있던 치노이의 책을 꺼내 보여주며, 한번 검토해볼 것을 권했다. 얼마 뒤, 나는 그로부터 '검토한 결과, 충분히 내볼 만한 책'이라는 말과 함께, '기왕이면 네가 한번 번역해보라'는 권유의 전화를 받게 됐다.

작업은 지난 5월부터 시작해 8월에 끝났다. 귀가 후에 작업해야 했기 때문에, 사전을 뒤져가며 새벽까지 컴퓨터 자판 앞에 앉아 있는 일이 여러 달 이어졌고, 주말의 대부분과 여름휴가가 이 작업으로 인해 실종됐다.

나는 치노이의 책이 1990년대 이후 지금까지 영어권에서 나온, 북핵 문제와 북미 관계에 초점을 맞추고 기술된 가장 중요한 책들 중 다섯 권 안에 꼽힌다고 생각한다. 내가 생각하는 그 다섯 권이란, 1990년대 1차 북핵 위기를 주제로 하고 있으며 원서의 곳곳에도 언급 또는 인용된 리언 시걸의『미국은 협력하려 하지 않았다Disarming Strangers』와 역시 북핵 1차 위기의 전말을 미국 핵 외교의 공과 측면에서 살피고 있는 마이클 마자의 North Korea and the Bomb: The Case Study of Nonproliferation, 1994년 기본 합의의 주역인 로버트 갈루치와 조엘 위트의 공저 Going Critical, 전 대북 특사 잭 프리처드가 2007년에 썼으며 2차 북핵 위기의 전말을 다룬『실패한 외교Failed Diplomacy』, 그리고 바로 이 책이다.

앞의 네 권과 비교해 치노이 책에서 두드러진 미덕을 꼽자면 크게 세 가지가 있을 것 같다. 첫째, 치노이 책의 기둥 줄거리는 제2차 북핵 위기를 둘러싸고 벌어졌던 부시 행정부 내부의 강경파와 실용파 간의 대결과 갈등, 그리고 북한과 미국의 대결과 갈등이다. 치노이 책의 미덕은 이를 현미경으로 들여다보듯이 정밀하게, 그리고 수많은 관련자들의 증언을 토대로 생생하게 파헤쳐놓은 데 있다. 둘째, 치노이 책의 또 다른 미덕은 엄정한 사실과 증언의 기초 위에 북한 핵을 둘러싼 모든 전개 과정을 벽돌 쌓듯이 쌓아올렸음에도, 기자 특유의 필치로 사태 전개 과정을 소설처럼 흥미진진하고 생생하게 되살려놓은 데 있다. 치노이 책의 박진감은 특히 아직 세상에 잘 알려지지 않은 수많은 사건과 사실들을 홍수처럼 쏟아내는 데에서 찾을 수 있다. 셋째, 한반도 취재 경력 30년을 자랑하는 베테랑의 저서답게 치노이 책의 기술 범위는 1980년대 말(또는 한국의 경우 1970년대 말)의 북한 상황으로부터 가장 최근의 사건인 지난 8월 클린턴 전 대통령의 방북 및 김정일과의 회담에 이른다. 같은 주제의 책 가운데 가장 긴 호흡을 자랑한다.

이 책은 2006년 번역해서 펴낸 『범죄국가, 북한 그리고 미국Target North Korea』(개번 맥코맥 지음, 이카루스미디어)에 이은, 역자로서는 두 번째 번역서이다. 두 경우 모두 북한 공부를 해볼 요량으로 출발했다가 좀더 많은 독자와 내용을 공유하고 싶다는 욕심이 생겨 번역 작업으로 이어진 것이다. 그러나 번역 분량이 생각했던 것보다 훨씬 많아 괜한 짓을 벌였다고, 잠깐 후회한 적도 있다. 부정확한 번역, 그리고 본의 아닌 오역의 가능성 또한 이번에도 여전히 걱정스럽다. 독자의 많은 질정이 있기를 바란다.

2009년 12월

공동 번역자를 대표해 박성준이 씀

• 주요 취재원 •

『북핵 롤러코스터』는 부분적으로 언론인으로서 1994년의 제1차 핵 위기부터 6자 회담과 그 밖의 수많은 북한 방문 등 이 책에서 회고한 여러 주요 사건들을 취재한 나의 경험에 바탕을 두고 있다. 그러나 북한 핵 사태에 관한 비화들을 재구성하는 데, 나는 우선 워싱턴, 서울, 베이징, 도쿄에서 핵심 관련자들과 가진 수백 회의 면담에 의존했다. 몇몇 사람들은 공식 석상에서 말했으며, 이들이 말한 것은, 주가 달리지 않은 경우, 나와의 면담을 통해 나온 것이다. 그 외 면담들은 사석에서 또는 비공식적으로 진행된 것으로, 이 경우 나는 면담에서 나온 정보를 이용했지만 특별히 이름을 명기해 취재원을 밝히지는 않았다. 많은 사람들은 여러 차례에 걸쳐 면담이 진행됐다. 일부 인터뷰 대상자들은 나와 면담한 사실을 밝히지 말아달라고 요청했으며, 나는 그들의 요청을 존중했다. 나는 또한 정책 메모와 개인 노트, 의회 청문회 사본, 기자회견, 연표, 그리고 북한 문제를 추적하고 있던 언론계 동료들의 광범위한 취재를 포함한 기록을 이용했다.

특정인에 대한 나의 생각이나 느낌은 언급된 본인, 다른 사람들의 평, 또는 활자화된 기록을 통해 얻은 것들이다. 사적인 대화를 인용한 경우, 그 대화에서 나온 사실들은 참가자들 중 일원, 증언자, 또는 그 직후 대화의 내용에 관해서 들은 사람들로부터 나왔다. 나는 가능한 한 나의 서술 내용을 복수의 취재원을 통해 대조하고자 했다.

나의 반복된 요청에도 불구하고 북한 관리들은 이 책의 집필과 관련해서는 말하기를 거절했다. 북한 측 생각을 이해하고 또 기록하기 위해서 나는 부분적으로는 나 자신의 북한 방문, 그리고 내가 고 김일성 주석, 김계관 부상 및 다른 관리들과 나눌 수 있었던 대화는 물론, 외교관, 평양 주재 인도 지원 단체 활동가들, 북한을 정기적으로 방문해 북한 사람들과 폭넓은 대화를 나눈 미국과 한국의 전·현직 관리들, 그리고 북한 외교관과 만남을 가졌던 학자들과 기타 트랙 II 관계자 등 북한을 폭넓게 경험한 소수 인사들의 귀중한 기억과 통찰력에 의존했다.

허세와 과도한 언사 탓에, 북한의 관영 언론매체들은 상황을 추적하는 언론인과 그 밖의 다른 사람들에게는 종종 의미 없는 선전수단으로 치부되곤 한다. 그러나 이 책을 위한 연구 기간, 나는 수많은 시간을 평양의 공식 발표를 살펴보며 보냈다. 군더더기를 빼면 그와 같은 발표 또한 북한 정권의 생각을 이해하는 데 가치 있는 도구라는 사실을 점점 더 분명하게 깨달을 수 있었다.

인터뷰한 사람들

Takeshi Akahori	Richard Armitage	Jeffrey Baron
David Albright	David Asher	Peter Beck
Madeleine Albright	Jeffrey Bader	Sandy Berger

John Bolton
Richard Boucher
Stephen Bradner
Michael Green
Peter Brookes
Raymond Burghardt
Robert Carlin
Fred Carriere
Victor Cha
Sheena Chestnut
Woosuk Kenneth Choi
Richard Christenson
Warren Christopher
Chun Yung-woo
Chung Dong-young
Maureen Cormack
Nigel Cowie
Gerald Curtis
Joseph DeTrani
Joseph Donovan
Chuck Downs
Robert Duajarric
Robert Einhorn
Richard Falkenrath
William Fallon
Thomas Fargo
Evelyn Farkas
Scott Feeney
Douglas Feith
Michael Finnegan
Mark Fitzpatrick
Gordon Flake
James Foster
Aaron Friedberg
David Frum
Robert Gallucci
Bonnie Glaser
Daniel Glaser
Michael Green
Raymond Greene
Donald Gregg
Mark Groombridge
Dennis Halpin
Han Sung-joo
Siegfried Hecker
Christopher Hill
James Hoare
Thomas Hubbard
Balbina Hwang
Hyun Hong-choo
Hajime Izumi
Frank Jannuzi
Neil Joeck
Robert Joseph
Arnold Kanter
Charles "Chuck" Kartman
Ryozo Kato
James Kelly
James Kelman
Kil Jeong-woo
Kim Dae-joong
Kim Dae-jung
Kim See-hang
Kim Sook
Stephen Kim
Yuri Kim
Andrea Koppel
Joseph Kruzich
Elise Labot
James Laney
Leon LaPorte
Richard Lawless

Lee Kyeum-ryung
Lee Yong-joon
John Lewis
Kenneth Lieberthal
Lim Sung-nam
Stephen Linton
Keith Luse
Kevin Madden
Robert Manning
Alexandre Mansourov
Bradley Martin
David Maxwell
John McLaughlin
John Merrill
W. Michael Meserve
Narushige Michishata
James Minnich
Jami Miscik
Mark Mohr
Anthony Namkung
Chris Nelson
Don Oberdorfer
Masao Okonogi
William Overholt
Park Chan-bong
Park Guen-hye
Michael Pillsbury
Ricardo Pinto
Colin Powell
Charles "Jack" Pritchard
Kenneth Quinones
Mitchell Reiss
Scott Rembrandt
Evans Revere
Alan Romberg
John Rood
Robert Ross
Stapleton Roy
Rexon Ryu
Akitaka Saiki
Gary Samore
Stephen Sargeant
Yukio Satoh
Thomas Schieffer
Suzanne Scholte
Randy Schriver
Brent Scowcroft
Wendy Sherman
Sahoku Shiga
Leon Sigal
Barbara Slavin
Robin Sokoda
David Straub
Sung Kim
Hitoshi Tanaka
Lynn Turk
Alexander Vershbow
Steve Vickers
Wi Sung-lac
Dennis Wilder
Lawrence Wilkerson
John Wolf
Jon Wolfsthal
Tadamichi Yamamoto
Yang Sung-chul
Stephen Yates
Yoon Young-kwan
Joseph Yun
Philip Zelikow
Kathi Zellweger

• 참고문헌 •

Madeleine Albright, *Madame Secretary,* Miramax Books, New York, 2003.

John Bolton, *Surrender Is Not an Option: Defending America at the United Nations and Abroad,* Threshold Editions, New York, 2007.

Michael Breen, *Kim Jong Il, North Korea's Dear Leader,* John Wiley & Sons, Singapore, 2004.

Bill Clinton, *My Life,* Random House, New York, 2004.

Gordon Corera, *Shopping for Bombs: Nuclear Proliferation, Global Insecurity, and the Rise and Fall of the A. Q. Khan Network,* Oxford University Press, Oxford, 2006.

Karen DeYoung, *Soldier: The Life of Colin Powell,* Alfred A. Knopf, New York, 2006.

Chuck Downs, *Over the Line: North Korea's Negotiating Strategy,* The AEI Press, Washington, 1999.

Selig Harrison, *Korean Endgame: A Strategy for Reunification and U.S. Disengagement,* Princeton University Press, Princeton, 2002.

Helen-Louise Hunter, *Kim Il-song's North Korea,* Praeger, Westport, CT, 1999.

Kang Chol Hwan, *The Aquariums of Pyongyang: Ten Years in the North Korean Gulag,* Basic Books, New York, 2001.

Glenn Kessler, *The Confidante: Condoleezza Rice and the Creation of the Bush*

Legacy, St. Martin's Press, New York, 2007.

Adrian Levy and Catherine Scott-Clark, *Deception: Pakistan, the United States and the Secret Trade in Nuclear Weapons,* Walker & Company, New York, 2007.

James Mann, *Rise of the Vulcans: The History of Bush's War Cabinet,* Penguin Books, New York, 2004.

Bradley K. Martin, *Under the Loving Care of the Fatherly Leader,* St. Martin's Press, New York, 2004.

Marcus Noland, *Avoiding the Apocalypse: The Future of the Two Koreas,* Institute for International Economics, Washington, D.C., 2000.

Don Oberdorfer, *The Two Koreas,* Basic Books, New York, 1997.

Daniel Poneman, Joel S, Wit, and Robert Gallucci, *Going Critical: The First North Korean Nuclear Crisis,* Brookings Institution Press, Washington, D.C., 2004.

Charles L. Pritchard, *Failed Diplomacy,* Brookings Institution Press, Washington, D.C., 2007.

Leon V. Sigal, *Disarming Strangers: Nuclear Diplomacy with North Korea,* Princeton University Press, Princeton, 1998.

Hazel Smith, *Hungry for Peace: International Security, Humanitarian Assistance and Social Change in North Korea,* United States Institute for Peace, Washington, D.C., 2005.

Ron Suskind, *The One Per Cent Doctrine: Deep Inside America's Pursuit of Its Enemies Since 9/11,* Simon & Schuster, New York, 2006.

Bob Woodward, *State of Denial,* Simon & Schuster, New York, 2006.

Yoichi Funabashi, *The Peninsula Question: A Chronicle of the Second Korean Nuclear Crisis,* Brookings Institution Press, Washington, D.C., 2007.

• 후주 •

제1장 "당신이 없으면 우리도 없습니다"

1 Mike Chinoy, *China Live : People Power and the Television Revolution* (Boulder, CO: Rowman & Littlefield, 1999), p. 331.

2 Ibid.

3 International Institute for Strategic Studies, *North Korea's Weapons Programmes : A Net Assessment* (New York: Palgrave Macmillan, 2004).

4 Don Oberdorfer, *The Two Koreas* (New York: Perseus Books, 1997), p. 324.

5 David Albright, *Solving the North Korean Nuclear Puzzle*. Nov. 24, 2002. http://www.isis-online.org/publications/dprk/book/prologue.html

6 National Security Archive. http://www.gwu.edu/~nsarchiv/NSAEBB/NSAEBB25/index.htm

7 "Review of United States Policy Toward North Korea: Findings and Recommendations," 미국 대북조정관 겸 대통령 특별 보좌관 윌리엄 J. 페리 박사의 비밀 해제 보고서, Washington D.C., Oct. 12, 1999.

8 The People's Korea. http://www1.korea-np.co.jp/pk/144th_issue/2000072502.htm

9 Roy memo, Jun. 16, 2005. Declassified in National Security Archive. http://www.gwu.edu/~nsarchiv/NSAEBB/NSAEBB164/EBB%20Doc%2016.pdf

제2장 가까이 하기엔 너무 먼

1 Daniel Poneman, Joel Wit, and Robert Gallucci, *Going Critical: The First North Korean Nuclear Crisis*(Washington, D.C.: Brookings Institution Press, 2004), p. 374.

2 U.S.-DPRK Communiqué, U.S. State Department, Oct. 12, 2000.

3 Ibid.

4 Madeleine Albright, *Madame Secretary*(New York: Miramax Books, 2003), 462.

5 Ibid., p. 461.

6 Ibid., p. 463.

7 Ibid.

8 Ibid.

9 Konstantin Pulikovsky, *Orient Express: Across Russia With Kim Jong Il* (Moscow: Gordetz, 2002). 크리스천 사이언스 모니터 번역, March 14, 2003. 제임스타운재단 Jamestown Foundation 에 의해 번역된 추가 부분. http://www.jamestown.org/publications_details.php?volume_id=398&issue_id=2915&article_id=23573)

10 M. Albright, p. 465.

11 State Department Paper, Talking Point for S/Ivanov Telephone Call, Tuesday, 10/29/00 〔이 문건은 8월의 전화 통화 날짜를 부정확하게 기록〕, ca. Oct. 23, 2000. Source: State Department FOIA release. http://www.gwu.edu/~nsarchiv/NSAEBB/NSAEBB164/

12 John Nichols, *The Nation,* Apr. 14, 2005.

13 "John Bolton: The Iron Hand in the State Department's Velvet Glove," *Wall Street Journal,* Jul. 19, 2002.

14 *Rodong Sinmun,* Nov. 7, 2000.

15 Bob Woodward, *State of Denial*(New York: Simon & Schuster, 2006), p. 14.

16 Karen DeYoung, *Soldier: The Life of Colin Powell* (New York: Alfred A. Knopf, 2006), p. 286

17 Ibid., p. 179.

18 James Mann, *Rise of the Vulcans: The History of Bush' s War Cabinet* (New York: Penguin Books, 2004), p. 97.

19 Ibid., p. 250

20 Ibid., p. 721.

21 Condoleezza Rice, "Campaign 2000: Promoting the National Interest," *Foreign Affairs*, Jan.-Feb. 2000. http://www.foreignaffairs.org/20000101faessay5-p50/condoleezza-rice/campaign-2000-promoting-the-national-interest.html

22 Ibid.

23 M. Albright, p. 182.

24 Interviews with Sherman, Einhorn, Pritchard, Kartman, Powell.

25 David Sanger, "Clinton Scraps North Korea Trip, Saying Time' s Short for Deal," *New York Times*, Dec. 29, 2000. http://select.nytimes.com/search/restricted/article?res=F00715FF3D5F0C7A8EDDAB0994D8404482

26 M. Albright, p. 470.

제3장 북한의 정권 교체?

1 "NK Official Calls for US to Continue Engagement," *Chosun Ilbo,* Feb. 6, 2001.

2 Charles L. Pritchard, *Failed Diplomacy: The Tragic Story of How North Korea Got the Bomb* (Washington, D.C.: Brookings Institution Press, 2007), p. 50.

3 *International Herald Tribune,* Jan. 8, 2001. David Ignatius. http://www.iht.com/cgi-bin/generic.cgi?template=articleprint.tmplh&ArticleId=658

4 "Kim, Bush Agree to Meet Soon to Discuss N. Korean Issues," *Korea Herald,* Jan. 26, 2001.

5 Patrick Tyler, "South Korea Takes Russia's Side in Dispute Over U.S. Missile Defense Plan," *New York Times,* Feb. 27, 2001.

6 Donald Kirk, "South Korea Now Pulls Back From Russia on Missile Shield," *New York Times,* Mar. 2, 2001.

7 Karen DeYoung, *Soldier: The Life of Colin Powell* (New York: Alfred A. Knopf, 2006), p. 290.

8 David Sanger, "Korean to Visit Bush, but They Could Be at Odds," *New York Times,* Mar. 7, 2001.

9 Ibid.

10 Steven Mufson, "Bush to Pick Up Clinton Talks on N. Korean Missiles," *Washington Post,* Mar. 7, 2001.

11 White House, Office of the Press Secretary, Remarks by Secretary of State Colin

Powell to the Pool, Mar. 7, 2001.

12 David Sanger, "Bush Tells Seoul Talks With North Won't Resume Now," *New York Times,* Mar. 8, 2001.

13 Bob Woodward, *Bush at War*(New York: Simon & Schuster, 2002), p. 340.

14 Transcript of Press Briefing: Presidents Bush, Kim Dae-jung, Mar. 7, 2001, http://seoul.usembassy.gov/030701_2.html

15 CNN interview, May 14, 2001. http://transcripts.cnn.com/TRANSCRIPTS/0105/14/se.01.html

16 정책 검토 과정 참여자들 몇 명과의 인터뷰.

17 Jane Perlez, "Fatherly Advice to the President on North Korea," *New York Times,* Jun. 10, 2001.

18 Charles L. Pritchard, "U.S. Policy toward the Democratic People's Republic of Korea," 대북 협상 특사 겸 KEDO 미국 대표의 미 하원 국제관계위원회 동아시아태평양 소위원회 증언, Jul. 26 2001.

19 프랭크 자누지 언급 전체는 그가 일본 도쿄의 외교협회 히타치 국제문제 펠로우였던 2006년 10월 행한 인터뷰를 통해 나왔음.

20 John Bolton, *Surrender Is Not an Option*(New York: Threshold Editions, 2007), p. 103.

21 C. Pritchard, p. 4.

22 Ibid.

제4장 '악의 축'

1 조선중앙통신Korean Central News Agency, Sept. 12, 2001.

2 조선중앙통신, Nov. 3, 2001.

3 Congressional Research Service, "North-South Korean Relations: A Chronology of Events, 2000-2001," Jan. 9, 2002.

4 http://www.washingtonpost.com/wp-srv/onpolitics/transcripts/bush_112601.html

5 Nuclear Posture Review Submitted to Congress on Dec. 31, 2001.

6 Ibid.

7 "Rumors of War," *Newsweek,* Feb. 19, 2007.

8 http://www.whitehouse.gov/news/releases/2002/01/20020129-11.html

9 John Bolton, *Surrender Is Not an Option*(New York: Threshold Editions, 2007), p. 104.

10 2002년 2월 20일, 부시 대통령의 도라산역 연설.

11 White House Press briefing, Mar. 20, 2002. http://www.whitehouse.gov/news/releases/ 2002/03/20020320-16.html

제5장 문질러 닦기

1 크리스토퍼 클래리의 미발간 논문, 미 해군대학원Naval Postgraduate School, 2003.

2 "Beyond the Axis of Evil: Additional Threats from Weapons of Mass Destruction," by The Honorable John R. Bolton, Heritage Lecture #743, May 6, 2002.

3 "German Officials Identify Former DPRK Diplomat as 'Ringleader' in WMD Export Deal," *Der Spiegel,* Sept. 22, 2003; "Germany Stops Freighter With Nuclear Weapons-Grade Material for N. Korea," *Der Spiegel,* Apr. 26, 2003.

4 Joby Warrick, "N. Korea Shops Stealthily for Nuclear Arms Gear," *Washington Post,* Aug. 15, 2003.

5 Gordon Corera, *Shopping for Bombs: Nuclear Proliferation, Global Insecurity, and the Rise and Fall of the A. Q. Khan Network* (New York: Oxford University Press, 2006), p. 87.

6 베나지르 부토 인터뷰, *New Perspectives Quartely* (spring 2004). "북한과 관련해서는 군 인사들과 과학자들이 1993년 나를 찾아와 북한 방문을 요청했으며, 나는 북한을 방문해 핵 운반 기술을 현찰과 교환하는 것을 협상했다."

7 Joseph S. Bermudez, DPRK-Pakistan Ghauri Missile Cooperation, GlobalSecurity.org, May 21, 1998. http://www.globalsecurity.org/wmd/library/news/pakistan/1998/ghauri2.htm

8 George Tenet, *At the Center of the Storm* (New York: HarperCollins, 2007), p. 283.

9 Paul Watson and Mubashir Zaidi, "Death of N. Korean Woman Offers Clues to Pakistani Nuclear Deals," *Los Angels Times,* Mar. 1, 2004.

10 G. Tenet, p. 284.

11 콜린 파월의 아시아 소사이어티 연례 만찬장 연설, Jun. 10. 2002. http://www.state.gov/secretary/former/powell/remarks/2002/10983.htm

12 John Bolton, *Surrender Is Not an Otion* (New York: Threshold Editions, 2007), p. 107.

13 Ibid, p. 108.

14 Bob Woodward, *Bush at War* (New York: Simon & Schuster, 2002), p. 340.

15 부시 대통령과 고이즈미 총리의 합동 기자회견 연설, Feb. 18, 2002. http://www.whithhouse.gov/news/releases/2002/02/20020218.html

16 존 볼턴 유엔 주재 미국 대사 지명과 관련한 미 상원 외교위원회에서의 토머스 허버드 증언, Apr. 28, 2005.

17 Bolton, p. 111.

제6장 잔을 들 것인가 말 것인가

1 조선중앙통신, Feb. 7, 1997.

2 조선중앙통신, U.S. State Under Secretary's Anti-DPRK Remarks Under Fire," Aug. 31, 2002.

3 Dr. C. Kenneth Quinones, "North Korea Nuclear Talks: The View from Pyongyang," *Arms Control Today* (October 2004).

4 리언 시걸이 제임스 켈리에게 보낸 편지, Sep. 11, 2002.

5 *Times of India*, Jan. 30, 2001.

6 조선중앙통신, "Kim Jong Il's answers to questions raised by president of Kyodo News Service," Sept. 14, 2002. http://www.kcna.co.jp/item/2002/200209/news09/ 14.htm

7 "Japan-DPRK Pyongyang Declaration," Sept. 17, 2002. http://www.armscontrol.org/pdf/200209_Pyongyang_Declaration.pdf

8 Charles L. Pritchard, *Failed Diplomacy: The Tragic Story of How North Korea Got the Bomb* (Washington, D. C.: Brookings Institution Press, 2007), pp. 33~34.

9 Frank S. Jannuzi, "North Korea: Back to the Brink," in *George W. Bush and Asia: A Midterm Assessment* (Woodrow Wilson Center for International Scholars, 2003).

10 C. Pritchard, p. 36.

11 Ibid.

12 Ibid., p. 37.

13 조선중앙통신, "Conclusion of Non-Aggression Treaty between DPRK and U.S. Called For," Oct. 25, 2002. 그의 논평 기조는 10월 말 북한의 관영 조선중앙통신에 의해 보도된 북한 외무상의 성명에 반영되어 있으며, 북측의 생각에 접근할 수 있는 많은 정통한 소식통에 따르면 이는 강석주가 켈리에게 말한 내용을 상당 부분 정확하게 반영하고 있다.

"조선민주주의인민공화국은 최근 미국 대통령의 특사 방문이 적대적인 대미 관계를 근본적으로 해결하고 대등한 위치에서 주요 문제를 푸는 데 도움이 될 것이라는 희망에서 이를 수락했다. 유감스럽게도 미국 특사의 평양 방문은 우리 공화국에 부시 행정부가 공화국을 무력으로 질식시키고 한반도와 동북아 지역의 긍정적인 사태 발전을 후퇴시키려는 적대적인 시도가 극에 이르렀음을 확신시켰다. 그는 아무런 물증도 내놓지 못한 채, 공화국이 조미 기본 합의를 위반하여 핵무기를 보유할 목적으로 우라늄 농축 프로그램에 적극 개입해왔다고 주장했다. 그는 심지어 공화국이 이 프로그램을 중단하지 않을 경우 미국과의 대화는 없을 것이며, 조일 관계와 북남 관계도 위기에 처하게 될 것이라고 말함으로써 공화국 측을 협박했다. 미국의 태도는 몹시 일방적이고 고압적이어서 공화국은 이에 경악을 금치 못했다. 부시 행정부는 공화국을 '악의 축' 명단에 올려놓았으며, 미국의 선제 핵공격 표적 명단에 올려놓았다. 이 같은 행위는 미국이 조미 공동 성명과 기본 합의를 전적으로 무효화하는 것으로, 공화국에 대한 명백한 전쟁 선포 행위였다."

14 C. Pritchard, p. 38.

15 조선중앙통신, Oct. 25, 2002.

16 C. Pritchard, p. 38.

17 Ibid.

18 조선중앙통신, Oct. 25, 2008. 여기서 다시 10월 25일자 북한 외무성 성명은 강석주의 입장에 대한 명확한 요약을 제공하는 데 유용하다.

"조선민주주의인민공화국은 한반도의 엄중한 상황을 헤쳐나가기 위해서는 조미 간 불가침 조약을 체결하는 것이 핵 문제에 대한 합리적이고 현실적인 해결책이라고 생각하고 있다. 미국이 그런 조약을 체결해 조선에 대한 핵무기 불사용 등을 포함해 법적으로 공화국에 대한 불가침을 보장한다면, 공화국은 미국의 안보 우려를 기꺼이 청산할 것이다."

제7장 네 글자 단어

1 조선중앙통신, "Spokesman for D.P.R.K. Foreign Ministry on D.P.R.K. Visit of Special Envoy of U.S. President," Oct. 7, 2002.

2 http://www.whitehouse.gov/news/releases/2002/10/20021007-8.html

3 State Department Press Statement, Richard Boucher, Spokesman, Oct. 16, 2002.

4 Peter Slevin and Glenn Kessler, "Bush Plans Diplomacy on N. Korea's Arms Effort,"

Washington Post, Oct. 18, 2002.

5 *Asahi Shinbun,* "Undeterred, Koizumi to Push North Korea Ties," Oct. 19, 2002.

6 Agence France-Presse, "South Korea Seeks Talks With North on Nuclear Crisis," Oct. 17, 2002.

7 AFP, "South Korean Leader Says No to Sanctions Against North Korea," Oct. 23, 2002.

8 David Sanger, "U.S. to Withdraw from Arms Accord with North Korea," *New York Times,* Oct. 20, 2002.

9 Karen DeYoung, "U.S. Might Try to Salvage Part of N. Korean Accord," *Washington Post,* Oct. 25, 2002.

10 Mike Allen and Karen DeYoung, "Bush Seeks China's Aid to Oppose North Korea : Jiang's Statement Not as Forceful as U.S. Hoped," *Washington Post,* Oct. 26, 2002.

11 백악관 대변인실, "Joint US-ROK-Japan Statement," Oct. 26, 2002.

12 돈 오버도퍼가 내게 제공한 김정일 메시지 원문.

13 Transcript: Douglas Feith news conference, U.S. and Japan Discuss North Korea, Security Issues, Nov. 8, 2002. http://seoul.usembassy.gov/8_nov_02.html

14 Ibid.

제8장 벼랑 끝에 서다

1 Mike Allen, "CIA's Cash Toppled Taliban: New Book Details Bush Adviser's Doubts and Rivalries," *Washington Post,* Nov. 16, 2002.

2 조선중앙통신, "DPRK Foreign Ministry Spokesman on U.S. Decision to Stop Supplying Heavy Oil," Nov. 16, 2002.

3 조선중앙통신, "U.S. Denounced for Ditching International Agreement," Nov. 25, 2002.

4 Mike Allen and Barton Gellman, "Preemptive Strikes Part of U.S. Strategic Doctrine," *Washington Post,* Dec. 11, 2002.

5 National Security Presidential Directive/NPSD 23. http://www.fas.org/irp/offdocs/nspd/nspd-23.htm

6 조선중앙통신, "Operation and Building of Nuclear Facilities to be Resumed Immediately," Dec. 12, 2002.

7 Charles L. Pritchard, *Failed Diplomacy: The Tragic Story of How North Korea Got the Bomb* (Washington, DC: Brookings Institution Press, 2007), p. 43.

8 조선중앙통신, "Operation and Building of Nuclear Facilities to be Resumed Immediately," Dec. 12, 2002.

9 Gary Samore, "North Korea's Nuclear Weapons Program: A Net Assessment," International Institute for Strategic Studies. London, Jan. 2004.

10 "US Hawk Warns Not to Rule Out Military Options," *Chosun Ilbo,* Dec. 18, 2002.

11 조선중앙통신, "DPRK Government Decides to Order IAEA Inspectors Out of DPRK," Dec. 27, 2002.

12 "The United States, North Korea, and the End of the Agreed Framework," *Naval War College Review,* Mar. 26, 2003, p. 55.

13 「언론과의 만남Meet the Press」 방송 원고, Dec. 29, 2002.

14 Bill Richardson with Michael Ruby, *Between Worlds: The Making of an American Life* (New York: G. P. Putnam's Sons, 2005), pp. 297~98.

15 Steven R. Weisman, "North Korean Talks? U.S. Weighs the Possible Price," *New York Times,* Jan. 13, 2003.

16 Leigh Strope, "North Korea Ready to Negotiate with U.S." The Associated Press, Jan. 12, 2003.

17 "President Discusses Iraq, North Korea with reporters," White House, Office the Press Secretary, Dec. 31, 2002.

18 http://people-press.org/reports/pdf/165.pdf

19 James Brooke, "South Korea Criticizes U.S. Plan for Exerting Pressure on North," *New York Times,* Dec. 30, 2002.

20 Nicholas Kralev, "N. Korea to Restart Nuke Reactor, *The Washington Times,* Dec. 13, 2002.

21 *Asahi Shimbun,* "Koizumi, Bush Talk on North Korea, Iraq," Jan. 27, 2003.

22 조선중앙통신, "Kim Jong Il Inspects KPA Uint," Jan. 31, 2003.

제9장 중국의 등장

1 조지 부시의 연두교서, 백악관 원고, Jan. 28, 2003. http://www.whitehouse.gov/news/releases/2003/01/20030128-19.html

2 CNN.com, "Tenet: North Korea has Ballistic Missile Capable of Hitting U.S.," Feb. 12, 2003. http://www.cnn.com/2003/WORLD/asiapcf/east/02/12/us.nkorea/

3 David Sanger, "U.S. Sending Two Dozen Bombers in Easy Reach of North Koreans," *New York Times,* Mar. 5, 2003.

4 Guy Dinmore, "Heed Lessons of Iraq, U.S. Tells Iran, Syria, an North Korea," *Financial Times,* Apr. 10, 2003.

5 Steven R. Weisman, "Pre-Emption: Idea with a Lineage Whose Time Has Come," *New York Times,* Mar. 23, 2003.

6 BBC 뉴스 북한 인터뷰 원고, BBC News, Feb. 6, 2003.

7 Nayan Chanda, "China's Mediation Effort Backfires on North Korea," YaleGlobal Online, Apr. 28, 2003.

8 Keith Bradsher, "North Korea Says a U.S. Attack Could Lead to a Nuclear War," *New York Times,* Mar. 3, 2003.

9 Andrew Scobell, "China and North Korea: From Comrades-in-Arms to Allies at Arms Length," Strategic Studies Institute, U.S. Army War College: Carlisle, PA, 2004, 27.

10 Karen DeYoung, *Soldier: The Life of Colin Powell* (New York: Alfred A. Knopf, 2006), p. 474.

11 Charles L. Pritchard, *Failed Diplomacy: The Tragic Story of How North Korea Got the Bomb* (Washington, D.C.: Brookings Institution, 2007), p. 62.

12 "Bush Vows to let Japan, S. Korea Join N. Korea Talks," Kyodo, Apr. 17, 2003.

13 David E. Sanger, "Bush Takes No-Budge Stand in Talks with North Korea," *New York Times,* Apr. 17, 2003.

14 David E. Sanger, "Administration Divided Over North Korea," *New York Times,* Apr. 21, 2003.

15 Ibid.

16 조선중앙통신, "Spokesman for DPRK Foreign Ministry on Expected DPRK-U.S. Talks," Apr. 18, 2003.

17 Glenn Kessler and Doug Struck, "N. Korean Statements Jeopardize New Talks," *Washington Post,* Apr. 19, 2003.

18 Joseph Kahn, "North Korea May be Angering its Only Ally," *New York Times,* Apr. 26, 2003.

19 조선중앙통신, "Foreign Ministry Spokesman Accuses U.S of Derailing De-nuclearization Process," Apr. 30, 2003.

제10장 "성명문을 잘 읽어보시오"

1 Joby Warrick, "North Korea Shops Stealthily for Nuclear Arms Gear; Front Companies Step Up Efforts in European Market," *Washington Post,* Aug. 15, 2003.

2 "폴란드 국민에 대한 대통령 연설" 원고, 폴란드 크라카우, May 31, 2003.

3 Joseph Curl, "U.S. Keeps Preemption Doctrine Open," *Washington Times,* May 13, 2003.

4 Gordon Fairclough and Karen Elliot House, "South Korean President Roh Counsels Patience with North," *Wall Street Journal,* May 13, 2003.

5 미 상원 외교위원회 청문회 원고, Feb. 4, 2003.

6 David E. Sanger, "U.S. Sees Quick Start of North Korea Nuclear Site," *New York Times,* Mar. 1, 2003.

7 *Oriental Economist,* "Bombing on North Korea" (March 2003).

8 David E. Sanger, "Bush and New President of South Korea Are Vague on North Korea Strategy," *New York Times,* May 15, 2003.

9 조선중앙통신, "U.S. Warned of Catastrophic Consequences of Its Blockade Operation Against DPRK," Jun. 17, 2003,

10 "Hu Jintao Writes to Kim Jong Il to Open Door to Six-Party Talks, *Hong Kong Economic Journal,* Aug. 28, 2003 (BBC 모니터국 번역).

11 Karen DeYoung, *Soldier: The Life of Colin Powell* (New York: Alfred A. Knopf, 2006), p. 475.

12 Charles L. Pritchard, *Failed Diplomacy: The Tragic Story of How North Korea Got the Bomb* (Washington, D.C.: Brookings Institution, 2007), p. 85.

13 "Chinese Special Envoy Shuttles Between U.S. & DPRK: Commentary," *Peoples's Daily,* Jul. 21, 2003.

14 C. Pritchard, p. 85.

15 Glenn Kessler, "Proposals to N. Korea Weighed," *Washington Post,* Jul. 22, 2003.

16 "NK Hellish Nightmare: U.S. Official," Reuters, Aug. 1, 2003.

17 볼턴 지명 관련 토머스 허버드 대사와의 인터뷰, 상원 외교위원회, Apr. 28, 2005.

18 Ibid.

19 Ibid.

20 Christopher Marquis, "Top U.S. Expert on North Korea Steps Down," *New York*

Times, Aug. 26, 2003.

21 조선중앙통신, "Keynote Speeches Made at Six-Way Talks," Aug. 29, 2003.

22 Fred Kaplan, "Rolling Blunder: How the Bush Administration Let North Korea Get Nukes," *Washington Monthly,* May 2004.

23 Ibid.

24 John Pomfret, "N. Korea Nuclear Talks End with Agreement to Meet Again," *Washington Post,* Aug. 30, 2003.

25 "China Blames America for Failure of Talks," *Washington Times,* Sept. 2, 2003.

26 Joseph Kahn, "U.S. Stand Could Stall Korea Talks, Chinese Say," *New York Times,* Sept. 3, 2003.

27 John Pomfret and Anthony Faiola, "U.S. Flexibility Sought on N. Korea," *Washington Post,* Sept. 4, 2003.

28 "Bush Says He' s Open to Security Assurances for North Korea," Reuters, Oct. 19, 2003.

29 David E. Sanger, "Bush taking New Approach on Negotiations with North Korea," *New York Times,* Oct. 19, 2003.

30 조선중앙통신, "DPRK to Continue Increasing Its Nuclear Deterrent Force" Oct. 2, 2003.

31 Ibid., "Spokesman for DPRK Foreign Ministry on U.S. Rumour over Nuclear Issue," Oct. 16, 2003.

32 Bill Gertz, "N. Korea Retests 100-mile-range Cruise Missile," *Washington Times,* Oct. 21, 2003.

33 조선중앙통신, "U.S. Shameful Behavior under Fire," Oct. 21, 2003.

34 Ibid. "Spokesman for DPRK Foreign Ministry."

35 조선중앙통신, "U.S. Urged to reciprocate DPRK's Good Faith," Nov. 4, 2003.

제11장 "악과는 협상하지 않는다. 다만 쳐부술 뿐이다"

1 "Interview of Ms. DeSutter With Regard to the Bolton Nomination," Transcript, Senate Foreign Relations Committee, May 5, 2005.

2 Karen DeYoung, *Soldier: The Life of Colin Powell* (New York: Alfred A Knopf, 2006), p. 499.

3 Glenn Kessler, "Impact From the Shadows: Cheney Wields Power With Few

Fingerprints," *Washington Post,* Oct. 5, 2004.

4 Barbara Slavin, "N. Korea OKs U.S. Visit to Complex," *USA Today,* Jan. 2, 2004.

5 시그프리드 헤커 증언 원고, 미 상원 외교위원회, 영변핵과학연구소 방문 청문회, Jan. 21, 2004.

6 Ibid.

7 Ibid.

8 Ralph Cossa, "Washington-Seoul: Tough Times Ahead?" *The Japan Times,* Jan. 21, 2004. http://search.japantimes.co.jp/cgi-bin/eo20040121rc.html

9 Glenn Kessler, "U.S. Will Stand Firm on N. Korea," *Washington Post,* Feb. 16, 2004.

10 George Crile, *Charlie Wilson's War*(New York: Grove Press, 2003), p. 268.

11 제임스 켈리 미 상원 외교위원회 증언, Mar. 2, 2004. http://www.state.gov/p/eap/rls/rm/2004/30093.htm

12 Karen DeYoung, p. 499.

13 Ibid.

14 Glenn Kessler, "Bush Signals Patience on North Korea Is Waning: Directive Sent to Team at Talks in Beijing," *Washington Post,* Mar. 4, 2004.

15 Daniel Sneider, "Dangerous Deadlock," *San Jose Mercury,* Kyodo Mar. 18, 2004.

16 Choe Sang-hun, "S. Korean Chief Seeks Less U.S. Reliance," The Associated Press, Mar. 1, 2004.

17 Joseph Kahn, "Cheney Urges China to Press North Korea on A-Bombs," *New York Times,* Apr. 15, 2004.

18 Doyle McManus, "Cheney Makes Clear U.S. Is Not Willing to Bend on North Korea," *Los Angeles Times,* Apr. 16, 2004.

19 조선중앙통신, "DPRK Foreign Ministry Spokesman Blasts Cheney's Anti-DPRK Remarks," Apr. 18, 2004.

20 Selig Harrison, "Riding a Tiger in North Korea," *Newsweek,* May 17, 2004.

21 Ibid. "Inside North Korea: Leaders Open to Ending Nuclear Crisis," *Financial Times,* May 4, 2004.

22 "N. Korea's Kim Told Koizumi He Is Eager for Talks With U.S.," Kyodo, Jun. 22, 2004.

23 David Pilling, "N. Korea 'Ready to Abandon Nuclear Arms'-Koizumi," *Financial Times,* Jun. 8, 2004.

24 "Bush: Kim Jong Il Is a Liar," *Dong-A Ilbo,* Jun. 16, 2004.

제12장 "일부는 좋고, 일부는 좋지 않으며, 일부는 아주 나쁘다"

1 John Kerry, "New Strategies to Meet New Threats," speech in West Palm Beach, FL., Jun. 1, 2004.

2 Yoichi Funabashi, *The Peninsula Question: A Chronicle of the Second Korean Nuclear Crisis*(Washington, D.C.: Brookings Institution Press, 2007), pp. 361~67.

3 미 상원, "북한 핵 프로그램 대응 방안" 청문회, 아시아태평양 담당 국무차관보 제임스 켈리의 사전 준비 진술서, Jul. 15, 2004.

4 Philip P. Pan and Glenn Kessler, "U.S. Revises Proposal at North Korea Nuclear Talks: Fuel Aid, Security Statement Possible During 3-Month Test," *Washington Post,* Jun. 24, 2004.

5 미 상원, "북한 핵 프로그램 대응 방안" 청문회, 켈리.

6 Ibid.

7 조선중앙통신, "DPRK Foreign Ministry Spokesman on Six-Party Talks," Jun. 29, 2004.

8 미 상원, "북한 핵 프로그램 대응 방안" 청문회, 켈리.

9 David L. Asher, "The North Korean Criminal State, Its Ties to Organized Crime, and the Possibility of WMD Proliferation," Remarks to the Counter-Proliferation Strategy Group, Woodrow Wilson Center, Oct. 21, 2005.

10 Anthony Failoa, "As Tensions Subside Between Two Koreas, U.S. Strives to Adjust," *Washington Post,* Jul. 25, 2004.

11 조선중앙통신, "KCNA Terms Bush Fascist Tyrant," Aug. 24, 2004.

12 백악관 "부시 대통령 행사에 대한 대통령 연설" 원고, Aug. 18, 2004.

13 PBS 전국 방영 텔레비전 토론 원고, Sept. 30, 2004.

14 조선중앙통신, "U.S. 'North Korea Human Rights Act Failed," Oct. 4, 2004.

15 조선중앙통신, "Spokesman for DPRK FM on Prospect of Resumption of Six-party Talks," Nov. 13, 2004.

제13장 "우리는 핵을 만들었다"

1 The White House, official transcript, Inaugural Address, Jan. 20, 2005.

2 The White House, official transcript, State of the Union Address, Feb. 2, 2005.

3 "콘돌리자 라이스 박사의 모두 발언" 원고, 미 상원 외교위원회, Jan. 18, 2005.

4 David E. Sanger and William J. Broad, "Tests Said to Tie Deal on Uranium to North Korea," *New York Times,* Feb. 2, 2005.

5 Ibid.

6 Glenn Kessler and Dafna Linzer, "Nuclear Evidence Could Point to Pakistan," *Washington Post,* Feb. 3, 2005.

7 Sanger and Broad, "Tests Said to Tie Deal on Uranium to North Korea."

8 Kessler and Linzer, "Nuclear Evidence Could Point to Pakistan."

9 Dafna Linzer, "U.S. Misled Allies About Nuclear Export: North Korea Sent Material To Pakistan, Not to Libya," *Washington Post,* Mar. 20, 2005.

10 조선중앙통신, "DPRK FM on Its Stand to Suspend Its Participation in Six-Party Talks for Indefinite Period," Feb. 10, 2005.

11 콘돌리자 라이스 국무장관의 "소피아 대학 연설," Mar. 19, 2005.

12 미 국무부 "콘돌리자 라이스의 폭스뉴스 제임스 로젠과의 인터뷰" 원고, Apr. 21, 2005.

13 백악관 대변인실, 부시 대통령 기자회견, Apr. 28, 2005.

14 조선중앙통신, "FM Spokesman Slams Bush's Vituperation against DPRK's Supreme Headquarters," Apr. 30, 2005.

15 조선중앙통신, "U.S. VP's Vituperation against DPRK's Supreme Headquarters Rebuked," Jun. 2, 2005.

16 Selig Harrison, Center for International Policy, Apr. 21, 2005.

17 조선중앙통신 "Spokesman for DPRK Foreign Ministry Assails Rice's Reckless Remakes," Apr. 25, 2005.

18 David E. Sanger and William J. Broad, "U.S. Cites Signs of Korean Preparations for Nuclear Test," *New York Times,* May 6, 2005.

19 Ibid.

20 Choe Sang-hun, "Epithets Increase Tension Over Korea," *International Herald Tribune,* May 31, 2005.

21 Joseph Kahn, "China Says U.S. Impeded North Korea Arms Talks," *New York Times,* May 13, 2005.

22 Glenn Kessler, *The Confidante: Condoleezza Rice and the Creation of the Bush Legacy*(New York: St. Martin' s Press, 2007), p. 77.

23 조선중앙통신, "Spokesman of DPRK FM on Contacts Between Heads of DPRK and U.S. Dels," Jul. 9, 2005.

제14장 9·19 선언

1 "Joint Declaration on the Denuclearization of the Korean Peninsula," Feb. 19, 1992.

2 Glenn Kessler, *The Confidante: Condoleezza Rice and the Creation of the Bush Legacy*(New York: St. Martin's Press, 2007), p. 259.

3 "How to Keep Talking," *Time* Magazine, Sept. 26, 2005.

4 9·19 선언 전문은 다음과 같다:

6자 회담 4차 회의 공동성명

2005년 9월 19일, 베이징

2005년 7월 26일부터 8월 7일까지, 그리고 9월 13일부터 19일까지 중화인민공화국, 조선민주주의인민공화국, 일본, 대한민국, 러시아연방, 그리고 미합중국이 참여한 가운데 6자 회담 제4차 회의가 중국 베이징에서 개최됐다.

중국 외교 부부장 우다웨이, 조선 외무성 부상 김계관, 일본 외무성 아시아대양주국장 사사에 켄이치로, 한국 외교통상부 차관 송민순, 러시아 연방 외무부 차관 알렉산드르 알렉세에프, 그리고 미국 동아시아태평양 담당 국무부 차관보 크리스토퍼 힐 등이 각국 대표단의 대표로 참석했다.

우다웨이 부부장이 회담을 주재했다.

한반도와 동북아 지역 전체의 평화와 안정이라는 대의를 위해, 6자는 상호 존중과 평등의 정신으로, 과거 3차에 걸친 회담의 공동 이해의 기반 위에서, 한반도 비핵화와 관련된 진지하고 실질적인 회담을 개최했으며, 이와 같은 맥락에서, 다음 사항에 대해 합의했다.

① 6자는 6자 회담의 목표가 평화적 방식에 의한 검증 가능한 한반도 비핵화임을 만장일치로 재확인했다.

조선은 모든 핵무기와 기존의 핵 프로그램을 포기하며, 이른 시일 안에 핵무기비확산조약과 국제원자력기구 안전조치에 복귀하기로 다짐했다.

미국은 한반도에 핵무기를 두지 않으며 핵무기 또는 재래식 무기로 북한을 공격 또는 침공할 의사가 없음을 확인했다.

한국은 1992년 한반도비핵화 공동선언에 따라 핵무기를 입수하거나 배치하지 않는다는 공약을 재확인하는 한편, 한국의 영토 안에 핵무기가 존재하지 않음을 확인했다.

1992년 한반도비핵화 공동선언은 준수되고 이행되어야 한다.

조선은 핵 에너지의 평화적 이용에 대한 권리를 갖고 있음을 언급했다. 다른 참여국들은 존중의 뜻을 표시했으며, 적절한 시기에, 대북 경수로 제공 주제를 논의하기로 합의했다.

②6자는 상호간의 관계를 정상화하는 조치를 취하기로 했다.

조선과 일본은 평양 선언에 따라, 불행했던 과거와 미해결된 관심사 해결의 토대 위에서 상호간의 관계를 정상화하는 조치를 취하기로 했다.

③6자는 에너지, 무역, 투자 분야에서 양자적·다자적 방식으로 경제 협력을 촉진하기로 했다.

중국, 일본, 한국, 러시아와 미국은 조선에 에너지 원조를 제공할 의사를 피력했다.

한국은 전력 2백만 킬로와트의 대조선 공급과 관련한 2005년 7월 12일의 제의를 재확인했다.

④6자는 동북아 지역의 평화와 안정을 지속하기 위한 공동 노력을 다짐했다.

직접 관련 있는 당사국들은 적절한 별도의 포럼을 통해 한반도의 항구적인 평화 체제 방안을 협상할 것이다.

6자는 동북아 안보 협력을 증진시킬 방법과 수단을 모색하기로 합의했다.

⑤6자는 "공약 대 공약, 행동 대 행동"의 원칙에 따라 단계적 방식으로 앞서 언급한 합의를 이행하기 위하여 협조적인 조치를 취하기로 합의했다.

6자는 2005년 11월 초 협의를 통해 결정될 날짜에 베이징에서 6자 회담 5차 회의를 갖기로 합의했다.

5 "Statement of Assistant Secretary of State Christopher R. Hill at the Closing Plenary of the Fourth Round of Six-Party Talks," Sept. 19, 2006.

제15장 마카오의 뱅코델타아시아와 '소프라노 국가'

1 브루스 타운센드, 국제금융범죄수사관협회 연설, Sept. 2, 2004, 쉬나 체스트넛의 다음 논문 인용, "The Sopranos State? North Korea Involvement in Criminal Activity and Implications for International Security," Center for International Security and Cooperation, Stanford University, May 20, 2005.

2 Sheena Chestnut, pp. 154~55.

3 39호실에 대한 다양한 언론 해설의 상세한 목록은 의회조사국CRS의 다음 보고서에서 찾을 수 있다. "Drug Trafficking and North Korea: Issues for U.S. Policy," Dec 5, 2003, 11.

4 Donald Greenlees and David Lague, "The Money Trail That Linked North Korea to Macao," *New York Times,* Apr. 11, 2007.

5 기소장. 2005년 6월 미국 지방법원 캘리포니아 중앙구 지원, 원고 미합중국 대 피고 차오퉁우, 폴 탁칭영, 첸치앙루, 티홍란.

6 Ibid.

7 Ibid.

8 D. Greenlees and D. Lague, 앞의 글.

9 Department of Treasury, "Treasury Designates Banco Delta Asia as Primary Money Laundering Concern under USA PATRIOT Act," Sept. 15, 2005.

10 Ibid.

11 Dana Millbank, "A Hard-Nosed Litigator Becomes Bush's Policy Point Man," *Washington Post,* Apr. 30, 2002.

12 Joel Brinkley, "China Says North Korean Talks Will Resume Tuesday," *New York Times,* Sept. 9, 2005.

13 "N. Korea Demands End to U.S. Financial Sanctions," Chosun.com, Nov. 11, 2005.

14 Lee Chi-dong, "Nuclear Talks Turn Sour After Pyongyang's Accusation of Washington," Yonhap News, Nov. 10, 2005.

15 조선중앙통신, "DPRK Foreign Ministry Spokesman Urges U.S. to Lift Financial Sanctions Against it," Dec. 2, 2005.

16 Glenn Kessler, "Semantic Dispute Cancels N. Korea Treasury Meeting," *Washington Post,* Dec. 1, 2005.

17 "Pocketbook Policing," *Newsweek,* Apr. 10, 2006.

18 David L. Asher, "The North Korean Criminal State, Its Ties to Organized Crime, and the Possibility of WMD Proliferation," Remarks at the Woodrow Wilson Center, Oct. 21, 2005.

19 Nigel Cowie, "U.S. Financial Allegations-What they Mean," Nautilus Institute, Policy Forum Online, May 6, 2006.

20 조선중앙통신, "DPRK Foreign Ministry Spokesman Urges U.S. to Lift Financial

Sanctions," Feb. 28, 2006.

21 Henry A. Kissinger, "A Test for Nuclear Diplomacy," *Washington Post,* May 16, 2006.

22 "Hill Snubs N. Korea's Chief Nuclear Negotiator," English.chosun.com, Apr. 12, 2006.

23 "N. Korea's Nuke Negotiator Digs in After Snub from U.S." *Chosun Ilbo,* Apr. 13, 2006.

24 "DPRK Threatens to Boost Nuclear Arsenal," Reuters, Apr. 13, 2006.

제16장 네 발의 미사일

1 Whit House, Office of the Press Secretary, Press Conference in Chicago, Jul. 7, 2006.

2 http://www.ifpa.org/pdf/fences.pdf,44.

3 C. P. Bick, May, June, July 2006 *Build-up to the Taepodong-2c/3 Satellite Launch Attempt,* Global Security.org, Oct. 7, 2006. http://www.globalsecurity.org/wmd/library/news/dprk/2006/060710-nkir2627.htm

4 조선중앙통신, "DPRK Foreign Ministry: DPRK's Stand on Six-Party Talks Reclarified," Jun. 1, 2006.

5 Reuters, "N. Korea Said to Seek talks Over Missile," Jun. 21, 2006.

6 William J. Perry and Ashton B. Carter, "If Necessary, Strike and Destroy: North Korea Cannot Be Allowed to Test This Missile," *Washington Post,* Jun. 22, 2006.

7 Charles L. Pritchard, "No, Don't Blow It Up," *Washington Post,* Jun. 23, 2006.

8 USINFO.State.gov, Jun. 29, 2006.

9 Michael Hirsh, Melinda Liu, and George Wehfritz, "We Are a Nuclear Power," *Newsweek,* Oct. 17, 2006.

10 U.S. Embassy Transcript, "Ambassador Schieffer Comments on North Korean Missile Launches," Jul. 5, 2006.

11 http://english.chosun.com/w21data/html/news/200607/200607060024.html

12 Norimitsu Onishi and Joseph Kahn, "North Korea's Neighbors Condemn Missile tests but Differ on What To Do," *New York Times,* Jul. 5, 2006.

13 John Bolton, *Surrender Is Not An Opinion*(New York: Threshold Editions, 2007), p. 291.

14 Michael A. Fletcher, "Bush Rejects Solo Talks With North Korea," *Washington Post,* Jul. 8, 2006.

15 Helene Cooper and Warren Hoge, "U.S. Seeks Strong Measures to Warn North

Koreans," *New York Times,* Jul. 5, 2006.

16 J. Bolton, p. 295.

17 Ibid., p. 297.

18 "China Pressures North Korea to Return to Talks," The Associated Press, Jul. 11, 2006.

19 J. Bolton, p. 294.

20 "Hu Says China Opposes Any Action That May Worsen Korean Peninsula Situation," Xinhua News Agency, Jul. 12, 2006.

21 조선중앙통신, "DPRK Foreign Ministry Spokesman on Its Missile Launches," Jul. 6, 2006.

22 USINFO@State.gov. "New Draft Resolution on North Korea Not Strong Enough, U.S. Says," Jul. 13, 2006.

23 Warren Hoge, "U.N. Council, in Weakened Resolution, Demands End to North Korean Missile program," *New York Times,* Jul. 16, 2006. 또한 다음을 보라. UN Security Council Resolution 1695. http://www.un.org/News/Press/docs/2006/sc8778.doc.htm

24 USINFO@State.gov, "U.N. Security Coucil Demands North Korea End Missile Program," Jul. 15, 2006.

25 J. Bolton, p. 302.

26 조선중앙통신, "DPRK Foreign Ministry Refutes 'Resolution of UN Security Council," Jul. 16, 2006.

27 조선중앙통신, "DPRK Foreign Ministry Clarifies Stand on New Measure to Bolster War Deterrent," Oct. 3, 2006.

28 ABCNews.com, "North Korea Appears to bo Preparing for Nuclear Test," Aug. 17, 2006. http://abcnews.go.com/International/Story?id=2326083&page=1

29 *The Nelson Report,* Oct. 3, 2006.

30 유엔 안전보장이사회, 의장 성명, S/PRST/2006/41, Oct. 6, 2006.

31 "South Korean President Warns Against North Korea Nuclear Test," The Associated Press, Oct. 5, 2006.

32 Dafna Linzer, "U.S. Won't Accept a Nuclear North Korea," *Washington Post,* Oct. 5, 2006.

33 *The Nelson Report,* Oct. 5, 2006.

제17장 마침내 강행하다

1 David E. Sanger, "The North Korean Challenge: A Strategic Jolt," *New York Times,* Oct. 10, 2006.

2 The White House, "President Bush's Statement on North Korea Nuclear Test," Oct. 9, 2006.

3 Ibid.

4 Ibid.

5 John Bolton, *Surrender Is Not An Option* (New York: Threshold Editions, 2007), p. 303.

6 David Pilling, "Abe Fails to Quell Calls for Debate on Going Nuclear," *Financial Times,* Nov. 9, 2006.

7 http://www.kcna.co.jp/calendar-e/frame.htm

8 J. Bolton, p. 308.

9 *The Nelson Report,* Oct. 23, 2006.

10 Transcript, *Fox News Sunday,* Oct. 22, 2006.

11 ABC Nesw, *This Week with George Stephanopolous,* Oct. 8, 2006.

12 미 국무부 '라이스의 아시아 방문 브리핑' 원고, Oct. 16, 2006.

13 *Joong Ang Daily,* Oct. 18, 2006.

14 Glenn Kessler, "Rice: China Gave N. Korea 'A Strong Message,'" *Washington Post,* Oct. 20, 2006.

제18장 "어떻게 하면 여기서 벗어날 수 있겠소?"

1 크리스토퍼 힐의 중국 베이징 미 대사관 기자회견 원고, Oct. 31, 2006. http://seoul.usembassy.gov/420_103106_1.html

2 "North Korea, U.S. Demand Compromise But Appear Not to Budge Ahead of Nuclear Talks," *International Herald Tribune*/The Associated Press, Dec. 16, 2006.

3 White House Transcript, "President Bush Meets With President Roh of the Republic of Korea," Nov. 18, 2006.

4 Lee Jo-hee, "News focus: Doubts Surround Success of Nuke Talks," *Korea Herald,* Dec. 12, 2006.

5 "N. Korean Delegate Rules Out Unilateral Nuke Abandonment," Kyodo, Nov. 30, 2006.

6 Elizabeth Williamson, "Hitting Kim Jong Il Right in the Cognac," *Washington Post,* Nov. 30, 2006.

7 미 재무부, 테러 및 금융 정보 담당 차관 스튜어트 레비의 '돈세탁 및 테러금융에 관한 US-MENA 민간 부문 대화' 사전 연설문, Dec. 11, 2006.

8 Department of Treasury, "Treasury Designates Banco Delta Asia as Primary Money Laundering Concern under USA PATRIOT Act," Sept. 15, 2005.

9 Confidential report of Banco Delta Asia, Ernst & Young, Dec. 16, 2005(leaked to McClatchey Newspapers and posted on the Internet).

10 John McGlynn, "Financial Sanctions and North Korea: In Search of the Evidence of Currency Counterfeiting and Money Laundering," *Japan Focus,* Jul. 7, 2007. http://japanfocus.org/products/details/2463

11 Edward Cody, "N. Korea Balks at Weapons Discussion," *Washington Post,* Dec. 22, 2006.

12 "North Korea Talks End With No Deal," Reuters, Dec. 22, 2006.

13 Jonathan Karl, "North Korea Prepping Nuclear Weapons Test, Defense Officials Tell ABC News," ABC-TV, Jan. 4, 2007.

14 Glenn Kessler, *The Confidante: Condoleezza Rice and the Creation of the Bush Legacy* (New York: St. Martin's Press, 2007), p. 238.

15 Jim Yardley, "Private talks Held in Berlin Spurred Sides to Reach a Deal," *New York Times,* Feb. 14, 2007.

16 크리스토퍼 힐의 베를린 미 대사관 연설, Jan. 17, 2007. http://seoul.usembassy.gov/420_011707_3.html

제19장 "우리 모두 당신을 기다리고 있습니다"

1 Jim Yardley, "Seed of North Korean Nuclear Deal was Planted in Berlin," *New York Times,* Feb. 14, 2007.

2 Chris Buckley, "N. Korea Deal Born as Storm in a Tea Cup," Reuters, Feb. 14, 2007.

3 Ibid.

4 "Text of the Joint Agreement on North Korea's Nuclear Disarmament," as provided by the Chinese Foreign Ministry, Feb. 13, 2007.

5 White House Transcript, "Statement by President Bush on Six-Party Talks," Feb.

13, 2007.

6 Helene Cooper and Jim Yardley, "Pact With North Korea Draws Fire From a Wide Range of Critics in U.S.," *New York Times,* Feb. 14, 2007.

7 James Sterngold, "How Deal on Korea Nuclear Program Was Cut: Bush, Kim Jong Il Both Gave Ground to Permit a Pact," *San Francisco Chronicle,* Feb. 14, 2007.

8 John Bolton, *Surrender Is Not An Option* (New York: Threshold Editions, 2007), p. 311.

9 "Faith-Based Non-proliferation," *Wall Street Journal,* Feb. 14, 2007.

10 "Agreeing to the Same Framework," *National Review,* Feb. 14, 2007.

11 Norimitsu Onishi, "Japan Maintains Hardline Stance Toward North Korea," *New York Times,* Feb. 14, 2007.

12 *The Nelson Report,* Feb. 21, 2007.

13 Glenn Kessler, "New Doubts on Nuclear Efforts by Norty Korea," *Washington Post,* Mar. 1, 2007.

14 Transcript, "Update on the Six-Party Talks With Christopher R. hILL," The Brookings Institution, Center for Northeast Asian Policy Studies, Feb. 22, 2007.

15 미 상원 군사위원회 청문회 원고, "Current and Future Worldwide Threats to the National Security of the United States," Feb. 27, 2007.

16 Editorial, "Another Intelligence Twist," *Washington Post,* Mar. 2, 2007.

17 Steve R. Weisman, "The Ripples of Punishing One Bank," *New York Times,* Jul. 3, 2007.

18 Treasury Department, "Prepared Remarks of Stuart Levey, Under Secretary for Terrorism and Financial Intelligence," Mar. 14, 2007.

19 Anne Penketh, "North Korea Visit 'Cleared the Air', Says U.N. Nuclear Chief," *The Independent,* Mar. 15, 2007.

20 U.S Treasury Department, "Statement by DAS Glaser on the Disposition of DPRK Relate Funds Frozen at Banco Delta Asia," Mar. 19, 2007.

21 Steven R. Weisman, "The Ripples of Punishing One Bank," *New York Times,* Jul. 3, 2007.

제20장 "친애하는 위원장님"

1 Daniel Wakin, "Philharmonic Agrees to Play in North Korea," *New York Times,* Dec. 10, 2007.

2 Andrei Lankov, "The Natural Death of North Korean Stalinism," *Asia Policy,* Jan. 2006.

3 U.S. Department of State, "Six-Party Talks-Second-Phase Actions for the Implementation of the September 2005 Joint Statement," Oct. 3, 2007.

4 크리스토퍼 힐 차관보의 기자회견문," Tokyo, Japan, Nov. 3, 2007. http://tokyo.usembassy.gov/e/p/tp-20071103-71.html

5 Ibid.

6 Bradley K. Martin, *Under the Loving Care of be Fatherly Leader* (New York: St. Martin's Press, 2004), p. 700.

7 Uzi Mahnaimi, Sarah Baxter, and Michael Sheridan, "Israel 'Blew Apart Syrian Nuclear Cache,'" *Sunday Times*(London), Sept. 16, 2007.

8 David E. Sanger and Mark Mazzetti, "Israel Struck Syrian Nuclear Project, Analysts Say," *New York Times,* Oct. 14, 2007.

9 Ibid.

10 John R. Bolton, "Pyongyang's Upper Hand," *Asian Wall Street Journal,* Aug. 31, 2007.

11 Jim Brown, "John Bolton Blasts Bush, Rice for Policy of 'Rewarding Proliferators,'" OneNewsNow.com, Oct. 27, 2007.

12 William J. Broad and Mark Mazzetti, "Yet Another Photo of Site in Syria, Yet More Questions," *New York Times,* Oct. 27, 2007.

13 Glenn Kessler, "Syria-N. Korea Reports Won't Stop Talks," *Washington Post,* Sept. 15, 2007.

14 *The Nelson Report,* Oct. 25, 2007.

15 Robert Carlin, *The Korea Yearbook,* 2007 (Leidens: Konniklijke Brill NV, 2007).

후기

1 Glenn Kessler and Robin Wright, "Accusing N. Korea May Stall Nuclear Pact," *Washington Post,* Apr. 26, 2008.

2 John R. Bolton, "Bush's North Korea Capitulation," *Wall Street Journal,* Apr. 15. 2008.

3 Arshad Mohammed, "U.S. Lays Out Way to Break North Korea Nuclear Deadlock,"

Reuters, Apr. 11, 2008.
4 "North Korea Redux," *New York Times* editorial, Apr. 25, 2008.

에필로그 "모든 것이 변했다"

1 콘돌리자 라이스의 헤리티지재단 연설, "U.S. Policy towards Asia," June 18, 2008.
2 Glenn Kessler, "Far-Reaching U.S. Plan Impaired North Korea Deal," *Washington Post*, Sept. 26, 2008.
3 Ibid.
4 크리스토퍼 힐의 미 상원 군사위원회 증언, July 31, 2008.
5 "North Korea Complains of Slow Energy Aid," AFP, June 5, 2008.
6 White House, Office of the Press Secretary, President Bush Visits Bangkok, Thailand, August 7, 2008.
7 White House, Office of the Press Secretary, President Bush Participates in Joint Press Availability with President Lee Myung-bak of the Republic of Korea, August 6, 2008.
8 Department of State, Office of the Spokesman, "U.S.-North Korea Understandings on Verification," October 11, 2008.
9 Glenn Kessler, "Washington Drops North Korea From Terrorism List," *Washington Post*, Oct. 12, 2008.
10 Helene Cooper, "U.S. Declares North Korea off Terror List," *New York Times*, October 12, 2008.
11 Department of State, Daily Briefing, Dec. 11, 2008.
12 Associated Press, "North Korea Warns Nuclear Disabling Might Slow," December 13, 2008.
13 The White House, "Remarks by the President on North Korea," May 25, 2009.
14 Associated Press, "North Korea Steps Up Rhetoric Amid Nuclear Crisis," June 9, 2009.
15 Daniel Arnaudo, "Bush Imposes Final Proliferation Sanctions," *Arms Control Today*, March 2009.
16 Stephen Bosworth, "Remarks at the Korea Society Annual Dinner," June 9, 2009.
17 David Sanger, "U.S. To Confront, Not Board, North Korean Ships," *New York Times*, June 16, 2009.
18 Victor Cha, "Testimony Before the Senate Foreign Relations Committee," June

11, 2009.

19 David Sanger, Mark Mazzetti and Choe Sang-hun, "North Korean Leader Is Said To Pick Son as Heir," *New York Times*, June 3, 2009.

20 Department of State, "Secretary of State Clinton, Remarks with South Korean Foreign Minister Yu," February 20, 2009.

21 Mark Landler, "Breaking Taboo, Clinton Talks about Prospect of North Korean Succession Question," *New York Times*, February 20, 2009, p. A-11.

22 조선중앙통신, "DPRK to Take Every Measure to Protect Its Sovereignty," March 11, 2009.

23 조선중앙통신, "Kim Jong Il Observes Launch of Satellite Kwangmyomngsong-2," April 5, 2009.

24 William J. broad, "North Korean Missile Launch Was A Failure, Experts Say," *New York Times*, April 5, 2009.

25 백악관 공보국, 버락 오바마 대통령의 체고 프라하 연설문, April 5, 2009.

26 조선중앙통신, "DPRK Foreign Ministry Vehemently Refutes UNSC's 'Presidential Statement,'" April 14, 2009.

27 David Sanger, "U.S. To Confront, Not Board, North Korean Ships," *New York Times*, June 16, 2009.

28 White House Press Office, Transcript, "Remarks by President Obama and President Lee Myung-bak of the Republic of Korea in Joint Press Availability," June 16, 2009.

29 조선중앙통신, DPRK Foreign Ministry Declares Strong Counter- Measures against UNSC's "Resolution 1874," June 13, 2009.

30 스티븐 보즈워스의 미 상원 외교위원회 증언, "North Korea on the Brink," June 11, 2009 http://foreign.senate.gov/hearings/2009/hrg090611p.html

• 찾아보기 •

ㄱ

ㅊ

ㅍ

ㅎ

북핵 롤러코스터

초판1쇄 발행 2010년 1월 15일

지은이 · 마이크 치노이
옮긴이 · 박성준·홍성걸
펴낸이 · 표완수
편집인 · 문정우

펴낸곳 · ㈜참언론 시사IN북
출판신고 · 2009년 4월 15일 제 300-2009-40호
주소 · 110-090 서울시 종로구 교북동 11-1 부귀빌딩 6층
주문전화 · 02-3700-3256, 02-3700-3250(마케팅팀), 02-3700-3275(편집부)
주문팩스 · 02-3700-3209
전자우편 · book@sisain.kr
블로그 · book.sisain.co.kr

· 시사IN북은 시사주간지 〈시사IN〉에서 만든 출판 브랜드입니다.

· 잘못된 책은 바꾸어 드립니다.
· 책값은 뒤표지에 있습니다.

ISBN 978-89-962688-3-3 03340